질서
없음

질서 없음

DISORDER

격동의 세계를
이해하는
세 가지 프레임

헬렌 톰슨 지음
김승진 옮김

월북

DISORDER

Copyright © 2022, Helen Thompson
All rights reserved.

This edition is a translation authorized by The Wylie Agency.
Korean translation copyright © 2025 by Will Books Publishing Co.

이 책의 한국어판 저작권은 The Wylie Agency와 독점계약한 ㈜윌북에 있습니다.
저작권법에 의해 한국 내에서 보호를 받는 저작물이므로 무단 전재와 무단 복제를 금합니다.

조카 플로렌스에게,
그리고 동료이자 친구였던 아론 라포트Aaron Rapport를 기억하며,
이 책을 바칩니다.

코크타운에서 시간은 그곳에 있는 기계들처럼 가차 없이 지나갔다. 시간이 흐르는 만큼 아주 많은 물건이 만들어졌고 아주 많은 연료가 소비되었으며 아주 많은 동력이 쓰였고 아주 많은 돈이 생겼다. 하지만 시간은 철이나 강철, 놋쇠만큼 가차 없지는 않아서, 연기와 벽돌뿐인 이 삭막한 도시에도 철마다 새 계절이 찾아왔다.

찰스 디킨스Charles Dickens, 『어려운 시절Hard Times for These Times』

아마도 그랬을 것이다. 그 가련한 자가 사형에 처해졌을 때, 프랑스와 노르웨이의 숲에는 이미 나무들이 단단히 뿌리를 내린 채 자라고 있었을 것이고, 칼날과 자루가 달린, 역사에서 끔찍한 일을 하게 될 어떤 이동식 틀을 만들기 위해 '운명'이라는 나무꾼이 점찍어 놓은 나무들이 베어지고 톱으로 잘려 판자로 만들어지고 있었을 것이다. 아마도 그랬을 것이다. 바로 그날 파리 인근의 척박한 땅을 일구는 몇몇 일꾼들이 '죽음'이라는 농부가 혁명에서 죄수를 호송할 때 쓰려고 만들어둔, 돼지가 더럽히고 닭이 홰를 치고 진창에서 흙탕물이 튀어 얼룩투성이가 된 조잡한 수레들을 험한 날씨를 피해 투박한 헛간에 들여놓았을 것이다. 그 '나무꾼'과 '농부'는 쉬지 않고 일했지만 너무 조용하게 일해서 그들이 기척을 죽이고 돌아다니는 소리를 아무도 듣지 못했다. 아니, 그러지 않았다가는, 혹여 잠들지 않고 깨어 있는 낌새라도 내비쳤다가는, 무신론자에 반역자로 몰렸을 것이다.

찰스 디킨스, 『두 도시 이야기A Tale of Two Cities』

[모세의 법은 2000년간 조금도 달라짐이 없이 이어져왔지만] 공화국의 다른 법들은 상황이 변함에 따라 달라진다. 심지어 신성에 기원했다고 말하는 법들도 흔적이나 기억을 남기지 않고 사라지곤 한다.

토머스 브라운Thomas Browne, 『의사의 종교Religio Medici』

| 페이퍼백판 저자 서문 |

『질서 없음』은 2022년 2월 24일에 출간되었다. 그날은 러시아가 우크라이나를 침공한 날이다. 이 전쟁은 혼란스럽고 쉽게 파악하기 어려운 사건이었다. 냉전 종식 이후 이어져온 유럽의 지정학적 갈등 구조에 대한 내 연구에서 우크라이나를 매우 중요하게 분석하긴 했지만, 러시아가 우크라이나에 전면전을 벌인 것은 또 다른 이야기였다. 한편 러시아-우크라이나 전쟁은 지정학에서 에너지가 차지하는 중심적 위치와 내가 이 책의 분석에서 전제로 삼은 통화 및 금융 세계를 다시 한번 부각하는 사건이기도 했다. 유럽과 러시아 사이의 우호적인 에너지 관계를 무너뜨리고 에너지 가격이 추동하는 인플레를 가속화했기 때문이다. 2022년 2월 24일 이래로 모든 곳에 에너지 문제가 나타났다. 페이퍼백판에 새로 추가하는 이 후기에서 나는, 이 전쟁이 에너지와 관련해 물질 세계와 인식 영역 둘 다에서 중대한 변곡점일 수 있음을 염두에 두면서, 2022년에 러시아가 일으킨 전쟁을 이 책의 분석과 연결해 21세기의 첫 20년간 벌어진 교란의 장기 역사라는 맥락에 놓아보고자 했다.

　이 책에 담긴 내용을 논의할 수 있게 강연 기회를 준 애나 실바Anna Silva, 엠마 스미스Emma Smith, 새뮤얼 셸던Samuel Sheldon이 베풀어준 모든 도움에 감사드린다. 지난 1년간 나와 의견을 나누면서 2023년판 후기의 내용에 대해 생각을 다듬는 데 도움을 준 앤드리아 바인더Andrea Binder, 알렉산더 차트레스Alexander Chartres, 로버트 폭스Robert Fox, 게리 거스틀Gary Gerstle, 모리스 글래스먼Maurice Glasman, 톰 홀랜드Tom Holland, 한스 쿤드나니Hans Kundnani, 드미트리 코피나스Demetri Kofinas, 러셀 네이피어Russell Napier, 앨리스 톰슨Alice Thompson, 애덤 투즈Adam Tooze에게도 감사드린다. 또한 집필을 도와준 엠마 슬러터Emma Slaughter와 제작을 도와준 케일리 길버트Kayley Gilbert에게 고마움을 전한다. 이번에도 루치아나 오플래허티Luciana O'Flaherty의 뛰어난 편집에 감사를 전하며, 내가 이 『질시 없음』에 옴짝달싹 못하고 파묻혀버리지 않게 해준 에이전트 세라 찰펀트Sarah Chalfant에게도 감사드린다.

2023년 3월
런던에서, 헬렌 톰슨

일러두기

· 본문에 쓰인 화폐단위 '달러'는 별도의 설명이 없으면 '미국달러'를 말한다. '유로달러'는 유럽에서 거래되는 역외 달러를 의미하며 화폐 단위가 아니다.

· 저자의 첨언은 소괄호로, 역자가 내용을 더 명확히 전달하기 위해 넣은 첨언은 대괄호로 묶었다.

· 단행본은 겹낫표(『』), 시, 논문 등의 짧은 글은 홑낫표(「」), 영화, 그림, 노래 등은 홑화살괄호(〈〉), 잡지나 신문 같은 간행물은 겹화살괄호(《》)로 표시했다.

차례

페이퍼백판 저자 서문 · 8

들어가는 글 거대한 교란 · 12

1부 지정학　1장　석유 시대의 시작 · 29
　　　　　　　2장　석유를 보장할 수 없다 · 55
　　　　　　　3장　유라시아, 재구성되다 · 93

2부 경제　　4장　우리의 통화, 당신네 문제 · 147
　　　　　　　5장　'메이드 인 차이나'는 달러가 필요하다 · 179
　　　　　　　6장　다시는 돌아갈 수 없다 · 201

3부 민주정치　7장　민주정에서의 '시간' · 249
　　　　　　　　8장　민주정 과세 국가의 흥망 · 284
　　　　　　　　9장　개혁은 어디로 가고 있는가 · 319

나가는 글 앞으로 올 더 많은 일들 · 378
후기 2022년의 전쟁 · 402
감사의 글 · 425
주 · 432

| 들어가는 글 | ## 거대한 교란

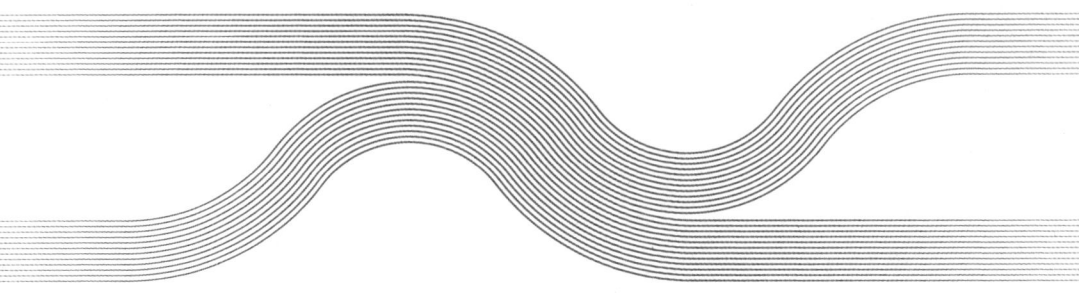

코로나19는 그전 10년간 맹렬한 교란이 있고 난 와중에 닥쳤다. 2019년에서 2020년으로 넘어가던 시점에, 민주정에서의 정치가 얼마나 허약하고 미끄러지기 쉬운지에 대한 정서가 북미와 유럽에 팽배했다. 미 하원은 소위 '우크라이나 스캔들' 혐의로 도널드 트럼프Donald Trump 대통령 탄핵안을 가결했다. 상대 후보가 될 것이 유력한 정치인의 신뢰도를 깎아내리기 위해 우크라이나 대통령을 압박해 표적 수사를 종용했다는 혐의였다. 영국에서는 브렉시트를 결정한 국민투표 결과가 유지되어야 하는지를 두고 3년 반을 끈 정치 싸움이 2019년 12월 총선에서 보수당이 안정적 과반으로 승리하면서 일단락되었지만, 보리스 존슨Boris Johnson의 새 내각은 스코틀랜드의 분리 독립을 요구하는 대대적인 저항에 직면하는 것으로 새해를 시작했다. 스코틀랜드가 스스로의 의사에 반해 유럽연합(이하 'EU')에서 나가게 되었다는, 재앙적으로 단순한 논리에서 재점화된 저항이었다. 독일 튀링겐주에서는 정부 구성을 위해 지역의 기독민주연합Christlich Demokratische Union Deutschlands이 극우 정당인 독일을위한대안Alternative für Deutschland과 일시적으로 협력했다. 이에 대해 독일 총리 앙겔라 메르켈Angela Merkel은 "용서받지 못할 일"이며 "민주주의에 안 좋은 날"이라고 말했다.[1]

지정학 측면에서는 파괴적인 교란이 더 광범위한 규모로 나타났다. 2020년 1월에 미국과 중국은 거의 2년이나 이어지던 무역 전쟁을 끝내려는 참이었다. 하지만 홍콩에서 벌어진 대규모 시위와 미 의회의 홍콩인권법 통과로 미·중 사이에 긴장이 고조되었다. 그러는 동안, 중동에서는 북쪽의 시리아부터 남쪽의 예멘까지 도처에서 분쟁이 벌어졌다. 어떤 분쟁은 북대서양조약기구(이하 'NATO') 내부에 오랫동안 존재해온 갈등을 드러냈다. 2019년 가을, 트럼프는 시리아에서 일방적으로 미군 철수를 시도했고(이번이 두 번째였다), 이를 틈타 튀르키예군이 시리아 북부로 밀고 들어왔다. 튀르키예의 군사 행동과 그것을 가능케 한 트럼프의 행동에 분개한 에마뉘엘 마크롱Emmanuel Macron 프랑스 대통령은 [유럽의 안보에 미온적으로 보이는 트럼프를 비판하며] "현재 우리는 NATO의 뇌사 상태를 겪고 있다"고 말했다.[2] 하지만 메르켈은 곧바로 마크롱의 입장과 거리를 두면서 "독일의 관점에서 NATO는 (…) 우리의 안보동맹"이라고 말했다.[3] 2020년 1월 3일, 트럼프는 이란이 뒤를 대는 이라크 무장세력이 바그다드 주재 미 대사관을 습격한 데 대한 보복으로 이란 해외작전사령관의 암살을 일방적으로 지시했다. 임박한 영국의 EU 탈퇴를 둘러싸고 첨예하게 대립 중이던 입장 차를 잠시 접어놓고, 존슨, 마크롱, 메르켈은 "고조되는 긴장을 시급히 완화해야 한다"고 촉구하는 공동 성명을 발표했다.[4] 언론에는 제3차 세계대전이 시작되는 것 아니냐는 정치 논평들이 정신없이 쏟아져 나왔다.

경제 측면을 보면, 2019년에서 2020년으로 넘어가는 겨울에 거의 모든 곳에서 성장 전망이 악화되고 있었다. 미국 중앙은행인 연방준비제도이사회(이하 '연준')는 통화 공급을 소위 '정상화' 비슷하게라도 되돌려보려 했던 3년간의 시도(2008년 금융위기 이후 양적완화로 과도하게 풀린 통화를 일정 정도 도로 거둬들이려 한 시도로, 거의 계속 실패했다)를 포기했다. 2019년 9월에 은행끼리 1일물 단기 자금을 융통하는 머니마켓[초단기 자금 시장]이 얼어

붙었기 때문이다. 2007~2008년 금융 붕괴의 서막으로서 2007년 8월에나 보았던 수준의 자금 경색이었다. 양적완화라고는 극구 표현하지 않으면서, 연준은 자산매입 프로그램으로 돈을 찍어내는 것, 그러니까 양적완화를 재개했다. 두 달 뒤, 유럽중앙은행European Central Bank도 유럽판 양적완화를 재개했다. 이것이 독일에서 합헌인지에 대해 독일 헌법재판소(이하 '헌재')의 판결이 아직 나오지 않았는데도 말이다. 게다가 지난 10년간 세계 경제의 성장을 중대하게 견인했던 중국마저 큰 폭의 성장 둔화를 겪고 있었다.

에너지 측면에서는, 세계가 전환점에 서 있는 것 같았다. 2009년 이래 처음으로 세계 연간 석유 생산량이 줄었다. 석유 소비량과 생산량 사이의 격차는 2007년 이래 가장 컸는데, 2007년은 1년 내내 유가가 계속 올라 2008년에 결국 배럴당 150달러까지 치솟았던 때다. 2007~2008년 금융 붕괴 이후에 형성된 신용시장 상황은 미국의 셰일오일 분야로 자본이 쏟아져 들어오게 했지만[금융위기 이후 경기 부양을 위해 연준이 양적완화와 제로금리 정책을 펴면서 시중에 자금이 넘쳐났고 투자자들은 수익률이 제로보다 높기만 하면 어떤 곳에라도 투자할 태세였다. 이 투자금이 셰일 분야로 대거 흘러갔다], 이제는 기후 대응을 촉구하는 압력이 높아지면서 투자자들이 미국과 유럽의 석유회사들에서 손을 떼고 있었다. 10년 전이었다면 석유 산업의 중기적 위기로 보였을 것이 이제는 세계가 향후 30~40년이 지나기 전에 화석연료를 떼고 녹색에너지로 전환하리라는 고무적인 증거로 보였다.

이렇게 광범위한 교란 위로 코로나19 위기가 덮쳤다. 코로나19는 그 자체로도 막대한 영향을 미친 사건이지만, 직전 10년간의 교란을 살펴볼 수 있는 창문이기도 하다. 2020년에, 코로나19는 이미 2010년대의 모양을 잡는 데 많은 영향을 미쳤던 갈등의 단층선들을 다시 한번 흔들어 깨웠다.

이 교란 모두를 꿸 수 있는 하나의 설명 같은 것은 존재하지 않는다. 그럼에도, 이 교란의 원인 중 많은 것이 현실에서 영향을 일으킬 때 상호작용을 했다. 브렉시트를 보자. 이 사건에는 영국의 정치적 맥락, 유로화와 별개로 존재하는 영국 화폐, 바꾸기 어려운 EU의 구성법적 원칙 등이 작용했다. 하지만 이에 더해 브렉시트는 표면적으로는 이 사안과 관련이 없어 보이는 더 광범위한 변화들의 산물이기도 했다. 2011년 유가가 급등했을 때 연준과 영란은행은 대응하지 않은 반면 유럽중앙은행은 두 차례나 금리를 올렸다. 영국 경제가 계속 회복하는 동안 유로존은 불황으로 다시 떨어졌다. 이후 몇 년간 영국은 유로존 남부 국가 사람들에게 '최종고용자' 역할을 했고, 유럽중앙은행 총재 마리오 드라기Mario Draghi는 독일 헌재가 용인해줄 수 있을 법한 형태의 대규모 자산매입 프로그램을 구상하느라 골머리를 앓았다. 드라기가 마침내 메르켈에게 그런 방도가 있다고 설득했을 때, 영국 총리 데이비드 캐머런David Cameron은 영국 유권자들에게 EU 탈퇴 여부에 대해 투표할 기회를 약속하긴 해야겠다고 반쯤 결론 내린 상태였다. 그런데 EU 탈퇴 의사를 묻는 국민투표를 준비하던 동안 시리아 난민 위기가 터졌고, 이는 캐머런이 현 상태[영국의 EU 잔류]를 지속해야 한다고 유권자들을 설득해야 했던 바로 그 시점에 영국 유권자들 눈앞에 EU에서 독일의 영향력이 너무나 크다는 점을 부각시키고 말았다[EU의 난민 대응을 메르켈이 주도했다].

브렉시트에서와 마찬가지로, 도널드 트럼프가 2016년 미 대선에서 일종의 반란에 성공한 데도 물론 특정한 배경이 있었다. 이 경우에는 미국 국내 정치에 오랫동안 존재해온 분열과 갈등이 크게 작용했다. 하지만 이 사건에도 더 폭넓은 지정학적 맥락이 있었고, 미국이 수십 년만에 세계 최대 석유 및 가스생산국으로 재부상한 것과 2015년 이후 중국이 산업 전략을 수정한 것, 그리고 러시아가 중동에서 다시 세력 주장을 시작한 것이 그 맥락 안에서 서로 연결되어 있었다. 트럼프가 선거에서 승리할 수 있었던 한 요인은 "미국의 힘이 센 곳에서는 그 힘이 쓰이지 않고 있고 미국의 힘이 약한 곳에서는 미국이 발을 못 빼고 묶여 있다"는 그의 주장이 미국 유권자들에게 매우 호소력 있었다는 점이었다. 2016년 대선에서 첨예한 쟁점이 된 "지정학적 선택"의 문제에는 구조적인 배경이 있었다. 중국과 러시아가 더 가까워지고 있는 세계에서, "중국에 맞서자"는 후보(트럼프)가 "러시아에 맞서자"는 후보(힐러리 클린턴Hillary Clinton)에게 반기를 들고 나와 승리한 선거였다고 볼 수 있는 것이다.

 선거에 이어서 트럼프의 집권기는 그 자체로 불안정을 일으키는 교란 요인이었다. 그는 명시적으로 중국을 '전략적 경쟁국strategic rival'으로 규정하면서 임기를 시작했는데, 이는 미·중 경제 관계를 지정학적 대치의 문제로 만들었고 유럽과 NATO에 커다란 파급 효과를 일으켰다. 하지만 트럼프 행정부는 중동에서 러시아가 제기하는 군사적 위협보다 중국의 테크놀로지 위협을 더 우선시하면서도, 미국의 셰일가스 붐을 이용해서 러시아의 대對유럽 가스 수출을 이전 대통령들보다 더 공격적으로 저지했다. 미국 권력의 전반적인 방향 재조정에 직면한 유럽 국가들은 미국과의 관계에서만이 아니라 유럽 국가들 사이의 관계에서도 뒤죽박죽으로 혼란스러운 상태가 되었다. [NATO 동맹국인데도 유럽의 안보에 신경을 안 쓰는 듯한 트럼프의 행동을 두고] 마크롱이 한 발언을 메르켈이 곧바로 반박한 데서 단적으로 드러났듯이 말이다.

 트럼프의 승리를 가능케 했던 지정학적 요동은 처음부터 미국의 국내 정치에 파장을 일으켰다. 임기가 시작되기도 전에 그가 대통령직에 오르는 것의 정당성에 문제제기가 일었다. 트럼프 반대자 중 일부는 트럼프가 상당히 문자 그대로 지정학의 산물이라고 보았다. 이를테면 힐러리 클린턴은 트럼프가 블라디미르 푸틴의 "꼭두각시"라고 주장했는데°, 사실관계가 확인되지 않은 이 주장은 러시아의 2016년 미국 대선 개입 여부를 수사하는 뮬러Mueller 특검으로 이어졌다.

 하지만 '트럼프가 대통령직을 맡는 것이 정당한가'를 둘러싼 싸움은 백악관에서 러시아 권력이 기승을 부리게 될 것이라는 우려나 트럼프가 대통령직의 실질적·상징적 무게를 천박하게 깔아뭉개는 듯 보인다는 점 등을 훨씬 넘어선 문제였다. 이 싸움은 2016년에 미국인 상당수가 대선이 앞으로 4년간 미국 대통령이 누구일지를 확정했다고 인정하려 하지 않았다는 사실을 드러냈다. 같은 문제가 더 극적이고 위험한 방식으로 2020년 대선 때 다시 나타났다. 이때 이 문제는 트럼프가 부통령을 압박해 상하원 합동 회의에서 당선인[조 바이든Joe Biden]의 대선 승리를 확정짓지 못하게 하려 한 시도와 2021년 1월 6일에 의사당에 폭도가 난입한 사건으로 정점에 올랐다. 민주정 국가인 미국의 선거에서 현재 '패자의 동의'[진 쪽의 승복]가 사라졌는데, 패자의 동의 없이는 어떤 민주정도 기능할 수 없다.

지난 10년간의 교란에 대해 수많은 글과 논평이 나왔다. 많은 분석이 포퓰리스트의 민족주의라는 틀에서 이야기되거나 2007~2008년 경제 붕괴와의 연관성하에서 이야기되거나 소위 '자유주의적 국제 질서'의 붕괴라는 맥락에서 이야기되었다.[6] 하지만 시스템 수준의 구조적 요인이 무엇인지와 관련해서는 설명되지 않은 것이 많았다. 에너지가 오늘날 지정학적·경제적 단층선을 흔들어 깨우는 중요한 요인임이 간과되고 있었다는 점이 한 가지 이유일 것이다.

팬데믹 이전의 10년을 배타적 국가공동체주의[또는 민족주의]의 부활을 촉진한 포퓰리스트의 반란으로 보는 설명은 특히 오도의 소지가 크다. 역사적으로 민주주의와 국가공동체주의[또는 민족주의]는, 아닌 것 같아도 늘 친연성이 있었다[3부의 분석에 주되게 등장하는 'nation'은 때로는 혈족공동체의 의미를 더 강하게 띠는 '민족'의 의미로 사용되고 때로는 정치공동체의 의미를 더 강하게 띠는 '국가'로도 사용된다. 전자를 더 분명하게 의미하는 용어는 'ethnicity'이고 후자를 더 분명하게 의미하는 용어는 'state'인데, 'nation'은 때로는 이 두 용어와 같은 의미로 쓰이고 때로는 이 두 개념이 합해진 의미로, 즉 실제로 국가를 구성했는지와 별개로 국가와 같은 정치체 구성의 역량이 있다고 믿어지는, '정치적 공동체 의식이 수반된 혈족공동체'라는 의미로 쓰이기도 한다. 이 책의 번역본에서는 맥락에 따라 민족, 국가, 국가공동체, 민족공동체 등을 사용했고, 'nationalism/nationhood'도 민족주의, 국가공동체주의, 민족공동체의식 등을 혼용했다]. '공동의 정치 권력하에서 하나의 국민을 구성하며 살아간다는 감각을 지닌 국가공동체의 시민'이라는 개념 전체를 포퓰리스트들이 민주정에 가지고 들어온 인공물일 뿐이라고 여긴다면, 대의제 민주정이 언제나 직면하는 어려움의 속성을 이해할 수 없게 된다. 대의제 민주정을 고찰한 20세기 초의 명민한 논평가들이 이미 짚어냈듯이, 보편투표권에 기초한 민주정의 발달과 국가공동체주의[또는 민족주의]로의 전환은 동일한 정치적 순간에 속한 움직임이었다.[7] 이 같은 역사적 관점에서 보면, 미국의 국내 정치에서 '패자의 동의'가 약화된 것은, 국가공동체주의의 필요성은 사라지지 않았는데 더 포용적인 대안적 국가공동체주의가 생길 정치적 조건들은 아직 없는 상태에서 기존의 국가공동체주의가 축소된 데 따른 문제라고 볼 수 있다.

    자유주의적 국제 질서가 붕괴했다고 한탄하는 것도 마찬가지로 몰역사적인 시각을 드러낸다. 에너지와 금융을 둘러싼 구조적 변화는 언제나 지정학적 격동을 일으켰다. 전후 브레턴우즈에서 성립된 통화 체제는 달러를 닻으로 삼은 체제였고 미국의 설계자들이 미국 권력의 원천이 되게 하고자 고안한 것이었다. 이 체제는 당시 미국이 세계 최대 석유생산국이었고 중동 석유 의존도를 줄이려는 서유럽 국가들의 시도를 강하게 제약할 역량이 있었다는 사실과 매우 잘 부합했다. 하지만 시간이 흘러 1970년대 초에 미국도 해외 석유에 의존하게 되자 리처드 닉슨Richard Nixon 대통령은 어느 한 주말 사이에 캠프 데이비드에서 브레턴우즈 환율 시스템 전체를 일방적으로 폐기해버렸다. 다시 시간이 흘러, 우리는 2000년대 후반에 있었던 또 한 차례의 통화 전환과 에너지 전환으로 구성된 지정학적 세계에 살고 있다. 그 전환의 영향은 10년이 더 지난 지금도 계속 펼쳐지는 중이며, 이제 여기에 녹색에너지 혁명이 들어와 기존에 펼쳐지던 동학dynamic과 상호작용하기 시작했다.

이 책에서 2010년대의 10년간 펼쳐진 파괴적 교란을 종합적으로 설명하려 시도하면서, 나는 현재 작동하는 요인들의 원인을 짚어내려면 몇 가지 상이한 분야를 역사적으로 고찰해야 한다는 전제와 이 상이한 역사들이 서로 겹쳐 상호작용한다는 확신에서 출발했다. 물론 이 교란이 개별 국가에 미친 영향에는 그 국가의 고유하고 구체적인 요인들도 있을 것이고, 특히 미국이 그렇다. 그럼에도 현재의 교란은 구조적으로 추동된 일군의 충격에서 나왔다고 보는 것이 합리적이며, 그 영향은 한 장소에서 다른 장소로, 또 지정학·경제·국내 정치 등 여러 영역 사이를 움직이면서 폭포처럼 파급 효과를 일으키고 있다.

2010년대의 10년간 벌어진 대규모 전환의 많은 수가 위에서 언급한 요인들의 인과직 상호작용을 드러낸다. 현재 세계의 정치·경제 지형에서 중심 공간이 달라지고 있다. 1980년대 이후에 아시아의 산업화와 컴퓨터 테크놀로지의 발달로 북미와 서유럽이 아시아 중 발달된 국가들과 연결될 수 있는 경제적 공간['대서양-태평양 경제 공간']이 생겨났다. 하지만 최근 중국이 인프라의 방향을 유라시아 쪽으로 틀고 동시에 미국과 테크놀로지 경쟁에 돌입하면서, 대양을 가로질러 형성되었던 이전의 경제적 공간이 축소되었다. 유라시아가 명시적으로 [옛 유럽 중심의 제국주의 형태가 아닌] 탈제국주의적 경제 형태를 띠면서, 이 하나의 초대륙 중 어디에서 벌어지는 일이라도 전체에 영향을 일으킨다. 대서양-태평양을 축으로 하는 더 광범위한 세계 경제가 약화된 현상은 세계 최대 강국인 미국에 충격 요인이었다. 그런 가운데 미국은 세계 최대 석유 및 가스생산국이 됨과 동시에 에너지 산지인 중동을 미국의 영향권 안에 두려던 시도가 무산되는 상황에 봉착했다. 미국의 새로운 강점과 약점 모두가 중동과 튀르키예를 불안정하게 만들었고 유럽은 남동쪽에 이웃한 이들 지역에서 벌어지는 사건에 정치적으로 훨씬 더 취약해졌다.

지정학적 격동은 국내 정치에서의 권력 균형을 뒤흔들기 때문에 국내 정치에 반드시 영향을 미친다. 유럽에서는 '지정학적 변화에 대응책을 내고 그것을 실행할 정치적 권한이 어디에 있는지가 여전히 맹렬한 정치적 싸움의 주제인지라, 이러한 동학이 독특한 형태를 띤다. EU는 민주정 국민국가들로 구성된 연합체다. 그런데 안보를 외부 권력에 의존하고 있고, 어느 정도 국민국가 개념이 낡은 개념이라고 호소하는 데서 자신의 정당성을 찾는다. 이러한 외부적 의존성과 내부적 변형 가능성은 EU 자체와 EU를 구성하는 회원국 모두를 지정학적 변화가 일으키는 교란에 극적으로 노출시킨다.

한편 2008년 이후의 통화 환경은 충격을 흡수할 수단이 별로 없으며, 상호 연결된 불안정성의 또 다른 원천이다. 이러한 통화 환경은 평시peacetime로서는 전례 없이 높은 수준의 부채와 전례 없이 낮은 수준의 금리를 허용했는데, 이는 유로존에 특히 큰 교란을 일으켰다. 유로존 자체가, 지금과는 근본적으로 달랐던 세계에서 매우 경직적으로 구성된 시스템이라서 변화에 적응하는 데 상당한 시간이 걸릴 수밖에 없기 때문이다. 그렇게 미처 적응하지 못하는 사이에, 유로존은 자신의 구조적인 문제를 EU 전체로 전염시켰다.

지정학 영역과 통화 영역의 상호작용은 각각에서 벌어진 일들의 영향을 증폭한다. 가장 직접적으로, 부채로 추동된 미국의 셰일 붐이 사우디아라비아(이하 '사우디')와 러시아의 에너지 권력에 도전하면서 중동과 유럽 모두를 불안정하게 만들었다. 그러는 와중에, 중앙은행들의 부채 지원 프로그램은 브렉시트 같은 지정학적 격동이 금융시장의 패닉에 구애받지 않고 발생하게 했다. 한편, 현재의 통화 세계가 미국의 금융 권력을 강화하고 있으므로 오늘날 통화 정책은 얼마 전까지에 비해 지정학적 특성을 더 많이 갖게 되었다. 연준은 어느 나라가 위기 때 달러 신용에 접근할 수 있는지를 결정하며, 연준의 금리 결정과 양적완화 결정은 다른 모든 국가의 경제에 제약 조건이 된다. 이러한 동학은 미국의 권력과 관련해 대서양-태평양의 옛 경제 공간에서 작동하는 해체적 압력을 강력하게 상쇄한다. 이런 점에서 보면, 다른 면에서는 커지고 있는 중국의 권력도 통화 영역에서는 취약하며, 그 영향은 유럽으로 흘러넘치고 있다.

이러한 세상의 윤곽을 그리기 위해 살펴볼 첫번째 역사는 지정학이며, 여기에서 핵심은 에너지다.[8] 출발점은 군의 에너지원으로서 석유가 석탄을 대체하던 시기에 석유와 자본이 풍부했던 미국이 지정학적 패권국으로 떠오른 시기다. 이 변화는 영국과 프랑스가 미국에 진 빚에 재정을 의존하게 된 제1차 세계대전(이하 '1차 대전') 시기에, 붕괴해가던 오스만 제국의 영토를 누가 가져갈지를 놓고 유럽 열강들 사이에서 벌어진 경합의 양상을 규정했다. 전간기에는 미국의 강력한 금융 권력이라는 조건에서 유럽 국가들이 어떻게 석유 안보를 달성할지를 놓고 벌인 갈등이 유럽의 위기에 근본적인 요인이었고 미국의 석유와 돈이 제2차 세계대전(이하 '2차 대전')의 결과를 결정적으로 좌우했다. 이어서 전후에 서유럽은 NATO라는 형태로 미국과 맺은 위계적 안보동맹과 중동으로부터의 석유 수입에 의존했다. 하지만 처음부터 중동과 튀르키예는 NATO에 복잡한 문제를 일으켰고, 서유럽은 영국이 그나마 남은 제국적 권력을 페르시아만에서 계속 유지해주는 데도 의존해야 했다. 다시 시간이 지나 1970년대에는, 그전까지 주로 유럽의 문제였던 해외 에너지 의존이 미국의 문제이기도 하게 되었는데, 하필 이때 중동에서 중요한 지정학적 역할을 해주던 영국이 중동에서 발을 빼고 있었다. 이러한 누적된 문제들의 결과 NATO 국가들은 소련, 튀르키예, 중동과의 관계에서 저마다 다른, 분열적인 경로를 걷게 되었다.

냉전은 냉전대로 그 자체의 긴 영향을 남겼고, 이제 그 영향은 중국이 전보다 훨씬 더 중대한 영향력을 갖게 된 세상에서 펼쳐지고 있다. 석유와 가스에 대해 말하자면, 미국은 1960년대 이래 어느 시기보다도 높은 에너지 자립 역량을 확보했고 금융 분야에서 가진 극단적인 강점이 이 권력을 한층 더 보완하고 있다. 되살아난 미국의 에너지 우위는 중동에서 지정학적 혼란을 일으키는 주요인이 되었다. 또한 이는 중국의 해외 석유 의존이 석유 시장에서 매우 중요한 요인이 되게 했고, 러시아는 유럽의 가스 시장에서 심각한 경쟁 상대[미국]를 갖게 되었다. 이러한 미-러 경쟁 관계는 우크라이나를 둘러싸고 냉전 종식 이후에 생겨난 단층선들, 그리고 튀르키예를 둘러싸고 더 오래전부터 있었던 단층선들을 압박했다. 여기에 더해, 중국이 세계 최대 탄소 배출국인 동시에 재생에너지 발전 및 그에 필요한 금속 생산에서 막대한 우위를 점하고 있다는 사실은, 녹색에너지가 화석연료에너지가 일으킨 지정학적 불안정과 동시적으로 작용하는 또 하나의 지정학적 불안정의 원천이 되었음을 의미한다.

이 책에서 살펴볼 두 번째 역사는 경제의 역사로, 화폐와 금융, 그리고 이번에도 역시 에너지의 요동에 대한 이야기다. 이 이야기의 출발점은 유럽의 역외 달러 시장이 일으킨 압박에서 브레턴우즈 체제가 붕괴하고 중동 석유를 수입하는 서구 국가들이 고유가 타격을 맞은 1970년대 초다.[9] 그 후 유럽에 닥친 곤경은 유로화의 탄생으로 이어졌다. 시간이 지나 1990년대 말경에는 통화, 석유, 금융 환경이 비교적 우호적인 형태로 안착되었고 중국이 세계 경제에 더 깊이 통합되고 있었다. 하지만 이는 석유 수급이 다시 불안정해지고 역외 달러 금융과 관련된 위험이 커지면서 일련의 새로운 충격을 촉발했다. 이에 대응하려는 노력에서, 서구의 중앙은행들은 2007년과 2008년에 다중적인 경제 붕괴를 일으키게 될 사건의 연쇄에 불을 댕겼다.

미국, EU, 중국의 정책 대응은 세계 경제를 다시 한번 재구성했다. 모든 곳에서 막대하게 쌓인 부채는 예전으로 돌아갈 수는 없음을 기정사실로 못 박았다. 연준은 부채 조달 비용이 지극히 낮은 신용 환경을 주도적으로 만들었고 다른 나라의 큰 은행들에 최종대부자 역할을 했다. 유로존 위기는 EU와 유로존 사이의 관계를 뒤흔들었고 영국의 EU 잔류 여부를 불투명하게 만들었다. 뒤이은 유럽중앙은행의 역할 변화 시도는 유로존을 정치적 림보에서 오도 가도 못하게 만들었다. 2010년대의 10년이 지나면서 세계 경제에, 특히 유럽에 중국의 중요성이 커졌다. 하지만 중국은 미국 연준의 새로운 권력에 제약을 받으며, 하이테크 제조 분야에서 독보적인 초강대국이 되려는 시진핑의 목표에 대한 미국의 견제로도 제약을 받는다. 이렇듯 경합하는 다중의 압력하에서, 세계 경제는 더 첨예한 지정학적 갈등의 장이 되었다.

이 책에서 알아볼 세 번째 역사는 민주정 국가의 정치다. 유럽과 북미에서 대의제 민주정은 사람들이 공동의 정치적 삶을 꾸려가기에 안정적이고 우월한 구조로 여겨져왔다. 하지만 모든 정부 형태가 그렇듯 대의제 민주정도 시간이 지나면서 그것이 생겨났을 당시의 지정학적·경제적 조건이 달라지면 불균형 상태로 떨어질 수 있다. 또한 역사적으로 대의제 민주정은 국가공동체주의[또는 민족주의]에 의존했는데, 국가공동체주의는 대의제 민주정의 작동에 꼭 필요하지만 불안정의 원천으로 작용할 소지도 그만큼 크다.

이러한 취약성은 대의제 민주정 정치체들이 생겨났을 때부터 존재했고, 미국의 민주공화정에서 특히 그랬다. 또한 이러한 취약성은 종종 부채로 인한 경제 위기 때 등장했다. 한편, 1930년대의 대공황 때는 유럽의 많은 민주정 국가가 무너졌지만 미국에서는 프랭클린 루스벨트Franklin Roosevelt의 뉴딜New Deal이 "경제적 운명 공동체"로서 대중에게 국가공동체주의를 재건하는 데 성공했다. 인종 정치로 얼룩지긴 했지만, 이것은 민주정 정치체를 구해내고자 할 때 개혁의 표준 모델로 자리잡았다. 2차 대전 이후 서유럽 각국의 정부도 민주주의의 기치 아래 국가가 국가 경제를 책임져야 한다는 전제에서 출발했고, 민주정 정치체가 지출해야 할 비용을 국제 자본 시장에서 빌려오는 돈보다 국민에게 걷는 조세로 충당할 권한을 인정받았다.

하지만 1970년대에 발생한 지정학적·경제적 변화는 이 같은 형태의 민주정 정치체의 작동을 뒤흔들기 시작했다. 각국 정부는 전보다 재정을 국제 자본 시장에 더 의존하고 자국 국민에게는 덜 의존했다. 또한 개방된 국제 자금 흐름과 새로운 무역협정들은 북미와 유럽의 제조 기업들이 일자리를 노동 비용이 싼 해외로 더 쉽게 옮길 수 있게 했고, 고도로 국제화된 금융은 부의 집중을 심화했다. 1990년대부터 모든 곳에서 민주정 국가의 정치는 노동자에게 돌아가는 몫이 지금보다 늘도록 경제를 개혁하라는 대중의 민주적 요구에 점점 더 반응하지 않게 되었다.

이러한 조건에서, 민주정은 자신 안에 존재하는 금권귀족정plutocracy의 경향성이 커지는 데 취약해졌고 개혁은 더 어려워졌다. 미국에서는 이 전환이 '시민의 범위에 누가 포함되는가'의 문제를 둘러싸고 광범위한 갈등을 촉발했다. EU에서는 통화연맹과 수없이 생겨난 조약들이 국가별로 국민에게 의견을 묻는 선거의 중요성을 희석했고 EU의 민주적 정당성을 잠식했다. 유럽 국가들의 국내 정치와 미국의 국내 정치 사이에 두드러진 차이점들이 나타났고, 이 차이는 유럽과 미국 모두에서 2010년대의 10년간 각자의 형태로 벌어진 격동으로 펼쳐졌다. 선거에서 '패자의 승복'이 그렇게 명시적으로 무너진 나라는 미국뿐이었다. 기성 정당들이 너무나 약해져서 선거에서 경쟁하는 데서조차 고전하게 된 나라는 프랑스뿐이었다. 다른 나라에서는 '노란 조끼Gilets Jaunes' 시위 같은 거리의 저항이 그렇게 끈질기게 지속되지는 않았다.

지정학, 경제, 민주정 국가의 정치라는 세 가지 역사를 기술한다고 해서 이로써 모든 것이 설명된다고 말하려는 건 아니다. 각각의 역사도 그렇고, 현재의 정치적 격동도 그렇다.[10] 여기에 제시하는 역사 분석은 부검하듯

세부 사항에 돋보기를 대기보다 전체적인 구도를 보는 데 초점을 둔 종합적 해석이다. 민주정에서의 정치 역학을 설명할 때는 미국, 오랜 EU 회원국들, 그리고 영국에 국한해 설명했다. 그리고 문화나 종교보다는 물적 갈등과 지정학적 권력에 비중을 두었는데, 정치 세계가 물적 영역으로 환원될 수 있다는 의미는 아니다. 내가 '시간'을 민주정 정치체에 불안정을 가져오는 원천으로 제시한 이유가 바로 물적 설명만으로는 충분하지 않아서다. 역사가 계속 종교에서 멀어져서 경제적 번영과 정치적 민주정의 세계로 나아간다는 자유주의의 가정은 오류가 있으며, 이 책에서는 다루지 않았지만 20세기와 21세기 초에 북미와 유럽에서 종교적·문화적 경험이 일으킨 정치적 영향은 매우 중요하다.[11]

기후변화의 막중한 현실이 코앞에 닥친 시점임을 생각하면 새삼 충격적이게도, 이 책에서 나는 세 가지 역사 중 앞의 두 가지에서(그리고 어느 정도는 세 번째에서도) 두 화석연료[석유와 천연가스]에너지의 중심성을 강조했다. 물리학자 제프리 웨스트 Geoffrey West가 대중 과학서 『스케일 Scale』에서 재치 있게 말한 것처럼 "다 에너지 때문이야, 멍청아"[12]라고까지 말할 수는 없더라도, 석유와 가스의 생산·소비·수송을 이해하지 않고는 21세기 초의 경제와 정치를 제대로 이해할 수 없다.

과거에서 현재로의 역사적 경로를 이해하는 데는 특히 석유가 중요하다. 석유는 배와 비행기의 연료라서 군사력이 의존하는 에너지원이다. 또한 석유는 우리가 알고 있는 모습의 일상생활에서도 근본적이다. 상업 농경에 사용되는 비료와 농약부터 트럭을 통한 육상 운송과 선박을 통한 해상 운송까지, 식품의 생산과 공급망은 석유에 의존한다. 석유에서 나오는 석유화학 물질들은 플라스틱과 의료 장비에 필수 불가결한 요소다. 또한 녹색에너지를 향한 열망에는 몹시 곤란하게도, 현재로서 석유는 태양광 패널, 배터리, 전기차 등의 제조에도 필요하다.

대안 에너지의 미래를 향한 희망이 석유와 가스의 현재적 중요성을 감소시키지는 않는다. 명백히 석유와 가스는 2010년대 10년간의 격동에서 중요한 원인이었다. 마찬가지로 이번[2020년대] 10년간의 정치는 녹색에너지의 촉진이라는 맥락 밖에서는 제대로 이해하기 어려울 것이다. 어떤 문명이라도 에너지가 기저의 물적 기반이라면, 에너지 영역에서 발생하는 변화의 중요성은 더 말할 필요도 없을 것이다.[13] 현재까지의 인간 역사에서는 경제 발전이 더 많은 에너지 소비의 함수였다.[14] 그런데 오늘날 녹색에너지로 전환하려는 노력에서는 새로운 기술을 통해 이 오랜 관계를 바꾸려는 시도가 핵심이다.[15]

에너지와 정치를 연결하는 모든 분석은 '시간적 불일치temporal disjuncture'의 위험으로 뛰어드는 것이나 마찬가지다. 산업혁명 시기에, 오래도록 저장되어 있던 고대의 햇빛(석탄)을 에너지원으로 삼는 쪽으로 전환이 이루어지면서 경제와 생태의 시간이 재설정되었다. 인간과 생물권biosphere의 관계에서 안정성이 깨졌고, 인간의 경제적 삶이 자원이 점진적으로 고갈되는 가운데 지속적인 기술 혁신을 벌이는 데 달려 있게 되었다. 그것이 성공할지에 대한 선험적 보장은 전혀 없는 채로 말이다.[16] 하지만 이 전환에서 물질적으로, 또 문화적으로 집합적인 쟁투가 펼쳐지는 장소로서 정치적 장의 중요성은 줄지 않았다. 에너지만으로 지난 10년간의 정치적 교란이 설명된다면 이 책의 두 번째 역사와 세 번째 역사는 그리 많은 이야기를 보태줄 수 없을 것이다. 하지만 정치는 정치대로 그 자신의 문제를 일으킨다. 정치도 에너지가 사용될 때면 언제나 발생하기 마련인 '엔트로피'의 위험이 있다. 정치 질서를 구축하고 유지하려는 시도는 미래에 만개할 무질서의 씨앗을 필연적으로 산출한다.

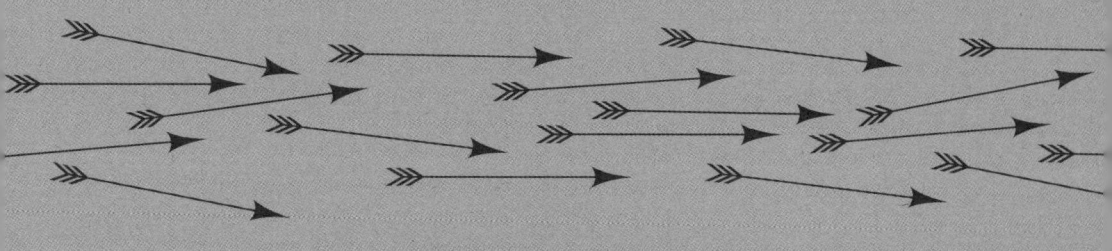

1부

지정학

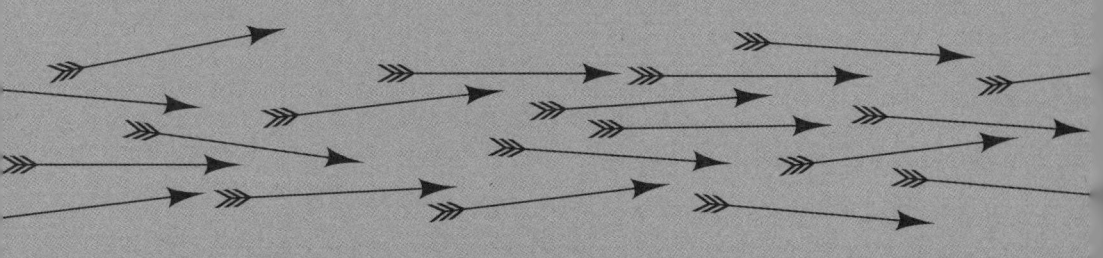

| 1장 | **석유 시대의 시작**

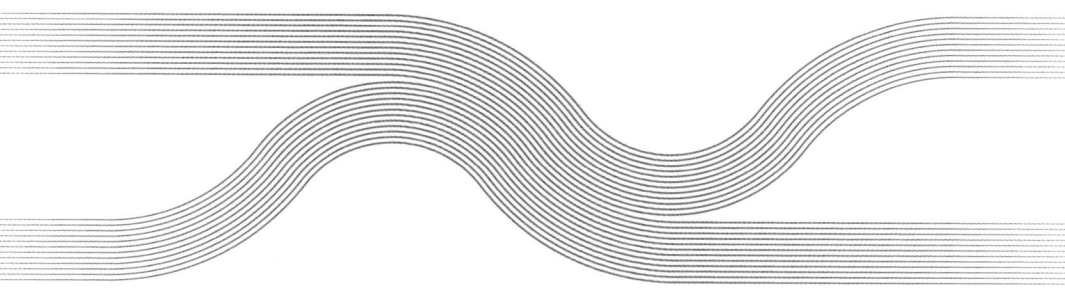

2018년 5월, 도널드 트럼프는 전임 대통령 버락 오바마Barack Obama 주도로 이뤄진 이란 핵 합의Joint Comprehensive Plan of Action, JCPOA[포괄적 공동행동 계획]에서 탈퇴하겠다고 선언했다. 이란 경제 제재를 재개하면서 트럼프는 이란 핵 합의가 미국의 권력에 대한 배신이었다고 말했다. 그는 "미국이 가장 큰 레버리지를 가진 시점이었는데도 그 재앙적인 합의가 거대한 테러 정권에 (…) 수십억 달러를 퍼주었다"며 그럼으로써 "그 독재자가 (…) 핵 탑재가 가능한 미사일을 만들고, 테러를 지원하고, 중동 전역과 그 너머에까지 혼란을 일으키도록 허용했다"고 비난했다.¹ 트럼프의 행동은 이란만이 아니라 영국, 프랑스, 독일, EU, 중국과도 대치 국면을 불러왔다. 이들 모두(그리고 러시아도) 이란 핵 합의 당사국이었는데, 미국이 새로 부과한 이란 제재가 역외 적용 조항을 담고 있어서 이 국가들이 이란과 교역하는 것까지 제약했기 때문이다. 2019년에 미국은 이란 석유를 운송하는 중국 기업들에 성공적으로 제재를 가한 상태였고, 이 때문에 중국의 이란산 석유 수입이 크게 감소했다. EU는 미국의 제재 범위 밖에서 이란과 금융 거래를 할 방법을 찾으려 했지만, 유럽 기업들이 달러 표시 대금을 결제하기 위해 미국 은행 시스템에 의존했기 때문에 이들이 이란의 에너지 분야에서 활동하기는 거의 불

가능했다.

트럼프는 이 같은 일방적인 미국의 위력 과시를 "최대 경제 압박"이라고 불렀다.[2] 하지만 트럼프의 행동은 페르시아만에서 이란의 군사 대응을 불러왔고, 이는 중동에서 미국의 군사력이 바스러지기 쉬울 정도로 취약한 상태임을 드러냈다. 호르무즈해협(페르시아만을 인도양으로 연결하는 좁은 길목으로, 세계 하루 석유 물동량의 20퍼센트가 여기를 지나간다)에 면해 있어서 이란은 잠재적으로 세계 경제에 심각한 피해를 입힐 수 있다. 이란이 선박 통행을 교란할지 모른다는 우려에서 트럼프 행정부는 페르시아만과 아라비아해에 해군과 공군을 더 많이 배치했다. 하지만 2019년 여름에 이란이 호르무즈해협 상공에서 미군의 정찰용 무인기를 격추하고, 호르무즈해협에서 영국 유조선을 나포하고, 이어서 사우디아라비아 아브카이크에 있는 석유 시설(하루에 최대 700만 배럴을 처리할 수 있는 시설이다)을 직접 혹은 대리 세력을 내세워 공격했는데도, 미국의 군사 대응은 없었다.

그러는 동안, 중동 문제를 둘러싸고 NATO의 깊은 불일치가 가시적으로 드러났다. 그해 7월 트럼프 행정부가 호르무즈해협에서 항행을 보호하기 위해 NATO 차원의 다국적 감시 작전을 전개하자고 제안했을 때, NATO의 유럽 국가들은 일축했다. 이란이 영국 유조선을 나포한 뒤, 영국 정부는 유조선 보호를 위한 유럽 차원의[미국이 주도하는 데 참여하는 것이 아닌] 합동 작전을 주장했다. 그런데 EU에서 이를 논의하는 동안 영국 총리가 테레사 메이Theresa May에서 보리스 존슨으로 바뀌었고, 존슨은 거의 곧바로 미국이 이끄는 작전에 영국 해군이 참여하도록 지시했다. 2020년 1월 영국이 EU를 탈퇴한 뒤에도 EU는 여전히 분열되어 있었다. 그 달에 프랑스는 8개 EU 회원국의 지지와 함께 호르무즈해협에서 '유럽 해상 감시 작전European Maritime Surveillance Mission'을 실시할 것이라고 발표했다. 하지만 독일은 열의가 없었고 이 작전에 군함과 전투기를 하나도 제공하지 않았다.[3]

페르시아만이 이러한 지정학적 단층선의 장소가 된 것은 중동의 막대한 석유와 가스 때문이다. 그 기원은 석탄에너지의 시대가 석탄과 석유에너지의 시대로 넘어가면서 지정학적 공간으로서의 유라시아를, 그리고 유라시아와 서반구 사이의 관계를 근본적으로 변화시킨 20세기 초로 거슬러 올라간다. 석탄의 시대에 유럽은 (역사학자 케네스 포메란츠Kenneth Pomeranz의 참으로 적절한 표현을 빌리면) "에너지 혁명에 필수적인 요소가 된 지리적 행운"에서 이득을 얻었다.⁴ 하지만 석탄과 더불어 석유가 중요한 에너지원이 되자 유럽 국가들은 제국을 거느리고 있었음에도 불구하고 미국과 러시아에 비해 지리적으로 막대하게 불리해졌다. 석유가 부족한 몇몇 유럽 국가는 중동에서 에너지원을 찾아나섰고, 이들의 성공과 실패가 20세기의 양상을 규정하게 된다. 그리고 유럽의 제국들이 사라진 지 오래인 21세기 초입에, 중국도 이란으로 눈을 돌리게 된다. 하지만 오늘날 중동의 지정학에는 석유 시대가 시작되었을 때 중동의 에너지원을 그리 필요로 하지 않았던 두 국가, 미국과 러시아가 여전히 크게 영향을 미친다. 미국이 1990년대에 이 지역을 자신의 세력권에 넣으려 했던 시도는 이제 거의 사그라들었지만, 페르시아만 안팎에 미 해군이 계속 주둔한다는 점은 오늘날 석유 안보와 관련해 핵심적인 지정학적 사실이다. 그리고 2010년대와 달리, 이제 미국은 이 권력을 '러시아도 군사를 주둔시키고 있는 중동'에서 행사해야 한다.

비非유라시아 국가의 유라시아 권력

미국 권력의 핵심에는 역설적인 사실이 하나 있다. 20세기를 거치면서 미국은 (역사학자 존 다윈John Darwin의 말을 빌리면) "근현대 세계의 무게 중심"은 여전히 유라시아에 있었는데도 세계 패권국이 되었다.⁵ 비유라시아 국가로서, 미국이 자기 영토를 갖춘 주체로 발달해간 과정은 놀랍도록 독특했다.

독립 전쟁으로 식민지 13개 주가 독립한 뒤 연방 공화정으로 성립된 미국은, 유럽 열강 사이의 분쟁에 영향을 받거나 (비교적 짧게 멕시코와 교전을 벌인 것을 제외하면) 중대한 군사적 도전에 직면하지 않은 채로 북미 대륙의 서쪽으로 매우 빠르고 거침없이 확장했다.[6] 빠르게 성장하는 대륙적 제국으로서, 미국은 (영국의 도움이 약간 있긴 했지만) 전에 남북미 대륙을 식민화했던 유럽의 제국 열강들이 들어올 문을 닫아버릴 수 있었다.

서반구에서 우위를 확고히 하는 한편, 19세기 중반부터 미국은 태평양 쪽 아시아에 갖고 있던 오랜 경제적 이해관계를 군사 행동으로 뒷받침하기 시작했다. 영국과 중국 사이에 벌어진 2차 아편 전쟁에 개입했고 일본을 미국과 유럽의 교역에 개방시키고자 해군력을 사용했다. 1880년대 무렵이면 앨프리드 세이어 머핸Alfred Thayer Mahan[19세기 미국 군사 전략에서 가장 중요한 인물로 꼽히는 해군 지정학 전략가로, '해양력sea power'이라는 개념을 주창했다]의 영향을 많이 받은 미국 정책결정자들은 유라시아에서 미국의 상업적 입지를 크게 높이는 길이 해군력이라고 생각했다. 현대화된 미 해군은 1898년에 두 차례의 굵직한 전투에서 스페인을 누르고 승리하면서 처음으로 필리핀에 유라시아 영토를 갖게 되었다. 시어도어 루스벨트Theodore Roosevelt 임기 때는 대백색함대Great White Fleet가 1년 넘게 세계를 일주하며 해군 강국으로서 미국의 위상을 과시했다.

하지만 미국이 해군 패권국으로서 입지를 주장하기 시작한 시기에 유라시아는 영국 해군의 우위를 발판으로 여전히 영국 제국이 장악하고 있었다. 장기적으로는 영토의 크기와 인구 규모가 영국 대비 미국에 지정학적인 이점을 주게 되지만, 더 즉각적으로 미국에 이득을 준 것은 석유였다.[7] 에너지 과학자이자 역사학자인 바츨라프 스밀Vaclav Smil이 말했듯이, 20세기 초입이면 석유는 그때까지 "압도적으로 농촌 사회이자 나무로 연료를 때던, 그리고 글로벌 중요성이 미미했던 사회"를, 유럽인들을 황홀하게 만들 만큼

경제적·기술적으로 발달한 산업 강국으로 바꾸어놓으면서 지정학적으로도 미국의 위상을 변모시켰다.[8]

1860년대에 펜실베이니아에서 석유가 상업용으로 추출되기 시작했고 1870년대 무렵에는 미국 석유회사 스탠더드오일이 석유 정제와 운송에서 독보적인 위치를 차지했다. 처음에 석유 수요는 빛을 밝히기 위한 등유 수요였다. 1891년에 《애틀랜틱》에 실린 한 기사는 "우리는 성경보다 등유를 더 많이 사용한다"며 등유가 "저렴한 가격 덕에 전 세계 사람들에게 빛이 되었다"고 언급했다.[9]

19세기의 마지막 20~30년 동안 비중 있게 석유를 생산하는 다른 지역은 러시아가 유일했다. 대체로 러시아 석유가 육지로 둘러싸인 카스피해의 바쿠 지역에서 나왔기 때문에 처음에는 수출을 할 수 없었다.[10] 하지만 1878년 러시아가 흑해의 남동 연안에 면한 항구 도시 바투미를 오스만 제국으로부터 병합하면서, 철도와 파이프를 통해 바쿠의 유전에서 유럽으로 러시아 석유를 수송힐 수 있게 되었다. 이제 미국의 석유 생산지와 러시아의 석유 생산지가 소비 시장을 놓고 경쟁하게 되었다. 1890년대에 유럽 시장을 두고 미국 석유를 파는 스탠더드오일과 러시아 석유를 파는 두 유럽 회사(노벨브라더스 페트롤리엄프로덕션컴퍼니와 카스피안앤블랙시 페트롤리엄컴퍼니) 사이에 치열한 경쟁이 벌어졌다.[11] 이 상업적 라이벌 관계는 러시아 석유를 파는 회사들이 아시아 시장에서도 스탠더드오일과 경쟁하기 위해 수에즈 운하로 석유를 운송하고자 최초로 유조선을 사용하면서 한층 더 격화되었다. 스탠더드오일과 유럽 석유 회사들이 세계 시장을 분할해 나눠 갖는 합의를 시도해보기도 했지만 이러한 협력 시도는 매번 무산되었다.[12]

1898년에서 1902년까지의 짧은 기간 동안 러시아는 미국을 세계 최대 석유생산국 자리에서 몰아냈다.[13] 하지만 미국의 석유 산업은 여전히 중대한 강점이 있었다. 1908년부터 헨리 포드가 내연기관 차량인 모델 T를 대량 생산하면서 석유 수요가 대거 달라졌다(아직은 휘발유가 포드의 새 자동차를 굴릴 수 있는 여러 연료원 중 하나에 불과했지만 말이다). 이어서 미시간의 거대한 포드 공장에서 휘발유로 가는 자동차가 생산되면서, 자동차는 미국의 기술 혁신과 산업적 소비주의의 주요 상징이 되었다. 1911년 미국 대법원이 [반독점법에 의거해] 스탠더드오일의 해체를 명령하면서 여러 기업으로 쪼개지는 일이 있긴 했지만, 미국 국내 정치에서 석유 산업의 성장을 가로막는 것은 없었다. 대조적으로, 러시아의 국내 정치 상황은 러시아 석유 산업을 거의 붕괴시켰다. 스탈린이 지역의 조직가로서 본격적으로 활동을 시작한 바쿠와 바투미는 혁명의 중심지였다. 1905년 러시아 혁명의 와중에는 [아르메니아인들과의 학살전에서] 아르메니아인들을 몰살시키려 한 타타르인들이 바쿠의 유전 중 3분의 2에 불을 질렀고, 러시아의 석유 수출은 향후 10년간 회복되지 못했다.[14] 그 결과, 1차 대전이 일어났을 무렵 석유 생산은 서반구가 압도적이었다. 미국이 세계 석유의 거의 3분의 2를 공급했고 멕시코는 세계 3위의 석유생산국이 되었다.

    미국이 석유 산업을 지배하자 유럽은 절박한 불안에 휩싸였다.[15] 오스트리아-헝가리를 제외하면 유럽 열강들은 석유가 부족했고 네덜란드 동인도회사와 영국령 버마(현 미얀마)를 제외하면 이들의 식민지도 마찬가지였다. 아시아나 아프리카와 달리 중동은 이제까지 유럽의 영토적 지배에 비교적 잘 저항해왔지만 이제 유럽 열강들이 미국과의 경쟁에서 희망을 걸 곳은 중동이었다. 1908년에 페르시아[이란]에서 석유가 발견되었다. 이곳은 공식적으로는 독립된 입헌군주국이었지만 실질적으로는 영국과 러시아의 영향력하에 있는 이런저런 지역들로 나뉘어 있었다. 오스만 제국이 통치하는 메소포타미아에도 어마어마한 석유가 매장되어 있으리라고 전망되었다.

    영국과 독일은 이러한 중동의 석유 자원을 확보하고자 했다. 영국과 독일 기업들이 1912년에 터키 페트롤리엄컴퍼니 컨소시엄을 만드는 데서 협력하긴 했지만, 1차 대전 이전에 중동의 석유는 영국과 독일 간에 경쟁 관계를 일으키는 주요 요인이었다.[16] 영국군이 페르시아만 남단에 주둔하고 인도를 식민 지배한 것이 영국 쪽에 명백한 우위를 주었다면, 독일의 카이저 빌헬름 2세는 권좌에 올랐을 때부터 오스만 제국과 자원 협력 관계를 구축하는 데 꾸준히 공을 들였다. 이와 관련해 도이체방크는 오스만 제국으로부터 아나톨리아의 콘야에서 바그다드와 바스라까지 이어지는 철도 부설권을 얻어냈다. 이 철도는 베를린과 비잔티움(당시 콘스탄티니예, 현 이스탄불)을 잇는 철도와 연결될 수 있었다. 이에 못지않게 중요한 것으로, 철도 인근 지역의 석유 탐사권도 도이체방크가 양허concession를 얻은 이권에 포함되어 있었다.

'석유를 동력원으로 하는 해군'이라는 전망은 이 야망을 한층 더 독려했다. 1890년대 말부터 대부분의 주요 열강에서 해군 전략가들이 함대의 동력원으로 석유를 사용하는 실험을 시작했다.[17] 이것은 테크놀로지 영역에서만의 과제가 전혀 아니었다. 세계 최대의 해군력을 보유한 영국은 다른 열강이 결정적인 움직임을 밟으면 잃을 게 가장 많았던 터라, 석유만으로 가는 함선을 건조할 수 있는 역량을 가장 먼저 갖추었다.[18] 하지만 영국이 석유로 방향을 틀려면 국내 매장량이 풍부하다는 장점이 있었던 에너지원(석탄)을 포기해야 했고, 당시 새 에너지원(석유)을 수입해올 수 있는 곳은 미국과 버마뿐이었다. 1911년에 해군장관으로 임명된 윈스턴 처칠Winston Churchill은 영국 해군의 에너지원을 석탄에서 석유로 완전히 대체하기로 결정했다. 처칠은 이를 실현하기 위해 "수많은 문제에 대응해 무기를 들어야 할 것"이라고 말했다.[19] 그리고 처칠은 [석유로 동력원이 완전히 대체된] 새로운 세상에서 영국이 취할 수 있는 현명한 방위는 영국 해군력으로 직접 보호할 수 있는 해상 경로들을 활용해 석유 공급을 다변화하는 것뿐이라고 생각했다.[20] 이를 위해 1914년에 허버트 애스퀴스Herbert Asquith 내각(여기에서 처칠이 해군장관이었다)은 앵글로-페르시안오일컴퍼니APOC의 경영권 지분을 확보했다. 이제까지 영국의 민간 기업이었던 이 회사는 페르시아에서 발견되기 시작하던 유전에 대한 이권과 영국 해군에 들어가는 공급 계약을 가지고 있었다.

1차 대전은 석유의 지정학적 중요성을 빠르게 높였고 석유 산업에서 미국의 우위를 강화했다.[21] 환경역사학자 댄 타미르Dan Tamir가 언급했듯이, 1차 대전 중 "석유는 20세기의 압도적인 자원이 되었다."[22] 석유 기반 해군과 내연기관의 발달은 '석유에 접근할 수 있느냐'를 전쟁 수행의 전제 조건이 되게 했다. 독일이 오스만 제국을 설득해 [1차 대전을 일으킨] 동맹국Central Powers에 합류하게 하고 오스만 제국이 다르다넬스해협을 봉쇄해 흑해에서 지중해로 가는 경로를 막으면서, 러시아 석유가 영국과 프랑스에 거의 들어올 수 없게 되었다. 처칠의 희망과 달리, 결국 영국은 의존할 국가가 하나밖에 없었고 확실한 해상 수송 경로도 대서양밖에 없었다. 독일은 독일대로 문제가 있었는데, 독일이 유럽에서 전쟁을 일으키고자 했을 때 생각했던 그림은 석탄을 때는 철도를 통해 병력과 군수품을 운반하는 전쟁이었다.[23] 석유로 가는 해군과 잠수함, 그리고 나중에는 석유로 가는 트럭과 비행기로 수행하는 전쟁에서 독일과 오스트리아-헝가리는 선택지가 부족했다. 독일 황제 빌헬름 2세가 오랫동안 오스만 제국과 자원 협력 관계를 구축하기 위해 노력한 것이 무색하게도 1914년 8월에 동맹국이 장악하고 있는 석유 지역은 오스트리아-헝가리 북동쪽의 오스트리아 왕령 갈리시아뿐이었는데, 이곳의 석유를 아드리아해 연안의 독일 군항 도시 폴라까지 쉽게 운송할 방법이 없었다.[24] 1915년 오스트리아-헝가리 제국이 갈리시아 전투에서 러시아에 패하면서 동맹국은 거의 1년 내내 갈리시아에서 오는 석유 공급이 끊기는 상황에 직면했다. 이제 동맹국은 루마니아의 유전을 장악할 수 있는 한에서만 생존할 수 있었는데, 그게 얼마나 오래 가능했는지는 우리가 익히 아는 대로다.

연합국의 구조적인 에너지 우위에 맞서려면 독일은 대서양에서 오는 석유를 차단해야 했다. 한동안 독일 잠수함이 수많은 유조선을 파괴했다. 하지만 영국 해군이 마침내 호송선단시스템convoy system을 구축하자 독일은 회복될 수 없었다. 1917년 말 무렵이면 미국이 공급하는 석유 덕분에 모터 달린 수송 수단을 굴릴 수 있게 된 연합국 군대가 동맹국 군대보다 훨씬 기동성이 뛰어났다. 1918년에 독일은 석유를 더 확보하기 위해 마지막 수를 시도했다. 브레스트-리토프스크 조약Brest-Litovsk treaty[1918년 3월, 이전해에 혁명으로 수립된 소비에트 정부가 교전 상대국인 독일 등과 체결한 단독 강화조약. 이로써 러시아는 전쟁에서 이탈했다]을 체결하고 몇 개월 뒤, 독일은 바쿠에서 생산되는 석유의 4분의 1에 대해 비밀리에 소련과 협정을 맺었다. 이제까지 동지였던 오스만 제국이 바쿠를 장악하지 못하게 하려고 에리히 루덴도르프 장군이 독일군을 바쿠로 보냈지만 성공하지 못했다[바쿠는 오스만, 영국, 소비에트, 독일 모두가 눈독을 들이는 곳이어서 복잡한 쟁탈전이 벌어졌다. 이 쟁탈전에서 독일은 강력한 행위자가 아니었다].²⁵ 전쟁이 끝났을 때 영국 외무장관은 "연합국의 대의가 석유의 파도를 타고 승리했다"고 말했다.²⁶ 그리고 그 석유의 80퍼센트는 미국이 공급한 것이었다.

새로운 금융 제국의 황제는 유라시아 옷이 없다

유라시아에서 미국의 금융 권력은 미국의 석유 권력을 강화했다. 전쟁 전에는 영국이 세계 최대의 채권국이었다. 1913년에 연준을 설립한 사람들은 미국에 중앙은행이 있으면 영국의 금융 권력을 줄이고 유라시아에서 달러 사용을 촉진하는 수단이 되리라고 생각했다.²⁷ 그런데 1914년 8월에 1차 대전이 시작되자, 영국과 프랑스가 전쟁을 하려면 미국의 물자와 식품이 필요하고 그 대금을 지불하려면 미국이 제공하는 신용이 필요하다는 점이 곧바로 명백해졌다. 곧 금 보유량이 대거 대서양의 서쪽을 향해 이동했고 미국 제조품의 무역 흑자가 크게 증가했다. 1920년대 초 무렵이면 세계의 금 대부분을 미국이 보유하고 있었다. 그리고 한두 해가 지나자 처음으로 각국 중앙은행에서 스털링으로 보유한 외환보다 달러로 보유한 외환이 더 많아졌다.[28] 영국과 프랑스의 전쟁 부채는 심각한 금융 의존성을 불러왔다. 1920년 미 대선에서 워런 하딩Warren Harding이 승리한 뒤 워싱턴 주재 영국 대사는 미국의 새 행정부가 "우리가 빚을 갚지 않는 한 우리를 봉건제후국으로 취급할 기회를 잡으려 할 것"이라고 한탄했다.[29] 1923년에 영국은 마지못해 부채 협상을 받아들였는데, 영국 총리 앤드류 보나르 로Andrew Bonar Law는 익명으로 《타임스》에 쓴 글에서 자신의 재무장관이 마지못해 합의해온 협정의 조건이 너무 가혹하다고 불평했다.[30]

하지만 막대한 금융 권력에도 불구하고 미국이 유라시아에서 실질적으로 얼마나 지정학적 권력을 행사할 수 있는지는 지리적 요인, 유럽의 지속적인 석유 야망, 그리고 미국 자신의 국내 정치 상황에 크게 제약받았다.[31] 전간기 미국의 권력을 제약했던 이 요인들은 오늘날 작동하는 지정학적 단층선과도 여전히 관련이 있으며, 1차 대전 이후 유럽 국가들이 미국 석유에의 의존을 벗어나려 한 시도에서 실패한 것도 오늘날까지 관련이 있다.

미국 권력의 취약성이 가장 두드러지게 드러난 곳은 중동이었다. 1차 대전 후 주된 지정학적 전리품은 석유가 풍부한 구 오스만 제국의 중동 영토, 그리고 이와 관련해 이스탄불과 다르다넬스해협을 전략적으로 장악할 수 있는 권리였다.[32] 그런데 미국의 1차 대전 참전을 결정한 대통령 우드로 윌슨Woodrow Wilson은 오스만 제국에는 선전포고를 하지 않았다(그렇다고 전후 세계 질서를 구상한 '윌슨의 14개조'에서 오스만 제국과 다르다넬스해협이 어떻게 되어야 하는지를 말하지 않은 것은 아니었지만 말이다). 따라서 1차 대전 후에 법적으로 미국은 오스만 제국의 해체와 관련된 어느 조약에서도 당사국이 아니었다.³³ 베르사유 강화회의에서 미국이 구 오스만 제국의 여러 영토를 공식적으로 병합하지는 않는 채로 위임통치mandate하는 안이 다양하게 나왔지만, 윌슨은 "미국이 아시아에서 군사적 책임 부담을 지는 것보다 미국 국민들이 더 받아들이기 싫어할 일도 없을 것"이라며 일축했다.³⁴

대조적으로, 1914년 여름부터 유럽 열강들은 중동과 아나톨리아로 자신의 제국을 확장하고 콘스탄티노플을 거쳐 흑해와 에게해를 연결하는 물길을 장악하기 위해 군사적으로 경쟁했다. 독일 황제 빌헬름 2세는 오스만 제국을 동맹국으로 전쟁에 끌어들이면서 오스만 제국이 영국, 프랑스, 러시아에 맞서는 이슬람 성전[지하드]을 선포하게 했다. 중동부터 인도까지 걸쳐 있는 무슬림들이 이에 응답해 봉기를 일으키면 다르다넬스부터 페르시아만까지 독일의 영향권에 들어오게 할 수 있으리라는 계산이었다.³⁵ 전쟁이 시작되자 영국은 페르시아 아바단의 석유 정제 시설을 보호하기 위해 영국령 인도군Britihs Indian Army을 이동 배치했고 메소포타미아의 바스라[현재의 이라크에 있다]를 점령했다. 나중에는 영국 제국군이 바그다드와 모술을 장악했다. 전쟁 중에 영국, 프랑스, 러시아는 승리할 경우 오스만 제국을 어떻게 분할할지를 정한 비밀 조약을 맺었고(이를테면 러시아가 콘스탄티노플을 갖게 되어 있었다), 그 외에도 이탈리아가 아나톨리아 남서부의 상당 지역을 갖게 하는 것을 포함해 영토 이전에 관한 여러 비밀 협상이 이루어졌다. 독일이 1918년 봄의 공격에서 승리했다면 오스만 제국과 함께 중동과 캅카스를 지배하고 페르시아를 복속시킬 수 있었을 것이다.³⁶ 하지만 현실에서 영국과 프랑스는 오스만 제국에 정전협정을 강요했다. 이로써 다르다넬스해협이 영국 통제하에 들어갔고 오스만 제국은 바쿠와 바투미가 있는 캅카스에서 쫓겨났다. 하지만 곧 이는 과도하게 야심 찬 일이었던 것으로 판명되었다. 영국은 다르다넬스해협을 유지할 역량이 없었고, 캅카스는 소련군이 다시 장악했다. 또한 영국은 그리스가 콘스탄티노플을 차지해주기를 바랐지만 튀르키예민족운동Turkish National Movement이 성공적으로 독립 전쟁을 치르면서 무산되었다. 그렇더라도 영국은 국제연맹League of Nations[유엔의 전신]이 구성한 위임통치 시스템에서 메소포타미아와 팔레스타인의 행정통치권을 갖게 되면서, 1차 대전 후에 강국으로 다시 부상했다. 페르시아에서 영국의 세력권은 유지되었을 뿐 아니라 다른 열강과의 경쟁에서 전보다 더 안전하게 유지되었다. 1923년에 로잔 조약에서 다르다넬스의 무장해제와 항행의 자유가 결의된 것도 영국에 유리한 일이었다.[37] 1920년에 이라크에서 폭동이 일어나 [직접 통치 방식으로 예정되었던] 메소포타미아 위임통치가 시작도 하기 전에 끝났고 1922년에 이라크가 명목상 독립 국가가 되었지만, 영국은 지정학적 공간으로서 이라크에 대한 통제력을 유지했고 이로써 페르시아만을 맨 위부터 영국의 보호령이 된 만 어귀의 여러 토후국까지 지배할 수 있게 되었다.

전쟁 후에 미국은 중동에 미군이 주둔하지 않는다는 것의 의미를 뼈져리게 알고 있었고 영국과 프랑스의 석유 자립을 위한 움직임이 의미하는 바도 잘 알고 있었다.[38] 미국은 연합국에 석유를 상당 부분 공급했지만 1919년에는 석유 순수입국이 되었고 이후 3년간 계속 그랬다. 윌슨은 "우리에게 필요한 공급량을 국내외에서 확실하게 확보할 방법이 없어 보인다"고 말했다.[39] 강화회의 이후 영국은 뉴욕 스탠더드오일이 전쟁 전에 팔레스타인에 가지고 있었던 이권의 재확보를 막았고 미국 지질학자들이 메소포타미아에 탐사하러 들어오는 것도 막았다. 이어서 1920년에 영국과 프랑스는 터키 페트롤리엄컴퍼니의 독일 지분(25퍼센트였다)을 프랑스에 넘기는 '산 레모 석유 협정San Remo Oil Agreement'을 체결해 미국을 분노하게 했다.[40] 1919~1920년 무렵이면, 영국 기업이 세계 석유 공급에서 차지하는 비중은 5퍼센트도 안 되었지만 이들은 알려진 석유 매장량 중 적어도 절반을 소유하고 있었다.[41] 미 국무부는 이라크 정부와 터키 페트롤리엄컴퍼니가 전쟁 전에 오스만 제국이 양허했던 이권에 대해 협정을 맺지 못하게 방해하려 했다(미국은 옛 양허가 무효라고 주장했다).[42] 하지만 1927년에 터키 페트롤리엄컴퍼니는 양허를 재확보했고 그해에 이라크에서 석유가 발견되었다.

    1920년대 후반에 미국의 입지가 나아지기는 했다. 국내 석유 수급과 관련된 즉각적인 우려는 텍사스에서 거대한 매장고가 발견되면서 어느 정도 완화되었다. 이라크 유전에 미국 자본이 들어오는 게 자신에게도 득이 될 수 있겠다고 판단한 영국은 뉴저지 스탠더드오일과 뉴욕 스탠더드오일이 포함된 미국 컨소시엄이 새로워진 터키 페트롤리엄컴퍼니(이제는 '이라크 페트롤리엄컴퍼니')에 참여할 수 있게 허용했다. 하지만 미국 회사들은 여전히 프랑스와 영국의 제약을 받았다. 1928년에 이라크 페트롤리엄컴퍼니는 레드 라인 협정Red Line Agreement을 통해 컨소시엄의 각 파트너가 1914년 이전 오스만 제국 영토 중 다른 어떤 곳에서 이뤄지는 독립적인 석유 탐사 활동에도 비토를 놓을 수 있게 했는데, 이는 앵글로-페르시안 오일컴퍼니를 통해 영국 정부가 비토를 놓을 수 있다는 의미였다. 이 협정은 이라크 페트롤리엄컴퍼니에 합류한 미국 기업들이 페르시아만 서쪽에서 사실상 탐사를 할 수 없게 했다. 1929년 영국 정부는 캘리포니아 스탠더드오일이 바레인에서 굴착을 하게 허용할 만큼은 누그러졌다. 1932년에 바레인에서 석유가 발견되면서 사우디에도 석유가 있으리라는 전망이 높아졌다. 영국과는 다른 계산으로 움직이던 영국 관료 잭 필비Jack Philby가 짠 이중적인 판에서, 사우디 국왕(필비가 그의 자문이었다)은 영국이 비중 있게 참여하고 있는 이라크 페트롤리엄컴퍼니가 아니라 미국 기업인 캘리포니아 스탠더드오일에 배타적 탐사권을 주었다.[43] 훗날 이곳의 석유 덕분에 미국은 유럽 국가들에 비해 막대한 우위를 갖게 된다. 하지만 미국이 사우디에서 갖게 된 상업적 입지는 본래 페르시아만과 이라크에 미국의 지정학적 취약함과 영국의 지정학적 강력함이 공존하던 상황에서 생겨난 것이었다.

※ ※ ※

    1914년부터 1941년 사이에 미국의 국내 정치도 미국이 군사력과 금융력을 사용해 유라시아에서 확고한 패권국으로 행동하는 것을 불가능하게 만들었다.[44] 이러한 국내적 제약은 1차 대전 시작 무렵부터 명확했다. 전쟁 중에 미국이 유라시아에 신용을 제공한 것은 '정부'가 한 일이 아니었다. 윌슨 대통령이 단호하게 미국의 군사 개입을 반대하자 영국은 월가로 눈을 돌려 미국에서 유럽으로 가는 신용 라인을 확보하려 했다. 뉴욕의 은행 중 하나인 JP모건이 영국과 프랑스의, 그리고 그 연장선에서 연합국의 구매 에이전트이자 채권자가 되었다. 윌슨은 (성공하지는 못했지만) JP모건을 제약하려 했는데, 이는 많은 유권자들, 특히 미시시피보다 서부에 있는 주의 유권자들이 뉴욕의 은행들을 신뢰하지도 않고 마뜩해하지도 않는다는 사실을 그가 잘 알고 있었음을 보여준다. 윌슨은 1916년 대선에서 더 전쟁에 찬성 입장인, 그리고 JP모건의 지지를 받는 공화당 후보에 맞서 "아메리카 퍼스트[미국이 먼저다]"라는 구호를 내세웠다. 1917년 4월에 참전을 결정했을 때도 윌슨은 자금을 [월가에서가 아니라] 전시 국채인 자유공채Liberty Bond를 발행해 수백만 명의 시민들로부터 조달할 것이라고 발표했다. 윌슨은 [여론을 신경써야 하는] 민주정 국가에서의 정치적 고려상, 당장에 "은행가들의 전쟁"이라고 비난받을 게 뻔하고 미국 전역에서 정치적 지지를 얻지 못하고 있는 전쟁에 관여할 수는 없다고 생각했다.[45]

    1917년에 미국이 참전을 결정한 것도 유라시아에서의 분쟁이 아메리카 대륙으로까지 확전될지 모른다는 우려 때문이었다. 1917년 2월, 독일이 대서양에서 두 번째 무제한잠수함작전Unrestricted submarine warfare을 폈을 때 윌슨이 독일에 선전포고를 하는 쪽으로 더 가까이 기울긴 했다. 하지만 한 달 뒤에도 윌슨은 미국이 유럽에서 싸운다면 그것은 "범죄"가 될 것이라고 말하고 있었다.⁴⁶ 독일이 미국에 맞서서 동맹을 맺자고 멕시코에 접근했을 때에야(독일은 그 대가로 멕시코가 텍사스, 애리조나, 뉴멕시코를 병합하도록 지원하겠다고 약속했다) 윌슨은 비로소 전쟁을 선포했는데, 독일에만 선전포고를 했다. 일단 오스트리아-헝가리와는, 그리고 더 중요하게 오스만 제국과는 나중에까지도, 영국과 프랑스가 알아서 싸워야 한다는 의미였다[독일에 선전포고를 한 때는 4월이고, 오스트리아-헝가리에는 그해 말에 선전포고를 했다. 오스만 제국에는 끝까지 하지 않았다].

윌슨이 미국의 적극적인 유라시아 리더십을 주창하는 쪽으로 돌아섰을 때 국내에서 맹렬한 반발이 일었다. 전쟁 반대 감수성이 높아진 상황에서, 1918년에 민주당은 상하원 모두에서 다수 위치를 잃었다. 새 상원이 개원했을 때 윌슨은 베르사유 조약의 국제연맹 관련 조항에 비준을 받지 못했다. 사실 본인의 정당에서도 친영국 성향인 사람들과 독일 및 아일랜드계인 사람들 사이의 갈등이 있었으니 유럽 문제에 대해 미국 의회에서 합의가 이뤄지기란 거의 불가능했다.

1920년대와 1930년대 내내 1차 대전을 '은행가들의 전쟁'이라고 묘사하는 화법은 수그러지지 않고 계속되었다. 의원들은 뉴욕 연방준비은행[연준의 지역 은행 중 하나. 이하 '뉴욕 연은'] 행장 벤저민 스트롱Benjamin Strong을 'JP모건의 꼭두각시'라고 불렀고 유럽의 중앙은행들과 협력해 유럽 통화를 안정시키고 유럽 통화들의 가치가 다시 금에 고정되도록 하려는 스트롱의 노력을 저해했다.⁴⁷ 영국과 독일의 공급망에 JP모건이 관여한 데서 이득을 본 제조 기업들과 월가와의 관계를 일컬어 "죽음의 상인들"이라는 표현도 곧잘 사용되었다. 1934~1936년에 상원의 한 위원회는 미국이 1차 대전에 참전하는 데 월가가 어떤 역할을 했는지 조사했고, 이어서 1935년과 1936년 미 의회는 '중립법'을 통과시켰다. 여기에는 교전국에 부채 제공을 금지하는 내용(이번이 두 번째였다)도 있었다.

한편, 연합국이 미국에 진 전쟁 부채를 탕감해주자는 안이 미국에서 정치적 지지를 얻지 못한다는 사실이 베르사유 조약 중 전쟁 피해 배상 관련 부분 전체를 결정하다시피 했고 윌슨이 주창하던 종류의 평화는 내재적으로 불안정한 것이 되었다. 유럽 국가의 부채 상환과 신용 조건 등을 관장하던 뉴욕 연은은 연합국의 전쟁 부채를 줄여주거나 탕감해주는 쪽을 지지했다.[48] 하지만 이번에도 의회는 행정부의 권한을 제약해야 한다고 주장하면서, 1922년에 영국과 프랑스의 부채 상환 조건을 [의회의 입법으로 구성한] '세계대전 해외채무위원회World War Foreign Debt Commission'가 협상하도록 하는 법을 통과시켰다.[49] 미국 대통령이 연합국의 전쟁 부채를 탕감해줄 수 없다면, 전쟁 지출로 재정이 취약해진 영국과 프랑스도 독일에 배상 요구를 줄여줄 수 없을 터였다. 1930년대 초에 유럽 국가 대부분이 전쟁 부채 대부분의 상환을 결국 거부했을 때, 미국 의회는 미국에 진 채무를 불이행한 나라는 미국에서 돈을 빌리지 못하게 했다.[50]

하지만 미국의 금융 권력에 가해진 국내 정치적 제약은 역설적으로 미국이 유라시아에 관한 사안들에서 빠져나올 수 없게 만들었다. 프랑스와 벨기에가 독일로부터 배상금을 뽑아내기 위해 루르Ruhrgebiet 지방을 점령한 데다 독일이 초인플레를 겪으면서, 전쟁이 또 일어나거나 금융 붕괴가 올지 모른다는 위험이 드리웠다. 하딩 행정부는 전쟁과 금융 붕괴의 위험을 감수하기보다 미국의 금융 권력을 사용해 루르 위기를 해결하려 했다. 도스안案[찰스 게이츠 도스Charles Gates Dawes를 위원장으로 하는 연합국배상위원회Inter-Allied Reparation Commission가 내놓은 독일 배상금 지불안]이 그 방안이었다. JP모건이 프랑스에 대규모 대출을 해주고 연준과 함께 독일을 위해 대규모 채권 발행을 주선하는 것이 골자였고, 미국 정부는 평범한 미국 시민들이 독일 배상 채권에 투자하도록 사실상 독려했다[독일이 발행한 채권은 월가 금융기관을 통해 구조화되어 미국 시민들에게 판매되었다]. 미국이 제공한 신용 덕분에 독일은 어찌어찌 배상금을 지불해나갈 수 있었다.⁵¹ 하지만 이는 유럽이 부채 상환에 필요한 달러를 충분히 갖지 못할 경우 미국의 금융 안정성을, 그리고 (독일 배상 채권에 투자한 사람들이 이자를 받지 못하게 되어) 미국의 국내 정치를 위험에 빠뜨릴지 모른다는 문제를 일으켰다.⁵² 또한 이는 독일이 베르사유 강화조약에서 이탈할 수 있는 계기를 제공했다. 국내 정치적 고려상 미국 정치인들은 독일 배상 채권에 투자한 평범한 미국 시민들이 받아야 할 이자보다 영국과 프랑스가 독일에서 받으려 하는 배상금을 더 우선시할 수 없었고, 따라서 나중에 유럽의 권력 균형이 어찌 되든 간에 영국과 프랑스를 배상금 요구로부터 멀어지게 하려는 유인이 있었다.⁵³

1929~1932년에 이러한 미국의 국내 정치적 제약은 베르사유 조약의 재정 부분을 끝장내는 데 일조했다. 대공황 상황에서 독일은 배상금을 낼 수도, 달러 부채를 상환할 수도 없었다. 마침내 1932년 로잔 회의Lausanne conference에서 후버 대통령은 연합국의 부채를 줄여주는 대가로 독일의 배상을 끝내는 합의를 이끌어냈다. 하지만 의회가 연합국 부채 탕감에 퇴짜를 놓았다. 미국이 연합국이나 독일에 새로이 신용을 제공하는 방안도 의회가 승인해주지 않을 것이었으므로, 독일은 베르사유 강화조약이 부과한 지불 의무에서 자유로워질 수 있었고, 아이러니하게도, 미국에 진 배상 채권 부채도 무시할 수 있었다.⁵⁴

1933년이면 대서양 양쪽 모두에서 은행 위기가 터져 있었고, 프랭클린 루스벨트의 대응은 미국의 금융 권력을 더 약화시켰다. 루스벨트는 금융 권력이 지정학적으로 강력해지면 국내에서는 월가의 정치적 영향력이 커지는 위험이 수반되리라고 생각했다. 취임 첫날 루스벨트는 모든 은행을 닫고 금의 수출 및 민간 보유를 중지했다. 이어서 그의 모든 정책 자문이 조언한 바와 반대로 달러를 금본위제에서 이탈시켰다. 은행 시스템을 안정시키고 국내 생산자들을 위해 가격을 올릴 수 있기를 기대한 조치였다. 미국

| 1장 | 석유 시대의 시작   45

이 여전히 세계에서 금을 가장 많이 보유하고 있었기 때문에 많은 이들에게 금본위제 이탈은 이해할 수 없는 일로 보였다.[55] 하지만 7장에서 설명할 이유들 때문에 루스벨트는 국내 경제를 우선하겠다는 결심이 확고했다. 그는 1933년에 뉴잉글랜드 연안에서 휴일을 보내며 '세계 통화 및 경제 회의 World Monetary and Economic conference'가 열리던 런던에 전보를 보내 금본위제에 마지막 일격을 가했다. 이 전보에서 그는 미국 대표단에 "소위 국제 은행가들의 낡은 우상"에 얽매이지 말라고 말했다.[56]

1차 대전이 미국의 금융 권력을 창조했다면 전후의 평화는 그 권력을 뒤흔들었다. 1924~1932년에 미국 대통령들, 연준, 그리고 JP모건은 금융 권력을 이용해 유럽을 안정시키려 했다. 하지만 의회의 제동으로 해외 부채를 관리할 수 있는 역량이 제약된 데다 독일에 빌려준 돈의 액수 자체가 너무 컸기 때문에, 1929년 경제 붕괴로 유럽에 경제적·지정학적 위기가 벌어졌을 때 미국은 무력했다.[57] 이 위기로 독일에서 통화 불안정성이 고삐를 풀고 나오자 이는 대서양 건너 미국에도 영향을 미쳤다. 그 이후로 루스벨트는 국내 정치적 고려와 지정학적 세력권 확보 사이에서 선택해야 했다. 루스벨트는 드라마틱한 조치와 함께 '아메리카 퍼스트'를 택했다. 하지만 미국이 유라시아에서 일관성 있게 행동할 수 있는 역량은 1차 대전이 시작된 이래 내내 국내 정치에 의해 제약되었고, 그렇다면 국내 경제의 위기라는 맥락에서 그가 취한 선택은 놀랄 일이 아니었다.

미국 에너지 권력의 귀환

1929~1933년 위기 이후 유라시아에서 드러난 경제적·정치적 무질서는 독일, 일본, 이탈리아, 소련의 폭력적인 영토 확장을 추동했다. 이 측면에서 보면 미국은 유라시아에서 지극히 힘없는 권력이었다. 하지만 세계를 심지어

더 재앙적인 전쟁으로 몰고 가면서 앞의 세 나라[독일, 일본, 이탈리아]는 미국의 에너지 권력을 봉인 해제했고, 궁극적으로 미국의 군사 및 금융 권력이 유라시아의 상당 지역에 압도적으로 존재하게 만들었다.

1차 대전처럼 2차 대전도 에너지 지정학과 떼놓고 생각할 수 없다. 군사력이 항공을 포함하게 된 '테크놀로지의 시대'에, 전쟁이 일으키는 석유 수요는 어마어마했다. 이는 제국주의적 팽창을 하려던 일본이 처한 문제에서 가장 명백했지만, 유럽에도 결코 덜 중요한 문제가 아니었다. 1919~1939년에 주요 유럽 열강 모두가 서반구 석유에의 의존을 끝내고 싶어 했으며 각기 상이하고 상충하는 방식으로 유라시아 중 자신들이 통제할 수 있는 지역에서 에너지를 수급하고자 했다.

영국, 프랑스와 달리 독일은 중동에 세운 제국도 없고 세력권도 없어서 전간기 초기부터 거의 전적으로 석유를 서반구에 의지했다.[58] 이 취약성을 해소하고자 바이마르공화국[1919년부터 나치가 집권한 1933년까지의 독일 공화국]은 1926년부터 독일 동부의 로이나에서 합성석유 공장을 개발하는 이게파르벤IG Farben[독일의 기업]의 프로젝트를 적극 지원했다. 석탄에 수소를 첨가해서 액체 연료로 만든다는 것이었다(1929년부터는 뉴저지 스탠더드오일과도 협력했다). 독일 외무장관 구스타프 슈트레제만Gustav Stresemann은 이 프로젝트가 자명한 독일 국가이성의 발현이라고 생각했다. 그에 따르면 독일 화학 회사와 석탄 없이는 독일 외교도 있을 수 없었다.[59]

이어서, 전쟁을 원한 나치는 독일의 해외 에너지 의존도를 완전히 없애는 것을 긴급한 당면 과제로 삼았다. 히틀러는 천연자원과 석유를 수입해야 했던 것이 1918년에 패배한 원인이라고 생각했다.[60] 1936년에 그가 내놓은 '4개년 계획'은 독일이 1940년까지 수입 석유로부터 완전히 자립할 수 있으리라고 가정했다.[61] 하지만 나치 독일은 석유 문제를 해결하지 못했다. 로이나 공장이 루프트바페Luftwaffe[나치 시기 독일 공군]에 합성석유를 공급했지만, 1939년 폴란드를 침공했을 때 독일의 에너지 자립은 달성되지 못한 상태였다. 영국 해군의 봉쇄 작전으로 서반구로부터의 석유 수입이 끊기자 독일은 루마니아, 소련, 그리고 1940년 6월 이후에는 프랑스의 보유고에 석유 공급을 의존해야 했다.

군사적으로 보자면, 나치의 전략이 성공하려면 다시 한번 잠수함 작전으로 미국이 영국에 물자를 공급하지 못하게 해야 했다. 하지만 1940년과 1941년에 독일은 미국에서 영국으로 가는 석유 공급을 막는 데서 결정적인 승기를 잡지 못했다. 소련에서 독일로 석유를 들여오는 것이 점점 더 어려워지고 소련군이 루마니아 북동부를 장악하면서, 히틀러는 소련을 침공하는 도박을 감행했다. 히틀러의 동기가 무엇이었는지를 두고 오랫동안 역사학계에 논쟁이 있었다. 하지만 미국이 영국에 석유를 공급하고 있는 마당에, 독일은 소련 석유(90퍼센트는 캅카스에서 나왔다)를 확보하지 못하고서는 전쟁에서 이길 방도가 없었다.[62] 레벤스라움 Lebensraum[나치 시기에 독일 민족의 생존과 발전에 필요한 배후 공간을 의미하는 말로 쓰임]에 대한 파국적인 집착이라든가 볼셰비키에 대한 증오 등 히틀러가 바르바로사 작전 Operation Barbarossa[1941년 독일의 소련 침공 작전]을 감행하는 데 어떤 다른 동기가 있었든 간에, 그리고 그러한 동기가 이후에 펼쳐진 재앙의 양상에 얼마나 영향을 미쳤든 간에, 석유와 관련한 독일의 취약성은 이 침공의 충분한 동기가 되고도 남았을 것이다. 그리고 스탈린그라드(현 볼고그라드)에서 패하면서 독일은 2차 대전 패배의 불가피한 경로에 들어서게 된다. 이어서 극심한 석유 부족을 겪던 에르빈 롬멜 Erwin Rommel의 북아프리카 부대를 연합국이 격파하면서 이탈리아에서도 해방 전쟁이 시작될 발판이 마련됐다[1941년 초 북아프리카에서 무솔리니의 군대가 영국군에 밀리자 히틀러는 롬멜의 부대를 보내 이탈리아를 도왔다].[63]

영국도 전간기에 석유 자립에 실패했다. 영국은 1920년대와 1930년대에 대영제국 내에서, 그리고 영국이 차지한 중동 세력권 내에서 영국 기업들이 석유를 추출하고 운송하게 해서 석유 안정성을 구축하고자 막대한 노력을 기울였다. 산 레모 협정 전에 전쟁부 장관에게 보고된 한 메모에는 이런 내용이 있다. "우리가 전쟁 중에 연료용 석유를 미국에 막대하게 의존한 것, 그리고 상선의 석유 사용이 빠르게 증가하는 것은 영국이 통제할 수 있는 공급망을 확보하기 위해 모든 노력을 기울이는 일이 얼마나 중요한지 말해준다."[64]

하지만 1930년대 중반 무렵 영국은 미국에서 오는 수입을 총 필요량의 10퍼센트 수준으로 줄이는 데 성공했음에도 여전히 석유의 절반을 서반구(특히 베네수엘라와 멕시코)에서 들여오고 있었다. 영국령 이라크의 유전에서 오는 공급량은 제한적이었고 영국은 자체 군사력만으로 이란의 물량을 보호할 능력이 없었다. 1935년 이탈리아가 아비시니아(현 에티오피아)를 침공했는데도 미국이 무솔리니에 석유 제재를 가하지 않자, 유럽에서 전쟁이 벌어질 경우 영국이 취약하리라는 점이 명백해졌다. 만약 이탈리아가 독일 공군의 지원을 받아 지중해에서 수에즈 운하로 들어가는 영국 유조선의 경로를 막는다면, 페르시아만의 앵글로-이란 오일컴퍼니에서 오는 물량은 (희망봉을 경유하는) 훨씬 더 느린 경로로만 들어올 수 있을 터였다.[65] 아비시니아 사태 이후 영국 정부는 지중해 경로가 닫히는 시나리오를 고려한 전쟁 대비 계획을 짜기 시작했고, 실제로 1940년 6월 이탈리아가 2차 대전에 참전한 때부터 1943년에 연합군이 이탈리아를 패배시키기까지 이런 일이 벌어졌다. 에너지 자립을 위해 쏟아부은 그 모든 것이 허망하게도, 영국은 자신의 지정학적 취약점이 명확히 드러난 깨달음의 순간에 미국 회사들에 달러로 지불하고 미국 석유를 들여오는 것 외에는 다른 방도가 없었다.[66]

한편, 앞으로 독일과 치를 어떤 전쟁에서도 서반구에서 오는 물량에 또다시 의존해서는 안 된다고 생각한 프랑스는 산 레모 협정으로 확보한 자본을 사용해 프랑스가 지분 전체를 소유한 '프랑스 페트롤리엄컴퍼니'(나중에 '토탈'이 되며 현재는 '토탈에너지스'다)를 세웠다. 프랑스는 이라크산 석유에 대해 영국보다는 조금 더 수완을 발휘했지만 영국군의 이라크 주둔에 크게 의존했다. 프랑스는 자신이 통제할 수 있는 유일한 중동의 석유 공급원을 보호할 역량이 없었고, 따라서 소련 석유를 상당히 많이 수입했다. 1920년대 초 소련의 석유 산업은 낙후한 상태였다. 하지만 1920년대 중반부터 뉴저지 스탠더드오일이 소련 석유 분야의 재건을 도왔다. 1929~1933년에 소련은 상당한 수출 역량을 일구었고 영국을 포함해 유럽 여러 나라에 석유를 수출할 수 있었다.[67] 소련의 수출은 1933년 정점에 오르고 그 이후로 내림세를 탔지만, 1936년 프랑스 석유 수입의 거의 절반은 소련산이었다.[68] 1939년 여름 프랑스 남서부에서 가스가 발견되면서 프랑스 정부는 몇몇 정부 기관을 세워 석유 탐사에 나섰지만, 국내에서 석유를 생산해 석유 의존도에 유의미한 변화를 불러올 수 있으리라 기대하기에는 너무 늦은 상태였다.[69]

전간기 초기에 영국과 프랑스가 중동 석유를 자신의 기대대로 활용할 능력이 없었다면, 2차 대전 또한 이 지역에서 미국이 영향력을 행사할 공간을 열어주었다. 전쟁 시작 무렵, '캘리포니아 아라비아 스탠더드오일컴퍼니'(1944년에 '아람코'로 이름이 바뀐다)가 사우디 유전에 양허를 가지고 있긴 했지만 루스벨트 행정부는 사우디 유전을 보호하는 것은 영국의 일이라고 여겼다.[70] 1941년에 루스벨트는 사우디 국왕 이븐 사우드Ibn Saud가 요구한 금융 원조를 거절했다. 하지만 1943년, 전쟁에서 쓰이는 막대한 양의 석유를 보면서 생각을 바꾸었다. 사우디는 중립국이었지만 루스벨트는 사우디가 미국의 방위에 필수적이라며 '무기대여'를 하기로 사우디와 합의했다[본래 무기대여법Lend-Lease Act은 연합군쪽에서 전쟁에 참여한 국가들에 물자를 지원하기 위한 법이었다]. 또한 루스벨트는 자신이 원하는 것은 미래에 미국이 중동의 석유 생산에서 영국을 누르고 우위를 확보하는 것이라며, 레드 라인 협정을

끝내 이라크 페트롤리엄컴퍼니에 참여하고 있던 뉴저지 스탠더드오일이 아람코에 합류하도록 했다.[71]

미국과 사우디의 이 새로운 관계는 2차 대전 이후의 세계에 영구적인 특징이 된다. 동시에 이 관계는 구조적으로 불안정했다. 석유 때문에 미국은 한 아랍 국가와 전략적 동맹을 맺었지만, 국내에서는 영국의 위임통치하에 있는 영토에 유대 국가를 세우는 안에 지지가 강했다.[72] 상충하는 압력하에서 루스벨트는 1944년 대선 때 유대 국가에 대한 지지를 천명했던 데서 1945년 2월에 이븐 사우드 국왕을 만난 이후에는 아랍 국가들의 유대 국가 반대 입장을 받아들이는 쪽으로 선회했다.[73] 루스벨트에 이어 대통령이 된 해리 트루먼Harry Truman에게 국무부와 CIA는 유대 국가가 지정학적 부담이 되리라고 우려해서 이스라엘을 인정하지 말아야 한다고 조언했다.[74] 트루먼이 이 조언을 일축했을 때 과거 중동에서 영국 제국을 괴롭혔던 곤경, 즉 아랍과 유대의 지지를 모두 유지해야 한다는 전략적인 곤경이 미국으로 넘어왔다.[75]

다가올 미래의 모습

양차 대전 이래 지금까지 미국의 지정학적 권력과 관련해 많은 것이 달라졌다. 하지만 미국이 유라시아에 처음으로 권력을 투사했을 때의 독특한 경로는 지금까지도 이어지는 긴 유산을 남겼다. 특히, 미국의 국내 정치는 미국이 유라시아에서 적극적으로 행동하는 데 여전히 주된 제약이다. 경제적으로는, 1차 대전 중에 월가와 미시시피 서쪽 지역 유권자들을 서로 갈라지게 한 유럽의 상업적·정치적 이해관계가, 2000년대에 중국을 경유하는 공급망을 구축한 기업들과 일자리가 사라진 러스트 벨트 노동자들이 서로 갈라진 데서 되풀이되고 있다. 국내 정치 상황에서 탄생한 프랭클린 루스벨트의 통화 국수주의는 트럼프가 국내 제조업을 되살린다는 명목으로 중국과 벌이는 무역 전쟁과 모종의 유사성이 있다. 군사적으로는, 1차 대전 참전을 둘러싸고도 그랬듯이 이제 중동에서 벌어진 전쟁들이 미국의 국내 정치에서 첨예한 논란거리가 되고 있다. 미국 의회는 과거에 유럽에서 전쟁이 벌어졌을 때처럼 중동에서 벌어지는 소위 '영원한 전쟁forever wars'에서도 미국 대통령을 제약해왔다.

국내에 석유 매장고가 없는 유럽의 큰 국가들은 에너지 자립에 실패한 것이 유럽의 유라시아 지배가 종말을 고하는 데 결정적이었다고 여겼다. 석유의 시대는 유럽이 세계 패권국이 되거나 대륙을 아우르는 제국적 권력이 되는 것을 허용하지 않을 터였다. 오늘날 유럽에서 녹색에너지가 매력적인 한 가지 이유는, 2차 대전 이후 석유와 가스를 해외에 의존해야 했던 수십 년간 미국의 대통령과 의회가 막강한 금융 권력을 사용해 유럽이 해외 에너지 의존을 피하기 위해 무언가를 해볼 수 있는 역량을 막대하게 제약했다는 점이다. 1970년대부터 약 40년 동안 미국은 독일이 러시아 석유와 가스에 의존하는 것을 마지못해 용인했다. 대안을 제시하기에는 미국 국내에서도 충분한 공급량이 없고 중동에서 충분한 공급량을 확보할 수단도 없었기 때문이다. 하지만 2010년대에 미국과 러시아 모두에서 석유와 가스가 재부상하면서, 독일과 러시아의 연결은 우크라이나의 독립, NATO의 확대, 독일의 취약한 군사력 등과 연결되는 중대한 지정학적 단층선이 되었다. 그리고 러시아-중국-이란의 관계는 이 이슈들의 영향을 한층 더 다루기 어렵게 만들었다. 2015년 이란 핵 합의에 참여한 NATO의 유럽 회원국 세 곳 모두가 이란에서 가스를 공급받는 관계를 유지하고 싶어 하기 때문이다.

미국이 유럽의 에너지 의존도와 관련된 지정학에 오늘날과 같이 관여하게 된 기원은 2차 대전 이후에 벌어진 일들에서 찾을 수 있다. 20세기 중반인 이때 유라시아에서 미국이 지정학적 권력을 행사하는 데는 명심해야 할 커다란 경고등이 하나 있었다. 그전에 유럽에서 벌어진 전쟁에서의 승리가 소련과의 군사적 동맹에 달려 있었다는 사실 말이다. 소련은 독일처럼 폴란드를 침공한(1939년) 나라였고 이어서 핀란드, 발트해 국가들, 루마니아의 일부도 공격한 나라였다. 한동안 소련은 무시무시한 지정학적 라이벌이었다. 또한 1920년대 말과 1930년대 초에 소련의 석유 수출이 보여주었듯이, 소련은 잠재적으로 유럽 국가들에 대안적인 에너지원이 될 수 있었고 이는 소련의 지정학적 권력을 한층 더 강화할 수 있었다.[76]

나중에는 히틀러가 소련을 침공하긴 하지만, 그전까지는 유라시아에서 가장 강력한 두 대륙 강국이 동맹을 맺고 유럽과 중동을 나눠먹으려 할 위험도 충분히 있을 법한 시나리오였다. 실제로 양국 사이에 그러한 지정학적 관계가 과거에 존재했다. 히틀러와 스탈린이 권력을 잡기 전에 독일과 소련은 협력 관계였다. 1922년 라팔로 조약Rapallo Treaty에서 독일은 어느 정도의 재무장 및 군사 훈련을 위해 소련을 이용했고 소련과의 경제 관계를 회복했다. 더 앞서서는 1887년 비스마르크가 러시아와의 우호적 관계에서 갖게 될 이득을 알아보고 비밀리에 러시아와 재보장 조약Reinsurance Treaty을 맺는 데 성공했다. 여기에는 러시아가 보스포러스해협과 다르다넬스해협으로 진격할 경우 독일은 호의적 중립을 지킨다는 조항 등이 담겨 있었다. 이후 빌헬름 2세는 이 조약을 갱신하지는 않았지만 1904~1905년 러일 전쟁 때 극동 지방에서 영국에 맞서 "대륙적인 동맹"을 맺자고 러시아에 제안하면서 이것이 '유럽합중국'의 전조가 될 수 있으리라고 말했다.[77] 영국 지리학자 해퍼드 매킨더Halford Mackinder는 1904년에 쓴 「역사의 지리적 전환점The geographical pivot of history」에서 독일과의 국경인 러시아의 서쪽 끝에서부터 동쪽 끝인 태평양 연안의 블라디보스토크까지 이어지는 철도는, 독일과 연합할 경우 러시아가 '세계 제국'이 되게 할 수 있다고 경고했다.[78] 그리고 석유는 독일 시장을 러시아 자원과 연결함으로써 이러한 지정학적 논리를 한층 더 강화할 가능성이 있었다. 히틀러는 영토 정복과 제노사이드라는 불가능하고 끔찍한 비전 때문에 러시아와 그러한 연합을 형성할 가능성을 깨뜨렸다. 하지만 전후 세계에서 독일과 소련 사이에 어떤 연합 관계라도 다시 생겨나는 것을 막으려면, 미국은 서독이 페르시아만의 석유를 공급받을 수 있도록 책임지고 보장해야 할 터였다.[79]

| 2장 | **석유를 보장할 수 없다**

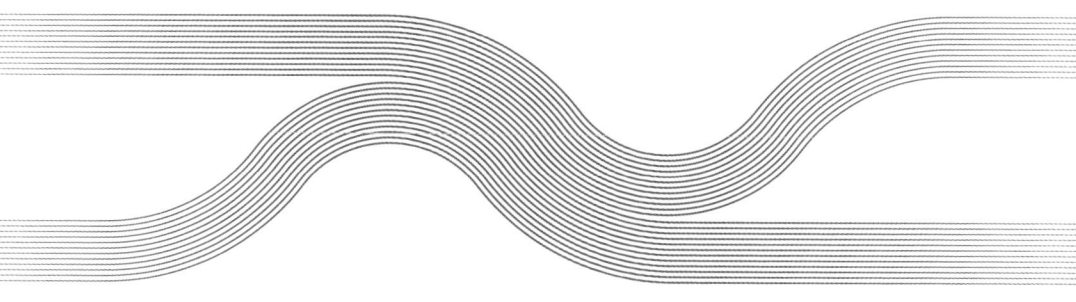

2014년 11월, 유가가 5개월째 미끄러지고 있었다. 그런데 유가 하락 시의 일반적인 대응과 달리 산유국 카르텔인 OPEC은 생산량을 유지하기로 했다. 이제 가격이 폭락했다. 2014년 여름에 배럴당 100달러가 넘었던 유가는 2016년 초에 30달러 남짓으로 떨어졌다.

    사우디가 OPEC의 움직임을 이끌었는데, 사우디의 동기는 복잡했고 서로 다른 동기들이 상충하기도 했다. 사우디의 첫 번째 문제는 미국의 셰일오일 붐이었다. 셰일오일은 일반적인 시추 방식으로는 접근할 수 없는 형태의 석유로, 대개 프래킹fracking(수압파쇄)이라는 방식으로 추출한다. 약 30년 동안, 내리는 아니었어도 전체적으로는 미국의 에너지 생산이 하락 추세였는데, 셰일가스와 셰일오일이 갑자기 미국을 주요 에너지생산국 위치로 다시 올려놓았다. 2010년에 미국은 하루에 총 860만 배럴의 원유, 천연가스플랜트액체NGPL, 기타 액화 제품을 생산했는데 2014년에는 생산량이 1300만 배럴, 2019년에는 1840만 배럴이 되었다.¹ 2010~2014년에 미국의 OPEC산 석유 수입은 3분의 1이 줄었고 2019년에는 2014년 수준의 절반이 되었다.² 그리고 석유 수출은 2010~2014년 사이 4분의 3 가량이나 증가했다. 2019년에는 2010년대 초보다 360퍼센트가 증가했고 사우디를 능가했다.³ 사우디로서는 미국 석유 산업의 수출 역량이 증가하고 있다는 사실이 아시아 시장에서 상업적인 라이벌이 생겼다는 의미였고, 이는 미-사우디 관계 전체를 복잡하게 만들었다.

하지만 2014년 말에 사우디가 처한 문제는 더 지역적인 문제, 그러니까 중동 문제이기도 했다. 사우디가 시리아 반군을 강하게 지원했지만 사우디의 라이벌인 이란과 러시아로부터 지원을 받는 시리아 정권은 건재했다. 러시아와 이란은 석유 판매 수입에 국가 재정을 크게 의존했으므로, 유가를 낮추면 이들이 시리아에서 철수를 고려할 수밖에 없도록 재정 압박을 가할 수 있을 터였다. 2015년 초《뉴욕타임스》에 실린 기사에서 한 사우디 외교관은 "석유가 시리아에 평화를 가져올 수 있다면, 합의에 도달하기 위한 노력에서 사우디가 어떻게 발을 빼겠는가"라고 말했다.[4]

사우디의 동기 중 어떤 것이 더 중요했든 간에 유가 하락은 어느 목적도 달성하지 못했다. 셰일오일 생산이 줄긴 했지만 미국의 셰일 기업 다수는 저비용으로 자금을 조달할 수 있었던 덕분에 적자를 보면서도 생존할 수 있었다. 러시아와 이란이 시리아에서 철수하지도 않았다. 오히려 러시아는 OPEC이 생산량을 유지하기로 결정한 지 10개월 뒤에 시리아에 군사 개입을 했다. 이란의 경우에는 석유 수출로 버는 돈이 되레 증가했다. 이란 핵 합의(사우디는 이를 심각하게 우려하고 있었다)로 이란의 석유 수출에 부과되었던 많은 제재가 없어진 덕분이었다.

놀랍지 않게도, 유가로 인한 양국 기업들 사이의 시장 경쟁, 시리아에서 공동의 목적 달성 실패, 이란에 대한 의견 불일치가 결합해 미-사우디 관계에 화염을 일으켰다. 미국 시민이 사우디 정부를 상대로 9.11 테러에 대해 소송을 걸 수 있게 하는 법안을 미국 의회가 상정하자, 2016년 4월 사우디 정부는 법안을 통과시킬 경우 사우디가 보유한 미 국채를 매각하겠다고 으름장을 놓았다. 의회가 법안을 통과시키자 오바마는 거부권을 행사했고 의회는 재의결을 거쳐 법안을 다시 통과시켰다. 사우디에서는 곧 왕세자가 되는 무함마드 빈 살만Mohammed bin Salman이 사우디의 '석유 중독'을 끝내기 위한 계획을 발표했다.[5] 그러자 사우디가 미국에 필수 불가결했던 시기가 끝날 수 있다고 경고라도 하듯, 다음 달에 미 재무부는 40년 동안 공개하지 않았던 사우디의 달러 자산에 대한 상세 내역을 공개했다.

대조적으로, 사우디와 러시아의 관계는 2016년 후반부터 상당히 개선되었다. 어떻게 해도 셰일이 석유 시장에서 사라지지 않으리라는 점이 입증된 상태에서, 이제 OPEC과 러시아 모두 더 높은 유가로 돌아가길 원했다. 2016년 9월 블라디미르 푸틴과 사우디 국왕은 석유에 대해 협력하기로 합의했다. 3개월 뒤, OPEC과 러시아는 새로운 카르텔로서 공동 행동을 하기로 하고(이 새로운 카르텔을 'OPEC 플러스'라고 부른다) 감산에 동의했다. 2017년 10월에 사우디 국왕은 전례 없는 러시아 국빈 방문을 했고, 사우디는 러시아 에너지 프로젝트에 투자하고 러시아는 사우디에 대공 미사일을 판매한다는 내용이 포함된 두 정상의 합의문이 발표되었다.

하지만 이 동맹은 자체에 내재한 상충하는 논리에 늘 취약했다. 우선 셰일오일에 직면해서 유가를 다시 올리기로 한 사우디와 러시아의 결정은 미국의 셰일오일 생산자들에게도 득이 되었다. 또한 가스와 관련해서는 두 나라의 이해관계가 일치하지 않았다. 사우디는 가스를 수출하지 않는 반면 러시아는 세계 수위의 가스 수출국이다. 그리고 미국이 바다를 통해 수출하는 셰일가스는 러시아 가스(파이프라인과 선박으로 운송되는 것 모두)와 경쟁한다. 예측 가능하게도, 'OPEC 플러스가 미국의 석유생산자들에게 준 의도치 않은 이득을 푸틴이 어디까지 용인할 것인가'는 '러시아가 유럽에서 가진 가스 이해관계에 대해 미국 정치인들이 어떻게 행동할 것인가'에 달려 있었다. 그리고 2019년 12월 미 의회가 노르트스트림2Nord Stream 2 파이프라인 건설에 관여하는 기업들에 제재를 부과하기로 했을 때, 러시아가 보기에 이는 선을 넘은 듯했다. 노르트스트림은 발트해 아래에 러시아와 독일을 잇는 파이프라인을 건설하는 프로젝트인데, 미국이 제재를 부과하면서 핵심 건설 업체가 총 1230킬로미터 중 150킬로미터 정도를 남겨놓고 작업을 중단했다.

불과 몇 주 뒤부터 코로나19 위기가 사우디-러시아 석유 동맹을 빠르게 뒤흔들었다. 중국의 석유 수요가 줄고 유가가 급락하자 푸틴은 미국의 셰일오일 산업에 타격을 주고 셰일가스 회사들이 유럽 시장에서 경쟁력을 갖지 못하게 할 기회라고 여겼다. 하지만 사우디 입장에서는 중국이 가장 큰 고객이라 타격이 컸고 유가를 빠르게 올릴 필요가 있었다. 푸틴의 협조를 얻지 못한 빈 살만은 남은 수요라도 쓸어오려고 2020년 3월 7~8일 주말 동안 사우디 석유를 시장에 왕창 풀었다. 유가가 폭락했고 미국 셰일 산업의 미래가 혼란에 빠졌다. 처음으로 미국, 사우디, 러시아가 유가에 모종의 하한을 두는 데 협력하기로 합의했다. 보도에 따르면, 4월 2일 빈 살만과의 통화에서 트럼프는 빈 살만에게 협조하지 않으면 미 의회가 사우디에 대한 미국의 군사 원조를 거둬들이는 법안을 통과시킬 것이라고 경고했다고 한다.[6]

지정학 측면에서 볼 때, 2010년대의 10년 동안 세계는 미국이 더 큰 에너지 권력을 얻으면서 세 개의 주요 산유국 간 관계가 복잡해지는 바람에 더 불안정해졌다. 또한 미국과 러시아가 유럽 가스 시장을 놓고 경쟁하기 시작했다. 19세기 말과 20세기 초에 유럽 석유 시장을 놓고 그랬듯이 말이다. 미국 에너지 권력의 구조적 변화가 어떻게 중대한 불안정 요인이 되었는지 살펴보려면 냉전 시기의 미국 권력 이야기로 돌아가야 한다. 여기에서 우리는 왜 미국이 군사력이 정점이었을 때도 중동에서 일관성 있게 지정학적 영향력을 행사할 수 없었는지, 또한 왜 러시아의 에너지 권력이 NATO를 구조적으로 분열시킨 지정학적 풍경에서 상수인지 알게 될 것이다.

유라시아, 분열되다

핵무기, 해상 교역로를 지켜주는 해군력, 다른 나라들이 수입 대금을 결제하기 위해 필요로 하는 국제 통화, 국내 석유 보유량, 이 네 가지가 1945년 이후의 세계에서 권력을 구성하는 요인이었다면, 미국은 이를 다 가지고 있었다. 전후 유라시아 세계를 안정화하는 데 미국의 권력을 동원하면서, 루스벨트 행정부와 트루먼 행정부는 먼저 달러에 의존했다. 2차 대전 동안 루스벨트 행정부는 달러 기반의 국제 통화 시스템을 만들고자 노력했다.[7] 1944년 브레턴우즈에서 통화 협상이 열렸을 때 미국의 선임협상가 해리 덱스터 화이트Harry Dexter White는 달러만 금과 태환되고 다른 통화들은 달러에 고정되어야 한다고 주장했다. 달러의 압도적 우위를 금속으로 뒷받침할 것을 요구하면서, 그는 다른 국가들이 미국의 동의 없이 자국 통화의 중대한 평가절하에 나서는 것을 막고자 했다.[8] 그는 국제통화기금International Monetary Fund(이하 'IMF')을 통해 다른 나라에 환율 방어를 위한 신용을 제공함으로써 미국이 다른 국가들의 달러 접근을 통제할 수 있으리라고 생각했다.[9] 또한 그는 달러에 접근할 수 있느냐가 지정학을 고려해 제약되기를 원했다. 가령 소련은 달러 신용 라인을 가질 수 있겠지만 독일(전후에 미국 재무부는 독일을 탈산업화해 농업 국가로 만들려고 했다)과 일본은 가질 수 없을 것이었다.

하지만 금융 권력으로 지정학적 안정을 달성하겠다는 계획은 1945년의 군사적 현실을 거의 고려하지 않은 것이었다. 유라시아에서 영구적인 군사적 관여를 할 생각이 없었던 루스벨트는 2년 안에 유럽에서 미군을 철수시키겠다고 약속했다. 또한 그해 얄타 회담Yalta conference에서 그는 동맹, 세력권, 권력 균형 같은 것들이 없는 세상을 보고 싶다며, 그런 것들 말고 전쟁의 주요 승전국 네 나라(미국, 소련, 영국, 중국)가 함께 세계의 문제를 해결하고 질서를 유지하는 안보 구조를 기대한다고 말하기도 했다.[10] 하지만 이러한 집합적 안보 원칙에는 소련이 동유럽에서 철수하도록 압박할 수단이 없었다. 미국의 금융 권력도 소련을 압박할 수 없기는 마찬가지였다. 해리 트루먼이 대통령이 되고서 소련에 대출을 중단하면서 소련이 IMF에 참여할 인센티브가 없어졌기 때문이다.[11]

소련의 확장을 막을 수 없었던 미국의 트루먼과 후임 대통령들은 소련을 '전쟁 자원 없이 경쟁하는 경쟁자'[외교, 원조, 첩보 등 모든 수단을 동원해 경쟁하되 군사력의 직접 충돌만은 피하는 전략을 일컫는다]에서만은 벗어나지 않게 묶어두려 했다. 냉전의 첫 몇 년 동안 이것이 의미한 바는 소련의 동유럽 지배를 용인하고, 독일을 분할해 서유럽을 지키며, 한국을 38도선으로 분할하고, 소련이 중동으로 가는 관문으로 삼기 위해 지중해로 들어오는 것을 막는 것이었다(미국은 이란이 소련의 세력권에 들어갈까봐 우려했다).[12] 트루먼은 이것도 미국이 혼자 지기에는 군사적·경제적으로 너무 과한 부담이라고 생각했다. 가령 그가 보기에 지중해는 영국이 책임져야 했다. 하지만 1947년 초에 영국은 그리스와 튀르키예에 군사적·경제적 원조를 지속할 여력이 없었다. 트루먼은 미국이 이 부담을 져야 한다는 점을 의회에 설득하면서, "자유로운 국가의 어떤 국민"도 미국이 경제 원조로 자신을 방어해주리라고 기대할 수 있어야 한다는 '트루먼 독트린Truman Doctrine'을 발표했다.

트루먼 행정부도 전후 서유럽 안보의 현실적 수단으로서 다시 한번 군사동맹이 아니라 경제 원조에 의지했다. 이번에는 마셜플랜Marshall Plan을 통해서였다. 서유럽을 미국의 핵우산에 포함하는 한편 서유럽에 경제 재건을 위한 자금을 제공하면 소련의 어떤 군사적 위협이라도 분쇄할 수 있고 이탈리아와 프랑스에서 공산당의 세력 확산을 제어할 수 있으리라는 것이 트루먼의 희망이었다. 하지만 이 희망은 서유럽에 아직 존재하지 않는 정치적 조건들에 달려 있었다. 트루먼 행정부는 마셜플랜이 성공하려면 독립적이고 번성하는 서독을 중심으로 서유럽이 경제적으로 통합되어야 한다고 판단했다. 이런 면에서 2차 대전 이후의 서독은 1차 대전 이후의 바이마르공화국과 전적으로 다르게 취급되어야 했다. 사실 루스벨트 시절의 재무부가 독일을 대했던 것과도 다르게 취급되어야 했다. 미국은 부채가 아니라 직접 원조로 자금을 지원할 것이고 서독을 배상 요구와 부채 상환 요구로부터 보호할 것이었다. 또한 미국은 자신의 금융 권력으로 서유럽 국가들을 압박해 서독과 함께 관세 동맹을 중심으로 하는 경제 연합체 또는 경제 연맹체를 창설하게 할 생각이었다.[13] 정치적 해법으로서 이 계획의 논리는 서유럽 국가들이 경제적·지정학적으로 약한 상태이고 공동의 적에 있다는 전제를 깔고 있었다.

미국은 (미국 자신이 1776년에 보여주었듯이) 역사적으로 이러한 정치적 무질서를 해결해온 해법은 궁극적으로는 연맹체federation[주권을 상위 단위로 이양하는 형태]로 가기를 지향하면서 동맹체confederation[주권은 이양하지 않고 구성 회원국들이 협력하는 형태]를 결성하는 것이라고 생각했다.[14]

하지만 이러한 정치적 움직임을 미국이 원하는 방식대로 실현하기란 불가능한 것으로 판명되었다. 서유럽 국가들이 마셜 원조를 받는 조건으로 경제연맹체 수립 계획을 세우도록 요구받긴 했지만, 무역 장벽을 줄이고 국제 결제 시스템을 구성하는 것 이상으로는 나아가지 않았다. 유럽 외부의 달러 기반이 아닌 교역에도 이해관계가 있었던 영국과 프랑스는 미국의 요구에 동의하기를 매우 꺼렸다. 그들이 보기에 서유럽 안보는 경제동맹에 달린 것이 아니라 소련과 함께 독일도 평화에 위협이 된다고 간주하는 미국 정부와 군사동맹을 맺는 데 달려 있었다.[15] 1948년에 영국, 프랑스, 베네룩스 국가들은 상호 방위 동맹으로서 '서방 연합Western Union' 결성에 동의했고, 미국도 합류하도록 설득할 수 있기를 기대했다. 소련의 베를린 봉쇄로 트루먼이 마음을 바꾸게 되면서 이들의 수가 옳았음이 판명되었다. 그 결과 탄생한 것이 NATO다. 설립 조약에 의해 미국과 캐나다가 '서방 연합'의 5개국과 덴마크, 아이슬란드, 이탈리아, 노르웨이, 포르투갈에 어떤 공격이라도

| 2장 | 석유를 보장할 수 없다

가해질 시 대응할 법적 의무를 지게 되었다.[16]

　NATO는 미국이 이제까지의 대외 정책 경로에서 대대적으로 이탈했음을 의미했다. 처음으로 미국이 평시에 유라시아 군사동맹에 참여한 것이다. '북대서양 조약 기구'라는 이름은 서반구와 유라시아(의 한 지역)를 하나로 뭉뚱그림으로써 미국의 지정학 전략이 유라시아로 전환했다는 사실을 흐릿하게 뭉개는 면이 있다. 하지만 이탈리아와 포르투갈이 NATO에 포함되었다는 사실은 먼로 독트린Monroe Doctrine[19세기에 먼로 대통령이 발표한, 유럽에 간섭하지 않는다는 미국 고립주의 원칙]을 수정한 것이 딱히 이름대로 '북대서양'을 포함하기 위해서는 아니었음을 드러낸다. 또한 처음부터 NATO는 유럽 주둔 미군 기지에 들어가는 비용을 포함해 군사비를 누가 부담할 것인가라는 어려운 문제를 가지고 있었다. 각 회원국이 GDP 규모에 따라 분담하게 되어 있었지만 실질적으로는 거의 파산한 서유럽 국가들이 약속된 만큼 부담할 수 있는 길이 없었다.[17]

　장기적인 지정학적·재정적 단층선은 차치하더라도 NATO는 서독의 안보라는 더 즉각적인 문제도 해결하지 못했다. 1951년에 유럽석탄철강공동체European Coal and Steel Community(이하 'ECSC')가 결성되면서 프랑스와 독일의 관계 개선에 어느 정도 토대가 마련되었다. ECSC를 가장 강하게 지지한 사람들은 ECSC를 통해 독일의 석탄 자원과 루르의 철강 산업을 초국가적 기관이 통제함으로써 프랑스와 서독 사이에 전쟁이 불가능해질 것이라고 기대했다. 하지만 이 논리는 소련과 관련해 서독의 위치가 어떠해야 하는가의 문제에는 답하지 않았다. 그 답으로서, 한국전쟁이 일어나자 트루먼은 서독의 재무장이 필요하다고 결론내렸다. 하지만 NATO의 구조상 서독을 받아들이려면 서독이 완전한 주권 국가로서 국가의 정규군을 가지고 있어야 했다. 독일이 자체 무장을 하는 것이 꺼림칙했던 프랑스는 대안으로 유럽방위공동체European Defence Community를 제안했는데, 이는 결국 무산된다.[18]

프랑스의 안은 궁극적으로 정치 연합체를 향해 간다는 장기적인 목적을 가지고서 각 회원국이 자국 군대를 즉각 초국가적 지휘 체계에 귀속시키게[유럽 통합군 창설] 되어 있었는데, 영국이 이를 고려할 리 만무했다. 1952년에 프랑스 정부가 ECSC 국가들[영국은 ECSC 회원국이 아니었다]과 유럽방위공동체 창설에 합의하긴 했는데, 미국의 막대한 압력에도 불구하고 프랑스 의회가 비준을 거부했다. 아이젠하워는 서독의 재무장 방침을 철회할 생각이 없었으므로, 이제 서독은 무산된 유럽방위공동체 대신 NATO에 들어와야 했다.

1955년이면 NATO는 서유럽에 안보를 제공할 틀을 갖추게 되지만 토대는 허약했다. 내부에 너무나 많은 유럽의 지정학적 긴장이 있어서 서유럽이 안보동맹체가 되기는 애초부터 어려웠다. 그리고 재정적으로 불균등해서 미국이 너무 많은 비용 부담을 지고 있었다. 냉전이 유럽을 훨씬 넘어 확산하던 때에 미국의 핵우산을 받아들이는 일도 서유럽으로서는 상당한 리스크였다. 유럽으로 한정해서 보면, 만약 유럽이 관세 동맹이든 공동 방위군이든 간에 어떤 연맹체나 동맹체를 맺어야 하는 가장 중요한 이유가 안보라면, 이제 NATO가 있으니 유럽 연맹체/동맹체의 필요성은 사라진 셈이었다. 하지만 NATO에서 미국이 군사를 개입시켜 유럽을 지켜주려는 의지가 믿을 만하지 않다고 판명 난다면, 그렇더라도 [허약하나마 군사 동맹체로서는 이미 NATO가 있으니] 유럽 연맹체를 구성할 수 있는 토대는 이제 경제밖에 없을 터였다. 1960년대에 드골은 이 난제를 깨보려 시도했지만 실패했다. 그 결과, 마침내 1990년대에 유럽 연맹체인 유럽연합European Union(이하 'EU')이 탄생했을 때, 이것은 경제 연맹체와 성격이 비슷했고(단일시장과 부분적인 통화연맹) 안보는 여전히 내재적으로 불안정한 NATO에 아웃소싱한 상태였다.

＊ ＊ ＊

바로 이 시기, 즉 2차 대전 이후 20~30년 사이에 석유가 가장 중요한 에너지원이 되었다. 1950년에 석유는 세계 에너지 소비의 20퍼센트를 차지했는데 1960년에는 27퍼센트로, 1970년에는 40퍼센트로 늘었다.[19] 미국에서는 1950년에 석유가 석탄을 누르고 가장 큰 에너지원이 되었고 석유 소비량이 1950년에서 1970년 사이에 두 배가 되었다.[20] 1970년에 프랑스에서는 석유가 전체 에너지 소비의 5분의 3을 차지했고 이탈리아에서는 거의 4분의 3을 차지했다.[21] 물론 석유는 두 번의 세계 대전과 전간기의 군사력에도 중요했지만, 1950년대부터는 국내 경제에도, 또 교통수단을 포함한 일상생활에도 중요했다. 미국은 1920년대부터도 자동차 소유 비중이 높았지만 유럽 국가들이 이와 비교 가능한 수준에 도달한 것은 1960년대였다.[22]

석유 소비가 대대적으로 늘기 한참 전부터도, 국내에 석유 매장고가 없는 서유럽 국가들이 어디에서 석유를 수입해올 것인가는 지정학적으로 매우 중요한 문제였다. 냉전이 시작되면서 트루먼 행정부는 서유럽 국가들이 석유를 더 많이 사용하도록 독려했다. 폴란드가 소련의 통제하에 있어서 폴란드의 석탄 수출에 의존할 수가 없었기 때문이다. 하지만 평시에 서유럽의 석유 의존도가 증가하는 데는 위험도 있었다. 트루먼과 그의 참모들은 어디서 서유럽에 석유를 공급할지를 통제하고 싶어 했다. 그들은 서유럽과 일본이 소련 석유를 들여오기를 원하지 않았고 1949년에 소련산 석유의 수입을 제재했다.[23]

하지만 트루먼은 서유럽과 일본이 예전처럼 서반구산 석유 수입에 의존하는 것도 원하지 않았다. 사우디아라비아, 소련, 이란, 이라크에 가장 큰 매장고가 있는 세계에서, 미국과 베네수엘라의 석유는 미국이 사용하고자 했기 때문이다.[24] 따라서 서유럽과 일본이 중동 석유에 의존하도록 하고 미

국은 단지 '최종공급자' 역할만 해야 했다.[25]

이 전략은 미국이 중동에서 유럽과 일본으로 가는 석유 수송 인프라를 지원할 수 있느냐에 달려 있었다. 일본의 경우에는 페르시아만부터 유조선을 이용해 해상으로 운송하는 방법이 유일했다. 하지만 서유럽에 대해서는 미국(트루먼 행정부)이 사우디에서 시리아를 지나 레바논 연안 도시 사이다Saida로 이어지는 송유관 건설도 지원했다. 트랜스-아라비안 파이프라인Trans-Arabian pipeline, 또는 탭라인Tapline이라고 불리는 이 송유관이 완공되자 이라크에서 지중해 동부로 이어지는 이라크 페트롤리엄컴퍼니의 옛 송유관 네트워크를 보완할 수 있었다.

중동에서 서유럽으로 공급되는 석유는 달러 패권과 관련해서도 이슈를 일으켰다. 영국은 이란과 이라크에 있는 영국 회사들로부터 석유를 스털링으로 구매할 수 있었고, 영국 정치인들은 스털링 석유가 영국의 국제수지에 큰 완충 작용을 해준다는 사실을 잘 알고 있었다.[26] 서유럽에 달러가 부족한 상황에서 스털링 석유는 다른 나라에도 매력적이었다. 서유럽 국가들이 중동에 있는 미국 회사로부터 석유를 사오려면 달러가 필요했다. 이런 이유에서, 유럽 국가들이 석유 대금에 쓸 수 있게 달러를 제공한다는 것도 마셜 플랜을 정당화하는 논리 중 하나였다. 마셜 원조의 20퍼센트가량은 이런저런 방식으로 석유 대금에 쓰였을 것이다.[27]

하지만 전후 유라시아에 대한 미국의 구상에는 근본적인 단층선이 하나 지나가고 있었다. 미국이 중동을 냉전의 장소로 생각하긴 했지만, 트루먼부터 존슨까지 미국 대통령들은 미군을 중동에 주둔시키거나 페르시아만에 미 해군을 진지하게 개입시킬 생각이 없었다. 미국이 너무 많은 군사적 부담을 지는 것, 그리고 그것이 국내적으로 인기가 없을 것이 우려되었기 때문에, 미국으로서는 영국이 중동에서 제국적 통치를 유지해줄 필요가 있었다. 인도의 독립으로 전에 페르시아만을 관리하는 데 쓸 수 있었던 영국의 군사 자원이 쪼그라들긴 했지만 말이다.²⁸ 냉전 초기 몇 년간 소련과의 전쟁 가능성에 대한 미국의 대비책에는 이집트에 기지를 둔 영국군이 공습을 해주는 것이 필수적이었다.²⁹ 이 목적에서, 트루먼은 영국이 수에즈에 짓는 아부 수위르 공군기지 건설을 재정적으로 지원했다. 하지만 미국은 영국이 계속해서 중동에 제국주의적으로 군림하는 것이 파괴적일 수 있다는 점도 우려했다. 그래서 트루먼의 바로 다음 후임인 드와이트 아이젠하워Dwight Eisenhower는 영국에 맞서던 아랍 민족주의와 좋은 관계를 맺고자 했다. 1953년에 이집트에서 가말 압델 나세르Gamal Abdel Nasser가 정권을 잡은 뒤, 아이젠하워는 미국의 금융 권력을 이용해 영국이 수에즈 운하 지역에서 철수하고 아부 수위르 기지를 닫도록 압박했다.³⁰ 그다음에 나세르가 소련 쪽으로 기울었을 때, 아이젠하워는 영국이 이란, 이라크, 파키스탄, 튀르키예와 반소련 군사동맹을 맺도록 뒤에서 독려만 했을 뿐 [아랍 국가들과의 관계가 소원해질 것을 우려해] 그 동맹(바그다드 협약)에 미국이 참여하는 것은 고려하지 않았다.

    튀르키예도 미국의 1950년대 유라시아 구상에 불편한 문제를 제기했고 이 문제 역시 오늘날까지 이어지고 있다. 스탈린이 1946년에 다르다넬스 해협의 공동 관할권을 요구하면서 튀르키예에 최후통첩으로 압박을 가하자 트루먼은 미 군함을 지중해에 들여보내고 공습을 승인했다. 그리스와 튀르키예를 왜 원조해야 하는지에 대해 트루먼이 수사적으로 얼마나 거창한 이야기를 했든지 간에["공산화 저지"], 현실적으로 가장 중요한 문제는 에너지였다. 당시 사석에서 트루먼은 지중해에 군사 개입을 하기로 한 이유에 관해 "지도를 보라"고 말했다는데, 정말 그랬다.³¹ 스탈린이 그리스 공산당에 해준 것은 거의 없었지만, 트루먼에게 그리스와 튀르키예는 소련이 석유 확보를 위해 중동으로 눈을 돌리지 않게 하려면 꼭 지켜야 하는 성채였다. 트루먼이 의회에 그리스와 튀르키예에 대한 자금 지원 승인을 요청한 바로 그날 미국의 4대 석유회사들이 아람코에 공동 참여하기로 결정한 것도 우연

이 아니었다.³²

하지만 냉전이 중동으로 확대되자 튀르키예가 NATO 회원국이 아니라는 사실이 서유럽에 초점을 두고 만들어진 안보동맹의 한계를 드러냈다. 1952년에 트루먼 행정부는 튀르키예와 그리스가 NATO에 들어오게 함으로써 이 모순을 해소했다. 하지만 이는 NATO에 첨예한 내부 분열을 일으켰다. 몇몇 유럽 쪽 회원국이 서유럽 안보와 중동 안보 사이에 명확하게 선을 긋고 싶어 했기 때문이다. 다음 장에서 보겠지만, 이때 이래로 '튀르키예를 NATO 회원국에 걸맞게 군사적으로 기꺼이 방어해줄 의향이 있는 유럽 국가가 얼마나 되는가'는 사라지지 않는 문제가 되었다.³³

이 모든 갈등과 불일치에서, 미국이 중동에 군사적으로 들어와 있지 않다고 해서 중동에서 강압적 위력을 행사하지 않고자 한다는 의미는 아니었고 그럴 수도 없었다. 따라서, 다른 나라들에 대해 은밀한 작전을 펴기 위해(또한 여차하면 관여하지 않았다고 부인할 수도 있게) 트루먼이 세운 CIA가 중동에서 매우 활발하게 활동했다. 시리아 의회가 탭라인 중 시리아 구간에 대한 조약을 비준하지 않자, CIA는 시리아에 탭라인을 진행시킬 정부를 세우기 위해 쿠데타를 기획했다.³⁴ 또한 CIA는 미국이 이란에서 영국을 지원하는 수단으로도 요긴했다. 새 이란 총리 모함마드 모사데그Mohammad Mosaddegh가 1951년에 앵글로-이란 오일컴퍼니를 국유화하고 양허를 종료하자 영국은 페르시아만에서 이란의 석유 수출을 봉쇄했다. 트루먼은 중재를 시도했지만, 1953년에 취임한 아이젠하워는 영국의 설득으로 CIA가 영국 정보기관과 함께 모사데그 축출 작전을 펴게 했다.³⁵ 단기적으로 이러한 개입은 이란의 석유 분야 재건을 돕기 위해 미국 회사들이 이란 국영회사가 꾸리는 새로운 컨소시엄에 들어가도록 미국 정부가 미국 기업들을 압박해야 한다는 의미였다. 장기적으로 미국의 개입은 미국-이란 관계를 극도로 악화시켰고 중동이 미국에 더욱 큰 군사전략적 부담이 되게 했다.³⁶

대서양, 쪼개지다

미군이 주둔하지 않은 곳에서 나오는 공급량으로 우방국들에 석유를 보장하겠다는 미국의 계획은 긴장 요인을 내재하고 있었다. 1956년에 이는 깊은 지정학적 위기를 일으켰고 그것의 막대한 영향은 지금까지 이어지고 있다.[37] 수에즈 위기는 흔히 전후 영국의 권력에 대한 것으로만 이야기되지만, 이 위기는 미국이 언제나 우방국들에 석유의 최종공급자로 행동해주리라는 개념을 뒤흔들었고, 소련 석유가 서유럽에 다시 들어오게 했으며, 미국이 중동에서 군사적으로 계속 발을 빼고 있을 수 있으리라고 생각한 미국 대통령들의 착각을 끝장냈다.

수에즈 위기는 이집트의 나세르 대통령이 수에즈 운하를 국유화하고 이스라엘이 사용할 수 없게 하면서 시작되었다. 1956년에 페르시아만에서 서유럽으로 가는 석유의 70퍼센트 이상이 수에즈 운하를 통과하고 있었다. 곧바로 영국 총리 앤서니 이든Anthony Eden은 아이젠하워에게 나세르가 물러서지 않으면 무력으로 저지해야 할 것이며 수에즈 운하가 닫힐 경우 "한동안은 미국이 보충적인 (석유) 공급을 해주어야 할 것"이라고 요청했다.[38] 하지만 아이젠하워는 이든의 서한에 대해, 평화적인 수단을 전부 사용했음이 확실히 입증되지 않는 한 "우리 국민들이 서구의 우방국들에 대해 갖는 생각에 매우 심각하게 영향을 미칠 반작용이 일어날 것"이며 꽤 높은 가능성으로 "가장 광범위한 파급 영향이 있을 것"이라고 답했다.[39] 1956년 10월에 영국, 프랑스, 이스라엘이 미국과 협의 없이 일방적으로 이집트에 대한 군사 행동에 나섰을 때 대선을 불과 며칠 앞두고 있던 아이젠하워는 분노했다. 수에즈 운하가 닫히고 시리아군이 이라크 페트롤리엄컴퍼니의 시설을 파괴하고 사우디가 영국과 프랑스에 수출을 중단했는데도, 아이젠하워는 비상 프로그램을 가동해 비축량을 풀지 않았다.[40] "말하자면, 결자해지로 자기 석유는 자기가 알아서 해야 할 것"이라면서 말이다.[41] 석유를 주로 스털링으로 구매했던 영국은 이제 서반구에서 달러로 석유를 사와야 했다. 이어서 흐루쇼프가 (과장이었긴 하지만) 영국과 프랑스에 핵공격을 하겠다고 위협하자 [영국을 압박해 갈등 국면을 끝내기 위해] 아이젠하워의 재무부는 영국이 IMF의 특별인출 할당량에서 달러를 인출하는 것을 막았다.[42] 영국은 곧바로 꼬리를 내리고 이제까지 함께 행동했던 프랑스, 이스라엘과 상의 없이 군사 행동에서 발을 뺐다.

불가피하게 이 위기는 미국의 대對중동 접근이 가진 비일관성을 드러냈다. 미국은 서유럽이 중동 석유 의존도를 높이도록 독려하는 동시에 영국의 군사력에 의존했고, 또한 동시에 중동에서 영국의 제국주의적 통제를 종식시키려 하는 아랍 민족주의와 우호적인 관계를 맺으려 했다. 그다음에는 보수적인 아랍 국가들을 이용해 미국의 영향력을 재건하려 했다. 아이젠하워 독트린[1957년 1월에 아이젠하워 대통령이 의회에 발표한 중동 특별 교서. 공산주의 침략에 저항하는 데 도움이 필요한 중동 국가에 군사적 또는 경제적 지원을 할 수 있다는 내용이 담겼다]은 이라크와 동맹을 맺은 사우디가 이 지역의 맹주가 되어서 이집트-시리아 축에 맞서 아랍의 구심점이 되게 한다는 그림을 그렸다.[43] 하지만 급진적인 아랍 민족주의는 국경 안에서만 머물도록 제어되지 않았다. 1958년 2월에 이집트와 시리아는 새로운 통합 국가인 통합아랍연합United Arab Union을 수립했다. 이후 몇 달 동안 사우디 국왕은 더 급진 성향인 왕자를 총리로 임명하라는 압박을 받았고 이라크에서는 일군의 장교가 이라크 군주를 몰아내고 이라크를 새로운 이집트-시리아 통합 국가 편에 서게 했다. 영국은 이라크 내의 군사 기지를 잃은 상태였으므로 튀르키예에서 공군을 이용해 페르시아만에 들어올 수 없었고 홍해 동쪽 입구인 아덴의 작전기지에 의존해야 했다.[44] 영국의 입지가 약화되는 동안 아이젠하워는 레바논의 친미 정부를 지원하기 위해 군사를 보내면서 중동에서 군사력을 사용한 최초의 미국 대통령이 되었다.[45] 하지만 [중동에 군사 개입을 하지 않고자 하는] 미국의 전략이 수정되었다는 의미는 아니었다. 그보다는, 정신없이 돌아가는 사건들에 대한 즉각적인 반응이었다고 보아야 한다. 이후 10년간 미국의 정책은 영국이 계속해서 페르시아만의 작은 보호령들에 지배력을 행사하고 아덴에 주둔하게 하는 데 전보다 더 많이 초점을 두었다.

수에즈 위기는 NATO의 응집에도 장기적으로 심각한 손상을 입혔다. 미국의 행동에 대해 서유럽에서 널리 분노가 일었다. 서독 총리 콘라트 아데나워Konrad Adenauer는 영국과 프랑스의 군사 행동을 "유럽의 국가이성으로서의 행동"이라고 묘사했다.[46] 수에즈 위기 동안 아이젠하워가 취한 행동은 유럽에서 유럽경제공동체European Economic Community(이하 'EEC')와 유럽원자력공동체European Atomic Energy Community(이하 'EURATOM')로 발전하게 될 유럽 국가들 사이의 협상을 가속화했다. 아데나워는 이제 EEC와 EURATOM을 진전시키는 데 프랑스의 확고한 참여를 얻어낼 수 있으리라 생각하고서 협상을 진전시키기 위해 파리를 방문해 프랑스 총리 기 몰레Guy Mollet에게 [국내적 반대를 극복하도록] 힘을 실어 주었다. 영국 총리 앤서니 이든이 몰레에게 전화해 아이젠하워의 압력에 굴복했다고 알린 뒤에 아데나워는 몰레에게 이렇게 말했다고 한다. "낭비할 시간이 없습니다. 우리는 '유럽'으로 복수해야 합니다."[47]

하지만 수에즈 위기는 연맹체나 동맹체의 구성을 어렵게 만드는, 안보를 둘러싼 서유럽의 분열도 드러냈다. 제4공화국 마지막 시기에 프랑스는 안보와 기술을 미국에 덜 의존하려면 프랑스가 핵무기를 보유해야 한다고 생각했다.[48] 1956년이면 프랑스는 핵 프로그램을 시작한 상태였고 EURATOM이 이를 완수할 수단이 되어주리라고 생각했다. 대조적으로 독일의 아데나워는 NATO를 망가뜨리지 않으면서 유럽의 방위 역량을 강화하길 원했다. 이 말은, 영국이 새로운 유럽 동맹체 또는 연맹체에 들어오게 해야 한다는 의미였다. 하지만 해럴드 맥밀런Harold Macmillan 총리 시절의 영국은 NATO는 유지하고 싶어 했지만 유럽 관세 동맹에는 들어오지 않으려 했다.

    수에즈 위기 이후의 이 같은 갈등은 해소될 수 없었다. 샤를 드골Charles de Gaulle 시절에 프랑스의 정책은 한층 더 대치적인 방향으로 나아갔다. 드골은 미국과 영국 모두와 경제뿐 아니라 지정학적으로도 거리를 두고자 했다. 이 입장은 프랑스가 1966년 NATO 통합군에서 철수하고 영국의 EEC 가입에 두 번이나 비토를 놓은 데서 정점에 올랐다. 또한 그는 EEC 국가들이 안보동맹체 결성을 향해 움직이게 하고 싶었다. 하지만 이는 이후에도 사라지지 않고 지속되는 요인들 때문에 실패한다. 드골이 보기에 유럽을 미국과 소련의 핵 대결에 좌우되게 두는 한 유럽의 안보는 있을 수 없었다. 하지만 아데나워와 여타 EEC 회원국 지도자들은 NATO와 미국의 핵우산 없이는 안보가 있을 수 없다고 생각했다. 그 결과, 1960년대에 EEC는 드골이 받아들인 '공동의 농업 보조 시스템을 가진 관세 동맹'으로 존재한다는 현실과 드골이 받아들이지 못한 'NATO에 안보를 의존'한다는 현실 사이에서 옴짝달싹 못 하고 있었다.

    영국도 프랑스 못지 않게, 다만 반대 방향에서 이 난국에 기여했다. 맥밀런 정부는 미국과의 관계를 다시 이어붙여서 수에즈 이후의 상황에 대처하려 했다. 영국도 자국이 핵무기를 보유해야 한다고 결론내리긴 했지만 미국과의 양자적 협력bilateral cooperation을 통해 핵무기 확보를 달성하려 했다. EEC에 대해서는, EEC와 영국이 이끄는 유럽자유무역지역European Free Trade Area 사이에 자유무역협정을 맺는 것이 영국에 가장 이익이라고 생각했다. 영국은 1958년에서 1961년 사이에 서유럽의 다른 나라에 주둔한 영국군을 철수시키겠다고 여러 차례 협박했다. 이는 안보에서 EEC가 취약하다는 점을 가지고 압박하면 EEC가 자유무역협정에 동의하게 할 수 있으리라 가정한 것이었는데, 이는 잘못된 가정이었고 영국은 경제적 고립이 높아질 위기에 처했다.[49] 수에즈 위기 이후에 불거진 영국의 두 가지 문제는 미국의 존 F.

케네디 행정부 시절에 한꺼번에 들이닥쳤다. 드골의 야망을 우려한 케네디는 영국의 맥밀런이 EEC에 가입 신청을 하도록 독려했다.[50] 하지만 1962년에 나소 협정Nassau Agreement을 통해 잠수함 발사 폴라리스 탄도미사일을 맥밀런에게 제공하면서, 케네디는 드골이 "[영국의 EEC 가입은] 미국이 유럽에서의 이해관계를 관철하기 위해 심으려 하는 트로이 목마"라며 비토를 놓기에 매우 좋은 명분을 준 셈이 되었다.

프랑스가 NATO 통합군 체제에서 이탈하고 영국이 EEC에서 배제되면서 1960년대 중반의 유럽 지정학은 수에즈 위기 전보다 응집성이 더 없어졌다.[51] EEC는 여전히 부분적인 경제동맹일 뿐이었고, 안보 문제를 스스로 해결할 능력이 구조적으로 부재해서 외부의 안보동맹에 의존했는데, EEC 회원국 중 하나가 그 안보동맹에서 부분적으로 이탈해 있었다. 드골이 프랑스 대통령직에서 물러나면서 영국은 유럽공동체European Community(이하 'EC', 이 무렵 EEC는 EC가 되어 있었다)에 가입할 길이 열렸다. 하지만 프랑스는 그 이후 냉전 시기 내내 NATO 통합군에 들어오지 않았다.

* * *

수에즈 위기가 에너지에 미친 영향도 이에 못지않게 중차대했다. 미국이 수에즈 위기 때 지원을 거절하는 것을 보면서 프랑스는 에너지 자립을 위해 다른 수를 맹렬히 강구했다. 1945년 이래 프랑스 정부들은 프랑스령 아프리카 지역에서 석유와 가스 탐사를 적극적으로 지원했다. 1956년에 알제리에서 석유가 발견되었고, 한동안 프랑스는 알제리 석유가 EEC 전체를 중동에 대한 석유 의존 및 중동·미국과의 관계로부터 멀어지게 해줄 수 있으리라고 믿었다. 프랑스가 알제리에서 강한 군사력을 통해 통치를 유지하려면 미국의 암묵적인 동의가 필요했지만 말이다.[52] ECSC 설립(1951년) 때는 프랑스가 알제리를 프랑스 관할령 자격으로 포함해 달라고 요구하지 않았지만, EEC 설립(1957년) 때는 알제리 등 프랑스의 해외 영토가 포함되어야 한다고 주장했다. 그렇게 되면 프랑스 기업이 알제리에서 생산한 석유가 EEC에 관세 없이 들어올 수 있을 터였고, 따라서 다른 회원국들도 프랑스의 북아프리카 식민지 유지에 이해관계가 걸리게 할 수 있을 터였다.[53] 프랑스가 1962년에 어쩔 수 없이 알제리에서 철수하면서 이 희망은 꺾였지만, 드골은 알제리 독립을 규정한 에비앙 협정Évian Accords에서 사하라 지역 유전에 대한 통제권을 확보함으로써 프랑스의 에너지 이익을 지키는 데 성공했다.

수에즈 이후 영국도 에너지 대안을 찾고 있었다. 첫 번째 핵에너지 프로그램을 시작했고 브리티시 페트롤리엄(옛 앵글로-이란 오일 컴퍼니, 오늘날 BP)이 알래스카 등 서반구에서 석유를 탐사하도록 독려했다.[54] 그럼에도 영국은 여전히 유럽의 어느 나라보다도 중동에서 입지가 강했다. 1957년이면 영국이 쓰는 석유의 절반이 영국 보호령인 쿠웨이트에서 오고 있었다. 그리고 매우 중요하게, 이 석유 대금은 스털링으로 지불하게 되어 있었다.[55] 아랍 민족주의가 확산되고 미국이 동남아시아에 더욱 많이 개입하면서 영국군이 중동에 주둔하는 것은 미국에 덜 중요해진 게 아니라 더 중요해졌다. 수에즈 위기는 서구의 석유를 보장하는 데 영국이 필요 없어졌음을 보여준 것이 아니었다. 그보다는, 스털링이 약세일 때 영국이 중동에서 군사적으로 행동할 역량이 매우 취약하다는 점을 보여주었다. 미국이 걱정해야 할 위험은, 다음 위기 때는 [영국이 더 이상 중동에서 군사적으로 유의미하게 주둔하지 않게 되면] 미국이 영국에 기대기 어려울지도 모른다는 점이었다. 1960년대 말에 바로 그런 일이 일어날 줄 예견하기라도 한 듯[1967년에 영국은 중동 주둔을 포기한다], 1964년 말에 미국의 린든 존슨Lyndon Johnson 대통령은 암묵적으로 영국이 페르시아만에 계속 주둔하는 대가로 스털링 방어를 위한 긴급 대출을 승인했다.[56]

장기적으로 가장 중대한 결과는 수에즈 위기가 서유럽 국가들 사이에서 '소련 석유를 수입하면 안 된다'는 합의를 깨뜨렸다는 점이었다. 수에즈 위기 전에도 소련 공산당 서기장 니키타 흐루쇼프Nikita Khrushchev가 소련 석유 산업을 수출 중심으로 재건하려는 데서 기회를 발견한 바 있었던 이탈리아 국영 석유회사 ENI는 1958년에 대규모 석유 협상을 시작했다.⁵⁷ 이탈리아에 이어 이 새로운 소련 시장에 오스트리아와 서독도 합류했다.⁵⁸

서유럽이 소련 석유 쪽으로 돌아서면서 NATO는 또 한 차례 위기를 맞았다. 소련 석유를 동유럽으로, 이어서 중부 유럽으로 보낼 드루즈바Druzhba('우정'이라는 뜻) 파이프라인 건설을 시작했을 때, 소련은 서유럽 기업으로부터 대직경 강철 파이프를 조달해와야 했다. 아이젠하워는 NATO를 통해 대직경 파이프 수출에 제재를 부과하려고 하지는 않았다. 하지만 소련의 석유 수출 역량이 커질수록 미국 정치인들의 경각심도 커졌다. 훗날 1968년 대선에서 민주당 후보가 되는 휴버트 험프리Hubert Humphrey는 상원에서 소련의 석유 수출이 "우리가 직면한 주요 위협 중 하나"라며 "군사적 위협보다 더 위험할 수도 있다"고 말했다.⁵⁹ 1962년 말에 [아이젠하워의 바로 다음 대통령인] 케네디는 쿠바 미사일 위기를 계기로 삼아 서유럽 기업들이 대직경 파이프를 더 이상 소련에 판매하지 말도록 요구했다. 이탈리아가 부분적으로라도 협력하게 하기 위해 미국 정부는 미국 기업들이 이탈리아에 더 저렴하게 석유를 공급하도록 압박해야 했다.⁶⁰ 서독은 미군이 주둔하고 있어서 협력을 끌어내기가 비교적 쉬웠지만, 투표에서 미국이 요청한 수출 제재를 거부하는 결과가 나오는 것을 막기 위해 기독민주연합 의원 모두가 [정족수 미달로 투표 자체가 이루어지지 않도록] 의회 회의장에서 퇴장해야 했다.⁶¹ 소련 석유에 직접적인 이해관계가 적었던 영국조차 미국의 강요를 받아들이기를 극도로 꺼렸다.⁶² 대직경 파이프 수출 제재는 성공적이지도 못했다. 파이프라인 건설을 1년쯤 지연시키기는 했지만, [케네디의 암살 이후 대

통령직을 승계한] 존슨 행정부 때 이 제재는 유지되지 않았다.[63]

서유럽으로 소련 석유가 수입되면서 중동의 불안정이 고조되었다. 중동의 미국 석유회사들은 서유럽 시장점유율을 잃을까봐 아랍 정부들과 협의하지 않은 채 가격을 낮추었다.[64] 분노한 사우디, 이란, 이라크, 쿠웨이트, 베네수엘라는 석유수출국기구OPEC를 결성했다.[65] 처음에는 OPEC이 감산으로 유가를 올리는 능력이 크지 않았지만(새로운 유전이 발견된 것도 큰 이유 중 하나였다), 중동의 대규모 산유국 세 곳이 공동으로 정치적 행동을 할 수 있는 장이 생겼고 이는 1970년대부터 석유 시장을 재구성하게 된다.

1967년의 아랍-이스라엘 전쟁은 수에즈 이후의 단층선을 극명하게 드러냈다. 이 전쟁을 계기 삼아 드골은 '프랑스는 미국의 제약을 받지 않을 것'이라고 다시 한번 천명하면서 이스라엘 지지를 철회하고 친아랍 정책으로 선회했다.[66] 대조적으로 미국은 1956년에 비해 이집트에 더 대립각을 세우면서 친이스라엘 쪽으로 한층 더 이동했다. 이렇게 입장이 전환하면서, 수에즈 때 아이젠하워는 그러기를 거부했었지만 이번에 존슨 행정부는 서유럽에 '최종공급자' 역할을 해야 했다.

하지만, 이제 서유럽에 중동 석유를 보내는 수송의 문제가 영구적으로 더 어려워지게 될지도 몰랐다. 탭라인 송유관은 시리아와 이스라엘의 국경 지대에 있는 골란 고원을 거쳐 사우디의 석유를 나르는데, 골란 고원은 시리아 영토였지만 이제는 이스라엘이 점령하고 있었고 따라서 팔레스타인의 공격 목표물이었다. 수에즈 운하는 1975년까지 계속 닫혀 있었다. 무엇보다, 1967년의 전쟁은 영국의 중동 주둔을 마침내 종식시켰다. 전쟁 발발 1년 전에 이미 영국 정부는 나세르가 지원하는 폭동이 심화되고 있는 것을 이유로 들며 아덴에서 철수하겠다고 발표했다. 이어서 전쟁은 폭동을 더욱 격화시켰고 남아라비아연방Federation of South Arabia[오늘날 예멘 공화국 남부에 있던 토후국들의 연방체로, 영국의 보호령이었다] 군대와 아덴 경찰에서 반란이 일어났다. 1967년 11월에 사면초가에 몰린 영국군은 철수했고 남예멘이 독립했다. 1970년이면 남예멘에는 소련이 지원하는 정권이 들어서 있었다. 1967년 무렵 영국의 군사적 취약함은 스털링의 취약함으로 한층 더 심화되었다. 수에즈 운하가 계속 닫혀 있고 아랍이 이스라엘을 지원하는 국가들에 석유 수출을 중단하면서, 영국은 달러로 석유를 사와야 했고 이는 영국에 국제수지 위기를 촉발했다.[67] 중동 내 영국 권력의 실질적인 기반이 무너지면서 해럴드 윌슨 내각은 영국이 1971년까지 수에즈 동쪽에서 모든 군사 개입을 종결할 것이라고 발표했다. 페르시아만에서 영국이 빠지자 곧바로 미국에 위기가 닥쳤다.[68] 하지만 미국의 린든 존슨은 더 이상 미국의 금융 권력을 사용해 윌슨의 마음을 바꿀 수 없었다. 린든 존슨은 영국이 페르시아만에 계속 주둔해주는 대가로 서유럽에서 영국의 군사적 부담을 줄여주겠다고 제안할 수 있으리라 기대했었는데(1965년에 린든 존슨의 국무장관 딘 러스크Dean Rusk가 윌슨에게 이렇게 제안한 바 있었다), 1년 전에 프랑스가 NATO의 통합군 체제에서 이탈하면서 이 희망도 없어진 상태였다.[69]

　　영국이 중동에서 사라지면서 생긴 공백이 미국에 일으킨 곤경의 결과, 사우디와 이란이 중동에서 서구 에너지 안보의 기둥이 되었다. 린든 존슨의 안보 자문 월트 로스토우Walt Rostow는 존슨에게 보낸 메모에서 이렇게 언급했다. "우리는 영국을 대체해야 하는 상황을 원하지 않으며 거기에 러시아가 있는 것도 원하지 않습니다. 따라서 우리는 샤[이란]와 파이살[사우디]에 의존해야 합니다."[70]

　　처음부터 중동에 대한 새로운 접근에는 문제가 가득했다. 미국과 유럽의 거대 석유회사들이 중동 지역에 있다는 것 자체가 점점 더 정치적으로 맹렬한 갈등의 소지가 되었다. 1969년 리비아에서 범아랍주의 기치를 들고 정권을 잡은 카다피 장군은 곧바로 리비아에 있는 미국과 영국의 군사 기지를 폐쇄했고 곧이어 소련에 군사 원조를 요청했다. 유럽으로 들어가는 석유 중 소련산이 아닌 석유의 점점 더 많은 부분을 리비아산이 차지하게 되면서, 카다피는 가격과 수입 분배를 두고 리비아에서 영업하는 외국 석유회사들과도 싸움을 시작했다. 곧 OPEC의 다른 국가들도 자국에서 석유를 생산하는 외국 기업들과의 권력 균형을 역전시키는 조치들을 밀어붙였고, 정부가 더 많은 수입 배분과 통제권을 갖게 하는 새로운 조약들이 체결되었다. 몇몇 OPEC 국가들은 한 발 더 나아갔다. 1971~1974년에 알제리(1969년에 OPEC에 들어왔다)는 자국에서 운영 중이던 프랑스 석유회사의 과반 지분을 획득했고, 이라크의 친소련 바트당 정부는 이라크 페트롤리엄컴퍼니를 국유화했으며, 사우디 정부는 아람코의 과반 지분을 획득했다. 1970년대 말이면 아람코는 전적으로 정부가 소유하고 운영하는 국영 기업이 된다.

한편, 중동 내부의 지정학도 중동에 안정적인 우방을 두길 원하는 외부의 어떤 강대국이라도 손사래를 칠만큼 난국이었다. 중동 내에서 이란의 위상을 높인다는 말은 1953년에 CIA가 영국 정보기관과 기획한 쿠데타 때문에 반미 정서가 매우 강한 나라를 미국이 신뢰해야 한다는 뜻이었다. 또한 이는 이라크와 페르시아만 남부에 대한 이란의 영토적 야심을 자극했다. 한편 사우디에 더 비중 있게 의존한다는 말은 1960년대부터 군에서 이집트로 이탈이 일어나는데도 어쩌지 못하고 있는 군주국에 의존한다는 말이었다. 실제로, CIA는 존슨에게, 그리고 이어서 닉슨에게 사우디가 급진 민족주의자의 쿠데타에 취약한 상태라고 경고했다. 1967년 전쟁 이후 사우디 국왕 파이살은 이집트의 나세르와 관계 개선에 합의했고 팔레스타인 국가를 건설한다는 대의를 열렬히 받아들였다. 이란-사우디 관계도 상황을 더 꼬이게 만들었다. OPEC이 제도적으로 관리하게 된 유가 및 석유 생산량을 두고 걸프만의 두 주요국이 벌이는 라이벌 관계에 미국이 얽히게 된 것이다.[71]

수에즈 이후 10여 년 뒤, 미국이 표방한 서유럽의 석유 보장은 일관성이 없었고 부분적으로는 서유럽이 원한 바도 아니었다. 미국 대통령들은 중동에서 충분히 장기적으로 군사력을 사용할 수도, 서유럽 국가들이 소련 석유를 들여오는 것을 막기 위해 역외 제재를 가하거나 금융으로 위협할 수도 없었다. 그리고 서유럽이 [소련 석유 대신] 페르시아만 석유를 수입하게 할 수 있으리라는 미국의 기대는 궁극적으로 영국이 중동에 주둔하는 데 달려 있었는데, 영국이 발을 빼기로 했을 때 미국은 이를 막지 못했다. 게다가 이라크가 1968년 이후 소련 쪽으로 기울면서 중동에서 소련의 영향력이 커졌다. 또 이제는 이란에 너무나 많이 의존하게 되었는데, 이란의 야망은 이라크가 소련에 군사 원조를 요청하게 할 인센티브만 만들었을 뿐이었다.

데탕트

이러한 단층선들은 미국의 권력을 둘러싼 더 큰 지정학적 위기의 일부에 불과했다. 위기의 직접적인 원인은 베트남이었다. 베트남 전쟁은 그 자체로도 미국에 재앙이었고, 미국의 대외적인 권력 행사에 대해 강력한 국내 정치적 제약 요인이 되었다. 하지만 베트남 전쟁은 중동 및 에너지 단층선과도, 또한 브레턴우즈에 내재된 단층선과도 교차했다. 이는 미국이 냉전 전략을 수정하게 했고 그 영향은 냉전 종식 이후의 세계로까지 이어졌다.

수에즈 위기가 그랬듯이, 베트남도 NATO의 분열을 드러냈다. 미국 지상군이 베트남에 들어가자마자 존슨 행정부는 미국의 스털링 지원을 지렛대로 이용해 영국을 전쟁에 끌어들이려 했지만 실패했다. 또한 서독에서 미군을 철수시키겠다고 협박했는데도 서독이 베트남 전쟁에 자금을 대게 하는 데 실패했다. 미국의 이러한 압박은 서독에서 이 이슈를 두고 루트비히 에르하르트Ludwig Erhard의 기독민주연합-자유민주당 연정의 붕괴만 가속화했을 뿐이었다. 이어서 1966년에 처음으로 독일에서 기독민주연합-사회민주당의 대연정이 꾸려지면서 1970년대에 서독이 소련과 더 우호적이 되는 쪽으로 방향을 전환하는 길이 열렸다. 이미 소련 에너지 쪽으로 선회했던 것을 이제 정치적으로도 확고히 하게 된 것이다.[72]

동시에, 미국은 브레턴우즈 체제가 미국의 달러 정책에 부과하는 제약 때문에 1968년 이후로는 피해 통제 활동 정도 외에 어떤 전쟁도 지속할 수 없었다. 1947년에 달러 부족이 문제였다면 1960년대에는 금 부족이 문제가 되었다(7장 참조). 1968년 3월에 금 위기에 직면한 존슨은 (그 자신의 표현으로) 미국의 "재정 상황"이 "혐오스러운" 지경이라서 군을 대폭 늘리라는 장교들의 요구를 들어줄 수 없다고 판단했다.[73] 금 부족으로 인한 제약을 인식한 존슨은 1968년 3월 북베트남 공습을 큰 폭으로 줄일 것이며 재선에 나서지 않겠다고 발표했다.

베트남에서의 실패는 일본의 진주만 공습 이래 미국이 유라시아에서 무력을 행사할 수 있게 허용했던, 안보에 대한 국내 정치적 합의를 깨트렸다. 냉전 초기 트루먼은 마셜플랜, NATO, 평시 징집 등의 사안에서 의회의 지지를 얻어낼 수 있었다. 전간기 대통령들은 유라시아에서 무력을 행사하고자 할 때 국내 정치로 인해 어려움을 겪었지만 냉전 초기 대통령들은 그렇지 않았다. 1964년에 베트남에 대해서도 존슨은 단 두 명만 반대표를 던진 상태로 파병에 대해 백지 위임이나 다름 없는 포괄적 권한을 얻어냈다. 하지만 승리의 전망이 전혀 보이지 않자 미국 유권자들 사이에서 유라시아에서의 전쟁에 자국 시민을 군인으로 보내고 돈을 대고자 할 의사가 소진되었다. 이 현실을 인식하고 1968년 대선에서 리처드 닉슨은 징병제 폐지를 약속했다. 이 약속이 실제로 실현되는 데는 5년이나 걸리게 되지만 말이다. 베트남 전쟁 이후 미국은 모병제로 모집해야 하는 군대와 유라시아에서 미국인이 생명을 잃을지도 모를 그 어떤 군사 개입도 용인할 생각이 매우 적은 유권자를 가진 나라가 되었다.

인도차이나에서 미국이 철수하면 소련이 우위를 점하게 될 것을 우려한 닉슨과 그의 국가안보보좌관 헨리 키신저Henry Kissinger는 소련과의 군사적 갈등 관계를 1970년대 초 상태에서 동결시키고자 했다. 이를 위해 무기 제한 협정을 포함해 몇몇 이슈에서 소련에 양보해야 했을 뿐 아니라 공산국가인 중국과 외교 관계를 맺어야 했다. 중국이 소련의 확장을 억제하는 수단이 되리라는 기대에서였다.

데탕트[1970년대 동서간 긴장 완화]는 베트남 전쟁이 일으킨 문제에 대한 대응이었지만, 에너지와 관련된 이유도 있었다. 1970년대 말이면 미국의 에너지 권력은 사그라드는 반면 소련의 에너지 권력은 떠오르고 있었다. 미국의 원유 생산은 1970년에 정점을 치고 감소하고 있었다. 셰일 붐이 시작되고 8년 째인 2018년까지 미국은 1970년 수준의 생산량에 다시 도달하지 못한다. 국내 수요 이상을 생산할 역량이 없었으므로 미국 생산자들은 이론상으로라도 서구에 석유의 최종공급자 역할을 할 수 없었다. 아니, 미국 자체도 석유를 수입해야 했다. 따라서 미국은 NATO 회원국들이 석유를 페르시아만에서 공급받게 하는 데 직접적인 이해관계가 있었다.[74] 그러는 동안, 1960년대에 서시베리아에서 유전이 발견되면서 소련의 석유 산업은 한층 더 발달했다. 1968년에 소련은 드루즈바 송유관을 발트해 연안의 벤츠필즈까지 연결하는 연장 공사를 완공해 서유럽으로의 수출 역량을 높였으며 1974년이면 미국을 밀어내고 세계 최대 산유국이 되었다.[75] 거대한 서시베리아 탄화수소 지대에는 가스도 다량 매장되어 있었는데, 이 가스를 서유럽과 중부 유럽으로 수출하면서 소련은 유럽의 돈과 장비로 가스전을 개발할 기회를 얻었다. 장기적으로는 소련의 석유 수출보다 소련의 가스 수출이 지정학에 더 중대한 영향을 미쳤다. 그중 하나로, 소련의 가스 수출은 핵발전이 크게 제약될 세계에서 녹색 운동이 서독의 정치에 비중 있게 부상하던 시기에 소련-독일 간 우호 관계의 물적 기반이 될 경제적 토대를 제공했다.[76]

미국의 에너지 권력이 약해지면서 닉슨은 미-소 협력 쪽으로 점점 더 이동했다. 그는 서시베리아 유전과 가스전 개발에서 미국 컨소시엄들이 상업적 기회를 갖기를 원했고, 에너지 수출에 관한 NATO의 규칙을 완화하고자 했다.[77] 1973년 6월 미소 정상회담 이후 양국 정상은 공식 성명에서 "시베리아 천연가스를 미국으로 운송하는 것도 포함해 미국 회사들이 참여하는 구체적인 여러 [에너지] 프로젝트"를 논의했으며 "양국 정부는 핵 융합에 대한 협력을 강화, 확대하기로 했다"고 발표했다.[78]

하지만 에너지 문제는 데탕트에 심각한 긴장을 일으키는 요인이기도 했고, 국내적으로는 이 긴장이 이미 상당히 첨예해진 상태였다. 한 가지 이유는 국무부도 국방부도 닉슨과 키신저의 접근을 딱히 지지하지 않았다는 점이었다. 그리고 소련과 에너지 교역을 하려면 소련이 최혜국 지위를 가져야 했는데, 미 의회는 이를 소련 거주 유대인들이 해외로 이주할 자유도 포함해 소련의 인권 문제가 어떻게 되는지에 따라 결정되어야 할 일로 여겼다. 또한 소련이 미국 자본에 접근할 수 있어야 에너지 교역이 가능했는데, 미 의회는 이를 제약하고 있었다.[79]

가장 즉각적으로, 데탕트는 중동에서 터질 전면적인 위기를 막을 수 없었고 그 위기의 파장은 전세계에 미쳤다.[80] 이집트와 이집트의 아랍 우방들은 1973년 욤키푸르[이스라엘 명절]에 이스라엘을 공격했다. 이 시점에 이들은 1967년에는 없었던 이점을 가지고 있었다. 1973년에는 이집트가 주도하는 군사 연합에 사우디가 적극 참여하면서 아랍 국가들 사이에 소련이 지원하는 국가와 미국이 지원하는 국가의 대립선이 사라져 있었다. 또한 미국은 OPEC산 석유를 수입해야 하는 입장이었기 때문에 사우디가 휘두르는 석유 무기에 취약했다. 1971년 달러 평가절하에 분노한 사우디는 이에 더 높은 유가로 보상받아야 마땅하다고 생각했다. 특히 미국이 그들의 라이벌인 이란의 위상을 강화하고 있으니만큼 더욱 그랬다.[81] 처음에 사우디는 미국과의 관계 단절을 주저했고 파이살 국왕이 미국 석유회사들에 닉슨을 압박해 경로를 바꾸게 해달라고 요청하기도 했다. 하지만 전쟁이 이스라엘에 유리하게 기울자 미국으로의 석유 수출을 금지했다. 가뜩이나 1970년에 미국의 국내 생산이 정점을 치고 내려오면서 유가 및 수급량에서 압박을 받던 차에, 이제는 미국과 서유럽 모두 유가 충격으로 국내 경제와 정치에서까지 극심한 문제를 겪게 되었다(4장과 8장 참고).

서유럽 국가 대부분이 아랍 국가들 쪽이나 중립으로 기울면서, 욤키푸르 전쟁은 중동과 관련해 NATO에 그나마 남아 있던 공동의 이해관계가 무엇이었든지 간에 그것을 다 해체했다. 영국은 EC 회원국 대부분과 함께 미국의 이스라엘 지원을 반대했고, 그러자 키신저는 미국 정보기관이 영국에 정보를 공유하는 것을 중지했다.[82] 정치학자 이선 캡스타인Ethan Kapstein의 말을 빌리면 1973년에 아랍은 누가 석유를 갖고 누가 갖지 못할 것인지를 결정함으로써 "서구 우방들을 분열시켜 지배했다."[83] 소련이 전쟁에 끼어들 것으로 보였을 때, 대다수 유럽 국가들은 미군이 중동에서 소련과 전쟁을 하게 될 경우 자신들의 기지를 당연히 쓸 수 있으리라 기대해서는 안 된다고 미국에 통보했다. 영국은 미국이 키프로스에서 정찰기를 띄우도록 허용하지 않았다. 우방을 잃은 미국은 전함을 페르시아만 입구 가까운 인도양으로 보내야 했다.[84]

나중에 키신저는 서유럽 국가들이 "동맹 관계가 존재하지 않는 양 행동했다"고 비난했다.[85] 하지만 NATO는 중동 문제를 다루기 위해 만들어진 연합이 아니었고, 튀르키예의 가입을 제외하면 중동 문제를 다루도록 그 후에 조정된 바도 없었다. 때때로 키신저와 미국의 여타 당국자들은 미국이 일방적 무력 사용으로 중동의 유전을 장악할 수 있는 역량을 충분히 가진 듯이 말했다. 한번은 기자들에게 아랍 국가들이 석유소비국과 다시 한번 협력하는 법을 배우지 않는다면 "그리스 도시 국가들의 길을 가게 될 것"이라고 엄포를 놓기도 했다.[86] 하지만 현실에서 미국은 아랍에 양보를 강제할 힘이 없었고 베트남 전쟁 때문에 국내 정치에서의 합의를 소모한 터라 중동에서의 또 다른 전쟁에 대해 지지를 끌어내기도 어려웠다. 사실 미국의 석유 권력이 줄면서, 아쉬운 소리를 해야 하는 쪽은 미국이었다.

　NATO와 관련해 이 위기는 운영상의 실패가 아니라 필연적인 귀결이었다. NATO는 유럽 국가들의 에너지 안보가 중동에 달려 있고 냉전으로 양극화되어 있던 세계에서 유럽에 초점을 둔 군사동맹으로서 고안되었다. 그리고 재정 때문에 군사력이 크게 제약된 데다 제국적 통치가 저항에 직면한 NATO 회원국 하나[영국]가 중동에서 에너지 안보를 방위하는 일을 주로 혼자 떠맡고 있었다. 영국군이 철수하고 나서 몇 년 동안 NATO는 페르시아만에 전혀 주둔하지 못했다. 미국 자체도 중동 석유 의존도가 커지고 있고, 이라크와의 동맹으로 소련 해군이 페르시아만에 들어오기까지 했는데도 말이다. 미국과 NATO로서는 사우디와 이란이 NATO 회원국들의 석유 이해관계를 지켜주어야 했지만, 이들은 NATO 회원국들에 단지 해를 끼치는 것만 삼가는 정도일 뿐이었고 그러면서 내건 이런저런 조건들은 NATO를 분열시켰다.

　이러한 현실에 직면한 키신저는 1974년 2월에 유럽 국가들에 에너지 정상회담을 제안했다. 그는 이 워싱턴에너지회의Washington Energy Conference를 산업화된 석유소비국들이 산유국들과의 관계와 관련해 공동의 이해관계를 논의하는 장으로서 이야기했다. 하지만 유럽 국가들로서는 이제 근린궁핍화beggar-thy-neighbour를 추구하며 양자적 석유 협상을 하고자 할 동기가 있었다. 프랑스는 닉슨 행정부가 국제적인 에너지 협력을 촉진하기 위해 밀었던 국제에너지기구International Energy Agency에 참여를 거부했다. 국내 생산이 줄어드는 상황에서 석유소비국으로서 미국의 이해관계는 서유럽 국가들과 경쟁 관계였다. 닉슨은 서유럽과 미국이 공동으로 행동한다는 방침에 동의하지 않으면 유럽에서 군을 철수시키겠다고 협박하는 수를 택했다.[87] 하지만

1970년대 내내 서유럽 국가들은 중동 석유 의존도를 줄일 수 있는 선택지가 있었다. 소련 석유를 더 수입할 수 있었던 것이다. 미국은 현실적으로 그럴 수 없었다. 키신저가 제럴드 포드 대통령 시절에 소련 석유를 대서양을 통해 수입할 기반을 구축하려 시도했지만, 브레즈네프와 맺었던 예비 합의는 결국 성사되지 못했다.[88]

1973년 위기로 군사 전략상의 위험에 노출된 닉슨 행정부는 사우디와 관계를 개선했고 이란과의 동맹도 강화했다(이제까지 이란은 유가를 올리는 데는 사우디와 의견을 같이했지만 석유 금수조치에는 동의하지 않았었다). 그리고 이집트를 통해 아랍-이스라엘 간 평화 중재를 시도했다. 닉슨은 1973년 11월 대국민 연설에서 앞날을 위해 미국은 중동 석유를 차차 끊고 1970년대가 끝나기 전에 셰일오일 개발도 포함해 "자립 프로젝트"를 실현해야 할 것이라고 말했다.[89]

이상한 승리

미국의 에너지 권력은 1970년대 내내 줄었지만 1970년대 말 이란에서 혁명이 일어나고 뒤이어 이란 주재 미 대사관 인질 위기가 터지면서 타격이 한층 더 심해졌다. 오늘날 중동에서 작동하는 핵심 정치 동학 중 일부가 여기에서 기인한다. 이집트-소련 축에 대한 미국의 우려는 이란-소련 동맹에 대한 우려로 바뀌었다. 페르시아만의 중요성을 생각할 때, 미국의 정책은 훨씬 더 대치적으로 갈 수밖에 없었다.[90] 서유럽 정부로서는, 이 때문에 중동에서의 곤경이 한층 더 심해졌다. 아랍 국가들과 이란이 석유 금수조치를 취할지 모른다는 위험에 더해, 이제 미국이 중동 정권들에 제재를 가할 경우 적절한 가격에 석유를 공급받기가 어려워질 수 있다는 위험까지 생긴 것이다.

이란 혁명의 여파는 곧 페르시아만 서쪽으로 퍼졌다. 다시 한번, 중동의 다른 지역에서 벌어진 사건으로 인해 사우디가 반反서구 분위기에 휩쓸렸다. 1979년 말에 사우디 왕조를 전복하고자 근본주의자들이 메카의 그랜드 모스크를 점거했고, 사우디 정권은 이를 진압하고 통제력을 회복하기 위해 전면 공격을 해야 했다. 그 후에 사우디는 더 엄격한 이슬람 규칙을 지지했고 종교적 보수주의자들에게 더 개방적이 되었다. 또한 이란은 아랍 국가들에서 시아파를 지원하려는 의도를 빠르게 드러냈다. 시작은 레바논이었는데, 이란의 혁명수비대가 레바논에서 시리아의 통제하에 있던 지역에 기지를 건설했고, 이곳을 기반으로 헤즈볼라가 생겨났다. 전임자 닉슨처럼 카터도 에너지 자립을 재달성하는 것이 이 지정학적 난국을 타개하는 유일한 길이라고 생각했다. 소위 '병폐' 연설에서, 카터는 이렇게 선언했다.

> 참기 어려운 해외 석유 의존도가 우리의 경제적 자립을, 그리고 우리의 안보 자체를 위협하고 있습니다. (…) 지금 이 순간부터, 우리 나라는 해외 석유를 1977년 수준보다 더 많이 사용하지 않을 것입니다. 절대로요. 지금부터 우리의 추가 에너지 수요는 우리의 생산량과 우리의 에너지 절약으로 충당할 것입니다.

현실적으로 그의 말은 연방정부가 지원하는 '합성연료공사Synthetic Fuels Corporation'와 셰일에 희망을 건다는 말이었다. 그는 "셰일오일만으로도 우리에게는 사우디 몇 개를 합친 것보다 많은 석유가 있다"고 말했다.⁹¹

하지만 이번에도 미래에 에너지 자립을 회복하겠다는 열망이 당장 현실에서 바꿀 수 있는 것은 없었다. 1979년 말에 소련의 아프간 침공으로 소련에 호르무즈해협이 열리는 것으로 보였다. 그리고 이어진 이란-이라크 전쟁에서 이란이 부상했는데, 1982년부터 이 상황은 이란군이 사우디와 쿠웨이트의 유전에 쳐들어올지 모른다는 두려움을 불러일으켰다. 이런 일들로 중동에서 미국은 한층 더 취약해졌다. 카터의 국방장관은 페르시아만의 석유를 잃으면 "재앙적인 규모의 타격"이 될 것이며 "이 지역을 소련이 통제하게 되면 산업화된 나라들과 개발도상국 모두에서 상당 부분이 경제적 속국이 되고 말 것"이라고 말했다.[92] 에너지장관 제임스 슐레진저James Schlesinger는 한술 더 떠서 "중동의 석유를 소련이 통제하게 된다면 이는 우리가 1945년 이래로 알던 세계의 종말을 의미하게 될 것"이라고 말했다.[93] 하지만 베트남을 거치고 난 후에 [국내 정치적으로] 미국 군인들을 아프간에 파병할 수 있는 가능성은 없었기 때문에 카터 행정부는 파키스탄을 통해 이슬람 무자헤딘에 무기를 지원했다. 그리고 이란에 미국 군인들을 파병할 수 있는 가능성도 없었기 때문에 레이건 행정부는 이라크와 외교 관계를 수복하고 CIA가 이라크를 은밀히 지원하게 했다.

카터 행정부가 '외부 세력이 페르시아만을 장악할 의도를 가지고 어떤 식으로든 무력을 행사할 시 군사력으로 대응'하겠다는 중동 군사 전략을 발표했지만(이것이 카터 독트린이다) 카터 행정부도, 이후 행정부들도, 그 원칙대로 행동할 수 있는 결정적 수단이 없었다.[94] 카터가 미국 함대를 페르시아만으로 보내고 서유럽과 동아시아 밖에서 작전을 수행할 신속대응군을 구성하긴 했다. 하지만 미국은 중동에 질서를 부과하기에 충분한 군사 역량이 없었다. 게다가 그나마 있는 군사력이라도 쓰면 중동에 아직 남아 있는 우방국들에서 문제가 생겼다. 레이건 행정부가 1983년 중동에서 미군의 작전 수행을 위한 상설 통합 전투 사령부로서 미합중국 중부사령부US Central Command를 만들었을 때 어떤 중동 국가도 그것을 자기 나라에 두려 하지 않은 것이 이를 잘 보여준다. 결국 미군의 중동 병참 본부는 플로리다에 위치하게 되었고 지금까지도 여기에 있다.[95]

이란 혁명으로 시작된 페르시아만의 위기는 NATO의 불화도 재점화했다. 소련의 아프간 침공 이후에 인도양에서 있었던 합동 군사 훈련에 참가한 나라는 영국뿐이었다. 이번에도 프랑스는 페르시아만에서 러시아와의 관계 개선을 고려하면서 딴 생각을 하고 있었다.[96] 그리고 이란-이라크 전쟁 초기에 프랑스는 영국과 공동으로 호르무즈해협을 지나는 유조선을 보호하기 위해 수송선을 보냈지만 서독은 이 작전에 참여하지 않았다.[97]

장기적으로, 카터 독트린에 쓰인 '외부outside'라는 표현은 만약 이란이 사우디를 공격하고 소련의 지원을 받는 경우에는 어떻게 되는 것인지 의문을 남겼다.[98] 알고 보니 혁명 후의 이란은 상당한 군사 강국이었다. 1988년 이란-이라크 전쟁 때 이란은 미 해군과 공군이 이란 해역에서 이란 배들을 대대적으로 공격한 뒤 평화 협상 절차에 나섰다. 하지만 궁극적으로 이란-이라크 전쟁은 이란 정권을 강화했고 미국의 개입은 이란 정권이 국내에서 갖는 정당성이 반미 정서에 한층 더 의존하게 만들었다. 한편, 부분적으로 승리한 이라크는 얼마 후 쿠웨이트를 침공했고 이어서 [이라크의] 사담 후세인Saddam Hussein이 쿠르드족을 공격했다. 조지 부시 시니어George H. W. Bush가 1989년 국가 안보 지침을 내놓으면서 미국이 중동 '내부'의 행위자와 '외부'의 행위자 모두에게 군사력을 행사할 것이라고 카터 독트린의 의미를 명확히 정리했지만, 이후의 전개를 보건대 이는 이란에 대해서보다 이라크에 대해 더 진심이었음이 분명하다.

＊　＊　＊

다시 유럽으로 가보면, 소련의 아프간 침공 이후 [데탕트가 무너지고] 냉전이 다시 격화되면서 에너지를 둘러싼 NATO의 분열이 더 깊어졌다. 1981년에 소련은 도이체방크가 이끄는 독일의 은행 컨소시엄과 새로운 가스관 건설을 위한 신용 제공 협정을 체결했다. 그 결과 탄생한 것이 트랜스-시베리아 파이프라인으로, 나중에 서부 시베리아 지대의 우렌고이 가스전에서 현재 우크라이나 서부인 우주호로드까지 이어지게 되고, 다시 여기에서부터 유럽 중부와 서부로 가스를 수송하게 된다. 레이건 행정부는 트랜스-시베리아 가스관 건설에 반대했고 소련의 강력한 영향력 아래에 있는 폴란드 정부가 1981년 12월에 계엄을 선포하자 이 가스관 프로젝트에 관여하는 유럽 기업들에 가혹한 역외 제재를 부과했다. 이 제재는 서유럽 국가들로부터 맹렬한 분노를 샀다. 서독 총리 헬무트 슈미트Helmut Schmid는 미국이 뭐라 생각하든 가스관 건설은 계속될 것이라고 말했다. 영국 통상장관 프랜시스 코크필드Francis Cockfield는 미국의 제재에 대해 "미국의 월권이 용인될 수 없는 수준이며 국제법상으로 대단히 혐오스러운 일"이라고 목청을 높였다.[99] 하지만 레이건 행정부로서는 이것이 단순히 케네디 시절 드루즈바 파이프라인을 둘러싸고 벌어졌던 갈등의 재현이 아니었다. 미국의 고위 전략가들은 에너지 수출에서 나오는 현금 수입이 소련이 해외로 군사력을 투사할 수 있게 하므로 그 역량을 없애는 것이 군사전략적으로 매우 중요하리라고 보고 있었다.[100] 레이건은 서유럽 국가들이 소련산 가스가 수입 가스의 30퍼센트를 넘지 않게 하겠다고 동의하자 가스관 건설에 대한 입장을 한 발 누그러뜨렸다.[101] 하지만 NATO 안에서 에너지를 둘러싼 유럽과 미국의 갈등은 냉전이 지속되는 한 피할 수 없을 것으로 보였다.

물론 1980년대 말에 냉전은 끝나는데, 역설적이게도 냉전 종식에 촉매가 된 것이 에너지였다. 1970년대의 고유가는 고유가가 아니었다면 석유회사들이 비용이 너무 많이 들어서 시도하지 못했을 일 하나를 가능하게 했는데, 바로 북해에서의 석유 생산이었다. 서반구에서는 멕시코에서 추가로 석유가 발견되었다. 그리고 미국 내의 석유 가격 규제가 풀리자(8장 참고) 영국의 브리티시 페트롤리엄과 미국의 몇몇 석유회사들이 역시 비용이 많이 드는 알래스카에서의 석유 시추에 관심을 갖게 되었다. 중동과 소련 이외의 유전에서 공급이 증가하자 OPEC의 가격 통제력이 잠식되었고 뉴욕과 시카고의 거래소에서 원유 선물 거래(정해진 미래 시점에 미리 정해진 가격으로 양도하기로 하는 계약)가 이루어지면서 실제 실물 석유를 인도받는 것에는 관심이 없는 투자자들이 투기적으로 가격을 움직이게 된 것도 OPEC의 통제력을 약화했다. 이러한 변화에 직면해서 사우디는 처음에는 가격을 지지하기 위해 OPEC의 감산을 이끌었다. 하지만 1986년에 달러가 급격히 평가절하되자 사우디의 달러 수입이 크게 줄었고, 시장점유율을 지키기 위해 전략을 거꾸로 바꾸어 유가를 폭락시켰다.

1986년에 유가 폭락을 허용한 사우디의 조치는 그 이유를 두고 많은 추측과 갑론을박을 낳았다. 몇몇 레이건 시절 당국자들은 레이건 행정부가 소련을 압박하기 위해 사우디 정부에 그런 조치를 취하라고 독려했다고 주장했다.[102] 실제로 그랬는지 확실한 증거는 없지만[103], 아무튼 레이건의 백악관은 유가 폭락을 환영했고 이것이 "지난 13년간 인류에게 일어난 가장 유익한 일 중 하나"라고까지 말했다.[104] 하지만 미국 텍사스의 석유 생산자들에게는 전혀 유익하지 않았다. 그들에게는 1986년에 고유가가 유가 폭락으로 급선회한 것이 재앙이었다. 1980년대에 텍사스의 석유 경제가 붕괴하면서 텍사스는 미국에서 저축 및 대출 위기의 진원지가 되었다.[105] 텍사스 석유회사들을 보호하기 위한 개입을 하지 않기로 하면서, 레이건 행정부는 전임 행정부들과 다르게 행동했다.[106] 이때의 역逆유가 충격 전에도 레이건은 미국의 에너지 자립을 되살리는 데 카터나 닉슨보다 관심이 없었고 합성연료공사가 지지부진 시들어가는 데도 내버려둔 데서 이를 단적으로 보여주었다.[107] 여기에 더해 유가 급락 충격이 닥치자, 미국이 중동산 석유 수입을 줄일 수 있으리라는 어떤 전망도 사라졌다(이는 고유가와 2008년 금융 붕괴 이후의 극도로 싼 신용 환경이 셰일오일 붐을 촉진하면서 달라진다).

사우디의 동기가 무엇이었든 유가 폭락은 지정학에 격변을 일으켰다. 1986년에 소련은 2등과 꽤 차이나는 세계 최대 산유국이었다. 하지만 국가의 재정 수입을 석유 수출에 너무 의존한 나머지 그것 없이는 국가가 제대로 기능할 수 없을 정도였다. 낮은 유가 때문에 소련 입장에서는 아프간에서 지난하게 겪고 있던 군사적 위기가 한계점에 다다랐다. 베트남에서 달러가 미국에 미쳤던 영향과 비슷하게 말이다. 그리고 낮은 유가 때문에 소련은 식량을 수입할 때 서구에서 제공하는 신용에 의존해야 했다. 물론 석유는 1989년에 소련을 집어삼킨 소비에트 제국의 위기를 설명하는 유일한 요인이 아니지만, 석유가 일으킨 경제 위기는 1989년에 동유럽에서 반란이 폭발했을 때 미하일 고르바초프의 소련이 동유럽에서 통치력을 유지하지 못하게 하는 데 일조했다.[108]

이전 세기에 오스만 제국이 몰락했을 때처럼 1991년 소련이 몰락했을 때도 지정학적인 에너지 전리품을 남겼는데, 이 경우에는 카스피해였다. 20년 동안 소련의 에너지 생산은 서시베리아가 주도했다. 하지만 소련 붕괴 직전 몇 년간 지질 엔지니어들이 아제르바이잔 연안에서 아제리-치라그-구나슐리Azeri-Chirag-Gunashli 유전을 발견했고 카자흐스탄에서도 석유와 가스를 발견했다. 이는 유라시아에 석유와 가스를 공급할 새로운 원천이 생기리라는 전망을 열어젖혔다. 하지만 이는 NATO 회원국들이 에너지 안보에 대한 이해관계를 정확히 어느 지점에서 공유하는지와 관련해 또다시 미국과 유럽이 불화할 가능성이 생겼다는 의미이기도 했다.

* * *

오늘날에는 냉전 시기에 형성된 NATO의 옛 에너지 단층선과 냉전이 끝나면서 모양이 잡힌 더 나중의 단층선, 그리고 2010년대에 미국이 세계적인 석유 및 가스생산국으로 다시 올라서면서 생긴 새로운 단층선이 결합해 있다. 미국이 석유를 수입할 필요가 줄면서 최종적으로 이는 중동에서 부분적으로 군을 철수시키는 결과로 이어졌다. 하지만 페르시아만에 해군을 주둔시키고 [전쟁까지는 가지 않지만] 전쟁 직전까지의 수단으로 이란을 억제한다는 전략은 유지되었는데, 한 가지 이유는 이제 중국도 중동의 에너지 자원이 필요했기 때문이다. NATO의 유럽 회원국들 입장에서 보면, 미국의 정책에 내재한 이러한 긴장은 오랜 불화를 더 어려운 버전으로 일으켰다. 에마뉘엘 마크롱에게는 중동 문제가 유럽의 바로 지척에 위험으로 가득한 지역이 있다는 뜻이었다. 그가 보기에 미국은 이러한 유럽의 우려를 공유할 수 없었고, 따라서 [미국에 의존하는] NATO는 유럽의 이해관계를 보호하는 군사적 수단이라는 목적에 맞지 않았다. 수에즈 위기의 메아리를 여기에서 분명하게 볼 수 있다. 게다가 영국도 프랑스도 1956년만큼의 군사적 권력이 없는 데다가 중동에서 미국의 금융 권력에 의해 (특히 이란 문제와 관련해) 운신이 제약될 수 있다는 사실은 문제를 한층 더 복잡하게 만들었다.

하지만 EU가 수에즈 위기 당시 겪은 일에 대해 지정학적 보복을 하는 일은 거의 일어나지 않았다. 에너지 관련해서는 보복이 가능하지도 않았을 것이다. 서유럽 국가들이 중동에서 오는 석유 수입을 끝낼 수도 없었거니와 알제리가 EEC에 있는 것도 지속되지 않았기 때문이다. 또한 EEC 국가들은 NATO와 관계를 단절할 수도 없었다. 프랑스가 NATO 통합군 체제에서 이탈하긴 했지만 유럽의 독자적인 안보동맹체를 만들겠다는 드골의 야심은 결코 실현될 수 없었다.

수에즈가 유럽의 지정학에 가져온 결정적인 변화의 핵심은 유럽이 소련 에너지 쪽으로 기울었다는 점이었다. 1970년대 이래로 소련과 독일의 가스 협력 관계는 유럽의 지정학적 풍경에서 핵심 특징이 되었고 NATO 안에서 미국이 소련 에너지에 유럽 국가들만큼 이해관계를 가지고 있지 않다는 점과 맞물려 구조적인 분열을 야기했다. 석유로 벌어들이는 수입에 너무 크게 의존했다는 점이 소련의 붕괴에 일조했지만, 냉전 시기에 형성된 이 구조는 냉전 종식 이후의 세계로까지 이어졌다. 그렇더라도 냉전 시기 소련-독일 간 에너지 관계와 냉전 종식 후 러시아-독일 간 에너지 관계에는 결정적인 차이가 있을 터였다. 1991년 이후 가스가 수송되는 길목에 있는, 독일보다 동쪽의 땅들은 이제 소련의 일부도 아니고 소련의 영향력하에 있지도 않은 독립국가들이다. 이러한 지정학적 변화는 동유럽의 안보와 관련해 NATO의 군사적 중요성을 높임과 동시에 러시아의 에너지 수출을 둘러싸고 NATO의, 그리고 EU의 통합을 불가능하게 했고, 특히 카스피해에서 오는 공급이 새로 열리면서 더욱 그렇게 되었다. 미국이 유럽 가스 시장에서 러시아와 수출 경쟁을 하고 유럽 국가들에 금융 권력을 행사해 에너지 정책을 바꾸도록 압박할 수 있게 되기 전에도 이 난제는 지극히 파괴적이었다. 다음 장에서 자세히 알아보자.

| 3장 | 유라시아, 재구성되다

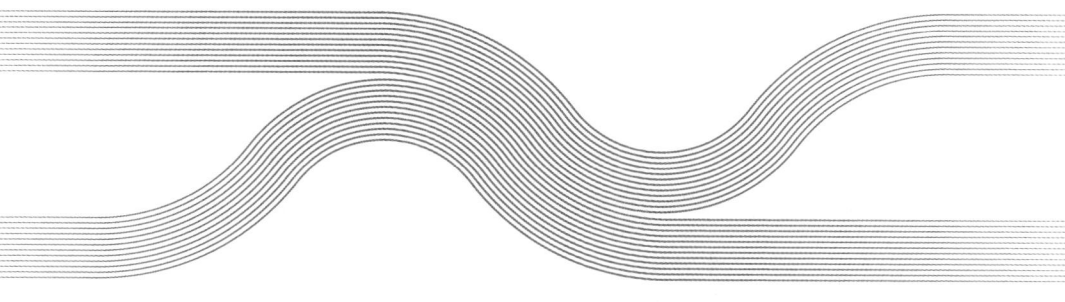

2015년 9월, 러시아 흑해 함대Black Sea Fleet 전함들이 보스포러스해협을 지나 동지중해로 진격했고 러시아 공군이 미국의 지원을 받는 시리아 반군을 향해 폭격을 시작했다. 오바마 행정부는 대응하지 않았다. 국무부의 한 고위 당국자는 브리핑에서 "러시아가 무력 과시를 더 진행한다면 미국은 군사적 수단으로 이 분쟁을 해제de-conflict시킬 수밖에 없을 것"이라고 말했다.¹

러시아의 개입으로 시리아의 바샤르 알-아사드Bashar al-Assad 정권이 권력을 회복했고, 2016년 여름에 오바마는 시리아 내전 종식을 위해 러시아와 협력하기로 했다. 9월 9일 미 국무장관 존 케리John Kerry와 러시아 외무장관 세르게이 라브로프Sergey Lavrov는 곧 정전 협상이 있을 것이며 1주일간 정전이 지켜지면 미국과 러시아가 ISIS 소탕을 위해 합동 공습 작전을 시작할 것이라고 발표했다. 하지만 9일 뒤에 미국과 영국 비행기가 실수로 시리아 북동 지역에서 시리아군 약 60명을 살상했고 시리아 정부는 정전 협정을 거부했다. 시리아와 러시아 전투기가 알레포 근처의 구호물자 호송대를 공격했고 오바마는 러시아와의 협력을 중지했다.

오바마가 (이번이 처음은 아니었지만) 시리아에서 경로를 돌리고 있었을 때 도널드 트럼프와 힐러리 클린턴은 미국의 지정학적 우선순위에 대해 일격을 주고받고 있었다. 클린턴은 미국이 시리아에서 러시아에 맞서야 한다고 생각했다. 두 번째 대선 토론에서 클린턴은 "여기에 걸린 것은 러시아의 야욕과 공격성"이라며 "러시아는 시리아에서 '올인'을 하기로 결심한 상태"라고 말했다. 반면 트럼프는 러시아가 ISIS와의 싸움에서 여전히 파트너가 될 수 있다고 보았다. 둘 다 러시아 이슈가 상대가 대통령이 되기에 적합하지 않다는 점을 보여주는 근거라고 주장했다. 클린턴은 트럼프를 러시아 꼭두각시라고 칭하면서 이렇게 말했다. "그들[러시아]은 (…) 누가 미국 대통령이 되었으면 좋을지에 대해서도 마음을 정한 상태인데 그게 나는 아니다." 트럼프는 러시아가 시리아와 이란에서 권력을 얻은 것이 "우리의 외교 정책이 너무 물러터져서"였다고 비난하면서 오바마의 첫 국무장관이었던 클린턴이 여기에 책임이 있다고 주장했다.[2]

    클린턴과 트럼프는 러시아 권력의 상대적인 중요성에 대해서도 의견이 달랐다. 트럼프는 미국 입장에서 주된 지정학적 문제는 중국이라고 생각했다. 그는 중국이 미국 제조업을 공격하고 있다며, 그런데도 "우리 정부에는 그들과 싸우려는 사람이 없다"고 비판했다.[3] 반면 클린턴은 중국이 여전히 경제적으로 미국에 순자산이라고 생각했다. 클린턴은 미국 경제를 떠받치는 다자간 무역 질서를 찢어버리지 않을 것이라고 선언했다. 이번에도 두 후보는 중국 이슈를 상대방이 대통령이 되기에는 역량이 부족하다고 공격할 포인트로 삼았다. 트럼프는 세계무역기구World Trade Organization(이하 'WTO')에 중국이 들어오게 만든 장본인이 [힐러리 클린턴의 남편이자 전 미국 대통령] 빌 클린턴Bill Clinton이었음을 유권자들에게 계속 상기시켰다. 클린턴은 트럼프가 값싼 중국산 철강을 가지고 미국 여기저기에 트럼프 빌딩들을 세웠다고 응수했다.

    하지만 지정학적으로 2016년 대선이 "중국에 맞서자"는 도전자 대 "러시아에 맞서자"는 수성자의 대결이었다고 묘사한다면, 이는 다소 왜곡된 해석이다. 중국의 부상에 깜짝 놀란 오바마 행정부가 "아시아로의 방향 전환Pivot to Asia"[오바마 행정부의 아시아 태평양 지역으로의 중심 이동 전략]을 내놓았을 때 주요 기획자가 바로 힐러리 클린턴이었다. 또한 선거 6주 전까지 오바마는 ISIS에 맞서 러시아와 협력한다는, 트럼프가 미는 안과 상당히 비슷한 정책을 폈다. 하지만 트럼프가 대선에서 승리하고 나서, 오바마 행정부는 러시아에 새로운 제재를 부과했다. 트럼프가 푸틴과의 관계를 개선하는 쪽으로 얼마나 움직이고 싶어했든지 간에, 그는 선거에서 이기려고 러시아와 공모했다는 비판 속에서 대통령 임기를 시작했다. 2017년 8월 미국 의회는 러시아에 추가적인 제재를 결의했고 그것을 없앨 수 있는 대통령의 권한을 법적으로 제약했다. 역설적으로 2016년 선거는 러시아, 중국 둘 다와의 대치를 강화하는 국내 정치적 상황을 낳았다.

하지만 러시아의 행동을 바꾸기 어렵다는 것은 이미 유럽에서 있었던 이전의 사건들에서 드러난 바 있었다. 러시아 군함이 동지중해로 진격했을 때 러시아는 18개월째 제재를 받는 상태였지만 아랑곳하지 않고 군사 행동을 벌였다. 2014년에 러시아가 우크라이나의 크림반도를 병합하고 이어서 우크라이나 돈바스 지역의 반정부군을 지원했을 때 부과된 제재였는데, 개인들에게는 어느 정도 영향을 미쳤지만 러시아가 석유와 가스를 판매하는 것을 막지는 않았기 때문에 푸틴에게는 물러서야 할 동기를 거의 주지 못했다.

이 지점에서 미국의 지정학적 선택은 EU의 국경 지역들에서 EU가 가진 지정학적 취약성과 충돌했다. 유럽은 러시아 석유에 의존하고 있었으므로 러시아를 진지하게 제재하는 것이 가능하지 않았다. EU는 우크라이나 정부가 러시아 쪽으로 기운 경제 관계를 가질 것이냐 EU와의 공식적인 경제 관계를 가질 것이냐 중에서 선택해야 한다고 강요하면서 우크라이나 위기의 판을 깔아놓고는(게다가 프랑스와 독일은 우크라이나의 NATO 가입에 비토를 놓은 바 있었다), 정작 2014년 2월에 러시아군이 크림반도의 지역 의사당 건물을 장악했을 때는 아무것도 하지 못했다.

그러는 한편, 러시아가 시리아에서 가진 영향력은 EU를 또 하나의 국경 문제에 봉착하게 만들었는데, 이 경우에는 튀르키예와의 국경이었다. 러시아 군함이 보스포러스해협을 통과하는 동안, 이미 EU는 튀르키예의 난민 캠프에서 임시로 지내던 시리아 난민과 관련해 복잡한 문제에 처해 있었다. 2015년 9월이 시작되면서 앙겔라 메르켈은 독일이 수에 제한을 두지 않고 난민을 받아들이겠다고 밝혔다. 수십만 명이 튀르키예를 빠져나와 남부와 중부 유럽 국가들을 거쳐 독일로 들어왔다. 하지만 메르켈의 새 정책은 금세 지탱 불가능한 것으로 판명되었다. 불과 몇 주 뒤에 EU는 유럽으로 몰려오는 난민의 흐름을 막기 위해 튀르키예와 잠정 합의에 들어갔다. 이후 2016년 3월 메르켈은 튀르키예 대통령 레제프 타이이프 에르도안Recep Tayyip Erdogan을 만나 잠정 합의였던 것에 더 내용적 기반을 갖추어 이를 공식화했다. 튀르키예가 그리스와 이탈리아로 들어가는 난민 수가 줄 수 있게 조치를 취해주는 대가로 EU는 튀르키예에 대규모 원조를 제공하고, 진전이 없던 튀르키예의 EU 가입 협상에 속도를 내기로 했다.

2016년 초의 이 시점이 EU-튀르키예 관계에서 터닝포인트로 보였을지 모르지만, 튀르키예의 지정학적 상황은 그해의 나머지 기간을 거치면서도 계속해서 극적으로 재구성되었다. 7월 15일 밤에 튀르키예 장교들이 쿠데타를 시도했다가 실패했다. 그 이후 벌어진 일들에서 에르도안은 미국이나 EU의 어떤 주요 국가보다 러시아를 더 자기 편으로 생각한다는 점을 분명하게 드러냈다. 쿠데타 이후 에르도안이 진행한 숙청과 사형제 부활 의사의 표명은 일부 유럽 국가들이 튀르키예가 EU 회원국이 될 자격을 적절히 갖추었는지에 공개적으로 문제를 제기하게 만들었다. 그해 말이면 에르도안은 군을 시리아로 들여보내 미국이 지원하는 쿠르드 반군을 공격했고 UN 단위에서 이루어지던 평화 협상이 아닌 별도의 평화 협상 프로세스를 러시아 및 이란과 함께 시작했다.

　　러시아 권력을 2016년 미국 대선의 주요 쟁점이 되게 한, 그리고 EU를 접경 지역에서 몹시 압박한 이 사건들은 냉전 종식 이후의 세계에 오랫동안 존재했던 지정학적 단층선에서 비롯했다. 우크라이나를 둘러싼 단층선은 냉전이 끝난 직후부터 내내 존재했고, 이것은 NATO와 EU의 전신을 탄생시켰던 유럽의 이전 지정학적 환경을 뒤흔들었지만 새로운 질서를 가져오지는 못했다. 시리아를 둘러싼 단층선은 부분적으로 미국의 중동 정책이 가진 오랜 불일치로 거슬러 올라갈 수 있다. 튀르키예, 그리고 유럽의 러시아 에너지 수입을 둘러싼 단층선은 냉전에 기원이 있으며 냉전이 끝난 후에도 지속되었다. 1990년대에 이 사안들이 매우 파괴적일 수 있으리라고까지 생각한 사람은 거의 없었지만 적어도 이 각각이 지정학적 어려움이라는 사실 만큼은 그때도 잘 인식되고 있었다. 대조적으로, 중국의 경제 발전이 2016년 미국 대선에서 첨예한 지정학적 이슈가 되고 나아가 공직 선거에 한 번도 나서본 적 없는 기업인의 당선에 일조한 것은 근본적으로 예상치 못했던 충격으로 여겨졌다. 1990년대 말에는 미·중 교역 관계가 지정학적 이슈라고 생각되지 않았다. 심지어 정치에서의 당파적 문제도 아니었다. 당시에 미·중 교역 관계는 그저 미국의 리더십하에서 돌아가는 하나의 세계 경제에서 성장 엔진으로만 여겨졌다.

　　흔히 미국 주도의 새로운 보편 질서를 연 10년이라고 기만적으로 일컬어지는 시기는, 그렇기는커녕 유라시아를 다시 중심 무대에 올리고 유라시아의 기저에 있는 옛 단층선들을 다시 연결한, 지정학적으로 위험한 세계의 전주곡이었다. 많은 면에서 중국이 얼마나 중요하든 간에, 이 지정학적 요동을 이해하려면 유럽에서 시작해야 한다. 냉전이 대단원의 막을 내리면서 러시아, 튀르키예 둘 다와의 관계에서 유럽의 지정학 지도가 다시 그려진 시기가 그 시작점이다.

유럽은 '어디'인가?

1991년에 소련이 해체되고 나서도 어디까지가 유럽인지, 러시아가 유럽의 어떤 부분에라도 여전히 위협이 되는지, 만약 그렇다면 누가 여기에 안보를 제공할 것인지의 질문은 여전히 남아 있었다. 이 질문들은 NATO와 EU(1993년부터 EC는 EU가 된다) 사이의 원래도 어려웠던 관계를 막대하게 더 어렵게 만들었다. EU가 유럽 연맹체라는 이상을 실현할 거라면 [폴란드와 맞대고 있는] 독일의 동쪽 국경인 오데르-나이세강 선에서 유럽이 끝날 수 없었다. 하지만 수 세기간 유럽에서 불안정을 일으킨 것이 러시아와 독일 사이의 지정학적 공간에서 벌어진 국가와 제국 들의 경쟁이었음을 생각하면, 이전의 바르샤바 협정 국가들[구 동구권 국가들]을 EU에 불러온다는 것은 곧바로 그 나라들의 군사 안보에 대해 질문을 불러일으키는 일이었다. 냉전의 논리로 볼 때는, 동유럽 국가들이 EU에 들어온다면 NATO에도 들어와야 했다. 하지만 그들이 정말로 NATO에 들어온다면, 소련이 옛 러시아 제국의 약간 더 새로운 버전이었을 뿐 사실 러시아나 소련이나 다르지 않으며, 따라서 NATO가 러시아의 위협으로부터 동유럽 국가들에 안보를 보장하는 것이 시늉만은 아니리라고 선포하는 격이 될 터였다. 1991년 12월에 마스트리흐트 조약Maastricht Treaty이 합의될 때 동유럽 문제는 언급되지 않았다. 공동외교안보정책Common Foreign and Security Policy을 만들어서 안보동맹을 향한 걸음을 떼긴 했는데, 이것으로 NATO가 필요 없어지게 되었는지는 명확히 하지 않았다.

이후에 유고슬라비아 전쟁에서 EU는 NATO를 대체할 능력이 없음을 드러냈고, 이어 동쪽으로 회원국을 확대하는 것이 함의하는 안보 문제를 해소할 능력이 없음도 드러냈다. NATO 회원국이 아닌 세 국가 오스트리아, 스웨덴, 핀란드가 1995년에 EU에 가입했고 같은 해에 프랑스가 (NATO 통합군에는 재합류하지 않았지만) NATO 군사위원회에 다시 합류했다. 그러는 동안, EU 가입을 원하는 주요 동유럽 국가들은 미국을 압박해 NATO에 들어가려고 했다. 1990년대 중반의 상황은 교착 상태였다. 프랑스는 EU와 NATO의 확대를 꺼렸다. 폴란드 등 동유럽 국가들이 들어오면 EU의 NATO 의존성이 더 높아질 것을 우려했기 때문이다. 또한 프랑스는 NATO에 동유럽이 포함되면 독일과 러시아 사이에 완충 지대가 생겨서 독일이 안보 이슈에 관심을 잃게 될지 모른다고도 우려했다.⁴ 1990년대 말에 프랑스는 EU를 공식적인 안보동맹체로 만들기 위한 논의에 다시 불을 지피고자 했다. 프랑스 대통령 자크 시라크Jacques Chirac는 EU가 NATO와 별개로 독자적인 군사력을 보유하게 하자는 안과 관련해 블레어가 이제까지 영국에서 찾을 수 없었던 지지자가 되어주리라고 생각했다. 1998년에 생말로 선언Saint-Malo Declaration에서 양국 정부는 EU가 독자적인 군사력과 군 지휘권을 가져야 한다는 데 합의했다. 이 프랑스-영국 양자 협정은 유럽안보방위정책European Security and Defence Policy의 성립을 촉진했고, 2002년에는 EU가 NATO의 군 자산을 NATO가 참가하지 않는 작전에 사용할 수 있다는 협정으로도 이어졌다.⁵ 1년 뒤 EU군이 처음으로 마케도니아에 평화유지 임무를 띠고 파병되었다. 하지만 EU에 약간의 군사 역량을 주는 것이 동유럽 문제의 답이 될 수는 없었다.

동유럽 문제를 해결하려면 '러시아와 EU가 국경을 맞댄다는 것이 무엇을 의미하는가'라는 질문에 직면해야 했다. 1996년이면 EU의 동쪽으로의 확대가 긴요한 문제임이 이미 명백했고, 클린턴 행정부는 폴란드, 헝가리, 체코공화국의 NATO 가입을 미국의 우선 과제로 삼아야 한다고 결정했다. 1999년에 바르샤바조약기구 국가였던 이들 세 나라가 NATO에 들어왔고 2004년에는 구 소련의 구성공화국이었던 에스토니아, 라트비아, 리투아니아가 들어왔다. EU보다 먼저 동진하면서, NATO는 민주적 가치의 상징 역할을 하리라 여겨졌다.⁶ 하지만 '유럽이 발트해 국가들의 안보를 방어해줄 정치적 의지를 충분히 가지고 있는가'는 답해지지 않은 채였다. 미국 유권자들이 그런 의지를 충분히 가지고 있는가의 문제는 말할 것도 없고 말이다.[7]

2004년에 EU가 폴란드를 포함해 8개의 새로운 회원국을 마침내 받긴 했다. 하지만 EU의 동유럽 확장은 여전히 안보 문제로 골치를 썩었다. 프랑스는 EU가 안보동맹체를 향해가는 데서 후퇴할까봐 걱정했는데, 2차 이라크 전쟁은 그것이 근거 없는 걱정이 아니었음을 입증하는 듯했다. 전쟁 시작 몇 주 전에 동유럽 국가들이 미국의 이라크 침공 방침을 지지하자 시라크는 "유아적"이라고 비난하면서 그들이 "입을 닥칠 기회를 놓치고 있다"고 말했다.[8]

이러한 긴장은 거의 불가피했다. 동유럽 국가들로서는 NATO를 'EU의 안보 담당'으로 만든 옛 논리가 여전히 자명한 국가 이익이었다. 프랑스로서는, 1989년 이후 NATO와의 협력을 생각해볼 만하다고 보게 된 이유가 (적어도 몇몇 프랑스 정치인들이 보기에) 소비에트 해체 이후의 세계에서 NATO는 어차피 장기적으로 필요가 없어질 것이기 때문이었다.[9] 또한 긴장의 원인은 나토의 동진만이 아니었다. 동유럽 국가들 외에 영국, 이탈리아, 네덜란드, 덴마크, 스페인, 포르투갈도 미국의 이라크 침공 방침에 동조했다. 수에즈 사건에서 잘 드러났듯이 냉전 시절 중동 문제에 대해 서유럽 국가들은 미국에 극렬하게 반대했지만, 이번처럼 자기들끼리 극렬하게 의견이 갈리지는 않았었다. 독일, 프랑스를 영국과 갈라지게 만든 새로운 갈등은 안보 이슈에 대해 영국-프랑스간에 이뤄지던 관계 회복을 깨뜨렸다. EU가 안보동맹체가 될 거라면 지정학적 문제에 대해 프랑스와 영국이 프랑스와 독일보다 더 가까워야 했다. 독일이 통일 이후 1990년대에 방위비 지출을 거의 3분의 1이나 줄였기 때문이다. 다른 한편으로, EU가 안보를 NATO에 계속 의존할 거라면, 러시아의 안보 위협에 맞서는 유럽의 안보동맹체로서가 아니면 유럽에서 NATO가 존재 근거를 잃을지 모를 이 시점에 프랑스가 동유럽 국가들을 미국의 이라크 침공에 동조한다고 비난하면서 러시아 쪽에 선 것은 상당히 위험한 일이었다.[10]

우크라이나는 EU와 NATO 사이에 이러한 단층선을 일으키는 데 결정적인 요인이었다.[11] 소련 붕괴 후 1991년에 공식적으로 독립 국가가 되었지만, 발트해 인근에서 이곳이 갖는 전략적 중요성 때문에 매우 불편한 독립을 하게 되었다. 1997년에 러시아와 우크라이나는 크림반도의 세바스토폴에 주둔한 옛 소련 흑해 함대를 어떻게 나눌지에 대해 합의했다. 새로운 러시아 흑해 함대는 20년간 세바스토폴을 사용하고 크림반도에 군을 주둔시킬 수 있었다. 이 조약이 우크라이나의 독립을 크림반도에서 러시아가 갖는 군사적 권리에 사실상 종속시켰지만, EU도 NATO도 우크라이나에 가입을 제안하지 않았기 때문에 우크라이나는 외부에서 지원받을 수 있는 유의미한 수단이 없었다. 사실 EU는 2004년에 회원국을 확대한 이후로는 발트해와 흑해 사이에 있는 국가들, 캅카스 국가들, 북아프리카와 중동 국가들의 추가적인 회원 가입을 사실상 배제하는 '유럽 인접국 정책European Neighborhood Policy'을 밝힌 바 있어서, 우크라이나의 EU 가입은 공식적으로 선택지에서 빠져 있었다[EU '인접국'은 EU '회원국'과 대비되는 말이다].

2004~2005년 '오렌지 혁명'으로 우크라이나 딜레마가 첫 번째 위기로 비화했다.[12] 2004년 11월 대선 후, 선거가 친러시아 후보에게 유리하게 조작되었다고 보아서 분노한 시민들이 대대적인 반정부 시위를 벌였고, 우크라이나 대법원의 결정으로 재투표를 거쳐 친EU 공약을 내걸었던 야당 후보 빅토르 유셴코Viktor Yushchenko가 최종 당선되었다. 2005년 1월 취임식에서 유셴코는 자신의 집권기 내에 EU에 가입하는 것을 정책의 "알파이자 오메가"로 삼을 것이며 NATO에도 가입하겠다고 약속했다.[13] 확장된 EU는 이제 우크라이나를 둘러싼 지정학적 분열의 장이 되었다. EU가 우크라이나와 국경을 맞댄 폴란드, 슬로바키아, 헝가리를 이미 포함하고 있으므로 경제적

으로 우크라이나와 유의미하게 더 가까워져야 한다는 압력이 EU 내부에 영구적으로 존재하게 될 터였다. 하지만 우크라이나를 EU의 경제 궤도에 들어오게 하면 EU는 러시아와 더 대치 관계가 될 것이고 따라서 우크라이나가 [러시아로부터의 안보를 위해] NATO에 가입해야 할 텐데, 프랑스는 우크라이나의 NATO 가입 불가 입장을 바꾸지 않을 것이었다.

다시 캅카스와 튀르키예로

소련 붕괴는 독립 국가 우크라이나가 생겨나게 한 데 더해 흑해와 카스피해 일대 및 이 두 바다 사이에 있는 캅카스 지역에 1차 대전 이후 정착된 질서도 뒤흔들었다. 이는 이 지역을 둘러싼 러시아와 튀르키예의 경쟁 관계도 포함해 유라시아를 1914년 이전의 지정학적 세계로 되돌려놓았다.

이 변화는 소련 말기에 카스피해에서 석유가 발견되면서 격화되었다. 아제르바이잔과 카자흐스탄이 독립을 선언하자 조지 부시 시니어 행정부는 그들을 미국의 에너지 우방으로 삼고자 했다. 하지만 카스피해는 사면이 육지인데 아제르바이잔은 북쪽으로 러시아, 남쪽으로 이란과 국경을 맞대고 있고 카자흐스탄은 러시아와 긴 국경을 맞대고 있어서, 두 나라에서 석유와 가스를 수송하려면 어마어마한 물류적·지정학적 어려움에 봉착할 수밖에 없었다.[14]

1990년대의 나머지 기간 동안 클린턴 행정부는 아제르바이잔의 석유를 운송하는 파이프라인이 러시아나 이란을 통과하지 않게 하는 데 우선순위를 두었다. 그리고 나중에는 바쿠에서 조지아를 거쳐 튀르키예의 항구 도시 제이한으로 이어지는, 공사 비용이 많이 드는 파이프라인을 지원했다. 유럽 입장에서는 카스피해의 가스가 중부·동부·남부 유럽 국가들의 러시아 에너지 의존을 줄일 기회였다. 2000년에 EU 집행위원회는 유럽 국가들이 새로운 에너지 공급원을 확보하는 것의 중요성을 강조한 녹서Green Paper[정책 제안에 도움이 되도록 관련 질문과 논의를 모은 자문용 문서]를 펴냈다. 여기에서 "새로운 에너지 공급원을 확보"한다는 말은 러시아 에너지 수입을 줄인다는 의미였다. 2002년부터 오스트리아, 그리고 튀르키예를 비롯해 EU 가입 신청을 한 네 개의 중부 및 남부 유럽 국가의 기업들은 수송관 건설을 위해 나부코 파이프라인 컨소시엄을 결성했다. 튀르키예보다 동쪽에 있는 가스전에서 튀르키예로 일단 가스를 들여오고 그 가스를 나부코 파이프라인을 통해 튀르키예 북부를 동에서 서로 지나 불가리아, 루마니아, 헝가리를 차례로 거쳐 오스트리아까지 실어나른다는 계획이었다. 그런데 처음부터 나부코 컨소시엄은 지정학적으로 제약이 많았다. 일단 튀르키예로 가스가 들어오려면 아제르바이잔이 가스를 보내주기로 동의해야 했는데 이 공급망이 열리지 않았고, EU가 대신 이란에서 튀르키예로 가스를 들여오는 방안을 고려하자 이는 미국을 분노하게 했다.[15]

러시아와 이란을 제어하고자 클린턴과 부시 주니어는 조지아를 지정학적으로 중요하게 취급했고 원래도 중요했던 튀르키예의 중요성은 한층 더 커졌다.[16] 조지아에서는 많은 이들이 이를 NATO와 EU에 가입할 기회라고 보았고, 2003년 '장미 혁명'을 통해 친서구 정부가 들어섰다. 튀르키예로서는 새로 지어진, 그리고 새로 제안된 수송관이 필수 에너지원에 대해 "수송의 요충지"가 될 수 있는 기회였다.[17] 되살아난 튀르키예의 지정학적 중요성은 동유럽을 둘러싸고 NATO와 EU 사이에 발생한 긴장을 한층 더 악화시켰다. 튀르키예는 1964년 이래로 EU 준회원이었고 1995년에는 EU와 튀르키예 사이에 관세동맹이 체결되었다. 그런데 2년 뒤에 EU는 튀르키예에 가입 후보국 지위를 주지 않기로 했다. 동유럽, 발칸, 지중해 국가들에는 가입 수순을 밟도록 허용했던 것과 대조되는 조치였다(이들 국가는 2004년에 EU 회원국이 된다).

EU의 결정에 지정학적 근거가 없지는 않았다. 튀르키예를 받아들이면 이 지극히 미발달된 안보동맹체가 이란, 이라크, 시리아와 국경을 맞대게 될 것이었으니 말이다. 하지만 튀르키예를 배제한 것은, 그것도 더 나중에 신청한 국가들은 받아들였으면서 튀르키예를 배제한 것은, 어디까지가 유럽인지를 나타내는 선이 문화적 경계선처럼 보이게 만들었다. 이 결정이 나오고서 유럽의회의 기독민주 진영 의원들은 성명에서 "유럽연합은 문명의 프로젝트이며 이 문명의 프로젝트에 튀르키예의 자리는 없다"고 선포했다.[18] 헬무트 콜Helmut Kohl 독일 총리도 EU는 크리스트교의 원칙에 기반하고 있다며 이 주장에 힘을 보탰다.[19] 대조적으로 클린턴의 보좌관들은 문명 운운하는 화법을 참아주지 못했다. 미 국무부의 보고서는 튀르키예가 "민주적인 세속 국가이고 서유럽과 미국에서 정치 모델을 가져온 국가"라고 언급했다.[20] 이 논리에 따르면, NATO와 EU가 지정학적으로 보완 관계에 있으므로 [NATO 회원국인] 튀르키예는 EU에 속했다.[21] 미국에서 진지하게 압박해오고 독일의 새로운 기독민주연합-녹색당 정부도 압력을 넣으면서 EU는 한발 물러나 1999년 튀르키예에 후보국 자격을 부여했다. 하지만 EU가 실제로 튀르키예를 받아들일 정치적 의지는 여전히 거의 없었다.

여기에 더해 러시아의 에너지 문제로 인해 튀르키예에 관한 EU-NATO 간 분열이 극심해졌고 이는 우크라이나 문제로 연결되었다. 소련 해체 후 1990년대에 러시아의 가스 생산이 감소했고 석유 생산은 더 심각하게 감소했다. 카스피해에서 석유와 가스가 생산된다는 말은 러시아가 유럽 시장에서 공급 경쟁을 해야 한다는 의미였다. 게다가 소련이 해체되면서 유럽으로 가는 가스 수송의 지리학이 지정학적으로 복잡해졌다. 독일과 중부 유럽으로 가는 가스는 트랜스-시베리아('브라더후드') 가스관을 포함해 일군의 가스관을 통해 이동했다. 트랜스-시베리아는 서시베리아 가스전을 출발해 우크라이나를 동에서 서로 가로지른 후 체코슬로바키아(곧 슬로바키아가 된다)를 지나 중부 유럽으로 이어지는 가스관이었다. 그런데 소련 붕괴 후 우크라이나, 그리고 나중에는 벨라루스를 통과하는 수송을 관리하는 것이 전략적·지정학적으로 러시아에 큰 부담이 되었다. 이제 두 독립 국가와 수송 수수료를 합의해야 하고 그들이 자기쪽으로 공급량을 돌릴 우려도 있었기 때문이다. 러시아가 이 문제를 어떻게 다루느냐는 EU에 국경을 맞댄 곳에서 수송국 리스크를 불러왔다.

러시아에는 튀르키예가 이 문제에 잠재적 해법을 제공했다. 1997년 양국 정부는 흑해 해저에 블루스트림 파이프라인을 짓기로 합의했다. 2003년에 개통된 블루스트림은 러시아가 튀르키예로 수출을 늘리고 유럽으로 가는 가스 일부를 우크라이나와 벨라루스를 통하지 않고 유럽 시장에 보낼 수 있게 해주었다. 하지만 장기적으로 이 파이프라인은 튀르키예와 러시아 양자 모두와 관련해 유럽에 더 많은 분열의 씨를 뿌렸다. 부분적으로는 상업적인 이해관계에서 나온 분열이었다. 운영상으로 블루스트림은 준국영 기업인 이탈리아 에너지 회사 ENI와 러시아 에너지 거대 기업인 가스프롬의 합작법인이었다. 놀랍지 않게도, 튀르키예의 EU 가입 협상이 마침내 공식적으로 시작되자 독일보다 이탈리아가 튀르키예 가입에 더 호의적이었다. 하지만 곧 러시아가 시장 경쟁을 줄이기 위한 조치를 취하고 수송을 우크라이나에 의존하지 않기로 하면서, EU 국가들은 러시아 에너지를 어느 경로로 수송해와야 하는지를 두고 분열했다.

한편 튀르키예 자체로서는 냉전 이후의 에너지 환경이 기회이기도 했지만 역사의 상처를 다시 벌리는 것이기도 했다. 튀르키예는 수입 석유와 가스에 매우 의존해왔고 여전히 그렇다. 하지만 아제르바이잔에서 새로운 석유와 가스가 발견되면서, 카스피해와 중동을 남유럽 소비자와 연결하는 에너지 허브 역할을 할 수 있는 가능성이 열렸다. 이러한 석유와 가스 수송 네트워크는 과거 오스만 제국에 속했던 곳들을 연결하게 될 터였다. 그 네트워크의 끝에서, 이제까지 튀르키예는 에너지가 풍부한 중동과 카스피해의 캅카스 모두에서 배제되어 있었다. 하지만 향후 30년간 유라시아의 이러한 에너지 지리학은 튀르키예가 NATO 회원국임에도 불구하고 러시아와 협력하고자 하게 만들 동기 또한 상당히 많이 만들어내게 된다.

중동에서의 취약성이 지속되다

석유 자립에 대한 닉슨과 카터의 열망이 저유가와 레이건의 무관심으로 무산된 시점에, 중동에서는 이제까지 약했던 미국의 지정학적 입지가 냉전이 종식되고 이란-이라크 전쟁 때 미군이 이란의 해상시설과 함정을 격파하면서 강화되는 것 같았다.[22] 미국이 이라크군의 사우디 유전 장악 시도를 저지하고 그다음에는 이라크군을 쿠웨이트에서 몰아내면서, 잠시나마 미국이 중동 에너지에 지속적으로 의존할 미국 및 몇몇 유럽 국가들의 에너지 수입을 지정학적으로 뒷받침하기 위해 필요하다면 무력으로 행동에 나설 역량이 있음을 말해주는 듯했다. 닉슨과 포드의 국방장관과 카터의 에너지장관을 지낸 제임스 슐레진저James Schlesinger는 이를 미국이 "군사적 수단을 통해 석유 접근권을 확보하는 쪽을 선택했다"고 설명했다.[23] 또한 UN이 승인한 다국적군과 함께 싸움에 나서면서, 미국은 이 전쟁[1차 이라크 전쟁]에서 유럽(프랑스 포함), 아랍(사우디와 이집트 포함), 그리고 튀르키예의 참여에도 의존할 수 있었다.

하지만 곧 이 전쟁의 여파는 중동에서 미국의 군사력 행사를 제약했던, 그리고 중동 사안에 대해 NATO의 응집을 제약했던 이유가 사라지지 않았음을 보여주었다. 부시 시니어는 사담 후세인을 실각시키기 위한 더 긴 전쟁은 하지 않으려 했다. 미국인 사상자가 발생하는 것이 국내적으로 용인되지 않을 것이라고 생각했기 때문이다. 그와 동시에, 그가 이 전쟁을 위해 조직해낸 다국적 연합은 NATO의 내부 분열을 가리지 못했다. 당시 NATO의 16개 회원국 중 12개국이 병력을 제공했지만 NATO 지휘 체계에서 통합군으로 싸우지는 않았다. 튀르키예는 공군기지를 제공하고 이라크에 대한 제재를 집행하기 위해 이라크 송유관을 닫는 등 물류 역할로 이 전쟁에서 매우 중요했다. 또한 튀르키예가 이 전쟁으로 남동쪽 국경(이라크와의 국경)에서 발생한 난민 문제를 다뤄주는 것도 중요했다. 하지만 튀르키예가 이라크와 인접해 있다는 사실은 NATO의 모든 유럽 회원국이 튀르키예를 위해 방위에 나서줄 것인가와 관련해 미묘한 질문을 제기했고 이 질문에 대한 답은 전혀 명확하지 않았다.

[이라크의] 정권 교체를 피해왔던 미국은 이제 이라크를 제약하기 위해 페르시아만에서 영구적인 군사 활동처럼 보이는 것을 해야 할 상황이 되었다. 가령 이라크의 북부와 남부 모두에서 비행금지구역을 유지하기 위해 감시 활동을 해야 했는데, 북부에서는 쿠르드족을 보호하기 위해서였고 남부에서는 호르무즈해협을 보호하기 위해서였다. 그리고 미 해군이 집행을 강제해야 할 석유 제재와 이라크 안에서 실행되어야 할 무기 사찰도 있었다. 미국의 중동 군사 개입의 토대는 [페르시아만에서 미국의 이익에 반하는 무력 공격이 있을 시 미국이 개입한다는] 카터 독트린이었다. 하지만 페르시아만에서 벌어지는 직접적인 공격(가령 이라크의 쿠웨이트 침공)에 직접적인 군사 대응을 하는 것과 페르시아만을 감시하기 위해 영구적으로 군사 활동을 벌이는 것은 같지 않았다. 서던와치작전Operation Southern Watch[이라크 남부의 비행금지구역에 대한 감시 임무 작전]은 미국, 영국, 프랑스의 공중 작전으로 조직되었고 사우디가 지원했으며 튀르키예의 공군기지를 사용했는데, 군사적으로는 2차 이라크 전쟁까지 이어졌지만 이 작전을 떠받치는 정치 연합은 그보다 5년 먼저 해체되었다. 이들 사이에 의견 불일치가 커지면서 프랑스가 비행금지구역을 강제하는 활동에서 빠졌기 때문이다.

이 정도의 군사력을 행사하면서, 미국은 이 지역에서의 자신의 오랜 곤경을 강화했다. 아랍 국가들이 또 다시 연합하도록 자극하지 않으면서 중동 어디에서라도 지상군을 유지하려면 이스라엘-팔레스타인 갈등이 해소되어야 했다. 그리고 미군을 이슬람의 주요 성지들이 있는 사우디에 주둔시키면 사우디 국내 정치를 불안정하게 만들 가능성이 있었다. 1990년대 내내 미국 정치인과 당국자들은 이스라엘과 아랍 국가들 사이의 분쟁을 최대한 억제하기 위해 노력했고 1993년 오슬로 평화협정Oslo Peace Accords이 정한 이스라엘-팔레스타인 평화 프로세스를 지지했다. 하지만 미군의 지속적인 중동 주둔과 2000년 무렵이면 확실해진 평화 프로세스의 실패는 대치를 추구하는 정치적·종교적 세력을 강화했다. 알카에다가 정치적 동기에서 움직였는지 종교적 동기에서 움직였는지, 그리고 그것이 미국의 행동에 대한 반응이었는지 아닌지는 아직 알 수 없다. 하지만 알카에다가 2001년 9월 11일에 자행한 테러 공격은 유라시아에서 기원한 비非국가 무장 세력의 직접적인 공격에서 핵무기는 미국을 보호하지 못한다는 것을 보여주었다.

* * *

2000년대로 접어들 무렵 중동이 미국의 군사력에 덜 취약해지고 중동에 대한 프랑스-미국간 불일치가 다시 커지던 동안, 석유 공급 압박이 첨예하게 되돌아왔다. 신규 유전 발견이 급격하게 줄면서 공급 전망이 악화되었다. 1999년에 세계에서 가장 큰 20개 유전 중 17개가 1928~1968년에 발견된 것이었고, 마지막 발견은 아제르바이잔에서 1986년에 발견된 아제리-치락-구나슐리 유전이었다. 이란, 이라크, 리비아에 대한 석유 제재는 기존 유전에서 나오는 생산마저 제약했다. 공급 압박이 심해지는 동안 아시아에서, 주로는 놀라운 경제 성장을 이루어낸 중국에서 수요가 증가했다. 중국은 서구 국가들에 비해 에너지의 훨씬 큰 비중을 석유보다 석탄으로 충족했는데도 중국의 석유 소비는 1997년에서 2006년 사이에 두 배 이상 늘었다.[24] 2005년 무렵 석유 위기가 현실로 드러나기 시작했다. 그해에 아시아의 수요가 급등하는 동안 원유 생산은 정체되었다. 예측 가능하게도 2005~2008년 중반에 유가가 급격히 뛰었다.

조지 부시 주니어George W. Bush 행정부는 취임 초기부터 석유를 구조적인 문제로 여겼다. 부통령 딕 체니Dick Cheney가 이끈 '에너지 태스크포스Energy Task Force'는 미국이 수요-공급 간의 "근본적인 불균형"으로 인해 "에너지 위기"에 직면해 있으며 이것이 국가안보를 위협하고 있다고 결론 내렸다. 또한 중동과 북아프리카에서 더 많은 생산이 가능하도록 이라크, 이란, 리비아에 부과된 제재를 재검토할 것을 제안했다.

임박한 석유 위기에 대한 미국의 두려움은 2차 이라크 전쟁의 중요한 맥락이었다. 이라크를 사담 후세인이 통치하지 않는다면 이라크에 석유 제재를 부과하지 않아도 될 터였다. 또한 부시와 그의 자문들에게는 이라크의 정권 교체가 미국에 군사적으로도 득이 될 것이라 여겨졌을 수 있다. 석유 제재가 없다면 남부에서 서던워치작전을 할 필요가 없을 것이고 쿠르드족을 보호할 필요가 없다면 북부에서 군사 작전을 할 필요도 없을 것이니 말이다. 정권 교체로 더 이상 바트당이 통치하지 않는 이라크가 되면 사우디에서도 철군할 수 있을지도 몰랐다. 부시는 "임무 완수"를 선언하기 불과 며칠 전에 사우디에서 군을 철수시켰다. 이런 면에서, 2차 이라크 전쟁에서는 1차 이라크 전쟁 때의 에너지 논리가 역전되었다고 볼 수 있다. 1차 때는 이라크가 페르시아만의 유정을 장악하고 싶어하는 것으로 보였으므로 이라크를 제약해야 했다. 2차 때는 이라크를 장기적으로 제약한 것이 석유 공급을 압박한 탓에 군사적인 비용이 되었고 중동에서 너무 많은 저항에 불을 지피고 있었기 때문에 이라크를 공격해야 했다.[25]

전쟁의 결정적인 동기가 무엇이었든 간에, 부시는 군사적으로 불가피하고 꼭 필요한 일이라는 논리로(대량살상무기의 위협에 대한 대응으로서), 그리고 윌슨식 민주주의 용어로 정당화하고자 했다.[26] 이 수사적 주장 둘 다 미국의 공군과 지상군이 여전히 중동을 재구성할 수 있는 군사력을 가지고 있으며 베트남에서 사상자가 발생하면서 [해외에서 벌이는 전쟁에 대해] 20년 넘게 존재했던 국내 정치적 제약이 9·11 테러로 상당히 줄었다는 것을 전제로 하고 있었다.

하지만 2차 이라크 전쟁은 또 하나의 지정학적 실패이자 국내 정치적 재앙으로 귀결되었다. 다시 한번 미국의 국내 정치는 미국이 해당 임무에 상응하는 규모로 군을 동원하고 재정을 지출하지 못하게 했다.[27] 이 전쟁은 에너지 목적을 달성하기는커녕 반대의 결과를 낳았다.[28] 전후의 혼란 속에서 이라크의 석유 생산은 2000년 수준으로 회복되는 데만도 10년이 걸렸다. 또한 이 전쟁은 ISIS가 칼리파가 되려는 야망을 가지고 국경을 넘나들며 활동하는 수니파 반군 세력으로 자리잡을 조건을 마련했다. 또한 [수니파인] 후세인 시절에는 이라크가 이란을 견제했지만, 2005년 12월 의회의 선거로 집권한 새 이라크 정부는 시아파 정당들의 연합이 주류였다[이란은 시아파 국가다]. 이는 석유와 가스 가격이 높아서 이란의 재정 수입이 증가하고 이란이 핵 프로그램을 시작한 시기에, 또한 레바논에서 헤즈볼라의 세력이 커지고 있던 시기에 이란의 입지를 더욱 강화했다.

NATO 내부에서 이 전쟁은 특히나 파괴적이었다. 튀르키예 의회는 에르도안의 정당(정의개발당)과 부시 행정부 사이에 이루어졌던, 미국이 이라크 북부를 공격할 때 튀르키예를 기지로 사용할 수 있게 한 합의를 거부하기로 투표했다. 그러는 동안, 독일 총리 게르하르트 슈뢰더Gerhard Schröder는 유엔 안보리가 승인하더라도 독일은 이 전쟁을 지지하지 않을 것이라고 밝혔다.[29] 독일, 프랑스, 벨기에는 튀르키예가 이라크의 공격을 받으면 NATO

가 튀르키예를 방어해준다는 계획에 비토를 놓았다. 당시 NATO 주재 미국 대사는 훗날 2차 이라크 전쟁을 둘러싼 불일치가 군사동맹체 NATO로서는 "거의 사망이나 다름없는 경험"이었다고 묘사했다.³⁰ 프랑스 정부를 화나게 하려고 작정이라도 한 듯, 부시의 국방장관 도널드 럼즈펠드Donald Rumsfeld는 프랑스와 독일의 "옛 유럽"이 아니라 동쪽의 "새로운 유럽"이 NATO의 유럽쪽 무게중심이라고 언급했다.³¹

러시아도 지정학적 이점을 가지고 부상했다. 이 전쟁이 벌어진 에너지 환경은 이미 러시아를 강력한 세력으로 부상하게 한 터였다. 석유와 가스 수출로 재정 수입이 늘면서 푸틴은 러시아가 1990년대에 IMF에서 빌린 돈을 갚을 수 있었고, 이로써 미국이 부채를 통해 러시아에 영향을 미칠 수 있는 역량이 사라졌다. 중국에서 에너지 수요가 빠르게 늘면서 러시아의 기회는 한층 더 커졌다. 중국이 거대한 석유·가스 수입국이 되면서 러시아가 중국의 1차적인 공급원이 될 기회를 갖게 된 것이다.

이라크 전쟁은 러시아-중국 간에 떠오르던 이 에너지 협력 관계를 한층 더 활성화했고 중국이 지정학 전략을 다시 짜도록 자극했다. 중국 지도자들에게 미국의 행동은 미래에 석유 공급이 불길하리라고 말해주는 확실한 전조로 보였다.³² 미국이 에너지 안보를 위해 군사력을 진지하게 사용할 의지가 있다는 사실은 중국도 자신의 해외 공급원을 방어하기 위해 군사 역량을 강화해야 할 이유가 되는 듯했다. 2003년 11월 중국 주석 후진타오는 중국이 '믈라카 딜레마Malacca Dilemma'를 겪고 있다고 언급했다. 공동 수역에서 항행의 유지를 실질적으로 담당하는 해상 강국인 미국이 믈라카 해협을 통해 중국으로 들어오는 석유를 차단할 수 있다는 데서 오는 중국의 취약성을 말한다. 믈라카 해협은 태평양과 인도양을 잇는 좁은 해협으로, 중국으로 들어오는 석유의 대부분이 여기를 통과한다.³³ 믈라카 딜레마를 우려한 중국은 믈라카 해협을 통해 들어오는 석유량을 줄이고자 했다. 훗날 시진핑

| 3장 | 유라시아, 재구성되다   111

치하에서 이 열망은 페르시아만 석유를 육상으로 운송하는 수송로를 짓고자 하는 데로 이어지게 된다. 하지만 일단 단기적으로는, 높아진 안보 우려에서 러시아와 동시베리아-태평양 파이프라인을 짓기로 공식적인 합의를 맺었다[2009년에 공식 체결되었다]. 중국은 1993년 석유 순수입국이 된 이래로 더 육상 기반인 석유 공급망을 고려해왔고 1997년 1월에는 카자흐스탄과 협정을 맺기도 했지만, 사실 이번의 파이프라인 협상 전에 러시아와 했던 협상들은 [아직 절박함을 느끼지 않았던 중국이 미온적이어서] 마무리되지 못하고 있었다. 하지만 이제, 이 파이프라인은 아직 지어지지도 않았는데 중국의 러시아산 석유 수입이 가속화되었다.[34]

러시아, 유럽에 거하다

원유 생산 위축이 가시화된 것과 같은 해에, 유럽으로 가는 천연가스 수송의 지정학에서도 중대한 전환이 일어났다. 2005년에 우크라이나를 거쳐 운송되는 가스관은 여전히 유럽으로 가는 러시아산 가스 수송의 75퍼센트를 차지했다.[35] 우크라이나에 수송을 의존한다는 사실은 소련 해체 이후 러시아의 골칫거리였다. 2000년대 초에 독일의 사민당-녹색당 연정도 다른 수송 경로를 찾으려 했다. 임기 말의 몇 주 동안 슈뢰더는 발트해에 해저 가스관인 북유럽 가스관North European Gas Pipeline을 지어서 핀란드와의 국경 근처에 있는 러시아 도시 비보르그부터 독일 북동 연안의 그라이프스발트까지 연결하기로 러시아와 합의했다. 이 가스관이 노르트스트림1이고, 2012년에 개통되었다.[36]

노르트스트림은 유럽이 러시아 일변도를 벗어나 에너지를 다각화하려던 때에 처음부터 상황을 반대 방향으로 끌고 갔다. 이 가스관은 동유럽 국가 상당수의 분노를 일으켰고 슈뢰더가 총리 임기가 끝나자마자 노르트스트림의 회장에 취임하자 분노는 더 격화되었다. 폴란드 국방장관은 노르트스트림을 폴란드 영토였던 우크라이나를 소련에 넘겨준 나치와 소련의 협정에 빗댔다.[37] 하지만 독일 쪽에서 보면 노르트스트림을 정당화해주는 근거가 바로 우크라이나 문제였다. 2006년 1월 러시아와 우크라이나 사이에 분쟁이 있고 나서 러시아가 우크라이나를 통과하는 가스 수송을 3일간 끊었을 때, (독일의 가스 수입이 그리 크게 타격을 받지는 않았지만) 그 두려움은 근거 없는 게 아니었음이 입증된 것으로 보였다.

또한 노르트스트림은 EU를 남북으로도 분열시켰다. 노르트스트림은 남유럽 국가들이 우크라이나 위험을 해소하는 데 도움이 되지 않았다. 이들의 이해관계는 튀르키예하고 진행 중이던 나부코 프로젝트Nabucco project가 더 많이 충족해줄 수 있을 터였는데, 이 프로젝트는 별로 진척이 없었다. 푸틴은 카스피해산과 중동산 가스를 운송할 나부코 경로가 유럽 가스 시장에서 러시아의 지배적 위치를 위협한다고 보았다. 그래서 2007년에 [러시아의 국영 기업] 가스프롬은 이탈리아 회사 ENI와 러시아산 가스를 (우크라이나 경로를 피해서) 남유럽을 통해 수송할 사우스스트림South Stream 가스관을 건설하기로 하고 양해각서를 체결했다. 이 해저 가스관은 흑해 연안의 러시아 항구에서부터 불가리아의 바르나까지 가스를 수송하고(불가리아는 2007년 1월에 EU에 가입했다) 그다음에는 경로가 둘로 갈라져 하나는 발칸 서부를 지나 헝가리와 오스트리아로, 다른 하나는 그리스를 통해 아드리아해 해저를 지나 이탈리아로 들어갈 예정이었다. 가스프롬과의 두 번째 가스관 프로젝트에서 ENI가 차지하는 핵심 역할은 1950년대에 이탈리아와 소련이 체결했던 협정을 떠올리게 하는 면이 있었다.[38] 하지만 수에즈 이후였던 1950년대에는 모든 EEC 국가들이(나중에는 영국도) 소련산 에너지가 유용하리라고 생각했지만, 냉전 종식 이후 시점의 EU는 러시아산 가스와 그것의 수송에 대해 결코 합의점을 찾을 수 없었다. 독일이 이미 독자적으로 노르트스트림을 진척시키고 있던 데다 사우스스트림과 나부코 사이의 경쟁까지 벌어진 마당이라, EU 차원의 어떤 공동 전략도 이제는 생길 가망이 없었다.

러-우 관계가 악화되면서 냉전 종식 이후 NATO와 EU 사이에 존재했던 단층선이 드러났다. 부시 주니어 행정부는 2007년 이후 푸틴이 훨씬 더 대치적인 태도가 되는 것을 보면서 우크라이나와 조지아의 NATO 가입을 밀어붙이려 했다.[39] 그 안보를 미국 쪽이 제공할 것인지는 의문이었지만 말이다. 아무튼 주요 EU 국가들은 이들의 가입을 고려조차 하려 하지 않았다. 2008년 4월 독일과 프랑스는 우크라이나와 조지아의 NATO 가입에 비토를 놓았다. 한 달 뒤, 그 대신 폴란드에 제시한 양보로서 우크라이나 경제를 EU와 수렴시키기 위해 우크라이나에 EU 준회원국 자격을 주는 안을 협상하기로 동의했다.[40] 1990년대 말에는 구 바르샤바조약기구 국가 및 구소련 국가들이 EU보다 NATO에 먼저 들어오는 것이(아니면 NATO와 EU에 동시에 들어오는 것이) 공식처럼 되어 있었는데, 이 공식이 뒤집혔다. 우크라이나가 경제적으로는 EU와 수렴하도록 하면서, 동시에 가스 수송에서는 우크라이나 의존을 끊고, 또한 안보에서는 우크라이나가 NATO로부터 멀어지게 한 이 움직임은 EU와 NATO 간에 존재한 10여 년 간의 불일치를 극적으로 노출했다.[41]

에너지 수송 요충지 국가라는 우크라이나의 위치 때문에 이러한 긴장은 유럽에 구조적 결과들을 산출할 수밖에 없었다. 2009년 1월의 며칠 동안 러시아는 우크라이나를 통과하는 가스 수송을 막았다. 이어진 유럽의 가스 위기는 이후 EU집행위원회가 "냉혹한 경종"이었다고 표현할 정도로 심각했다.[42] 예측 가능하게도 이는 유럽의 관심이 다시 에너지 다각화와 나부코에 쏠리게 했다. 2009년에 튀르키예는 EU의 지지와 함께 나부코 건설 공사를 위한 오스트리아, 헝가리, 불가리아, 루마니아와의 정부 간 협정에 서명했다. 서명식 이후 EU집행위원장 조제 바호주José Manuel Barroso는 나부코가

"진정으로 유럽적인 프로젝트"라고 말했다.[43]

불가피하게 나부코는 튀르키예의 EU 가입 문제를 재점화했다.[44] 1999년에 튀르키예가 EU 가입 후보국 자격을 얻은 이후 10년이 되도록 EU는 튀르키예의 가입을 위해 무언가를 속도를 내어 진행한 적이 거의 없었다. 공식적인 가입 협상은 2005년 6월에야 시작되었다. 3개월 뒤에 독일 총선에서 기독민주연합이 정권을 잡았는데, 이들 중에는 여전히 튀르키예 사안을 '문명화'의 틀로 이야기하는 사람들이 있었다. 메르켈 본인은 종교적인 주장을 꺼렸을지 모르지만, 아무튼 튀르키예의 EU 가입에는 반대했고 튀르키예가 [EU 회원국은 되지 않은 채로] 계속 '특권적 동반자priviledged partnership' 자격만 가져야 한다고 여러 차례 말한 바 있었다.[45] 하지만 이제 튀르키예 정부 일각에서는 다시 살아난 나부코 프로젝트 때문에 튀르키예의 EU 가입이 당연한 수순으로 이루어지리라는 기대가 일었다.[46] 그러나 러시아산이 아닌 가스를 더 많이 공급하기 위해 튀르키예에 수송관을 짓는 것은 EU 공동의 에너지 전략을 대표하는 것이 아니었다. 독일도 프랑스도 나부코 프로젝트에 투자하지 않았고 고든 브라운Gordon Brown 내각의 영국은 여기에 정치적 자본을 쓸 준비가 되어 있지 않았다.[47] 튀르키예의 EU 가입을 지지하는 이탈리아마저 가스 수송에서는 나부코가 아니라 그것의 경쟁 프로젝트인 사우스스트림 쪽에 강하게 이해관계가 있었다. 가스에 대해 EU의 통합이 있을 수 없었으므로, 튀르키예가 기대한 EU 가입의 경로는 빠르게 닫혔고 2015년 난민 위기가 올 때까지 계속 닫혀 있었다.

미국의 권력, 커지면서 동시에 작아지다

한편, 2차 이라크 전쟁으로 미국에서는 미국의 군사력이 중동에서 어떻게 쓰여야 하는가와 관련해 국내 정치적 제약이 다시 높아졌다. 9·11 이전에는 미국 권력을 이라크 정권 교체를 위해 사용하는 것에 광범위한 국내적 합의가 있었다. 의회는 1998년에 이라크해방법Iraq Liberation Act을 통과시켰다. 사담 후세인을 권좌에서 몰아내려는 노력을 미국이 지원할 수 있게 하는 내용이었다. 이라크 정권이 야당의 존재를 용납하지 않았으므로, 이 말은 꼭 군사적인 것은 아니라 할지라도 미국이 모종의 개입을 해야 한다는 뜻이었다.[48] 하지만 베트남 때도 그랬듯이 이라크 전쟁은 점차 미국 대통령이 유라시아 어디에서라도 중대한 군사 행동을 하려면 반드시 필요한 국내에서의 지지를 없애버렸다. 2006년 중간선거에서 민주당은 이 전쟁이 대중에게 인기가 없다는 점 등에 업고 상하원 모두에서 다수 의석을 확보했다. 2007년 1월에 부시가 파병을 늘리겠다고 발표하자('서지Surge[병력 증파]'), 새로 구성된 의회는 이를 막을 입법을 시도했다. 이 시도는 성공하지 못했지만 이듬해에 부시는 2011년 12월 31일 이전에 이라크에서 미군의 철수를 완료하기 위한 일정을 이라크 정부와 협의하겠다고 약속했다.[49] '서지'는 2008년 미국 대선에 중대한 맥락을 제공했다. 상원의원으로서 버락 오바마는 '서지'에 반대했다. 이어서 그는 전쟁 반대 입장을 십분 활용해 민주당 경선에서 일리노이주의 일개 상원의원이 힐러리 클린턴을 이기는 이변을 일으켰고 대선에서는 존 매케인John McCain을 이기는 기염을 토했다.[50]

전쟁에 반대하는 후보로서 선거에 승리한 오바마는(그럼에도 2014년까지 미국의 아프간 작전은 계속 진행했지만) 미국의 전략적 초점을 중국으로 돌리려 했다. 그는 이것을 "아시아로의 방향 전환"이라고 불렀다.[51] 2011년 11월 호주 의회에서 한 연설에서 오바마는 미국이 "태평양에서 계속해서 역할을 할 주요 국가"라고 말했다.[52]

1990년대 말 이후 미국 대통령들이 중국이 세계 경제에 깊숙이 통합되는 것을 외교 사안이 아니라 양국 모두 도움이 되는 경제적 이득으로 이야기해왔기 때문에(5장 참고) 오바마의 이 전략은 중대한 변화를 의미했다.

하지만 이것은 냉전 이후 미·중 관계에 늘 존재했던 지정학적 단층선을 더 벌리는 것이기도 했다. 표명되지는 않았더라도 적어도 암묵적으로 이 긴장은 미국에서는 기후변화를, 중국에서는 에너지를 둘러싸고 이미 인식되고 있었다. 빌 클린턴은 1997년 교토 의정서를 의회에서 비준받지 못했다. 거의 모든 의원이 중국에는 적용되지 않는 온실가스 감축안에 미국만 들어가서는 안 된다고 생각했기 때문이다. 한편 중국은 WTO에 들어온 이후 경제가 내내 성장하면서(특히 제조업이 성장하면서) 에너지 소비가 막대하게 증가했다. 1980~2000년의 20년 동안 중국의 1차 에너지 소비는 240퍼센트나 늘었고 2000~2010년의 10년간 그만큼의 비율로 또 늘었다.[53] 중국 지도부는 중국의 경제 발전이 미국의 권력에 제약받아야 한다고는 추호도 생각하지 않았다. 따라서 석유를 수입할 필요가 생긴 1993년 이래로 에너지 안보를 지정학적 지상과제로 삼았다. 단기나 중기적으로는 공해상에 미국 해군이 존재하는 데서 이득을 얻을지라도 말이다. 오바마의 '아시아로의 방향 전환'이 있기 전에 중국에서 해상에너지 안보와 관련해 군사적인 방향 전환이 있었던 셈이다. 2010년에 중국 정부는 남중국해(세계 해상 교역의 3분의 1이 이곳을 지나간다)가 중국의 '핵심' 이해관계라고 선포했다.[54]

    그 자체의 내용으로 보기에도 '아시아로의 방향 전환'은 실행이 지극히 어려웠다. 오바마는 미국이 이끌고 중국은 배제된 새로운 지역 무역 블록인 환태평양경제동반자협정Trans-Pacific Partnership(이하 'TPP')을 추진했지만 TPP 비준은 의회에서 논의조차 이루어지지 않았다. 2016년 선거에서 힐러리 클린턴과 도널드 트럼프 모두 TPP에 반대했고 버니 샌더스Bernie Sanders, 대부분의 민주당 후보, 일부 공화당 후보도 반대했다. 군사적으로 오바마 행정부는 태평양에 해군 자원을 증강했고 혹시 모를 중국과의 군사적 대치에 대비해 작전 지침을 수립했으며 태평양의 다른 나라들과 양자적 안보 관계를 개선했다. 하지만 이는 중국의 맞대응을 촉발했고 특히 시진핑이 부상하면서 더욱 그랬다. 2013년에 시진핑은 일대일로The Belt and Road 정책을 발표하면서 중국 경제의 방향을 태평양에서 유라시아로 돌리려 했다. 중국의 한 장군은 유라시아를 중국의 "지정학적 후방"이라고 불렀다.[55] 미국이 동진하면서 태평양에서 해상 대치의 가능성을 높이고 있었다면, 중국은 서진하면서 육상 대치의 가능성을 높이고 있었다.[56]

예상 가능하게, 석유와 가스 안보는 시진핑의 지정학적 계산에서 근본적인 것으로 보였다. 2013년에 중국은 아라비아해 연안에 있는 파키스탄의 과다르 항구 운영권을 획득했고 파키스탄 정부와 중국-파키스탄 경제 회랑China–Pakistan Economic Corridor을 구축하기로 합의했다. 호르무즈해협 바로 인근에 심해항을 확보하고 파키스탄을 지나 중국 북서부 신장으로 오는 파이프라인도 짓기로 합의했으므로, 중국은 믈라카 해협을 통해 들여와야 했던 중동과 아프리카산 석유 모두에 대해 대안적인 수송로를 가지게 될 것이었다.[57] 2014년 5월 시진핑은 푸틴과 서시베리아 유전과 중국 북동부를 잇는 가스관 건설에 대해서도 협정을 맺었고, 가스프롬과의 30년짜리 가스 계약으로 이를 뒷받침했다. 2019년 12월 개통된 '파워오브시베리아Power of Siberia' 수송관은 러시아 최초의 동쪽으로 가는 가스관이었다. 2016년 중국은 홍해와 아덴만을 연결하는 바다에 위치한 지부티에 해군 기지를 구축하기 시작했다. 이는 수에즈 운하를 통해 지중해에서 인도양까지 이어지는 경로가 될 수 있었다. 일대일로는 육지만이 아니라 바다에서도 진행되는 프로젝트였으므로 군사상의 변화도 필요했다. 중국의 2015년 방위백서는 "세계 수위급의 해상 강국"이 되는 것을 목표로 천명했고, "중국의 해외 이해관계가 점점 더 지구의 모든 곳으로 확장되고 있기 때문에" 해군을 증강해야 한다고 언급했다.[58] 2020년이면 중국 해군은 세계 최대 규모가 되어 있었다. 세계 최강은 여전히 미국이었지만 말이다.[59]

오바마 행정부는 중국의 전략 선회에 대응하는 데 고전했다. 많은 유럽과 아시아 국가들이 중국이 일대일로를 지원하기 위해 주도적으로 설립한 아시아인프라투자은행Asian Infrastructure Investment Bank에 합류했을 때 미국은 이를 막지 못했다. 2014년 중국이 남중국해에 인공섬을 짓기 위해 방대한 영역에 소유권을 주장하기 시작했을 때도 미국의 대응은 느렸다. 심지어 중국이 이 섬들을 군사 기지로 전환하고 대공·대탄도미사일 시스템을 장착했을 때도 그랬다.

사실 시진핑 등장 이후 오바마는 중국의 야심을 제어하려 하기보다는 기후변화 문제에서 중국과 협력하고자 했다. 이것은 2008~2013년 중국의 석탄 소비가 크게 늘면서 긴요한 이슈가 되어 있었다. 2014년 11월에 오바마와 시진핑은 이듬해 있을 파리 협정에서 합의할 내용의 토대를 미리 마련하기 위해 베이징에서 회담을 가졌고, 중국은 2030년부터 탄소배출량을 줄이고 미국은 2025년까지 2005년 대비 26~28퍼센트가량 배출량을 줄일 것이라고 발표했다. 2016년 9월 오바마와 시진핑은 항저우에서 G20 정상회의가 열리기 직전에 파리 협정 비준 서명식을 가졌다.

오바마의 임기가 끝나가던 시기에 미·중 관계에는 각기 다른 방향으로 잡아당기는 구조적 역학이 있었다. 한편에서 미국은 태평양에서 억지 전략을 펴는 쪽으로 나가고 있었고 중국은 유라시아의 상당 지역을 경제적 세력권에 넣어서 믈라카 딜레마를 해결하려 했다. 다른 한편에서는, 이제 기후가 미·중이 협력해야 할 문제가 되었다. 두 문제 모두 에너지와 떼놓을 수 없었다. 기후변화가 미·중 데탕트의 논리를 만들었다면, 그와 동시에 일대일로는 탄소집약적인 대규모 프로젝트들을 포함하고 있었고 중국-러시아의 석유 관계에 가스까지 보탰다.

2016년 대선에서 "중국에 맞서자" 후보가 "러시아에 맞서자" 후보보다 지정학 이슈를 더 효과적으로 사용할 수 있었던 것은 중국과의 협력이 즉각적으로 일으킨 정치적 문제를 반영한 면이 있었다. 사실 트럼프 재임기는 중국에 대해 더 대치적인 정책을 선호하는 초당적 합의가 의회에 광범위하게 존재했음을 보여주었다. 기후변화를 트럼프보다 훨씬 더 진지하게 생각하는 사람들도 말이다. 트럼프의 거친 대치 스타일이 계속 비난을 사기는 했지만, 관세 압박을 가해 미·중 교역 관계를 재구성한다는 내용 자체에 대한 비판은 거의 없었다(6장 참고). 또한 결정적으로, 테크놀로지 경쟁이 국가안보의 문제라고 보는 데서도 이견이 거의 없었다.

* * *

중동보다 중국이 전략적 우선순위에 놓여야 하고 기후변화에 대해 중국과 협력해야 한다는 오바마의 확신은 미국의 셰일오일·셰일가스 붐이 일으킨 지각변동이 없었다면 생길 수 없었을 것이다. 셰일오일이 없었다면 오바마는 이라크에서의 실패를 털고 중동에서 나오는 전략적 결정을 할 수 없었을 것이다. 셰일가스가 없었다면 국내 전력 생산을 석탄 대신 가스로 전환해 탄소 배출을 줄이겠다고 중국에 제시할 수 없었을 것이다. 미국 에너지 권력의 부활은 가스와 관련해 유럽에 막대한 교란을 일으켰고 석유와 관련해 중동에 막대한 교란을 일으켰다. 그리고 역설적으로 이는 미국의 전략적 선택을 더 어렵게 만들었다.

바다로 운송되는 액화천연가스 시장이 이미 성장하던 시기에 셰일가스 분야가 빠르게 발달하면서 미국은 가스 수출국이 되었다. 즉각적으로 이는 유럽에서 에너지가 한층 더 정치적으로 첨예한 문제가 되게 만들었고, 가스 수입 지역과 운송 지역에서 EU-NATO 간 단층선에 존재하는 모든 아슬아슬한 긴장에 막대한 압력을 가했다. 폴란드와 리투아니아로서는 미국 가스를 수입하는 것이 지정학적인 생명줄이었다. 미국 가스가 2017년에 처음 운송되었을 때 폴란드 총리는 이제 "폴란드는 안전하며 주권 국가"라고 말할 수 있게 되었다고 선포했다.⁶⁰ 대조적으로, 독일은 미국 가스의 수입이 달갑지 않았다. 2010년대 초 무렵에 독일-러시아 가스 관계는 30년이나 된 오랜 관계였다. 게다가 2011년에 10년 안에 핵발전을 모두 없애기로 한 독일의 에너지 전환 계획상 (적어도 재생에너지 쪽에서 기술 혁신이 발생할 때까지) 당분간 가스 소비가 늘 수밖에 없었다.⁶¹ 액화천연가스는 파이프라인으로 오는 가스보다 수입 비용이 비쌌고, 기술적으로 더 복잡한 항구 인프라 건설이 필요했다. 또한 유럽 국가들은 가스 수송 선박들이 가격이 더 높은 아시아 쪽으로 방향을 틀 가능성에도 취약했다(아시아는 중국을 제외하면 파이프라인이 별로 없어서 가격이 더 높았다). 메르켈 정부는 미국의 가스 수출 역량을 환영하기는커녕 노르트스트림2 파이프라인을 지원함으로써 러시아산 가스와 발트해 수송 경로에 판돈을 올렸다.

러시아가 유럽 시장을 놓고 미국과 아제르바이잔 둘 다와 경쟁에 직면하면서, 남유럽과 중남부 유럽으로 들어오는 가스를 둘러싸고 존재했던 갈등이 격화되었다. 2013년에 아제르바이잔 국영 에너지 컨소시엄이 공급 계약에 서명을 거부하면서 나부코가 붕괴했다.⁶² 나부코 대 사우스스트림 사이의 경쟁에서 사우스스트림이 승리한 것처럼 보였다. 하지만 러시아가 2014년에 크림반도를 병합하고 오바마 행정부가 사우스스트림 파이프라인의 불가리아 구간 건설에 참여한 러시아 기업을 제재하면서, 그리고 사우스스트림에 참여한 EU 회원국들에 철회를 종용하면서 상황이 달라졌다. 2014년 6월에 불가리아 정부는 결국 두 손 들고 파이프라인 건설 작업을 중단했다.⁶³

물론 미국이 유럽의 러시아 에너지 의존성을 이용해 EU 회원국들을 압박하는 것은 새로운 일이 아니었다. 하지만 워싱턴은 이제 대안을 보여줄 수 있었고 미국 에너지 회사들이 교역에서 이득을 얻을 수 있는 위치에 있었다. EU집행위원회가 사우스스트림을 중단시키려는 오바마의 조치를 적극 지원한 것은 EU 내부에 지정학적 불화가 얼마나 깊은지를 잘 보여주었다. EU집행위원회는 오랫동안 가스프롬이 사우스스트림에서 수행하는 역할이 EU의 규제 조건을 충족시키지 못한다고 주장해왔고 이에 대해 불가리아를 상대로 소송도 진행하고 있었다. 하지만 사우스스트림을 통한 에너지 공급이 EU의 경쟁법 위반이라고 문제 삼으면서[가스프롬이 에너지 공급자이자 동시에 가스관을 독점적으로 통제하는 유통 주체가 되는 것이 EU 경쟁법 위반이라고 보았다] EU집행위원회가 직접적으로 공사 중단을 요구하자 EU 회원국 중 사우스스트림에서 이득을 얻을 수 있고 불가리아보다 미국에 더 잘 맞설 수 있는 국가들이 분노했다. 오스트리아는 우크라이나와 관련된 러시아 제재에 반대하면서, 불가리아가 굴복하기 두 달 전에 사우스스트림의 오스트리아 구간 건설을 위해 러시아와 국가 간 협정을 맺었다. 이탈리아 총리 마테오 렌치Matteo Renzi도 EU집행위원회가 노르트스트림에 대해서는 이렇다 할 행동을 하지 않았으면서 사우스스트림은 프로젝트가 중단되게 한 것에 분노를 감추지 않았다.[64]

사우스스트림 이슈에서 패배한 푸틴은 간단히 비슷한 버전을 재발명했다. 2014년 말에 그는 튀르키예와 북해 파이프라인인 투르크스트림 건설 협정을 맺었다. 불가리아 해안 대신 튀르키예 해안을 거쳐 운송한다는 것이었다. 한 달 뒤에 가스프롬은 EU집행위원회에 투르크스트림이 완공되고 나면 EU 국가들에 더 이상 우크라이나를 경유해 가스를 보내지 않을 것이라고 공지했다.[65] 반쯤은 공갈이었다. 가스프롬은 2019년 12월에 우크라이나 국영 에너지회사와 우크라이나를 경유하는 파이프라인이 적어도 2024년까지 열려 있게 하는 협정을 새로 체결했다. 말로는 절대 그런 일은 없을 거라고 수없이 장담했지만 말이다. 그렇더라도, 투르크스트림은 EU집행위의 제재 권한을 에둘러 감으로써 건설에 성공했다. 또한 이것은 노르트스트림처럼 NATO를 분열시키는 데도 파괴력을 발휘할 것이었다. 일례로, 미 의회가 가스프롬의 다음번 프로젝트인 투르크스트림2에 관여하는 기업들에 대해 제재를 부과하고 불과 한 달 뒤인 2020년 1월에 불가리아와 그리스에 가스가 도착하기 시작했다. EU와 NATO 모두 에너지와 관련한 내부 불화는 소련 해체 후 튀르키예와 우크라이나를 둘러싸고 일어났다. 냉전 시기에 NATO의 분열이 미국 대 유럽의 분열이었다면, 이제는 우크라이나와 튀르키예를 통과하는 운송 경로를 둘러싸고 EU 내부도 분열되었다.

EU에서 이 딜레마는 노르트스트림2에 대한 메르켈의 논리로 더 악화되었다. 메르켈은 "무엇보다 이것은 경제 프로젝트"라며 동시에 "우크라이나가 계속해서 수송국 역할을 해야 한다"고도 말했다.[66] 행간에서 이 말의 의미는 우크라이나를 거쳐 오는 가스는 남유럽 EU 국가들더러 받으라는 뜻이었다. 남유럽 EU 국가들이 튀르키예를 경유해 러시아와 아제르바이잔 가스를 충분히 받고 있든 말든 상관없이 말이다. 하지만 NATO로서는 여기에서 처한 어려움이 유럽으로 들어오는 가스의 수송 경로가 일으키는 전략적 파급효과 수준을 훨씬 넘어서는 문제였다. 미국이 유럽 가스 시장에서 러시아와 수출 경쟁을 할 수 있는 한, 규모가 큰 EU 원년 국가들의 러시아 러시아 가스 의존은 NATO를 불안정하게 만들 수 있었다.

* * *

석유의 경우, 셰일오일의 지정학적 영향은 중동에서 시작되었다. 1차 대전 이후에 자국의 석유 부족을 우려해서 미국은 사우디에 중동 쪽 기반을 구축했다. 하지만 페르시아만의 석유를 서유럽과 일본이 공급받을 수 있게 보호하려던 것이 2차 대전 후 미국의 중동 전략에 비일관성을 가져왔다. 이어서 1970년대 초에는 미국 자신이 해외 석유가 필요해지면서 입장을 다시 수정해야 했다. 이란 혁명 이후 카터 독트린으로 중동에 미국이 군사적으로 더 많이 관여하게 된 것이다. 안정성은 전혀 달성되지 않는 채로 하나의 문제가 또 하나의 문제로 이어지는 형국이었다. 따라서, 셰일오일이 부상하기 시작한 초기부터도 오바마에게는 에너지 자립을 재달성할 수 있으리라는 전망이 중동의 전쟁들에서 발을 뺄 수 있는 매력적인 출구가 되어줄 것으로 보였다. 또한 핵에 대한 이란의 야심에 대처할 기회로도 보였다. 하지만 셰일도, 셰일을 통한 새로운 공급량을 염두에 둔 미국의 전략적 계산도, 파괴적 동요를 일으키는 충격으로 귀결되었다.

이러한 동학이 시작되기 전에 중동과 북아프리카는 2011년 아랍의 봄 Arab Spring 저항으로 격동에 휩싸였고 이는 이후에 일어날 일의 영향을 한층 더 복잡하게 만들었다. 미군이 아직 이라크에 어느 정도 주둔해 있었기 때문에 오바마는 NATO가 이끌고 몇몇 아랍 국가들이 동참한 다국적 연합군의 일환으로 미 해군과 공군을 리비아에서의 군사 행동에 참여하게 했다. 2차 이라크 전쟁도 그랬듯이 이 군사 행동은 NATO를 분열시켰다. 하지만 그때와 중요한 차이도 있었다. 유럽 쪽을 보면 3대 EU 회원국 입장이 2차 이라크 전쟁 때와 다른 방식으로 분열되었다[2차 이라크 전쟁 때는 프랑스와 독일의 입장이 같았다]. 영국과 프랑스는 리비아에서의 군사 행동에 깊게 관여했지만 유엔 안보리에서 독일은 이 군사 행동을 지지하지 않는다는 입장을 밝혔다. 한편 미국에서 오바마는 이 군사 행동에 미국이 개입한 것을 프랑스와 영국에 미국이 군사력을 빌려준 것으로 생각하는 듯했다. NATO 국가 중에서 북아프리카 사안을 최전선에서 담당해야 할 나라들은 프랑스와 영국이라고 여긴 것이다. 실제로, 적어도 나중에 돌이켜보며 한 말에 따르면, 오바마는 이 전쟁이 유럽이 미국에 "안보 무임승차"를 멈추고 지리적으로 그들의 이해관계만 직접적으로 걸려 있는 곳에서는 안보를 유럽 스스로 책임질 수 있는지 알아보는 시험대였다고 말했다.[67]

비슷한 동학이 시리아에서도 펼쳐졌는데, 여기에는 걸려 있는 것이 더 컸다. 오바마 행정부가 시리아의 정권 교체를 원한 것은 사실이었고 시리아 반군에 상당한 지원을 제공한 것도 사실이었다. 하지만 이 역시 페르시아만 서쪽에서 벌어지는 일은 미국의 일이라기보다는 유럽의 일이라는 전제하에서 이루어진 일이었다. 오바마가 보기에 미국과 유라시아의 관계는 달라져 있었고, "대통령이 따라야 한다고들 하는 워싱턴의 전략집"이 현실의 변화를 따라잡지 못했다면 "태평양의 대통령"인 자신이 변화를 따라잡을 작정이었다.[68] 2013년 9월, 화학무기에 대해 전에 그가 말했던 마지노선에 따라 시리아에 계획대로 공습을 명령할 것인지를 두고 "결정의 순간"이 왔을 때 오바마는 뒤로 물러섰다.

2016년 《애틀랜틱》과의 인터뷰가 잘 보여주었듯이 이는 오바마에게 그의 임기 중에서 매우 결정적인 선택이었다. 그는 당시 자신의 선택이 중동이 미국과 유럽이 이해관계를 공유하는 지역이라는 오랜 가정을 벗어버리고 내린 판단이었다고 강조했다.[69] 하지만 오바마가 훗날 회고적으로 생각한 것이 무엇이었든 간에, 이 정치적 순간을 가져온 것은 미국 에너지 권력의 부활이었다기보다는 2차 이라크 전쟁에 대해 국내 정치에서 일어난 역풍이었다. 오바마가 시리아를 공습하지 않기로 결정하는 데까지 이어진 사건들의 연쇄는, [2013년 8월에] 영국 총리 데이비드 캐머런이 영국의 시리아 공습을 위해 의회에 제출한 동의안이 하원에서 부결되었을 때 시작되었다. 그때에서야 오바마는 의회에 시리아 군사 제재에 대한 승인을 요구했는데, 그때는 아사드가 화학무기를 없애게 만들겠다는 푸틴의 외교적 중재안을 오바마가 받아들이면 [영국에 이어] 미국 하원도 [군사 개입을 승인하는] 법안을 통과시키지 않으리라는 점이 분명해진 때이기도 했다. [즉 통과가 안될 줄 알고서 의회에 법안을 보냈을 가능성이 크다.]

1956년 재선에서 패배할까봐 걱정한 아이젠하워가 이집트에서 영국이 일으킨 전쟁[수에즈 위기]과 미국이 택하게 되는 전후 중동 전략의 기폭제

| 3장 | 유라시아, 재구성되다   125

가 되었다면, 60년 뒤인 지금은 영국 의회가 자기도 모르게 미국 대통령이 중동에서 발을 빼는 데 기여한 셈이었다. 한편 유럽 쪽에서는, 시리아와 관련한 오바마의 유턴이 1956년에도 그랬던 것처럼 프랑스를 낙동강 오리알 처지로 만들었다. 리비아에 군사 개입을 했을 때 프랑스는 북아프리카에서 유럽이 군사 행동을 하는 데 필요한 기구로서 NATO를 인정했다. 그런데 미국이 '필요하다면 미국은 중동에서 군사 행동을 할 것'이라던 엄포의 신빙성을 지키려 하지 않고 있었다. 자국에 여전히 결정적으로 중요한 지역에서 어떤 중대한 조치라도 취하려면, 이제 프랑스에 남은 군사적 수단은 프랑스군의 독자 행동밖에 없게 되었다.

현실적으로, 수에즈 위기 이후에 아이젠하워에게 영국이 여전히 필요했듯이 오바마도 중동에서 미국이 전쟁을 벌이게 되는 것을 궁극적으로 피할 수 없었다. 2014년 동안 ISIS가 이라크와 시리아 영토 상당 부분을 점령하고 이라크 정부가 붕괴하면서, 오바마는 이라크와 시리아에 미군을 파병했다. NATO를 중심으로 "반反ISIS 국제연대Global Coalition to Defeat ISIS"가 결성되고 [전에는 군사 행동에 반대하던] 독일도 여기에 참여하면서, 이번의 군사 개입은 NATO의 유럽 쪽에서는 긴장을 덜 일으켰다. 하지만 이 새로운 중동 전쟁은 미국이 유라시아에서 군사 행동을 하려는 의지가 별로 없다는 것을 다시 한번 드러냈다. 이번에도 미국의 국내 정치가 미국 대통령의 운신을 제약했다. 의회가 승인하지 않을 것을 우려해서 2014년에 오바마는 시리아 '공습'에 대해서는 의회에 동의안 제출을 시도하지 않았고 시리아 반군에 물류 지원을 강화하는 것에만 의회에 동의를 구했다. 또한 시리아에 지상군을 투입하지 않겠다고 약속했다. 미국의 군사 행동을 약간의 항공 작전과 특수군 활동으로만 한정했으니 지상에서 벌어지는 실제 전투는 현지의 반군 세력을 찾아내 맡겨야 했고, 미국은 쿠르드인민방위군Kurdish People's Protection Units(이하 'YPG')을 선택했다. 이 막다른 전술은 곧바로 튀르키예 정부와 해결 불가능한 갈등을 일으켰다. 튀르키예는 YPG를 테러 집단으로 규정하고 있었다. 이제까지 튀르키예와의 긴장은 이라크 전쟁 때 튀르키예 의회가 미국이 이라크(튀르키예와 국경을 맞대고 있다)에서 군사 행동을 하는 데 자국 기지를 내주기 꺼려한 점, 몇몇 NATO 국가들이 튀르키예에 군사적 방위 제공을 꺼려하는 점 등이 쟁점이었는데, 시리아 사안에서 튀르키예와의 긴장은 미국이 튀르키예의 안보를 미국 군인을 또다시 중동 전쟁에 보낼 수는 없다는 국내 정치적 고려 밑으로 깔아뭉개는 데 거리낌이 없었다는 것이 쟁점이 되었다. 대對ISIS 대응에 튀르키예에 있는 공군기지를 사용하고 있었으면서도 말이다.

또한 이 전쟁은 에너지 이외의 중동 문제를 둘러싼 NATO의 지정학적 간극도 다시 한번 드러냈다. 군사 개입 방침을 설명하면서, 오바마는 ISIS가 직접적으로 테러 공격을 한 유럽과 ISIS의 위협을 덜 받는 "우리 조국"은 다르다고 강조했다.[70] 2015년의 파리 테러 이후에도 오바마는 중동의 테러 집단이 일으킨다고 하는 "위협의 과장"에 대해 경고했다.[71] 하지만 프랑스로서는 대對ISIS 전쟁이 전적으로 다른 의미였다. 2014년부터 프랑스는 일련의 치명적인 공격의 대상이 되었고 수천 명의 무슬림 프랑스 시민이 칼리파의 지하드에 임하라는 부름에 응하러 가는 상황에 대응해야 했다. 사면초가에 빠진 프랑스는 2014년 9월에 이라크에서 독자적인 군사 행동을 시작했다. 이 공중전은 서던와치작전에서 철수한 이래 프랑스가 중동에서 직접적인 군사 행동에 나선 첫 번째 경우였다. 또한 프랑스로서는 ISIS나 그밖의 이슬람 집단에 대한 전쟁이 중동만으로 끝나는 것도 아니었다. 2013년에 프랑수아 올랑드François Hollande 대통령은 프랑스군을 말리에 파병했고 이어서 아프리카 사헬 지역 곳곳에도 파병했다. 프랑스 입장에서는 사헬 상황이 중동에서와 동일한 문제를 일으키고 있었지만 미국 입장에서는 그렇지 않았고, NATO는 어디에서도 제대로 대처할 역량을 갖고 있지 못했다.

에너지와 관련해서는, 미국의 국내 석유 생산 역량이 늘면서 사우디와는 지금보다 거리를 두고 이란과는 지금보다 덜 대치적인 관계가 될 수 있게 해 지정학적으로 득이 되리라 기대되었다. 일찍이 지미 카터는 자기 자신이 천명한 카터 독트린에서 벗어나고자 에너지 자립을 재달성하기를 원했다. 카터는 아직 도래하지 않은 그 미래의 일부로서 셰일오일을 환영한 바 있었다. 그리고 30년이 지난 지금, 셰일오일 생산이 경제적으로 현실성을 갖게 되면서 마침내 카터 독트린을 끝낼 시점이 왔다는 희망이 생겼다.

이란 문제와 관련해서, 오바마는 이란의 핵 야심을 꺾기 위한 미국의 위력 과시가 관계 재설정의 조건이 되어주리라 기대했다. 이 전환을 실현하려면 먼저 EU가 이란에 대해 대치적인 입장에 서게 해야 했다. 하지만 1990년대에 미국이 이란 에너지 분야에 투자한 유럽 기업들에 역외 제재를 부과했을 때 EU는 맹렬히 분노한 바 있었다. 2000년대에 EU가 부과한 대對이란 제재는 이란산 에너지 수입을 제약하지는 않았고 몇몇 EU 회원국은 이란산 에너지에 의존하고 있었다. 2011년 12월에 오바마는 의회에 새로운 역외 제재안 승인을 요청했다. 달러 권력을 사용해, 이란 중앙은행과 거래하는 비非미국 기업들이(이란은 이러한 금융 거래를 통해 석유 대금을 받고 있었다) 미국의 금융 시스템에 접근하지 못하게 하려는 것이었다.[72] 오일 쇼크로 비화할 수도 있었을 이 조치가 이번에는 셰일오일로 완화되었다. EU는 빠르게 이란 석유 수입 제재에 동의했다. 이란은 처음으로 석유 수출로 외화 수입을 올릴 수 있는 능력을 직접적으로 제약하는 제재에 놓이면서, 핵 야심에 대해 다른 나라들과의 협상 테이블에 나와야 할 이유가 생겼다.

하지만 오바마가 미국의 에너지 권력을 휘두를 수 있는 여지에는 한계가 있었다. 2015년의 핵 합의가 일시적으로 이란의 핵무기 개발을 제약한 것은 사실이지만, 이란이 중동에서 벌이는 지역적 활동에 대해서는 이 합의가 제재하는 바가 없었다. 이란의 핵무기 개발을 단지 지연만 시킬 수 있을 뿐이고 이란이 시리아에서의 군사 행동도, 헤즈볼라와 하마스 지원도 계속할 수 있다는 현실은 미국 의회에 첨예한 동요를 일으켰다. 공화당이 다수인 상원이 조약을 비준할 리 만무했으므로 오바마는 입법부의 동의가 필요 없는 행정부 간의 협정으로 틀을 바꾸었고, 따라서 미래의 어떤 대통령이든 [역시 의회의 동의 없이] 그것을 다시 되돌릴 수 있게 되었다. 당내 경선에 나선 공화당의 주요 후보 모두가 반대했으므로, 이란 핵 합의는 민주당이 대선에서 지면 존속될 가능성이 거의 없었다.

EU는 이란 핵 합의에 대한 계산이 자못 달랐다. 유럽 정부들로서는 핵 합의로 이란의 에너지 분야에 대한 제재가 줄어든 것이 이란과 새로이 경제적 관계를 맺을 기회였고 특히 중동에서 가스 공급을 다변화할 수 있는 길이었다. EU집행위원회는 2014년에 "에너지 안보를 위한 정면 돌파 전략"이 시급하다고 말하기도 했다.[73] 따라서 이란에 대해 미국과 EU가 통일된 입장을 가질 수 있을 것인가는 2016년 미국 대선 결과에 달려 있었다.

러시아가 시리아 전쟁에서 군사 개입을 하면서 이란과 헤즈볼라 역시 시리아에서 활동을 지속하리라는 것이 확실해졌다. 그리고 이는 이란 경제가 빠르게 성장하면 이란이 페르시아만 서쪽[시리아]에서 퇴각하리라는 희망을 빠르게 흩어버렸다. 오바마가 핵 합의를 환영하면서 인정했듯이 러시아는 이란이 핵 협상 테이블에 나오게 하는 데 모종의 역할을 한 바 있었다.[74] 하지만 시리아에 러시아군이 들어오면서, 미국이 이란과 어느 정도 라포를 형성할 수 있으리라 기대했던 중동의 지정학적 환경이 뒤집혔다.

오바마 행정부의 이란에 대한 조치와 시리아에 대한 접근 모두 사우디에 동요를 일으켰다. 둘 다 셰일에너지 덕분에 미국이 부분적으로라도 이 지역에서 철수할 수 있으리라는 전제에서 일어난 일이기도 했거니와, 새로운 셰일 석유의 막대한 양 자체가 사우디에는 파괴적인 영향이었다. 2014년 말에 사우디는 이미 낮아지고 있는 유가를 극단적으로 낮은 수준까지 끌어내렸다(2장 참고). 이는 안 그래도 사면초가이던 이라크 정부를 곧바로 대폭 약화시켰고, 예멘에서 이란이 지원하는 후티 반군의 세력이 커지던 시기에 이라크에서 이란의 영향력을 강화했다. 사우디가 저유가 충격을 통해 미국의 셰일 산업을 해체하는 데 실패한 뒤 이란은 러시아와의 협력을 추구했고, 따라서 OPEC 플러스가 OPEC보다 더 중요해졌다. 곧 이라크에서 운영하는 서구의 석유 기업들은 자신의 석유 인프라가 ISIS에게 공격당할지 모른다는 위협에 더해 러시아가 결정에 중대하게 관여하는 정책에 따라 생산 제약에도 처하게 되었다. 2019년이면 토탈에너지를 제외한 모든 기업이 이 지역에서 투자를 적어도 일부라도 빼려고 안달이 나 있었다.

사우디를 중심으로 벌어진 이 격동은 미국으로 다시 흘러넘쳐왔다. 사우디가 2015년에 예멘에 군사 개입을 했을 때 오바마 행정부가 물류 지원을 제공함으로써 미국은 또다시 중동 지역 분쟁에 엮이게 되었다. 새로운 석유 카르텔 외부에 있는 유일한 주요 석유생산국이라는 지위가 미국의 셰일 기업들로서는 득이 되는 면이 있었다. 2016년부터 2020년 3월까지 OPEC 플러스가 주도한 감산으로 유가가 오른 데서 이득을 누릴 수 있었기 때문이다. 하지만 미국 소비자들에게는 사우디가 취약하다는 말이 유가가 러시아의 결정에 달려 있게 되었다는 의미이기도 했다. 카터 독트린이 소련이 페르시아만에 접근하지 못하게 하려는 것이었다면, 사우디-러시아 석유 축, 러시아의 시리아 군사 개입, 이란 정권에 대한 러시아의 지원은 그 목적과 거의 정반대인 결과들이었다.

트럼프 행정부는 오바마 행정부가 2008년 이후로 겪은 것보다 카터 독트린 실패의 수렁에 심지어 더 깊게 빠졌다.[75] 트럼프는 선거 때 사우디를 거침없이 공격한 후보였으면서도 정작 대통령이 되고서는 사우디를 첫 번째 순방지로 삼았다. 부분적으로는 트럼프의 비대한 과잉 자아가 이러한 태도 반전과 관련이 있었다. 그는 자신과 자신의 가족이 살만 국왕 및 모하마드 빈 살만 왕세자와 잘 이야기하면 이것이 새로운 사우디 전략을 대신할 수 있으리라 생각했고 여기에서 개인적인 이득도 얻을 수 있으리라 기대했다. 그렇다 보니 2017년에 빈 살만이 [이끄는 반부패위원회가 11명의 왕자, 4명의 현직 장관을 포함한 수십 명의 유력 인사들을 부패 혐의로 대거 체포하면서] 사우디 정부와 왕실 인사들을 대대적으로 숙청하고 고문했을 때, 그와 트럼프의 돈독한 관계는 한때 그가 이득을 얻었던 미국-사우디 관계가 국내 정치에 일으킬 수 있는 화염을 한층 더 키웠다. 하지만 이 문제는 구조적인 것이기도 했다. 미국은 중동에 적극적으로 질서를 강제할 수도 없었고 그렇다고 중동에서 퇴각할 수도 없었다. 페르시아만 위기 초기에 트럼프는 트위터에 "우리는 거기에 있어야 할 필요가 없다"고 언급했다.[76] 하지만 2019년에 시리아 북부에서 미 특수부대를 철군시키고 나서 사우디에는 병력을 파병했다.

그에 앞서 오바마도 그랬듯이 트럼프에게 더 즉각적인 문제는 이라크의 불안정이었다. 2019년 10월에 이라크에서 대규모 저항이 일었고 이는 2020년 내내 계속되었다. 처음에 시위대는 이란이 이라크에서 벌인 행동들과 2014년 선거 이후 이라크의 경제 위기로 인한 민생고에 분노해 거리에 나왔다. 그러다 이란 무장세력과 이란이 뒤를 대는 이라크의 준정부 병력으로 인해 폭력이 격화되자 트럼프는 공습을 명령했고 2020년에 드론 공격으로 이란 혁명수비대 해외작전 사령관 솔레이마니Qasem Soleimani를 사살했다. 이제 시위는 강한 반미 성격도 갖게 되었다. 이라크 의회가 모든 해외 군인을 내보내기로 투표하고서 또 한 번의 불완전한 미군 철수가 시작되었다.

하지만 미국의 에너지 생산 부활은 카터 독트린에서 빠져나올 퇴로를 열어주지 않았다. 2019년에 미국이 페르시아만에서 수입해오는 석유는 이란 혁명 전 1977년의 첫 번째 정점에 비해 250퍼센트나 낮았고 2001년 두 번째 정점에 비해서는 290퍼센트나 낮았다.[77] 하지만 설령 미국이 석유 수입을 완전히 멈춘다 해도(이런 일이 가까운 시일 내에 일어나지도 않겠지만) 미국의 에너지 자립은 환상이다. 셰일오일을 처리할 미국 내 정제 시설 용량 때문에 셰일오일 생산량이 제약되기 때문이다. OPEC 플러스 내부에서 벌어지는 일은 유가가 너무 오르면 미국 소비자에게, 유가가 너무 내리면 미국 생산자에게 영향을 미칠 것이다. 이는 미국 대통령과 의회를 사우디-러시아 관계와 이라크의 불안정성 둘 다에 크게 좌우되게 만든다.

실제로, 중국이 미국 대신 세계 최대 석유 수입국이 된, 셰일이 구성한 에너지 세계는 역설적으로 카터 독트린의 군사전략적 논리를 강화한다.[78] 이제 호르무즈해협을 통해 운송되는 석유 대부분은 중국 및 여타 아시아 국가들로 간다. 과다르 항의 운영권을 얻은 이후로 중국이 호르무즈해협을 통과하는 운송을 군사력으로 감시하려 할 가능성이 생겼다. 중국이 페르시아만에 해군을 영구 주둔시키고 있지는 않지만 중국 지도부는 이란을 매우 중요한 지정학적 국가로 취급한다. 육상과 해상 모두에서 이란은 중국의 일대일로 전략에서 핵심이다. 중국은 2017년에 이란과 호르무즈해협 인근에서 합동 해상 훈련을 했고 2019년에 페르시아만 위기가 시작되고 나서 러시아, 이란과 삼자 합동 훈련도 했다. 중국 정부가 페르시아만에서 중국의 에너지 안보를 위해 직접 해군력을 사용할 것인지는 전혀 명백하지 않지만, 미·중 간의 지정학적 경쟁 관계가 격화되고 있으므로 어떤 미국 대통령에게라도 중국이 그곳에서 지배적인 해군 주둔국이 되게 내버려두는 것은 위험한 일이다. 그렇다고 중국으로 가는 석유 수입을 보호하는 것처럼 보이면서 페르시아만에 미국이 계속 주둔한다면, 국내 정치에서 반대에 직면할 수밖에 없다.

* * *

팬데믹의 여파는 유라시아에서 미국이 행사하는 권력을 둘러싼 단층선을 압박했고, 이 단층선들이 어떻게 상호 연결되어 있는지를 극적으로 드러냈다. 2020년 1월에 트럼프 행정부와 중국이 무역 전쟁을 끝내기로 잠정 합의에 도달했지만, 디커플링에서 한발 물러서기로 한 이 조치는 짧게 끝났다. 그해 1분기에 중국의 수요가 급감하면서 중국은 미국의 수출 물량을 약속한 만큼 살 수 없었다. 게다가 2020년 5월에 중국이 홍콩보안법을 통과시켜 1984년에 영국과 홍콩의 중국 반환과 관련해 맺은 중국-영국 공동선언 Sino-British Joint Declaration을 사실상 종료시키면서 미·중 관계는 한층 더 악화되었다.

한편, 2020년 초에 푸틴이 사우디와의 석유 동맹을 일시적으로 깨고 나와 2019년 12월에 미국이 부과한 노르트스트림2와 튀르크스트림 제재에 보복할 의지를 보였을 때, 이는 유럽으로의 가스 수출을 두고 미국-러시아 간에 벌어진 대치 관계가 석유 영역으로도 흘러들어올 수 있음을 드러냈다. 2020년 4월에 세 개의 주요 석유 수출국[미국, 러시아, 사우디]이 유가에 하한을 설정하기 위해 합의하긴 했지만 화석연료에너지를 둘러싼 기저의 지정학적 불안정을 없애지는 못했다. 유가가 2020년 3월과 4월 수준으로 급락하자 중국은 많은 석유를 사서 비축했다. 아마도 미국의 셰일오일 생산자들이 크게 타격을 입었을 것이라는 생각에 대담해져서, 가스프롬의 선박 한 척이 노르트스트림2의 마지막 구간을 완성하기 위해 2020년 5월 독일 무크란 항에 도착했다. 의회의 압력과 함께 트럼프는 추가 제재를 명령했다. 며칠 뒤에 트럼프는 독일 주둔 미군의 4분의 1을 철수시키겠다고 발표했다.

트럼프가 대선에서 패배하고서 의회는 트럼프가 대통령 임기 종료 전에 철군을 실행하지 못하게 했다. 이어서 바이든은 취임 후 첫 16개월 동안 노르트스트림2에 대한 제재를 유예했다. 하지만 해상으로 운송되는 액화천연가스와 OPEC 플러스의 시대에, 미국 정치인들은 유럽 국가들이 러시아 가스를 대거 수입하는 상황을 기정사실로 받아들이려 하지 않았다. 특히 독일이 러시아로부터 동유럽을 방어하는 일은 NATO가 해주기를 바라는 상황에서는 더욱 그랬다. 독일 입장에서 트럼프 쇼크라 할 만했던 이 사건은 [트럼프 개인에게서 비롯한 문제라기보다] 훨씬 더 구조적인 문제였다. 구조적인 문제가 아니었다면 메르켈이 때때로 유엔에서 미국 기업보다 러시아와 중국 기업에 더 간절한 듯 보이는 데 대해 우려하느라 오바마의 보좌진이 그렇게 많은 시간을 보낸 것이 설명되지 않는다.[79] 트럼프는 미국이 유럽에서 독일의 안보 문제를 해소해줄 의지가 있었던 시기는 이제 끝났다는 메시지를 명시적인 행동으로 보였을 뿐이다.

그럼에도, 2019년과 2020년의 사건들은 미국의 에너지 권력을 약화했다. 셰일오일 회사들은 2020년 3월과 4월 가격 폭락으로 큰 타격을 입었고 석유 기업에 들어오는 투자가 급격히 줄어 슬럼프를 겪었다. OPEC 플러스가 감산을 결정하면서 2021년 2월에 가격이 배럴당 60달러 이상으로 올랐지만 셰일 기업들은 이미 줄줄이 파산하고 있었고 2020년 말 미국의 석유 생산은 그해 초보다 낮은 하루 200만 배럴 정도에 머물러 있었다. 일시적이기는 했지만 미국은 2020년 5월과 6월에 다시 한번 석유 수입이 수출보다 많아졌다.[80] 게다가 임기 시작부터 내세운 조 바이든의 기후 아젠다는 미국이 셰일 생산을 독려하는 것처럼 보여서는 안 된다는 의미이기도 했다. 하지만 셰일 부문이 회복되지 않으면 미국은 중동산을 포함해 해외 석유 의존도가 다시 크게 높아질 것이었다. 셰일오일 전망이 삐걱대는 동안, "이라크에서의 또 한 번의 불완전한 미군 철수"의 바톤은 2021년 1월 공화당 대통령에게서 민주당 대통령이 이어받았다. 마크롱은 조 바이든의 취임 축하 메시지에서 미국이 중동에서 군사 개입을 늘리도록 촉구했다.

팬데믹 때 미국의 액화천연가스 수출은 타격을 덜 받았다. 2021년이 시작되었을 무렵 월 수출량이 최고에 도달했다.[81] 하지만 이때 미국과 유럽의 가스 관계에는 기후 문제로 또 다른 긴장이 나타났다. 2020년 가을에 프랑스 정부는 셰일가스 생산의 메탄 배출량이 많다는 이유를 들어 프랑스 에너지 회사 엔지Engie(정부가 지분을 가지고 있으며 노르트스트림2에 투자했다)가 미국산 가스 수입에 대해 장기 계약을 맺지 못하게 했다.[82]

이제 기후변화의 지정학은 미·중 라이벌 관계와도, 그것이 유럽에서 일으키는 영향과도 교차하고 있다. 만약 화석연료에너지를 많이 수입하는 EU 및 개별 EU 회원국들이 최대 탄소 배출국인 중국을 최대 화석연료 생산자인 미국보다 기후 대응에서 더 큰 파트너로 여기게 된다면, 녹색에너지 야망은 미국과 유럽간 에너지 관계를 한층 더 불안정하게 만들 것이다. 게다가 미국이 녹색에너지 분야에서 취약한 경제적 입지를 개선하려 할수록 미·중 라이벌 관계는 더 격화될 것이다. 바이든은 임기를 녹색에너지 제조 분야에 수십억 달러를 지원하겠다고 약속하면서 시작했다. 그의 기후 특사 존 케리는 기후를 여타의 미·중 관계 이슈와 분리해야 한다고 주장했지만, 중국이 재생에너지 관련 제조업과 재생에너지에 필요한 금속 생산 분야에서 가지고 있는 지배력은 이러한 목적들이 서로 합치되지 않는다는 것을 말해준다. 미국에서 녹색에너지가 중국의 제조업 분야를 강화하게 되면, "중국에 맞서자"를 주창한 정치적 아웃사이더를 대통령 자리에 앉히는 데 일조했던 분노의 사이클이 다시 시작될 수밖에 없을 것이다.

EU 국가들, 제각기 멀어지다

2010년대에 중동에서 벌어진 교란은, 유럽 입장에서 중동이 '자신이 경제적으로 의존하고 있는, 에너지가 풍부한 이웃' 수준을 훨씬 넘어서는 지역이 되게 했다. 시리아를 탈출한 수백만 명의 난민이 EU에 정치적, 인도주의적 위기를 불러왔다. 2016년에 메르켈과 에르도안의 협상으로 EU에 난민이 몰려들어오는 데 어느 정도 제동이 걸렸고 이것이 튀르키예의 EU 가입 협상을 촉진할 것으로 예상되었지만, 메르켈이 난민 협상에 나서야 했던 이유 자체가 튀르키예의 가입이 EU에서 순조롭게 지지를 받기 어려운 이유이기도 했다. 2017년 총선 때 메르켈 본인이 "튀르키예는 EU의 회원이 될 수 없다"고 말함으로써 해법이 빠르게 나오지는 않으리라는 것을 분명하게 드러냈다.[83] 그럼에도 EU는 바다를 건너 EU 영토로 들어오는 난민과 관련해 튀르키예의 협력이 여전히 필요했기 때문에, 튀르키예의 EU 가입 협상을 공식적으로 종료하는 것은 다른 문제였다.

이러한 혼란은 브렉시트 국민투표의 중요한 지정학적 맥락이 되었다. 영국은 정당을 막론하고 1990년대 이래 일관되게 튀르키예의 EU 가입을 지지해왔다. 특히 데이비드 캐머런 내각 때는 2009년 [러시아의 우크라이나 경유 가스 공급 중단으로 발생한] EU 가스 위기 이후 튀르키예의 EU 가입이 한층 더 긴요해졌다.[84] 총리가 되고 얼마 후에 캐머런은 앙카라를 공식 방문한 자리에서 본인이 튀르키예의 가입에 "가장 강한 지지자"라고 말했다.[85] 1년 뒤에 캐머런 내각은 튀르키예와 새로운 양자 간 군사 협력 협정에도 서명했다. 하지만 튀르키예의 EU 가입에 대해 영국에 존재했던 초당적인 합의는 국내에서의 정당성 확보와 관련해 중요한 문제 하나를 가리고 있었다. 바로 대중의 지지가 낮았다는 점이다(EU 평균보다 약간 높은 정도였다).[86] 이 이슈가 국내 정치를 꼬이게 할지 모른다는 우려에서 캐머런의 연정은 국가의 권한이 EU에 추가로 이전될 경우 반드시 국민투표에 부치도록 한 '2011년 EU법'에서 신규 회원국 가입 사안을 제외했다. 프랑스와 오스트리아의 경우에는 튀르키예의 EU 가입에 대한 어떤 국제 합의에 대해서도 국민투표로 국민의 의견을 물어야 한다는 법을 이미 마련했는데도 말이다.

이러한 상황에서, 영국이 자신의 EU 회원 자격에 대해 국민투표를 할 때 튀르키예 이슈가 부각되리라는 것은 충분히 예상 가능한 일이었다. 하지만 2015~2016년 난민 위기와 메르켈의 대응은 튀르키예 이슈를 한층 더 두드러지게 만들었다. 부분적으로는 국민투표일이 되기 전 불과 몇 달 사이에 수많은 사람이 유럽에 쏟아져 들어온 것이 영향을 미쳤다. 하지만 EU의 대응에서 독일의 메르켈이 조율자 역할을 했다는 사실은 EU 내에서 영국의 영향력이 약하다는 사실을 드러내기도 했다. 영국이 선택적거부권opt-out[EU의 정책에 대해 선택적으로 거부할 수 있는 권리. 영국, 덴마크, 아일랜드, 폴란드가 행사할 수 있다]을 행사할 수 있었던 사안(난민 문제)에서도, 어쨌거나 EU 차원의 결정이 다른 나라들에 의해 이루어진다는 사실 자체가 여론에 영향을 미쳤다. 영국에서 EU 탈퇴를 요구하는 운동이 직접적인 정치적 압박이 될 만큼 거세지자 캐머런은 [튀르키예의 가입을 지지하던] 입장을 180도 바꿔서 튀르키예가 "서기 3000년은 되어야" 가입 자격이 생길 텐데도 "탈퇴" 운동 세력이 [영국이 EU에 잔류하고 튀르키예가 가입하면 튀르키예 사람들이 영국에 쏟아져 들어올지 모른다는] 공포를 조장하고 있다고 말했다.[87] 하지만 2005년에 프랑스에서 새로운 EU 조약에 대해 국민투표가 열렸을 때도 보았듯이(9장 참고), 영국에서 튀르키예 이슈는 국민투표 결과에 충분히 영향을 미쳐서 [정치인들 사이에서는 EU 잔류 의견이 높더라도] EU 잔류 진영에 타격을 줄 수 있었다.

한편 영국 이외의 유럽 나라들 사이에서는, 튀르키예의 EU 가입을 둘러싼 구조적 난관이 프랑스와 독일 사이의 새로운 차이들 때문에 한층 더 깊어졌다. 독일 입장에서 튀르키예 경제는 독일과 EU에 위험 요인으로 취급되어야 했다. 연준이 2018년에 금리를 올리자 튀르키예는 금융 위기를 겪었고 이는 2008년 붕괴 이후 튀르키예의 경제가 구조적으로 취약하다는 사실을 드러냈다. 튀르키예의 은행들은 달러 부채를 많이 가지고 있었는데 튀르키예 중앙은행은 위기 시에 달러를 공급받을 스와프 라인이 없었다. 설상가상으로, 금융 부문에서의 충격은 트럼프가 부과한 무역 제재로 더 심화되었다. 튀르키예의 경제 붕괴로 2016년에 맺은 EU-튀르키예 간 합의가 끝나게 될지 모른다는 우려에서 독일은 튀르키예에 경제 원조를 고려하기 시작했다. 하지만 프랑스의 마크롱은 튀르키예를 중동에서 프랑스와 갈등 관계인 대립국으로 여겼다. 그는 2016년에 튀르키예가 시리아에서 군사 개입을 시작한 것이 ISIS에 맞서서 전쟁을 치르는 NATO 내 유럽 국가들의 이해관계에 배치된다고 생각했다. 2019년에 마크롱이 NATO가 "뇌사 상태"라고 말했을 때, 기자가 장기적으로 튀르키예가 NATO에 속하지 않는다는 의미냐고 묻자 그는 "말할 수 없다"고 답했다.[88]

불가피하게 이러한 불일치는 에너지를 둘러싼 EU의 단층선을 압박했다. 2018년이면 튀르키예가 러시아 가스의 수송국으로 역할하지 않고도 독자적으로 남유럽 EU 국가들을 위한 에너지 허브가 될 수 있으리라는 기대는 사라진 상태였다. 사실 이제 튀르키예와 몇몇 EU 국가들은 동지중해 에너지원에 대한 권리를 두고 경쟁하고 있었다. 이 긴장은 2010~2011년에 이스라엘, 이집트, 키프로스 인근인 레반트 유역에서 가스가 발견되면서 처음 불거졌다. 이들 나라 중 튀르키예만 북키프로스를 국가로 인정하고 있다. 이 긴장 국면은 난민 위기가 한창이던 2015년 여름에 이탈리아 기업 ENI가 이집트 해역에서 가스를 발견하면서 한층 심화되었다. 영내에서 새로운 가스 공급원을 확보할 수 있으리라는 전망에서, EU집행위원회는 키프로스와 이스라엘의 해역을 출발해 그리스로 왔다가 다시 유럽의 더 큰 시장으로 이어지는 새 파이프라인 프로젝트를 지지했고, 2020년 초에 키프로스, 그리스, 이스라엘이 파이프라인 건설에 합의했다. 동지중해 가스 개발에서 배제된 튀르키예는 소위 "북키프로스의 법적 권리"를 공격적으로 주장하기 시작했다. 2018년 초에 튀르키예 군함이 ENI의 키프로스 해상 시추 활동을 중단시키고 2019년에 튀르키예 자국 시추선을 보내 시추를 시작하자 EU는 튀르키예에 경제 제재를 부과했다. 에르도안은 2016년부터 그의 트레이드마크가 된 위협으로 대응했다. 그는 [유럽 국가들이 반대해도] "유럽으로 향하는 문이 열릴 것이고 IS 포로들은 출신국으로 송환될 것"이라고 엄포를 놓으면서, "EU는 수많은 IS 포로를 관리하고 400만 명에 달하는 난민을 보호하고 있는 튀르키예에 대해 태도를 바꿔야 한다"고 주장했다.[89] 에르도안은 튀르키예가 아군 없이 몰렸다고 판단하고서 2019년 11월에 내전 중이던 리비아 정부[리비아통합정부GNA. 리비아국민군LNA과 내전 중이었다]와 새로운 해상 국경을 긋는 협정을 맺었다. EU는 그리스와 키프로스의 주권을 침해한 것이라고 보아 이를 인정하지 않았다. 곧 튀르키예 의회는 [리비아통합정부의 공식 요청으로] 리비아 파병을 승인해 튀르키예군이 러시아가 지원하는 반군 NLA과 싸우게 했다. 마크롱은 이를 맹렬히 비판했지만 메르켈은 그러지 않았다.

  튀르키예를 두고 격화된 프랑스와 독일의 분열은 EU와 NATO 사이의 오랜 불일치를 파고들었다. 원칙적으로는 브렉시트로 영국이 없어지면서 안보에 대한 EU의 NATO 의존을 끝낼 가능성이 생긴 시기였는데 말이다. EU를 안보 연맹체 비슷하게 만들겠다는 냉전 이후의 야망은 2차 이라크 전쟁을 두고 프랑스와 영국의 관계가 소원해진 뒤로 결코 회복되지 못했다. 하지만 2008년 금융위기 이후에는 양국 관계가 상당히 개선되었다. 2009년에 프랑스는 NATO 통합군 체제로 복귀했다. 1년 뒤에 부분적으로는 방위 지출을 줄이려는 상호적 필요성에서 영국과 프랑스는 EU 외부에서 50년 동안의 양자 간 군사 협력에 합의했다. 이 군사 협력은 리비아에서까지는 이어졌지만 2013년 가을 미국이 시리아에서 철수하면서 깨어졌다. 미국의 철군을 계기로 프랑스가 유럽 독자군 창설 문제를 다시 제기했기 때문이다. EU가 자체 방위 역량을 갖추어야 한다는 개념이 다시 어느 정도 추동력을 얻긴 했지만, 데이비드 캐머런은 독자적인 EU 사령부를 두고 유럽 합동군을 창설하는 안에 반대했다. 영국이 국민투표를 했던 달에 EU의 외교·안보 고위대표EU High Representative for Foreign Affairs and Security Policy는 이라크 전쟁이 시작된 이후 EU의 첫 안보 전략을 발표했다. 이듬해에, 이제 영국의 반대를 걱정할 필요 없이, EU는 방위 협력을 강화하는 조치들에 합의했고 일부 국가들이 합동 군사 역량을 발달시킬 수 있게 허용했다.

마크롱은 유럽이 프랑스-독일 축을 안보 영역으로 이동시켜 (그가 나중에 한 말을 빌리면) "군사 주권을 다시 획득할" 기회가 생겼다고 보았다.[90] 2019년에 프랑스와 독일 사이에 체결된 아헨 조약Aachen Treaty에서 마크롱은 안보에 대해 일단 양자적인 통합을 받아들이도록 메르켈을 설득하는 데 성공했다. 하지만 EU가 자체 군사 역량을 갖는 쪽으로 이동하는 것은 독일이 NATO가 EU의 동유럽 회원국들에 제공하는 안전 보장을 동일하게 제공할 수 있고 프랑스의 중동과 북아프리카 군사 개입을 지지해야만 가능했다. 현실에서, 냉전 종식 이후의 독일군은 가장 기본적인 작전 수행 역량도 부족했다. 2018년 초에 독일군의 탱크 중 절반 이하, 전투기 중 3분의 1 이하만이 사용 가능한 상태였고 2017년 말 현재 작전 투입이 가능한 잠수함은 한 척도 없었다.[91]

마크롱의 지정학적 야망과 독일이 선호하는 방안 사이의 거리가 더 명확해지면서, EU가 구조적으로 안보 역량을 갖추고 있지 못하다는 사실은 NATO-EU 간 단층선을 한층 더 압박했다. 2019년에 마크롱은 러시아와의 관계 개선을 공식적으로 주장하기 시작했다. 여기에서 마크롱은 냉전 시기에 드골이 취했던 전략을 재연하고 있었다. 하지만 드골은 지금보다 더 우호적이었던 지정학적 환경에서도 실패했다. 현재의 EU는 러시아와 국경을 맞대고 있어서 EU 회원국들은 (프랑스와 달리) NATO의 보호가 없는 것을 생각도 할 수 없거나 (독일과 달리) 러시아와 관계 개선을 생각해볼 수도 없다. 또한 일부 EU 회원국들이 보기에 중동과 북아프리카는 EEC 시절에서보다 더 먼 나라다. 적어도 EEC는 처음에는 알제리를 포함하고 있었고 창설 회원국 중 3분의 1이 지중해 국가였다.

좌절한 마크롱은 단독 행동으로 돌아섰다. 가장 극적인 예로 2019년

10월에 거의 통과 수순이던 북마케도니아의 EU 가입에 비토를 놓았고 알바니아에 대해서는 가입에 반대하던 다른 국가들에 동참했다. EU가 계속 확대되면 군사 전략적 정체성과 의사결정 역량을 가질 수 없게 될 것이라면서 말이다. 이는 프랑스와 독일 사이의 갈등을 더 심화시켰다. 마크롱의 비토 이후 메르켈은 마크롱에게 "[마크롱의] 파괴적인 정치가 남긴 파편을 주워서 깨진 컵을 다시 이어 붙이는 데 이제 진력이 났다"고 말했다고 한다.[92]

그러는 동안 메르켈은, EU와 NATO의 불일치를 큰 소리로 말하며 거들먹거리길 좋아하는 미국 대통령이 일으키는 위험을 최소화하는 데 집중하고 있었다. 메르켈의 전술은 한동안 잘 작동했다. 하지만 노르트스트림을 고수하려 하면서 메르켈은 러시아 가스 의존성을 두고 벌어진 EU 내부의 차이를 더 극명하게 증폭시켰다. 2019년 말에 미국 의회가 노르트스트림 2에 새로이 제재를 가했을 때 독일 재무장관은 독일의 "주권"뿐 아니라 유럽의 주권에도 "심각한 간섭"이라고 비난했다. 다른 EU 국가들이 주권을 그와 매우 다르게 생각하고 있었다는 점에는 아랑곳없이 말이다.[93] 이어서 2020년 8월 말과 9월 초에 벨라루스에서 [친러시아 대통령이 당선된] 대선 부정 선거에 대해 대대적인 저항이 일고 러시아가 야당 지도자 알렉시스 나발니Alexis Navalny의 암살을 시도하면서, [노르트스트림과 러시아를 둘러싼] EU의 분열이 독일의 국내 정치로 들어왔다. 이제까지 독일의 대연정 참여 정당들 사이에서 비교적 잘 이루어지고 있던 합의가 깨진 것 같았다. 메르켈의 노르트스트림 집착에 대해 국내에서 전에 없던 비판이 일었고, 심지어 메르켈 본인이 속한 기독민주연합에서도 그랬다.[94]

기원을 찾자면, 이러한 분쟁은 수에즈 사태의 핵심으로, 그리고 석유가 지정학의 일부가 되기 시작했을 때부터의 유럽의 긴 역사로 거슬러 올라간다. 50년 동안 중부 유럽과 남유럽의 러시아 에너지 의존은 지정학적 상수였다. 1차 대전이 끝난 이후 시기를 통틀어 독일이 러시아 및 소련의 석유를, 나중에는 가스를 피할 수 있었던 시기는 짧았다(히틀러는 완전히 다른 방식으로 접근해 러시아를 정복하려 했고, 냉전의 첫 10년은 예외였다). 현재의 독일-러시아 가스 관계는 소련과 맺은 것이고, 냉전 종식 이후에도 러시아가 가스를 권력의 도구로 사용하는 세상을 30년간 용인해온 독일은, 러시아와 국경을 맞대고 있는 국가들에서 벌어지는 일들에 대한 책임론에서 벗어날 수 없을 것이다. EU 회원국이든, 우크라이나처럼 그렇지 않든 말이다.

에르도안이 유럽과 중동에서 오스만 제국의 영광을 되살리겠다는 야망을 밀어붙이려 하는 것 역시 EU가 1950년대보다 오늘날 지정학적 환경을 헤쳐나가기 더 어려워진 요인이다. 2020년 6월 무렵, 튀르키예가 군사를 보내주면서 리비아 정부군은 러시아와 프랑스의 지원을 받는 반군을 북서부에서 몰아내고 트리폴리에 대한 통제력을 되찾았다. 이를 통해 튀르키예는 남지중해 연안에서 해군 및 공군기지를 운영할 기회를 갖게 되었다. 이후 몇 달 동안 에르도안은 동지중해에서 더 공격적인 행보를 취했다.[95] 오스만식 이름을 가진 튀르키예의 정찰선들이 튀르키예 군함의 호위를 받아 키프로스와 그리스 해역을 침범했다. 에르도안의 부통령은 "우리는 우리를 육지의 감옥에 가둔 동지중해의 지도를 내던지는 중"이라고 말했다.[96] 같은 해 여름에 에르도안은 아야 소피아를 포함해 비잔틴 교회들을 뮤지엄에서 모스크(이슬람 사원)으로 다시 바꾸는 행정 명령을 내렸다.

튀르키예와의 관계가 깨질 것을 우려해서 독일은 중재를 시도했다. 하지만 EU 내부에서 이 시도는 그리스 때문에 제동이 걸렸다. 그리스가 2020년 8월에 단독으로 이집트와 해역 협정을 맺은 것이다. 한편, 독일과 달리 프랑스의 마크롱은 튀르키예에 맞서야 한다고 밀어붙였고, 동료 NATO 회원국인 튀르키예에 맞서 군함과 전투기를 동지중해에 보내면서 키프로스에 사실상 양자 간 안보를 제공했다. 그해의 나중에 프랑스는 그리스와 키프로스의 지지를 받아 EU가 튀르키예에 상당한 제재를 가하는 안을 추진했다. 여기에는

EU와 튀르키예 사이의 관세동맹을 끝내는 것도 포함되어 있었다. 하지만 이 안은 독일에 의해 무산되었고 더 온건한 조치를 주장한 이탈리아와 스페인도 이쪽에 섰다.

프랑스와 독일의 이러한 불일치는 튀르키예의 군사전략적 야망에 대해 EU가 공동 대응을 할 수 없게 만들었다. 마크롱은 에르도안의 신오스만주의 화법이 영토적 야심을 내비치는 것이라고 보았다. 이 판단이 두 나라 모두 NATO 회원국이라는 점과는 부합하지 않지만, 이 사실도 마크롱에게는 NATO의 유용성에 대한 의구심만 높일 뿐이다. NATO뿐 아니라 EU도 튀르키예를 제어하는 데 효과 없는 도구로 판명된다면, 프랑스는 사우디와 아랍에미리트라는 비유럽 군사 협력국이 있다(프랑스는 이 두 나라에 공군을 주둔시키고 있다).[97] 대조적으로, 독일은 튀르키예의 가장 큰 교역 상대국이고 외국 투자자다. 또한 러시아 석유 및 가스에 프랑스보다 더 밀접하므로 북아프리카나 동지중해에 새로운 에너지 수입원을 확보하는 것에 프랑스보다 덜 다급하다.

이 차이들은 우연이 아니다. 이것은 EU의 국경 지정학에 존재하는 단층선을 드러내며 그 단층선은 냉전 종식 이후 달라진 동쪽과 남쪽의 EU 국경, 지속되는 EU의 석유와 가스 의존, 그리고 EU에 NATO가 존재해야 할 필요성 및 EU와 NATO 사이의 불일치를 반영한다. 미국-튀르키예 간 관계의 균열은 이제 EU가 튀르키예를 가입시키라는 미국의 압력 없이 튀르키예 문제를 다룰 수 있게 되었다는 의미이기도 하지만, 튀르키예의 방향 전환은 EU 입장에서 그저 남쪽의 이웃나라였던 튀르키예가 그의 지정학적 경쟁자이자 그곳의 상대적 중요성을 둘러싼 분열의 원천이 되었다는 의미이기도 했다.

＊ ＊ ＊

　　정도는 달랐지만, 지난 30년 간의 모든 지정학적 곤경들이 경제 문제로 한층 더 증폭되었다. 달러 신용이 성장에 핵심적으로 중요해지고 기업들이 미국의 은행 시스템에 접하는 것이 종종 필수 불가결해진 세계 경제에서 미국은 막대한 금융 권력을 가지고 있다. 구조적으로 상호 연결된 정치적 요동은 일정 부분 미국 금융 권력의 함수다. 하지만 1970년대 이래 경제가 크게 달라졌고, 이 역시 지정학적 선택지를 제약하는 것을 포함해 여러 가지 경로로 서구 민주정 국가들의 정치를 불안정하게 만들었다. 시작은 브레턴우즈의 붕괴였다. 1945년부터 1973년까지를 '브레턴우즈 시대'라고 간단하게 환원해 말할 수 있어서가 아니다. 그보다는 브레턴우즈의 붕괴가 미국 에너지 권력의 감소, 미국의 데탕트로의 이동, 국제 달러 신용 시장의 중요성 증가, 그리고 훨씬 높아진 부채 수준 등 상호 연결된 구조적 요인들과 분리될 수 없어서다.

　　브레턴우즈 체제의 고정환율이 1973년에 변동환율로 바뀐 이래 국제 화폐 질서는 화폐 가치를 금속이 지탱하던 체제로 돌아갈 수 없게 되었다. 양적완화는 달러가 금으로 태환되지 않는 세상에서만 가능했고 미국의 에너지 권력 부활도 지극히 완화된 신용 환경에서만 가능했다. 중국이 깊이 통합되어 있는 현재의 국제 경제에는 환율에 대한 규칙이 존재하지 않고, 중국의 환율 관리는 2000년대 미·중 무역 갈등의 첫 원천이었다. 브레턴우즈가 끝나지 않았다면 유로존을 해법으로서 탄생시킨 통화 문제는 없었을 것이고 독일의 EU내 영향력이 우리가 보아온 형태를 띠지 않았을 것이다. 경제적 변화와 지정학, 그리고 국내 정치는 달러, 통화 정책, 부채, 에너지 지점에서 서로 교차하며 상호작용한다. 현재의 정치적 격동의 경제적 기원은 1970년대이며, 이것이 두 번째 이야기의 시작이다.

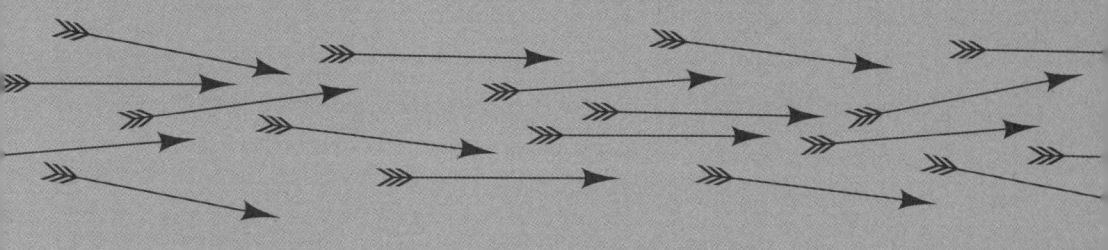

2부

경제

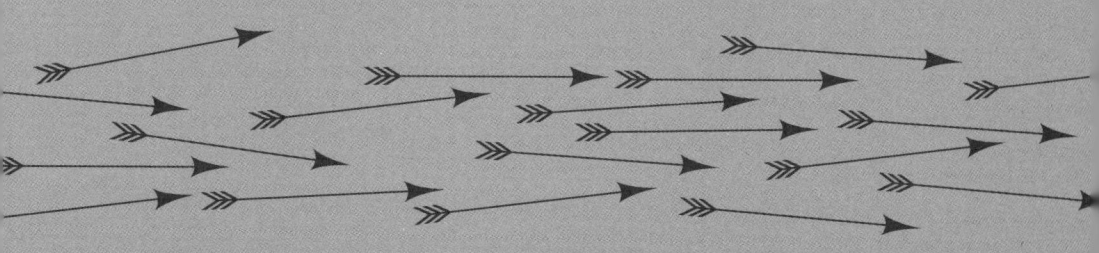

| 4장 | 우리의 통화, 당신네 문제

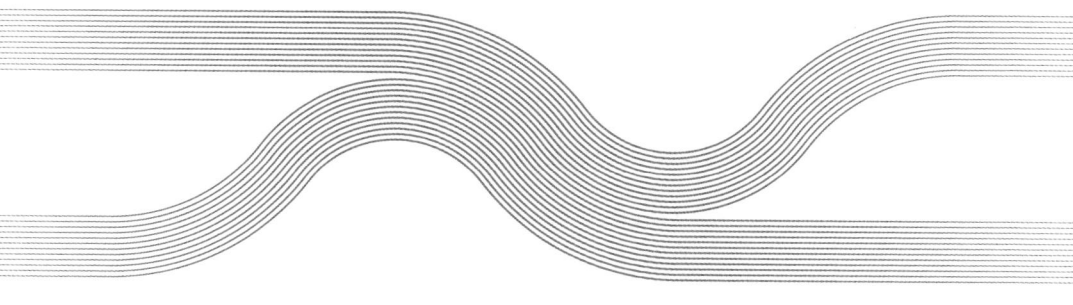

2011년 초여름에 이탈리아 국채 수익률이 계속 오르면서, 이탈리아는 유로존이 제공 권한을 가지고 있지 않은 구제금융이 절실히 필요했다. 구제금융이 없다면 더 이상 자본시장에서 돈을 빌릴 수 없을 지경이었다. 8월 5일에 유럽중앙은행의 퇴임을 앞둔 총재(장클로드 트리셰Jean Claude Trichet)와 취임을 앞둔 총재(마리오 드라기)는 이탈리아 총리 실비오 베를루스코니Silvio Berlusconi에게 6개 정책 영역에서 조치를 촉구하는 서한을 보냈다. 그들은 "현 금융시장 상황의 심각함을 고려할 때" 이 조치들을 "일단 행정 명령으로 가능한 한 빠르게 진행하고 차후에 의회에서 추인을 받아 2011년 9월 말 전에 마무리해야 할 것"이라고 요구했다. 또한 "개헌을 통해 더 긴축적인 재정 준칙을 만드는 것도 적합한 일일 것"이라며 이렇게 끝을 맺었다. "귀국 정부가 모든 적절한 조치를 취하리라 믿습니다."¹ 24시간이 지나기 전에 베를루스코니는 조처를 약속했다. 8월 7일에 트리셰는 환영하는 성명을 발표했고 유럽중앙은행이 간접적으로 이탈리아 국채를 매입해줄 것임을 내비쳤다. 그달 말 베를루스코니는 이탈리아 의회에 긴축 예산안과 경제 개혁을 위한 법안을 올렸다. 하지만 법안의 몇몇 내용이 도저히 의회를 통과하지 못할 것이 분명해지자 베를루스코니는 유럽중앙은행이 요구한 조처를 취

하겠다고 한 방침을 철회했다. 8월 7일 이후로 완화되는가 싶었던 이탈리아 국채에 대한 시장 압력이 9월과 10월에 다시 높아졌고, 이를 막기 위한 유럽중앙은행의 개입은 미미한 정도에 그쳤다. 11월 3~4일에 열린 G20 정상회담에서 독일 총리와 프랑스 대통령은 베를루스코니에게 결정적인 조치를 취하지 않으면 지지를 철회하겠다는 최후통첩을 했다.[2] G20 회담 후 유럽중앙은행은 이탈리아 국채 매입을 중단했고 독일 총리 앙겔라 메르켈은 이탈리아 대통령 조르조 나폴리타노Giorgio Napolitano에게 전화해 내각을 새로 구성할 것을 제안했다.[3] 며칠 뒤에 베를루스코니가 사임했고 나폴리타노는 EU 집행위원을 역임한 마리오 몬티Mario Monti를 수장으로 하고 전적으로 기술관료로만 이루어진 내각을 구성했다. 이 정치적 순간 이후로 2019년 9월까지, 이탈리아 내각의 경제 및 재무장관 중 선출직 정치인 출신은 아무도 없었다(마리오 드라기도 유럽중앙은행 총재를 지내고서 2021년에 이탈리아 총리가 된다).

몬티가 지명되고 처음 열린 총선에서, 반反기성 정당인 오성운동M5S이 4분의 1을 득표했다. 오성운동은 이탈리아 정치인 계급 전체가 비민주적이고 부패했다고 비난하면서, 최다 의석을 가진 민주당이 이끄는 중도 좌파 진영과의 연정 구성을 거부했다. 그래서 이탈리아 정부는 중도 좌파, 베를루스코니의 중도 우파, 그리고 두 개의 중도파 정당으로 이루어진 대연정 형태가 되었다. 5년 뒤, 그다음 총선에서 오성운동은 어느 정당보다도 많은 득표를 했고 유럽회의주의Eurosceptic적인 극우 정당 레가Lega['동맹']와 연합해 집권했다. 레가는 원래 이탈리아 북부의 분리 독립을 주장하는 레가 노르드 Lega Nord['북부 동맹']로 출발한 정당이다. 이 선거 운동에서 레가의 당수 마테오 살비니Matteo Salvini는 "유로가 우리 경제에 패착이었음이 모두에게 분명해졌다"며 유로가 "이름만 유로일 뿐 사실은 독일 마르크이기 때문"이라고 주장했다.[4]

베를루스코니가 실각하고 오성운동-레가 연정이 집권하기까지의 기간에 이탈리아 부채는 2011년 11월에 유럽중앙은행 총재에 취임한 마리오 드라기의 지휘하에 지탱 가능한 수준으로 유지되었다. 2012년 7월에 런던에서 한 연설에서 드라기는 유럽중앙은행의 다른 누구와도 상의하지 않고서 "유럽중앙은행의 책무 안에서 우리는 유로존을 보존하기 위해 필요한 것은 무엇이든 할 준비가 되어 있다"고 말했다. 그리고 잠시 멈추었다가 이렇게 말을 이었다. "저를 믿으십시오. 그것으로 충분할 것입니다."[5] 이 연설이 유로존 위기를 곧바로 끝내지는 못했다. 사실 그것은 가능하지도 않았다. 그가 이야기한 바를 뒷받침할 유럽중앙은행의 정책에 대해 합의가 이루어진 바도 없었을뿐더러, 그만큼이나 중요하게, 독일이 유럽중앙은행이 [대규모 채권 매입 등] 근본적으로 이전과 다른 적극적인 조치에 나서는 것을 받아들인 바도 없었다. 그래서 드라기는 그해 여름 내내 메르켈이 받아들일 수 있을 만한 채권 매입 프로그램을 구상하느라 머리를 싸매야 했다.[6] 그가 도달한 해법은 무제한국채매입Outright Monetary Transactions(이하 'OMT')이었다. 드라기가 "필요한 것은 무엇이든" 하겠다고 언급하고 메르켈이 OMT를 받아들이면서 이탈리아가 시간을 벌기는 했지만, 유로존의 문제가 해소된 것은 아니었다. 사실 정치적으로 가능한 어떤 해법으로도 문제를 해소할 수는 없었을 것이다. 유로존은 기획되었을 때도 실현되었을 때도 해결 불가능한 수많은 문제를 담고 있었고, 그 문제 중 일부는 유로존이 만들어지기도 전부터 존재했다.

브레턴우즈의 종말

오늘날 세계 경제의 많은 것이 그렇듯이 유로존 이야기도 1970년대에서 시작하며, 특히 브레턴우즈의 종말이 중요한 시작점이다. 달러 질서라 할 수 있는 브레턴우즈 체제에서는 미국 통화만 금과 태환이 되었고 미국 통화가 국제 교역의 상당 부분에서 지불통화였다. 이 체제는 미국에 명백한 이득을 주었다. 유럽 국가들이 경쟁적인 평가절하에 쉽게 나설 수 없었고 미국이 IMF를 통해 돈을 빌려주면서 다른 나라들에 경제 정책 변화를 압박할 수 있었기 때문이다. 유럽 국가들도 브레턴우즈 체제에서 득이 없지 않았다. 달러 신용을 조달해 크지 않은 규모의 무역 적자를 유지할 수 있었고, 자국에서 미국으로 이탈하는 자금을 통제할 권리를 가지고 있었기 때문이다. 존 메이너드 케인스John Maynard Keynes(브레턴우즈 체제가 만들어졌을 당시 영국의 핵심 협상가)는 자본 이탈 문제를 줄이고 각국이 실업과 관련해 자국의 금리를 설정할 수 있게 허용함으로써 브레턴우즈 통화 체제가 유럽 국가들의 국내 정치 안정에 중요하게 기여하리라고 생각했다.[7]

하지만 현실에서 브레턴우즈는 달러가 부족한 세계에서 경제 회복 문제를 다루는 데 충분하지 않았고 루스벨트의 후임 대통령[트루먼]에게는 그리 달갑지도 않았다. 1947~1948년의 유럽 경제 위기 때 트루먼은 서유럽에 달러를 제공하는 데 브레턴우즈 기관들을 통하기보다 마셜플랜을 시행했다. 또한 그는 (교역 목적에서 한동안은 유럽 통화들이 불태환이어야 한다는 점은 받아들였지만) 유럽의 자금이 뉴욕의 은행들에 불법적으로 흘러들어오는 것을 딱히 막으려 노력하지 않았다.

1947~1948년의 유럽 경제 위기는 브레턴우즈 체제가 종말을 고할 때까지 사라지지 않고 계속될, 달러-금 관계를 둘러싼 근본적인 단층선도 드러냈다. 해리 덱스터 화이트(브레턴우즈가 만들어졌을 때 미국의 핵심 협상가)는 달러가 확고하게 중심적인 위상을 가지면서도 궁극적으로는 금의 가치에 기반하는 통화 시스템을 만들고자 했고, 이를 위해 국가 통화[미국의 통화]가 국제 보유 자산으로 기능하되 그 가치가 물리적으로 금에 연동되는 시스템을 구상했다. 하지만 그 결과로 나온 것은 너무 적은 달러로 운영되

어야 하거나(1947~1948년처럼) 너무 적은 금으로 운영되어야 하는(1960년대처럼) 시스템이었다.[8]

  이중 두 번째 문제는 역외 통화인 유로달러Eurodollar가 떠오르면서 막대하게 심화되었다. 1960년대 무렵이면 세계 경제에 금으로 뒷받침되지 않는 달러가 연준이 발행한 달러보다 아주 많아졌다는 뜻이었다.[9] 유로달러는 전후 초기에 미국 밖에서 은행들이 보유한 달러 예금에서 시작되었는데, 이들 은행은 미국의 은행 규제에 적용을 받지 않았다.[10] 1950년대 말경이면 은행들은 이러한 역외 달러 거래와 청산을 런던의 자금 시장에서 하고 있었다.[11] 런던의 자금 시장에서 자본은 전후에 유럽 각국이 부과한 자본 통제도, 미국 당국의 금리 통제도 벗어나서 자유롭게 이동했다. 1960년대 중반이면 유로달러 신용 시장의 규모가 상당히 커져 있었고 런던에 지사를 세워 유로달러 거래에 참여하는 미국 은행들이 점점 더 비중 있는 참여자가 되었다. 유럽 기업들은 여기에서 역외 달러를 빌릴 수 있었다. 유로달러 신용 시장의 작동 방식이 어떻게 달러의 양적인 팽창을 가속화하고 있는지의 메커니즘은 당시에 알려져 있지 않았다. 유로달러 시스템에 대한 독창적인 논문에서 통화주의 경제학자 밀턴 프리드먼Milton Friedman은 "화폐 창출의 알 수 없는 속성"을 이야기하면서 유로달러가 "주로는 회계 작성자의 펜 끝에서 나오는 것 같다"고 언급했다.[12] 1968년 12월 연준은 역외 달러 신용 시장에서 연준이 최종대부자 역할을 하도록 기대될지 모른다는 위험성을 언급했다.[13] 하지만 궁극적으로, 유로달러 시스템에서 일어나는 일은 어느 하나의 중앙은행이나 어느 하나의 국가가 통제할 수 있는 것이 아니었다. 미국 정치경제학자 제프리 프리든Jeffry Frieden은 이를 다음과 같이 명료하게 표현했다. "영국에서 영업하는 독일 은행의 지사가 달러 예금을 보유하고 있다면, 그 달러에 대한 관리와 감독은 누가 할 것인가? 답은 간단하다. 아무도 할 수 없다."[14]

유로달러 시장이 달러-금 태환 원칙마저 일관성 없어지게 만들었으므로 미국의 정책 결정자들은 브레턴우즈가 애초의 의도대로 작동되게 할 수 없었다. 이에 더해 1965년부터는 미국의 지정학적 우선순위가 이 문제를 더 악화시켰다. 베트남에 전투 부대를 보내기로 하면서 린든 존슨 대통령은 국가 부채를 늘렸고 연준의 묵인과 함께 인플레 상승을 용인했다. 달러의 외적인 가치를 미국이 이렇게 명시적으로 무시하자 프랑스 대통령 드골은 분개했다. 1965년부터 드골은 프랑스가 보유한 달러에 금 태환을 요구하면서, 브레턴우즈 체제가 미국이 자기 나라 전쟁에 돈을 대기 위해 "막대한 부채"를 쌓으면서 다른 나라들에 "고통"을 지우도록 허용하고 있다고 비난했다.[15] 그의 반反달러 입장과 존슨의 사실상 반反금 입장은 해결되지 않는 구조적 갈등을 생성했다.[16] 존슨이 금 위기이던 1968년 3월 베트남에서 경로를 바꾸기로 결정한 것(2장 참고)은 금 태환 유지가 미국의 정책 운용에서 얼마나 큰 제약 요인이 되어 있었는지를 단적으로 보여준다.

이어서 1970년대부터는 석유가 미국의 선택을 한층 더 어렵게 만들었다. 셰일오일 붐이 불기 한참 전, 국내 석유 생산이 1970년에 정점을 찍고 줄기 시작하면서 1970년대에 미국의 석유 수입이 계속 늘었다.[17] 석유 수입이 늘면서 구조적으로 무역 적자폭도 늘었다. 브레턴우즈는 지배적인 경제력을 가진 나라가 충분한 국내 석유 공급원을 가지고 막대한 무역 흑자를 누리고 있는 세계를 염두에 두고 고안된 것이었지, 세계 최대 석유 소비국이 세계 최대 석유 수입국이 되어가고 있는 세계에서 작동하도록 고안된 것이 아니었다.

석유가 미국의 무역 적자에 가하는 압력은 그보다 앞서 있었던 문제 하나를 증폭했다. 덱스터 화이트는 브레턴우즈 시스템이 [다른 나라들의 경쟁적인 평가절하를 막음으로써] 당연히 미국의 수출 경쟁력을 보호해주리라고 가정한 데서 잘못 짚었다. 1960년대 말부터 서독과 일본은 [그들의 통화가 이미 구조적으로 저평가 되어 있었기 때문에] 중대한 평가절상만 막으면 되었지 굳이 환율 평가에서 이익을 얻기 위해 자국 화폐를 평가절하해야 할 필요가 없었다. 이에 대해 미국이 해볼 수 있는 대응이라곤 (섬유 분야 등) 국제 경쟁으로 가장 크게 타격을 받은 분야에서 미국 산업을 보호하기 위해 무역 장벽을 들고나오는 것뿐이었다. 국제 통화 시스템을 유지할 것이냐 국제 무역 질서를 유지할 것이냐 중 선택해야 하는 상황이 된 것이다.[18] 한 가지 면에서 이것은 미국이 1930년대 초에 직면했던 것과 동일한 양자택일의 선택지였다(그때는 독일의 배상금으로 문제가 조금 더 복잡했다는 차이가 있었을 뿐이다). 당시 후버와 미국 의회는 무역 장벽을 선택했고 루스벨트는 금본위제 이탈(금과 달러의 연동 중지)을 선택했다.[19] 1968년의 정치적 격동은 그런 선택을 다시 한번 해야 하게 만들었고, 이번에 그 결정을 해야 할 미국 대통령은 1968년 말에 당선된 닉슨이었다. 그는 자신이 1960년 대선 때 케네디에게 패한 것이 연준이 "신중한" 통화 준칙을 고집했기 때문이라고 생각했다[닉슨은 1950년대에 아이젠하워의 부통령이었고 1960년 대선에 현직 부통령이던 상태로 출마했다. 자신은 부양책을 주장했으나 아이젠하워와 연준이 반대했고, 경기 위축으로 실업률이 오르면서 1960년 대선에서 패배했다고 생각했다].

    1971년 8월에 닉슨은 전격적으로 달러의 금 태환을 중지했고 수입품에 무역 장벽을 세웠다. 무역장벽은 다른 국가들이 달러의 평가절하에 동의할 때까지 계속될 예정이었다. 4개월 뒤에 닉슨은 스미소니언 협정Smithsonian agreement으로 달러의 평가절하를 보장받았다. 이 협정에서 브레턴우즈를 재건할 수도 있었겠지만, 닉슨 행정부 일각에서 브레턴우즈의 '개혁'을 원하긴 했어도 닉슨은 브레턴우즈의 '종식'을 원했다. 사실 1972년에 닉슨의 재무부는 미국 안팎으로 움직이는 자본 흐름을 제약하는 규제를 풀어 자본 이동을 자유화하려는 뜻을 내비쳤다. 석유 수입이 미국의 무역 적자 폭을 늘리고 있었으므로 이제 미국 경제는 해외로부터 달러 공급이 있어야 적자를 메울 수 있었다. 미국이 자본을 통제하려는 시늉조차 하지 않는 상황에서, 환율 방어의 압박이 극심하게 높아졌다. 1973년 3월, 결국 고정환율을 유지하려는 모든 노력이 내던져졌다. 그 이후로 통화는 변동환율이 되었고 통화 가치는 날마다 외환 시장에서 이뤄지는 거래로 정해졌다. 이듬해 초에 닉슨 행정부는 자본 흐름에 대한 미국의 모든 통제를 없앴다. 무역 전쟁이 될 뻔했던 것이 수십 년에 걸친 환율 전쟁이 되었고, '워싱턴과 연준이 달러를 가지고 하려는 일에 대해 누가 통화 영역에서 부담을 질 것이냐'의 문제가 되었다.[20]

브레턴우즈 종말 이후의 통화 세계에서 유로달러 시장과 석유가 미국 금융 권력의 기초가 되었다. 유로달러 시스템은 달러의 국제적 위상을 국내적 비용을 최소화하면서 유지하기가 더 쉬워지게 해주었다. 역외 달러 시장 덕분에 달러가 은행 거래와 신용 거래의 주요 통화가 되었기 때문이다. 그리고 다음 장에서 보겠지만 1973년 오일 쇼크는 유로달러 시장을 한층 더 활성화했다.[21] 또한 아랍 산유국들이 버는 달러 수입이 다시 미국으로 흘러와 재유통되는 메커니즘도 생겨났다.[22] 닉슨의 재무부는 사우디아라비아가 석유로 번 달러를 [미국이 아니라] 유럽 국가들에 빌려주려는 유혹에 빠지지 않도록 1974년에 사우디가 미 국채를 사주도록 합의를 얻어내는 데 성공했다. 사우디는 일반적인 미 국채 시장 밖에서 미 국채를 살 것이었고 미 국채를 각국이 얼마나 보유했는지 매월 공개하는 데서도 제외될 것이었다. 미 국채를 사주는 대가로, 사우디는 더 큰 군사 원조를 얻었고 새로운 무기 거래도 할 수 있었다.[23] 닉슨의 후임자들도 석유 달러가 월가로 재순환되는 시스템을 유지했다. 1970년대 후반에 달러가 약세가 되자 사우디 등 OPEC 국가들은 유가를 달러로 표시하는 대신 세계 주요 통화들로 구성된 통화 바스킷으로 표시하고자 했다. 하지만 카터 행정부는 IMF에서 사우디의 달러 인출권 할당량과 의결권을 높여주면서 OPEC 석유를 달러 표시로 두는 데 성공했다. 아마 더 많은 군사 원조를 약속해서 협상에 기름을 쳤을 것이다.[24] 이렇게 보면, OPEC 국가의 국영 기업들이 중동에서 활동하던 미국과 유럽 기업들의 점유율을 가져가던 1970년대에, 미국의 중동 에너지 안보에서 사우디의 효용성이 높아진 것과 사우디가 미국이 석유를 달러로 수입할 수 있게 해준 것은 한 세트였다.

* * *

브레턴우즈 이후의 세계는 어떤 통화도 금속으로 태환되지 않는 법정 불태환 화폐의 세계로, 이는 인간 역사에서 전례가 없는 화폐 현상이었다. 이 전대미문의 통화 환경은 오일 쇼크와 결합해 경제에 근본적인 변화를 가져왔다. 공공 및 민간 부채가 폭발적으로 증가해 세계 GDP 대비 총 부채는 1974년에서 2016년 사이에 두 배 이상이 되었다.[25] 예전에는 인플레가 주로 전쟁 때문이었지만 이제는 전쟁 없이도 인플레가 가속화되었다. 또한 케인스주의 경제학에 따르면 인플레가 증가할 때 실업률은 낮아져야 하는데도 사실상 모든 서구 경제에서 실업률이 올라갔다.

인플레 요인이 상시적으로 존재하고 막대한 부채가 경제의 양태를 구성하는 데 핵심 요인이 된 새로운 경제 세계가 갖는 정치적 함의는 복잡했다. 누가 정치적으로 득을 얻었고 누가 손해를 보았으며 그 이유는 무엇이었는지는 지금까지도 열띤 논쟁이 벌어지는 주제다. 널리 알려진 한 설명에 따르면, 1970년대는 경제의 구조와 정책에서 반反국가적 접근이 정치적으로 세를 얻기 시작한 기점이었다고 한다.[26] 이 설명은 1978년 폴 볼커Paul Volker가 연준 의장이 되고 이듬해에 영국에서 마거릿 대처Margaret Thatcher가, 그다음 해에는 미국에서 로널드 레이건Ronald Reagan이 집권한 것을 분수령으로 본다. 이 설명에 따르면, 볼커, 대처, 레이건 모두(그리고 대처와 레이건의 자문들도) 전후 국가 역할의 확대가 1970년대의 고인플레와 불황의 원인이라는 오스트리아 경제학자 프리드리히 하이에크Friedrich Hayek와 미국 통화주의 경제학자 프리드먼의 주장을 지침으로 삼았다. 이들이 편 정책으로 1970년대 말과 1980년대에 실업이 증가하자, 이를 비판하는 사람들은 미국과 영국의 경제가 이데올로기적 도그마에 희생되었다고 주장했다. 훨씬 더 나중에 이 이데올로기에는 '신자유주의'라는 이름이 붙는다. 신자유주의라고 일관성 있게 분류할 만한 사상들의 기원은 합스부르크 제국이 몰락하던 시기, 그리고 합스부르크 제국을 몰락에서 지키려던 사람들이 인플레 후에 민주정과 연결된 파괴적 민족주의의 공격으로 입헌군주제[합스부르크 제국]가 무너지게 되었다고 한탄한 시기로 거슬러 올라가지만 말이다.[27]

하지만 1970년대의 경제를 '하나의 이데올로기가 부상해서'라고만 설명한다면 그 10년간 위기의 기저에서 정치인이나 중앙은행장의 성향과 상관없이 구조적으로 펼쳐지던 물적 요인의 중요성을 절하하는 것이다.[28] 특히 에너지는 1970년대에 국가가 무엇을 할 수 있으며 무엇을 해야 하는가에 대한 이데올로기적 논쟁에 큰 그림자를 드리우고 있었다.[29] 유럽과 미국 모두에서 정치인들이 자본 이동 규제를 없애려는 강한 동기가 있었던 이유는 치러야 할 석유 수입 대금이 늘어서 달러에 쉽게 접근할 수 있어야 했기 때문이었다. 1970년대에 미국에서 규제 완화를 주장한 사람들이 무엇보다도 가장 끝내고 싶어했던 것은 연방정부가 에너지 가격을 통제하고 각 주에 용처마다 석유의 양을 할당하던 에너지 규제였다(8장 참고).[30] 로널드 레이건이 대통령이 되고서 제일 처음 내린 대통령령이 바로 유가 및 석유 할당과 관련해 남아 있던 모든 연방 규제를 없앤 것이었다. 그러면서 그는 "1970년대는 미국 에너지 역사에서 암흑 시대였다"고 말했다.[31] 신자유주의의 대표적인 주창자로 꼽히는 프리드먼도 에너지 문제에 집착했고 연방정부의 유가 통제와 사실상의 석유 배급이 에너지 부족의 전적인 원인이라고 생각했다.³² 인플레란 늘 화폐적 현상이고 에너지 충격에 영향받지 않는다는 그의 학문적 논지는, 정치적 의미로 보자면 석유의 공급 부족을 없애려면 유가가 올라야 한다는 믿음의 쌍둥이 논지라고도 볼 수 있을 것이다. 에너지를 진지하게 고려하지 않고는 1970년대부터 1980년대까지 경제가 밟아간 경로와 그러한 변화가 미친 영향(유로존의 탄생으로 이어지는 정치적 파급 효과도 포함해서)을 설득력 있게 이야기할 수 없으리라는 점은 자명하다.

신자유주의를 주로 영국과 미국의 현상으로 보는 것 또한 1980년대에 가장 강력하고 강하게 반反인플레 통화 원칙을 주창한 사람들이 워싱턴, 뉴욕, 런던이 아니라 프랑크푸르트와 본에 있었다는 사실을 간과하는 것이다. 또한 이것은 서로 분리된 문제들이 아니었다. 이를테면, 뒤에서 살펴보겠지만 프랑스가 브레턴우즈의 마지막 시기에 반짝 떠올랐다가 사라진 유럽 통화 연맹체 개념으로 다시 돌아간 것은 서독 중앙은행이 1986년의 저유가 시기에 이를 인플레 시대가 끝난 것으로 보려 하지 않았기 때문이었다[서독 중앙은행은 고유가로 인한 인플레 요인이 없어졌는데도 반인플레적 통화 정책을 고수했다].

유럽의 이중적인 통화 부담

서유럽 국가들은 닉슨이 1971년 8월에 취한 조치에 (볼커의 표현을 빌리면) "경악했다."³³ 그다음에는, 브레턴우즈가 종말을 고하기보다는 고쳐지리라고 기대했다. 하지만 한 목소리로 닉슨을 비난하긴 했어도 이 위기에 대한 각자의 인식, 대응할 수 있는 역량, 변동환율이 된 새로운 세계에서 각자의 통화가 처할 운명의 측면에서 이들 사이의 중대한 차이가 숨겨지지는 못했다.

독일의 정치인과 당국자들은 브레턴우즈 위기를 유로달러 시장과 관련된 문제로 인식했다. 은행과 기업들이 런던에서 돈을 빌릴 수 있어서 독일의 금리 인상을 회피할 수 있다면 분데스방크는 통화와 신용을 긴축적으로 운영할 수 없게 된다. 서독 총리 빌리 브란트Willy Brandt는 유로달러 시장이 유럽의 통화 자율성을 훼손하고 있다고 보았는데, 여기에서 그가 말한 "유럽"의 통화 자율성은 "독일"의 통화 자율성을 의미했다. 그리고 그가 생각한 해법은 유럽 차원의 중앙은행을 만드는 것이었다. 한편 프랑스의 정책 결정자들은 브레턴우즈 시기의 문제들이 미국이 금을 그리 중요시하지 않는 태도에서 온 것이라고 보았다. 닉슨의 금 태환 폐지 결정 며칠 전에 프랑스 대통령 조르주 퐁피두Georges Pompidou는 프랑스 함대를 미국에 보내 뉴욕에 예치된 프랑스의 금을 회수해오라고 명령하기도 했다.[34]

정치적 판단에서의 차이는 물적 차이로 한층 더 심화되었다. 인플레 억제와 관련해 서독의 도이체마르크는 프랑스의 프랑이 가지지 못한 신뢰도를 가지고 있었다. 도이체마르크의 이러한 화폐적 강점은 일부는 서독의 무역 흑자에서, 일부는 분데스방크가 정치적 독립성을 가지고 있다는 데서 나왔다(대부분의 서유럽 국가에서는 중앙은행이 아니라 정부가 금리를 결정했다). 그리고 시간이 가면서 이 두 현상은 점점 더 서로를 강화했다. 서독 중앙은행은 국내 물가 안정을 우선시했고 또한 서독 경제가 수출 주도형이 되게 했다.

이렇게 국가들 사이의 차이가 벌어지고 있었지만, 1969년에 EC는 통화 협력을 논의하기 시작했다. 1970년에 베르너 보고서Werner report는 통화연맹으로 가기 위한 3단계 이행 방안을 제시했다. 그런데 이 보고서는 독일과 프랑스 사이에 가장 의견이 불일치할 법한 문제, 즉 '누가 유럽의 통화 정책을 결정할 것인가'에 대해서는 제대로 다루지 않고 피해갔다.[35] 1971년 초 무렵이면 도이체마르크는 달러 대비 막대한 절상 압력을 받고 있었다. 독일 기업들이 국내의 일반적인 금리보다 금리가 낮은 유로달러 시장에서 달러를 굉장히 많이 빌린 뒤에 그것을 도이체마르크로 되팔고 있었기 때문이다.[36] EC 국가들이 베르너 안을 공식 채택하고 겨우 두 달 뒤인 1971년 5월에 서독과 네덜란드는 일방적으로 자국 통화를 [달러 대비] 변동환율로 전환했다. 퐁피두는 이러한 환율 재평가가 독일과 네덜란드의 통화 가치가 EC의 다른 국가들 통화에 대해서도 자동으로 재평가되게 만들기 때문에 "[유럽]공동체EC의 도덕"을 위배하는 것이라고 비난했다.[37] 독일의 한 당국자가 말했듯이, 도이체마르크를 변동환율로 가져가기로 한 일방적인 결정은 "[유럽]공동체를 거의 붕괴 직전까지 몰고 갔다."[38] 유로달러 문제와 유럽 내의 환율 불안정 문제를 동시에 해결할 수 있는 묘책은 있을 수 없었지만, 독일이 일방적으로 환율 제도를 바꾼 데 대한 프랑스의 분노는 서독 총리 빌리 브란트Willy Brandt가 유럽 차원의 공동 해법을 찾는 일에 나서게 했다. 이렇게 해서, 1972년에 EC는 스네이크 체제Snake in the Tunnel라는 공동 환율 제도를 채택했다[브레턴우즈 체제 붕괴 이후 유럽 역내의 통화 가치를 안정적으로 유지하기 위해 체결된 환율 시스템. 유럽 역내 통화 사이에서의 환율은 2.25퍼센트의 변동 폭 내에서 움직이도록 하고, 달러 등 역외 통화에 대해서는 변동환율을 허용했다]. 이 체제는 역내 통화들의 환율이 브레턴우즈에서보다 좁은 변동 폭에서 움직이도록 되어 있었고, 따라서 이들 사이의 변동 폭은 달러에 대한 개별 통화의 변동폭보다 낮았다. 참가국은 EC 창설 회원국인 6개국과 1973년 1월에 들어오게 될 3개국(영국, 덴마크, 아일랜드), 그리고 노르웨이였다.

하지만 곧 스네이크 체제는 달러 대비와 도이체마르크 대비의 이중 환율 문제를 약간 다른 버전으로, 그리고 대대적으로 드러냈다. 닉슨이 달러의 금 태환을 중지한 뒤 EC 국가 대부분의 통화는 달러 대비 절상 압력을 받았고 이는 달러 기반 생산자들에 비해 수출 경쟁력을 잃게 만들었다. 그와 동시에 도이체마르크 대비로는 절하 압력을 받았는데 이는 인플레를 높였다. 그러면 다시 서독은 도이체마르크를 유럽 통화들과 달러 둘 다에 대해 평가절상해야 했고 이에 더해 분데스방크는 EC 국가들로부터 금리를 낮추라는 요구도 받게 되었다. 1973년 3월에 고정환율이 끝나자 이 상충하는 긴장이 전면에 올라왔다. 닉슨이 다시 한번 달러를 평가절하하고 일본이 엔화를 변동환율로 가져가자, EC 국가들은 어떻게 해야 할지 강구할 시간을 벌기 위해 외환 거래를 중지했다. 1971년 5월에 있었던 유럽 분열의 상처가 여전히 남아 있었지만, 서독 정부는 유럽의 공동 대응을 원했다. 브란트는 이것이 유럽 통화연맹체로 갈 수 있는 기회라고 생각했다. 하지만 스네이크 체제는 EC 국가들의 통화를 서로에 대해 안정시키려면 통화가 취약한 국가들이 국내 정치적으로 도저히 고려할 수 없는 정책을 그 국가들에 강제해야 한다는 것을 이미 보여주고 있었다. 따라서 명목상으로는 공동의 접근이라 해도 EC 9개국 통화 전체를 포괄할 수는 없었다. 일시적인 해법은 EC를 두 개의 통화 그룹[스네이크 체제 그룹과 비非스네이크 체제 그룹]으로 나누는 것이었다. 서독 중심의 한 그룹은 스네이크 체제를 개혁해 회원국들의 통화를 서로에 대해 고정하고, 영국, 아일랜드, 이탈리아를 포함하는 다른 그룹은 달러와 마르크 모두에 대해 변동환율을 가져가는 식으로 말이다.

여기에서 프랑스는 서독 그룹에 속하게 되었지만 이는 프랑스와 독일의 정치적 합의에 따른 결과였지 거시경제의 물적 조건이 합치될 수 있어서 나온 결과가 아니었고, 곧 이 지점에서 명백한 문제가 불거지게 된다. 프랑스는 분데스방크의 통화 정책에 보조를 맞출 수가 도저히 없어서 1974년 1월에 스네이크 체제에서 빠졌고, 1975년 5월에 다시 돌아오면서 분데스방크가 스네이크 체제 개혁에 나서줄 것을 요구했다. 그리고 아무런 변화도 나오지 않자 1976년 3월에 다시 스네이크 체제에서 나갔다. 더 이른 1974년 초부터도 프랑스 재무장관 발레리 지스카르 데스탱 Valéry Giscard d'Estaing은 퐁피두 대통령에게 "궁극적으로 우리는 프랑과 마르크가 서로에 대해 변동하는 것을 막을 수 없을 것"이라고 말했다. 1976년이면 브란트에 이어 총리가 된 헬무트 슈미트[1974년에 총리가 되었다]가 보고 있는 것은 EC가 독일을 중심으로 스네이크 체제에 남아 있는 소수의 나라들과 스네이크 체제에서 나

간 더 많은 나라들로 "둘로 나뉜 공동체"가 되어 있는 모습이었다.[39]

EC 국가들 모두의 공통된 문제였던 달러 문제만이 통화와 관련해 EC를 다시 하나로 묶을 수 있었다. 하지만 그러려면 유럽 통화들 사이에서 서독 통화가 가지고 있는 특권적인 지위를 제도화해야 했다. 1977~1978년에 장기화된 약달러의 타격이 슈미트를 분노하게 했다. 유로달러 시장이 역외 신용을 제공하고 있는 상태에서, 독일이 아시아와의 무역 경쟁에도 대응하고, 미국 무역 적자에 자금을 대기 위해 미 국채도 매입하고, 달러 및 스네이크 체제 밖의 통화들 대비 마르크의 평가절상도 더 흡수하고, 국내의 통화 조건도 관리하는 것까지 전부 다 할 수는 없었다. 단기적으로 달러에 대해서는 할 수 있는 일이 없었지만, 중기적으로 달러가 유럽 국가들의 경제에 미치는 영향을 줄일 수 있으려면 독일과 프랑스가 계속해서 "두 개의 다른 통화 지역"에 있어서는 안 되었다. 슈미트는 1978년에 분데스방크에 이렇게 주장했다.[40]

슈미트는 환율조정장치Exchange Rate Mechanism(이하 'ERM')를 중심으로 하는 유럽통화제도European Monetary System(이하 'EMS')를 적극적으로 추진했다. 그리고 다소 까다로운 상대이긴 했지만 프랑스 대통령 발레리 지스카르 데스탱이 함께 이 일을 추진해줄 수 있을 것으로 보였다. 지스카르 데스탱은 프랑스에 놓인 선택지가 엄청나게 높은 수준의 인플레를 용인할 것이냐 아니면 독일이 주도하는 통화 원칙을 받아들일 것이냐라고 보았고 후자를 선택했다. 새로운 유럽 고정환율 시스템에서 모든 당사국은 인위적으로 만든 새 화폐 단위인 유럽통화단위European Currency Unit(이하 'ECU')[EC의 통화 단위. 1979년에 도입되었고 1999년 1월 1일 유로화로 대체되었다]에 자국 화폐를 고정함으로써 유럽통화제도가 수반하는 통화들 사이의 권력 위계를 가리려 했다. 금융 역사학자 찰스 킨들버거Charles Kindleberger는 ECU를 "독일 마르크화에 프랑스 이름을 붙인 것"이라고 묘사했다.[41]

나중에 유로화의 창설에서도 보게 되듯이, 이탈리아의 위치는 브레턴 우즈의 마지막 시기 이래로 유럽 통화들 사이의 위계에 달라진 것이 별로 없음을 드러냈다. ERM은 이탈리아 리라가 다른 통화들보다 특별히 더 폭넓게 변동할 수 있게 허용해야 했다. 서독, 프랑스, 이탈리아 모두 이탈리아의 참여를 주로는 EC의 통합성 문제로서 접근하고자 했다. EC가 단일통화 지역이 될 거라면 이탈리아가 안에 있어야 했다. 그렇지 않으면 EC에는 회원국 사이에 위계적 구분이 생기게 될 터였다.

* * *

EC의 공통성에 대한 열망이 무엇이었든 간에, ERM에 영국은 없었다. 처음부터 영국은 EC의 통화 협력과 동떨어져 있었다. EC에 가입하기로 결정한 영국의 에드워드 히스Edward Heath 내각이 유럽 통화연맹체를 향해 가는 것을 정치적으로 강하게 반대해서가 아니었다. 히스와 그의 재무장관은 1973년 3월 위기 때 통화연맹체가 그들이 원하는 미래인 것처럼 말하기도 했다.⁴² 하지만 독일 마르크와 스털링 사이의 고정환율을 방어하려면 감수해야 할 국내 경제적·정치적 비용이 어마어마할 터였다.

EEC에 영국이 처음 가입 신청을 했을 때부터도 '스털링 지역'은 영국의 EEC 가입에 큰 장애물이었다. 1930년대로 거슬러 올라가는 스털링 지역은, 과거 영국 식민지였던 국가들 및 영국과 밀접한 국가들이 자국 통화를 스털링에 연동하면서 형성되었다. 이들은 스털링을 대규모로 보유했고 자국의 자본 통제를 영국과 연계했다. 프랑스의 드골은 스털링이 국제 통화로 사용되면서 브레턴우즈에서 영국의 이해관계가 서유럽 국가들보다 미국의 이해관계에 더 가까워졌다고 생각했고 통화 위기가 올 경우 스털링 외화 보유분이 EEC의 문제가 되리라고 보아서 스털링 지역이 EEC에 들어오는 것을 반대했다. 실제로 1967년에 영국 총리 해럴드 윌슨이 스털링화를 평가절하하기로 했을 때 드골은 영국의 EEC 가입에 두 번째로 비토를 놓았다. 이때 드골은 "현재로서 스털링의 상황은, 프랑, 마르크, 리라, 벨기에 프랑, 길더가 결합되어 형성된 견고하고 상호의존적이며 확실한 사회의 일부로 스털링이 들어가는 것을 허용하지 않을 것"이라고 말했다.[43] 세 번째 가입 신청이 또 좌초되는 상황을 미리 막기 위해 히스는 지스카르 데스탱에게 스털링을 보유한 국가들이 차차 달러 보유로 돌아설 것이므로 스털링 외화 보유분은 점차 사라질 것이라고 안심시켰다.[44] 하지만 스털링 지역이 없어지면 영국은 심각한 자본 유출을 겪을 가능성이 있었다. 여기에 더해 영국의 인플레율이 독일보다는 이탈리아와 더 비슷했다는 사실까지 고려하면, 금리를 올려 새로운 고정환율을 방어해야 하리라는 전망은 선거에서 호소력이 없을 것이 분명했다. EC에서 영국의 신뢰도를 지키고 싶어했던 히스 내각으로서도 말이다.

히스는 1972년 5월에 스털링을 스네이크 체제에 넣었지만 다음 달에 난관의 첫 징후가 나타나자 도로 철회했다. 1973년 3월 스네이크 체제에 대한 논의가 이뤄지던 동안 히스는, 프랑스가 EC의 회원국 9개 모두가 참여할 경우에만 공동 환율 제도로 가겠다는 뜻을 독일에 전했다는 사실을 알고서, 유럽 차원의 공동 접근으로 다시 돌아가려는 노력을 하긴 했다.[45] 하지만 스네이크 체제 안에서 스털링을 유지하는 것의 부담이 분데스방크가 아니라 영국 정치인들에게 떨어지리라는 점과 프랑스가 독일의 일방적인 변동환율로의 이동을[즉 독일이 공동 대응에서 단독으로 이탈하는 것을] 용인하지 않으리라는 점이 명확해지자, 히스는 앞으로 20년간 사라지지 않고 영국 정부들을 괴롭힐 선택의 기로에 처했다. 유럽 차원의 통화 협력체에 들어가면 거시 경제적 비용과 국내 정치적 비용이 너무 높을 것이고, 들어가지 않으면 영국이 EC에서 정치적 영향력이 줄게 될 비용을 치러야 할 터였다. [1970년대 말] 슈미트가 ERM을 추진하기 시작했을 때, 영국의 노동당 총리 제임스 캘러헌James Callaghan은 프랑스가 슈미트의 계획을 받아들이기 싫어할 테니 EC에 두 개의 통화 블록이 생길 것이고 영국과 프랑스가 같은 쪽에 있게 되리라고 기대했다. 하지만 프랑스가 독일이 요구하는 통화 준칙에 동의하기로 결정하자, ERM에 안 들어간 영국은 EC에서의 비용이 커졌다. 이탈리아와 아일랜드가 합류하기로 하면서, ERM 밖에는 영국만 나홀로 통화 블록으로 남게 되었다.[46]

볼커 쇼크

ERM이 EC를 약달러로부터 보호하기 위한 시도였다면, 이때 유럽이 가졌던 두려움의 원천은 미국의 인플레였다. 하지만 ERM이 시작되었을 때 이미 연준은 미국의 인플레가 얼마나 오래, 얼마나 많이 용인될 수 있을지 걱정하고 있었다. 볼커가 연준 의장이 되고서 미국의 통화 정책은 급선회했다. 1979년 10월에 볼커는 통화 공급을 제약해서 구조적으로 인플레를 없애는 쪽으로 통화 정책 방향을 재설정했다.[47] 이후 미국은 1984년 가을까지 거의 내내 두 자릿수의 고금리였고, 이로 인해 1981~1985년 봄 사이에 달러는 훨씬 강세가 되었다.

볼커 쇼크는 EC 국가들에 수많은 문제를 불러왔다. 1979~1980년의 2차 석유 파동 이후 유가는 차차 떨어지기 시작했지만 달러 강세 때문에 달러 표시 석유 수입 가격이 비싸졌다. 1981~1984년에 프랑스 재무장관이었던 자크 들로르Jacques Delors는 1981~1985년을 일컬어 "3차 오일 쇼크"라고 부르기도 했다.[48] 그와 동시에, 미국의 고금리는 영국과 서독 등 유럽 국가들이 자본 이동에 대한 통제를 없애고 있던 시기에 자본 이탈의 조건을 만들었다.

이번에도 미국의 통화 정책이 유럽 국가들에 불러온 영향은 분열적이었다. 1981년에 독일의 분데스방크는 금리를 조였고 임금 동결을 촉구했다. 또한 분데스방크는 [재정을 확장하기를 원했던] 슈미트 내각이 [일반적인 채권 시장을 우회해 자금을 조달하는 통로로서] 사우디로부터 신용 라인을 열고자 했을 때 이마저 막았다. 분데스방크는 선거 한 번 없이 사회민주당-자유민주당 연정이 붕괴하는 데 일조했다.⁴⁹ 새로이 헬무트 콜이 이끄는 기독민주연합이 자유민주당의 연정 파트너가 되어 1969년부터의 긴 야당 생활을 마치고 다시 집권했으며, 이후 16년간 정권을 유지한다.

독일과 대조적으로, 프랑스에는 정부에 통화 대응을 강제할 수 있는 독립적인 중앙은행이 없었다. 어떤 정치적 조건에서도 이 차이는 ERM에 긴장을 가져왔겠지만, 1981년 프랑수아 미테랑François Mitterrand이 대선에서 승리하고 사회당이 의회의 다수가 되면서(제5공화국에서 사회당 최초의 정치적 승리였다) ERM은 완전히 붕괴할 위기에 처했다. 분데스방크의 통화 긴축이 없었더라도 미테랑 정부는 [슈미트와 함께 ERM 창설을 주도했던] 전임 대통령 지스카르 데스탱이 합의해 ERM에 제도화해놓은 제약, 즉 ERM이 회원국에 법적으로 부과하는 제약에 난색을 표했을 것이다. 그런데 여기에 더해 하필 미테랑은 ERM에 계속 있으려면 유독 금리를 많이 높여야 하는 상황에서 대통령이 되었다. 프랑을 몇 차례 평가절하하고 나서, 1983년 3월에 미테랑은 결정의 순간을 맞았다. 도이체마르크를 따르기로 타협하고 달러 문제 대응에 대한 의사결정을 분데스방크가 내린다는 사실을 받아들이든지, 아니면 서독의 통화와 결정적으로 단절을 하든지, 양단간에 선택해야 했다. 두 옵션을 이리저리 고민하다가 미테랑은 ERM 회원국 자격을 유지하기로 했다. 그의 새로운 '프랑 포르franc fort'[강한 프랑] 전략은 프랑스의 거시경제 정책 전체를 프랑-도이체마르크 간 환율 방어에 종속시켰다. 프랑스 정치인들은 프랑스 중앙은행의 통화 정책이 분데스방크와 연계되는 것을 받아들여야 했고 수출 산업 분야의 임금 인상 제약도 받아들여야 했으며 경상수지 흑자 유지를 목표로 삼아야 했다.

    ERM 외부에 있었던 영국은 볼커 충격이 왔을 때 상황이 달랐다. 사실 대처 정부는 볼커보다 앞서 볼커와 비슷한 통화 정책으로 이미 움직이고 있었다. 이에 더해 볼커가 인플레를 잡는 데 우선순위를 두기로 결정한 달과 같은 달에 대처 정부는 자본 통제를 없앴고, 이는 대처와 볼커의 통화 정책이 미치는 영향을 증폭했다. 달러 강세가 아직 가속화되기 전인 1979년부터 1981년 사이에 스털링 가치가 크게 높아졌다. 미국에서처럼 고금리와 강한 통화는 제조업과 고용에 파괴적인 영향을 미쳤다. 분데스방크가 ERM 국가들에 고금리를 강요하고 있었던 1981년의 상당 기간 동안, 대처 정부는 인플레를 재점화하지 않으면서 스털링 약세를 유도하려 애쓰고 있었다.

    하지만 이어서 달러 가치 상승이 속도를 내면서, 이제까지의 전략이 무엇이었건 이제 영국도 ERM 국가들이 달러 때문에 겪는 문제와 비슷한 문제를 겪게 되었다[모든 통화가 달러 초강세에 직면하게 되었다]. 1981년 가을부터 대처 정부는 스털링 약세를 완화하기 위해 금리 인상을 지속해야 했다. 이 절박함은 대처 내각 내에서 처음으로 ERM 가입이 진지하게 논의되게 했다. 1985년부터 영국이 ERM에 들어가기로 결정한 1990년까지, 이 이슈로 대처와 대처의 고위 동료들은 믿을 수 없을 정도로 첨예하게 대립했다.[50] 하지만 1981년에도, 또 1985년에도, 대처 내각 인사 중 이 이슈를 EC 내에서의 영국의 위상에 대한 문제라고 보는 사람은 없었다. 이 문제는 단순히 개방된 자본 흐름 여건에서 법정 통화와 환율을 관리하기가 얼마나 어려운지에 대한 문제로만 여겨졌다. 1986년에 경제 여건이 나아지면서 유럽 이슈가 다시 표면에 나타났을 때 대처 정부는 영국의 거시 유연성을 이용해 영국 경제를 ERM 국가들과 더 차별화했고, 따라서 영국의 ERM 참여와 관련해 지정학적 주장과 거시경제적 주장이 합치되지 않게 되었다.

그리 독일적이지는 않은 유럽 단일통화

볼커 쇼크가 끝나고 레이건 2기 행정부가 강달러가 미국의 수출에 미치는 영향을 우려하게 되면서 EC는 통화와 관련해 일시적으로 한숨 돌릴 수 있게 되었다. 닉슨이 결국에는 무역 장벽보다 달러 평가절하를 택했듯이, 레이건도 미국의 무역 적자 증가를 무엇보다도 통화 문제로 여기고 접근하기로 했다. 의회(1986년 중간선거에서 양원 모두 민주당이 다수가 되었다)에서 약간의 보호주의적 입법이 있긴 했지만 말이다.[51] 달러 평가절하를 위해 레이건 행정부는 서독, 영국, 프랑스, 일본과 협력 체제를 구축하고자 했다. 1985년 플라자 합의Plaza Accord에서 이들 5개국은 달러를 안정적으로 평가절하하는 데 공동으로 노력하기로 동의했다. 플라자 합의에 이어 1987년에는 (나중에 합류한 캐나다까지) 루브르 합의Louvre Accord를 통해 달러 평가절하의 하한을 설정했다[달러가 급격하게, 그리고 충분히 약세가 된 후, 루브르 합의 시점에는 추가 약세를 막고 환율을 안정적으로 유지하는 것이 목표였다].[52]

하지만 루브르 합의는 미국과 독일이 통화 문제에서 서로 다른 길을 가게 될 갈림길을 다시 열었다. 이때 미국의 무역 적자 해소에 달러 평가절하는 거의 도움이 되지 않았다. 미 재무장관 제임스 베이커James Baker는 무역 적자를 통화 문제로 다루려면 다른 나라 정부와 중앙은행들이 미국의 수출품에 수요가 생길 수 있도록 자국의 소비를 진작하는 정책을 써줘야 한다고 생각했다. 일본 정부는 국제적으로 합의한 통화 정책을 일본 중앙은행이 따르게 할 수 있었지만(이 정책은 일본 경제에 재앙적인 결과를 가져왔다), 서독 정부는 분데스방크를 미국이 안심할 수 있을 만큼 제약할 수 없었다. 분데스방크가 [목표 환율을 유지하려면 금리를 낮추어 달러 강세를 유도해야 했는데] 완화적인 통화 정책을 쓰려고 하지 않으면서(1987년에 분데스방크는 금리를 인상했다), 플라자-루브르 환율 협력 시기는 끝났다.

이어서, 유가가 빠르게 떨어지던 시기에 이 격동은 프랑스-독일 간의 통화 불일치를 재점화했다. 1986년의 역유가 충격은 달러의 평가절하로 유발된 면이 있었다(2장 참고).⁵³ 물론 이것은 부분적인 요인일 뿐이지만, 복잡한 이유가 정확히 무엇이었건 간에 아무튼 저유가는 구조적으로 인플레를 제어하는 요인이었다. 그 덕분에 분데스방크는 제로 인플레를 유지할 수 있었다. 대조적으로, 프랑스는 이것이 성장률을 높이기 위해 금리를 낮출 기회가 되어야 한다고 생각했고, 연준의 통화 정책이 1980년대 초반보다 훨씬 완화적이 되어 있었으므로 더욱 그랬다. 하지만 ERM에 있기 위해서는 프랑스 중앙은행도 분데스방크를 따라야 했다.

이제 프랑스로서는 ERM에서 독일이 부과하는 제약이 지나쳐 보였다. 1987년 말에 미테랑은 서독 총리 헬무트 콜을 설득해 프랑스-독일 각료회의를 만들어서 통화 문제도 포함해 거시경제 정책을 조율하자고 했다. 하지만 콜이 [프랑스에] 무엇을 항복했는지를 알고서[분데스방크를 제약하고 도이체마르크를 포기하기로 했다] 분데스방크는 이 각료회의를 무력하게 만들었다. 1988년 1월, 이제 프랑스 재무장관 에두아르 발라뒤르Edouard Balladur는 통화연맹을 위한 제안서를 EC 재무장관 회의에 가지고 갔다. 여기에서 시작된 논의가 마스트리흐트 조약과 유로화 창설로 이어진다.⁵⁴ 프랑스가 단일통화를 추진한 것은 이전에 있었던 유럽의 통화 통합 움직임과 결이 달랐다. 베르너 보고서와 ERM은 달러로 인해 유럽 국가들이 처한 문제에 대한 대응이었지만, 발라뒤르의 제안은 분데스방크로 인해 생겨난 유럽 내부 문제에 대한 대응이었다.⁵⁵

통화연맹이 분데스방크의 통화 권력을 끝내기 위한 조치로서 고안되었고 서독에 도이체마르크의 포기를 요구했으므로 독일 내에서 반대가 많을 수밖에 없었다. 헬무트 콜 정부는 통화연맹에 지지를 얻기 위해 단일통화의 장점에 초점을 맞추기로 했다. 주로는 ERM 내 다른 국가들이 경쟁적인 평가절하에 나서는 것을 막을 수 있고 EC를 새로운 목적을 향해 개혁할 기회이기도 하다는 점을 내세웠다. 독일이 통일되면서 조금 더 두고 보기로 할 수 있는 맥락이 제공되었는데도, 콜은 완강하게 통화연맹 추진을 밀어붙였다.[56] 그럼에도, 독일이 해야 할 희생을 생각할 때 독일의 근본적인 우려를 해소하지 못하는 통화연맹을 독일 정부가 허용할 수는 없을 터였다.

순전히 통화 정책 측면에서만 보면, 이는 새로 생길 유럽중앙은행이 분데스방크와 비슷한 것이 되어야 한다는 의미였다. EU 조약에 의해 법적으로 물가 안정을 통화 정책의 유일한 책무로 삼는, 그리고 어떤 민주정치적 통제로부터도 독립성을 갖는 기구로서 말이다. 유럽중앙은행이 실질적으로 분데스방크처럼 기능할 수 있을 것인가는 물론 다른 문제였다. 분데스방크가 독립적으로 금리를 설정할 수 있는 권한은 분데스방크의 정책적 최우선순위가 물가 안정이라는 데 국내적으로 강한 정치적 합의가 있어서 가능한 일이었다.[57] 마스트리흐트 조약으로 유럽중앙은행을 설립하고 각국에서 이것을 비준할 때 EU에서도 이 같은 합의가 있으리라는 보장은 없었다. 사실 분데스방크가 누리는 것과 같은 통화 정책에 대한 국내 정치적 합의가 유럽 차원에서도 있었다면, 애초에 통화 통합은 필요하지도 않았을 것이다. 통화연맹이 출범하자 아니나 다를까 유럽중앙은행이 법적으로 독립성을 보장받은 것에 대한 공격이 각국에서 쏟아져나오면서, 유럽 차원에서 그러한 국내 정치적 합의는 존재하지 않았음이 만천하에 드러났다.[58]

또한 독일 정부는 (명시적으로 그렇게 말할 수는 없었더라도) 이 통화연맹이 EC 회원국 모두를 포함할 수는 없다고 보았다. 그래서 독일은 마스트리흐트 조약(1991년에 체결된다)이 엄격한 수렴 기준을 두도록 했다. 인플레, 환율 안정성, 재정 적자, 국가 부채 등에 대해 특정한 조건을 만족해야 단일 통화권으로 들어올 자격을 가질 수 있었다.[59] 누가 들어오고 누가 못 들어오느냐의 선을 그을 때, 독일은 과거 브란트나 슈미트 때와는 매우 다른 입장에 있었다. 통화 통합 추진이 본격적으로 논의되기 시작했던 1988년에 EC

의 남유럽 회원국 중 ERM에 들어와 있는 나라는 이탈리아뿐이었고 이때도 이탈리아는 ERM에서 다른 나라들보다 더 폭넓은 환율 밴드를 허용받고 있었다. 이탈리아가 서독과 환율을 영구적으로 맞추면서 재앙적인 경제적 결과를 피할 가능성은 없어 보였을 것이고 다른 남유럽 국가들은 더더욱 말할 필요도 없었을 것이다.[60] 1978~1979년과 달리, 이제 이탈리아를 프랑스와 동등하게 취급한다는 말은 이탈리아의 부채에 대해 유럽중앙은행이 상당한 지원을 해야 한다는 말이거나 이탈리아로 재정 수입을 재분배할 수 있도록 유럽 차원에서 운영되는 통합 재정이 있어야 한다는 의미로 보였는데, 둘 다 독일에서는 정치적으로 생각도 할 수 없는 일이었다. 따라서 독일이 생각하기에 마스트리흐트 조약의 수렴 기준에 따른 통화 통합의 과정은 유럽을 둘로 나누는 이중 구조가 되어야 할 것 같았다.

하지만 현실에서, 마스트리흐트 조약의 수렴 기준은 누가 들어오고 누가 못 들어오느냐의 문제를 해결하지 못했다. 처음에는 수렴 기준에 따라 누가 제외되어야 하느냐를 두고 독일 정부와 독일 중앙은행[분데스방크] 사이에 견해가 통일되지 않았다. 가능한 한 작은 규모의 통화 통합이어야 분데스방크의 물가 우선 원칙을 관철하기에 적합하겠지만, 독일의 수출이 단일통화 지역 밖에서 수출 경쟁국의 지속적인 평가절하에 직면할 위험이 있었다.[61] 수렴 기준을 남유럽 국가들에 일괄 적용할 수도 없었다. 가령 1991년 시점에 재정 적자 기준을 적용할 경우, 벨기에는 [통화 취약국이 아닌데도] 못 들어왔을 것이고, 이탈리아는 통화 통합에 들어올 자격이 될 가능성이 명백히 없어보였지만 스페인에 대해서는 기준에 아슬아슬하게 걸려서 그렇게 말하기 애매했다. 독일 정부는 어느 국가가 조건을 만족하는지를 EC 이사회가 '유연하게' 해석한다는 조항에 의해 분데스방크의 입장을 누를 수 있기를 기대했다.[62] 하지만 2년간 평가절하 없이 ERM 회원국 자격을 유지해야 한다는 것이 수렴 조건 중 하나였기 때문에 분데스방크는 남유럽 국가들이 못 들어오게 할 수단이 있었다.

실제로, 마스트리흐트 회담이 끝나고 9일 뒤에 분데스방크는 독일 통일이 일으킨 인플레에 대응하기 위해 금리를 올렸고 이는 ERM에서 18개월간의 격동으로 이어졌다. 그 18개월 사이에 영국은 영구적으로 ERM을 떠났고 이탈리아는 일시적으로 떠났으며 스페인, 포르투갈, 아일랜드의 통화는 평가절하되었고 1993년 7월에 독일-네덜란드 간 밴드를 제외한 모든 환율 밴드가 중지되었다. ['2년간 평가절하 없이 ERM 회원 자격을 유지해야 한다'는 조건상] 한동안 통화 통합은 물 건너 간 것으로 보였고, 그다음에는 EU를 핵심 국가와 나머지로 나누어서 [조건을 맞추는] 소수의 국가만 통화 통합을 진행할 것으로 보였다. 하지만 그렇게도 되지 않았다. 1999년에 유로존은 선택적 거부권을 행사한 영국과 덴마크만 제외하고, 그리고 그리스를 일시적으로 제외하고, EU 회원국들을 다 포함하는 대규모 통화연맹으로 출범했다.

이 대규모 통화연맹은 독일에서 폭넓은 정치적 지지를 받지 못했다. 처음에 이에 대한 반대는 일련의 소송으로 나타났다. 독일 헌재에 마스트리흐트 조약의 합당성을 묻는 소송이 제기된 것이다. 1993년에 독일 헌재는 마스트리흐트 조약 비준은 합헌이지만 어느 국가가 들어올 자격이 있는지는 독일 의회가 결정해야 한다고 판결했다. 이로써 유럽 통화연맹의 크기가 독일의 국내 정치 쟁점이 되었다. 1994년 독일 연방 선거에서 사회민주당은 남유럽 국가들이 통화연맹에 들어오지 못하게 하겠다는 공약을 내걸었고 한동안 이들이 이길 것처럼 보였다.[63] 선거 패배를 막고자 기독민주연합의 콜은 통화연맹을 이제까지 이야기되었던 것과는 다른 것으로 이야기했다. 통화연맹을 "유럽 통합성의 상징"으로 재규정한 것이다. 이듬해에는 한 발 더 나가서 통화연맹이 "21세기의 전쟁과 평화의 문제"라고 말했다.[64] 기독민주연합-자유민주당 연정은 1994년 선거에서 정권을 유지했지만 이 선거는 유로존에 누가 들어올지에 대한 논란을 종식하지 못했다. 1995년에 콜의 재무장관 테오 바이겔Theo Waigel은 이탈리아가 수렴 조건을 충족하지 못한다고 발표했다. 이탈리아가 통화연맹에 들어오지 못하리라는 믿음은 독일 정부에서 1997년까지도 계속되었다.[65] 하지만 바이겔과 분데스방크는 그들의 의지를 관철할 수 없었다. 독일 통일로 독일 자체가 재정적으로 어려워지는 바람에 수렴 조건 중 국가 부채와 예산 적자 기준을 엄격하게 적용할 수 없게 되었기 때문이다. 단일통화에서 누구를 배제할 것인지에 대해 기술적으로 명료한 선을 그을 수 없는 상황에서, "중요한 것은 유럽의 통합성"이라는 콜의 주장이 그런 상황이 아니었더라면 도저히 가질 수 없었을 효력을 가지게 되었다.

그럼에도, 대규모 통화연맹과 관련된 위험[통화 취약국도 들어오게 되었다는 위험]을 고려해 콜 정부는 마스트리흐트 조약 내용 중 도이체마르크를 포기하는 대신 동의했던 부분들을 다시 검토해야 했다[그 부분들을 더 강화해야 했다]. 독일은 유로화가 각국에 재정 준칙을 법적으로 강제할 수 있는 시스템을 가진 채로 출범하기를 원했다. 그래서 훗날 '안정 및 성장 협약 Stability and Growth Pact, SGP'이 되는 규칙을 제안했다. 프랑스는 아연실색했다. 수렴 기준에 맞추려고 재정 적자를 낮추려 한 것이 국내에서 맹렬한 저항을 불러일으켰기 때문이다[SGP가 포함되면, 이러한 제약이 영구화될 터였다]. 드골주의 정당의 시라크 대통령은 마스트리흐트 조약이 요구하는 개혁을 추진할 수 있는 여건을 만들기 위해 1997년 5월에 조기 총선을 결정했는데, 임기 겨우 2년 만에 하원을 사회당에 넘겨주고 말았다. 시라크의 새 사회당 총리 리오넬 조스팽Lionel Jospin은 선거 운동 기간 중 통화연맹에 회의적인 입장을 밝혔고(9장 참고) '안정 및 성장 협약'에 반대했다. 하지만 총리가 되고 나서는 통화연맹이 소규모로 출범하고 프랑스가 거기에 들어가지 못하는 통화 취약국으로 분류되는 사태가 더 문제이리라고 생각해 이를 막는 데 초점을 두었다. 이를 위해 프랑스는 '안정 및 성장 협약'의 재정 준칙을 받아들

이기로 양보했고, 독일은 이탈리아를 받아들이기로 양보했다.[66]

마스트리흐트 조약에 동의한 남유럽 국가들은 스스로에게 큰 부담을 지우게 되었다. 통화연맹에 들어오기 위해 ERM에서보다 더 어려울 것이 틀림없는, 그리고 그리스와 포르투갈로서는 전혀 해본 경험이 없는 노력을 해야 할 법적 의무를 받아들였기 때문이다. 게다가 그 노력의 과정에서 정치적으로 무엇을 희생하든 여전히 다른 나라들이 그들의 가입을 거부할 수 있었다. 이들 남유럽 국가들을 달래기 위해, 이탈리아만 제외하고 다른 나라들에는 EU가 자금 지원을 늘려주는 형태로 유화책이 제시되었다.[67] 하지만 아무튼 현실적으로 이들은 유화책이 있건 없건 다른 선택지가 없었다. 통화연맹에 들어가지 않으면 통화가 불안정해지고 인플레와 금리가 높아질 위험이 있었다. 또한 통화연맹에 들어가기 위해 필요한 노력을 하면 외환시장에 인플레를 막을 수 있다는 신뢰를 주어서 훨씬 더 낮은 금리로 자금 조달이 가능할 것이고 그러면 이자 상환 부담이 줄어서 마스트리흐트 조약이 요구하는 3퍼센트 예산 적자 기준을 맞추기가 다소 더 쉬워질 것이었다.

이탈리아의 경우에는, 이 문제가 국내 정치에 지극히 깊은 영향을 미쳤다(9장 참고). 이탈리아는 1996년 11월까지 ERM에 재합류하지 않았는데, 1992년 9월에 나갔다가 1996년 11월에 다시 돌아왔을 때까지 리라는 거의 4분의 1이나 가치를 잃었다.[68] 이탈리아의 연평균 성장률은 통화연맹 조건을 맞추려는 노력이 시작된 1992년부터 통화연맹에 들어온 1999년까지 1퍼센트를 겨우 넘는 정도였다. 1980년대에 10퍼센트 이하였던 실업률도 상당히 증가했다.

이토록 성장을 제약하는 조건을 이탈리아 정부가 받아들인 것은, 그렇지 않을 경우의 대안이 EU가 복수의 통화 블록으로 나뉘는 것이 될 터였기 때문이었다. 1997년 2월에 당시 이탈리아 총리 로마노 프로디Romano Prodi는 "우리가 첫 번째 그룹에 들어가지 못하면 우리의 통화는 공격을 받을 것이고 우리의 경제는 방어가 불가능해질 것이며 우리에 대한 국제적 신뢰가 떨어질 것"이라고 말했다.[69] 그가 독일에 수렴 기준을 너그럽게 해석해주기를 요청하면서 든 이유는 콜이 독일 유권자들에게 말했던 이유와 비슷했다. "유럽은 단지 통화에 대한 것만이 아니"며 "유럽을 유럽의 위대한 라틴 문화와 단절시키는 것은 상상할 수 없는 일"이라고 말이다.[70]

단일통화에 들어오기 위한 이탈리아의 고투는 유로존이 그 이후에 어떻게 전개되어왔는지에 대해 시사하는 바가 있다. 통화연맹의 필요성이 제기되었을 때의 논리는 프랑스의 논리였고, 이는 거시경제적인 논리였으며 분데스방크의 손발을 어느 정도 묶어두는 것을 목표로 삼았다. 하지만 마스트리흐트 조약은 유럽중앙은행에 분데스방크와 마찬가지로 물가 안정 책무를 법적으로 부과함으로써 유로존에서 거시경제 목적을 제거했다. 그렇다면, 이제 여기에서 나올 통화연맹의 구조는 독일의 구조가 되어야 했다. 즉 [통화 취약국은 포함하지 않는] 소규모의 통화연맹이어야 했다. 하지만 현실에서는 이렇게 되지도 않았다. 1990년대에 독일의 통화 권력이 줄면서 남유럽 국가들이 선호하는 규모, 즉 이 국가들을 포함하는 큰 규모가 된 것이다. 이로써, 통화 통합은 남유럽·동유럽 국가들이 자국의 경제와 정치에 큰 비용을 초래하더라도 통화 통합에 들어가는 데 필요한 거시경제 정책을 시행할 것인가에 대한 시험대가 되었다.

* * *

1992년 9월 초에 영국과 이탈리아 모두 ERM 회원국 자격을 유지하느라 고투하고 있었기 때문에 영국도 마찬가지의 문제를 가졌던 것으로 보였을 수 있지만, 영국이 유로존에 들어가지 않은 것은 문제가 좀 달랐다. EU 회원국 중 영국의 통화가 홀로 다른 경로를 가기 시작한 것은 역유가 충격

때로 거슬러 올라간다. 레이건 행정부 및 연준과 마찬가지로, 1986년에 대처 정부는 인플레는 떨어지고 있고 실업률은 높은 상태에서 인플레 관리에 계속 우선순위를 두어야 할 이유가 없다고 생각했다. 이렇게 통화 정책을 [물가 안정 우선을 원칙으로 하는] 분데스방크에 종속시키지 않게 되면서, 영국은 프랑스에 비해 단일통화로 갈 인센티브가 크지 않았다. 대처가 통화 주권을 버린다는 개념을 본능적으로 싫어했다는 사실까지 갈 것도 없이 말이다.

영국 경제에서 환율 문제가 없어졌다는 말은 아니었다. 사실 EC 국가들이 통화연맹을 진전시키기로 합의한 1989년 6월이면 영국은 스털링 약세 때문에 대부분의 ERM 국가들보다 금리를 훨씬 높여야 했다. 하지만 이때 스털링 약세의 원인 자체가 영국이 ERM 국가들과 달리 역유가 충격을 이용해[즉 유가 급락으로 인플레 압력이 줄어든 것을 논리로 들어] 반인플레 정책을 쓰지 않았기 때문이었다. 따라서 1990년 10월에 대처가 마침내 완강한 반대 입장을 누그러뜨리고 ERM에 가입하기로 했을 때, 이는 단지 스털링 안정화를 위한 단기적 거시 정책 방편으로서였을 뿐이었다.

그런데 하필이면 시기가 통화 통합 추진을 위한 국가 간 협상이 막 시작되려던 시기였던지라, 대처 내각 내에서 통화연맹에 대해 문을 아예 닫아버리면 EC 내에서 영국의 위상이 낮아질지 모른다고 생각한 대처 비판자들의 입지가 강해졌다. 그해 가을에 대처가 스털링이나 통화 주권을 포기하는 것을 지지하지 않겠다고 하원에서 공식적으로 밝히자, 경악한 부총리(재무장관을 지냈다) 제프리 하우Geoffrey Howe가 이에 반발해 내각에서 사임했고 결국 대처의 사임까지 이어지는 일련의 사건이 벌어졌다.

하지만 영국을 유럽에서 통화적으로 고립시키지 않을 국내의 거시경제적 경로를 찾기는 쉽지 않았다. 마스트리흐트 조약에 대해 존 메이저John Major는 선택적거부권을 행사하는 것처럼 보이는 계획을 내놓았는데, 사실 구조를 보면 빠지려는 것이 아니라 들어가기 위해 시간을 벌려는 것이었다.

하지만 영국 경제가 불황인데 분데스방크가 통화 정책을 조이고 있었기 때문에 ERM 회원국 자격을 지탱하기가 지극히 어려웠다. 1992년 9월 [투기 세력의 공격으로 파운드화가 폭락한] '검은 수요일' 사건이 터져 ERM에서 이탈하게 되면서, [마스트리히트 조약으로 세워질 통화연맹에 들어갈 경우] ERM보다 심지어 더 엄격해질 유럽의 통화 정책을 영국 유권자와 보수당 의원들에게 설득할 수 있는 여지가 한 줌도 남김 없이 없어지고 말았다. 이로써 '무늬만 선택적거부권 행사이고 사실은 합류'였던 것이 '진짜 선택적거부권 행사'가 되었다.[71]

한동안은 스털링 약세가 메이저 정부로 하여금 통화연맹 합류를 살려내보는 쪽에 도박을 걸어볼까 하는 유혹을 느끼게 했을 수도 있다. 그런데 1995년 중반에 달러가 다시 오르기 시작했고 덩달아 스털링도 오르기 시작했다. 이로써 메이저의 후임 총리들은 1차 대전 이래로 영국 정부들을 내내 제약했던 스털링 환율 방어 압박에서 10년 넘게 자유로울 수 있었다. 통화연맹이 대규모로 출범한 것도 합류하지 않은 영국에 도움이 되었다. 2001년에 영국 이외의 비합류국은 마스트리히트 조약에 선택적거부권을 행사한 덴마크와 스웨덴뿐이었는데, 이들이 통화 취약국 그룹으로 여겨질 것은 아니었기 때문이다. 노동당 총리 토니 블레어Tony Blair[1997년부터 2007년까지 총리를 지냈고, 유로화는 1999년에 출범했다]가 EU에서 영국의 영향력이 줄게 되었다고 한탄하긴 했지만, 1993~2008년에 인플레 없이 내내 이어진 성장은 노동당 정부로서도 통화연맹 합류를 굳이 더 주장하지 않는 데에 너무나 유용했다. 사실 이러한 경제적 성과는 중국발 인플레 억제 요인 덕분인 면이 컸고 (다음 장에서 살펴볼 것이다) 영국이나 유로화와는 관련이 없었다. 하지만 아무튼 인플레가 없었으므로 스털링을 둘러싼 거시경제적 문제를 EU 내에서 영국의 위상에 대한 지정학적 문제와 분리할 수 있었다. 이에 더해, 유로존이 가동되면 런던이 유럽의 금융중심지로서의 위치를 잃을지도 모른다는 우려도(이 우려가 대처를 총리직에서 몰아내기까지 하는 데 일조했지만) 런던이 빠르게 유로존의 금융중심지가 되면서 불식되었다.[72]

* * *

유로가 이탈리아에 도움이 되기에는 너무 '독일적'이고 독일이 참아주기에는 너무 '이탈리아적'이라는 양쪽의 비난은 유로존 역사의 시작으로까지 거슬러 올라갈 수 있다. 1999년에 출범한 통화연맹은 당초 구상했던 통화연맹과 전혀 달랐다. 본래 유로존은 달러에 기반한 브레턴우즈 통화 질서가 붕괴했을 때 서독이 취한 대응 때문에 생겨난 일련의 문제들에 해법을 찾기 위해 프랑스가 주도한 프로젝트였다. 독일 정부는 부채가 아주 많은 이탈리아를 받아들이지 않는 것을 조건으로 하고 통화 정책의 방식과 관련해 독일식 조항을 넣어서 마지못해서나마 통화연맹을 받아들이기로 했다. 하지만 현실에서 통화연맹의 형태는 이 모습이 아니었다. 현실의 통화연맹은 이탈리아의 부채 부담을 조정하기 위해 고안된 것이 전혀 아닌 법적 규칙을 가지고서 이탈리아까지 포함한 통화 블록이 되었다. 2012년에 드라기는 통화연맹을 개혁해야 했는데, [국가간에 합의를 이끌어내기가 불가능할 것이었으므로] 조약의 개정을 통하기보다 행정 명령으로 유럽중앙은행의 운영 규칙을 바꾸는 식으로, 즉 통화연맹의 구조를 정하는 조약 자체를 재협상하지는 않으면서 이 난관을 타개하고자 했다.

2015년에 유럽중앙은행이 양적완화(중앙은행이 유로존 국가들의 부채를 직접 매입해주는 것)를 시도한 것은 통화연맹의 역사에서 결정적인 전환점이었다. 독일식 조항으로 이루어진 마스트리흐트 조약에 의거해서 생겨난 통화연맹을, 독일이 도이체마르크를 포기하는 대가로 절대 동의했을 리가 없는 무언가로 확실하게 바꾸어버린 것이다. 1986년에 분데스방크는 독일의 인플레를 제로 아래로 낮추었다. 30년 뒤에 유럽중앙은행은 금리를 제로 아래로 낮추었다. 1993년에 독일 헌재는 독일의 마스트리흐트 조약 비준이 합헌이라고 결정했다. 2020년(이때는 코로나19 위기로 EU집행위원회가 국가보조금에 대한 규칙 등 단일시장의 규칙들을 일부 정지했을 때였다)에 나온 판결에서 독일 헌재는 [2015년 양적완화 프로그램에 대해] 독일 정부와 의회가 유럽중앙은행에 반대하지 않은 것이 독일 시민의 권리를 침해한 것이라고 판결했다. 한편, 유럽중앙은행이 '최종대부자 기능을 할 수 있는 중앙은행'으로 변모한 것은 어떤 나라 정부와 어떤 성향의 정부가 지원을 받을 수 있는가의 문제도 불러왔고, 곧 이탈리아와 그리스가 이를 절실히 체감하게 된다.

원래의 유럽중앙은행이 변모한 것은 2010년 이후지만 애초에 유럽중앙은행이 세워진 토대였던 물가 우선[인플레 억제 우선] 원칙은 이미 사라진 상태였다. 2000년대에 독일 경제는 더 이상 외부의 인플레 압력으로부터 국내 물가를 보호해야 하는 경제 세계에 있지 않았다. 사실 세계 경제와 독일 내부의 구조적인 동학은 그와 반대 방향의 압력을 가하고 있었다. 중국에서 들어오는 값싼 수입품이 강력한 반인플레 요인으로 작용했고 심지어 석유가격이 오르는 와중에도 그랬다. 그리고 이제는 독일의 금융 분야가 유로달러 시장의 요동에서 지켜져야 할, 안정성의 원천으로 여겨질 수 없었다. 사실 독일 은행들도 유로달러 시장에서 대대적으로 활동했고, 바로 이것이 유럽중앙은행이 스스로를 변모시켜 유로존 위기에 대응해야 했던 이유 중 하나였다. 중국 및 유로달러 시스템과 관련해 세계 경제의 이 같은 구조적 변화가 어떻게 나타났는지가 다음 장의 주제다.

| 5장 | '메이드 인 차이나'는 달러가 필요하다

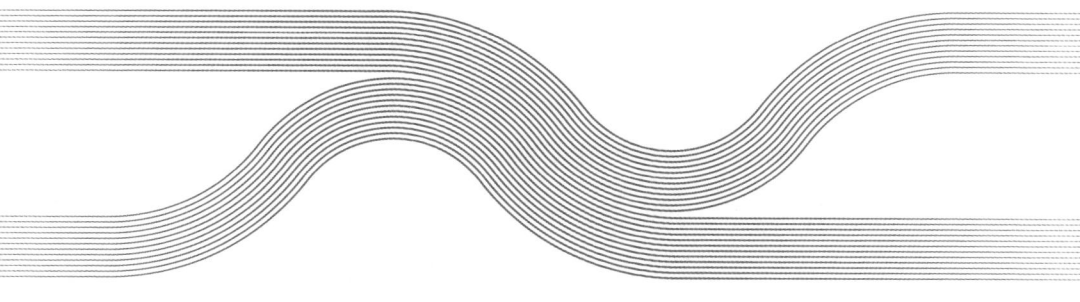

2015년 5월에 연방기금금리(연준의 주요 정책 금리)는 7년 반째 0.25퍼센트에 머물러 있었다. 그달에 로드아일랜드 프로비던스에서 한 연설에서 연준 의장 재닛 옐런Janet Yellen은 경제 상황이 계속 나아질 것으로 전망되어 그해가 가기 전에 마침내 연방기금금리를 올릴 것이라고 말했다.¹

옐런이 "통화 정책 정상화"라고 표현한 것은 달러에 고정된 환율을 가진 나라들에 문제가 생긴다는 의미였다. 높은 금리에 끌려 자본이 미국 자산 쪽으로 이동할 것이기 때문이다.² 특히 2008년 이후 중국 기업들이 유로 달러 신용 시장에서 탐식하고 있었던 중국으로서는 재앙이 예고된 것이나 마찬가지였다[유로달러 자금 조달 시장에서 싸게 달러를 빌렸던 기업들이 연준이 금리를 인상하면 더 비싼 이자를 내야 하게 된다]. 중국 경제는 이미 25년 사이 가장 저조한 성장률을 보이고 있었고 중국 경제 성장의 토대였던 수출이 줄고 있었다. 연준이 무언가를 하기 전에 선수를 치기 위해 중국 중앙은행은 2015년 8월 11일에 인민폐를 극적으로 평가절하했다.³ 중국과 세계의 많은 국가에서 주가가 폭락했고 신흥시장 국가들에서 환율이 대혼란에 빠졌다. 자본 이탈을 막기 위해 중국은 인민폐를 다시 한번 평가절하했고 2주 사이에 달러 보유고 중 1000억 달러 가량을 유동화했다.

대부분의 논평가는 연준이 9월 공개시장위원회[연방공개시장위원회. 연준의 의사결정 기구, 이하 'FOMC'] 회의에서 금리를 인상하리라고 예상했지만, 중국발 금융 혼란 때문에 연준은 더 지켜보기로 한발 물러섰다. 옐런은 기자회견에서 중국의 "성장에 대한 우려"로 "금융시장에 주목할 만한 변동성이 생겼다"며 "높아진 해외의 불안정성을 고려"하고 "인플레에 약간의 연착륙이 있을 것을 기대하면서"(유가가 하락하고 있었던 것을 의미한다) "FOMC는 금리를 올리기 전에 더 많은 증거가 있을 때까지 기다리는 것이 적절하다고 판단했다"고 밝혔다.[4]

금리 인상 없이 그해가 끝나가던 동안 통화를 둘러싼 미국과 중국 사이의 긴장이 다시 불거졌다. 12월 11일에 중국 중앙은행은 인민폐 환율을 달러만이 아니라 여러 통화로 된 통화 바스켓 대비로 새로 설정하겠다고 발표했다. 12월 15~16일 회의에서 연준은 마침내 연방기금금리를 0.25퍼센트포인트 올렸다. 중국 중앙은행은 중국에서 자본이 대거 이탈하는 재앙에 직면해 인민폐를 더 평가절하했다. 이것이 중국이 통화 정책을 대대적으로 전환하는 전조에 불과할지 모른다고 우려한 오바마의 재무장관은 2016년 2월에 상하이에서 [중국 포함] G20 중앙은행장 및 재무장관들과 비공식 회의를 갖고 각국 정부가 "경쟁적인 평가절하를 삼간다"는 약속을 이끌어냈다.[5] 달러에 대한 절상 압력이 한두 달가량 누그러졌지만 연준은 2016년 12월 FOMC 전까지 금리를 다시 올리는 위험을 감행하지 않았다.

오바마가 임기 마지막 해에 미·중 통화 관계를 양국 간의 협력을 통해 관리하려 시도했다면, 트럼프는 임기 첫해를 미·중 무역 관계에서의 전면적인 공격으로 시작했다. 2017년 8월에 트럼프는 중국의 무역 관행에 대한 조사를 발동했다. 2018년 초에는 1차로 중국의 태양광 패널과 세탁기에, 이어서 1300개가 넘는 중국산 수입품에 관세를 부과할 것이라고 발표했다. 한 달 뒤에 중국이 보복했다. 교역 조건을 조정하는 협상이 두 번 있었지만 둘

다 결렬되었고, 두 번째 협상 결렬 이후 미국 재무부는 중국을 환율조작국으로 지정했다.

트럼프의 정책이 대치적으로 전환한 것에 비견할 만큼 미중 경제 관계에 대한 지정학적 레토릭도 전환했다. 2017년 12월 미국이 발표한 국가 안보 독트린은 "거대 열강의 경쟁이 돌아왔다"고 언급했다. 또한 미국이 이제까지 "전략적 안주"의 모습을 "상당히 많이" 보여왔는데 이는 "글로벌 상업"이 "경쟁국"들을 "무해한 행위자이자 믿을 만한 파트너"로 만들어주리라는 잘못된 "가정"에 기반한 것이었다고 지적했다. 그리고 이제부터 미국은 "국내 경제를 되살리고 미국 노동자들에게 이득을 주며 미국의 제조업 기반을 다시 활성화하고 중산층 일자리를 만들고 혁신을 촉진하고 미국의 기술적 우위를 유지하고 환경을 보호하며 에너지 지배력을 달성하는 방향으로 경제 전략을 추구할 것"이라고 선포했다.[6] 불과 1년 뒤에 부통령 마이크 펜스Mike Pence는 연설에서 중국이 "국제적인 지배자"가 되려 하고 있으며 "미국의 정치와 정책에 베이징의 사악한 영향과 간섭이 파고들어왔다"고 한탄하면서 이것이 러시아의 영향보다 몇 배나 크다고 주장했다.[7] 이 연설 이후 중국의 한 당국자는 "이제 철의 장막 자리에 죽의 장막Bamboo Curtain이 내려왔다"고 말했다.[8]

트럼프의 전략 재설정이 미국 정치 스펙트럼 전반에서 지지를 받았다는 데는 의심의 여지가 없다. 몇몇 민주당 정치인이 트럼프의 발화성 있는 거친 화법을 비판하긴 했지만 기존 상태를 옹호하려는 사람은 거의 없었다. 하지만 EU로서는 적대적으로 선회한 미국의 대對중국 입장이 심각한 문제였다. 2018년 7월, 중국의 무역 관행에 맞서는 데 왜 EU와 함께하지 않느냐는 질문에 트럼프는 "EU도 우리에게는 중국만큼 나쁠 수 있다"며 "단지 규모가 좀 더 작을 뿐"이라고 말했다.[9] 2019년 트럼프는 중국의 테크 업체 화웨이를 공격하면서 EU와 영국의 동참을 요구했지만 EU와 영국은 거부했다.

연준의 통화 의사결정이 어떻게 중국의 달러 문제로 제약받게 되었는지, 그리고 왜 트럼프가 중국에 무역 전쟁과 테크 전쟁을 선포했는지에는 2007~2008년의 붕괴 이전 십수 년간 벌어진 일이 그 이후에 벌어진 일 못지않게 관련이 크다. 주목해야 할 것은 크게 두 가지다. 하나는 중국의 경제 성장이 일으킨 영향이고 다른 하나는 유로달러의 형태로 달러에 대해 국제 신용 시장이 생긴 것의 영향이다. 이 둘이 함께 작용하면서, 국제 통화 및 재정 환경에 지각 변동을 일으켰고 커다란 유가 충격을 가져왔으며 미국 경제의 광범위한 탈구를 불러왔다. 이 셋 중 앞 두 현상의 상호작용에서 2007~2008년의 위기가 왔고, 세 번째 현상에서 "중국에 맞서자"는 인사이더이자 아웃사이더가 대선에서 승리할 수 있는 조건의 일부가 만들어졌다.

중국 쇼크

2000~2007년, 연평균 성장률이 최고 14퍼센트에 달하기도 했던 중국의 경이로운 경제 성장은 세계 경제에도 큰 파장을 일으켰다. 중국 쇼크의 상당 부분은 무역에서 나타났다. 중국 정부는 달러 대비 인민폐 환율을 수출 경쟁력을 유지할 수 있는 수준으로 유지하려고 온갖 노력을 기울이면서 수출 주도 전략을 폈다. 중국이 2001년에 WTO에 들어오게 하기 위한 사전 조치로 2000년에 미국이 중국과 영구적인 무역 정상화를 하기로 하면서 여기에 더욱 속도가 붙었다. 이 새로운 무역 세계에서 중국의 수출품은 주로 제조품이었다. 따라서 미국과 상당수 유럽 국가들이 막대한 대對중국 무역 적자를 보게 되었다. 미국의 대對중국 상품수지 적자는 1999~2008년 사이에 거의 네 배가 되었다.[10]

중국 제조품 수출의 급증은 북미와 서유럽의 노동시장에, 특히 미국 노동시장에 막대한 영향을 미쳤다.[11] 이 충격의 규모가 어느 정도였는지에 대해서는 논란이 있지만 중국의 수출이 집중된 분야에서 상당히 충격이 컸으며 자국내 공급망에까지 영향을 미쳤다는 데는 논란의 여지가 없다.[12] 2001년부터 미국의 제조업 고용이 무너지기 시작해 피고용자수가 2000년 12월 1720만이었던 데서 2009년 12월 1150만 명으로 줄었다. 그 직전 시기에 비해볼 때 실로 극적인 변화였다. 제조업 고용자수는 1979년 중반에 1950만 명으로 가장 많았고 1989년 말에도 여전히 1790만 명이 고용되어 있었으며, 1999년 말에는 1730만 명이 고용되어 있었다. 그 이후에 온 고용 감소의 상당 부분은 2000년대 초에 일어났다. 2001년 한해 동안 제조업 고용은 1710만에서 1570만 명으로 떨어졌고 2003년 12월이면 1430만 명으로 떨어졌다.[13] 상실된 일자리의 정확히 몇 퍼센트가 중국과의 교역 탓인지를 짚을 수는 없지만, 변화의 규모와 시점은 타격을 입은 사람들이 중국과의 무역 정상화를 재앙의 원인으로 여기게 하기에 충분했다.[14]

물론 클린턴 정부가 중국과 교역 관계를 영구적으로 정상화했을 때 고용 충격은 기대한 효과가 전혀 아니었다. 2000년에 빌 클린턴은 "경제적 결과에 대해 말하자면 미국 입장에서 100 대 0의 거래[미국이 일방적으로 이득을 본 거래]"라고 말했다.[15] 클린턴의 농무부 장관은 영구적인 교역 정상화에 대해 "정말로 고민할 필요도 없는 문제"라며 미국의 시장이 이미 중국에 열려 있었으므로 "모든 양보는 그들 측에서 했고 우리는 모든 이득을 보았다"고 말했다.[16]

약속과 현실 사이의 이러한 괴리는 의회에서 빠르게 역풍을 불러왔다. 분노의 상당 부분은 중국의 환율 정책을 조준했다. 중국이 자국 통화를 변동환율로 두었더라면 무역 흑자 증가가 인민폐 가치를 밀어올려서 중국산 수입품이 비싸졌을 것이다. 하지만 1994년 이래로 중국은 달러 대비 고정환율을 유지했다. 중국 중앙은행은 인민폐가 평가절상되게 허용하기는커녕, 2003년부터 대규모 환율 개입으로 평가절상을 막았다. 그해에 중국이 무역을 위해 통화 정책을 쓰는 데 대한 분노가 미국의 중진 의원들에게서 공식적으로 나오기 시작했다. 민주당 상원의원 찰스 슈머Charles Schume와 공화당 상원의원 린지 그레이엄Lindsey Graham은 중국이 인민폐 가치를 재조정하지 않을 경우 중국 제품에 상당한 관세를 물린다는 내용을 담은 법안을 처음으로 발의했다.[17] 이러한 노력은 이후에도 계속 이어져 2005년 초반에 정점에 올랐고 상원에서 법안이 충분히 통과될 수 있을 것으로 보였다.

하지만 2000년 이후의 미·중 무역 관계는 미국에서 빠르게 정치적으로 안착했다. 슈머와 그레이엄의 법안은 조지 부시 주니어 행정부에서 지지를 많이 얻지 못했다. 세 전임 대통령은 안보를 무기로 일본에 환율 조정을 요구할 수 있었지만 부시는 미국에 안보를 의존하지 않는 중국에 그것을 요구할 수 없었다. 게다가 중국은 미국의 가장 큰 채권국이기도 했다. 사실 중국이 환율 평가 유지를 강하게 고수하면서, 중국중앙은행은 거시경제 전략으로서 미국채를 다량으로 보유할 인센티브를 갖게 되었다. 그래도 슈머-그레이엄 법안이 통과될 가능성이 여전히 있을지 모른다고 우려한 중국은 2005년 7월에 환율에 대한 입장을 조금 바꾸었다. 표면상으로 이 조치는 인민폐-달러 고정환율을 폐기하고 인민폐가 일정 정도 변동하게 허용하는 듯했다. 하지만 실질적으로는 달러 대비 2퍼센트 정도 재평가하는 수준의 양보만 했을 뿐이었다. 그해 가을에 부시의 내무장관 행크 폴슨Hank Paulson은 환율과 무역 이슈를 논의할 제도적 틀을 만들자고 중국에 제안했다. 그가 표방한 목적에 따르면 유의미한 인민폐 재평가를 얻어내는 것이 미국의 목표였다.[18] 하지만 이번에도 중국의 환율 조정은 최소한으로만 이루어졌다. 2007년 5월에 중국은 인민폐 변동폭을 늘리기로 동의했고, 그 이후 인민폐가 평가절상되긴 했다. 하지만 그것의 효과는 달러가 다른 통화들에 대해서도 평가절하되면서 희석되었다.

표면상으로 보면 워싱턴에서의 정치적 대치는 후버 행정부 때부터 레이건 행정부 때까지 의회에 존재했던 보호주의적 압력의 재탕 같았다. 하지만 몇몇 미국 기업은 초국적 생산과 중국의 커다란 공급망으로부터 막대한 이득을 얻고 있었고, 이는 예전과는 매우 다르다는 의미였다. 미국의 테크 분야와 전자제품 제조 분야는 제품을 중국에서 조립하는 데서 막대한 이득을 보았고 월마트 등 값싼 중국제 수입품을 판매하는 거대 할인 유통매장도 그랬다.[19] 옛날 옛적에는 애플이 거의 모든 제품을 미국에서 만들었고 1980년대에 애플의 공동 창업자 스티브 잡스는 애플의 컴퓨터가 '메이드 인 아메리카'라고 자랑하기도 했다.[20] 하지만 2004년부터는 애플의 거의 모든 제품이 해외에서 제조되었고 대부분은 중국에서였다. 애플의 한 임원은 《뉴욕타임스》와의 인터뷰에서 "미국 공장이 3000명에게 야간 근무를 시키고 그들을 기숙사에 살게 할 수 있겠는가"라고 반문했다.[21] 어느 면에서, 이렇게 이득이 선택적으로 존재했다는 점은 "중국에 맞서자"는 레토릭에 대한 공감을 감소시켰다. 아이팟을 중국에서 제조하는 것이 미국의 무역 적자를 심화시킬 수는 있겠지만 제품의 부가가치 대부분은 여전히 미국이 얻고 있었다.[22] 하지만 이 상황은 미국의 정치에서 계급 갈등을 촉발했다. 이득을 얻는 쪽은 주주들이거나 높은 보수를 받는 경영자들이었고 손해를 보는 쪽은 공장 노동자들이었다.[23]

* * *

중국과 관련해 미국 정치에서 가장 가시적인 영역은 무역이었지만 중국 쇼크는 석유로도 극적으로 이어졌다. 중국은 1993년까지 석유를 자급했다. 석유자립국이었다는 점에서 중국의 초기 산업 발달 과정은 대부분의 아시아 국가들과, 특히 일본과 달랐다. 중국은 2000년대 중반에서야 석유소비국이 되었고 이제 이 영향이 세계의 나머지에 미치기 시작했다. 2008년에 중국은 사우디 생산량의 70퍼센트에 해당하는 양을 소비했다. 여기에 더해 다른 아시아 국가들, 특히 인도에서의 수요도 증가하고 있었다. 세계 석유 소비는 1994년 하루 6800만 배럴에서 2000년에는 7700만 배럴이 되었고 2008년에는 유럽 경제가 하락했는데도 8700만 배럴이었다. 비교를 위해 1973~1993년의 20년을 보면, 5700만 배럴에서 6700만 배럴로만 증가했을 뿐이었다.[24] 중국발 수요 충격이 분명해지던 2005년에 석유 생산이 정체되었고(4장 참고) 생산 정체는 셰일오일 붐이 시작되기 전까지 이어졌다.[25] 그 결과, 10년간 저유가 기조가 있은 뒤 2000년대 중반에 세계 경제는 전례 없는 고유가에 봉착했다. 2006년 5월 유가는 배럴당 90달러에 도달했고 이는 인플레율을 조정하면 1차 석유 파동이 끝난 1974년 3월보다 80퍼센트나 오른 것이었다. 2008년 6월의 피크 때는 배럴당 무려 150달러로, 인플레율을 조정했을 때 2차 오일 파동 때였던 이전의 고점보다도 30퍼센트나 높았다.[26]

이번의 유가 충격은 1970년대에 있었던 두 차례의 유가 충격과도, 1981~1985년의 달러 가치 급등으로 인한 유가 충격과도, 이라크의 쿠웨이트 침공으로 일시적으로 유가가 급등했을 때와도 달랐다. 앞선 경우들에서는 수요측 요소가 크지 않았고 구조적 원인에 의한 것도 아니었다. 1970년대 아랍의 석유 금수조치는 일시적이었고 이란의 생산은 적어도 부분적으로는 혁명 이후에 회복되었다. 1990년 이후 이라크의 생산도 제재가 부과되기 전까지는 회복되었다. 1980년대 초반의 충격은 1985년에 달러 가치가 하락하기 시작하고 1986년부터는 대대적으로 하락하면서 유가도 떨어져 해소되었다. 하지만 이번에는 중국과 인도의 막대한 수요가 유가를 올리는 요인이었고, 이것은 일시적인 상황이 아니라 세계 경제의 영구적인 사실이었다. 새로운 공급만이, 아니면 경제 성장의 상당한 둔화만이 고유가가 경제의 일상에 상수로 자리 잡는 일을 막을 수 있을 터였다. 고유가가 야기한 문제가 2007~2008년 붕괴를 일으키는 데 일조한 것을 생각하면 아이러니하게도, 가속적으로 증가하는 석유 소비에 부응할 추가적인 생산 여건은 2007~2008년 금융 붕괴 시기에 넘치도록 많이 생겨나게 된다(이 장의 뒤에서 설명할 것이다).

유로달러 뱅킹

유로달러 뱅킹 이야기를 하려면 다시 1970년대로 가보아야 한다. 브레턴우즈가 종말을 고하는 데 크게 기여한 유로달러 시장은 두 번의 오일 쇼크 때 매우 확대되었다. 고유가로 중동 산유국들의 달러 수입이 크게 늘면서 미국과 유럽 은행들은 대출에 활용할 수 있는 달러 예금을 아주 많이 갖게 되었다. 석유 수입국들(개도국도 포함해서)이 상당한 무역 적자 대금을 내기 위해 달러가 필요했으므로 유로달러 시장은 지극히 유용했다. 특히 IMF가 이렇게 대규모의 구조적 적자에는 잘 대응할 수 없었기 때문에 더욱 그랬다. 은행들은 유로달러 대출을 통해 달러가 필요한 쪽에 달러를 공급해주는 통로가 되었다.[27] 부분적으로는 그 결과로 미국과 서유럽 경제에서 금융 분야, 특히 국제 은행업 분야가 2차 대전 직후의 30년간에 비해 경제에서 훨씬 더 비중이 커졌다.[28] 하지만 유럽 은행들이 운영하는 유로달러 규모가 커지면서 '누가 이 영업을 규제하고 이 시장의 최종대부자 역할을 할 것이냐'는 옛 질문이 다시 제기되었다. 아니, 1960년대에 제기되었을 때보다 훨씬 더 첨예한 문제가 되었다.[29] '누가 최종대부자가 될 것이냐'의 질문에 현실적으로 유일한 답은 연준이어야 했지만, 이 현실은 입 밖에 내기에는 너무 급진적이었다. 1974년에 G10 중앙은행 총재들이 이 문제를 논의했을 때도 "위기 시점이 되면 해법이 오리라고 확신한다"고만 표명했을 뿐이었다.[30]

그 결정적인 위기 시점이 2007년 8월에 왔다. 그 사이에 유로달러 시장은 가늠할 수 없을 정도로 규모가 커져 있었다. 규모만 커진 게 아니라 작동 방식도 크게 달라져서, 은행들의 자금 융통에서 레포(환매조건부채권) 거래가 차지하는 비중이 매우 높아졌다. 레포 거래란 한쪽이 증권을 담보로 현금을 빌리고 그 증권을 다음 날 살짝 더 높은 가격으로 다시 매입하기로 하는, 주로 하루짜리의 단기 계약을 말한다. '은행들이 유로달러 시장에서 달러를 창출해 대출할 수 있게 되면서 국가가 정하는 금리 체계가 훼손된다'던 과거 분데스방크의 좌절이 1990년대 무렵에는 연준의 좌절이 되었다. 1996년에 한 연설에서 당시 연준 의장 앨런 그린스펀은 "불행히도 통화 공급 경향이, 몇 년 전이었다면 전반적인 경제에 대해 유용한 요약이 되었을 모습으로부터 이탈했다"며 "미래의 통화 정책을 쓰는 데서 우리는 통화 공급에 크게 의존할 수 없을 것"이라고 말했다.[31] 이어서 그는 "이 세계에서 통화 정책은 은행들의 대차대조표와 자산 가격 평가를 통해 수행되어야 할 것"이라고 언급했다.[32]

하지만 말이 쉽지 현실에서는 매우 어려운 일이었다. 같은 연설에서 그가 말했듯이 "비이성적 과열"이 "자산 가치를 부당하게 밀어올리고" 있었기 때문이다.[33] 은행의 대차대조표를 규제·감독하는 것도 쉽지 않았다. 1988년에 G10 국가들이 합의한 바젤 협정Basel Accords에서 은행 규제는 은행 대차대조표 중 자산 쪽에 집중되었다. 하지만 1990년대 말에 은행들은(그리고 여타 금융 기업들도) 파생상품을 사용해 대차대조표의 규모를 위장하는 방법을 발견했다. 게다가 유럽 은행들이 유로달러 시장의 비중 있는 행위자였는데 연준은 외국 은행들의 대차대조표를 규제할 권한이 없었다.

그뿐 아니라, 사실 그린스펀은 금리를 자산 가격 변화에 대응해 결정할 생각이 없었다[인플레에 대응해 결정하는 것이 기조였다]. 하지만 1980년대 중반 이후 자산 가격은 점점 더 큰 폭으로 등락했다.[34] 1997~1998년 아시아 금융 위기에서 정점에 이르렀듯이 개도국과 신흥시장에서 가장 가시적이었지만, 1987년의 주식시장 붕괴에서처럼 서구 경제에서도 명백했다. 그린스

편이 연설에서 "비이성적 과열"을 언급했을 무렵이면 투자자들의 돈이 인터넷 스타트업들에 몰리면서 미국 주식시장에 닷컴 버블이 상당히 커져 있었다. 하지만 2000년 3월에 닷컴 버블이 터지고 나서도 그린스펀은 여전히 버블이란 미리 포착될 수 없고 일단 발생하면 제어될 수 없다고 말했다.[35]

은행들 자체에 대해 말하자면, 국제적인 영업이 1990년대 말부터 차원이 다르게 증가했다. 이번에도 국제화의 심화는 유럽 은행들이, 처음에는 독일 은행들이 주동했다.[36] 전에 없이 크고 전에 없이 국제화된 은행의 대차대조표는 20세기 말에서 21세기로 넘어오는 시기에 국제 자본 흐름을 막대하게 증가시켰고, 이 흐름의 상당 부분이 유로존에서 벌어졌다.[37] 통화연맹이 EU 거의 전체를 아울러 통합된 신용 조건을 만들었음이 명백해지자 유럽 북부의 은행들이 많은 돈을 유로존의 남유럽 국가들과 아일랜드의 정부 및 기업들에 빌려주었기 때문이다.

이 동일한 유럽 북부의 은행들이 대출과 증권 및 채권 매입 둘 다를 통해 미국에 돈을 빌려줌으로써 대차대조표에 국제 자산도 막대하게 보유했다. 빌려줄 돈은 레포 시장과 유로달러 시장 등 머니마켓에서 조달한 단기 달러로 융통했는데, 그 때문에 이들 은행은 막대한 외환 부채를, 그리고 장기로 보유한 미국 자산과 단기로 빌린 달러 사이의 만기 불일치 문제를 갖게 되었다.[38] 이와 동일한 동학이 재앙적으로 펼쳐졌던 [1990년대 말] 아시아 금융 위기를 겪고 나서, 2000년대에 중국을 포함한 아시아의 중앙은행들은 대규모 달러 보유고를 확보하는 쪽으로 나아갔다. 하지만 유럽중앙은행과 영란은행은 자신의 은행 분야에 커다란 통화 불일치가 있더라도 실제로 자신이 외환을 지원해야 할 일은 생기지 않으리라고 믿는 듯했다. "위기 시점"이 오면 연준이 해법을 제공하리라는 1974년의 가정을 믿으면서 말이다.

잠깐 동안의 대안정기

2007~2008년 이전의 10년 동안 중국의 빠른 경제 성장과 국제화된 은행업의 결합은 1980년대 중반에 낮은 금리와 낮은 유가로 처음 생겨난 해롭지 않은 통화 신용 환경을 강화해주는 듯했다. 2004년의 어느 연설에서 나중에 연준 의장이 되는 벤 버냉키Ben Bernanke는 "대안정기Great Moderation"라는 용어를 쓰면서 이를 "거시경제의 변동성이 상당 정도 감소한 것"이라고 설명했다. 1970년대와 1980년대 초에 비해 인플레가 훨씬 낮은 수준으로 유지되리라는 말이었다.[39] 이러한 변화의 원인이 무엇인지는 논란이 분분했다. 버냉키를 포함해 어떤 이들은 경제 정책, 특히 통화 정책이 상당히 향상된 덕분이라고 보았다.[40] 어떤 이들은 유가 하락의 행운이라든가 제조업의 중요성이 줄고 금융 혁신이 일어난 것 등 경제 구조상의 변화를 들었다.[41] 하지만 이런 요인들의 상대적인 중요도가 무엇이었든 간에, 2001년 이후 중국의 수출 증가로 의류 등 소비재 가격이 크게 낮아지면서 인플레가 억제된 것이 결정적인 요인이었음은 분명하다. 중국에서 석유 수요가 증가해 에너지 가격이 인플레 요인으로 작용할 수 있는 상황에서도, 소비재 가격 하락의 인플레 억제 효과는 컸다.[42]

그런데 적어도 1990년대부터 '대안정기'는 기대 인플레가 달라진 것만으로는 설명되지 않는 금리의 하락을 세계 곳곳에서 가져왔다.[43] 과거 기준으로 보면 이는 이례적인 일로 보였다. 20세기에 실질 금리가 낮았던 시기가 없었던 것은 아니지만 인플레가 낮고 은행 규제가 약했을 때는 실질 금리가 낮지 않았다.[44] 이렇게 구조적으로 크게 완화된 통화 신용 환경의 원인이 무엇인지에 대해서도 역시 의견이 분분했다.[45] 그린스펀과 버냉키를 포함해 어떤 이들은 중국의 통화 및 환율 정책을 결정적 요인으로 보았다. 버냉키에 따르면 중국은 2005년에 금리를 낮추는 요인으로 작용한 '글로벌 저축 과잉'의 상당 부분을 차지했다.[46] 중국과 여타 동아시아 국가들이 낮은 금리에서도 미국에 상당한 자금을 공급한 것은 사실이었다. 중국은 미 국채를 상당량 매입했고 나중에는 미 의회의 설립장으로 세워진 두 모기지 회사 패니매Fannie Mae와 프레디맥Freddie Mac이 발행한 채권과 증권도 매입했다. 덕분에 연준은 2001년에 실효 연방기금금리를 2퍼센트 아래로 내릴 수 있었고 이 수준을 2004년 후반까지 유지할 수 있었다. 이렇게나 완화된 신용 환경은 미국이 부시 주니어의 첫 임기 동안 급격히 증가하던 무역 적자에 돈을 댈 수 있게 해주었다. 이전 어느 때보다도 단 하나의 국가[중국]에 재정적으로 크게 의존하게 되었지만 말이다.[47] 또한 이러한 신용 환경은 아마존, 구글, 이베이 같은 테크 기업들이 수익을 창출하는 비즈니스 모델이 없는 채로도 닷컴 버블에서 살아남고 성장할 수 있게 했다.

어떤 이들은 21세기 초 미국의 통화 이득과 중국의 무역 이득을 보면서 앞으로 꽤 한동안 금리가 내내 낮게 유지될, 사실상 새로운 국제 통화 질서가 만들어졌다고 여겼다. 이 질서가 브레턴우즈의 반쯤 부활한 버전이라고 보는 사람도 있었다.[48] 경제사학자 니얼 퍼거슨Niall Ferguson과 모리츠 슐리크Moritz Schularick는 이 경제 세계를 "차이메리카"라고 불렀다[중국이 자국산 저가 상품을 수출해 달성한 경상수지 흑자로 미국의 국채를 매입하면 미국은 무역 적자를 보충하고 세계 최대 시장으로서 중국의 상품을 소비하며, 중국은 다시 무역흑자를 달성해 이를 바탕으로 미국의 국채를 매입하는, 미·중 경제 공생 관계를 말한다].[49] 이와 달리 클린턴의 전 재무장관 로렌스 서머스Lawrence Summers는 달러가 붕괴할 경우 미국과 중국이 각자 겪게 될 재앙에 대한 두려움이 이들을 하나로 묶어주는, "금융 공포로 인한 균형"이라고 이 상황을 설명했는데, 어쨌든 그도 미·중 경제 관계에 "단기적으로 막대한 기능성과 안정성이 있다"고 판단했다.[50]

하지만 실제로는 단기적인 불안정성이 상당히 존재했고, 곧 이 불안정성은 세계 경제 전체로 파급 효과를 일으키게 된다. 무엇보다, 석유는 중국의 경제 성장이 무해하기만 한 신용 환경을 창출하고 있는 것과는 거리가 멀게 만들었다. 사실 2000년대 중반부터 중국의 석유 수요와 점점 심해지는 공급 부족이 통화 부문에 파장을 일으키고 있었다. 통화 부문에서의 파장은 연준이 유가 상승이 추동하는 인플레를 우려해 통화를 조이기 시작한 2004년 6월에 처음 드러났다.[51] 연준의 고위 정책결정가들에게 고유가의 귀환은 결정적인 전환점이었다. 앨런 그린스펀은 고유가를 피하기 위한 노력으로서 이라크 전쟁에 정당성이 있었다고 보았다.[52] 《워싱턴포스트》와의 인터뷰에서 그린스펀은 석유 시장이 제대로 작동하게 하려면 후세인을 몰아내는 것이 "필수적"이었다고 말했다.[53] 이보다 염세적으로, 2005년의 한 연설에서 당시 영란은행 총재 머빈 킹Mervyn King은 유가 상승이 소위 'NICE'를 끝내게 될 것이라고 말했다. NICE는 1992년 이후 인플레 없이 일관되게 성장이 이어진 시기Non-Inflationary with Continuous Expansion를 말한다. 킹은 새로운 환경에서는 최근 시기에 비해 인플레와 성장의 변동성이 훨씬 크리라고 내다봤다. 킹은 NICE의 종말이 오면 중앙은행이 앞으로도 계속 통화 정책으로 안정성을 달성할 수 있으리라는 개념은 환상이 될 것이라고 말했다.[54] 3년 뒤, 유럽중앙은행 총재 장클로드 트리셰는 한술 더 떠서 "원자재 수입국으로부터 원자재 수출국으로 소득이 이전되고 있다"며 서구의 정부와 국민들은 이를 "받아들여야 한다"고 주장했다.[55]

하지만 국제화된 달러 뱅킹 때문에 이 그림이 복잡해졌다. 킹과 트리셰의 이야기에서 부분적으로 경제 세계는 1970년대로 돌아가고 있었다(전 세계적으로 그때보다 자본이 얻는 수익이 높아졌고 북미와 서유럽에서 노동이 얻는 수익이 줄긴 했지만 말이다). 하지만 과거와 달리 이미 중앙은행들은 그들이 표방하는 통화 목적을 달성할 수 없었다. 2005년 2월에 그린스펀이 상원 위원회에 출석해 말했듯이 "풀리지 않는 수수께끼" 같은 일이 벌어지고 있었다. 연준이 고유가로 인해 발생할지 모를 인플레를 우려해 2004년 6월부터 긴축을 했는데 장기 금리가 영향을 받지 않은 것이다.⁵⁶ 사실 10년 만기 미 국채는 연준이 연방기금금리를 올리기 전보다 금리가 더 낮았다. 이것이 그린스펀이 주장한 것처럼 지극히 이례적인 변칙 현상이었는지, 아니면 중국 및 여타 아시아 국가들의 중앙은행이 미 국채를 매입한 것으로 설명될 수 있는 현상이었는지는 아직도 결론이 나지 않았다. 하지만 신용 시장 환경이 연준이 통화 정책을 폈을 때 기대했던 바와 다르다는 그의 언급은 유가의 인플레 효과를 우려해 연준이 통화 긴축을 실시한 이 시기에 대해 무언가 중요한 점을 말해준다. 고금리가 비금융 경제, 특히 주거에는 상당한 영향을 미쳤지만 금융 분야의 신용 여건에는 별로 영향을 못 미쳤다는 사실 말이다. 신용부도스와프 등 신용 파생상품들이 금융시장 참가자들의 위험한 투자에 사실상 보험을 제공함으로써, 통화 정책이 긴축으로 바뀌어도 금융시장에서 조달할 수 있는 신용이 줄지 않게 버퍼를 형성했다는 점이 한 가지 이유일 것이다. 하지만 마찬가지로 중요한 것은, 미국 내에서 활동하는 미국 은행들에 미치는 효과가 무엇이든 간에, 연준의 긴축이 유로달러 시장에는 영향을 미치지 못한다는 점이었다. 그런데 유로달러 시장의 달러 자금은 미국으로 바로 들어와 유통될 수 있었다.⁵⁷ 미국의 통화 정책을 국제 달러 신용 시장과 연결할 해법을 발견하지 못한 채, 이 문제는 2006년 초에 그린스펀에게서 후임자인 벤 버냉키에게로 그대로 넘어왔다.

다중 붕괴

2007~2008년 금융 붕괴는 중국의 경제 성장, 석유 생산이 정체된 상태에서 중국의 경제 성장이 유가에 미친 영향, 유로달러 시장, 그리고 이 각각이 신용 환경에 미친 여파의 결합이 정점에 이른 사건이었다. 2007~2008년 금융 위기 직후에 이 위기를 미국의 서브프라임 대출, 1980년대의 금융 규제 완

화, 동아시아 중앙은행들의 행동 등으로 설명하는 이야기가 많이 있었지만 이러한 설명은 늘 오도의 소지가 있었다. 또한 유럽에서는 이러한 왜곡이 자기 이익을 위한 것이기도 했다. 유럽 북부의 은행들이 유로달러 시장을 통해 위기에 결정적으로 일조했다는 점이 감추어질 수 있기 때문이다.[58] 버냉키는 2007~2008년 금융 위기가 중국발 '저축 과잉'의 위기라고 말했지만 사실은 유럽발 '은행 과잉'의 위기인 면이 더 컸고, 여기에서 독일 은행, 프랑스 은행, 영국 은행은 별로 다를 것이 없었다.[59] 물론 2007~2008년 금융 붕괴의 원인이 이러한 이분법으로 환원될 수 있다는 말은 아니다. 사실 2007~2008년 붕괴는 하나의 붕괴가 아니라 여러 개의, 다중 붕괴였다.

첫 번째 붕괴는 미국의 주택 시장 붕괴였다. 1997년에 시작된 호황에서 주택 가격이 계속 오르다 2006년 초에 정점을 찍은 후 6년간 하락세를 보였고, 특히 2007년부터 2009년 초까지 급격하게 하락했다.[60] 주택 시장 호황은 제조업 고용이 위축되었던 2000년대 초반에 미국 경제의 성장을 주도했다.[61] 전에는 신용도가 낮아서 대출을 받을 수 없었던 사람들에게 판촉된 '서브프라임'[우량 이하 등급 고객] 대출이 이 주택 호황의 상당한 (하지만 유일하지는 않은) 원인이었다. 연준이 2004년 6월부터 2006년까지 고유가에 대응해 금리를 올리자 많은 서브프라임 대출자들이 이자를 갚기 어려워졌다. 서브프라임 대출은 주택 가격이 계속 오르는 한 돈을 빌린 사람들이 언제라도 부채 재조정을 할 수 있으리라는 가정을 깔고 있었는데, 주택 가격이 떨어지기 시작하자 그 안전판이 사라졌다. 서브프라임 고객의 채무 불이행이 늘었고 은행이 그들의 집을 압류하면서 주택 가격은 더 떨어졌으며 다시 이는 모기지 대출을 받은 사람들이 더 많이 대출을 갚지 못하게 만들었다. 2007년 말이면 이미 미국에서 주택 압류 위기가 시작되어 있었다.[62]

주택 시장 붕괴 초기에 연준은 대응하지 않았다[고금리를 유지했다]. 주택 압류가 느는 데도 연준은 [불황보다는] 여전히 유가[의 인플레 위험]에만 신경을 썼다. 긴축적 통화 정책이 주택 시장에 부정적인 영향을 미치고 있고 유가 자체도 불황의 조건을 만들어 모기지 위기를 심화시키고 있다는 것을 알고 있었으면서도 말이다. 그러다 2007년 9월에, 마침내 연준은 금리를 낮추기 시작했다. 그런데 이때는 유가 인상이 더욱 가속화된 시점이었다. 연준은 이제 [불황을 다루기 위해] 유가의 인플레 위험을 알면서도 무시하고 있었다. 유가의 인플레 위험이 애초에 모기지 위기를 일으키는 데 상당한 요인이었는데도 말이다. 2007년에 연준은 상반된 두 가지 문제를 한꺼번에 다룰 통화 정책을 설정하는 것이 그저 불가능했다.[63]

두 번째 붕괴는 미국에서는 2007년 4분기에, 유로존과 영국에서는 2008년 2분기에 시작된 경제 불황이었다. 이 불황은 유가 충격, 그리고 이에 대한 중앙은행들의 정책 대응으로 일어났다. 고금리로 성장이 둔화되었고, 그다음에는 2007년 하반기와 2008년 초반에 유가가 계속 오르면서 소비자 신뢰와 소비 지출이 떨어졌다.[64] 이 불황은 특히 유럽의 정책 결정자들을 당황하게 했다. 유럽중앙은행이 2008년 7월에 유가로 인한 인플레 가능성에 대응해 금리를 올렸을 때, 유로존의 경제는 사실 이미 불황이었다.

그해 여름, 머빈 킹이 말했던 "NICE의 종말"이 현실화되는 것 같았다. 리먼브러더스가 파산해 세계 경제에 더 극적인 충격파를 던지기 전이던 그해 여름에 중앙은행 정책결정가들을 휘감았던 두려움은 세계 경제의 스태그플레이션 가능성이었다. 인플레 증가와 실업 증가가 동시에 오는 것을 말하는데, 유로존에서 이것은 경제적 고난일뿐 아니라 정치적 고난이기도 했다. 1970년대가 전례가 될 수 있다면, 이는 유럽 내부에서 인플레 위협을 우선해야 하느냐 성장을 우선해야 하느냐를 두고 곧바로 분열이 생기리라는 의미였다. 물론 유로존의 존재 자체가 토대를 두고 있는 원칙으로 보자면, 물가 안정 우선으로 결론이 나야 했다. 2008년 7월의 긴축 전에도, 가령 2007년에도, 연준과 영란은행은 완화적인 통화 정책을 편 반면 유럽중앙은행은 그렇게 하지 않았다. 유가 상승이 일으키는 인플레 압력에 따라 정책을 펴야 한다는 견해를 굽히지 않고서, 유럽중앙은행의 트리셰는 마스트리흐트 조약에 의거한 책무인 인플레 관리[물가 안정] 원칙을 고수했다.[65] 하지만 물가 안정이 우선이라는 그의 주장은 스페인과 프랑스에서 상당한 반발을 샀다.[66] 2008년 7월에 유가가 급락하면서 유로존의 통화 정책을 둘러싼 근본적인 간극은 일시적으로 사라진다. 하지만 이제 석유가 유로존 내부에 일으킨 구조적인 통화 단층선이 다시 한번 위험하게 드러났다(다음 장에서 알아볼 것이다).

세 번째 붕괴는 2007년 8월 9일에 레포 시장에서 시작된 은행 붕괴였다. 프랑스 은행 BNP파리바를 시작으로 은행들이 모기지담보부증권으로 보유한 자산을 자금 조달에 담보로 사용할 수 없게 되면서, 은행 간 거래 시장에서 모든 은행의 자금 조달 비용이 급등했다. 모기지담보부증권이 은행들의 자금 조달 위기를 심화시켰다는 사실은 2007~2008년의 금융 붕괴가 실제보다 미국의 주택 시장 붕괴와 더 밀접해 보이게 만들었다. 하지만 2010년에 열린 금융 위기 관련 청문회에서 버냉키가 말했듯이 "글로벌 금융 시장의 규모에 비추어 판단했을 때, 명백히 서브프라임 손실은 그 자체만으로 이 위기의 규모를 설명할 수 있을 정도로는 크지 않았다." 버냉키에 따르면, 그것보다 "이 시스템의 취약성은 자금 시장 상황이 대대적으로 변화한 데" 크게 노출되어 있었다.[67] 유럽의 은행들이 특히 큰 어려움을 겪었다. 이들은 외환 자금이 필요했는데, 이를 위해 의존하던 유로달러 신용 시장이 기능을 멈추었고 고쳐질 수도 없었다. 8월 9일 이후에 유로달러 실효금리인 리보LIBOR는 더 이상 연방기금금리와 같이 움직이지 않았고, 연준이 은행의 자금 조달 문제에 대해 어떤 조치를 취하든 역외 시장의 여건까지 완화해주지는 못하리라는 것이 확실해졌다.[68]

연준이 통화 정책으로 유로달러 신용 시장을 고쳐줄 수 없으리라는 점이 분명해지면서, 30년 전 G10 중앙은행장 회의에서 언급된 "위기 시점"이 온 것 같았다. 2007년의 나머지 기간 동안 연준의 정책 결정자들은 리보와 연방기금금리 사이의 스프레드에 초미의 관심을 집중했다. 하지만 2007년 12월에 결국 자신이 가진 정책 수단으로는 패배했음을 인정했다. 이제 연준은 통화 정책 대신 유럽중앙은행, 영란은행, 스위스 중앙은행에 달러 스와프를 제공하는 쪽으로 정책 수단을 변경했다. 그 중앙은행들을 통해 달러가 유로달러 신용 시장의 유럽 은행들에 들어가도록 한 것이다. 이 달러 유동성 공급은 유럽 은행들에 대한 연준의 구제금융의 시작이었고, 연준이 유로달러 시장의 최종대부자가 될 것인가와 관련해 제기되었던 1974년의 질문에 현실적으로 가능한 유일한 답을 제공했다.

하지만 달러 스와프는 금융 위기의 확산을 막을 수 없었다. 패니매와 프레디맥을 통해 동아시아의 자금이 미국 모기지 시장으로 흘러오던 경로는 미국의 주택 붕괴, 은행의 자금 위기, 유가로 인한 불황을 한꺼번에 가져왔다. 2007년 초에 중국은 달러 투자에 대해 더 높은 수익을 추구하면서 국부 펀드[방대한 외환보유고, 석유 수입 대금 등을 투자하기 위해 국가가 세운 투자기관]를 설립했다. 그해 하반기에 중국 국부 펀드의 투자로 많은 미국 은행들의 지분 구성이 달라졌는데, 미국의 '빅 5' 투자은행 중 하나인 베어스턴스도 그중 하나였다. 하지만 베어스턴스의 자금 위기가 깊어진 2008년 초에 중국은 추가 자금 주입에 대한 어떤 논의에서도 발을 뺐고 베어스턴스는 헐값으로 JP모건에 강매되었다. 베어스턴스의 몰락은 빠르게 레포 시장의 여건 악화로 이어졌다. 중국과 일본의 중앙은행은 이러한 유동성 위험 증가에 패니매와 프레디맥 채권을 투매하는 것으로 대응했고, 두 모기지 기업은 파산 직전까지 갔다. 2008년 9월에 미국 재무부와 연준이 패니매와 프레디맥을 연방 신탁으로 인수해 그들의 빚 전체를 공식적으로 보증했다.

패니매와 프레디맥 구제는 세계 경제가 차이메리카의 극적인 붕괴와 함께 전면적인 달러 위기로 치달을 뻔한 사태를 막아주었다. 하지만 패니매와 프레디맥이 가진 모기지담보부증권 포트폴리오의 규모를 생각할 때, 이 두 곳의 구제는 은행의 자금 조달과 유로달러 시장에 더 큰 격동을 가져올 수밖에 없었다. 이 새로운 격동은 점증하던 리먼브라더스의 위기를 악화시켰다. 미국의 투자은행인 리먼브라더스는 유로달러를 미국의 신용 시장으로 재유통시키는 주요 통로였다.[69] 막대한 부채가 새로 발생하리라는 것을 불과 며칠 전에 깨닫고서, 미국 정부는 리먼브라더스에 구제금융을 제공할 경우 커다란 정치적 위험을 피할 수 없을 것이라고 판단했다. 하지만 [구제금융을 제공하지 않고] 158년 역사의 리먼브라더스를 파산하게 두었더니 은행들의 자금 조달 시장이 완전히 멈춰버렸다. 이어진 혼란에서 부시 행정부와 유럽 각국 정부들은 은행뿐 아니라 다른 금융기관까지 구제해야 했다. [파생상품에 무리하게 투자해 유동성 위기에 빠진] 미국의 거대 보험 기업 AIG가 대규모 구제금융을 받은 것이 대표적인 사례다.

은행들의 달러 자금 조달 시장에 다시 등장한 위기에 대처하기 위해 연준은 유럽 각국의 중앙은행들이 사용할 수 있는 스와프 규모를 두 배로 늘렸다. 한달 뒤에 연준은 유럽중앙은행, 영란은행, 스위스 중앙은행과의 스와프를 통해 "달러 자금 조달의 양을 필요한 만큼 얼마든지" 확대할 것이라고 밝혔다.[70] 연준이 달러 자금 조달 시장을 안정시키려 하는 동안, 은행 위기는 석유가 일으킨 불황과 결합했다. 북아메리카, 유럽, 몇몇 아시아 국가에서 산출과 고용이 더 떨어졌다. 세계 전역에서 소비 수요가 너무 떨어져서 국제 교역이 빠르게 위축되었고 중국의 수출 분야가 타격을 입었다. 경제 성장과 정치적 안정이 흔들릴 것을 우려한 중국 정부는 2008년 11월, 부채로 자금을 조달해 제조업과 원자재 분야에서 국내 수요를 일으키는 데 초점을 둔, 그리고 석탄을 때는 프로젝트들이 가득한 약 6000억 달러 규모의 부양책을 마련하기로 했다.

붕괴는 끝나지 않았다

2007~2008년의 다중 위기 이후 성장이 돌아오긴 했다. 미국의 경우를 보면, 2019년 현재 2007~2009년 불황으로부터의 회복세는 1850년부터 있었던 어느 불황에 비해서 보다라도 오래 이어졌다. 하지만 회복은 부자연스러웠고, 때로는 느렸으며, 이상했다. 이 10년의 회복기 동안 미국 경제가 연 3퍼센트 성장을 달성한 해는 한 해도 없었다. 셰일 붐이 큰 촉진제가 되었는데도 말이다(비교를 위해 알아보자면, 1991년 불황 이후에는 미국 경제가 연 4퍼센트 이상 성장률을 보인 해가 여러 해 있었고 유가로 인해 고금리였던 2004년에도 4퍼센트 가까운 성장률을 보였다). 노동시장참가율(일자리를 구하고 있는 사람을 포함한 실효 노동력)은 2015년 말까지 계속 떨어졌고 그 후로 약간 회복되었지만 코로나19 위기가 터지기 직전 시점에도 2007년 수준보다 여전히 몇 퍼센트포인트가 낮았다.[71] 더 놀랍게도, 이탈리아는 불황을 두 차례 더 겪었고 2018년 불황에서 회복되지 못한 채로 2020년에 코로나19가 닥쳐 경제가 '봉쇄'되었다. 팬데믹 직전에도 이탈리아의 1인당 GDP는 2007년 수준보다 현저히 낮았다.

그런데 이 10년 내내 통화 정책은 이례적으로 완화적이었다. 미국과 영국에서 먼저 그랬고, 2011년 이후에는 유로존에서도 그랬다. 완화적인 통화 환경이 높은 성장을 가져오지 못한 이유가 무엇이었건 간에, 완화적인 통화 환경은 셰일오일 기업들이 셰일오일을 추출할 자금을 확보할 수 있게 해서 에너지 위기를 누그러뜨려주었다. 이로써, 연준의 통화 의사결정이 중국에 금융적 제약이 된 시점에 통화 정책이 석유와 다시 연결되었다. 2004~2006년에 중국의 석유 수요 증가가 유발한 결과에 대처하기 위해 연준이 금리를 올렸을 때 작동했던, 금융 위기 이전 시기의 동학이 이제 거꾸로 펼쳐지게 된 것이다.

이 상호작용에서 일련의 파괴적인 결과가 새로이 닥치게 된다. 2019년의 한 연설에서 퇴임을 앞둔 영란은행 총재 마크 카니는 이제 연준이 조금이라도 금리를 올리려고 하면 세계 경제 전체가 엄청나게 고전하는 상황이 되었다고 말했다.[72] 그는 영란은행의 연구를 인용해 연준이 금리를 조일 때 발생하는 스필오버 효과가 1990~2004년 중 평균치의 두 배가 되었다고 언급했다. 미국의 GDP가 세계에서 차지하는 비중은 크게 줄었는데도 말이다.[73] 그는 달러의 장기적 우위가 "통화 정책 결정자들이 국내적 책무인 인플레 안정과 잠재 성장률 유지를 달성하는 것을 점점 더 어렵게 만들고 있다"고 언급했다.[74]

구조적인 면에서, 통화 정책이 무엇을 달성할 수 있는지에 대한 이같은 회의주의는 그의 전임자인 머빈 킹이 14년 전에 "NICE의 종말"을 이야기했을 때의 판단과 동일했다. 당시에 킹은 달러 문제가 아니라 석유 문제를 언급한 것이었는데[중국의 석유 수요 증가로 유가가 오르는 문제], 틀리기도 하고 맞기도 했다. 그는 통화 정책이 석유 공급량을 증가시킬 수 있다는 사실을 놓쳤다는 점에서 틀렸다. 그리고 그 석유가 미국에서 나오고 있었으므로, 석유로 인해 권력이 서구 국가들에서 비서구 국가들로 이동하고 있다고 본 장클로드 트리셰의 판단도 틀렸다. 2008년 이후로 미국의 에너지 권력과 금융 권력이 나란히 증가했다. 문제는, 석유와 달러 모두 그것이 일으키는 지정학적 교란에 더해 새로운 경제적 문제들도 보태게 되리라는 점이었다. 미국 정책결정자들이 2008년 말에 모든 것을 베팅했던 통화 정책 수단들에 대한 문제도 포함해서 말이다.

| 6장 | **다시는 돌아갈 수 없다**

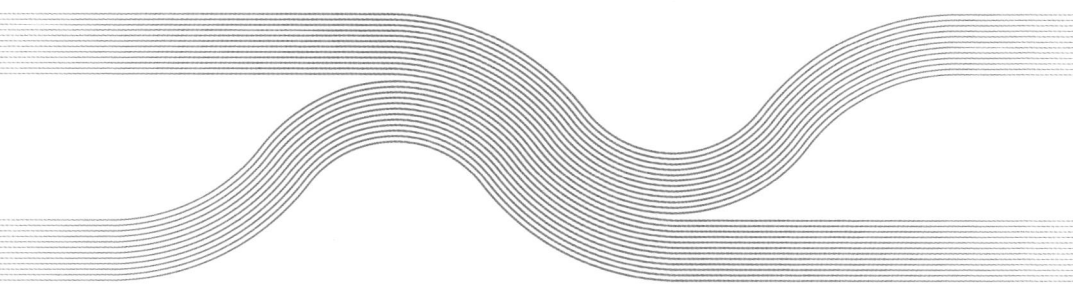

2020년 3월 7~8일 주말 동안 빈 살만은 석유 시장에서 수요가 급락하는 데도 물량을 대거 풀기로 운명적인 결정을 내렸다. 추락하는 유가는 월요일 아침이 되자 주식과 채권 가격까지 함께 끌고 내려갔고, 달러 신용 시장에 의존하던 미국 밖의 은행과 기업들은 자금을 구하느라 난리가 났다. 어떤 과거 사례를 기준으로 삼더라도 그 이후에 벌어진 금융 위기는 어마어마했다. 2020년 3월 16일보다 다우존스 하락폭(퍼센트 기준)이 컸던 경우는 1987년 10월 19일의 주식 시장 붕괴 때가 유일하고, 2020년 3월 12일의 하락폭은 [금융 위기이던] 2008년 중의 어느 날에 비해서도 상당히 더 컸다. 붕괴 후 2주가 지나서도 S&P 500 지수는 한 달 전의 가장 높았을 때에 비해 30퍼센트나 빠진 상태였다.[1] 3월 9~18일 사이 미국 장기 국채 수익률은 250퍼센트 넘게 뛰어올랐다.[2] 어떤 위기 순간에도 미국 장기 국채는 안전 자산의 역할을 해야 마땅하지만, 이제는 미국 장기 국채도 금융 시장 패닉의 일부였다.

또다시 금융 붕괴가 일어날 가능성에 직면해서, 연준은 2007~2008년 위기 때 만든 책략집으로 돌아갔다. 2020년 3월 15일 일요일 저녁, 연준은 시장이 열리기 전에 투자자들을 진정시키기 위해 금리를 제로로 낮추었고, 다섯 번째 양적완화 프로그램을 시작했으며, 연준이 상설 스와프 라인을 허용했던 국가들의 중앙은행과 스와프 라인을 재가동했다. 하지만 다 소용없었다. 여전히 투자자들은 팔 수 있는 건 죄다 내다 팔고 있었고 심지어 금까지 내다 팔았다. 달러 현금이 있어야만 시장이 진정될 터였다.

    금융 붕괴가 되풀이되는 것 아니냐는 불안은 위기 첫 주에 유럽에서도 마찬가지였다. 3월 12일, 취임한 지 다섯 달밖에 안 된 유럽중앙은행 총재 크리스틴 라가르드Christine Lagarde는 기자 회견 중에 "우리는 스프레드[국가 간 금리차]를 닫으려고 여기 있는 것이 아니"라고 말했다.³ 이 말 자체로만 보면 라가르드가 전임 마리오 드라기가 2012년 여름에 했던 "필요한 것은 무엇이든 하겠다"던 말을 부인한 셈이 될 수 있었다. 2012년에 당시 드라기가 했던 말은 투자자들에게 '유로가 불가역적'이라는 확신을 주기 시작한, 중요한 언급이었다[통화취약국까지 포함하는 대규모 통화동맹을 유지하겠다는 의미]. 라가르드의 기자 회견 이후 이탈리아 국채 수익률이 급등했고 이탈리아의 분노도 급등했다. 하지만 드라기가 변모시켰던 유럽중앙은행이 라가르드의 재앙적인 단어 선택으로 간단히 없어지지는 않았다. 1주일도 되지 않아서 유럽중앙은행은 7500억 유로 규모의 새로운 양적완화 프로그램인 "팬데믹 긴급 자산매입 프로그램Pandemic Emergency Purchase Programme, PEPP"을 발표했다. [라가르드는 유럽중앙은행이 각국 국채 수익률 스프레드를 관리할 의향이 있느냐는 기자의 질문에 유럽중앙은행은 유로존 전체에 걸쳐 통화 매커니즘을 유지하는 것이 임무이고 특정 국가의 스프레드를 인위적으로 관리하는 것은 엄밀히 유럽중앙은행의 임무는 아니라는 취지로 말했으나, 유로존 내 통화취약국을 방어하지 않겠다는 말로 해석되어 크게 파장이 일자 기자 회견 직후 의도하지 않은 실수였다고 해명했고 바로 며칠 뒤 유럽중앙은행은 대규모 대응책을 발표했다.]

    혼란에 빠진 전세계 중앙은행이 고투를 벌이는 동안, 달러는 거의 모든 다른 통화 대비 가치가 크게 올랐다. 중국의 2015~2016년 금융위기가 자본이 달러 자산으로 이탈하는 데 신흥시장 국가들이 얼마나 취약한지를 드러낸 바 있었지만, 선진국 경제에서는 그와 같은 환율 제약이 더 이상 존재하지 않는다는 것이 통념이었다. 그런데 2020년 3월 위기가 2주차에 접어드는 시점에 유로, 스털링, 캐나다달러 등은 위기 시에 환투기 공격을 받는 개도국 통화나 별반 달라 보이지 않았다. 유럽중앙은행이 개입을 발표한 같은 날, 스털링 가치가 너무 크게 떨어져서 영국 채권 시장에 일대 혼란이 벌어졌다. 연준은 더 많은 중앙은행들에 달러 스와프를 제공했다. 하지만 달러 신용 시장 여건은 계속 악화되었고 외환시장의 격동도 누그러지지 않았다.

명백하게 패배한 연준은, 이보다도 더 급진적인 정책 수단으로 눈을 돌렸다. 3월 23일 연준은 "QE인피니티"라는 별칭으로 불리게 될 프로그램을 발표했다. 이제 연준의 매입 대상 자산에는 심지어 회사채까지 거의 모든 투자 자산이 포함될 것이었다. 이 조치로, 미국의 금융 시장과 연준의 달러에 접근할 수 있는 국가들의 환율은 안정을 찾았다. 하지만 이 조치는 하나의 커다란 질문에 아직 답하지 않고 있었다. 필요하다면 연준이 중국에도 달러 스와프 라인을 열어줄 것인가? 여기에 대해 연준이 내놓은 답은 애매했지만 영향력은 막대했다. 연준은 중국에 달러 스와프 라인 자체는 제공하지 않았지만 3월 31일에 스와프 라인이 없는 국가들의 경우 보유한 미 국채를 담보로 달러를 빌릴 수 있다고 했고, 중국은 미 국채를 아주 많이 보유하고 있었다.[4]

부분적으로, 2020년 3월의 금융 붕괴는 2007~2008년의 금융 붕괴, 2009~2012년 유로존 위기, 2015~2016년 중국 금융 위기를 며칠로 농축한 압축판이었다. 또한 이 위기는 중앙은행들의 대응을 대대적으로 확대했다. 연준은 투자자가 보유한 거의 모든 종류의 자산을 매입하기 시작했다. 유럽중앙은행은 물가 안정 우선이라는 법적 책무 때문에 고심하기는 했으나 연준이 양적완화를 시작한 지 3일 뒤에 양적완화를 시작했다. 다시 하루 뒤에 영국 중앙은행도 양적완화를 시작했다. 중국 중앙은행은 달러 보유고를 활용해 인민폐를 방어하면서 [스와프 라인을 통한 직접적인 지원은 아니었지만] 명백하게 연준의 지원에 의존했다.

하지만 이렇게 병렬적인 나열은 2020년 3월에 정말로 걸려 있는 것이 무엇이었는지, 또 그 이전 12년 동안 어떤 경제적·지정학적 변화가 있었는지에 대한 이야기의 일부만 말해줄 뿐이다. 국제 금융시장과 관련해서 중국과 유럽의 관계는 지난 10여 년 동안 부분적으로 역전되었다. 중국 은행들의 중요성이 매우 커져서 유럽 은행들보다 이제는 훨씬 더 비중이 컸다. 2007년에는 자산 규모 기준으로 세계에서 가장 큰 은행 10개 중 9개가 유럽 은행이었고 중국 은행은 하나도 없었는데[5], 2020년 3월에는 자산 규모 기준 가장 큰 4개가 중국 은행이었다. 시가총액 기준으로는 가장 큰 10개 중 5개가 중국 은행이었고, 유럽 은행은 하나뿐이었는데 그것도 홍콩에 크게 기반을 두고 있는 HSBC였다.[6] 미·중 경제 관계가 지정학적으로 더 첨예하게 대립하던 시기에, 중국 금융업의 성장으로 중국은 국제 금융 세계에 더 많이 통합되었고, 연준이 그 금융 세계에서 최종대부자 역할을 하고 있었다.

2020년 3월의 금융 붕괴가 있고서 몇 주 뒤에 홍콩에서 일어난 정치적 위기는 '중국의 세계 금융 경제로의 통합'과 '미·중 간 무역 및 테크 전쟁' 사이의 분리선을 무너뜨릴지 모른다는 위험을 드리웠다. 중국을 세계의 나머지와 연결하는 국제 금융중심지인 홍콩에서 2019년 하반기에 민주화 시위가 끓어올랐고, 때로는 경찰과 격렬한 충돌이 발생하기도 했다. 그때까지 도널드 트럼프는 "홍콩 일은 중국이 해결할 문제"라며 그리 신경을 쓰지 않았다.[7] 하지만 2020년 5월에 홍콩 시위대가 다시 거리를 메우자 홍콩은 중국과 미국 사이에 늘 존재했던 일반적인 불화의 일부가 되었다. 중국은 홍콩보안법을 부과하기로 하면서 1984년에 영국과 합의했던 통치 질서를 사실상 종식시켰다. 이를 비판하면서 트럼프 행정부는 홍콩의 교역 지위를 박탈하겠다고 발표했다. 앞으로는 홍콩에 금융중심지로서의 특별 지위를 인정하지 않고 경제 측면에서 홍콩을 중국의 다른 곳과 똑같이 취급하겠다는 것이었다.

    석유부터 달러 스와프까지, 또 국제 금융중심지로서의 홍콩의 지위까지, 팬데믹이 오기 전에 세계 경제에는 지정학적 긴장이 지극히 고조되어 있었다. 2020년 3월의 사건은 2008년 이후의 통화 세계가 이러한 배경에서 맞게 된 '심판의 날'이었다. 하지만 그와 동시에, 이 세계는 중앙은행들이 막대한 부채를 지탱해줄 역량을 가지고 있는 세계이기도 했는데, 이는 팬데믹 때 정부들이 몇 달 동안 경제를 봉쇄해가며 감염 확산을 저지할 수 있게 해주기도 했다. 이러한 흐름이 2008년 이후의 경제 세계에서 어떻게 전개되었는지, 또 어떻게 그것이 팬데믹 기간에 긍정적으로 작용하기도 했는지 알려면, 2007~2008년 금융 붕괴 때 연준이 내놓았던 대응책으로 돌아가봐야 한다. 그때 연준이 내놓은 새로운 접근이 없었다면 현재의 경제 세계와 에너지 세계는 존재할 수 없었을 것이다.[8]

연준이 만든 세상

2007~2008년의 금융 붕괴는 일상적인 위기가 아니었다. 제대로 기능하는 신용 환경이었다면 연준이 매우 완화적인 통화 정책을 폈을 때 신용 시장이 되살아나고 실물 경제가 다시 성장 경로에 올려갈 수 있었어야 한다. 하지만 유로달러 시장 때문에 금융 시스템의 작동 방식이 매우 꼬여 있었다. 금리 인하만으로는 은행들의 자금 조달 시장을 안정시키는 데 전혀 충분하지 않았으므로, 연준은 유로달러 시장에서 최종대부자 역할을 해야 했다. 연준의 조치는 주요 유럽 은행들의 파산을 막았지만, 동시에 지정학적 함의가 있는 금융·통화 위계를 만들었다. 2008년 이후의 통화 세계에서 연준은 어

떤 나라의 은행이 빌리는 달러를 연준이 지원할 것인지를 정할 수 있었다.[9] 주목할 만하게 아시아 국가 중에서 싱가포르와 한국의 중앙은행은 연준이 지원했지만 인도와 중국의 중앙은행은 지원하지 않았다.[10]

연준은 유로달러 시장을 구제하긴 했지만 이 시장을 2007년 8월 이전의 작동 상태로 되돌리지는 못했다.[11] 총계적 수준에서 국제 신용 환경은 위축되었다. 세계 GDP 대비 비중으로 2019년의 세계 자금 흐름은 2007년보다 상당히 낮았다. 그런데 이 위축은 주로 유럽에서, 특히 영국의 은행들에서 일어난 것이었고, 중국을 비롯한 신흥시장에서는 국경을 넘는 신용 흐름이 증가했다.[12] 그 결과 2008년 이후 중국 경제는 달러 신용 환경에 훨씬 더 크게 영향을 받게 되었다. 외국의 달러 부채를 구제해주는 연준의 시스템[스와프 라인]에서는 제외되어 있었지만 말이다.

2007~2008년 이후 연준의 세 차례에 걸친 양적완화와 7년간의 제로금리 정책으로 통화와 금융의 세계는 그 이전 시기와 근본적으로 달라졌다.[13] 1차 양적완화는 미국의 모기지 위기에 대응하기 위한 조치로 시작되었다. 연준은 2008년 11월에 패니매와 프레디맥의 부채와 모기지담보부증권을 매입하기 시작했고[14] 이후 6년 동안 2.3조 달러어치의 모기지담보부증권을 매입했다.[15] 이는 패니매와 프레디맥에 연계된 모기지의 명목 장기 금리를 전례 없이 낮은 수준으로 끌어내렸다. 하지만 양적완화도 주택 압류 위기를 끝내지는 못했다. 사실 양적완화로 패니매와 프레디맥을 지원한 것은 미국의 모기지 대출 보유자들 사이에 깊은 분열을 일으켰다. 이 두 모기지 회사가 이미 보증한 부채를 가지고 있거나 대출 자격 조건이 그에 준한다고 인정된 사람은 낮은 금리로 채무 재조정이 가능했지만, 서브프라임 대출을 받았던 사람은 그럴 수 없었다. 이는 미국의 국내 정치에 심각한 영향을 미치게 된다(9장 참고).

곧 양적완화는 연방정부 부채를 지원하는 수단으로도 사용되었다.

연준은 2009년 3월에 1차 양적완화에 국채 매입을 추가했다. 그리고 2차(2010년 11월~2012년 6월)와 3차(2012년 9월~2014년 10월)에서는 국채가 양적완화에서 아예 중심 무대에 올라왔다. 연준의 국채 매입으로 미국 정부는 2008년 이전보다 훨씬 큰 폭의 재정 적자를 운용할 수 있었다.

거시경제적 유용성이 무엇이었건 간에 양적완화는 체계적으로 파괴적인 결과를 낳았다. 그중 일부는 자산 가격 인플레와 관련이 있었다. 연준의 조치는 채권수익률을 끌어내리면서 불가피하게 자산 가격을 밀어올렸다. 이는 은행들의 대차대조표가 건전해 보이게 했고 따라서 은행들은 자금을 쉽게 조달할 수 있었으며, 그러는 동안 은행들이 빌리는 돈에 대해 금리는 계속 제로 수준으로 유지되었다. 하지만 연준의 정책은 자산 가격 상승과 값싼 신용을 동시에 일으키면서, 기업들이 빌린 돈을 생산적인 역량에 투자하기보다 자사주를 매입하는 데 쓰고자 할 유인을 강화했다. IMF가 2019년 글로벌금융안정성Global Financial Stability 보고서에서 경고했듯이, 자사주 매입의 급증은 미국의 많은 거대 기업들이 고위험 금융 행동에 나서도록 부추기기도 했다. 따라서 팬데믹이 강타했을 때 기업들의 현금 보유는 매우 낮은 상태였다.[16] 더 일반적인 면에서, 상승하는 자산 가격은 당연하게도 이미 자산을 가지고 있는 사람에게 유리했다.[17] 그런데 나이 든 사람들이 자산을 가지고 있을 가능성이 많으므로, 양적완화는 세대 간 부의 불평등을 증가시켰다.[18] 두 현상 모두 곧 주택시장에서 명백하게 드러났다. 어떤 나라에서는 부동산이 점점 더 국제적인 투자 자산이 되면서 대도시의 주택 가격이 무시무시하게 올랐다. 주택 가격이 오르고 모기지 대출을 해주는 곳들이 종종 2007~2008년에 비해 더 높은 보증금을 요구하면서 젊은층 사이에서 주택 소유자 비중이 줄었다.[19] 이로 인해 임차 시장에 사람들이 몰리면서 주택 가격 인플레가 일어났던 도시들에서 이제 임대료까지 빠르게 상승했다.

양적완화는 투자 자본의 흐름에도 영향을 미쳤다. 극단적으로 낮은 미국채수익률은 투자자들이 미 국채 말고 다른 곳에서 수익률을 사냥하게끔 몰아붙였다. 2008년 직후 몇 년 동안 투자자들의 수익률 사냥으로 많은 돈이 신흥시장에 몰렸다.[20] 또한 이는 기업의 정크본드 시장에도 불을 땠다. 정크본드는 디폴트 위험이 더 컸지만 그 리스크를 감수한다면 수익률은 더 높았다.[21] 이러한 수익률 사냥에서 크게 혜택을 입은 실물 경제 영역이 바로 저비용으로 현금을 쉽게 조달할 수 있게 된 셰일에너지 회사들이었다.[22] 이러한 신용 환경에서, 셰일오일 생산은 영업 이익을 낼 가능성이 없는 채로도 (고유가가 이어지던 2011~2014년 말에도 셰일오일 기업들은 영업 이익을 내지 못했다) 금전적으로 사업 타당성을 갖게 되었다. 일찍이 1차 걸프 전쟁 때 제임스 슐레진저James Schlesinger(닉슨과 포드의 국방장관이자 카터의 에너지장관)는 셰일오일에 대해 "우리는 이 새로운 테크놀로지[셰일석유 추출]의 비용 장벽을 극복할 메커니즘을 아직 발견하지 못했는데, 국내 공급량을 늘리기 위해 더 비싼 에너지 가격을 낼 준비는 우리 나라에 아직 되어 있지 않은 것 같다"고 한탄한 바 있다.[23] 그런데 금융 붕괴 이후 연준의 완화적인 통화 정책이, 중국의 석유 수요로 유가의 빠른 상승이 재개될 것이 거의 확실하게 예상되던 시기에, 그리고 시추 방식의 전통적인 석유 생산이 정체되어 있던 시기에, 때마침 그 생산 부족을 메워줄 대안을 가져다준 것 같았다.

양적완화가 고안되었을 때는 일시적인 조치로서였는지 모르지만, 현실에서 통화의 '정상화'로 돌아가기는 불가능했다. 2013년 5월 연준 의장 벤 버냉키Ben Bernanky는 의회 위원회에 출석해 경제가 계속 성장하면 향후 몇 달에 걸쳐 자산 매입을 테이퍼링[양적완화 규모 축소]할 수도 있다고 언급했다. 이 말에 투자자들은 패닉에 빠져 채권을 내다파는 것으로 반응했고 국채 금리가 급등했다. '테이퍼링 발작taper tantrum'이라 불리는 극단적인 시장 반응에, 연준은 9월 17~18일 FOMC 회의에서 테이퍼링을 하지 않기로 결정했다. 3개월 뒤 자산 매입 속도를 줄이면서 테이퍼링을 시작하긴 했지만, 이번에도 우려가 더 우세했다. 3차 양적완화는 2014년 10월까지 이어졌다.

거의 곧바로 유가가 통화 정책에 새로운 제약을 부과했다. 2014년 말에 셰일오일 생산 증가로 유가가 폭락하면서(2장과 3장 참고) 이미 하향 추세이던 인플레가 더 낮아졌다. 2015년 중반, 연준이 이제는 통화를 정상화해보려고 절박하게 애쓰며 금리를 올리려 하던 때에 IMF는 부채 디플레의 악순환 가능성을 경고하고 있었다.[24] 연준이 2015년 12월에 마침내 금리를 올렸을 때 미국의 인플레율은 겨우 0.1퍼센트였다. 또 한 번의 불황이 오는 것이 단기 전망으로서 매우 있을 법한 가능성이었다.

연준이 마침내 양적완화 및 제로금리를 멈추려 시도하자 세계의 나머지에 지정학적·경제적 충격이 일었다. 달러 스와프를 통한 긴급 자금에 접근이 되지 않았던 국가들 입장에서, 통화 정책의 경로를 되돌리려는 연준의 시도는 투자자들이 이제 더 높아진 미 국채 수익률을 기대하게 되면서 재앙이 되었다. 이들 국가의 어려움 중 일부는 막대한 지정학적 함의를 가지고 있었는데, 가장 두드러진 곳을 꼽으라면 우크라이나를 들 수 있다. 버냉키가 곧 테이퍼링을 할 수도 있다고 시사하자마자 투자자들은 우크라이나 채권을 투매하기 시작했다. 이 때문에 빅토르 야누코비치Viktor Yanukovych 정부는 채권 시장에서 국채를 롤오버하지 못했고, 결국 러시아에 재정 원조와 가스 가격 인하를 부탁해야 했는데, 이는 IMF와 EU에 요청한 지원이 성사되지 못했기 때문이었다.[25] [야누코비치는 2013년 초부터 IMF와 EU에 지원을 요청했으나 대규모 예산 삭감, 에너지 요금의 급격한 인상 등 우크라이나 정부가 받아들이기 어려운 조건이 제시되었고 협상이 여러 차례 결렬되거나 답보 상태를 반복했다. 야누코비치는 협상을 중단하고 2013년 12월 러시아에 지원을 요청했다. 우크라이나가 친러로 기울면서 유럽에서는 러시아의 서방 영향력 확대에 대한 우려가 높아졌고 우크라이나에서는 마이단 혁명이 일어나는 등 지정학적 긴장이 심화되었다.] 한편 중국 등 몇몇 국가에서는 금융 불안정과 성장 둔화가 문제였다. 2015년 여름에 연준이 2008년 금융 붕괴 이후 처음으로 금리를 올릴 준비를 하자 중국에 금융 위기가 닥쳤다. 그런데 중국이 막대한 자본 이탈에 달러 보유고를 파는 것으로 대응했기 때문에, 중국의 금융 불안정은 연준이 계획대로 금리를 계속 올리는 것을 어렵게 만들었다. 또한 중국은 인민폐를 평가절하하면서 2016년 미 대선 당내 경선이 시작되던 시기에 미국 의회에서 보호주의적 분노에 기름을 끼얹었다.

유로존이 만든 유럽

연준이 2007~2008년에 행한 통화·금융 조치를 통해 경제 세계를 재구성했다면, 처음에 유럽중앙은행은 행하지 않은 조치를 통해, 아니 적어도 행할 수 없었던 조치를 통해 EU를 재구성했다.[26] 당시에는 제대로 이해되지 못했지만, 유로존 위기는 2007년 8월 유럽에 은행 위기가 닥쳐 연준이 유럽 북부[남유럽의 통화 취약국과 대비해 독일, 영국, 프랑스 등 금융 허브국을 말하며, 스칸디나비아를 일컫는 '북유럽'과는 다른 개념이다]의 여러 은행에 대규모 금융 지원을 해야 했을 때 시작되었다.[27] 이어서 2009년 말에 그리스의 재정 문제가 얼마나 심각한지가 명백해지자 유로존에서 이중 위기가 발생했다. 한편에서는 채권 시장이 전염되어 남유럽 국가들과 아일랜드의 자본 조달 비용이 극적으로 높아졌다. 다른 한편에서는 방대한 달러 자산을 매입했던, 그리고 단기 달러 자금을 융통하는 데 의존했던 그 동일한 은행들이 남유럽과 아일랜드에 대규모로 내주었던 대출이 부실화될 위험에 처했다. 이 자산의 디폴트 위험 때문에 투자자들과 여타 은행들이 유럽 북부의 은행들에 돈을 빌려 주려 하지 않았다. 이로 인해, 2010년 중반부터 2012년 여름까지 유럽 남부의 정부와 기업이 채권 시장에서 부채를 롤오버하지 못할 때마다 나란히 유럽 북부의 은행들이 달러 자금 조달 시장에서 문제에 봉착했다.[28]

이 위기는 유로존이 사실상 하나의 통화 블록으로 존재할 수 없게 만들었다. 더 이상 투자자들은 독일에 돈을 빌려주는 것이 다른 유로존 회원국에 빌려주는 것과 본질적으로 같다고 인식하지 않았다. 따라서 이제 각국 정부는 자신이 돈을 빌릴 때의 금리와 독일이 가장 싸게 돈을 빌릴 때의 금리 사이에 '스프레드'가 너무 벌어지지 않게 필사적으로 유지해야 했다. 프랑스 총리 프랑수아 피용François Fillon은 "매일 아침 가장 먼저 하는 일이 프랑스-독일 간 금리 스프레드를 확인하는 것"이라고 말했을 정도다.[29]

구조적으로 보면, 스프레드는 전에 ERM이 가지고 있었던 비대칭이 새로운 형태로 돌아온 것이나 다름없었다. 이에 더해, 독일(및 ERM 때와 마찬가지로 늘 독일과 같은 쪽인 네덜란드)과 나머지 유로존 국가들 사이에 존재하던 무역수지상의 차이가 비대칭을 한층 더 강화했다. 2004년에 독일의 경상수지 흑자는 이전 최고점이던 1989년 수준을 넘어섰고 절대 규모로 세계 최대를 기록할 때까지 계속 증가했다. 이것은 우연이 아니라 1998~2005년에 사회민주당-녹색당 연정이 실시한 노동시장 개혁의 결과였다. 이 개혁은 2005년에 장기 실업자들까지 소득을 보전해주던 독일의 옛 노동 복지 제도를 대폭 개혁하면서 정점에 올랐다. 당연하게도 독일의 대규모 무역 흑자는 구조적으로 다른 많은 유로존 국가들의 무역 적자를 수반했다.[30]

이번에 유로존의 통화 취약국들은 ERM 때 겪었던 것보다도 더 심각한 구조적 동학에 처했다. 우선 스프레드를 관리하려면 금융 시장에서 자국의 신뢰도를 방어해야 하는데, 국채 시장에서 압력을 줄여줄 목적으로 통화정책을 펼 수 있는 중앙은행이 없었다[유로존에서 개별 국가의 중앙은행은 통화정책을 유럽중앙은행에 이관했고 유럽중앙은행은 개별 국가의 통화 방어를 위한 통화정책을 펼 수 없다]. 이에 더해, 마스트리흐트 조약은 유럽중앙은행이 회원국 부채를 직접 매입하는 것을 금지하고 있어서 유럽중앙은행은 어떤 나라의 국채에 대해서도 직접적인 부채 보증 역할을 할 수 없었다. 국가 안에서도 유럽 차원에서도 최종대부자 역할을 해줄 곳이 없는 상태에서, 국가 간 자금 조달 비용의 차이인 스프레드는 사라질 수 없었다.[31] 자본 시장에서 거부당한 나라들(2010~2011년의 각기 다른 시점에 그리스, 아일랜드, 포르투갈이 자본 시장에서 돈을 빌릴 수 없었다)은 이제 구제금융이 필요했는데, 마스트리흐트 조약은 구제금융도 금지하고 있었다.

2010년과 2011년에 그리스, 아일랜드, 포르투갈 모두가 EU집행위원회, 유럽중앙은행, IMF가 제공하는 신용 지원 프로그램에 동의했다[마스트리흐트 조약의 금지 규정을 우회해 다자간 공동 기구를 통해 조건부 대출을 제공하는 식으로 구제금융이 이루어졌다]. 이 세 채권자를 '트로이카'라고 부른다(EU집행위원회에서 각 국가의 정치적 승인을 얻는 역할은 유로존 재무장관 회의인 유로그룹을 통해 이루어졌다). 트로이카가 내어주는 대출은 채무국이 독일처럼 무역 흑자를 낼 수 있도록 독일이 전에 실시했던 것과 같은 개혁을 실시하는 조건으로, 즉 정부 지출 축소, 조세 인상, 노동 개혁 및 복지 개혁을 실시하는 조건으로 이루어질 것이었다. 하지만 사실 이 나라들의 무역 흑자는 독일이 무역 흑자를 축소하지 않고는 불가능한 일이었기 때문에, 현실의 동학에서는 유로존의 존재 자체를 위협하고 있는 스프레드 문제가 계속해서 더 강화될 수밖에 없었다.[32]

유로존이 생존하려면 유럽중앙은행이 바뀌어야 했다. 2010년 5월에 첫 그리스 구제금융이 합의되자마자 유럽중앙은행은 증권시장 프로그램 Securities Market Programme(이하 'SMP')을 만들면서 그러한 변모를 시도했다. 2차 시장에서 국채를 간접적으로 매입하는 프로그램이었다. 하지만 스스로 변모를 꾀하려던 유럽중앙은행은 곧바로 정치적인 어려움에 봉착했다. SMP가 마스트리흐트 조약이 정한 유럽중앙은행의 법적 권한 범위 안에 있다고는 누구도 말할 수 없었다.[33] 유로존의 몇몇 국가는 이 이슈를 무시할 수 있었지만 독일은 그럴 수 없었다. 분데스방크 총재는 유럽중앙은행 이사회[의

결 기구]에서 SMP에 반대표를 던졌고, 나중에 분데스방크 총재와 유럽중앙은행 집행위원회의 독일 대표는 이 문제로 사임하기까지 했다. 더 치명적으로, 유럽중앙은행이 구성법이 정한 구조를 바꾸지 않은 채로[즉 새로운 조약을 체결하지 않고] 유로존 개혁을 '임시로' 진행하려 하면서, 1993년에 나온 독일 헌재의 판결과 관련해 잠자고 있던 정치적 긴장이 불거졌다. 당시 헌재 판결은 EU 권한의 추가적인 확대는 반드시 독일 기본법과 합치되어야 한다고 판시했다. 독일의 정치 상황을 고려해 더 신중해야 할 필요가 생기면서, 유럽중앙은행은 자산매입 프로그램을 마련해놓고서도 그것을 실제로 사용하는 데서는 매우 머뭇거렸다. 주목할 만하게, 유럽중앙은행은 그리스 부채 매입을 시작하고 한두 주 뒤에 중단했다.[34]

마리오 드라기가 이 난국을 타개하기 전 유럽 상황을 보면[2012년에 드라기는 OMT 프로그램에 독일의 합의를 받아낸다], 2011년에 유가가 계속 오르면서 유로존 위기가 심화되었고 오랫동안 존재했던 통화를 둘러싼 불화도 악화되었다. 중국의 석유 수요가 여전히 증가하고 있었는데 미국의 셰일오일은 아직 대규모로 생산되기 전이어서, 2011년 초에 유가는 배럴당 100달러를 다시 넘겼고 2014년 중반까지 이 수준에서 내려오지 않았다. 유가가 인플레를 추동할 것으로 전망되었지만 연준은 금리를 올리지 않았다. 이와 달리, 유럽중앙은행은 법적 책무대로 물가 안정 목표를 우선시했다. 유럽중앙은행 총재 장클로드 트리셰는 2011년에 두 차례 금리를 인상하면서 2008년 7월에 유가 때문에 인플레가 벌어졌을 때 제시했던 것과 동일한 근거를 댔다. 하지만 이번에는 명백히 몇몇 유로존 국가들의 경제가 심각하게 고전하고 있었다. 2011년의 첫 번째 금리 인상 때는 그리스, 스페인, 포르투갈이 불황 또는 침체였고, 두 번째 금리 인상 이후에는 이들에 더해 이탈리아, 슬로베니아, 키프로스가 불황 대열에 동참했다.[35] 유럽중앙은행의 금리 인상이 경제 성장을 한층 더 어려워지게 만들면서, 그해 말 무렵에는 유로존 전체가

| 6장 | 다시는 돌아갈 수 없다   213

불황이었고 이는 2013년 초까지 계속되었다[유로존은 2011년 4분기와 2012년 1분기에 연속 두 분기 마이너스 성장률을 보이면서 공식적으로 불황(테크니컬 리세션)에 들어갔고 2013년 1분기까지 분기 성장률이 연속적으로 마이너스였다].

구성법에 명시된 조항상 유럽중앙은행은 회원국들의 부채에 결정적인 지원을 제공할 수 없었고 물가 안정 책무를 고수했야 했지만, 사실 애초에 이러한 지향이 말이 되려면 각 회원국이 돈을 빌려서 재정 적자를 늘리는 것에 대한 제약을 조약에 법적 구속력 있게 못박았어야 하고 물가 안정 우선 원칙에 동의하는 나라들로만 유로존이 구성되었어야 한다. 그런데 유로존은 두 가지 모두 아닌 채로 출범했다. 또한 '안정 및 성장 협약'이 유로존 국가들이 따라야 할 재정 준칙을 정하긴 했지만 2003년에 프랑스와 독일이 별다른 제재를 받지 않고 이것을 깨면서 재정 준칙의 신뢰도는 치명적으로 훼손되어 있었다.[36] 그리고 단기 성장을 방해할 정책을 펴는 것은 불황 시기에 경제를 관리해야 하는 정부로서는 결코 하려 하지 않을 일이었다.

2011년 여름, 이탈리아와 스페인도 그리스·아일랜드·포르투갈의 길을 가는 것으로 보였을 때, 이제 무언가가 타협되어야만 했다.[37] 그리스용으로 마련된 구제금융의 틀은 규모가 더 큰 이탈리아와 스페인 경제에는 적합하지 않았고, 이탈리아와 스페인의 위험 자산을 막대하게 보유한 프랑스와 독일 은행들은 또 다시 자금 조달 위기에 봉착해 있었다. 8월에 유럽중앙은행은 전술을 바꾸었다. 유럽중앙은행 총재 트리셰와 그의 후임 드라기는 이탈리아 총리 실비오 베를루스코니에게 정책 변화를 촉구하는 서한을 보내서 4장 서두에서 설명한 연쇄적 사건을 촉발했고, 이는 이탈리아 대통령이 베를루스코니를 총리에서 실각시키고 마리오 몬티가 이끄는 기술관료 내각을 구성하는 것으로 정점에 올랐다.

베를루스코니를 실각시킨 유로존의 잔혹한 논리는 메르켈과 사르코지가 베를루스코니를 어떻게 해야 할지에 대해 미국에 도움을 요청했을 때 오바마의 재무장관이 깔끔하게 요약한 바 있다. 그는 이렇게 메모를 남겼다. "독일 대중은 베를루스코니가 계속 총리로 있는 한 더 큰 금융 방화벽을 제공하거나 더 많은 돈을 제공하는 등으로 유럽의 다른 국가에 지원을 늘리는 것을 지지하지 않을 것이다."[38] 간단히 말해서, 유럽중앙은행이 유로존을 구하기에 유의미한 규모로 최종대부자 역할을 하려면 독일의 동의가 필요했고, 이는 어떤 나라의 어떤 성향을 가진 정부가 어떤 목적으로 부채를 발행할 수 있는지와 관련해 독일이 사실상 비토를 행사할 수 있다는 의미였다.

이탈리아에서보다는 덜 극적이었지만, 스페인도 2011년 여름에 유럽중앙은행이 진행한 조치로 자국의 경제 정책을 자국의 국내 정치 과정에서 숙의하고 결정할 수 없게 되었다. 트리셰와 드라기가 베를루스코니에게 서한을 보낸 날, 트리셰와 스페인 중앙은행은 스페인의 사회당 총리 호세 사파테로José Luis Rodríguez Zapatero에게 서한을 보내 8월 말까지 여러 조치를 취하라고 요구했다. 가장 첨예하게 논란을 일으킨 요구 사항은 노동시장 개혁이었다. 11월에 조기 총선이 예정된 상황에서 야당인 국민당이 승리할 가능성이 매우 높게 예측되었기 때문에 사파테로는 레임덕 상황이었다.[39] 유럽중앙은행이 제시한 시한은 다가오는데, 유럽중앙은행이 요구한 노동 개혁을 의회의 투표를 통해서는 진행할 수 없으리라는 것이 명백했다. 돌파구를 찾기 위해 사파테로는 국민당 당수 마리아노 라호이Mariano Rajoy와 비상 시기 입법 절차를 통해 재정 적자에 법적 상한을 두기로 합의했다. 국민당이 선거에 이기고서, 이제 노동 개혁 문제는 라호이에게 바톤이 넘어왔다. 사파테로처럼 라호이도 노동 개혁 법안을 의회에 보낸다면 충분한 표를 얻을 수 없을 게 틀림없었으므로, 유럽중앙은행의 조언처럼 [의회의 표결을 거치지 않고] 행정 명령을 통한 우회로에 기대야 했다.[40]

민주정 국가에서 이렇게 명시적인 외부의 개입은, '비상 시기'의 정치라 묘사해도 과언이 아니었다.[41] 2011년에 유로존이 마스트리흐트 조약이 정한 법적 원칙대로 기능하기란 그저 불가능했다. 통화 정책과 나머지 경제 정책을 개념적으로 구분하는 데 토대를 둔(통화 정책은 유럽중앙은행이 만들고 그밖의 경제 정책은 각국의 선출직 정치인들이 만드는 식으로) 유로존은 죽음을 향해 가고 있었다. 유럽중앙은행이 계속해서 회원국들의 국내 정치에 개입하면서 자신이 필요하다고 생각하는 경제 정책을 관철시키려 한다면, 유로존은 정치적으로 영원히 문제에 봉착할 수밖에 없었다. 그리고 유럽중앙은행은 이 현실을 잘 알고 있었다. 트리셰는, 유럽중앙은행에 있어야 하는데 없는 것은 회원국들에 요구사항을 관철시킬 수 있는 "견고한 민주적 닻"이라고 언급하기도 했다.[42] 그와 동시에, 독일 헌재가 회원국의 부채를 매입해주는 유럽연합은행의 프로그램이 독일 기본법이나 EU법에 위배된다고 판단하는 상황이 언제라도 나올 수 있었다. 이런 면에서, 구성법적 원칙에서 이탈한 유럽중앙은행의 조치에 독일의 동의를 얻는다는 것은 양날의 난제를 함께 가져오는 것이나 마찬가지였다. 유럽중앙은행이 이탈리아를 부양하기 위해 추진하려는 자산매입 프로그램에 독일이 동의할 경우, 독일이 그 동의를 베를루스코니가 계속 이탈리아 총리를 맡도록 두면서 할 리는 없었다. 그런데 이탈리아 대통령에게 서한을 보내 베를루스코니를 몰아내도록 압박까지 해가며 독일의 동의를 받았더니, 이제 유럽중앙은행의 권한 남용에 대해 제소가 또 제기될지 모르는 상황이 되었다.

유로존이 통화 정책과 경제 정책 사이의 불일치를 해소할 수 있는 유일한 방법은 EU 조약을 개정하는 것뿐이었다. 하지만 이 야망은 정치적 현실에 세게 부닥칠 게 뻔했다. EU에는 유로존이 아닌 국가들도 있는데 이들도 논의에 참여하게 하면 유로존 회원국들에만 필요한 변화를 논의하기에 부적절할 터였다. 또한 유럽중앙은행의 법적 책무[물가 안정]를 바꾸기 위한 어떤 조약 개정도 독일의 국내 정치에서 받아들여질 수 없을 것이었다. 메르켈은 일이 진전되게 할 수 있는 유일한 길은 회원국들이 각자의 국내법과 헌법을 개정해서 신중한 재정 준칙을 정부의 책무로 삼도록 유럽 차원의 조약으로 강제하는 것뿐이라고 생각했다. 2011년 말과 2012년 초에 메르켈은 영국과 체코를 제외한 모두의 동의를 얻어냈고, 이 내용이 재정협정 Fiscal Compact에 담겼다. 하지만 재정협정은 EU법과의 관계가 애매할 수 있었다. 회원국 두 곳이 빠진 상태였으므로 이것은 '국가 간 조약'이었지 'EU 조약'은 아니었다. 더 문제는, 각국에 균형 재정 의무를 부과하려면 모든 유로존 국가에 경제 정책에 대한 국내 정치적 합의가 있어야 하는데, 그런 합의는 존재하지 않았다. 이를 테면 프랑스도 그랬는데, 프랑스 정치에서 이 이슈는 실제로 폭발 가능성이 컸다. 프랑스 대통령 니콜라스 사르코지Nicolas Sarkozy는 마지못해 재정협정에 동의했지만, 2012년 대선에서 야당인 사회당 후보 올랑드는 결사 반대를 외쳤다. 올랑드는 재정협정을 재협상하겠다는 공약을 내걸었고, 선거에서 승리했다(9장 참고). 나중에는 재정협정에 대해 프랑스 의회의 비준을 이끌어내긴 하지만, 그것을 성실히 이행하는 데는 전혀 서두름을 보이지 않았다.

2012년 여름, 마침내 마리오 드라기와 앙겔라 메르켈이 유로존의 존재론적 위기를 일단락지었다. 드라기와 메르켈은 투자자들에게 유로존이 앞으로도 '대규모 유로존'으로 계속 존재할 것이라고 확신시켰다. 여기에서, 드라기가 한 발언의 핵심은 "필요한 것은 무엇이든" 하겠다는 부분이라기보다 "우리는 유로존이 불가역적[중심국과 통화 취약국으로 나뉘는 이중 구조가 아니라 출범했을 때처럼 하나의 대규모 통화연맹인 구조를 계속 유지할 것이라는 의미]이라고 생각하며, 이제 [불가역적이라는 것은] 공허한 말이 아니다"였다.[43] 그렇다면, 이 말에 실질적인 의미를 부여하는 것은 드라기가 새로운 채권 매입 프로그램인 무제한국채매입Outright Monetary Transactions(이하 'OMT')을 구성했다는 사실보다 메르켈과 독일 재무장관 볼프강 쇼이블레Wolfgang Schäuble가 공개적으로 그 프로그램을 받아들였다는 사실이었다. 드라기의 연설이 있기 전에 폴란드의 한 외교관은 이 문제를 이렇게 설명했다. "독일에 대해 말하자면, 그들이 목욕물과 함께 아기까지 버리고 유로존을 파괴할까 봐 두렵다. 시장에는 독일이 유로를 구하기 위해 해야 할 일을 할 것이라는 신호가 여전히 필요하다."[44] OMT를 받아들임으로써 메르켈과 쇼이블레는 그 신호를 시장에 보냈다.

하지만 그리스 정부가 보기에는 독일 총리와 재무장관의 동의를 받아 사실상 변모한 유럽중앙은행도 그리스 경제를 재앙에서 구하기에 전혀 충분하지 않았고 그리스가 유로존에 앞으로도 계속 존재할 수 있을 것인가에 대한 의구심을 불식하는 데도 전혀 충분하지 않았다. 2011년 여름에 유럽중앙은행은 그리스 채권을 거의 매입하지 않고 있었고, 그리스는 구제금융이 한 번 더 필요했다.[45] 하지만 2011년 11월에 그리스 총리 요르요스 파판드레우Georgios Papandreou는 유럽중앙은행의 두 번째 그리스 구제금융안이 내건 조건을 [그대로 따르지 않고] 국민투표에 부치겠다고 발표했다. 이에 메르켈과 사르코지는 곧바로 그러한 국민투표가 있을 시 구제금융은 이루어질 수 없다고 통보했다. 그들은 오히려 그리스가 국민투표에서 물어야 할 것은 그리스가 유로존 및 EU에 계속 회원국으로 있을 것이냐여야 한다고 주장했다. 막후에서 EU집행위원회는 그리스 야당(신민주당) 지도자와 함께 그리스에 전 유럽중앙은행 부총재 루카스 파파데모스Lucas Papademos가 이끄는 임시 거국 내각을 꾸리기 위해 작업했다.[46] 파파데모스가 집권한 뒤 유럽중앙은행은 '그렉시트Grexit[그리스의 EU 탈퇴]' 가능성에 대비한 실무그룹을 구성했는데, 여기에 그리스 정부나 그리스 중앙은행 대표는 없었다.[47] 보도에 따르면, 이듬해 그리스 유권자들이 총선 투표소로 가기 며칠 전에 메르켈이 그리스 대통령에게 그리스 총선에서 유로존 회원국으로 남아있을 것인지에 대한 국민투표를 함께 실시해야 한다고 말했다고 한다.[48] 하지만 그러한 국민투표는 없었다. 만족하지 못한 메르켈은 여름 내내 그리스를 유로존에서 방출하는 것에 대해 의견을 구했다. 알려지지 않은 요인들이 너무 많이 작용하고 있어서 불확실성이 너무 크다고 판단하고서야, 메르켈은 그리스 방출에 대한 생각을 접었다.[49] 하지만 유럽중앙은행의 지원을 받지 못한 그리스는 유로존에서 계속 멀어졌다.[50] 드라기는 그리스가 OMT에 포함될 자격이 되지 않는다고 뚜렷하게 시사했다[대놓고 말한 것은 아니었지만, OMT 적격 요건을 반복해서 이야기했고, 사실상 그리스는 안 된다는 의미였다]. "필요한 것은 무엇이든" 하겠다던 그의 말이 그리스에는 적용되지 않는다는 현실이 이보다 더 분명할 수는 없었을 것이다.[51]

그리스 위기에 대한 정치적 해결은 2015년 여름에 드라기가 유럽중앙은행을 양적완화로 가져가는 맥락에서 이루어졌다. 2014년 6월, 연준이 3차 양적완화를 끝내려고 하던 때에[10월에 종료된다] 유럽중앙은행은 자산 매입 프로그램 준비에 박차를 가하고 있다고 발표했다. 6개월 뒤에 그리스 정부(신민주당-범그리스사회주의운동 연정)가 붕괴했고 총선이 2015년 1월 25일로 예정되었다. 이 선거에서 [EU가 금융 지원의 조건으로 강요하는 긴축 정책에 강하게 반대하는] 급진좌파연합(시리자Syriza)이 승리할 경우, [그리스와 같은 위험군 국가로 시장에서 흔히 분류되던] 이탈리아와 스페인에도 스프레드 문제가 되돌아올지 몰랐다.[52] 이제 양적완화는 유로존의 성장을 촉진해야 할 뿐 아니라 그리스의 문제가 남유럽의 다른 나라로 전염되는 것도 막아야 했다. 2015년 1월 22일 유럽중앙은행은 3월부터 양적완화 프로그램을 시작한다고 발표했다. 사흘 뒤 총선에서 시리자가 최다 의석을 확보하자 곧바로 유럽중앙은행은 그리스와 키프로스가 양적완화 프로그램에 포함될 수 없다고 밝혔다.[53] 또한 유럽중앙은행은 그리스의 은행들이 긴급 유동성 지원을 받을 수 없게 제한했다.

그리스의 시리자 정부가 타개해야 할 난제는, 독일에서 그리스의 유로존 축출을 원하는 사람들이 새로이 기회를 얻게 된 상황에서 어떻게 유로존에 남아 있을 것인가였다. 시리자의 첫 재무장관 야니스 바루파키스Yanis Varoufakis가 말했듯이, 시리자 정부가 당면한 과제는 채무 불이행을 하겠다는 협박으로 유럽중앙은행을 압박해 채무 재조정을 얻어내고 [적극적인 구제 금융이나 지원이 가능하도록] 유로존의 변화를 이끌어내는 수준의 일이 아니었다. 그리스는 생존의 기로에 처해 있었고, 2015년 7월에 그리스 유권자들이 세 번째 구제금융의 조건을 거부했기 때문에 더욱 절박한 상황이었다. 유로존 재무장관 회의에서 독일의 볼프강 쇼이블레는 양보를 하기는커녕 다른 나라 재무장관들에게 엄격한 조건을 더 추가하자고 요구했다. 그리스 총리 알렉시스 치프라스Alexis Tsipras가 받아들일 수 없으리라는 것을 알고서 한 요구였고, 치프라스가 받아들이지 않으면 그리스를 유로존에서 축출하는 수순을 밟을 요량이었다. 하지만 그리스의 처지는 쇼이블레가 생각한 것보다 훨씬 더 절박했다. 그리스에 대출을 더 해주겠다고 암묵적으로 제안하거나 유로존에서 나가는 과정이 충격 없이 부드럽게 이뤄질 수 있게 채무 재조정을 해주겠다고 약속해 유화책을 제시한다 해도, 그리스가 혼란 없이 유로존에서 나갈 수 있는 길은 없었다. 그리스는 막대한 외환 부채를 그대로 갖게 될 것이었고 EU 내에서 그리스의 미래가 어떻게 될지에 대한 거대한 질문들에도 봉착하게 될 터였다. 이 같은 암흑 상황이 펼쳐질지 모른다는 예상에서, 그리고 메르켈이 몇 가지 작은 양보를 하면서, 치프라스는 쇼이블레가 그리스가 도저히 받아들이지 못하리라고 생각했던 것을 받아들이고 유로존 회원국 자격을 유지했다.[54]

  그리스의 경험은 통화연맹을 큰 규모로 만들기로 했을 때부터 내재해 있던 단층선의 핵심을 드러냈다. 쇼이블레의 판단으로는 그리스가 유로존에 들어오는 것이 애초에 허락되지 말았어야 했다. 회원국 자격 유지를 위해 유로존이 조건으로 요구하는 것은 그리스의 국내 정치가 요구하는 것과 거의 합치되지 않았다. 그리스가 유로존 축출 위기를 벗어난 것은 유로존 출범 때 이탈리아를 받아들이게 해주었던 '유럽의 통합성'에 대한 상징적 내러티브가 아직 살아 있는 덕분이었다. 그럼에도 그리스는 OMT 이전 통화연맹의 구조에 계속 발목이 잡혀 있었다. 2018년 여름에 그리스가 구제금융 프로그램을 졸업했을 때도 드라기는 그리스가 여전히 양적완화에 포함될 자격이 되지 않음[양적완화 프로그램의 매입 대상이 되기에는 그리스 국채의 신용 등급 등이 여전히 조건에 맞지 않았으며 유럽중앙은행이 이에 대해 '예외waiver'를 적용해주지 않았다]을 명백히 시사했다.[55] 1년 뒤에 유럽중앙은행이 또다시 양적완화를 했을 때도 그리스는 포함되지 않았다.

하지만 EU와 유로존이 가진 [유럽의] 단층선을 넘어서 있는 역설이 하나 있었다. 유럽중앙은행의 직접적인 지원 없이도 그리스는 일정대로 2018년 8월에 세 번째 구제금융 프로그램을 벗어났고 2019년 3월에는 국제 자본 시장에서 10년 만기 장기채를 다시 팔 수 있었다. 유럽중앙은행은 [대규모 통화연맹으로서의] 유로존의 불가역성을 지키려 했지만 그리스에 대해서는 예외였다. 하지만 미국의 연준이 만든 국제 신용 환경은 제로 이상의 수익이 있기만 하면 어디든 투자자가 매력을 느낄 수 있게 했고, 따라서 그리스는 2008년 이전이었다면 GDP의 180퍼센트나 되는 국가 부채를 가진 나라로서는 꿈도 못 꾸었을 저금리로 돈을 빌릴 수 있었다. 그리고 이는 유로존에서 그리스의 공식적인 위치가 개선되는 데 일조했다. 2020년에 유럽중앙은행이 팬데믹 긴급 자산매입 프로그램을 발표했을 때, 이번에는 그리스가 포함되었고[신용 등급 조건 예외 적용] 이로써 거의 10년에 걸친 유럽중앙은행 채권 매입 프로그램의 그리스 배제가 끝났다.

* * *

그리스의 경우와 매우 다르게, 영국에서는 유로존 위기가 EU에서 탈퇴하는 경로를 활성화시켰다. 물론 브렉시트가 유로존 위기 때문에만 일어난 것은 아니지만, 이 위기는 영국의 EU 회원 자격을 둘러싸고 기존에 존재했던 단층선들과 치명적인 방식으로 상호작용했다. 구체적으로, 유로존 위기는 영국이 통화연맹에서는 빠져 있으면서 단일시장에는 들어가 있다는 점, 그리고 런던이 유로존의 금융중심지라는 점 사이의 간극을 압박했다. 유럽중앙은행은 유로존에서의 거래에 더 많은 규제 권한을 갖고자 하면서, 런던청산소London Clearing House가 유로 표시 금융상품, 특히 파생상품 거래에서 가진 지배적인 위치를 끝내고 싶어했다. 한편 영국은 유럽중앙은행이 2011년에 새로 제시한 유로존 청산 규칙[일정 규모 이상의 유로 표시 금융상품 청산소는 유로존 내에 위치해야 한다고 규정]이 유로존 회원국과 비유로존 회원국 사이를 차별함으로써 단일시장법을 위배했다고 주장했다. 이 사건은 유럽사법재판소에 제소되었고 영국이 이겼다. 하지만 유럽사법재판소는 영국 측 논변이 의지하는 가정, 즉 단일시장과 통화연맹이 분리될 수 있다고 보는 영국의 오랜 가정에 대해서는 판단하지 않았다.⁵⁶

단일시장과 통화연맹의 상호작용이 위기 상황에서 독일과 영국에 서로 다른 결과를 산출하면서, EU 안에서 영향력을 미치는 데 쓸 수 있는 정치적 실탄을 얼마나 가지고 있는가의 면에서도 영국이 불리해졌다. 독일은 구제금융에 동의해주고 재정 조건 미준수를 용인해주면서 다른 회원국들의 마음을 사는 데 쓸 수 있는 실탄을 새로이 갖게 되었다. 이와 달리 영국은 비유로존 국가들 사이에서조차 경제적 아군을 확보하는 데 고전했다. 런던 문제는 영국만 가진 문제였고 유럽 북부의 비유로존 국가인 스웨덴과 덴마크는 금융 붕괴 이후에 자국의 통화 정책을 대체로 유럽중앙은행과 일치시키고 있었기 때문이다.

유로존 위기가 영국의 정치적 영향력을 얼마나 훼손했는지는 2011년 12월 EU 정상들이 모인 EU이사회 회의에서 가시적으로 드러났다. 이 회의에서 영국을 제외한 EU 국가들은 훗날 재정협정으로 공식화되는 내용에 합의했다.[57] 메르켈이 새 EU 조약을 위한 협상을 추진하기 시작했을 때 캐머런은 영국이 앞으로도 유로존의 규제를 받지 않으면서 단일시장에서 금융 중심지 역할을 할 수 있게 법적으로 확실히 보장받을 기회라고 생각했다. 하지만 2011년에 영국 의회에서 통과된 'EU법'이 국가의 권한을 EU에 추가로 이관할 경우 반드시 국민투표를 거치도록 정하고 있었기 때문에, 메르켈은 새 EU 조약에 영국이 들어오는 것을 원하지 않았다[새 EU 조약은 전체 회원국의 만장일치가 필요하므로, 영국이 협상에서 합의를 했더라도 국민투표에서 부결될 경우 새 조약이 무산될 수 있었다].[58] 런던의 금융중심지 지위를 법으로 보장받는 데 실패한 캐머런은 EU 차원의 조약안에 비토를 놓았다. 유로존을 영국 국내 정치에 인질로 잡히게 할 생각이 없었던 메르켈은 새 조약을 [EU 차원의 조약이 아니라] 영국의 동의가 필요 없는 "국가 간 조약"으로 진행했다.[59]

캐머런은 2013년 1월에 한 연설에서 차기 총선에서 보수당이 단독 과반이 되면[2013년 당시에는 단독 과반이 아니었고 자유민주당과 연정이었다] EU 회원 자격을 재협상하고 EU 잔류 여부를 국민투표에 부치겠다고 선언했다. 이 선언을 하게 된 배경을 거슬러 올라가면 2011년 12월 EU에서 그가 겪은 실패가 출발이었다고 말할 수 있다. 하지만 2015년에 정말로 보수당이 총선에서 단독 과반 의석을 확보해 캐머런이 약속을 지킬 수 있게 된 시점에는, 2008년 이후 유로존의 위기가 영국에 일으킨 문제가 유로존이 주도하는 금융 규제를 받아들일 것이냐 아니냐의 수준을 훨씬 넘어서 있었다.

유로존 경제 위기는 영국과 유로존 국가들 사이의 거시경제적 차이를 다시 한번 두드러지게 드러냈다. 2008년 가을의 금융 붕괴 이후 몇 달 동안 영란은행은 유럽중앙은행보다는 연준과 더 비슷하게 행동했다. 영란은행은 2009년 3월에 양적완화를 시작했고 2011년에는 유가가 오르는 데도 금리를 올리지 않았다. 영국의 인플레가 유로존의 인플레보다 몇 퍼센트포인트나 더 높았는데도 말이다. 이로써 영국 경제와 유로존 경제는 명백히 다른 길을 가게 되었다. 영국의 회복과 유로존의 불황으로 2012년부터 남유럽의 많은 사람들이 일자리를 찾아 영국으로 이주했다. 영란은행과 유럽중앙은행 사이에 존재했던 통화 부문에서의 오랜 차이가 이제 단일시장인 EU의 노동 시장에도 영향을 미치고 있었다. 영국이 독일과 함께 사실상 유로존의 '최종고용자' 역할을 했고, 이때문에 2010년에 집권한 보수당-자유민주당 연정이 영국으로 들어오는 이민자를 줄이겠다며 선거 때 제시했던 목표를 달성할 수 없게 되었다['순이민자를 1990년대 수준으로 낮추겠다'는 목표치는 보수당의 공약이었고, 자유민주당은 이민 통제의 필요성은 이야기했지만 목표치를 제시하지는 않았다. 보수당이 총선에서 승리했으나 과반 의석이 되지 못해 자유민주당과 연정을 구성했다]. 이러한 배경에서, 2012년 실시된 여론 조사들에서 [반EU, 유럽회의주의 정당인] 영국독립당United Kingdom Independence Party이 급부상했고, 보수당 의원들은 모든 EU 문제에 대해 캐머런을 더 압박했다. 즉 2015년 총선이 끝나고 EU 국가들과 협상에 나선 캐머런은 이제 EU 국가들에 금융 규제 이슈에 더해 이주의 자유에 대해서도 다른 국가들에 상당한 양보를 요구해야 했다. 이 영역에서 그가 요구하는 바가 EU의 법에 합치되지도 않고 독일로서는 생각할 수도 없는 일이라고 메르켈이 진즉 못을 박았는데도 말이다.[60]

이제 캐머런은 이러지도 저러지도 못할 난국에 처했다. 이주의 자유는 영국의 국내 정치 이슈에서 제쳐놓을 수 없었다. EU를 구성한 조약이 회원국 간 이주의 권리를 법적으로 보장하고 있지만 영국 국내적으로는 이에 대해 결코 충분한 정치적 지지가 없었기 때문이다. 이주의 자유를 그대로 둔 상태에서 이주 압력이 해소되려면 영국 경제에는 불황이 오고 유로존 경제는 회복되는 수밖에 없을 터였다. 또한 어떤 영국 내각도 단일시장이 유로존 국가들이 정하는 거버넌스 체제 밑으로 영국이 들어가게 되는 통로가 되는 것을 원하지 않았다. 영국의 국내 정치상, EU 회원 자격을 유지해 잔류하려면 EU 국가들이 단일시장의 원칙을 타협하라고 요구해야 했고 또한 유로존 국가들이 런던을 차별하는 금융 규제에 찬성하지 말도록 요구해야 했다. 이러한 요구가 받아들여질 리 없었으므로, 자신이 주도해서 시작한 협상에서 영국이 실제로는 EU 내에서 이 문제들을 다룰 수 있는 정치적 수단이 없음을 만천하에 드러낸 캐머런은, 이제 국민투표에서 영국 유권자들에게 그래도 EU 탈퇴는 현 상태보다 심지어 더 나쁠지 모른다고 설득해야 할 처지가 되었다.[61]

* * *

궁극적으로, 2009~2015년의 유로존 경제 위기는 EU를 정치적으로 안정화시키지 못한 채 유로존을 재구성했다. 이 위기는 EU와 유로존 모두에서 누가 들어오고 누가 못 들어오느냐를 둘러싸고 첨예한 단층선을 만들었다.

원년 EU 회원국이 아니고 2004년, 혹은 2004년 직후에 EU에 들어온 나라들 중 몰타, 키프로스, 슬로베니아, 슬로바키아는 2008년 금융위기가 오기 전에 유로존에 들어왔다. 에스토니아, 라트비아, 리투아니아는 2011~2015년에 혹독한 구조조정을 하며 유로존에 들어왔다. 이로써 동유럽 EU 국가 중 유로존 밖에는 체코, 헝가리, 폴란드만 남게 되었다. 유로존에 들어오려면 이들 모두 자국 통화를[따라서 독립적인 통화 정책을] 법적으로 폐지해야 했다. 체코의 경우에는 극심한 반대에 직면하지 않고 자국 통화를 없애기 어려우리라는 것이 위기가 오기 한참 전부터 명백했지만, 폴란드와 헝가리의 경우에는 위기 이전만 해도 비교적 빠르게 유로존에 들어올 방법이 있어 보였다. 그런데 위기가 오면서 이것이 정치적으로 어려워졌다. 영국이 국민투표를 하던 시점[브렉시트 국민투표는 2016년 6월에 있었다]에는 빅토르 오르반Viktor Orbán의 헝가리 정부도, 폴란드의 법과정의Prawo i Sprawiedliwość, PiS 정부도 EU 가입 과정을 진전시키고 싶어하지 않았다. 하지만 비유로존 EU 국가 중 EU에 정치적으로 가장 골치인 나라는 영국이었으므로, 영국이 나간 브렉시트는 EU가 '긴밀한 경제 통합을 지향하며 출범했으면서도 실제로는 복수의 통화로 구성된 연합체였다는 갈등'을 해소할 기회를 제공했다.

EU집행위원장 장클로드 융커에게 이것은 반드시 붙잡아야 하는 기회였다. 2017년 EU 연두교서 연설에서 그는 "본래 유로는 EU 전체의 단일통화로서 고안되었다"며 지금이 그것을 현실로 만들어야 할 때라고 말했다.[62] 융커의 이러한 촉구는 유로존 밖의 국가들을 어떤 방식으로 유로존에 들어오게 할 것인가에 관한 질문을 불러왔다. 이미 유럽중앙은행의 자산매입 프로그램 때 이탈리아와 그리스가 '어떤 국가'와 '어떤 지향'의 정부가 유로존에 들어올 자격이 있느냐의 질문을 불러온 바 있었는데, 유로존을 폴란드와 헝가리까지 포함해 더 큰 규모로 만든다면 이 질문은 한층 더 첨예해질 터였고, 아직 독일 헌재가 유럽중앙은행의 양적완화가 합법이라고 인정하지 않은 상황에서 독일이 반대할 가능성도 컸다. 게다가 다른 한편으로 어떤 국가들은 유로존이 부채를 직접 발행할 수 있는 더 적극적인 권한을 갖기를 원했다. 프랑스가 대표적이었는데, 융커의 연설이 있고서 몇 주 뒤에 프랑스의 마크롱은 2017년 9월에 공동 예산, 공동 재무장관, 공동 평의회, 공동의 은행 예금 보험 등을 포함하는 통화연맹 개혁안을 제시했다.[63] EU집행위원장 융커과 매우 대조적으로, 마크롱은 부채를 직접 발행할 수 있는 권한을 갖는 유로존이 될 거라면 EU 회원국들이 유로존 국가와 유로존 밖의 국가로 나뉘는, "이중 속도의 유럽two-speed Europe"[EU 각국이 각자의 상황에 따라 서로 다른 수준과 속도로 유로존에 통합되어야 한다는 주장]이 되어야 한다고 생각했다.[64]

어느 쪽도 이길 수 없었다. 한편으로는 유로존 밖의 국가가 통화 통합에 들어오게끔 인센티브를 제공하는 조치가 없었다. 다른 한편으로는 유로존 위기, 유로존 확대, 임박한 영국의 EU 탈퇴 등으로 생긴 정치적 비대칭 때문에 마크롱의 개혁 프로젝트는 거의 불가능했다. 마크롱이 내놓은 안에 반대하는 몇몇 EU 국가들은 '신한자동맹New Hanseatic League'이라는 새로운 정치 블록을 만들었다. 몇몇 원년 유로존 국가인 네덜란드, 핀란드, 아일랜드, 새로 들어온 국가인 에스토니아, 라트비아, 리투아니아, 그리고 오랜 비유로존 국가인 덴마크와 스웨덴이 포함되어 있었고, 영국은 이들과 생각이 같았지만 브렉시트 때문에 포함되지 못했다.[65] 이들은 유로존이 마스트리흐트 조약이 정한 '통화 영역'과 '경제 영역' 사이의 구분을 유지해야 한다고 결의했다. 또한 부채와 관련해 초국가적 권한이 더 확대되는 것은 국내에서 지지를 받을 수 없을 것이라고 주장했다. 2019년 10월에 유로존 국가들이 몇 가지 작은 개혁에 동의하긴 했지만, 신한자동맹의 반대 때문에 마크롱의 급진적인 안은 어떤 입장을 취할 것인지에 대해 독일을 결정적인 시험대에 올려놓는 데까지 가지 않고서도 무력화되었다.

유로존 위기 이후 10년이 지나서도 EU는 위기 이전과 같은 상태였다. 즉 '복수의 통화가 존재하는 단일 경제'였고 유로존을 구성하는 제도보다 EU를 구성하는 제도가 더 강했다. 이러한 결과가 나온 이유를 한 마디로 설명하자면 "현실적으로 가능한 정치적 해법이 존재하지 않았기 때문"이라고 말할 수 있을 것이다. 고치려 하는 것보다는 그래도 훨씬 덜 어려웠기 때문에 그냥 뭉개고 놔두는 쪽으로 의사결정이 이루어진 것이다.

* * *

그럼에도, 2020년에 이탈리아가 유럽 국가 중 처음으로 코로나19 위기에 처한 나라가 되었을 때, '고치려고 행동에 나서기보다 뭉개고 놔두기로 했던 것'에 대한 심판이 온 듯했다. 유럽중앙은행이 팬데믹에 대응해 양적완화를 실시한 뒤에도 이탈리아는 기존 부채 때문에 신규 부채를 얼마나 많이 발행할 수 있는지에 제한이 있었다. 대조적으로, 2020년 3월 초에 독일 정부는 재정 적자를 제한해야 한다는 법적 의무를 일시적으로 정지하고 대규모 재정 부양책을 쓰기로 했다. 한편, 프랑스의 마크롱에게는 이 위기가 유로존 차원의 공동 부채 발행 논의를 다시 꺼낼 기회로 보였다. 2020년 3월 말에 그는 이탈리아도 포함해 8개의 다른 유로존 국가들과 함께 유럽 공동 채권인 '코로나 채권'을 발행할 유럽 차원의 기구를 만들자는 제안을 EU이사회에 올렸다. 결사 반대 입장인 대다수 신한자동맹 국가들과 발을 맞추어, 독일도 공개적으로 마크롱의 제안을 일축했다.[66] 하지만 독일의 이 입장은 유럽중앙은행이 이탈리아 부채 지원을 확대하는 데 절차적 걸림돌이 없으리라는 점이 확실해야만 성립할 수 있었다. 유럽중앙은행이 팬데믹 긴급 자산매입 프로그램을 발표하고 두 달이 채 안 되어서, 그 확실성은 독일 헌재가 1차 양적완화의 정당성에 대해 최종 판결을 내리면서 끝나고 말았다. 모두를 놀라게 하면서, 이 판결은 1차 QE에 대한 것이었지만, 헌재의 논변은 팬데믹 때의 QE도 만약 소송이 걸린다면 위헌으로 판결날 수 있다는 의미로 해석될 수 있었다.

이제 독일 정부로서는 마스트리흐트 조약으로 구성된 통화연맹의 법적 구조와 유로존이 하나로 유지되게 하는 데서 제기되는 절박한 현실의 문제 사이에 존재하는 간극을 "그냥 뭉개고 놔두는" 전략이 수명이 다한 것으로 보였다. 그해 이른 봄에만 해도 마크롱의 제안을 일축했었던 메르켈이 입장을 극적으로 바꾸었다. 독일 헌재의 판결이 나고 한두 주 뒤에 메르켈은 마크롱에게 유럽 공동 채권 구성을 추진하자고 전격 제안했다.[67] 독일 정부로서 헌재 결정에 따라 독일 헌법이 유로존의 의사결정에 부과하는 제약을 공개적으로 천명할 것인지, 하지만 만약 그렇게 한다면 부채가 많은 다른 유로존 국가들에 이것이 무엇을 의미하게 될지의 질문에 직면해서, 메르켈은 그렇게 하기보다 (본인의 표현으로) "유로존의 통합을 촉진하는" 쪽을 선택했다.[68] 일부 신한자동맹 국가들의 반대가 있었지만, 2020년 7월 메르켈과 마크롱은 'EU회복기금EU Recovery Fund' 구성에 EU 전체의 동의를 얻어낼 수 있었다. 이로써 EU이사회는 EU 이름으로 돈을 빌려서 회원국이 경제회복 프로그램에 쓸 자금을 지원할 수 있게 되었다.

EU회복기금은 결정적인 변화로 보였고, 이를 1790년에 신생 연방국 미국이 부채를 공유하는 연합체를 만들었던 "해밀턴적 순간"에 비견하는 사람까지 있었다.[69] [1790년대 해밀턴과 토마스 제퍼슨의 유명한 논쟁에서, 미국의 초대 재무장관 해밀턴은 영국과의 독립전쟁에 참여한 13개 주정부가 진 전쟁 부채를 연방정부가 대신 상환해주자고 제안했다. 반면 제퍼슨은 주정부 위에 군림하는 연방정부는 미국의 건국 이념에 맞지 않는다고 생각해 반대했다.] 물론 EU 차원의 '과세' 권한과 관련해서는 새로 갖게 된 부채 발행 권한에 상응할 만한 변화가 없었으므로 이러한 해석은 과장이었다(8장 참고). 독일이 EU가 마스트리흐트 조약을 엄격히 준수해야 한다던 입장에서 선회하긴 했지만, 이 역시 결국에는 또 하나의 '뭉개고 놔두기' 전술에 불과했다. 주로 유로존 국가들을 지원하는 도구로서 고안된 EU회복기금이 EU 전체의 예산으로 운영되도록 한 것은(이것은 메르켈의 주장이었다[원안 논쟁 때 유로존 차원만의 공동 부채로 할지, 즉 통화연맹인 19개국만이 부담, 수취하는 모델로 할지 EU 27개국 전체 차원으로 할지가 쟁점 중 하나였는데, 메르켈은 후자를 주장했다]) EU를 "복수의 통화가 존재하는 경제 통합" 형태가 되게 만들었던 애초의 단층선을 더 악화시켰을 뿐이었다. 유로존 자체의 제도들을 새로 구성하는 길을 회피함으로써, 메르켈은 EU의 비유로존 국가들이 부채가 많은 유로존 국가들을 부양하기 위한 공동 채권 발행에 공식적으로 비토를 놓을 수 있는 가능성을 열었다. 한편, 헝가리와 폴란드는 '법치 준수 회원국'에만 회복기금을 지원한다는 조건을 문제 삼으면서 비유로존 이슈들에 대한 양보를 요구하며 협상을 어렵게 만들었다[헝가리는 '난민 신청자들을 심사도 없이 난민 캠프에 수용하는 것은 불법 구금에 해당'한다는 유럽사법재판소의 결정을 무시해 EU내에서 대립해왔고, 폴란드도 우파 정부가 추진하는 사법개혁안이 사법권을 침해해 EU법에 위반된다는 판결을 무시한 바 있었다. 2020년 11월 회의에서 예산 및 회복기금 마련 계획이 폴란드와 헝가리의 거부로 통과되지 못했다]. 이러한 문제들로 EU회복기금은 운영 세부 조건이 최종적으로 협상되기까지 몇 달이 걸렸고 예정되었던 개시일인 2021년 1월에 어떤 회원국에도 돈을 제공해주지 못했다.

또한 팬데믹 위기는 유로존의 동학과 단일시장의 동학 사이에 남아 있던 긴장이 영국의 EU 탈퇴로도 해소되지 않았음을 보여주었다. 2020년의 경제 위기를 다루기 위해 EU집행위원회는 국가보조금 state aid 지원에 대한 것 등 몇몇 단일시장 규칙을 중지했다[평상시 국가보조금은 EU 내에서 회원국 간 부당 경쟁을 막기 위해 엄격하게 규제되어 왔지만 팬데믹 시기 대규모 경기 침체가 우려되는 상황에서 신속한 대응을 위해 임시로 예외를 허용했다]. 그런데 이러한 규칙이 중지되면 부채가 훨씬 적은 독일 같은 나라들이 이탈리아처럼 저비용으로 돈을 빌리는 데 유럽중앙은행에 의존하고 있던 나라들보다 더 이득이었다.[70]

2020년의 유로존 위기로부터 더 넓은 EU로 구조적으로 퍼지고 있던 이 새로운 교란은, 2010년에 처음으로 유로존 위기가 본격화되었을 때의 거울상 같은 면이 있었다. 그때도 독일이 EU에서 행사하는 권력이 커지고 있었고 독일 헌재가 ECB가 무엇을 할 수 있는지의 범위를 사실상 설정했다. 당시에 이는 단일시장을 통해 영국의 국내 정치에 고유한 문제를 일으켰다. 영국도 유로존 국가들도 그 영향을 줄이기 위해 할 수 있는 일이 없었고 이 교착 상태는 영국이 EU 내에서 정치적으로 취약하다는 점을 만천하에 드러냈다. 그리고 10년이 지난 2020년, 이제 가장 긴박한 이슈는 [영국 대 유로존 국가들의 관계가 아니라] 폴란드와 헝가리 대 유로존 국가들의 관계였다. 그런데 영국 때와 달리, 이번에는 독일의 결정이 EU에서 비유로존 국가들의 비토 권력을 약화한 것이 아니라 강화함으로써 이들의 탈퇴를 있을 법하지 않게 만드는 쪽으로 기여했다. 하지만 그럼으로써 이는 [비유로존인 이들 나라들이 EU 의사결정을 지연시키고 있으므로] 개혁이 느려지는 데 대해 유로존 나라들의 분노를 샀다.[71] 더 불길하게도, 이것은 EU의 이 단층선(유로존과 비유로존 국가들 사이의 단층선)이 NATO에 존재하는 단층선과 연결되게 만들었다.

약 주고 병 주는 중국

유로존 위기가 시작된 2009년부터 또 다른 위기가 온 2020년 3월까지 EU가 응집성을 유지하고 어려운 결정을 회피하면서 어떻게든 꾸려가는 능력은 2008년 이후 중국의 산업 전략이 달라지면서 유지하기가 예전과는 차원이 다르게 어려워졌다. 2008년 이후 몇 년 동안 중국은 국제 통화의 지위를 획득하고, 중국 경제를 고부가가치 제조업 위주로 구조조정하며, 내수 소비를 늘리고, 경제의 지리적 방향을 유라시아 쪽으로 돌리려 했다. 모두가 중국의 경제 발전과 권력 강화를 목적으로 고안된 것은 맞지만, 2008년 이후의 중국 이야기를 '중국이 가차 없이 부상하자 지정학적인 이유에서 대對중 관계를 재설정하려는 미국 등 다른 나라의 대응이 촉발되었다'는 식으로 말한다면 너무 단순한 해석이다. 이 버전이 말하는 중국의 가차 없는 부상 자체가 연준이 만든 세계에 중국이 금융적으로 노출되게 함으로써 세계 경제를 불안정하게 만들기도 했다(물론 부분적인 이유일 뿐이고 세계 경제의 불안정에는 다른 요인들고 있었지만 말이다). 2008년 이후의 세계 경제는 중국의 통화적 취약함과 제조업에서의 강력함, 그리고 중국의 에너지 야망을 흡수했다. 그리고 이후 10년 간, 상충하는 동학은 홍콩에서 고조되는 위기와도 맞물려서 펼쳐졌다. 이 상호작용은 교란적이었고 특히 유럽에 파급된 영향이 컸다.

2008년 금융 붕괴 이후 중국 지도부는 중국이 "달러의 덫"에 빠졌다고 판단했다. 대규모의 달러를 보유하고 무역을 거의 전적으로 달러로 결제하고 있는데, 미국이 언제라도 달러를 평가절하할 수 있다는 사실이 드러난 것이다.[72] 2009년 3월, 당시 인민은행[중국의 중앙은행] 총재였던 저우샤오촨 Zhou Xiaochuan은 달러 대신 "초국가적인 국제 통화"를 쓰자고 국제 사회에 촉구했다. 도발적인 에세이에서 그는 "어느 하나의 국가 통화"가 국제 보유 통화로 기능하는 것에 문제를 제기하면서, 세계에는 "안정적인 가치"를 갖는 통화가 필요하다고 주장했다.[73] 하지만 중국이 달러의 위치에 영향을 줄 방도는 없을 터였다.[74] 중국이 의지해볼 만한 전략이라면 중국 밖에서 인민폐 사용을 촉진해 달러의 덫을 완화하는 것이었다. 그렇게 되면 석유와 가스 수입도 포함해 더 많은 교역을 자국 통화로 할 수 있을 터였다.[75] 그렇게 하기 위해 중국은 외국인이 중국 채권 시장에서 중국 국채를 살 수 있게 허용해야 했고 역외 인민폐 거래도 허용해야 했다.[76]

이는 어느 정도 성공을 거두기도 했다. 대외 교역에서 인민폐 대금 결제가 0퍼센트였던 데서 2016년 30퍼센트로 늘었다. 2018년 3월에는 상하이국제에너지거래소 Shanghai International Energy Exchange에서 인민폐 표시 원유 선물 거래를 시작했다. 미국과 유럽의 유가 벤치마크와 별개로 아시아의 유가 벤치마크를 구성해 중국 거래인들이 원유선물 일부를 인민폐로 거래할 수 있게 하려는 시도였다.

하지만 인민폐 국제화 시도에는 비용이 따랐다. 역외 인민폐 거래를 허용함으로써 홍콩의 경제적 위상이 높아졌다. 과거에 오랫동안 홍콩은 중국에 들어오고자 하는 외국 자본의 관문이자 중국 회사들이 달러를 조달하는 관문이었다.[78] 상하이나 선전에 비해 홍콩은 [영국식] 보통법 체제가 적용되는 곳이라는 장점이 있었다. 법학자 데이비드 도널 David Donal이 명료하게 요약했듯이 홍콩은 "영국에서 기원한 법적 시스템이 작동하는, 중국 내의 역외 금융중심지"로 기능했다.[79] 하지만 중국이 홍콩을 인민폐 거래의 중심지로 만들고 싶어했던 시기에 홍콩은 1997년 중국에 반환되어 일국양제 체제가 된 이후 어느 때보다도 정치적 긴장이 첨예해지고 있었다. 2014년에 중국 정부는 2017년 홍콩 행정관 선거에서 후보를 제한하겠다고 발표했고 이에 저항해 홍콩의 젊은층을 중심으로 우산 시위Umbrella protest movement가 일어났다. 시위가 일시적으로 홍콩 금융시장에 패닉을 일으키면서, 홍콩의 정치적 상황이 '중국의 국제 금융중심지'라는 홍콩의 위상을 훼손하기 시작했다.

더 일반적으로 말해서, 중국은 달러의 덫에서 벗어나기는커녕 그 덫에 더 깊이 빠졌다.[80] 당시 퇴임을 앞두고 있던 영국은행 총재 카니는 2019년에 한 연설에서 2008년 이후에 연준이 만든 통화 세계에서 중국을 포함한 모든 경제가 달러로 인한 제약을 전보다 심하게 겪고 있다고 말했다.[81] 중국이 부채를 조달해 대규모 부양책을 편 후에, 중국의 은행 시스템이 GDP보다 빠른 속도로 성장했고 그 은행 시스템과 중국 기업들은 이전 어느 때보다도 국제 달러 신용 환경에 깊이 통합되었다. 2014년이면 중국의 총 대외 부채는 (아마도 축소되었을 공식 발표에 따르더라도) 2008년보다 450퍼센트 이상 높았고[82] 상당 부분이 달러 표시 부채였다. 이런 상황에서 2015년 여름에 연준이 금리를 인상할 것이라는 전망이 나오자 막대한 자본 이탈을 겪은 중국 당국은 국내의 금융 안정성이냐 국제 시장에서의 인민폐의 지위냐 중 양자택일을 해야 했다. 중국 당국은 전자를 선택했고 자본 통제를 강화했다. 이로써, 2015년 이후 무역 대금의 인민폐 결제와 역외 시장에서의 인민폐 표시 부채 발행이 격감했다.[83]

이렇게 누적된 금융 위험은 중국의 성장을 심각하게 제약했다. 중국의 성장 둔화가 처음 드러난 때는 유로달러 시장에서 달러 부족이 한동안 누그러지지 않으리라는 점이 유럽 은행들에 명백해진 2011년이었다. 이어서

2015년 하반기와 2016년을 거치면서 중국의 성장은 더 둔화되었고 이후 다소 회복되는가 싶다가 2018년 후반기부터 또 한번 둔화되었다. 달러 표시 부채에 취약하다는 점 때문에 중국이 저성장 패러다임에 계속 묶여 있게 될지 모르고 그렇게 되면 향후 경제 발전과 정치 안정에 큰 위협이 될지 모른다는 두려움에서, 시진핑의 주요 경제 자문으로 알려진 한 인사는 2016년 5월에 공산당 기관지격인 《인민일보》에 익명으로 쓴 글에서 "나무가 하늘까지 자랄 수는 없다"고 경고했다.[84]

적어도 2015년부터, 아니 아마도 더 일찍부터, 세계 경제의 성장 속도가 중국의 금융 여건에 좌우되는 것처럼 보였다. 2017년과 2018년 전반기에 또 한 번의 신용 부양책 덕에 중국 경제가 회복되면서 IMF는 "글로벌 동반 성장"을 이야기하기 시작했고 성장 전망이 2010년 이래 어느 때보다 좋다고 발표했다.[85] 하지만 이 낙관은 곧 사라졌다. 2018년 말과 2019년에 중국의 성장이 30년래 최저 수준으로 떨어지자 IMF는 연준의 완화적인 통화정책에도 불구하고 "세계 경제가 동반 둔화를 보이고 있다"고 언급했다.[86]

2019년에는 홍콩도 위기로 떨어지고 있었다. 그해 6월에 송환법안[범죄인 본토 인도 법안]이 나오자 다시, 그리고 더 대대적으로 저항이 벌어졌다. 저항은 그해 내내 이어졌고 송환법안이 철회된 뒤에도 계속되었다. 그러는 동안, 트럼프 행정부는 중국의 테크 기업을 뉴욕 시장에서 상장 철회시키는 안을 꺼내들기 시작했다. 2019년 11월 중국의 전자상거래 및 인공지능 회사 알리바바는 현금을 더 조달해야 할 명백한 필요가 없었는데도 홍콩에서 2차 상장을 했다. 중국 정부로서는 중국의 금융중심지로서 홍콩에 대한 신뢰를 재확인한 것이자 중국 기업들의 뉴욕 자금 시장 의존성이 줄어들리라는 희망을 드러낸 것이었다.[87] 하지만 그해 말에 기업 신뢰가 추락하면서 홍콩이 불황으로 빠졌다[2019년 4분기에 두 분기 연속 마이너스 성장으로 공식 불황에 들어갔다]. 2020년 5월에는 저항이 다시 거리를 메웠다. 같은 달 미국 상원은 만장일치로 중국 기업을 미국 주식시장에서 상장 폐지해 중국 기업이 미국에서 자본을 조달하지 못하게 할 수 있는 안을 통과시켰다[외국기업책임법 Holding Foreign Companies Accountable Act. 미국 회계감독기관의 감사 요구를 3년 연속 회피하면 상장 폐지가 가능하도록 하는 등의 내용이 담겼으며 중국 기업들을 겨냥한 법으로 알려져 있다. 2020년 12월 하원도 통과해 2021년부터 발효되었다]. 미국 상원의 표결이 있고서 이틀 뒤[5월 22일]에 중국 정부는 홍콩보안법 제정 논의에 들어가겠다고 공식 발표했다[법률 시행일은 7월 1일].

한편, 2015~2016년의 중국 금융 위기와 홍콩 사안으로 중국이 국내 문제와 성장 둔화에 관심을 쏟아야 했던 시기에 시진핑의 부상[2012년 11월 당 총서기, 2013년 3월 국가 주석이 되었다]과 함께 중국의 경제적 야심, 특히 에너지 야심이 더 높아지기도 했다. 2015년 5월에 중국 지도부는 '중국 제조 2025' 전략을 내놓았다. 중국을 하이테크 제조 강국으로 만들기 위한 국가 주도 발전 전략이었다. 로봇 공학, 그린에너지, 전기차 등 10개 영역에서 중국을 세계 선도국으로 만드는 것을 목표로 천명한 이 전략은, 외부 세계에 대한 중국의 산업적 지향이 바뀌었음을 의미했다. 경제 위기 이전의 중국에 비해 중국의 산업 정책은 중대하게 더 보호주의적으로 바뀔 것이었고 글로벌 공급망에 중국의 하이테크 제조 기업들을 밀어넣고자 할 것이었다.[88] 이는 독일과 미국 산업 모두에 큰 충격을 의미했다. 독일의 경우에는 가장 저명한 독일의 제조 기업들이 포진한 영역에서 중국의 생산자들과 직접적으로 경쟁을 벌여야 한다는 의미였다. 미국의 경우에는 방위 산업과 밀접한 영역에서 중국이 공급망에 들어오는 것은 국가안보상의 문제였다. 이 때문에, 트럼프가 대선 선거 운동을 시작하기 전부터도 '중국 제조 2025'는 미·중 무역 관계에 지정학적 부담을 지웠다. '중국 제조 2025'가 미래의 하이테크 제조업 영역에서 경쟁의 문을 열면서, 미국의 국방 당국과 첩보기관은 미국이 중국과 경제적으로 밀접해지는 것에 더 비판적인 입장이 되었다.

2016년 선거 운동 중에 트럼프는 2000년대에 있었던 미국 제조업의 일자리 상실을 반복적으로 이야기했지만, 2016년 대선 승리 이후에 미국에서 생겨난 합의[중국에 대해 전보다 더 대치적이 되는 방향으로의 합의]는, 하이테크 경쟁 시대에 '중국 제조 2025'가 미국의 지정학적 권력에 제기하는 위협에서 나왔다고 보아야 한다.

시진핑 본인의 말에서도 드러났듯이, 그는 중국 경제를 지정학적으로 다시 계산하고자 했다. 시진핑은 기존의 미국 수출 시장 위주에서 유라시아로의 전환을 한층 더 강화했다. 이러한 지리적 전환은 대對유럽 교역과 투자를 늘리는 것으로 시작되었다. 2009년 이전에는 중국이 유럽 국가들에 직접 투자를 거의 하지 않았지만 2009년 이후에 대유럽 투자가 상당히 빠르게 증가해 2016년에는 미국으로 가는 직접 투자를 넘어섰다.[89] 또한 3장에서 보았듯이, 2013년에 시진핑은 일대일로 프로젝트를 선포했다. 중동과 중앙아시아 에너지의 수송 경로를 보호하고 개발하는 데 주로 초점을 둔 것이었지만 유럽과 관련된 요소도 비중 있게 존재했다. 유럽으로 수출을 하기 위해서도 새로운 철로와 항구 연결망이 필요했던 것이다. 또한 중국은 2013년에 일대일로 프로젝트를 위해 세운 아시아인프라투자은행에 유럽 국가들의 합류를 독려했다.

중국의 유라시아로의 전환은 유럽을 분열을 촉진했다. 부분적으로는 제도와 관련된 문제였다. 2012년에 중국은 새로운 유라시아 회의체인 중국-중동부유럽협력회의Cooperation between China and Central and Eastern European Countries(2021년에 리투아니아가 나가기 전까지 '17 플러스 1'이라고도 불렸다) 결성을 주도했는데, 여기에 참여한 유럽 국가에는 EU 회원국인 곳과 아닌 곳이 섞여 있었다. 하지만 중국의 유라시아로의 전환은 중국 경제가 어디로 공간적 영역을 넓히는가와 관련된 문제이기도 했다. 연준의 금리 인상 방침으로 촉발된 2015~2016년의 중국 금융위기에 대응하면서 중국이 2016년부터 부과한 자본 통제 때문에, 중국의 대유럽 투자가 상당히 감소했다.⁹⁰ 하지만 균등하게 감소하지는 않아서, 발칸 서부, 그리스, 이탈리아에는 중국의 투자가 증가했다. 중국에서 오는 투자에서 여전히 이득을 얻고 있던 몇몇 남유럽 국가들이 일대일로에 합류했고, 따라서 유럽에서 중국발 경제 분절이 더 심해졌다.⁹¹ EU 회원국이 아닌 세르비아가 중국을 [EU 외에] 또 하나의 경제적 지원과 협력의 기반으로 삼으려 한 것과 EU 회원국인 이탈리아가 2019년 3월에 일대일로에 합류해 또 다른 EU 회원국인 독일과 프랑스의 맹비난을 산 것은 매우 다른 문제였다.

하지만 프랑스와 독일의 이탈리아 비판은 위선적이라는 맞비판을 받았는데, 이는 유럽의 경제적 단층선을 핵심에서 파고드는 이슈였다. 독일은 공식적으로는 일대일로 합류국이 아니었지만 실질적으로는 중국의 유라시아 교역 경로에서 상당히 큰 부분을 차지했다. 독일 도시 뒤스부르크는 중국의 대유럽 수출에서 철도와 강을 통한 교통로의 주된 허브였고, (러시아가 노르트스트림을 지을 때 핵심 물류 거점으로 사용하기도 했던) 독일 항구 무크란은 중국 중부 지방으로부터 연결될 새로운 철도의 종착지였다. 사실 중국과의 교역과 공급망이 커지면서 독일로서는 유럽 단일시장의 중요성이 줄고 있었다. 1980년대 이래로 독일은 중국과 독보적인 경제 관계를 누려왔고, 다른 유럽 국가들과 달리 2008년 이전에 독일은 대중 수출이 증가했다. 또 중국과 미국 둘 다에 공급망을 가진 독일의 자동차 회사들은 중국의 커다란 자동차 시장에 의존하고 있었다. 대지역 단위로 보면 여전히 유럽이 독일의 교역에서 가장 비중이 크지만, 2010년대를 거치면서 국가 단위로는 중국이 독일의 최대 교역 상대국이 되었고 이는 중대한 변화였다. 유로존 위기가 시작된 2009년만 해도 유로존 국가들과의 교역이 비EU 국가들과의 교역보다 독일에 더 중요했지만 2012년이면 비EU 국가들과의 교역이 유로존 국가들과의 교역 비중을 넘어섰고 이는 2017년까지 계속되었다.⁹²

2010년대 중반이면 중국과 관련한 독일의 독특한 위치는 유로존이 경제 충격을 '비대칭적으로' 겪게 되는 한 요인이 되었다. 2015년부터 독일은 2015~2016년 중국 금융위기와 미·중 무역 전쟁의 여파(독일이 미국 공장을 통해 중국으로 자동차를 수출할 때 중국이 부과하는 관세를 맞았다), 그리고 '중국 제조 2025'로 성장에 크게 타격을 받았다. 유로존의 다른 국가들 대부분이 높은 성장을 유지하고 있던 2018~2019년에, 독일 경제는 이러한 충격으로 불황 수준의 성장률에서 벗어나지 못했다.[93]

독일은 중국과의 관계를 줄이기보다 대對중 교역 관계를 오히려 강화하는 쪽으로 판돈을 걸었다. 이탈리아가 일대일로에 합류한 달에 메르켈은 (마크롱과 함께) EU가 6년간 교착 상태이던 EU-중국 포괄적투자협정EU-China Comprehensive Agreement on Investment을 위한 협상을 마무리해야 한다고 선언했다. 이 협정이 체결되면 유럽 기업들의 투자에 중국의 문호를 열어서 여전히 북부 유럽에서 남유럽과 동유럽으로 가고 있는 자본 흐름에 대해 어느 정도 균형을 잡을 수 있을 것으로 기대되었는데, 이 협정에서 '17 플러스 1' 국가의 기업들보다는 독일과 프랑스 기업들이 [대외 투자를 할 자본이 더 많았으므로] 주로 득을 볼 것으로 예상되었다. 메르켈은 특히 유럽 최대 텔레콤 기업인 도이체텔레콤과 2019년에 트럼프가 모든 유럽 국가가 5G 네트워크에서 배제해야 한다고 핏대를 세운 중국 기업 화웨이와의 관계를 더 가깝게 만들고자 했고, 따라서 이는 NATO와 관련된 갈등이 EU-중국 관계로도 흘러넘칠 가능성을 열었다.[94]

2015~2016년 이후에 독일이 독-중 간의 밀접한 관계를 고수하기로 한 결정의 지정학적 파급 효과는 2016년부터 영-중 경제 관계에서 벌어진 일로 더욱 증폭되었다. 2010~2018년 사이에 영국은 중국의 대EU 해외 투자에서 제일 비중이 큰 나라였다.[95] 무엇보다, 캐머런 정부는 런던과 홍콩 사이의 금융 네트워크를 십분 활용해 런던을 인민폐 거래의 국제중심지로 만

들 기회가 생겼다고 보았다.[96] 영-중 관계를 강화하려는 맥락에서, 캐머런은 "서구 세계에서 영국보다 중국 투자에 더 열려 있는 나라도 없고, 중국 소비자들의 수요에 더 잘 부응할 수 있는 나라도 없다"고 말했다.[97] 2015년 영국을 국빈 방문한 시진핑은 왕실 '황금마차'를 타고 더 몰the mall[버킹엄궁으로 들어가는 길]을 지나 버킹엄궁에 들어가는 등 극진한 대접을 받았고 영국 총리와 중국 당국자들은 영-중 관계의 '황금기'를 이야기했다.[98]

하지만 처음부터도 중국에 대한 캐머런의 구애에는 지정학적 위험이 내포되어 있었다. 영국이 2015년 초에 유럽 국가 중 제일 먼저 아시아인프라투자은행에 합류하자 오바마 행정부는 경악했다. 그다음에 트럼프가 중국과 무역 및 테크 전쟁을 벌이면서, 브렉시트 이후에 미국과 무역협정을 맺고 싶어했던 영국의 메이 내각과 그 뒤를 이은 존슨 내각은 대對중 관계에 걸려 있는 문제가 한층 더 복잡해졌다. 2019년 6월부터는 옛 영국 식민지 홍콩에서 위기가 높아지면서, 영국이 홍콩에서 벌어지는 사건들에 매우 크게 영향을 받는다는 점이 다시 한번 확연하게 드러났다. 홍콩에서 저항이 시작되자 영국은 다른 EU 국가들보다 중국을 더 강하게 비판했고, 이에 맞서 중국은 영국의 간섭을 거친 언사로 공격했다. 그해 가을, 보리스 존슨 내각은 영국의 해외시민여권British National Overseas을 소지한 사람들에게 완전한 영국 시민권을 부여하라고 요구하는 민주화 운동가들의 요구에 직면했다.

코로나19 위기가 발생하고 첫 몇 달 동안, 상황이 이렇게 달라지면서 영국이 취할 수 있는 다른 선택의 여지가 없어졌다. 2020년 1월, 보리스 존슨은 영국의 5G 네트워크 개발에 화웨이가 포함될 수 있다고 결정함으로써 영-중 경제 관계를 구하기 위한 마지막 시도를 해보았다. 하지만 2020년 5월 중국의 홍콩 관련 조치와 이에 대한 트럼프의 대응이 일으킨 대치 국면에서, 존슨 내각은 화웨이에 대해 내렸던 결정을 철회했고 영국해외시민여권을 가진 300만 홍콩 시민이 영국 시민권을 취득할 길을 열어주기로 했다.[99]

영국이 2016년 이전에 수립했던 대對중국 정책이 붕괴되면서, 중국이 유럽에서 갖는 위치를 둘러싸고 새로운 분열이 일어났다. 중국이 홍콩의 자율성을 박탈한 데 대해 EU가 부과한 제재는 정도가 약했다. 메르켈은 홍콩 이슈가 최대 교역 상대국인 중국과의 관계를 냉각시킬 만큼 독일에 중요한 문제는 아니라는 입장을 개진해 국내에서 많은 비판에 처했다. 하지만 이번에도 메르켈은 독-중 관계를 EU 전체의 틀에 넣음으로써 위기를 관리했다.[100] 2020년 12월 미국에서 바이든으로의 정권 교체가 임박했는데도 메르켈은 마크롱과 함께 EU-중 포괄적투자협정을 마무리하는 데 박차를 가했다. 메르켈에게는 이것이 교역 버전의 현실 정치였다. 중국에 생산 기반과 시장점유율 가지고 있는 독일의 오래된 산업 기업들이 고전하는 시기에, 독일의 테크 기업들이 중국 시장에서 기반을 잡을 기회를 줄 것이었기 때문이다. 마크롱에게는 이 협정이 테크놀로지 경쟁의 시대에 적어도 미국으로부터 유럽의 전략적 자율성을 선언하는 의미가 있어 보였다. 하지만 협정이 발표되자 몇몇 유럽 국가들이 곧바로 불편함을 드러냈다. 이 중에는 이제 중국 자본이 자신의 인프라에 들어오는 것의 이득과 그러면 미국과 불편한 관계가 될 수 있다는 손실 사이의 긴장을 명백하게 인식하게 된 몇몇 일대일로 참여국도 있었다. 또한 메르켈과 마크롱이 양국 사이에서만의 협상으로 일방적으로 협정을 맺고서 다른 국가들과 협의 없이 향후의 EU-중국 관계에 대해 발언을 한 것에도 불만이 일었다.[101] 많은 면에서 사실이 그랬다. 7개월 전에 중국이 홍콩보안법을 부과한 이후로 영국 정부로서는 이런 협정을 고려할 수 없었으므로, 메르켈과 마크롱은 '더 이상 영국이 포함되지 않는 EU의 모습'에 대해서도 무언가를 말한 셈이었다.

종합해보면, 2008년 이후 중국-유럽 경제 관계의 운명은 경제적·지정학적 교란에 대한 또 다른 거대한 이야기들의 일부가 되었다. 중국의 유라시아로의 전환, 그리고 2016년 이후 자본 통제 강화로 인한 중국의 유럽 투자 축소 모두가 유럽을 경제적으로 분열시켰다. 두 요인 모두 EU와 유로존 둘 다에서 독일의 경제적 위치가 다른 나라들과 다르다는 점을 한층 더 강화했다. 그러는 동안, '차이메리카'의 경제적 공생 관계가 미-중 간의 지정학적 라이벌 관계로 바뀌고 홍콩이 관문 역할을 할 수 있는 역량이 줄면서 유럽의 경제적 분절은 첨예한 지정학적 측면을 갖게 되었다. 중국이 러시아와 더불어 EU에서 NATO를 둘러싼 분열의 원천이 되었고 영국이 EU로부터 멀어지는 데 명시적인 지정학적 이유를 만들어낸 것이다.

다시는 돌아갈 수 없다

2020년대의 시작 시점에 팬데믹은 여러 면에서 이전 10년간 있었던 모든 교란을 극명하게 드러냈다(최초 발생이 중국이었다는 점도 영향이 있었다). 2020년 봄에 연준은 2007~2008년 금융 붕괴 이후 자신이 만든 통화와 금융 세계를 대체로는 다시 한번 최종대부자 역할을 함으로써 구제했다. 2008년과 다른 점은, 이번에는 간접적으로 중국을 궤도에 포함했다는 점이었다. 그밖의 미-중 관계는 악화일로인 상황에서도 말이다. 이러한 변화는 유로달러 시장의 작동 방식에 따른 논리적 귀결이었다. 구조적으로 말해서, 위기에 직면해 역외 달러 신용 시장에서 모두가 달러를 확보하려 혈안이 되어 있을 때는 최종대부자가 필요한데, 지정학적 관계가 어떻든 간에 중국도 보호 밖에 있기에는 너무나 취약한 행위자였기 때문이다.

하지만 다른 면들에서 보면, 사실 연준이 한 일은 2009년 이후 연준의 통화 정책이 만든 교란을 한층 더 강화했다. QE인피니티를 실시하면서 연준은 사실상 모든 신용 시장을 떠안았다. 한 논평가는 이제 연준이 "온갖 것들의 최종대부자"가 되었다고 비꼬았다.[102] 그전까지 연준이 취했던 행동들이 남긴 영향 때문에 연준으로서는 선택의 여지가 별로 없었다. 부채가 많고 현금 보유가 적은 기업이 매출 급감 위험에 처하면, 신용에 더 쉽게 접할 수 없을 경우 생존이 불가능하다. 하지만 회사채를 발행하도록 기업들을 독려했던(회사채를 발해 빌린 돈을 자사주 매입에 쓰는 것도 포함해서) 바로 그 과정이 이제 그들을 구제하러 연준이 회사채를 매입하러 나서면서 다시 어마어마하게 증폭되었다. 예상되다시피, 3월 23일 이후 첫 몇 달 동안 회사채 발행이 급증했다.[103]

그 결과, 2008년 이후에 벌어졌던 여파의 상당 부분이 2020년 팬데믹 시기의 경제 위기 때도 반복되었다. 연준이 매입해주지 않을 것은 없다는 확신하에 주식시장은 실물 경제와 괴리되었고 사실 연준 자체의 통화 정책 관련 발언을 제외하면 어떤 경제적·정치적 리스크와도 괴리되었다. 미국의 실업률이 2020년 4월에 15퍼센트로 급등했지만 다달이 나오는 일자리 통계는 자본 시장에 영향을 주지 못했다. 그리고 연준이 "온갖 것들의 최종대부자"로서 행동하자 채권을 발행해 싼 부채를 조달할 수 있는 대기업과 그렇지 못한 중소기업 사이에 위계가 강화되었다.

2020년 봄에 더 많은 신용에 절박하게 접해야 했던 기업 중 빼놓을 수 없는 곳이 셰일오일 회사들이었다. 연준은 정크본드 회사채를 자산매입 프로그램에 포함하면서 원칙적으로 그들을 구제했다. 하지만 미래의 석유 생산 전망은 2007~2008년 붕괴 후 첫해에 셰일오일이 막 부상했던 때와 크게 달랐다. 그때는 석유와 가스 분야, 특히 셰일 분야가 투자 자본의 막대한 부분을 흡수했고 이것이 2011~2014년의 고유가와 맞물리면서 연준의 양적완화가 셰일 붐으로 이어졌다. 이와 달리, 코로나19가 닥치기 직전 시기에 유가는 셰일 생산자들이 부채 비용을 감당할 수 있을 만큼 높지 않았고 투자자들이 녹색에너지에 우선순위를 두면서 석유회사들은 자본 시장에서 일정 부분 배제되어 있었다. 트럼프 행정부가 유가를 다시 올리려 시도했고 연준이 새로운 자산매입 프로그램을 가동했지만, 2020년 중반에 세 개의 큰 셰일 회사가 파산 절차에 들어갔다.

    만약 에너지원으로서 석유가 빠르게 사라지는 중이라면 미국 셰일 산업이 입은 타격이 큰 구조적 영향을 일으키지는 않을지 모른다. 하지만 석유는 빠르게 사라지고 있지 않다. 2019년에는 중국을 포함해 세계 경제의 성장이 취약했기 때문에 석유 생산 감소가 일으킨 영향이 상대적으로 크지 않았다. 하지만 2020년 말과 2021년 초 겨울이 오면서 유가는 2019년 4월의 고점 수준까지 올라갔다. 유럽의 상당 부분을 포함해 세계의 많은 곳에서 록다운이나 이동 제한이 아직 시행 중이었는데도 말이다. 이번에는 미국의 셰일 부문이 합리적인 수준의 세계 경제 성장률을 저해하지 않으면서 영구적인 고유가로부터 세계 경제를 보호해주리라고 기대할 만한 상황이 아니다. 팬데믹 붕괴 이후에 오게 될 세계 경제는 2008년 중반 이전의 상황으로 되돌아가는 것이 될 가능성이 크다. 중앙은행들이 높은 에너지 가격(가스, 전기, 석유 모두)이 인플레와 소비자 수요에 미칠 영향을[즉 인플레와 불황을] 동시에 우려해야 하는 세계 말이다.

    약한 수준의 인플레라면 2014년 이후 부채의 실질 가치를 줄이기 위해 어느 정도의 인플레를 절박하게 추구했던 중앙은행들이 잠시나마 숨을 돌릴 수 있게 해줄 것이다. 하지만 에너지가 유발한 인플레가 가속화되면 금리 인상 압력을 만들어내기 때문에 많은 채무자들이 부채를 갚는 데 어려움을 겪을 것이다. 정부 부채와 관련해서는, 중앙은행이 이자 없이 정부에 자금을 직접 지원하는 것이 유일하게 남은 선택지로 보인다.

    '셰일 산업이 일시적으로 되살아날 것인가'는 경제 문제 만큼이나 정치적이고 지정학적인 문제일 것이다. 석유의 미래는 석유와 가스를 둘러싸고 벌어졌던 옛 지정학이 오늘날 재생에너지와 전기차 제조 부분에서 격화되고 있는 교역 및 지정학적 라이벌 관계와 공존하면서 더 복잡하고 파괴적이 된 에너지 세계의 일부일 것이다. 이 라이벌 관계의 핵심에는 민간 투자

자금을 가져오기 위해 지속적으로 벌어지는 경쟁이 놓여 있을 것이다. 10년 전에는 셰일 회사들이 그 경쟁의 대표적인 승리자였다.

＊　＊　＊

지정학이 세계 경제 전체에 속속들이 파고들면서 EU는 이 경쟁 관계에서 지역 블록이라는 규모 기반의 접근으로 얻을 이득이 이를 위해 각국이 자국 국가 경제를 타협해야 하는 데서 오는 불이익을 상쇄할 것인가라는 근본적인 문제에 봉착했다.[104] 게다가 하필이면 이 문제에 봉착한 시기는 EU에서 경제 규모가 가장 큰 나라와 나머지 나라들 사이에 중국과의 관계를 둘러싸고 이미 극명하게 차이가 벌어진 시기다.

구조적인 측면에서 EU가 이러한 지정학적 곤경에 빠진 이유는 EU가 민주정 국민국가들로 구성되어 있는 동시에, 국민국가를 대체하려는 열망을 북돋우고 있으며, 또한 그와 동시에 가장 강력한 회원국들이 자신의 즉각적인 외부 환경을 좌지우지할 기회를 갖게 하기 때문이다. 통화연맹[유로존]의 창설은 이 어려움을 가중했다. 조약에 의해 제도적으로 정해진 유로존의 법적 임무는 거기에 속한 민주정 국가들이 경제의 변화에 적응하는 것을 어렵게 만들었고, 국가의 경제 정책이 국내의 정당 정치에서 숙의와 경합을 거쳐 결정될 수 있는 범위를 제약했다. EU 내에서 유로존이 불완전한 상태라는 점은 유로존인 EU 회원국과 비유로존인 EU 회원국 사이의 관계를 불안정하게 만든다. 유로존 위기로 영국의 위치가 불안정해지자 경제에서 시작된 문제가 금세 영국의 국내 정치에서 정치적으로 관리 불가능한 문제로 비화했다. 유럽 단일시장이 구성법상의 원칙에 의해 몇몇 경제 정책을 회원국의 국내 정치로부터 보호함으로써 작동하기 때문이다. 따라서 유로존 위기의 여파에서 비화한 영국과 EU의 문제는 그 구성법상의 원칙에 영국이 계속 있을 것인가 거기에서 나올 것인가의 문제가 되었다. 그 구성법상의 원칙에 대한 민주적 동의는 어쨌거나 국가로부터 나와야 하니 말이다.

여기에서, 브렉시트는 민주정 국민국가의 정치에 대한 더 큰 이야기에도 함의를 갖는다. 민주정 국가는 지정학적·경제적 변화가 있으면 불안정해질 수 있고 그에 대응해 변화하지 못하면 민주정 정치체로서의 미래가 위험에 처하게 된다. 동시에, 민주정 정치체로서의 국가는 그 결과로 변화하는 국내의 권력 균형에서 패배한 사람들이 [이긴 쪽이 행사하는] 국가의 의사결정 권한을 받아들이도록 이끌어야 한다. 3부에서는 이것이 왜 그렇게나 어려운 일인지를 다룬다. 민주정 정치체가 시대를 거치면서 어떻게 작동해왔는지, 그리고 그것이 국가공동체 의식과 어떤 복잡한 관계를 맺고 있는지가 3부의 주제다.

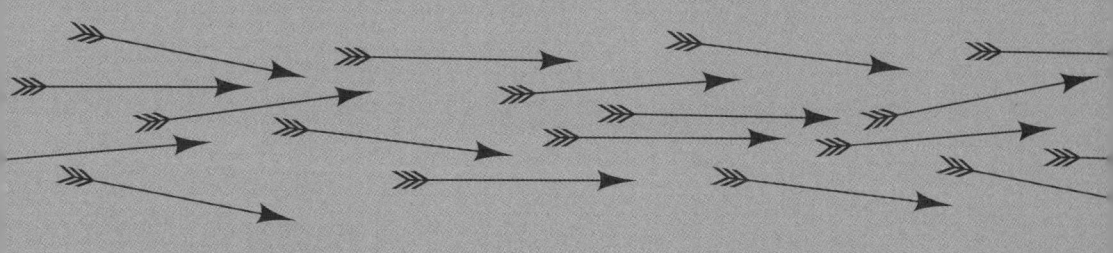

3부

민주정치

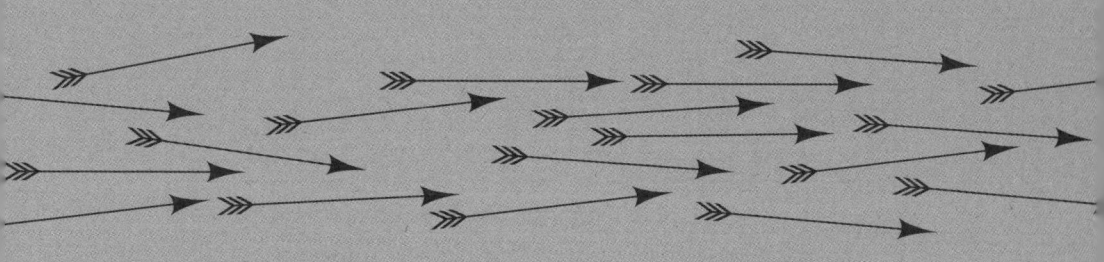

| 7장 | 민주정에서의 '시간'

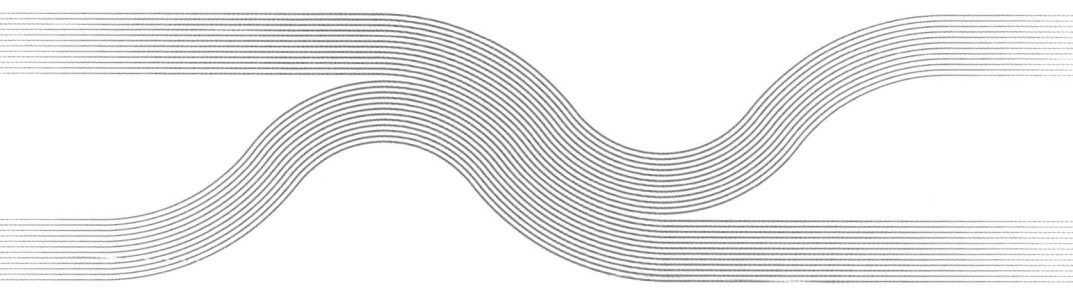

팬데믹 초기에, 영국의 핵심 각료이자 EU 탈퇴 운동을 주도했던 정치인 마이클 고브Michael Gove는 공공 서비스를 주제로 강연을 했다. 그는 1930년대에 루스벨트 대통령이 "경제 세계화"와 "귀족적 자유주의" 시대가 종말을 고하기 시작하는 시점에 서서 [아직 그런 것을 과감하게 예상하기 어려웠던 시절에] 미래는 "복지 제도를 갖춘 민주정 국민국가"가 될 것이라고 확신했다며 이에 찬사를 보냈다. 고브는 루스벨트가 "두려워하지 않고 새로운 실험에 나서는 편향"을 가지고 "자본주의를 구하고 민주주의에 대한 신뢰를 회복시켜냈다"고 말했다. 고브는 4년 전[2016년] 국민투표[브렉시트 국민투표]에서 다수의 유권자가 "거의 모든 정부 기관과 그 안에 있는 거의 모든 강력한 사람들의 목소리"에 동의하지 않는다는 사실을 명백히 드러낸 뒤, '루스벨트 스타일'로 민주정 국민국가를 회복하는 것이 브렉시트 이후 보수당의 지향이라고 보고 있었다.¹

브렉시트에 대한 고브의 주장은 과도한 단순화다. 그가 "탈퇴" 운동을 주도했을 때 그 본인도 영국 정부의 일원이었고, 보수당 의원 3분의 1이 그의 편이었다. 하지만 브렉시트가 실제로 '대중의' 민주적 반란을 의미하는 면도 있었다. 부분적으로 이것은 '대의제' 민주정 정치에 내재한 제약들에 대한 대중의 반란이었다. 영국 유권자들은 ['직접 민주주의 제도'인] 국민투표로 다수결에 의거해 영국의 헌법적 질서와 국가 구조, 지정학적 지향, 외부 세계와의 경제적 관계 모두를 한꺼번에 바꿀 기회가 생긴 셈이었다. 의원들 중에서는 70퍼센트가 EU 잔류를 지지했는데도 유권자들은 과반인 52퍼센트가 EU 탈퇴에 표를 던졌다. 이는 '충분한 수의 시민'과 '충분한 수의 대표자' 사이에 중대한 간극이 있을 때 민주정에 어떻게 위기가 발생하는지를 단적으로 드러냈다.

이러한 위기가 있은 후에 고브가 프랭클린 루스벨트에게서 영감을 얻어 미국 최장수 재직 대통령[프랭클린 루스벨트는 12년을 재직했다]과 "민주정 국민국가"를 같은 편에 놓고, 이를 "귀족적 자유주의"와 "경제적 세계화" 둘 다에 대한 대척점으로 제시했다는 것은 그리 놀랄 일이 아니다.[2] 루스벨트의 뉴딜이 정치 영역에서 민주정을 회복하는 방법의 모델로 여겨지는 이유는, 민주정 정치체를 중대한 방식으로 개혁하기가(어떤 개혁이든 간에) 대개의 경우에 너무나 어려웠기 때문이다. 전후에 루스벨트는 "복지 제도를 갖춘 민주정 국민국가"로 가는 길을 열기 위해 금본위제를 버려야 했다. 하지만 루스벨트가 미국에서 민주정 국민국가로의 길을 연 이야기는 고브가 말한 것보다 훨씬 복잡하다. 사실 루스벨트가 미국의 민주정을 회복시키면서 일군 "인종적으로 제약적인, 경제적 국가공동체주의"는 오늘날 미국에 무거운 부담이기도 하다. 루스벨트의 접근이 시민으로서 누리는 물질적·정치적 보상에서 흑인들을 오랫동안 배제해온 역사에서 나온 산물이었기 때문이다.

민주정 국가도 구체적인 시간과 장소에 존재한다. 모든 다른 형태의 정부와 마찬가지로 민주정 국가도 변화하는 지정학적·경제적 여건하에서 작동하므로, 기본적으로 '시간'을 불안정의 원천으로 경험한다. 시간이 가면서 상황과 여건이 달라지면 개혁의 충동이 생겨나고, 시간을 거쳐오면서 왜곡되어버린 집단 간의 물질적 이해관계의 균형을 회복하려 하기도 한다. 루스벨트의 개혁이 대표적으로 보여주었듯이 말이다. 하지만 투표권을 점점 더 폭넓게 보장해 민주정의 요소를 확대해온 것과 동시에 국가의 구조는 맨 처음에 구성되었던 형태를 유지하고 있는 민주정 정치체(미국이 대표적이다[미국의 헌법은 여전히 1789년 헌법이며 여기에 이후의 수정조항들이 덧붙은 형태로 되어 있다])에서는, 이 같은 방식으로 민주정을 회복시키려 할 때 한 가지 문제에 봉착한다. 처음으로 돌아가서 정치적 균형을 회복하라는 요구가, 그 정치체를 구성하는 시민들의 인구 구조가 지금은 처음과 현격하게 달라져 있을 가능성이 크다는 사실[가령 전에는 흑인이 시민이 아니었지만 이제 시민이라거나, 이민자 출신이 크게 느는 경우처럼]과 상충할 수밖에 없는 것이다.

민주정 정치체가 시간이 지남에 따라 불안정해지기 마련이라는 사실은 20세기 대부분 동안 정치를 고찰한 어떤 학자에게도 놀랄 일이 아니었을 것이다. 자유주의적 민주주의가 시대를 초월한 보편 이상으로서 이야기되기 시작한 것은 1990년대나 되어서였다.³ 이러한 담론은 민족주의/국가공동체주의nationalism/nationhood란 민주정 정치체의 도덕 규범을 언제나 훼손하기 마련인 보편적 위험 요인이라고 보면서 민주정 정치체의 전개 과정을 해당 국가의 고유하고 복잡한 역사에서 분리해 보편적 진보의 서사로 이야기하고, 그럼으로써 정치에 대한 분석을 왜곡한다. 현재의 정치적 교란을 분석할 때도 마찬가지다. 현재 서구의 민주정 국가들이 겪는 불안정을 파악하려면, 먼저 민주정 정치체와 국가공동체주의/민족주의가 역사적으로 어떻게 관계를 맺어왔는지 살펴보면서 "정치적 시간"의 문제를 이해해야 한다.

국가공동체 의식nationhood

역사학자 베네딕트 앤더슨Benedict Anderson은 국가를 '기점'으로서의 특정한 장소와 사람들이 함께 공유하고 있는 모종의 과거에 대한 개념에서 구성된, "상상된 공동체"라고 묘사했다.⁴ 어떤 경우에는 국가공동체에 대한 상상이 혈족공동체ethnicity에 대해 공유된 이야기를 내세운다. 하지만 국가가 꼭 혈족공동체의 언어로 스스로를 이해해야 하는 것은 아니다. 실제로 유럽에서는 언어(및 언어에 결부된 문학이 형성하는 문화)가 공통성을 확인하는 데 종종 더 강력한 요소였다. 공동의 역사적 경험에 대한 이야기를 공동의 언어를 통해서 할 수 있기 때문이다.⁵ '민족nation'이라는 단어와 명시적으로 결부된 종류의 상상된 공동체들은 대의제 민주정이 등장하기 한참 전부터 존재했고, 어떤 곳에서는 이것이 정치적인 정체성을 구성했다. 하지만 프랑스대혁명 이후 민족공동체를 말하는 새로운 정치적 언어['민족'을 '국가 수립'의 토대로 삼는 언어, 즉 혈족공동체ethnicity 뉘앙스의 '민족'이 국가공동체state 뉘앙스의 '국가'와 결합된 언어. nation은 둘을 다 의미할 수 있고 이 둘이 결합된 의미를 갖기도 한다]가 세를 얻었다. 그 이후로 대개의 유럽 국가들은 '국가'의 권한과 권력을 민족공동체의 이름으로 정당화했고 자신이 통합된 민족을 대표한다고 주장했다. 제국(영국이든 프랑스든 러시아든 오스만이든)에서 해방되고자 한 사람들은 거의 모두 민족의 이름으로 독립 국가 수립를 요구했다. 19세기 이래로, 민족공동체주의nationhood가 정치적 권위를 정당화하는 개념으로 쓰이는 데 대해 비판도 많았지만, 이슬람권 외부에서는 이 임무를 수행하는 다른 토대가 아직 나타난 바 없다. 역사학자 마이클 하워드Michael Howard가 언급했듯이, 공산주의 혁명이 일어난 곳에서도 기존의 민족이 파괴된 곳은 없었다.⁶ 냉전은 소비에트 제국에 맞서서 강력하게 일어난 민족공동체주의와 함께 종말을 고했다. 베를린 장벽이 무너지고 서독 총리 헬무트 콜이 독일 통일에 대한 계획을 내놓았을 때도 직접적으로 민족공동체주의의 언어를 사용했다. 그는 독일연방공화국이 "민족nation의 통합성에 대한 감수성을 계속 살아있게 하고 한층 더 분명해지게 해야 한다"고 말했다[여기에서 nation은 혈족ethnicity 개념으로서의 게르만 민족이 아니라 역사적으로 존재한 독일인으로서의 통합성을 말한다]. 또한 그는 자신의 정부가 "독일 국민German people이 자유로운 자기결정권 안에서 다시 통합성을 획득할 수 있게" 노력할 것이라고 천명했다.[7] 물론 EU는 민족/국가 단위를 넘어서는 다국가적 대륙의 이름으로 정치적 권한과 권위를 구축하려 했지만, EU에서 의사결정 권력을 행사하는 자리에 직접 선거로 선출되는 사람들은 여전히 개별 국가의 시민으로 구성된 유권자들이 뽑는다.

역사에 민족공동체/국가공동체 의식이 제공하는 정치적 자원 없이 대의제 민주정이 존재한 사례는 없었다.[8] 개념적으로, 대의제 민주정에서 민족공동체/국가공동체는 '국민'으로서 기능한다. 고대 민주정에 '스스로를 통치할 수 있는 사람'으로서의 시민들이 필요했듯이 대의제 민주정은 집합적으로 대표자를 선택할 수 있고 필요할 때 국가의 구성을 규정하는 헌법을 승인할 수 있는 사람들이 필요하다. 누가 그 국민이어야 하느냐에 대한 질문에 대해 역사적으로 사용되어온 답은 '민족적 정체성을 공유한 사람들nation'이었다. 실제로 꽤 한동안 민족nation과 국민people은 같은 의미로 쓰였다.[9] 민주정 정치체에서의 '국민'이 꼭 문화적 동질성을 바탕으로 하는 공동체와 일치해야 하는 것은 아니다. 스위스처럼 어떤 민주정 국가는 역사적으로 공유된 문화를 가진 민족공동체 개념이나 공통의 언어 없이도 잘 작동한다. 하지만 대의제 민주정에서 민족이 국민으로서 기능하려면 누가 거기에 속하고 누가 속하지 않는지의 기준이 있어야 했다. 그리고 현실에서 이것은 국가의 '시민권'을 의미했다.[10]

이렇게 해서 '시민권을 공유하는 민주정 정치체의 국민'이라는 개념이 나오게 되며 이는 대의제 민주정에 내재한, 국가의 권한과 권위를 불안정하게 만드는 쟁투를 멈출 수 있게 해준다. 대의제 민주정에는 패자의 동의를 얻을 수 있는 정치적 수단이 필요하다. 정부 형태 중 대의제 민주정만

이 모든 성인 시민에게 통치자가 누가 되어야 할지를 물은 다음에 그 시민의 일부만 그들이 선택한 대표자를 갖게 한다[나머지 시민들은 자신이 선택하지 않은 대표자를 가져야 한다]. 따라서, 선거를 통해 권력이 교체될 수 있으려면 선거에서 진 사람들이 폭력이나 분리 독립으로 가지 않고 선거 결과에 승복할 수 있게 할 암묵적인 정당화 기제가 필요하다. 결정적으로 중요한 이 정치적 문제에 역사적으로 해법을 제공해온 것이 민족공동체/국가공동체 의식nationhood이었다.

도식적으로 말하자면, 미국에서 국가공동체 의식으로 기능할 만한 믿음이 없었다는 것이 남북 전쟁을 촉발한 한 요인이었다고도 말할 수 있을 것이다. 미국 헌법은 "우리 미합중국 국민the people"이라는 말로 시작하지만 이 헌법을 통해 구성된 연방 공화정 국가는 구성 주들 사이에 경제적 이해관계가 근본적으로 충돌하고, 시민과 노예 사이에 인종적 분열이 있으며, 노예제를 둘러싼 도덕적 싸움의 간극도 깊은 국가였다. 로마 공화정에서는 '시민the people'이라는 말[로마 공화정에서 the people(populus)은 시민 자격이 있는 사람들을 통칭하는 말이었다]과 노예제라는 제도가 쉽게 공존할 수 있었지만, 사람들 다수가 크리스트교이고 '모든 사람이 신성에 의해 평등하게 태어났다'는 선포와 함께 자신의 국가가 수립되었다는 기원 서사를 가진 미국 공화정에서는 '국민the people'이라는 단어와 노예제가 오래 공존할 수 없었다.[11] 1788년에 결성된 연방이 영구적인 것인지의 질문을 미해결로 남겨 놓은 이 헌법은, 하나의 정치체 안에서 정치적 영향력의 차이와 상관없이 모두가 동일한 정치적 권위를 받아들이고 그 권위에 따르는 국민이 되기로 거주민들 사이에 어떤 결정적인 합의가 있었음을 반영한 것이 아니었다. 차차로 노예 소유 주州의 정치적 권력이 쇠퇴하면서, 남부의 백인 대다수가 스스로를 '미국인'보다는 '남부인'이라고 생각한다는 사실이 정치적으로 커다란 문제가 되었다. 연방에 주가 새로 들어올 때마다 노예를 소유한 주들과 노예를 소유하지 않은 주들 사이에서 유권자 수를 어떻게 더 자신에게 유리하게 확보할 것인지를 두고 싸움이 일었다. 1860년 선거 이후, 결국 11개의 남부 주는 노예제를 투표로 잃지 않게 지키기 위해 연방에서 탈퇴했다.

국가공동체/민족공동체 의식은 대의제 민주정의 작동에서 정치적으로 상당한 용도가 있고, 역사적으로도 이 둘은 함께 나타났다. 민족/국민의 언어는 대의제 민주정을 향한 첫 번째 파도에 연료를 댔다. 잉글랜드에서처럼 모종의 독립적 권한을 가진 의회와 군주제가 공존한 곳에서는 개혁가들이 '국민'의 이름으로 정치적 권리가 더 폭넓은 계층에 확대되어야 한다고 요구했다.[12] 1789년에 프랑스에서는 국가공동체주의가 군주에 대항하는 개념으로서의 '주권'을 주창하는 데 쓰였다. 프랑스 인권선언은 "모든 주권의 원칙은 본질적으로 국민nation에게 속한다"고 선포했다. 코스모폴리탄적인 혁명을 지향하면서 반反민족[국가]주의자들로서 출발한 자코뱅도 곧 국가공동체주의에 의존했다. 국가공동체주의가 타국 군대보다 훨씬 강력한 시민군을 꾸릴 수 있는 길이라는 사실을 알게 되었기 때문이다.[13]

국가공동체주의를 징집과 연계함으로써 자코뱅은 앞으로 계속해서 영향을 미치게 될 정치적 관계 하나를 처음으로 구축했다.[14] [1차 대전이 시작된] 1914년에도 유럽 각국은 시민군을 동원하기 위해 국가공동체 의식을 활용했다. 그래서 전쟁이 끝났을 무렵에 이 국가들은 민주정으로서 국가를 새로이 구성해야 했다. 시민으로 구성된 해군을 꾸려야 할 필요성이 고대 아테네에서 민주정을 추동했듯이, 국가를 위해 싸우고 죽기를 요구받은 사람들을 그러고 난 다음에 투표권에서 배제한다는 것은 불가능한 일이었다.[15] 스페인, 포르투갈 등 참전국이 아니었던 나라들과 대조적으로, 참전한 나라 거의 모두가 전쟁 중이나 후에 완전한 남성 보편 선거권을 법제화했다. 여성이 전쟁에서 경제적으로 중대하게 기여한 곳에서는 여성도 투표권을 얻었다.[16] 프랑스에서는 군 복무를 통해 북아프리카 무슬림 이민자들도 프랑

스 시민권과 투표권을 획득할 수 있었다.[17]

* * *

하지만 국가공동체주의는 대의제 민주정의 작동에 필수적이었던 만큼이나 위험을 드리우는 요인이기도 했다. 한 가지 면에서 국가공동체주의는 더 오래된 신화적 역사 이야기와 작동 방식이 비슷했다. 모종의 영토적 실체에 대해 그것의 정치적 권위를 정당화하는 이야기들 말이다. 홉스Thomas Hobbes는 국가의 권력이 현 시점의 죽음의 공포에 의해 가장 쉽게 정당화된다고 가정했지만, 사실 국가공동체주의는 정치체가 갖는 권위를 과거와, 더 정확히는 시작점이 있는 모종의 과거와 연결시켰다.[18]

고대 로마에서도 처음에는 로마 공화정을, 그다음에는 로마 제국을 신화적 기원과 연결하는 데 상당한 상상력이 쓰였다. 여기에서 로마인들의 기원은 트로이에서 도망쳐온 난민이고 로마를 세운 사람은 로물루스와 레무스라고 이야기되었다.[19] 하지만 역사적으로 보면 국가공동체주의에 대한 서사는 이러한 기원 '신화'보다 더 문자 그대로를 의미했고, 따라서 더 위태로웠다. 유럽에서는 공통의 언어, 공통의 역사적 기억, 공통의 신화를 가지고 응집된 사람들로 구성된 집단별로 영토가 구분된 것이 아니었기 때문에, '국민', '국가 공동체의 일원'이라는 개념은 국가 정부가 취하는 조치를 통해, 그리고 그 국가의 사람들에 대해 이야기할 수 있는 비非신화적 서사를 통해 정치적으로 만들어져야 했다.

때로는 알렉시 드 토크빌Alexis de Tocqueville이 말한 "애국적 정신"이 비교적 무해한 방식으로 대부분의 시민을 포괄해 육성될 수 있었다. 유럽 제국의 식민지 신민들은 물론 여기에서 두드러지게 제외되었지만 말이다.[20] 19세기 말에 새로이 통일된 독일에서 비스마르크Bismarck는 복지 제도를 통해 시민들에게 어느 정도 경제적 보호를 제공하는 데 국가 권력을 사용하기 시작했다. 과거의 기점을 소환하는 기원 서사를 필요로 하지 않고도 이러한 조치는 공동의 물질적 운명을 가진 현재의 공동체로서 국민과 국가를 이야기할 수 있게 해주었다.

하지만 현실에서는, 국가공동체주의를 육성해야 할 필요성에서 국가가 자국 시민에게 강압이나 무력을 사용하는 경우가 많았다. 문화적 국가공동체 의식이 약한 곳에서 정치적 국가공동체 의식을 만들어내려면 인구 집단들을 동질화하고 과거에 대해 집합적인 견해를 갖게 만들어야 했다.[21] 정부는 공통된 언어를 사용하고 공통된 국가 역사를 포함해 공통된 내용을 교육받고 공통의 신앙을 믿는, 그리고 1890년대부터는 국제사회주의 같은 초국가적 지향을 가진 정치 실천에 관여하지 않는 국민을 원했다.[22] 이 말은, 언어적·종교적 통일성을 법으로 강제하고 무엇이 정치적 반란과 전복에 해당하는지를 법으로 규정해 금지한다는 의미였다. 프랑스 정부는 바스크 사람들과 브르타뉴 사람들에게 프랑스어를 쓰도록 강제했고 프랑스어로 쓰이지 않은 문학을 금지했다. 미국에서는 선조가 마그나 카르타Magna Carta가 나타내는 자유에 대한 열망을 품고 신대륙에 건너왔다고들 이야기되는 잉글랜드-스코틀랜드 혈통의 사람들이 정치적인 계보로서만이 아니라 혈족으로서도 미국 공화정을 건국한 사람들의 후예라고 생각되었다.[23] 멕시코-미국 전쟁이 끝나고 얼마 후에는 영어 사용을 강제하려는 움직임이 여기저기서 일었다.[24] 많은 나라에서 이러한 강제는 민족적·인종적 소수자들에 대한 폭력, 강제 축출, 인구의 대규모 강제 이주, 때로는 제노사이드로 이어졌다.[25]

강압적인 수단, 그리고 과거에 대한 상상된 이야기는 국가공동체주의의 상충하는 두 측면이 아니었다. 에이브러햄 링컨Abraham Lincoln은 연방정부의 강압적 권력을 사용해 남부 연맹을 군사적으로 패퇴시키고 노예제를 없애고 [남부 주들이] 연방에 다시 들어올 때 헌법적 요구사항들을 강제함으로써 미국을 다시 통합했다. 하지만 그와 동시에 링컨은 전쟁에서 서로가 흘린 피를 수습하면서 게티스버그 연설에서 '공유된 민주적 국가공동체주의'를 통해 미국 공화정의 건국 서사를 새로운 상상으로 재구성하고자 했다. 이 새로운 이야기에서, 북아메리카의 이 땅에는 현 세대의 선조들이 "모든 인간은 평등하게 창조되었다"는 전제에 충실하게 세운 '나라nation'가 늘 존재했다. 따라서 현 세대는 자신이 물려받은 "국민의, 국민에 의한, 국민을 위한" 정부가 "이 땅에서 사라지지" 않게 할 책임이 있었다.[26]

국가공동체 의식이 약한 상태에서 그것을 강화하려는 시도, 또는 국가공동체 의식이 없는 상태에서 그것을 만들려는 시도는 때때로 그에 필요한 강압이 민주정 국가가 체제 내에서 감당할 수 있는 것보다 컸던 것으로 판명되기도 했다. 아일랜드의 가톨릭 신자들이 영국 본토[브리튼]의 국가공동체 개념에 흡수될 수 있으리라는 전망이라곤 전혀 없는 상태에서, 브리튼 국가는 아일랜드를 자신의 국가 구조에 합치시킬 수 없었다. 1차 대전 발발까지 몇십 년 동안 소위 '아일랜드 문제'가 웨스트민스터의 의회 정치를 온통 지배했고 1910~1914년 사이에 국가의 구조와 관련해 심각한 위기를 가져왔다. 1918년에 브리튼 정부는 아일랜드에 징집제를 도입하는 법안을 통과시켜 자신에게는 브리튼이 국가로서의 정당성을 갖는다고 생각하지 않은 사람들을 강제로 군에 보내려 하면서, 불가피하게 아일랜드가 모종의 독립 국가 형태로 향해 가게 하는 경로를 열었다. [아일랜드 대부분은 독립했고 북아일랜드는 UK에 있지만 상당한 자치권을 가지고 있다. 1800년 이전까지 아일랜드는 별도 왕국이었고 브리튼 국가Great Britain는 잉글랜드, 스코틀랜드, 웨일스를 포함했다. 1801년부터 1922년까지는 아일랜드 전체까지 포함해 'UK'United Kingdom of Great Britain and Ireland로 불렸고, 1922년에 아일랜드 대부분이 독립하고 북아일랜드만 남아서 1927년부터 '그레이트 브리튼 및 북아일랜드 연합왕국United Kingdom of Great Britain and Northern Ireland'이 되었다. 오늘날의 UK는 이것을 의미한다.]

국민이라는 개념을 필요로 하는 정치 형태에서 실제로 국가공동체 의식을 일구는 일이 현실적으로 막대하게 어렵다는 사실은 민주정 정치체에 근본적이고 지속적인 부담이었다. 민족적 공동체 의식을 가진 사람들로서의 '국민the people'이라는 용어는 필수 불가결했고, 너무나 즉각적으로 활용이 가능했으며, 또한 사라지기 쉬웠다.[27] '국민'으로서의 민족공동체 개념이 '패자의 동의'를 가능케 해주는 통합의 동인이 되리라 여겨진 곳에서, 이 화법은 동일한 민주정 국가의 권위에 귀속되는 모든 사람은 동일한 정치적 권리를 갖는다는 점을 부인하는 데도 그만큼이나 쉽게 사용될 수 있었다. 민족/국민이 아닌 정체성을 드러내는 사람이나 (실제로야 어떻든 간에) 다른 종류의 충성심을 가졌다고 의심되는 사람들을 배제될 수 있었던 것이다.[28] 사실, 선거의 역사를 보면, 민족/국가nation라는 단어의 의미를 현재 확립되어 있는 국가의 시민들이라는 개념이 아니라 무언가 다른 것을 공유하는 사람들로 재정의하려는 세력에 표를 던지려는 사람들이 늘 있었다.

이러한 동학은 유대인이 생물학적으로 타고 나기를 국가에 대한 충성심 면에서 결함이 있고 의심스러운 종족이라고 보는 새로운 형태의 반유대주의를 촉진했다. 반유대주의는 민주정 국가의 정치에서 선거에 유용하게 쓰일 수 있는 무기가 되었고, 특히 반유대주의가 (사실관계와 상관없이) 권력을 휘두르며 부를 누리는 사람들에 대한 계급적 불만과 연결되곤 하는 곳에서는 더욱 그랬다. 이러한 정치 현상이 19세기에서 20세기로 넘어가던 시점의 오스트리아 빈보다 더 분명하게 펼쳐진 곳은 없을 것이다. 칼 루거Karl Lueger가 이끄는 기독사회당이 [하층과 중산층 시민들의] 강한 대중적 지지를 바탕으로 1895년과 1896년 선거에서 승리하면서 자유당의 30년 지배를 끝냈는데, 이는 도시사회주의[복지 및 공공 인프라 확충], 가톨릭주의, 합스부르크에 대한 충성심, 반유대주의가 결합되어 일어난 결과였다. 시장이 된 이후에 유대인의 법적 권리를 박탈하는 직접적인 조치를 취하지는 않았지만,

루거는 유대인을 배제하는 상상된 '크리스트교도-오스트리아인'을 이야기했고, 일자리를 포함해 도시의 전리품을 '오스트리아에 속하는 사람들'에게 분배하겠다고 약속하면서 선거 때 표를 호소했다.[29]

1914년 무렵에 국가공동체 의식nationhood은 당시에 떠오르던 민주정 국가들의 언어였고, 선거를 권력을 위한 평화로운 쟁투의 장으로 만드는 데 매우 유용했다. 하지만 그와 동시에 역시 이 무렵에 국가공동체 의식은 국가의 권위에 대한 시민들의 동의를 약화시키는 맹렬한 분열도 만들어내고 있었다. 민주정은 국가공동체 의식에 밀접하게 의존하고 있는 동시에 국가공동체 의식이 드리우는 위험에 노출되어 있기도 했다.

시간과 과잉

민주정에서의 국가공동체주의가 내재적으로 가지고 있는 구조적 긴장을 차치하더라도, 시간의 흐름 자체가 불가피하게 국가공동체주의의 모든 주장을 불안정하게 만든다. 어떤 국가에서 '국가 시민'에 대한 비교적 강한 믿음이 생겨난다 해도 '국가'와 '그 국가가 대표한다고 하는 상상된 공동체에 자신의 정치적 정체성을 동일시할 의지와 역량이 있는 인구 집단' 사이의 일치는 상수로 존재하는 것이 아니다. 시간이 흐르면서 지정학적·경제적 조건이 중대하게 달라지면 사람들이나 집단들이 한 국가에서 다른 국가로 종종 이주한다. 국가가 이주자의 유입을 제약하는 쪽으로 이동하면 이는 더 과거에 들어왔던 이주자들을 '국가 시민' 개념 안에 포용했던 국가공동체주의의 언어를 훼손하게 된다.

정치에서 시간이 '불안정화의 차원dimension of instability'이라는 점(역사학자 존 포콕John Pocock이 한 말이다)은 한때 정치 사상에서 일반적으로 받아들여지던 개념이었다.[30] 유럽에서는 시간에 따른 부패라는 개념 틀로 정부 형태를 이해하려는 접근이 일찍이 폴리비오스부터 시작해 마키아벨리에서 학술적 정점에 올랐다. 그리스 역사학자 폴리비오스는 기원전 2세기에 로마 공화정의 부상에 대한 글을 남겼는데, "존재하는 모든 것은 부패하기 마련이라는 사실은 증명할 필요도 없는 명제"라며 "자연의 경로라는 가차 없는 과정이면 우리에게 그것을 강제하기에 충분하기 때문"이라고 언급했다.[31] 그에 따르면, 언제나 처음에는 격변이 가져온 혼란이 존재한다. 그러다가 국가가 수립되면 "어떤 종류의 국가이든 두 가지 원천에 의해 쇠락하는데, 하나는 외부적인 것이고 다른 하나는 그 자체의 내부적 변천에서 나오는 것"이다. 외부적 부패 요인은 식별 가능한 패턴이 없지만, 내부적 부패는 '일반적인 순서'를 따른다. 초기의 혼란에 이어 원시 군주정, 왕정, 참주정, 귀족정, 과두정, 민주정, 중우정이 차례로 오고 마지막으로 중우정의 혼란 속에서 다시 뛰어난 한 명의 선동가가 나타나면서 [왕정으로 돌아가] 정치체의 순환이 완성된다.[32] [초기의 혼란에서 무리 중 뛰어난 자가 우두머리가 되어 '원시 군주정'을 구성한다. 이것이 왕정으로 발달했다가, 시간이 가면서 왕정은 물려 받은 가문 외에는 능력이 없는 세습 군주가 폭력과 공포에 의존해 통치하는 참주정으로 퇴락한다. 이 폭정에 맞서 일군의 뛰어난 사람들이 다른 사람들의 지지와 함께 반란을 일으켜 귀족정이 생긴다. 다시 시간이 지나면 혁명 세대와 그 정신은 사라지고 귀족 자제들이 득세하면서 소수 특권층의 이익에 좌지우지되는 과두정으로 퇴락한다. 이에 대해 군주와 귀족을 모두 경멸하는 민중이 스스로를 통치하는 민주정이 나타난다. 하지만 민중을 현혹하는 선동가들이 판을 치게 되면서 민주정은 중우정으로 퇴락한다. 중우정의 무정부 상태에서 뛰어난 한 사람이 나타나면, 다시 왕정으로 돌아가 정치체의 순환이 완성된다.]

폴리비오스는 각각의 정부 형태가 그 자신의 과잉에 의해 파괴된다고 보았다.[33] 그는 이 사이클을 막고 중간 상태(그는 이를 '균형 상태'라고 불렀다)를 오래 유지할 수 있는 유일한 방법은 세 가지의 긍정적인 정부 형태인 왕정, 귀족정, 민주정 사이에 균형을 맞추어 서로가 서로에 대해 길항력을 행사하게 하는 것이라고 보았다.[34] 또한 그는 증가하는 외부적 권력과 물질적 번영은 어떤 구조적 균형이 성립되었더라도 그것에 위협 요인이 된다고 경고했다. 그러면서, 로마가 "오랫동안 누린 번영"과 외부 정복의 성공이라는 배경하에 귀족정에서 과두정으로의 퇴락, 그리고 다시 민주정의 수립으로 이어지리라고 예견했다.[35] 또한 폴리비우스는 부와 공직을 추구하는 개인들 간 경쟁의 무게에 짓눌려서, 그리고 "과시와 향락의 확산"에 짓눌려서, "어떤 때는 자신이 탐욕스러운 다른 이들에 대해 분노하고 있다고 생각하고, 어떤 때는 공직을 열망하는 자들의 감언이설에 속고 있는 사람들에 의해 일반적으로 퇴락하는 시기"가 있을 것이라고 예상했다.[36]

로마에 대해서는 폴리비우스가 옳게 예언한 것으로 보이지만, 정치적 시간이 늘 그가 이야기한 패턴대로 흘러간 것은 아니었다. 하지만 어떤 곳의 정부 형태라도 시간이 가면 종말을 고한다는 것은 사실이며, 프랑스의 앙시앙 레짐[프랑스대혁명 전 구체제]이 두드러지게 보여주었듯이 지정학적·경제적 변화의 압력하에서 그 자신의 과잉이 종말의 한 원인이 된다는 것도 사실이다. 폴리비우스가 말한 순환론을 그대로 받아들일 필요는 없지만, 귀족적 과잉과 민주적 과잉의 축적이라는 개념은 정치체가 시간이 가면서 불안정해지는 과정을 이해하는 데 도움이 된다.

대의제 민주정에서 과잉의 위험이 어디에 놓여 있느냐의 문제는 다음과 같은 근본적인 질문을 제기한다. '현재의 정치체는 주로 민주정 정부라고 보아야 하는가, 주로 귀족정 정부라고 보아야 하는가?' 역사적으로 대의제 정치 형태가 처음 등장했을 때를 보면, 생겨났을 당시의 민주정[절대 왕정에 이어 민주정의 요소를 갖기 시작했을 때의 국가 형태]은 폴리비우스의 구분으로 보면 귀족정의 요소가 많았다. 유럽에서는 [귀족으로 구성된] 의회가 군주제에 접목되었고 공직에 나설 권리와 투표할 권리 모두가 재산 기준에 따라 제약되어 있었다. 독일 제국처럼 어떤 경우에는 군주가 총리를 포함해 정부 각료를 지명하고 쫓아낼 권한을 사실상으로만이 아니라 법적으로도 계속 가지고 있었다. 미국의 연방 공화정은 노예제와 공존했고, 미국의 헌법은 연방 상원과 대통령 선거인단을 주 의회가 뽑도록 함으로써 국민과 국민의 대표자들 사이에 완충 지대를 두었다.

동시에, 이들 대의제 민주정 국가들에서 민주정의 요소가 점점 더 확대되어오기도 했다. 프랑스, 독일, 오스트리아에서는 군주가 없어졌다. 미국에서는 노예제가 없어졌고 노예 노동력에 기반해 대농장을 운영했던 계급의 부도 파괴되었다. 대부분의 나라에서 참정권은 '모든 국민'에게 주어진 보편 권리가 되었고, 의회는 부유한 사람들로부터 더 거두어서 가난한 사람들에게 재분배할 수 있도록 소득과 부에 과세할 권한을 갖게 되었다.

그럼에도 대의제 민주정이 차차 '완전한' 민주정을 향해 재구성되는 방향으로 진화해간다는 식으로 시간의 영향을 해석하는 이야기는, 적어도 일부는 오도의 소지가 있다. 대의제 민주정이 근대 국가의 정부 형태였으므로, (미국의 경우에는 연방제여서 조금 더 복잡하지만) 처음부터도 대의제 민주정은 부자들에게 조세를 강제로 부과할 수 있는 역량을 가지고 있었다. 그 힘을 실제로 사용하기로 하는지 아닌지와는 별개로 말이다.[37] 게다가 입헌 정치체를 더 민주적이 되도록 만든 것처럼 보이는 정치적 움직임이 실제로는 그렇지 않은 경우도 많았다. 1832년 영국의 개혁법Reform Act은 선거권을 확대했지만 실제로는 잉글랜드의 일부 오래된 지역에서 노동자 계급 남성과 재산이 있는 여성이 간헐적으로 행사하던 투표권이 박탈되는 결과를 가져오면서 예전의 민주적이었던 몇몇 요소가 줄었고, 투표권이 없는 사람들의 청원에 의회가 덜 반응하게 되기도 했다.[38] 미국에서는 남북 전쟁 이후 수정헌법들이 추가되어 흑인이 투표권을 획득했고 남부에서 수천 명의 흑인이 선출직 공직자가 되기도 했지만, 그 남부 주들에서 (종종 연방대법원의 뒷받침을 받아) 흑인의 선거권을 체계적으로 없애려는 시도를 불러왔다. 그 결과, 1960년대까지 미국 연방 공화정은 정치적 권리를 가진 시민과 이름뿐인 시민으로 분리되어 있었다.

경제적인 면에서도, 선거권의 확대가 꼭 가난한 계급을 위한 경제적 개혁으로 이어진 것은 아니었다. 고대 로마에서 그라쿠스 형제의 개혁은 옛 농업법을 되살려 귀족 계급이 소유할 수 있는 공공 토지의 양을 제한하고 회수된 땅을 토지가 없는 군인들에게 재분배함으로써 귀족적 과잉을 없애고자 했다. 하지만 영국에서는 1832~1918년 사이에 투표권 관련 개혁 법안이 네 차례나 통과되었지만 그 이전 300년 동안 인클로저로 잃어버린 공유지를 복원하는 데는 아무런 효과도 없었다.[39] 미국에서는 남북 전쟁 시기와 그 이후에 벌어진 원주민으로부터의 서부 토지 강탈이 미국 시민 150만 명가량에게 토지를 분배하는 개혁으로 이어졌다. 하지만 남북 전쟁 후에 남부에서 시도된 토지 개혁은 토지 소유에서 막대한 인종적 불균형을 바꾸는 데 거의 영향을 미치지 못했다.[40]

사실 오랫동안 대의제 민주정은 재분배적이기는커녕 높은 수준의 물질적 불평등을 일으키는 경제 형태와 종종 공존했다. 때로는 민주정 국가에서 확립된 권력의 균형이 이러한 불평등을 지탱하는 정치적 조건을 만들었다.[41] 부자들의 정치 권력을 줄이기 위한 이른 시기의 개혁들은 종종 실패했다. 1894년에 미국 의회는 평시로서는 최초로 소득세를 부과하기로 결정했고, 이 세금은 부자에게만 부과하게 되어 있었다.[42] 하지만 1년 뒤에 대법원은 이 법을 무효화했다. 1913년에 수정헌법 16조가 비준되면서 소득세 도입이 가능해졌고 1차 대전 중에 의회가 과세 권한을 이용해 전쟁 폭리와 상속뿐 아니라 부자의 소득에도 상당한 세금을 부과할 수 있었지만, 부자들이 정치적 수완을 발휘하면서 전쟁 이후에 소득세 부담을 낮추었다.[43] 역사적으로 보면, 부자에게 높은 세금을 물리고 노동자에게 가는 몫을 늘리는 데 필요한

조건을 만든 것은 보편참정권에 기반한 선거가 아니라 전쟁이었다.[44]

대의제 민주정이 가지고 있는 귀족정의 요소는 종종 수사적으로 가려지지만, 일반적으로는 귀족정의 요소가 더 지배적이다. 대의제 민주정은 대표를 위임하는 다수의 사람들과 훨씬 소수인 대표자들 사이를 구분하며, 권위 있는 의사결정 권한을 행정부에 있는 소수의 사람들에게 집중시킨다. 대통령제에서 이들 중 일부는 선출되지 않고 지명된다. 또한 국민 다수의 표를 얻은 선출직 대표자들이 내리는 정치적 의사결정은 일반적으로 헌법에 의해 제약된다. 모종의 사법적 심사 제도가 있는 민주정 정치체에서, 때로는 헌법 재판소가 선출된 의원들이 만든 법을 철회시킬 수도 있다. 이러한 사법적·헌법적 실행은 소수자를 보호하는데[다수의 의견으로 정해진 결정도 철회될 수 있다는 의미에서], 보호받는 소수자에는 부자들도 포함된다(재산권을 통해 보호된다).[45]

그렇다면, 대의제 민주정에서 시간의 흐름은 귀족적 과잉의 증가를 가져온다고 우선 말할 수 있을 것이다. 벌어질 수 있는 방식은 다양하다. 한 가지 방식은 전에 의회에 속했거나 의회에 의해 제약되었던 권력을 행정부가 찬탈하는 것이다. 아니면, 행정부와 의회 둘 다 지배적인 경제 계급에 의해 포획될 수도 있다. 또한 전에는 민주적 경합의 정치적 과정을 통해 다루어졌던 사안들에 대해 헌법재판소가 사법적 권한을 행사할 수도 있다. 선거자금 후원자들이 국민의 대표자를 돈으로 사는 제도로 전락할 수도 있다. 아니면, 결정을 내리고 영향을 미치고 자문을 제공하는 브로커들이 정치권력을 추구하는 사람에게 권력을 잡을 수 있게 해주는 대가로 사적인 이익을 챙길 수도 있다.

하지만 대의제 민주정이 민주적 요소들을 완전히 결여하고 있는 것은 아니다('동등한 투표권'이 대표적인 민주적 요소다). 따라서 귀족적 과잉만이 아니라 민주적 과잉이 쌓여도 체제를 불안정하게 만들 수 있고, 위에서 말한 경우와 반대 방향으로 재균형의 시도를 촉발할 수 있다. 가령, 의회가 행정부의 통치를 불가능하게 만들 수도 있고, 다수자를 대표하는 의원들이 법을 해석하는 판사를 정파적인 목적에 따라 지명할 수도 있다. 정부가 시민의 재산을 징발할 수도 있고, 정부 부채에 디폴트를 선언할 수도 있으며, 소수자에 대한 헌법적 보호를 중단할 수도 있다. 또는 표를 얻기 위해 정당들이 지키지도 못할 물질적 약속을 남발할 수도 있고, 보복의 열정에 호소하려 할 수도 있다. 20세기 초에 독일 정치경제학자이자 사회학자 막스 베버 Max Weber는 대의제 민주정은 선동정치적인 요소를 영구적으로 갖게 된다고 말했다. 그는 일단 광범위한 인구에게 선거권이 보장되는 쪽으로 이동하고 나면, 모든 민주정은 선거를 통해 지도자를 뽑아야 한다는 필요성 때문에 카이사르주의적 군주 정치로 퇴락할 위험이 있다고 보았다.[46]

역사적으로, 부채는 시간이 가면서 민주정의 해체를 가져오는 민주적 과잉의 주된 원인으로 꼽혀왔다. 부분적으로 이 개념은 부채 자체가 시간에 따라 달라지는 속성을 갖는다는 데서 나온다. 이자는 미래의 수입에 미리 접근하는 대가로 지불하는 것이다. 하지만 소득 중 현재 소비하는 비중이 점점 더 늘어나면 과잉 부채의 부담도 시간에 따라 점점 더 증가한다. 이런 이유에서, 몇몇 고대 사회에서는 토지가 극소수에게 과도하게 집중될 정도로 부채가 대물림되는 것을 막기 위해 주기적으로 부채를 탕감했다.[47] 고대 아테네에서는 강제적인 부채 탕감이 민주정 정치체에서 타협 없이 실행되어야 할 부분이라고 여겨졌다. 19세기 프랑스대혁명과 미국 혁명을 비판한 사람들이 민주주의를 선동 정치와 동일시한 주된 이유도 이 혁명들을 통해 [국가 부채의] 채무불이행 제도와 불태환 지폐가 탄생했기 때문이었다.[48] 영국에서는 1832년과 1867년에 선거권이 확대되면서 의회와 채권자 사이에 매우 밀접했던 관계가 깨졌다. 전에는 이들 사이의 밀접한 관계 덕분에, 국가가 진 빚을 갚는 데 필요한 과세에 채권자들이 표를 주리라고 믿을 수 있었다.⁴⁹ 떠오르는 민주정 국가에서 의회와 채권자의 분리로 정부의 과세 역량에 문제가 생길 수 있음을 인식한 정부들은 19세기 중반부터 시민들에게 저축과 국채 투자를 독려해 가능한 한 많은 유권자에게 국가 부채를 분산시키고자 노력했다.⁵⁰ 에이브러햄 링컨이 말했듯이, "사람은 자기 자신에게 진 빚에 의해서는 그리 많이 억압될 수 없는 법이라는 사실을 곧바로 깨닫는다."⁵¹ 물론 19세기 후반과 20세기 초에 대의제 정부들이 '시민-채권자'에게서만 돈을 조달한 것은 아니었고 국제 자본 시장에서도 돈을 빌렸다. 하지만 시민-채권자는 부채[이 경우에는 국가 부채]가 대의제 민주정을 불안정하게 만드는 데 대해 어느 정도 안전판 역할을 했다.

부채 이슈는 시간이 감에 따라 민주정을 부패로 이끄는 두 경향(귀족적 과잉과 민주적 과잉) 모두를 잘 보여준다. 이 두 가지 과잉의 경향 때문에, 민주정을 고치고 개혁하는 것은 지극히 어렵다. 정치적 시간의 문제를 역사적·구조적으로 고찰한 마키아벨리의 논의는 공화정 국가도 포함해 모든 국가는 시간에 맞서 스스로를 지탱할 수 있으려면 반드시 변화해야만 한다는 전제에서 출발한다. 그에 따르면 종종 외부적 사건이 내부적 시간 사이클을 교란하면서 그러한 변화를 강제한다. 하지만 변화는 '쇄신renovation'을 통해서도 나올 수 있다. 새로운 법으로 국가를 '원래의 기원으로 돌아가게' 하거나 덕망 있는 개인이 그것을 강제함으로써 말이다.⁵² '쇄신'은 늘 어려웠지만 마키아벨리는 귀족적 과잉을 겪는 공화정을 개혁하려는 시도가 특히 험난한 길이라고 보았다. 그가 든 대표 사례는 로마 공화정의 운명이다. 기원전 2세기 말, 그라쿠스 형제는 첨예한 계급 갈등이 벌어지던 상황에서 민회(평민으로 구성된 의결체)를 이끌었다. 당시 계급 갈등은 토지를 잃은 평민 군인들과 제국 확장의 전투에 나가 싸우지 않고 집에 있으면서 평민 군인들의 토지를 빼앗은 귀족들 사이의 갈등이었다. 그라쿠스는 옛 농업법들을 되살려서, 어떤 시민도 일정 수준 이상의 토지를 점유할 수 없도록 상한을 두고자 했다. 마키아벨리는 당시 로마 공화정에 이 개혁이 꼭 필요했지만, 토지 개혁 이슈가 제기될 때마다 원로원의 귀족들이 들고 일어나 반대하면서 그라쿠스의 조치는 필연적으로 "로마 전체가 혼란"에 빠지고 "유혈 사태"가 벌어지는 경로를 열게 되었다고 설명했다.[53] 그라쿠스가 속도를 낸 개혁으로 로마는 안정화되기보다 오히려 군벌 시대로 퇴행했고 그다음에는 카이사르의 통치[개인 권력자에 의한 독재]로 이어졌다는 것이다.[54]

미국 공화정에서의 과잉

마키아벨리식으로 이해하든 아니든, 로마 공화정의 운명은 초창기의 대의제 민주정에 무거운 그림자를 드리웠고, 특히 미국에서 그랬다. 로마처럼 초창기 미국 공화정도 영토적 확장을 하고 있었고 노예 인구와 함께 시작했으며 부채의 계급 정치로 고전하고 있었다. 이 역사는 그 자체로 민주정에서 정치가 일으키는 갈등, 그 갈등과 국가공동체 의식의 관계, 그리고 귀족적 과잉 및 민주적 과잉의 틀로 이해된 문제들을 해결하고자 하는 개혁을 둘러싼 투쟁을 보여준다. 하지만 또한 이 역사는 현재 미국 공화정이 처한 위기와도 관련이 있다. 현재의 위기에 내재한 갈등의 일부가 미국이 수립되었을 때 만들어진 헌법과 국가 구조에서 나오는 결과이기 때문이다.

이해관계를 중심으로 하는 현실 정치적 의미에서 보면, 미국의 헌법과 국가 구조를 둘러싼 투쟁은 부채 및 영토 확장과 관련된 정치적 싸움이었다고 볼 수 있다. 영국으로부터 독립한 미국은 상호 안전 보장을 하는 동맹체confederation로 출범했다. 1787년 연합규약Articles of Confederation에 의해 구성된 이 동맹체는 부채를 갚을 수 없었다. 돈을 갚을 수 있다는 신뢰를 잃어서 이 동맹체는 군에 자금을 조달할 수 있는 상황이 못 되었다. 많은 미국인들이 독립으로 얻게 될 주된 보상이 애팔래치아 산맥 서쪽의 토지라고 생각했고 이 토지를 확보하려면 원주민과 싸우는 데 군이 필요했지만, 여기에 필요한 자금도 조달할 수 없었다.[55] 연방 헌법이 만들어지기 전에는 이 동맹체의 회의기구가 핵심적인 권한의 행사가 이루어지는 장소였는데, 동맹체의 회의기구와 개별 주들 모두 영국과 전쟁을 거치며 국내외 채권자들에게 빚을 많이 진 상태였다. 연합규약에 의거하면 13개의 개별 주들은 과세 능력이 있었고, (몇몇 주에서는 채무자의 저항과 조세 저항 때문에 그러지 않기로 선택하긴 했지만) 따라서 원칙적으로는 부채를 갚을 수 있었다. 반면 동맹체의 회의기구는 직접적으로 과세할 권한이 없었고 주들이 수입의 일부를 동맹체에 내도록 강제할 권력도 없었다. 1787년에 미국 연방 헌법의 초안을 잡은 사람들은 (그들이 생각하기에) 주정부가 나타내는 민주적 과잉을 제거함으로써 미국 연방의 신뢰를 회복하고자 했다. 따라서 그들은 주정부의 과세 권한 중 상당 부분을 연방정부로 가져오고 부채 상환[과 국방 및 일반 후생의 제공]을 위해 과세할 수 있는 권한을 연방정부가 1차적으로 가지며 연방 상원과 대통령을 간선으로 선출해 유권자의 직접 투표로부터 보호하는 헌법을 고안했다.

이 헌법의 비준을 놓고 벌어진 싸움에서 연방주의자들은 민주적 과잉에 대한 두려움을 부각시키기 위해 과거의 역사를 이야기했다. 제임스 매디슨James Madison은 "[군중의 충동으로] 동일한 시민에게 하루는 독미나리를 주고 다른 하루는 기념비를 세워주는 칙령을 내려서 아테네가 지워지지 않는 비난을 사게" 만들었던 종류의 "군중의 자유"에 맞서서 연방 상원이 안전판이 되어야 한다고 주장했다.[56] 알렉산더 해밀턴Alexander Hamilton도 "공화국의 자유를 전복하여 멸망시킨 사람들 중 가장 많은 경우는 권력을 잡기 위해 대중에게 아첨하는 것으로 경력을 시작하였으며, 선동 정치가로 출발해 결국은 압제자가 되었다"는 것이 역사가 알려주는 교훈이라고 말했다.[57] 이와 달리, 이 헌법을 반대한 사람들은 연방제 국가의 수립이 귀족정을, 그리고 시간이 갈수록 귀족정의 속성이 점점 더 커질 체제를 만드는 것이라고 보았다. 로마의 '브루투스'를 예명으로 사용한 한 저명한 반反연방주의자는 초안대로라면 이 헌법은 부자들이 통치하는 체제로 우리를 이끌게 될 것이고 부자들은 스스로를 위해 통치하게 될 것이라고 비판했다. 그는 이 헌법이 수사적으로는 미덕을 이야기하지만 "문자 그대로 다수를 약탈하는 소수의 손에 좌지우지되는 정부를 만들게 될 것"이라고 경고했다.[58]

귀족적 과잉을 우려한 사람들이 보기에, 미국 공화정은 매우 빠르게 로마 역사에서 보았던 익숙한 퇴행의 길을 갈 것처럼 보였다. 이번에도 국가 부채가 원인이었다. 1790년에 해밀턴은 초대 미국 재무장관으로서 〈공공 신용 보고서Report on the Public Credit〉를 펴냈다. 그는 연방정부가 주정부의 부채를 모두 인수해서 이자를 액면가로 갚고 새로운 채권을 발행해 감채 기금을 만들어서 차차 부채를 상환하자고 제안했다. 매디슨과 제퍼슨은 해밀턴의 계획이 위헌이라고 곧바로 반박했다. 이들은 해밀턴의 계획이 과두귀족적인 부패를 가져올 것이 틀림없다며, 특히 해밀턴의 계획이 나오기 직전에 북부의 금융가들이 과거 북부연합 회의가 발행한 채권과 주정부가 발행한 채권을 액면가보다 훨씬 싸게 대량 매집해 투기를 했기 때문에 더더욱 그렇다고 주장했다[북부 금융가, 투기꾼 등 소수의 부유층이 막대한 부를 얻게 되고, 원래 그 채권을 샀다가 헐값에 이미 매각한 평범한 사람들은 손해를 보게 되므로 귀족적 과잉의 사례가 된다].[59] 이러한 비난을 두고 해밀턴은 선동가들이 공화정을 종말로 몰아가고 있다고 반박했다.

부분적으로, 미국의 정치는 공공 부채를 두고 일었던 이 쟁투, 그리고 그것이 계급 갈등 및 '미국인'으로서의 국가공동체 의식에 대한 여러 상이한 개념들과 갖는 관계의 되풀이라고도 말할 수 있다. 남북 전쟁 이후 산업화와 철도 및 스탠더드오일의 부상은 기업들의 신용 조달 필요성 때문에 뉴욕의 은행들과 밀접한 관련이 있었는데, 이는 귀족적 권력을 경제에 집중시켰다. 정치적 영향력을 돈으로 살 수 있는 능력과 자신의 사업 분야에서 독점 권력을 보호하는 능력으로 이후 몇십 년 동안 이 새로운 경제 귀족정이 미국 정치를 지배했다. 매우 명시적이었던 이 귀족적 과잉은 미국 공화정의 기원으로 돌아가자고 호소하는 강한 민주적 반작용을 촉발했다.

1890년대의 경제 불황 때 미국 민중당은 농민과 채무자를 연합 세력으로 조직화해, 부채에 도전하고 화폐 개혁을 요구했으며 신용 접근성을 늘릴 것을 촉구했다. 1892년에 민중당은 상징적으로 7월 4일[미국 독립기념일]에 네브라스카주 오마하에서 열린 전당대회에서 '오마하 강령Omaha Platform'을 발표했는데, 이들은 미국의 공화정이 신용 때문에 무너졌다며 이렇게 말했다. "오늘 우리는 도덕적·정치적·물질적 폐허로 가기 일보직전인 나라에서, 여기에 모였습니다." 신용 접근성을 확대하라고 요구하면서(또한 상원 의원 직선제, 대통령 임기 제한, 무제한 은화 주조, 소득세 도입, 노동 시간 단축 등도 요구하면서), 이들은 자신이 본래의 헌법 정신으로 돌아가고 있다고 생각했고, "미국의 공화정을 그 공화정을 만든 계급인 평범한 사람들의 손에 되돌려주고 있다"고 말했다.[60]

이후 몇 년 동안 민주적 개혁을 위한 민중당의 시도는 이러한 노력이 유발하는, 특히 오랜 입헌 공화정에서 이러한 노력이 유발하는, 불안정화 경향들을 드러냈다.[61] 민중당은 수사적으로 국가의 통합을 강조했고 공화정을 구해내는 것이 국가의 통합에 달려 있다고 말했다. 오마하 강령에서 민중당은 "우리 공화국은 국민 전체의 서로에 대한 사랑 및 국가공동체에 대한 사랑 위에 지어진 자유로운 정부로서만 유지될 수 있다"고 선포했다. 하지만 그들의 수사법은 특정 집단의 표를 얻는 데 호소력이 있는 특정한 국가공동체 개념이 불러오게 마련인 분열을 드러내기도 했다. 민중당은 미국 공화국을 계급의 틀로 이해했고, 따라서 민주적이고 미국적인 농민 생산자 및 공장 노동자 계급을 비생산적이고 귀족적이며 국제주의적이고 기생적인 채권자 계급에 대비했다.⁶² 이러한 언어는 반유대주의로 빠지기 쉬웠다. 1809년에 민주당 대선 후보 지명전에서 민중주의자 브라이언William Jennings Bryan은 경제 귀족들을 국가공동체에 충성심이 없는 코스모폴리탄주의와 연결지으면서 이것이 미국의 국가공동체 개념과 충돌한다고 주장했다. 브라이언은 유럽 지향적인 뉴욕의 영국 추종자와 유대인 금융인들이 금본위제를 애지중지하면서 미국의 주권을 "외부의 통치자와 권력자"들이 파괴하게 허용하고 있다고 비난했다.⁶³ 민주당 대선 후보 지명을 위한 전당대회 연설에서 연설에서 브라이언은 금본위제 때문에 미국 농민들이 짓눌리게 된 부담을 "가시 면류관"에 빗대면서, 금본위제가 "인류를 십자가에 못 박고 있다"고 목소리를 높였다.⁶⁴ 대조적으로, 은은 "미국인들을 위한 미국의 화폐"라고 말했는데, 여기에서 '미국인'은 생산 계급을 의미했다.⁶⁵ 하지만 본래의 공화정으로 돌아가 계급 균형을 회복한다는 개념은 본래의 공화정에서 어떤 정치적 균형으로부터도 배제되었던 노예들의 후손을 배제한다는 의미이기도 했다(초창기에 남부 민중당의 일부가 인종을 아우르는 계급 연합을 일구고 흑인의 투표권을 위해 싸운 사례도 있기는 하지만 말이다).

국가공동체 의식을 공화국이 형성되었던 초창기와 연결하면서 '제한적인' 국가공동체 개념을 갖게 된 것은 민중당만의 문제가 아니었다. 북부연합과 남부연맹 사이의 화합이라는 개념에 의존하면서, 남북 전쟁 이후 미국에서 민주주의를 주창하는 정치인들이 내세운 국가공동체 개념의 언어에는 강한 인종주의적 요소가 있었다. 이 인종주의는 아시아 이민자들이 시민이 될 수 없다는 전제(1790년 귀화법Nationalization Act으로 제도화되었고 1882년 중국인 배제법Chinese Exclusion Act으로 한층 더 강화되었다)로 인해 더욱 복잡한 형태를 띠었다.⁶⁶ 민중당이 이들과 달랐던 점은, 국가공동체 의식에 대한 토착주의적 언어를 부채와 입헌 공화정 개념을 둘러싼 계급적 레토릭과 결합했다는 점이었다. 정치적 불만을 표출하는 형태로서 이 방식은 이후에도 반복적으로 나타나며, 미국뿐 아니라 다른 민주정 국가들에서도 그렇다.

민중당의 반란 이후에 도래한 정치적 시대는 귀족적 과잉에 맞서는 민주적 개혁의 시기였다고 볼 수 있다. 진보당은 경제에서 철도 소유주와 스탠더드오일의 독점 권력을 표적으로 삼았고, 연방정부가 소득세를 거둘 수 있게 하는 수정헌법 조항을 밀어붙이는 데 성공했다. 또한 부패와 뇌물이 없는 선거를 주창하면서 당내 경선 제도를 도입했고 몇몇 주는 주민 투표와 청원권을 도입했다. 상원 직선제와 여성 참정권을 규정한 수정헌법도 성공적으로 통과시켰다.[67] 시어도어 루스벨트는 공화당에서 나와 진보당을 만들면서 새로운 국가공동체주의를 이야기했다. 국가 정부가 분파적인 기업의 영향력에 맞서서 국민 공동의 경제적 후생을 추구한다는 것이었다. 이 화법은 그의 1912년 대선 선거운동에서 핵심이었다. 하지만 경제적 국가공동체주의로 선회한 시어도어 루스벨트 버전의 진보 정치도 [훗날 프랭클린 루스벨트의 경제적 국가공동체주의처럼] 역시나 흑인과 아시아인을 배제하는, 명시적으로 인종주의적인 화법을 구사했다.[68]

또한 당대의 진보주의자들은 대의제 민주정이 정치적 권위와 권한이 소수의 전문가에게 집중되는 기술관료제technocracy의 형태로 또 다른 귀족정을 만들 수 있다는 점도 보여주었다. 이들이 금권 귀족적인 부의 집중과 부패가 공화정에 위협이라고 보긴 했지만, 이들 중 일부는 성장하는 행정 국가는 과학적·기술적 지식을 가진 사람들로 구성된 그 자신의 귀족 계급을 가져야 하며 이들 엘리트 집단은 시간이 가도 부패하지 않는다고도 생각했다.[69]

20세기 초, 미국에서 부채와 금융을 둘러싸고 벌어진 갈등은 뉴욕의 금융을 중심으로 한 기존의 귀족적 금권 권력, 그리고 기술관료를 정치적 권위의 원천으로 보는 새로운 주장을 결합하는 방식으로 해소되었다. 미국 공화정 수립 초기에 중앙은행의 필요성에 대한 질문이 제기되었을 때, 답으로써 모종의 기관이 설립되었다가 시간이 지나면서 귀족적 과잉이 산출되어 이를 견제하고자 그 답이 철회되기를 반복했다. 1791년에 해밀턴은 맹렬한 반대를 무릅쓰고 '제1 미국은행'을 설립했다. 하지만 1811년에 이 은행의 설립장이 만료되었을 때[이 은행은 20년 기한으로 설립되었다] 상원은 (부통령의 캐스팅보트로) 설립장을 갱신하지 않기로 했다[찬반 동수가 나왔고 부통령의 캐스팅보트로 갱신이 부결되었다]. 그러다가 영국과의 1812년 전쟁으로 연방정부의 전쟁 부채가 막대해지자, 1818년에 의회는 다시 20년 기한으로 '제2 미국은행'을 설립했다. 하지만 1836년에 설립장은 이번에도 갱신되지 않았다. 앤드류 잭슨Andrew Jackson 대통령은 중앙은행이 민중 위에 군림하면서 권력을 행사하는 일종의 '정부'가 되었다고 비난했다.[70] 다시 70년이 지난 1913년이 되어서야 연준법Federal Reserve Act이 제정되어 연준이 탄생했다.

연준 설립을 지지한 사람들은 중앙은행을 두는 것이 1907년에 있었던 것과 같은 은행 패닉을 막는 데 필요한 진보적 개혁이며 달러가 국제 통화가 되게 하는 데도 일조할 것이라고 주장했다.[71] 하지만 중앙은행의 설립은 옛 계급 갈등을 벗어날 수 없었다. 일군의 월가 은행가들이 조지아주 연안에 있는 민간 소유의 한 섬에서 연준 설립안의 초안을 잡았고, 이 법안을 제출한 핵심 의원인 넬슨 앨드리치Nelson Aldrich 상원의원은 막대한 재산가였는데 정치적 영향력을 팔아서 쌓은 부가 아니냐는 의혹이 있었다.[72]

연준의 내부 구조는 귀족적 과잉을 막아야 할 필요(대통령이 연준 이사를 지명한다)와 민주적 과잉을 막아야 할 필요(12개의 지역 연은은 민간 은행이 소유한다) 사이의 긴장을 단적으로 보여준다. 공식적으로 이사회가 통화 정책을 결정했지만 실질적으로는 모건 그룹이 지배 지분을 가지고 있는 뉴욕 연은이 영향력을 행사했다. 그리고 1차 대전은 즉각적으로 이 단층선을 증폭했다. 1장에서 보았듯이, JP모건이 영국과 프랑스의 채권자로서 행동했고 1916년 대선이 모건사의 지지를 받은 전쟁 지지 후보와 전쟁 반대 후보인

현 대통령 우드로 윌슨 사이의 경합이 되면서, 미국 공화정에서 부채를 둘러싸고 일었던 오랜 계급 갈등이 1914년부터는 미국의 유라시아 지정학과 관련된 계급 갈등으로 인해 한층 더 악화되었다.

전간기의 정치

전간기는 대의제 민주정의 취약성을 대대적으로 드러냈고, 나치 독일이 몇몇 유럽의 민주정 국가들을 침공해 무너뜨리기 전부터도 그랬다. 미국의 우드로 윌슨 대통령이 유럽이 민족의 자기결정권 원칙에 의해 민주정 국가들로 구성되어야 한다는 (결국에는 쓸쓸히 버려진) 주장을 폈을 때, 이는 제국의 종말은 곧 민주정 국민국가들의 시대를 의미한다는, 일반적으로 공유되던 생각을 이야기한 것이었다. 하지만 이번에도 민족공동체 의식은 양날의 검이었다. 일반론으로야 무엇이었든, 현실에서 그것을 추구하는 과정은 종종 매우 깊은 불안정을 야기했고 소수자 집단에게 강압이 사용되는 경우에는 더욱 그랬다.

    1차 대전이 끝날 즈음에 유럽에는 이미 민주정 국가들이 감당할 수 있는 정도보다 훨씬 많은 민족 정체성이 형성되어 있었다. 다민족 제국이었던 오스트리아-헝가리 제국과 오스만 제국의 몰락, 그리고 독일의 영토 상실 이후에 등장한 후속 국가들은 하나의 민족 정체성이 하나의 정치체를 갖는 식으로 깔끔하게 규정되는 영토를 갖게끔 만들어지지는 못했다. 후속 국가들에서 해당 국가의 주류 민족공동체 의식을 가진 사람들은, 옛 제국을 상대로 이미 별도의 민족공동체 의식이 형성되어 있었거나 독일 밖의 지역에서 독일 민족으로서 정체성을 가지고 있었던 소수자들과 공존해야 했다.

    상당수의 민주정 국가들이 복지 제도를 통해 시민들에게 물질적 보호를 확대함으로써 부분적으로라도 국가공동체 의식을 일굴 수 있다는 비스

마르크의 시도를 되풀이해보려 노력했다. 하지만 이러한 시도는 채권 시장의 제약, 채권자인 은행들의 요구, 금본위제에서 통화 가치를 방어해야 할 필요성 등으로 제약되었다. 금융 위기가 올 때면, 정부들은 국제 무역을 교란하면서 경제적 국수주의로 갈 것이냐 아니면 복지 제도에 들어가는 지출을 줄일 것이냐의 기로에 섰다.

경제적 국가공동체주의는 현실에서 일구기가 매우 어려웠더라도, [자격이 있는 사람의 범위를 제약하는] 제한적인 개념의 국가공동체주의는 여전히 정치인들에게 즉각적으로 이용 가능한 도구였고, 반反볼셰비키 레토릭으로 표현할 수 있을 경우에는 더욱 유용했다. 유럽에서는 몇몇 정부가 소수자들에게 완전한 시민권을 주지 않는 쪽으로 후퇴했다. 미국에서는 1920년대 초의 경제 불황에서 의회가 남유럽과 동유럽에서 들어오는 이민을 제한하는 법을 통과시켰다. 이때 이민이 제한된 나라들 중에는 미국에 거주하는 유대인들의 출신 국가가 많이 포함되어 있었다. 또한 일본에서 오는 이민도 금지되었다.[73]

하지만 전간기는 민주정 정치체에 국가공동체주의가 얼마나 필요한지도 드러냈다. 국가공동체 의식이 거의 존재하지 않았을 때도 필요성은 명백했다. 오스트리아의 첫 공화정에서 세력이 거의 비등했던 두 정당(농촌을 주로 대변한 기독사회당과 빈 중심의 사회민주당)은 가톨릭주의와 반성직자주의 이슈에서 (오늘날의 표현을 쓰자면) 문화 전쟁에 맹렬히 나섰다. 두 정당 모두 공화정 국가 오스트리아를 문화적·종교적 정체성에 따라 세우려 했고 두 정당 모두 자신의 준군사 조직이 있었다. 1933년에 기독사회당 총리 엥겔베르트 돌푸스Engelbert Dollfuss는 오스트리아를 통합한다는 명분으로 모든 야당을 금지해 사실상 [성직자-파시스트] 독재 체제를 구성했다. 여기에서 "통합"은 문화적으로는 크리스트교 문화권이고 종파적으로는 가톨릭인 사람만을 의미했다. 1년 뒤, 오스트리아는 내전 상태로 떨어졌다. 마침내 재앙이 끝났을 때, 문화 전쟁 양쪽의 참전자 모두에게 전쟁 이후 오스트리아 국가의 유일한 기반은 결국 (한 사회당원의 표현을 빌리면) "우리는 오스트리아인이고 (…) 계속해서 독립 국가의 국민으로 존재할 수 있기를 원한다"는 개념뿐이었다.[74]

한편, 모든 시민이 투표를 할 수 있을 때 세금은 누가 내야 하느냐와 국제화된 통화 시스템하에서 전쟁 부채와 복지 제도에 어떻게 자금을 댈 것이냐의 문제가 민주정 국가에서 첨예한 갈등을 촉발했다. 완전한 보편선거권을 가진 민주정은 부유한 사람들에게 과세 공포를 불러일으켰다. 아리스토텔레스가 일찍이 말했듯, '다수자의 정부'가 곧 '빈자를 위한 정부'를 의미한다면 부자들은 민주정이 자신의 재산과 소득을 징발하는 제도라고 여길 가능성이 컸다. 19세기 말에 조세피난처(비거주자 및 기업 활동이 주로는 다른 곳에서 이루어지는 기업에 훨씬 낮은 세율로 과세하는 역외 지역)가 처음 생겨났다. 전쟁 중에 중립국이었던 스위스와 네덜란드가 전쟁 후에 부유한 유럽인들이 국가의 의회가 투표로 정한 세금을 피하고자 재산을 대거 옮겨놓는 장소가 된 것이다. 영국 왕실 속령British Crown dependencies들도 마찬가지였다.[75]

가장 두드러진 사례를 꼽으라면, 1920년대 중반에 이러한 요인으로 프랑스에서 국가의 과세 역량이 크게 잠식된 것을 들 수 있다. 프랑화를 금본위제로 복귀시키지 못한 프랑스 정부가 자본 시장에서 돈을 거의 빌릴 수 없게 되었을 때 일어난 일이었다. 부자들은 정권이 계속 교체되면서 민주정의 혼란(이라고 그들이 여긴 것)이 벌어지자 앞다퉈 단기 금융 자산을 매각하고 자본을 해외로 옮겼다. 다시 이는 프랑화의 외부적 가치가 계속 떨어지게 만들었고, 자본 이탈은 자기강화적인 경로를 타고서 점점 더 심해졌다.[76]

조세피난처와 자본 이탈 위험의 결합은 완전한 보편선거권을 가진 민주정 정치체의 조세 시스템이 시간이 가면서 민주적 과잉만큼이나 귀족적 과잉의 위험도 많이 산출한다는 점을 말해준다. 1920년대 중반에 각국 정부는 재정과 관련한 의사결정을 내릴 때 부자들이 자신의 부와 소득에 과세를 회피할 수단이 있다는 것을 아예 기정사실로 전제하고 결정을 내렸다. 부유한 미국인들의 조세 회피가 어찌나 효과적이었던지, 의회가 조세 회피를 줄일 수 있기를 바라며 감세안을 통과시켰을 정도다. 이는 부자들이 조세의 더 많은 비중에 기여해야 한다는 수정헌법 16조의 의도를 중대하게 훼손한 것이었다.[77] 1928년에 프랑스 정부도 소득세를 대폭 감면했다. 프랑스 총리에게 제출된 한 보고서가 과세가 많이 되는 납세자들에게 소득세가 "[회피하려고 들면 얼마든지 회피할 수 있어서] 사실상 자발적인 기부의 형태가 되어가고 있다"고 지적한 데 따른 것이었다.[78]

그럼에도, 지속 가능하지 않은 부채에 대해 민주정 자체에 탓을 돌리는 옛 개념이 전간기에 확고히 굳어졌다. 가장 악명 높은 사례로, 초기 바이마르 공화국은 국가 부채를 다루려고 무책임하고 무절제하게 재앙적으로 돈을 찍어낸다는 비판을 받았다. 독일 민주정에 대한 이야기로서 이 내러티브는 과도한 단순화였다.[79] 바이마르 독일은 극도의 전쟁 및 배상 부채를 가지고 시작했다. 이에 더해 중앙은행인 라이히스방크(법적으로 바이마르 정부로부터 독립적으로 존재하는 기관이었다)도 인플레를 촉진하는 데 그 자신의 중대한 영향을 미쳤다.[80] 하지만 '국가가 돈을 빌릴 수 있는 역량이 채권자의 신뢰에 달려 있는 곳에서는 의회가 부채를 갚기 위한 과세를 할 수 있어야 한다'는 옛 문제가 이번에는 매우 격렬하게 다시 나타났다. 의회가 국가 부채 상환을 위해 새로운 과세안를 통과시킬 수 있으리라는 확신이 없었던 채권자들은 신규 대출을 해주거나 기존 부채를 롤오버해주지 않으려 했고, 이제 [자본 시장에서 돈을 조달할 수 없게 되었으니] 국가 지출을 감당하려면 중앙은행이 돈을 찍어내야 했다.[81]

1970년대에도 보게 되듯이, 전시가 아닐 때의 인플레는 귀족적 과잉과 민주적 과잉 둘 다에 대한 두려움에 불을 지폈고 제한적인 국가공동체주의가 새로이 호소력을 갖게 했다. 독일에서는 초인플레가 저축자들에게 준 경제적 충격 탓에, 예전의 계급적 위치였다면 바이마르 공화국을 지지하는 쪽일 것으로 합리적으로 예상되었을 사람들이 경제적 공포가 높아지던 위기의 마지막 몇 년 동안 반민주주의 세력 쪽으로 옮겨갔다.[82] 하지만 인플레는 귀족적 과잉에 대한 두려움도 불러일으켰다. 바이마르 공화국을 끝내고 싶어한 사람들에게는 인플레가 토착주의(특히 반유대주의)의 또 다른 토양이 되어주었다. 더 치명적으로, 초인플레 시기에 히틀러는 "경제가 유대인화되었다"고 지속적으로 공격하면서, 유대인이 마르크스주의자인 동시에 부당 폭리를 취하는 자들이라 이중으로 사악한 존재라고 주장했다.[83]

전간기의 금본위제(종식되기 전까지) 역시 민주정을 불안정하게 만들었다. 금본위제는 화폐의 안정성을 약속하면서 민주정 과잉에 대한 견제 장치로 여겨질 수 있었다. 하지만 금본위제는 정부들이 복지 제도보다 재정 안정성을 우선시하도록 강제함으로써 민주정에서 대중의 반란을 촉발했다. 사람들은 통화 정책이 민주적 숙의의 대상이 아니라는 금본위제의 근본적인 가정에 저항했다. 1929년 대공황 이후의 시기는 유럽의 중앙은행들을 초창기 미국 공화정에서와 비슷한 방식으로 중대한 정치 행위자가 되게 만들었다. 영국과 스웨덴에서처럼 정부가 통화 정책에 대해 통제력을 가진 곳에서, 그리고 미국처럼 대통령이 은행들에 맞선 곳에서, 금본위제는 '민주주의 자체가 요구하는 국가의 경제적 자율성'의 이름으로 폐지되었다. 프랭클린 루스벨트가 1933년에 금 태환에서 이탈했을 때, 한 은행가는 이를 "중우정치"라고 비난하면서 "우리가 프랑스대혁명보다 더 급격한 혁명을 겪고 있는 것 같다"고 말했다.[84]

뉴딜

그 은행가의 말은 당파적 이해관계로 왜곡된 과장이었다. 하지만 루스벨트의 조치가 경제적 국가공동체주의를 중심으로 민주정을 개혁하고자 하는, 질적으로 다른 개혁 방식을 시작한 것은 사실이다. 이것은 이후에 그의 재무부 관리들이 케인스와 함께 전후의 국제 통화 시스템에 포함하려던 개념이기도 했다. 루스벨트는 은행과 부자들이 자신의 물질적인 이해관계를 지키기 위해(특히 세금 회피를 위해) 국제 경제 시스템을 이용해 자본을 자유롭게 옮길 수 있는 능력이 귀족적 권력이며 민주정에서는 이것이 제약되어야 한다고 보았다.

잃어버린 계급 간 균형과 미국 공화정의 토대였던 본래의 가치를 되살리는 프로젝트에 시동을 걸자고 주창한 점에서, 루스벨트는 미국 민중당의 후예라고 말할 수 있을 것이다.[85] 그의 지지 세력에서 농민과 공장 노동자가 경제적 절망 상황으로 떨어진 중산층과 결합했다. 첫 대통령 취임 연설에서 그는 "우리 문명의 성전에서 높은 자리를 차지하고 있던 환전상들이 도망쳤다"며 그들이 사라졌으므로 "이제 우리는 그 성전을 고대의 진리대로 되살릴 수 있다"고 선언했다. 그러려면 "토지를 희생시키고 산업 중심지 쪽으로 과다하게 쏠려버린 인구의 불균형"을 바로잡아야 했다. 또한 그는 국제 교역은 "건전한 국가 경제를 구축하는 데서 필연적으로 차순위"라고 말했다. 그 취임 연설의 첫 문장에는 "우리의 국가공동체our nation"라는 구절이 있었다.[86] 이어서 노동자들에게 노조 결성 권리를 연방법으로 보장한 국가노동법National Labour Act이 통과되었다. 노동자와 경영진은 함께 경제적 국가공동체가 되었고 국가산업회복법National Industrial Recovery Act은 노동자와 경영진의 상호의존적인 관계를 제도화했다. 1936년에 [두 번째 대선에 나서서] 필라델피아(1776년에 "정치적 압제를 쓸어없앤" 곳)에서 민주당 대선 후보 지명을 수락하면서, 루스벨트는 [그가 처음 선거에 나서 정권 교체를 이뤄냈던] 1932년 선거가 "경제적 왕당파"의 "압제"를 끝내라고 "국민이 부여한 책무"였다며 "[당시에] 경제적 불평등 탓에 너무 많은 사람들에게 우리가 한때 획득했던 정치적 평등이 무의미해져 있었다"고 말했다.[87]

정책 수단의 면에서, 뉴딜 개혁은 가장 부유한 사람에게 새로 세금을 부과해 자금을 충당했다. 대부분의 개혁이 연방 차원에서 권한과 권력을 갖는 새로운 기관들을 필요로 했다. 이 기관들이 은행을 규제했고, 주택 소유자들과 농민들이 돈을 빌리는 비용을 낮추었고, 농산물의 가격을 올렸고, 대형 에너지 회사들이 이제까지 간과했던 농촌 지역에 전기를 공급했다. 연방정부의 새로운 권한을 행사하기 위해, 루스벨트는 [대공황이라는 국가적 비상사태하에서] 마치 전쟁 상태인 듯이 행정부가 비상 시기의 권한을 행사할 수 있다고 주장했다. 대법원이 의회가 통과시킨 뉴딜 법안을 줄줄이 철회하자, 루스벨트는 대법원에 대법관 여섯 명을 추가로 임명하려고 시도했지만 상원에서 저지되었다.

하지만 뉴딜은 한편으로는 민주적인 경제적 운명 공동체로서의 국가 공동체 개념과 다른 한편으로는 거기에서 국민을 규정하는 데 사용된 배제적인 언어 사이의 긴장을 보여주기도 했다. 국가를 경제적으로 재활성화하겠다고 약속하면서, 루스벨트는 민주당의 정치적 연합 세력에 남유럽과 동유럽의 가톨릭 및 유대인 이민자를 포함했다. 1920년대에 배제적인 이민 금지법이 통과되었을 때 미국의 국가공동체 개념에서 밀려나 있던 사람들을 포괄한 것이다. 하지만 루스벨트는 인종적으로 미국이 유럽계 백인들로 구성된 나라라는 널리 퍼진 정치적 담론과 타협하기도 했다. 특히 루스벨트 행정부가 주택 자금과 모기지 자금에 대한 뉴딜 시기 입법으로 주택 소유자에게 연방 보조를 제공했을 때 이는 사실상 백인 미국인에게만으로 한정되었고, 그 결과 뉴딜은 주거에서의 인종 분리를 심화시켰다.[88] 당시로서 개혁을 진전시키려면 정치적으로 대안이 없긴 했다. 의회에서 남부 민주당원[남북 전쟁 이전 노예제 옹호를 주장했던 남부 기득권에서 이어진 세력으로, 민주당 내 보수 세력이었다]들의 지지를 얻지 못하고서는 뉴딜이 진척될 수 없었을 것이기 때문이다.[89] 하지만 뉴딜이 미국 공화정에서 부의 분배에 미친 장기적인 영향은 오늘날까지도 깊이 남아 있다(9장 참고).

뉴딜의 정치는 석유를 매개로 해서도 미국 공화정에 역사적으로 존재해온 인종 관계와 한층 더 긴밀하게 연결되었다. 미국 국내 석유생산자들이 유가 폭락을 맞은 것이 경제 불황의 큰 부분이었기 때문에, 석유는 뉴딜에서 핵심이었다. 루스벨트는 엄격한 생산 제한과 생산 할당을 실시해서 생산자들에게 수익성이 있을 수 있는 수준으로 유가를 밀어올렸다. 이 조치는 미국 내에서 지리적인 권력 균형에 악영향을 미쳤다. 루스벨트가 도우려 했던 독립생산자[수직 계열화된 글로벌 거대 석유 기업이 아닌, 주로 현장 생산에 집중하는 중소 규모 생산자]들은 주로 텍사스에 있었다. 1935년에 텍사스의 주도로 석유를 생산하는 6개 주가 주간 석유 협약Interstate Oil Compact을 맺었다. 옛 남부에서 내세운 대의였던 '주의 권리'를 기치로 내걸고서(한때는 이 기치가 노예제를 수호하기 위해 쓰였다), 이들은 뉴딜 추진자들이 처음에 생각했던 '국가적으로 규제되는 석유 산업'에 대한 희망을 깨뜨렸다.[90] 이 정치 싸움에서 승리한 텍사스는 주의 석유 규제 당국인 텍사스 철도위원회Texas Railroad Commission를 이용해 이후 40년간 세계 유가에 영향을 미칠 수 있게 된다.[91] 이러한 경제 권력은 텍사스를 대표하는 의원들이 막대한 정치적 영향력을 갖게 해주었다. 샘 레이번Sam Rayburn부터 린든 존슨까지 민주당 주요 지도부 지위를 연속적으로 텍사스 출신 정치인들이 차지한 것이 보여주듯이 말이다. '주의 권리'에 대한 주장이 과거의 사건에서만 있었던 것이 아니라 지금도 선거권을 제약하는 데 여전히 사용되고 있는 곳에서, 석유 생산의 정치는 "연방정부 대 주정부"라는 옛 갈등에 다시 불을 지피면서 미국 공화정의 깊은 단층선에 직접적으로 압박을 가했다.

다른 면에서와 마찬가지로 여기에서도 전간기가 남긴 유산은 미국과 유럽 국가들이 매우 달랐고, 유럽 국가들 중 민주정이 살아남은 곳들에 비하더라도 크게 달랐다. 1933년부터 미국 공화정은 계급의 영향력을 재분배해 새로이 균형을 잡는 경제적 개혁을 했다. 하지만 완전한 참정권이 존재하는 민주정이 되지는 않았다. 에너지생산국이자 연방제인 나라에서 주정부들은 경제적 국가공동체주의 개념을 제한하는 결과를 내는 방식으로 구조적 권력을 부여받았다. 뉴딜은 이후 30년간 미국 정치에서 경제와 선거정치의 토대가 되지만, 민주주의의 이름으로 도전받을 수 있는 여지도 여전히 있었다. 그리고 훗날 미국의 에너지 권력이 쇠락하기 시작했을 때 실제로 그러한 도전을 받았다. 대조적으로, 독일, 이탈리아, 프랑스에서는 전간기와 전쟁 시기의 재앙을 거친 맥락에서 새로운 민주정 국가들이 세워져야 했고, 독일의 경우에는 영토가 축소된 상태로 새 국가가 만들어져야 했다. 이들 국가들에는 선거권에 대한 역사적인 부담이 딱히 존재하지 않았다. 물론 미국의 뉴딜은 전 세계 민주정 국민국가들의 전조였고 덜 국제화되고 덜 금융화된 국가 경제의 전조였다. 하지만 그 미래가 더 직접적으로 현실화된 것은 유럽에서였다.

| 8장 | **민주정 과세 국가의 흥망**

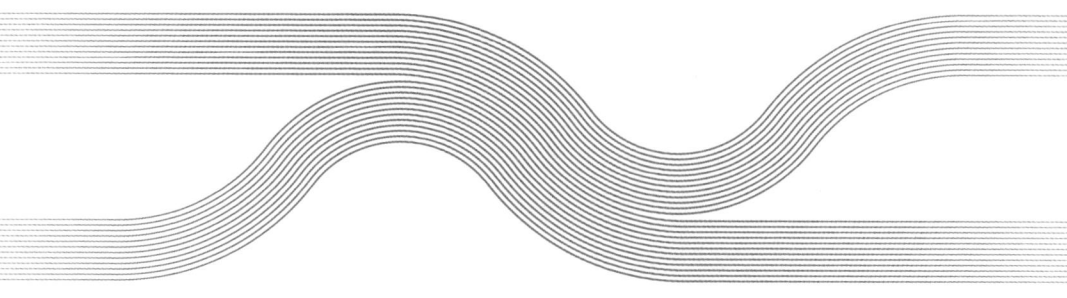

트럼프와 EU집행위원회를 하나로 묶을 수 있는 이슈는 거의 없었다. 그런데 예외가 하나 있었으니, 거대 디지털 유통 기업 아마존이다. 2018년 내내 트럼프는 트위터에서 아마존을 공격했고 한 번은 아마존이 세금을 내지 않아서 "세금을 내는 유통업체들에 큰 해를 끼친다"고도 언급했다.[1] 이보다 더 묵직하게, EU집행위원회는 2017년 10월에 아마존이 2억 5000만 유로의 미납세를 내야 한다고 결정했다. 아마존은 유럽의 다른 나라에서 벌어들인 수익을 룩셈부르크 법인에 신고하고 룩셈부르크와의 협상을 통해 조세 혜택을 받음으로써 다른 나라들에서 냈어야 할 세금보다 낮은 세금을 낼 수 있었는데, EU가 이것을 불법적인 국가 보조를 받았다고 판단한 것이다. EU집행위원회는 "유럽에서 기업 활동을 한다는 것의 의미에는 세금을 내는 것도 포함된다"고 말했다.

하지만 현실에서 EU가 이 개념을 실현하기란 쉬운 일이 아니다[위의 아마존 결정도 이후 EU법원에서 뒤집혔다]. 2020년 5월에 앙겔라 메르켈과 에마뉘엘 마크롱이 EU 이름으로 채권을 발행하는 EU회복기금의 초안을 발표했을 때, EU 부채를 상환하는 데 재원으로 쓸 수 있는 EU 차원의 조세안은 포함되어 있지 않았다. "EU에 공정한 조세 체계가 구축되도록 개선"하는 것이 "계속해서 우선순위일 것"이며 "이상적으로는" 공동 법인세의 토대를 만드는 것이 포함될 것이라고만 언급했을 뿐이었다. 이후에 나온 [EU집행위원회에서 확정한] EU회복기금의 공식 제안에 EU 단일시장에 들어와 활동하느냐를 기준으로 EU 차원의 법인세와 빅테크 기업들에 대한 EU 차원의 디지털세를 부과하는 내용이 담겨 있기는 했다. 하지만 2020년 7월 EU이사회 회의에서 실제로 타결된 EU회복기금 합의문에는 EU 차원의 법인세에 대한 내용도, 국가 간에 법인세율을 조율한다는 내용도 없었다. EU가 재활용 불가능한 플라스틱 폐기물에 대한 과세 권한을 갖게 될 것이고, 향후 탄소세와 디지털세에 대해, 또한 10년째 논쟁 중인 금융거래세에 대해 꼭 논의하겠다는 언급 정도만 있을 뿐이었다.

EU가 '법인세에 대한 공동의 접근' 비슷한 무언가에 도저히 합의를 도출해낼 수 없다는 사실은 조세와 관련해 EU가 직면한 정치적 어려움의 시작일 뿐이다. EU회복기금 논의에서 'EU 사람들이 EU 차원의 새로운 부채 발행을 지원하기 위해 시민으로서 과세되어야 한다'고 어떤 방식으로든 시사하는 내용은 내내 빠져 있었다. 사실 프랑스의 EU집행위원인 티에리 브르통Thierry Breton은 EU회복기금 회담이 있고 나서 트위터에 정확히 이 부분에 대해 EU 거주민들에 대한 과세는 절대로 일어나지 않을 것이라고 장담했다. "유럽은 처음으로 유럽과 유럽 사람들을 위해 돈을 빌릴 수 있게 되었습니다. 그리고 이 역사적인 부채의 상환 자금을 마련할 용도로 유럽 시민 여러분들에게 어떤 세금도 부과하지 않을 것입니다. 우리는 유럽 단일시장으로 들어오는 국경에서만 과세할 것입니다."[2]

조세, 부채, 그리고 민주정 정치체 사이의 역사적인 관계와 관련해, EU는 슬그머니 스스로의 존재감을 없앴다. 시민에게 과세할 수 있는 민주정 정치체라는 개념은 이제 국가 수준에서만 발견될 수 있다. 'EU의 시민'으로 존재한다는 것은 부채나 과세와는 완전히 별개의 의미가 되었다. 이러한 단절이 어떻게 생겨났는지, 그리고 EU 이슈를 넘어서 더 일반적으로 민주정 정치에 그것이 미치는 함의가 무엇인지 이해하려면, 전후 시기 서유럽과 미국의 대의제 민주정 국가들로 다시 돌아가서 당시의 경제 정책이 가지고 있던 더 민주적인 특징들(조세에 대한 것도 포함해서)이 이후 1970년대에 어떻게 무너지기 시작했는지 알아보아야 한다.

경제적 국가공동체주의

2차 대전 이후 민주정 국가가 재창건된 곳에서, 시간이 가면서 발생할 결정적인 위험이 어디에 놓여 있는지에 대한 인식은 각기 달랐고, 그 영향은 EU가 부채에 접근하는 방식을 둘러싸고 지금도 남아 있다. 프랑스와 이탈리아에서는 전후에 공산당이 강력하게 부상했고 민주적 에너지가 강했다. 국민투표를 거쳐 이탈리아에서는 군주가 없는 제1공화국이 출범했다. 프랑스에서는 제헌의회에서 합의되고 국민투표로 승인된 제4공화국 헌법이 강력한 의회를 구성했다. 대조적으로, 연합군이 부과한 서독 헌법은 민주적 과잉을 막기 위한 강력한 안전판을 두었다.[3] 이 헌법은 개헌이나 서독연방공화국의 구성 주[란트, Länder]가 달라지는 경우를 제외하면 국민투표를 허용하지 않았다. 또한 개인의 권리를 강하게 보호했고 강력한 헌법재판소를 설립했다. 유럽의 민주정 국가 중 사법부가 독일 헌재만큼 큰 권한을 가진 곳은 전례가 없었다. 독일 헌재는 정당에 대해 위헌 심판을 할 수 있는 권한을 가진 유일한 기관이었고 실제로 1950년대에 네오나치 정당과 공산당 둘 다에 대해 해산 결정을 내렸다. 또한 1958년의 헌재 결정은 사실상의 모든 법적·정치적 결정이 사법적 심의의 대상이 될 수 있게 했다. 훗날 카를스루에[독일 헌재가 소재한 도시]에서 헌법재판관들은 국가 부채와 EU 조약들 등 정치적으로 첨예한 수많은 사안에 대해 판결을 내리게 된다.[4]

헌법의 구성과 국가 구조에 대한 국가들의 차이를 넘어서 전체적으로 보면, 2차 대전 이후의 지정학적·경제적 세계는 1차 대전 이후의 세계보다 민주정 국가들의 미래에 더 유리한 면이 있었다. 구조적으로, 브레턴우즈 체제는 전후 서구 국가들에서 경제적 공동체주의를 촉진함으로써 이 국가들에 필요한 지원을 제공했다. 브레턴우즈가 서유럽 민주정 국가들의 정치적 안전판이었다고 말한다면 물론 과장일 것이다. 전후에 국제 통화 질서는 미국이 국경을 넘는 금의 이동과 타국의 경쟁적 평가절하의 위험 없이 경제적 자율성을 누릴 수 있도록 달러에 기반한 금융 및 교역 질서를 만들려 한 해리 덱스터 화이트의 열망에서 추동되었다(2장 참고). 그와 그의 재무부 동료들은 미국의 화폐 권력, 미국의 재정 안정성, 그리고 덱스터 화이트의 경우 소련을 돕는 것에 주로 관심이 있었다.[5] 그다음에는 트루먼 행정부가 국경을 넘는 불법적인 자금 흐름을 막으려는 의사가 별로 없었던 데다 [브레턴우즈 기관인 IMF를 통한 원조가 아니라] 마셜플랜을 경제 원조 수단으로 사용하고 이를 통해 (공산당을 권력의 공간에서 차단함으로써) 이탈리아의 국내 정치를 제약하면서[미국은 이탈리아 공산당이 전후 최초 총선(1948년)에서 실질적으로 정부에 참여하고 나아가 집권할 가능성을 크게 우려해 마셜플랜 원조 조건으로 총선 전의 이탈리아 과도 정부들에 공산당, 급진파 배제를 여러 경로로 요구했다], 브레턴우즈 체제가 크게 훼손되었다. 유럽 국가들의 통화가 교역 목적에 한해 태환이 가능해졌을 무렵에는 이미 유로달러 시장이 있었고 브레턴우즈는 붕괴의 길에 들어서 있었다(5장 참고).

그럼에도, 루스벨트 행정부가 다른 나라들에 자본 이동을 통제할 권한을 주고 단기 신용에 접근할 수 있게 했다는 점은 전후 서유럽 민주정 국가들에 중대한 이점이 되었다. 금융을 국가 단위에서 통제할 수 있게 된 전후 민주정 국가들은 통화 정책에서 [국제 금융의 영향력에 대해] 자율성을 행사할 수 있었다. 자본 이탈 위험이 줄면서, 부와 소득에 대한 과세가 국내 정치의 장에서 숙의되고 결정될 수 있는 사안이 되었다. 전후에 각국 정부가 국가 경제를 국가의 민주정치적 요구에 반응하는 경제적 공동 운명체로서 이야기하고자 했다면(실제로 그러고자 했다), 브레턴우즈는 여러 한계야 있었을지언정 그들의 노력에 적어도 필요조건이기는 했다.

국가공동체의 이름으로 국가는 고용 보장, 인플레 통제, 농업 보조, 불운에 대비한 경제 안정성 제공 등을 최종적으로 책임지는 주체로 상정되었다. 전후 서유럽 정치인들은 유권자들을 국가가 그들에게 공식적·비공식적으로 경제적 권리를 보장하는 시민으로서 이야기했고, 그러한 경제적 권리가 현실에서 가장 잘 실현될 수 있는 방법이 무엇일지를 두고 서로 경쟁했다. 따라서 정부와 당국자들은 경제를 국가 단위로, 즉 국가 단위의 성장 회계와 성장률을 통해 이해했다.[6] 물론 경제적 국가공동체주의에서 이득이 사람들 사이에 균등하게 분배되었다거나 모든 계층이 정치적 영향력을 동등하게 가졌다는 말은 아니다. 일례로, 이탈리아에서 노동자 계급은 적어도 부분적으로 경제적 국가공동체에서 배제되었다. 하지만 국가가 경제 영역에서 수행한 일들은, 전쟁 전에 미국에서도 그랬듯이, 서유럽 국가의 정치인들이 국가공동체를 물질적인 운명을 공유하는 정치적 공동체로서 이야기할 수 있는 수단을 제공했다.

샤를 드골 시절 프랑스에서는 경제적 국가공동체 개념이 특히 확장적인 형태를 띠었다. 드골은 경제적 국가공동체주의가 해외 의존성이 없는 상태를 의미한다고 생각했다. 국민국가가 제국으로부터 독립된 정치체를 의미한다면(드골은 미국이 군사적·금융적 제국이라고 생각했다), 프랑스는 미국의 핵무기뿐 아니라 미국의 자본으로부터도 자유로워져야 했다. 하지만 드골은 경제적 국가공동체주의만으로 충분하리라고는 생각하지 않았다. 국가공동체주의는 [경제를 넘어] 한층 더 고양되어야 하는 무언가였고, 경제적 국가공동체주의는 더 인간적으로 포괄적인 '프랑스 국가공동체' 개념에 복무하는 하위 개념으로서 존재해야 했다.

독일에서는 경제적 국가공동체주의가 이보다 덜 확장적이었는데 역설적으로 정치적 중요성은 더 컸다. 전후 거의 어느 나라에 비해서도 놀라웠던 경제적 성공 덕분에, 서독에서는 전후에 구성된 국가공동체주의의 서사가 새로이 수립된 민주정의 구조와 기관들을 효과적으로 정당화해줄 수 있었다. 민주정치적 통제로부터 독립적인 중앙은행 분데스방크의 정당성도 포함해서 말이다.[7] 독일 국가의 민주적 정당성은 독일의 경제적 성공과 분리될 수 없었고, 특히 국가의 생산 역량 및 가격 안정성과 분리될 수 없었다. 1980년대 말에 이 시기를 고찰하면서 역사학자 찰스 마이어Charles Maier는 "거의 40년간 독일 연방 공화국은, 말하자면 빵만으로 살아왔다"["사람은 빵으로만 사는 게 아니"라는 성경 구절 패러디]고 말했다.[8]

영국에서는 경제적 국가공동체주의를 설파하는 강한 언어가 1930년대에 실행되었던 제국적 교역과 통화 정책, 그리고 그 이전에 지배적이었던 자유 무역에 대한 신뢰를 밀어냈다. 주목할 만한 점으로, 두 차례의 세계 대전 때 해외 식량 의존성 때문에 나라 전체가 굶주림의 위기에 몰릴 만큼 극심한 식품 부족을 경험한 영국은 식량 자급에 박차를 가하며 사실상 1846년의 곡물법 폐지 결정을 되돌렸다.[9]

이탈리아에서는 어느 정도 통합된 경제적 국가공동체주의를 만들어내기가 더 어려웠다. 국가 주도로 남부 이탈리아의 경제를 재건하려는 노력이 있었지만 북부 이탈리아가 훨씬 빠르게 성장했고 산업 지역과 농업 지역 간 분리도 지속되었다. 남부의 저조한 성장은 북부로, 또한 다른 EEC 국가들로 상당한 이주를 촉발했다. 반공주의가 이탈리아 국가공동체주의의 서사를 가득 채웠고 이는 경제로도 흘러넘쳤다. 공산당이 아닌 좌파마저 정부에 참여할 가능성에서 모두 배제되면서(1962년까지 그랬다), 이탈리아에서는 서독에서 지배적이었던 협력적 조합주의 체제에 노조가 참여하기 어려

웠다.¹⁰

한편 미국에서는 경제적 국가공동체주의가 몇 가지 면에서 뉴딜 시기에 비해 약화되었고 인종적 제약이 여전히 존재했다. 전국 단위의 임금 협상은 희석되었고,¹¹ 이는 노동자들을 뉴딜 프로그램의 적용을 받는 사람, 개별 기업 단위에서 노사 합의에 따라 임금 이외의 부가 급부를 협상할 수 있는 사람(역사학자 메그 제이콥스Meg Jacobs가 "사적 복지 시스템"이라고 부른 것에 포괄되는 사람), 그리고 인종적인 이유도 포함해 모종의 이유로 양쪽 모두에서 배제된 사람으로 나뉘었다.¹² 또한 남부는 남부대로 또 다른 분화를 보이기 시작했다. 방위 산업이 크게 성장하고 주의 세금이 낮아서 사람과 자본이 남부로 몰려오는 흐름이 생긴 것이다.¹³ 이 새로운 남부 경제는 미국의 다른 지역에 비해 점점 더 탈노조화되었다. 노동 시장에서의 이러한 독특성은 텍사스주 석유 산업이 행사하는 영향력을 강화했다. 2차 대전 시기에는 연방정부가 석유 산업에 상당한 규제력을 가지고 있었기 때문에 텍사스 철도 위원회의 영향력이 줄었지만, 전쟁이 끝나고서는 가격과 공급량에 대한 통제력을 다시 획득했다.¹⁴

그렇더라도, 1차 대전 이후에 귀족적 과잉의 조건을 빠르게 만들었던, 그리고 그에 대한 정치적 반작용을 촉발했던 강한 경제적 압력은 전후 시기에 대체로 사라졌다. 전후 30년의 거의 대부분 동안 1년 이상 지속되지 않은 몇몇 침체가 있었을 뿐 경제 불황은 없었기 때문에 실업률은 짧은 동안만 올라갔다가 내려왔고 정도도 심하지 않았다. 전쟁이 끝난 직후를 지나고 나서는 인플레도 거의 없었다. 정부들은 인플레가 민주적 안정성을 위협한다고 생각했는데, 낮고 안정적인 유가의 도움을 받아 성공적으로 물가를 통제할 수 있었다. 은행 위기도 없었고 1949년에 유럽 국가들에서 일제히 대규모 화폐 평가절하가 이루어진 뒤로 통화 위기도 거의 없었다(석유 결제 통화로서의 지위도 포함해서 스털링의 지위를 방어하려 했던 영국만 예외였다). 수에즈 위기처럼 정치적으로 한 나라의 경로를 뒤바꾼 금융 위기가 있기는 했지만, 이 경우에는 국가 정부의 의사결정을 철회시키기 위해 미국이 달러 접근성을 무기로 사용했을 때 일어난 일이었다.

또한 전후 유럽의 민주정 국가들은 임금을 낮추는 하방 압력도 크게 겪지 않았다. 전시 경제는 저임금 노동자를 고임금 노동자보다 더 많이 보호했다.[15] 독일에서는 전쟁과 그 직후의 여파 속에서 소득 불평등이 크게 줄었다.[16] 영국과 미국에서는 전쟁으로 노조화가 전보다 더 강하게 추동되었다.[17] 많은 서구 국가에서 조합주의적 체제가 자리잡으면서 노조가 꼭 파업이라는 대치적 행동으로가 아니라도 임금 사안만이 아니라 더 폭넓은 사안에서 정치적 영향력을 행사할 수 있었다.

결정적으로 중요하게, 전후 유럽의 민주정 국가들은 1920년대보다 재정 위기에 처할 위험이 적었다. 1945년 이후로 정부들은 부자들에게 상당한 과세를 하는 것도 포함해 전쟁 시기에 도입된 고율 과세 체계를 평화 시기의 복지 제도에 활용할 수 있었다. 이 복지 제도는 이후 몇 년이 아니라 몇십 년간 이어지게 된다.[18] 국가가 자본 이동을 통제할 수 있어서 부자들의 조세 회피와 포탈이 어려워진 것이 여기에 일조했다. 또한 정부들은 과거의 부채를 상환하느라 고전할 필요가 없었다. 이것은 어느 정도 미국의 정책과 관련이 있었는데, 마셜플랜을 통해 미국의 자금이 공식적으로 주입되고 이어서 부채 저감이 이루어졌기 때문이다. 특히 서독에 대해 중대한 부채 저감이 있었는데, 1953년에 런던채무회의London Debt Conference에서 바이마르 공화국의 부채, 전후 몇 년간의 독일 부채, 그리고 마셜 원조에서 나온 서독의 부채 등 독일의 누적 부채 중 절반이 탕감되었고 나머지는 상환 기간이 연장되었으며 상환 규모도 무역 흑자 규모 대비 일정 비중 이내로 제한되었다. 따라서 2차 대전 후에 서독은 대외 부채와 관련된 요구사항에서 자유로울 수 있었고 부채를 어떻게 관리할지를 두고 계급 갈등이 벌어지는 것을 피할 수 있었다. 마찬가지로 중요하게, 대부분의 서구 민주정 국가들이 부채 정치로부터 자유로울 수 있었던 데는 이들이 이 시기에 새로운 부채를 그다지 많이 쌓지 않았다는 점과도 관련이 있다. 미국이 베트남 전쟁 자금을 대기 위해 자본 시장에서 돈을 빌리는 쪽으로 돌아서기 전까지, 전후의 정부들은 대체로 균형 재정을 유지했고 지출은 자국의 시민과 기업으로부터 걷는 세금으로 충당했다.

역사의 부담

하지만 '시민-납세자'와 밀접하게 연결된 국가 경제라는 개념은 정치적 문제들을 잠재울 수 있는 국가공동체주의를 구성하기에 충분하지 않았다. 분명 전간기 때보다는 국가공동체 개념을 둘러싼 위험이 강하지 않았다. 사실 그 위험은 그 자신이 일으킨 재앙으로 인해 줄어든 면도 있었다. 홀로코스트로 유럽에서 유대인 인구가 비극적으로 감소했고 그밖에도 2차 대전 중에 일어난 잔혹한 제노사이드의 파도로 인종적 소수자가 더 적어진 것이다.[19] 또한 1938년 독일의 오스트리아 합병이라는 재앙은 오스트리아에서 정치적 세력으로서 범게르만주의의 힘을 크게 약화시켰다.[20]

하지만 변화하는 인구 집단을 하나로 통합할 수 있는 어떤 민족공동체/국가공동체의 역사적 서사도 긴장을 내재한다는 문제는 사라지지 않았다. 특히 전쟁 직후의 몇십 년간 몇몇 서유럽 국가들이 이전의 식민지로부터 이주를 촉진했고 독일의 경우에는 터키로부터 '초청 노동자'를 받았기 때문에 더욱 그랬다. 프랑스 제4공화국에서도 프랑스의 국가공동체주의를 둘러싼 옛 분열은 여전히 해결되지 않고 있었다. 제4공화국 정부들은 가까운 과거의 이야기, 즉 전쟁 중의 저항 활동을 '프랑스 국가공동체의 행동'으로서 이야기하는 서사를 촉진했다.[21] 하지만 좌파가 주도한 레지스탕스 활동은 전쟁 시기 프랑스에 있었던 수많은 경험 중 하나일 뿐이었다. [프랑스 '국가'의 정체성과 관련해서는 더욱 복잡하게도] 제4공화국은 제국주의적 국가 개념으로 시작되었고 가장 중요하게는 알제리를 포함해 해외 프랑스령 지역들까지 포함하는 '프랑스 연합French Union'을 구성하고 있었다(프랑스 연합 전체 주민에게 법적으로 프랑스 시민권을 부여했다). 프랑스 통치에 저항하는 민족주의적 저항이 높아지고 있었지만 말이다. 그리고 알제리에서 그러한 제국적 통치에 대한 동의를 잃었을 때, 프랑스 제4공화국은 붕괴했다.[22]

뒤이어 제5공화국은 드골 버전의 프랑스 국가공동체주의를 토대로 세워졌다. 그는 프랑스 국가공동체가 '혁명적 공화국의 이상'에 체현되어 있다는 개념을 버리지는 않았지만 프랑스 국가공동체 개념에 [고대, 중세, 제국기의 역사 서사까지 포함하는] 더 장기의 역사를 통합했다.[23] 알제리 독립이 결정되고 나서 프랑스 제5공화국은 정치적으로 전보다 안정되었다. 하지만 제국 시절의 유산 때문에 여전히 고전했다. 1950년대 말과 1960년대 말 사이에 북아프리카에서 프랑스로 이주가 상당히 증가했다. 제3공화국 때도 이슬람 이민자에게 시민권 획득 가능성을 제한적으로 열어주긴 했지만[제3공화국(1870~1940년) 시기에 식민지 출신 이슬람 이민자들은 프랑스 시민권자가 아닌 프랑스 신민subject 신분이었지만 군 복무 등 특별한 공로가 있는 경우에 개별적으로 프랑스 시민권을 신청·획득할 수 있는 경로가 열려 있었다], 제국 이후 프랑스 국가공동체의 언어는 '혁명과 저항의 프랑스'라는 역사에 별로 관심이 없는 이주민들이 대거 들어와 있다는 사실과 부합하기 어려웠다. 더 먼저 들어온 이민자들 중 일부는 1차 대전 때 군 복무를 하고서 프랑스 시민이 될 수 있었지만, 사실 제5공화국은 제국을 지키려던 전쟁의 와중에 태어난 공화국이었다. 또한 이주민의 대규모 유입은 프랑스대혁명으로까지 거슬러 올라가는 프랑스 국가공동체주의의 오랜 분열을 새로운 형태로 재점화했다. 일부 우파는 크리스트교 없이는 프랑스 국가공동체라는 개념이 있을 수 없다고 주장했다.

일부 좌파는 종교적이지 않은 세속 국가가 모든 프랑스 공화국의 토대라고 주장했다. 우파의 또 다른 일부와 좌파의 또 다른 일부는 이제 프랑스 국가 공동체가 종교적으로 어느 정도 다문화주의를 받아들여야 한다고 주장했다.[24]

전후의 서독에서도 경제적 국가공동체주의는 그것이 얼마나 성공적이었든 간에 누가 독일 국민인지를 궁극적으로 규정하기에 충분할 수 없었다. 독일연방공화국의 초대 총리 콘라트 아데나워Konrad Adenauer는 독일연방공화국이 동독 사람도 포함해 역사에 지속적으로 존재해온 독일 국가를 대표하는 유일한 정치체라고 늘 주장했다. 하지만 이 개념은 나치 시기에 대해 불편한 질문을 제기했다. 1980년대에 독일 역사학자들은 홀로코스트가 독일의 국가 정체성에 의미하는 바가 무엇인지를 두고 맹렬한 논쟁을 벌였다. 이 학문적 논쟁은 '집합적으로 기억될 수 있는 것이 무엇인가'라는 질문에 대해 독일 사람들 사이에 합의를 이루어내기가 얼마나 어려운지를 보여주었다. 하지만 양 진영 모두, 나치 이전의 과거를 집합적으로 잊는 것 또한 가능하지 않고 바람직하지도 않다는 점 역시 보여주었다. 가령, 독일인들은 홀로코스트 이전의 독일 국민을 자신의 정체성으로 기억하면서 홀로코스트라는 죄악을 역사가 전개되어온 지속적인 과정의 한 국면으로 볼 수도 있었고, 아니면 아우슈비츠를 완전히 다른 새로운 국가 정체성이 시작되는 기점으로 보아야 할 도덕적 의무가 독일 국민으로서의 정체성을 규정한다고 주장할 수도 있었다.[25] 어느 쪽이든 독일인을 하나의 국민으로 만드는 것은 독일의 역사였고, 이 때문에, 터키와 북아프리카에서 온 초청 노동자들이 본국에 돌아가지 않고 독일에 남게 되었을 때 이들이 독일 국민에 대한 역사적 서사에 어떻게 통합될 수 있을지는 전혀 분명하지 않았다.

영국에서는 독일과는 또 다른 이유에서 과거에 대해 집합적으로 기억되어야 할 것이 무엇인가의 문제가 국가공동체 개념을 흔들었다. 2차 대전은 이전 어느 때보다도 영국 국가공동체에 대한 역사 서사를 말하기 쉽게 해주었다. 전쟁 중에 영국 민주정 국가는 시민들을 '시민-군인'으로서 싸우게 했고 '시민-생산자'로서 일하게 했으며 '시민-채권자'로서 투자하게 했다.²⁶ 이러한 희생의 요구는 윈스턴 처칠이 말한 국가공동체 및 민주주의에 대한 서사와 함께 이루어졌다. 전쟁 중에 처칠이 여러 연설에서 이야기한 이 버전의 국가공동체 서사에 따르면, 영국 사람들은 1940년에 처칠의 리더십하에서(그리고 노동당의 지원으로) 국가의 독립을 기꺼이 포기하려 하는 기득권을 몰아내고 [전쟁에서] 싸우기로 결정했다.²⁷ 하지만 처칠이 말한 대로라면 영국의 국가 정체성 이야기가 상당 부분 제국의 이야기이기도 했는데, 이 서사가 작동해야 할 곳은 제국이 끝나가던 전후 시기 영국 민주정이었다. 많은 사람들에게 전쟁 시기의 경험이 이 서사를 매우 의미 깊게 만들어주긴 했지만, 영국 제국의 통치를 여전히 받고 있거나 받았던 나라에서 이주해오는 사람들에게는 처칠 버전의 영국 국가공동체 개념에 담긴 역사가 너무 제한적이었다.

더 나중에는 대영제국의 종말이 또 다른 문제를 제기했다. 브리튼의 정치적 정체성이 스코틀랜드, 웨일스, 잉글랜드가 각기 가진 옛 공동체 개념을 덮어씌울 수 있을 만큼 충분히 강한지의 문제가 생긴 것이다. 1960년대 말에 스코틀랜드 민족주의자들은, 복수의 정치체를 포괄하는 UK가 성립할 수 있었던 것은 대영제국의 제국 경영에서 얻은 경제적 이득으로 유인할 수 있었기 때문이었는데 그것이 없어졌으니 더 이상 잉글랜드와 스코틀랜드가 UK에 통합될 필요가 없다고 주장했다.²⁸ 1970년대 초 무렵이면 UK에 속하는 모든 사람이 집합적으로 자신을 하나의 국민으로서 생각할 수 있게 해주는 '브리튼 국가공동체'의 서사를 만들기가 막대하게 어렵다는 점이 너무나도 명백했다. 브리튼 정체성을 결코 갖지 않을 소수자가 존재하는 북아일랜드는 폭력과 혼란에 휘말렸고, 북아일랜드 당국의 요청으로 치안 유지를 위해 브리튼[중앙 정부]의 병력이 파견되었다. 하지만 이는 가톨릭을 주변화하는 통치 시스템에 대해 가톨릭 교도들이 가지고 있었던 오랜 불만에 기름을 끼얹었을 뿐이었다. 한편, 스코틀랜드민족당Scottish Nationalist Party과 플라이드 컴리Plaid Cymru[웨일스 민족주의 정당]가 부상하면서 1970년대 내내 브리튼의 모든 정부[중앙 정부]는 스코틀랜드와 웨일스에 자치권을 확대할 수 있는 방법을 찾는 데 상당한 정치적 자본을 써야 했는데, [스코틀랜드와 웨일스 자체의 여론이 분열되어 있었던 등의 이유로] 성공하지는 못했다.

영국에서처럼 미국에서도 2차 대전 동안 국가가 광범위한 시민을 군인으로서, 생산자로서, 채권자로서 동원했다. 전시 공채는 미국에서 모든 성인 시민, 모든 집단, 모든 지역이 동참한 채권 구매 운동이었다.[29] 하지만 이 전쟁에서 싸운 미국 군대는 인종적으로 매우 분리된 군대였다. 또한 징집된 정규군에서 싸운 사람을 그 이후에 투표권에서 배제할 수는 없다는 베버의 가정은 틀린 것으로 판명되었다. 미국 남부에서 인종에 기반한 참정권 배제는 전쟁 이후에도 계속되었다. 1960년대가 되어서야 연방정부가 남부 주들에 정치적 변화를 강제하면서 미국 역사에서 처음으로 완전한 보편선거권에 기반한 민주정이 성립된다. 하지만 그 뒤에도 과거에 미국 공화정에 노예제가 공존했고 노예제가 폐지된 뒤에도 인종적 위계가 사라지지 않았다는 역사가 미국의 국가공동체주의에 제기하는 문제는 사라지지 않았다.

흑인 민권 운동을 이끌면서 마틴 루터 킹 주니어Martin Luther King Jr.는 미국 공화정의 설립 이야기로 즐겨 거슬러올라갔다. 그는 흑인을 포함하는 미국 국가공동체의 이상이 미국 공화정의 시작부터 존재했고 링컨이 그 이상을 재확인했다고 보았다. 훗날 1960년대 초에 민권 운동의 시트-인sit-in 시위 참가자들이 무엇을 성취했는지 돌아보면서 킹은 그들이 "국가 전체를 건국의 아버지들이 헌법과 독립 선언문에 깊이 파놓은 위대한 민주주의의 우물로 돌아가게 했다"고 언급했다.[30] 킹은 이러한 미국이 과거 없이는 존재할 수 없다고 보았다. 하지만 민권 운동 진영의 또 다른 이들은 이제까지 실현되지 못한 건국의 이상을 복원해 미국의 국가공동체주의를 되살린다는 개념에 회의적이었다. 미국 공화정이 백인의 공화정으로서 세워졌고 미국 국가공동체주의의 언어가 내재적으로 인종적 위계와 엮여 있다는 주장은 1960년대의 흑인 민족주의 운동으로 이어졌고 이들 중에는 미국 영토 안에 새로운 국가를 만들기를 희망하는 사람들도 있었다.[31]

전후 아시아와 히스패닉 사람들의 이주는 '모든 시민의 국가공동체'라는 개념과 부합할 수 있는 미국 역사가 무엇인가의 질문에 다시 불을 붙였다. 1952년에 통과된 법으로 아시아인 이민 금지가 철폐되었고 아시아인들의 귀화에 대한 제약이 없어졌다. 1965년의 이민 및 국적법Immigration and Nationality Act은 1920년대부터 존재하던 국가별 할당을 폐지했다. 이 법으로 유럽 이외 지역에서 오는 이주가 큰 폭으로 증가했고, 시간이 가면서 미국의 인구 구성이 상당히 달라졌다. 하지만 멕시코 사람들을 받기 위한 초청 노동자 프로그램(많은 계절성 노동자들이 국경을 넘어 미국으로 오도록 촉진했다)을 없애면서 1965년의 법은 미국의 남부와 서부에 '미등록' 이주가 많아지는 결과도 가져왔다. 1980년대에 미국에는 몇 년째 체류 자격 없이 살고 있는 사람이 수백만 명에 달했다. 1986년에 의회는 이미 미국에 들어와 있는 미등록 이주자 다수를 구제하면서 동시에 국경 통제를 강화하는 법을 통과시켰다. 하지만 멕시코에서 오는 미등록 이주는 계속되었고, 부분적으로는 이들의 값싼 노동력을 환영하는 기업가들이 이를 촉진했다. 곧 미국에 스페인어를 사용하는 인구가 크게 증가했다. 1980년대에 언어 이슈는 미국의 역사적 경험을 이해하는 한 방법으로서 다문화주의에 대한 관심을 높였지만, 동시에 정치적으로 매우 분열적인 쟁점이 되기도 했다. 이런 면에서 19세기에 국가 건설을 둘러싸고 유럽 국가들에서 정치적 불안정을 높였던 핵심 이슈인 언어와 국적의 관계에 대한 문제를 이제 미국도 갖게 되었다.[32]

미국에서 인종적·민족적 다양성이 더 높아진 민주정, 모든 시민의 투표권이 연방정부에 의해 보호되는 민주정으로의 전환이 일어난 시기는 베트남 전쟁에서 징집 군인들이 싸우고 있던 시기이기도 했다. 하지만 인종적으로 통합된 군대를 위한 징집제가 새로이 정치적 국가공동체주의를 재생하는 데 기반이 되기는커녕, 되레 인종적·계급적 갈등을 일으켰다. 상당수의 부유한 백인 남성은 [대학생 징집 유예 등으로] 교육 기회를 이용해 징병을 유예했다. 대조적으로 흑인은 인구 비례 수준 이상으로 많이 징집되었고, 인구 비례 수준 이상으로 많이 사망하고 부상을 입었으며, 전쟁 초기에는 더욱 그랬다.

징집은 베트남 전쟁과 함께 종말을 고했다. 유럽에서 자코뱅의 징집제 도입이 국가의 권한을 정당화하는 수단으로 기능하면서 정치적 국가공동체주의로의 결정적인 전환을 상징했다면, 1973년의 징집 종식도 미국 공화정에서 그만큼이나 결정적인 전환이었다. 미국은 조국이 군사적으로 위협에 처했다는 국민적 감수성은 전혀 없는 채로 유라시아에서 벌인 전쟁에 징집 군대를 이용했는데, 일부 시민은 여기에서 선택적으로 보호되었다. 이것의 정치적 여파는 미국 국가공동체 개념의 다른 모든 취약점까지 드러냈다. 하지만 징집을 끝내는 것이 정치적으로 필요했을지는 몰라도, 징집이 없어지면서 이제 국가공동체 의식을 되살릴 수 있는, 역사적으로 효과가 입증된 선택지는 미국에 별로 남지 않게 되었다. 뉴딜 버전 국가 공동체주의의 토대였던 경제 여건도 무너지고 있었기 때문이다.[33]

분기점으로서의 1970년대

1970년대를 거치면서 미국과 서유럽의 민주정 국가들은 깊은 불안정 상태로 다시 떨어졌다. 전쟁이 없었는데도 인플레가 급격히 높아졌고 이는 전례 없는 일이었다. 거의 모든 곳에서 현재의 국가 구조와 헌법 질서로는 정치가 제약되지 않는다는 것이 피부로 느껴지고 있었다. 민주정 국가들은 10년 전보다 훨씬 더 폭력적이고 대치적인 상태였다. 북아일랜드와 스페인 바스크 지역에서는 분리주의 운동이 일어났다. 서독과 이탈리아에서는 좌파 혁명가들이 정치인과 기업가 계급에 맞서 살해도 불사하는 과격한 운동을 벌였다. 어떤 이들은 유대인을 표적으로 삼았다. 네오파시스트 준군사조직들도 준동했다. 미국에서는 이보다 일찍 거리의 시위가 폭력적으로 격화되었다. 이는 1968년 선거로 흘러넘쳤고, 이어서 1970년대에는 국내 테러 집단이 생겨났다.

이러한 불안정을 보면서 어떤 이들은 민주정 국가들이 민주적 과잉에 사로잡혔고 이것이 민주주의를 파괴하게 되리라고 우려했다.[34] 퇴임하기 얼마 전에 서독 총리 빌리 브란트는 서구 민주정 국가들이 시간에 따른 부패의 경로를 이미 거의 끝까지 내려와서 독재의 혼란으로 떨어지기 전까지 20~30년 정도밖에 남아있지 않을지도 모른다고 두려워했다.[35] 민주정 국민국가가 민주적 과잉에, 또 민족주의적 과잉에 너무 빠져서 이 문제를 다룰 역량이 없으리라는 생각은 삼극위원회Trilateral Commission의 보고서 「민주주의의 위기」에서 잘 볼 수 있다. 삼극위원회는 1973년에 북미, 유럽, 일본의 영향력 있는 정재계 인사들이 미래에 대해 고찰하기 위해 만든 포럼인데, 이 보고서에서 미국의 정치학자 새뮤얼 헌팅턴Samuel Huntington은 그가 보기에 당시 거버넌스의 가능성 자체를 위협하면서 곳곳에서 펼쳐지던 위기를 설명하기 위해 "민주주의의 과잉"이라는 용어를 사용했다.[36]

이 보고서의 모든 저자가 민주주의의 퇴락이 인플레와 뗄 수 없이 결부되어 있다고 보았다. 헌팅턴은 인플레를 "민주주의의 경제적 질병"이라고 불렀다. "민주정 정부가 지출을 줄이고 세금을 올리고 가격과 임금을 통제하는 것이 거의 불가능에 가깝다고 해도 과언이 아닐 정도로 어렵기 때문"이라는 것이었다.[37] 1980년대와 1990년대에는 이러한 주장이 통화 정책에 대해 자주 제기되었다. 사실 유럽에서도 마스트리흐트 조약이 설정한 '통화 영역과 경제 영역의 구분'이 유로존 창설의 전체적인 학문적 토대를 구성했는데, 여기에는 통화 정책이 민주적 통제의 영향을 받을 경우 반드시 인플레를 일으키게 된다는 전제가 깔려 있었다.

하지만 1970년대의 혼란과 이후 20년간의 대응 양상을 구성한 것이 인플레로 표출된 민주적 과잉이었다는 설명에는 사실을 왜곡하는 측면이 있다. 경제적으로 보면 1970년대에 민주적 과잉 가설에 부합하는 변화가 있긴 했다. 국민소득에서 임금의 몫이 증가했고 기업 이윤의 몫은 줄었다[제품 가격 인상 압력이 발생해 인플레로 이어질 수 있다].[38] 서유럽에서는 몇몇 노조가 정부가 인플레를 내리누르는 것을 실제로 어렵게 만들었다. 파업이 더 일어날 것을 우려해[1960년대 말과 1970년대에 서유럽 각국에서 격렬한 파업이 일었다] 영국, 프랑스, 이탈리아 모두 이런저런 시기에 그것의 결과가 무엇일지는 생각하지 않고 노동자들의 임금 인상 요구를 받아들였다. 이탈리아에는 에스컬레이터Scala Mobile 제도가 있어서 노동자의 임금이 인플레에 따라 상승하도록 되어 있었다. 노조와 산업 노동자가 많은 북부에서 정치적으로 세가 강했던 공산당이 정부 구성에서 배제되어 있었기 때문에 이탈리아 정부는 산업적·정치적 대치 상태를 촉발하지 않으면서 에스컬레이터 제도를 개혁하는 것이 불가능했다. 미국에서는 노조에 속하지 않은 독립 트럭 운전사들이 휘발유 부족에 저항했는데, 시민 밴드 무선 통신Citizens' Band radio[누구나 특별한 자격 없이 사용할 수 있도록 미국 연방통신위원회가 지정한 단파 무선통신 서비스. 일반 시민이 차량용 무선기 등을 이용해 짧은 거리 내에서 다수의 사람들에게 음성으로 통신할 수 있었다]을 이용해 행동을 조율하면서 노조의 지휘 없이 파업을 일으키고 주간 고속도로와 교량에 바리케이드를 쳤다. 1974년에 이들의 투쟁은 폭력적으로 격화되었고 주간 고속도로는 역사학자 메그 제이콥스의

말을 빌리면 "전쟁터"가 되었다.[39]

하지만 이 시기에 인플레를 일으키고 그다음에 인플레를 지탱시킨 것이 민주정에서 다수주의가 일으키는 동학이었다는 개념에는 문제가 있다. 정부가 인플레를 낮추기 위해 가격과 임금을 통제한다는 개념은 당시 널리 대중의 지지를 얻었고 특히 노동자 계급과 중산층에게서 탄탄한 지지를 얻고 있었다. 리처드 닉슨은 1971년에 임금과 가격을 동결했는데, 이때를 포함한 첫 임기 때 인기가 아주 높았다.[40] 가격이 올라가면 이익이었던 쪽은 거대 기업들이었고 인플레를 지지한 것도 이들이었다. 이는 특히 미국에서 두드러졌다.[41] 영국에서는 마거릿 대처가 이끄는 보수당이 1979년 총선을 넉넉하게 이겼는데, 이는 "불만의 겨울Winter of Discontent"로 불린 잇따른 파업에 피로감과 염증을 느끼게 된, 노동자 계급도 포함한 시민들의 반감에 호소해 얻은 승리였다. 그해 보수당 공약집 서문에 제시된 '정당의 목적'에는 "권력의 균형을 국민에게 유리하도록 복원하기 위해" 인플레를 잡는 것이 최우선으로 명시되어 있었다.[42]

1970년대 말과 1980년대 초에 선거로 구성된 정부들은 인플레에 맞서 싸운다는 명목으로 노조를 제약하는 데 본격적으로 나섰고, 성공했다. 물론 외부적 경제 여건의 변화가 도움이 되었고, 그들이 추진한 몇몇 반反인플레 정책의 즉각적인 성과도 도움을 주었다. 이미 동아시아와의 경쟁에 치이고 해외로 생산이 일부 이전되고 있었던 산업 분야가 타격을 입으면서 실업이 크게 증가했고, 이는 노조가 임금 인상 요구를 밀어붙이기 어렵게 만들었다. 서비스 분야에서 차차 새로운 고용이 생겨났지만, 서비스 분야는 노조 가입 노동자가 더 적었고 노조가 있더라도 한때 광산, 철강, 항구 등 필수 산업 분야에서 노조가 가졌던 교란 역량을 가지고 있지 못했다. [노조를 크게 제약했어도] 대처 정부 같은 소위 '개혁적인' 정부들은 민주정 정치체를 거버넌스가 불가능해지게 만들기는커녕 계속 권력을 유지했다. 삼극위원회는 "민주정 정부에 대한 대중의 요구는 증가하는데 민주정 정부의 역량은 정체된" 상황에서 정치적 불안정이 발생한다고 했지만, 대부분의 서유럽 민주정 국가에서는 파업을 제약하는 법이 그런 정치적 불안정을 전혀 일으키지 않고 통과되었다.[43] 이러한 경제 정책과 경제 여건 하에, 많은 유럽 국가에서 노조 가입률이 감소했고 때로는 급격하게 감소했다. 노조 가입률이 여전히 어느 정도 수준을 유지했던 독일과 스웨덴 같은 곳에서도 전국적인 임금 협상력은 약화되었다.[44]

석유의 영향도 '인플레가 민주주의의 병폐였고 1980년대와 1990년대에 자본 친화적인 정치가 이를 극복했다'는 설명만으로는 불충분한 이유다. 우선, 1970년대 인플레의 중요한 원인이 석유였고 1980년대 초 이후 인플레가 낮아졌을 때도 새로운 공급으로 유가가 하락한 것이 큰 이유였다(4장 참고). 이에 더해, 석유회사들이 다른 산업들이 가격을 더 높게 밀어올리고자 하게 만들었다는 점도 생각해야 한다.

석유 산업이 역사가 오랜 기성 산업이고 종종 귀족적 과잉에 대한 비판이 석유 산업에 제기되기도 했던 미국에서, 석유는 더 일반적으로 미국의 국내 정치에 복잡한 영향을 미쳐왔다. 뉴딜 이후 40년간은 미국에서 석유와 관련한 명시적인 갈등이 비교적 없는 편이었다. 석유생산자들이 여전히 상당한 정치적 영향력을 행사하고 있었고 특히 과세와 관련해서는 더욱 영향력을 발휘하고 있긴 했지만 말이다. 그러다가 미국의 석유 생산이 1970년에 고점을 찍고 내려오기 시작하자 유가가 오르고 처음으로 석유 부족 사태가 벌어졌다. 이때 석유를 둘러싼 갈등이 다시 나타났는데, 건국 초창기의 민중당을 강하게 연상시키는 면이 있었다. 민주당 상원의원 헨리 잭슨Henry Jackson은 '국민'의 대표자로서 국민을 보호하기 위해서라며 석유 업계에 대해 규제 강화를 주장했다. 1972년에 민주당 대선 후보 조지 맥거번George McGovern도 때로는 이와 비슷한 수사법을 써가며 "빅 오일들이 국민을 누르고 이겼다"고 비판했다.[45] 민주당의 어떤 이들은 석유 부족이 음모라고 보았다. 민주당의 위스콘신주 출신 하원의원 리 아스핀Lee Aspin은 "중서부에 소위 '휘발유 부족'이 있다는 것은 그저 거대하고 시끄러운 술책이며 소비자들을 속이고 있는 것일 뿐이라는 데 의심의 여지가 없다"라고 말했다.[46] 하지만 1970년대에 미국의 국내 정치에서 일어난 결정적인 변화 중 하나는 미국이 해외 석유에 의존하게 되었고 텍사스 철도위원회가 유가에 대해 가격 결정력을 잃었다는 점이었다.

아마도 카터가 대선에서 패배한 것은 미국의 유권자와 미국의 석유생산자 모두에게 에너지 위기에 대한 일부의 진실을 이야기했기 때문일 것이다. OPEC의 석유를 수입해와야만 미국 경제가 돌아갈 수 있다는 사실도 포함해서 말이다. 그가 에너지 자립 회복을 목표로 에너지 절약 정책을 주창했을 때, (카터의 에너지 장관에 따르면) 비판자들은 "절약이 아니라 생산을 하는 게 미국다운 방식이라고 주장했다."[47]

바로 이것이 로널드 레이건이 에너지 위기에 대해 취한 접근법이었다. 처음에는 전반적인 공급을 늘리기 위해 단기적으로 고유가를 허용했다. 아이러니하게도, 이 대응은 카터가 국민에게 희생을 요구한 것과 비교되며 유권자의 마음을 샀고 에너지 인플레를 원했던 국내 생산자들의 호응도 얻었다. 중기적으로는, 해외 에너지 의존도를 높임으로써 석유를 국내 정치의 영역에서 지정학의 영역으로 옮겼고 중동에서 미국의 개입을 강화했다. 주목할 만하게, 레이건 행정부가 불법적으로 이란에 무기를 수출하고 그 수익으로 니카라과 반군 콘트라Contra를 지원했다는 사실이 밝혀져 몹시 곤란해졌을 때, 레이건은 이란의 석유와 페르시아만에서의 중요성을 볼 때 이란과의 관계를 개선하는 것이 미국의 "국익"이라는 지정학적 주장을 폈다.[48]

에너지 자립이 줄어든 데 대한 서로 다른 대응은 국가공동체 개념에도 함의가 있었다. 닉슨과 카터는 에너지 문제를 국가 프로젝트로 삼고자 했다. 1973년의 텔레비전 연설에서 닉슨은 "국가nation로서 우리는 이제 새로운 길을 가야 하며 (…) 그 길은 더 이상 우리의 필요를 어떤 외국에도 의존하지 않으면서 충족할 수 있는 역량을 갖추는 것이어야 한다"고 말했다.[49] 그는 이 임무를 두 세기 전 독립 국가가 되고자 했던 미국의 건국 프로젝트에 비견했다. 소위 '병폐' 연설[실제 연설에서 malaise라는 단어를 사용한 것은 아니지만, 당시 국가적 자신감, 활력, 목적의 상실을 병폐malaise로서 진단했다고 해서 이런 별칭이 붙었다]에서 카터는 에너지 위기가 ['자신감의 위기'이고] "국가적 의지의 영혼, 정신, 심장까지 가격"하고 있다며 "삶의 목적에 의구심이 커지고 국가적 목적에 통합성을 잃고 있는 데서 이 위기를 볼 수 있다"고 말했다. 또한 그는 "국민으로서 우리가 늘 가지고 있었던 자신감은 단지 낭만적인 꿈도 아니고 7월 4일에나 읽는 먼지 쌓인 독립선언문의 격언도 아니었다"며 그것은 "우리의 나라nation를 세운 개념이자 우리가 국민people으로서 발전해가는 데 지침을 주는 개념이었다"고 말했다. 그러면서 이제 그 자신감을 미국 국가공동체를 되살리고 에너지 위기를 극복하기 위해 다함께 희생함으로써 복원해야 한다고 주장했다.[50]

하지만 미국처럼 석유생산자와 소비자가 지역으로 나뉘어 있고 이들 사이의 갈등이 제로섬 싸움인 곳에서, 에너지 위기는 미국 사람들을 하나로 통합할 수 없었다. 뉴딜 때는 소비자들의 정치적 분노를 촉발할 만한 유가 상승 없이 석유생산자를 보호할 수 있었다. 1950년대와 1960년대에는 텍사스 철도위원회가 가격이 너무 높아지거나 너무 낮아지지 않게 관리했다. 하지만 1970년대에 미국의 석유 생산이 고점을 치고 떨어지기 시작한 데다 OPEC이 유가에 미치는 영향력이 커지면서 어떤 정치적 균형도 달성이 불가능해졌다. 갈등을 다루기 위해 연방정부는 에너지 배분을 직접 관리했는데, 이는 분파적인 불만을 일으킬 수밖에 없었다. 의회에서 1973년 12월에 통과된 법에 의거해 연방정부 기관들이 휘발유와 난방유의 공급과 유통을 통제했고, 그 외에도 석유 산업이 어떤 산업과 어떤 주에 어떤 목적을 위해 석유를 공급할 수 있는지를 통제했다. 석유생산주州들은 더 많은 석유를 통제된 가격에서가 아니라 시장 가격에서 유통할 수 있기를 원했다. 석유를 생산하지 않는 주들, 특히 겨울이 추운 뉴잉글랜드 주들은 가격이 시장 가격 아래로 통제되고 더 많은 연료가 난방에 배분되기를 원했다. 민주당 내부도 에너지 사안을 두고 지리적 선을 따라 갈라졌고 석유의 환경 파괴 이슈에 따라 다시 갈라졌다. 카터는 소비 감소와 에너지 자립 둘 다를 위해 더 높은 유가를 원했지만, 결국에는 생산자와 소비자 모두에게 외면당했다.[51]

레이건이 1981년에 남아 있던 모든 연방에너지 규제를 없애면서 에너지 분배를 둘러싸고 미국을 내리눌렀던 막대한 압박이 끝나긴 했지만, 석유는 계속해서 분열적인 유산을 남겼다. 즉각적으로는 마침내 유가가 내려오면서 경제가 부분적으로 회복되기 시작한 1984년에 레이건이 재선에서 압승하면서 분열이 가려졌다. 하지만 2000년대에 에너지 자립도, 중동에서의 외교도, 에너지 문제를 해결할 수 없다는 사실이 드러나면서 분파적인 단층선이 새로운 형태로 다시 고개를 들게 된다.

되살아난 귀족적 과잉

1970년대에 들끓었던 그 모든 민주적 과잉의 한편으로, 민주정 국가에서 귀족적 과잉의 위험도 전혀 사라지지 않았다. 전후 국제기구들은 전쟁 전 금본위제와 국제결제은행Bank for International Settlements을 운영하던 중앙은행가들과 금융가들을 훨씬 능가하는 규모로 초국적 엘리트 계급이 생겨날 조건을 만들었다. 브레턴우즈 합의도 상당히 희석되어서, 덱스터 화이트와 케인스가 본래 생각했던 것보다 [국가의 제약에서 벗어나서 활동하는] 국제 금융에 훨씬 더 많은 여지를 허용했다. 유로달러 시장은 정부와 중앙은행들의 통제

밖에서 운영되는 달러 기반 국제 은행업의 성장을 촉진했다. 이러한 시장은 민주정 국가의 정부가 정치 자금 조달과 외교 정책 시행을 의회나 유권자의 감독을 받지 않고 진행할 수 있는 기회를 제공했다. 때로는 해외 금융 시장이 정치인의 개인적 축재에 이용되기도 했고 정치 후원 집단의 네트워크에 속해 있는 자기 사업을 도모하는 데 사적으로 이용되기도 했다. 드골 시절 국영 석유회사로 출발한 프랑스 석유회사 엘프는 유로달러 시장을 이용해 상당한 규모의 민간 은행업을 했는데, 이를 통해 프랑스의 주요 정당에 자금을 대고 해외의 정부와 기업들에 뇌물을 주었다.[52] 독일에서는 적어도 1970년대부터 기독민주연합과 사회민주당 모두 유로달러 시장 등 역외 금융망을 이용해 정치 자금 후원자들에게 세금에 대해 보호막을 쳐주고, 비자금을 분배하고, 정당 자금 법규의 규제를 회피했다.[53]

한편 냉전과 탈식민화가 결합되면서, 선출된 정부를 한쪽으로 하고 군과 정보기관을 다른 한쪽으로 하는 관계가 민주정 국가를 위협했다. 1958년에 드골은 군에서 용인할 수 있는 정부가 아니면 차기 정부의 구성은 불가능하리라는 신호를 명백히 주는 방식으로 사실상의 쿠데타를 통해 집권했다. 그런데 1961년에 알제리 독립에 대한 국민투표가 있고 나서 드골 본인이 쿠데타에 희생될 뻔했다(군인들이 명령에 따르기를 거부하면서 그를 구하지 않았더라면 그때 목숨을 잃었을지 모른다). 이듬해에도 그는 반란을 시도하려는 군 장교들이 조직한 암살 시도를 여러 차례 겪었다. 이탈리아에서는 1970년 12월에 은퇴한 군 장교와 마피아 일원들이 결탁해 쿠데타를 시도했다.

미국에서는 냉전이 (아이젠하워 대통령이 퇴임사에서 쓴 표현을 빌리면) "군산복합체"를 불러왔다. "거대 군사 기관들이 방위산업체와 결합"한 것을 의미하는데, 이는 "잘못 놓인 권력이 위험하게 증가할 가능성"을 불러왔다. 아이젠하워는 (군산복합체라는 용어를 제시한 것만큼 잘 알려져 있지는 않지만) 군산복합체의 배경에 있는 "기술 혁명"이 "공공 정책 자체가 과학기술 엘리

트들에게 포획될 위험"을 일으키고 있다고도 경고했다. 그러면서 아이젠하워는 미국 시민들이 정치적 시간의 문제를 인식해야 한다고 촉구했다. 그가 보기에, 200년 역사의 미국 민주정은 "정치적·정신적 유산"을 남겼지만 그 유산이 "현재 우리가 편리함과 용이함을 위해 귀중한 내일의 자원을 펑펑 써 없애면서 위험에 처해" 있었다.[54] 또한 냉전은 "미국의 제왕적 대통령제"라고 불리는 것도 촉발했다. 해리 트루먼부터 리처드 닉슨까지, 미국의 대통령들은 미국의 군사력 사용에 대한 결정들을 의회의 관여를 최소화하면서 내렸다. 헌법에 따르면 전쟁 선포 권한은 의회가 가지고 있는 데도 말이다. 린든 존슨은 통킹만Gulf of Tonkin 사건에 대한 의심스러운 보고서 이후 의회에서 통과된 결의안을 토대로 베트남에 미군을 보내기로 일방적인 결정을 내릴 수 있었다[의회의 통킹만 결의는 공식적으로 대통령에게 미국 무력 사용 결정을 위임한다는, 사실상 전쟁 개시 의사결정을 백지위임하는 내용이었다]. 닉슨은 아예 의회에 알리지도 않고 캄보디아와 라오스에서 2년 동안 전쟁을 했다. 그러는 동안, 여러 대통령이 계속해서 CIA를 사용해 해외에 개입했고 여기에는 준군사적인 작전도 있었다. 이런 면에서, 1945년 이후 미국의 지정학적 권력 중 상당 부분은 진정한 국가의 군대에 있는 시민으로부터도, 시민의 대표자로부터도 동떨어져 있었다.[55]

유럽을 보면, 1957년에 설립된 EEC는 민주적 기반이 약했다. 프랑스와 이탈리아 모두 전후에 자국 헌법 또는 국가 형태에 대해서는 국민투표를 실시했지만, EEC를 설립할 때는 각국 의회에서 투표한 것 이상으로는 민주적 정당성을 확보하는 절차가 없었다. 스스로를 유럽 연방주의자라고 생각하면서 범유럽적 정치 네트워크를 구성해 EEC를 연맹체에 점점 더 가깝게 만들고자 했던 사람들은 조약을 통해 EEC에 초국가적인 법적 권한을 확실하게 부여하는 것이 개별 국가의 민주적 권한에 맞설 수 있는 길이라고 종종 생각했다.[56] 중부 유럽의 정치적 상상 속에 계속 살아있는 합스부르크 제국의 메아리를 여기에서 볼 수 있다.⁵⁷ 오스트리아 태생인 프리드리히 하이에크를 비롯해 몇몇 우파 학자들이 유럽 연방을 지지한 이유는 [국가의] 민주정을 희생시켜서 국제적 자유주의를 달성할 수 있다고 믿었기 때문이었다. 하이에크는 초국가적인 경제 연맹체에서 특정 국가의 국민이라는 개념을 모두 없애면 복지 국가 체제의 '큰 정부'를 구성하는 것이 정치적으로 불가능해질 것이고, 각국이 보호주의적 무역 정책을 펴기도 훨씬 더 어려워질 것이며, 전반적으로 덜 개입적인 국가가 되리라고 생각했다.⁵⁸ 프랑스에서는 초국가적인 권한을 갖는 범유럽 차원의 제도에 정당들의 지지가 비교적 낮았지만, 그렇더라도 프랑스 당국자들 역시 이 의제를 추진했고 궁극적으로 성공했다.⁵⁹

    설립 이후 실제 작동에서 EEC가 더 민주적으로 달라지지도 않았다. EEC의 기관 중 어느 것도 구성원이 직접적으로 선출되어 꾸려지지 않았다. 선출되지 않은 집행위원회가 법안을 발의할 권한을 배타적으로 가지고 있었다. 1960년에 직접 선거로 유럽의회를 구성하기 위한 드후스 안Dehousse Plan이 나왔지만 부결되었고, 회원국이 자국의 국민투표를 통해 EEC의 의사 결정에 대한 정당성을 동시적으로 인준하게 하자는 드골의 대안도 부결되었다.⁶⁰ 유럽사법재판소는 1963년과 1964년에 두 개의 판결에서 EEC가 각국 정부와 각국 시민에게 의무를 부과할 법적 권한을 가지며 이는 EEC의 설립 조약에서 직접적으로 나오는 결과이고 유럽공동체의 법이 국가의 법보다 우선한다고 밝혔다. 이후에 만들어진 유럽 공동 시장은 여러 경제 영역에서 국가 정부의 개입을 불법화하는 법적 질서를 만들었다.⁶¹ 하지만 종국에 EEC는 꽤 힘 없는 초국가적 실체로 귀결되었다. 사실 EEC를 만든 국가들 입장에서 EEC가 갖는 호소력 중 하나는 에너지 영역도 포함해 경제 영역에서 국가의 행동 역량을 강화해주었다는 점이었다.⁶² [개별 국가의 경제력이나 외교력만으로 대응하기 어려운, 또한 국내적으로 추진하기 어려운 무역, 에너지, 산업 등 굵직한 경제 정책을 '공동 대응' 방식으로 추진해, 내부적으로 정책 집행을 강화하고 외부적으로 협상력과 시장 규모의 힘을 강화할 수 있었다.] 각 국가 시민들의 민주적 불만에 반응할 수 있는 초국가 차원의 경로를 만들지는 않은 채로 EEC의 행정 권력을 국가의 의회에서 표현되는 민주적 요구로부터 보호했기 때문에, EEC의 설립은 회원국들에서 민주주의를 희석했다.

* * *

이러한 배경에서 1980년대 중반 노동계의 협상력이 결정적으로 약해졌을 때 개별 국가의 미래를 위협한 것이 민주적 과잉이 아니라 귀족적 과잉이었다는 사실은 놀랄 일이 아니다. 경제적으로 보면, 그렇지 않을 수가 없었을 것이다. '개방된 국제 자본 이동'으로 돌아가는 것이 민주정 국가의 귀족 정치적 특성을 중대하게 증폭하지 않을 가능성은 거의 없기 때문이다.

물론 [꼭 귀족적 과잉만 가져온 것이 아니라] 국제 자본 시장에서 돈을 빌리는 쪽으로 돌아간 것은 [국내에서] 다수파 선거 연합을 구성하는 데도 여러 이점이 있었다. 가령, 실업이 높아지던 상황에서 조세를 크게 올리지 않고도 복지 제도를 유지할 수 있었다. 또한 자본 시장에서 빌린 돈으로 고유가를 감당하고 무역 적자를 유지해 국내 소비 수요의 증가도 지탱할 수 있었다.[63] 하지만 세계 기축통화라는 지위 덕분에 가치가 보호될 수 있는 화폐를 가진 미국을 제외하고 대다수 국가에서는 재정 적자와 무역 적자가 커지면서 거시경제적 의사결정이 외환 시장의 자비에 더 많이 휘둘리게 되었다. 통화가 심하게 하방 압력을 받을 때 정부가 통화를 안정시킬 수 있는 길은 성장과 고용을 억제하거나 공공 지출을 제한하는 것뿐이었다. 물론, 그럼에도 몇몇 정부(특히 이탈리아)는 상당한 재정 적자를 상당히 오래 폈고 전체적으로 유럽에서 복지 제도가 철회되지도 않았다.[64] 하지만 미테랑 대통령이

1983년 3월에 통렬하게 알게 되었듯이, ERM하에서 유럽 국가들은 대외 금융 시장에 인플레를 억제할 능력이 있다는 신뢰를 보여줄 수 있어야 했다. 사실 4장에서 보았듯이, 환율을 안정적으로 유지하고 그와 함께 금리를 부채 관리와 경제 성장이 가능할 만큼 낮게 유지하려면, 정치적으로 실현가능한 한에서 물가 안정 목적에도 그에 못지 않게 많은 정책 수단을 써야 했다.

한편, (계속해서 성장하는 유로달러 시장을 통한 흐름도 포함해서) 개방된 국제 자금 흐름은 1980년대 이후 부자들과 국제적으로 활동하는 기업들에 과세하는 것이 더 어려워지게 만들었다. 레이건 행정부부터 시작해서 1980년대에 많은 정부가 세율과 공제 제도를 바꾸었다. 전체적으로 꼭 시민들이나 자국 내의 기업들로부터 세금을 덜 걷는다는 말은 아니었다. 소득세와 법인세에 대해 말하자면, 세율은 낮아졌고 공제는 다소 더 엄격해지는 식으로 조세의 부담 구조가 달라졌다. 또한 조세 제도의 변화가 다 국제 금융 여건의 영향을 받아 추동된 것도 아니었다. 저세율 구간[상대적으로 소득이 낮은 사람들]에서 소득세를 낮추면 선거 승리에 도움이 되었고 일단 세금이 한 번 낮아지면 다시 올리는 것은 선거에서 매우 큰 부담이 될 터였다. 하지만 1980년대부터 정부들은 후한 법인세로 해외에서 다국적 기업의 투자를 끌어오기 위해 맹렬히 경쟁했다.[65] 규모가 큰 국가 중에서는 법인세를 룩셈부르크 수준으로 낮추고 싶어하는 곳이 거의 없었지만, 작은 나라들이 법인세를 크게 낮추면서 큰 나라들도 국내 정치만 고려했을 경우에 낮추었을 수준보다 세금을 더 낮춰야 할 압력을 받았다.[66] 국제적인 법인세 인하 경쟁은 국내적으로 막대한 타격을 가져왔다. 종종 고소득 구간에서 소득세율와 법인세율 간에 큰 격차가 생겼고, 소득을 기업의 배당 형태로 올리는 사람들에게 과세할 수 있는 정부의 역량이 잠식되었다.[67]

이러한 국제 금융 환경에서, 중간층과 고소득층 중 세금이 원천징수되는 사람에게 과세하는 것이 극도로 부유한 사람이나 (자본 소득 형태의 소득을 늘리거나 해외로 돈을 옮기는 등으로) 소득을 여러 형태로 재구성할 수 있는 사람에게 과세하는 것보다 훨씬 더 쉬웠다. 스위스 역사학자 제이콥 버크하르트Jacob Burkhardt가 3세기 로마 제국을 묘사하며 사용한 표현을 빌리면, "과세에서 면제되는 귀족들"이 생겨났다.[68] 과세와 관련한 정치적 균형의 변화는 곧 구조적으로 뿌리를 내렸다. 역외 조세피난처가 번성한 것이다.[69] 역외 조세피난처가 종종 유로달러 시스템과 관련된 역외 은행업과 밀접하게 엮여 있었기 때문에, 조세피난처를 없애려는 정부들은 설령 정부들 간에 협력을 한다 해도 그런 개혁이 국제 달러 신용 환경을 상당히 교란하게 될 상황을 각오해야만 했다.[70] 그 결과, 국내 대중정치에서 비용이 있더라도 세수의 상실을 받아들이는 것이 가장 저항이 적은 경로가 되었고, 역외 은행 시스템이 몇몇 정치인들에게 명백한 정치적 이득을 줄 때는 더더욱 그랬다.

유로달러 시스템이 조세 정책에 미친 영향을 차치하더라도, 1970년대 이후 금융 분야의 성장 역시 귀족적 과잉을 가속화했다. 경제가 더 금융 중심적으로 전환되면서 금융 자산을 가진 사람들의 정치적 영향력이 커졌고 조직화한 노동자들의 임금 협상력은 줄어들었다. 고소득이 최상층에 집중되었고, 금융 분야에서는 매우 높은 수익을 창출하는 완전히 새로운 금융 자산군이 생겨났다.[71] 이는 국제 금융중심지인 나라들에서 부와 소득의 불평등에 막대한 영향을 미쳤다. 특히 미국에서는 상위 1퍼센트가 전체 소득 중 차지하는 비중이 1970년대부터 2000년대 중반까지 급격하게 증가했고 상위 0.1퍼센트의 소득은 더 큰 폭으로 증가했다.[72] 이러한 고액 자산가들은 자신의 자산이 보호되도록 정치적으로 확실하게 보장하려 했다. 1970년대 이후로 선거에 나서려면 막대한 자금을 조달해야 하게 된 정치인들은 금융 분야에서 오는 정치 후원금이 필수불가결해졌다. 그와 동시에, 거대 금융 기업들이 워싱턴에서 상시적으로 행사하는 로비의 영향력도 커졌다.[73]

하지만 귀족적 과잉을 강화하는 이 모든 위험한 변화 속에서도 중도 좌파와 중도 우파 정당 모두에서 유럽의 정치인들이 1970년대와 1980년대에 얻은 핵심 교훈은, 거시경제에 영속적인 위험을 가져오는 것은 뭐니뭐니 해도 민주적 과잉이 표출된 형태로서의 인플레라는 점이었다. 많은 정부가 이 위험을 다루려면 통화 정책이 민주정 정치의 장에 들어오지 말아야 하고 중앙은행이 독립성을 가져야 한다고 결론 내렸다. 서독과 (더 복잡한 형태로) 미국은 이미 중앙은행이 독립적으로 기능하고 있었다. 또 EU에서는 중앙은행의 독립성이 통화연맹 가입의 전제 조건이었다. 부채가 늘어서 부채 관리를 위한 정치적 전략과 수단이 필요하던 시기에, 인플레는 '민주정 정치의 장에서 숙의와 경합이 벌어지는 사안'이라고 여겨지기보다 민주정을 위협하는 민주적 과잉을 막는다는 명목하에 법적으로 무조건 없애야 하는 대상이 되었다. 인플레에 대한 이러한 개념은 거의 도덕적인 뉘앙스를 갖는 경제 원칙의 자리에 등극했다.

1970년대 이후 더 국제화되고 금융화된 경제의 여러 영향이 함께 작용하면서 경제적 국가공동체주의를 끝장냈다. '경제적 운명을 공유하는 국가 단위의 정치체라는 것이 존재하며 그 경제적 운명에 대해 국가 정부가 책임을 진다'는 개념이 그것을 지탱해주는 외부 환경이 사라지면서 무너진 것이다. 사람들 사이의 이익은 너무나 맹렬하고 명백하게 분열되었다. 인플레는 소비자들 사이에, 세대 사이에, 노조가 없는 노동자와 적어도 처음에는 파업과 산별 협상을 통해 임금을 보호할 수 있었던 노조 소속 노동자 사이에 존재하던 분열을 강렬하게 심화시켰다.[74] 서독을 포함해 여러 유럽 국가에서 전국 단위의 단협을 가능하게 했던 국가조합주의는 붕괴했고, 개방적인 자본 흐름과 점점 더 국제화되는 생산 환경에서 그것의 복원은 불가능했다.[75] 높은 실업, 제조업 쇠퇴, 금융 분야의 성장은 이제까지 대체로 "국가경제"였던 것을 그 안에서 지역적으로도 강하게 분열시켰다. 미국에서는 인플레와 지역적 분열이 함께 왔다. 노조가 없는 남부의 제조업 경제는 1980년대 초에 강달러와 고금리 정책을 중서부의 러스트 벨트보다 상대적으로 더 잘 버틸 수 있었다.

예측 가능하게도 부채가 경제적 국가공동체주의의 붕괴에 결정적인 역할을 했다. 정부들이 국제 자본 시장에서 돈을 빌려 지출을 충당하는 쪽으로 돌아가자 저축자이자 납세자인 시민들을 통해 국가의 자금을 조달하고 채권자-채무자간 갈등이 일으키는 위험을 제어하던 기제가 없어지고 말았다.[76] 민주정 국가들은 정부 지출에 필요한 자금을 조달하는 데 국제 금융 시장에 더 의존했고 자국 시민의 저축과 세금에는 덜 의존했다. 하지만 그런 다음에 재정 적자를 유지하는 이자 부담은 세금으로 시민들에게 떨어졌다. 정작 이 시민들이 저축에 대해 받는 이득은 없이 말이다. 동시에, 국가가 국제 금융시장에 의존하면서 과세 가능한 시민의 범위와 과세 가능한 세율의 정도가 제약되었다.[77]

국가 부채 외에 민간 부채도 급증했고 이 역시 국내에서 새로운 채권자-채무자 갈등에 불을 땠다[채무자들이 한층 더 불리해졌다]. 특히 1980년대 초중반 유가가 급락하면서 부채의 실질가치를 줄여줄 인플레 압력이 모든 곳에서 줄었을 때(다른 나라들은 1982~1983년 경, 영국은 조금 늦게) 더욱 그랬다.[78] [소비 수준을 유지할 수 있게 해줌으로써] 임금 정체를 이러한 가계 부채의 증가가 가려주고 있었는데, 그 가계 부채의 상당 비중은 금리가 높은 신용카드 대출이었고 그 신용카드 대출은 1970년대 이후 규제 완화로 대출에 대해 규제와 제약이 적어진 은행들이 맹렬히 촉진한 것이었다.[79]

귀족적 과잉, 그리고 경제적 국가공동체 개념의 붕괴를 가져온 중층적 압력은 대체로 동일한 현상의 두 측면이었다. 혹자는 이 문제에 대해 '국가의 자본 통제를 통해 보호되는 국가 경제'라는 개념에 맞서는 것이 국가의 민주적 속성을 더 잘 지키는 길이라고 주장했을지도 모른다[즉, 위의 두 가지가 같은 현상이 아니라고 주장했을지도 모른다]. 가령, 민주 국가의 장기적 안정성이 비교적 높은 수준의 물질적 후생에 의존한다고 인정한다면, 국가적 지향을 가진 경제는 국내에서 소수 생산자의 이익에 전체의 이득을 종속시키고 권력을 가진 사람이 자본을 분파적 목적으로 더 쉽게 배분할 수 있는 시스템으로 보일 수도 있었을 것이다. 하지만 이 주장은 경제적 국가공동체주의를 오로지 경제 문제로만 취급하는 주장이다. 현실에서 이제까지 국가 경제는 귀족적 과잉에 맞서 민주정을 지키는 성채 역할을 했고 국가의 시민이라는 의식을 형성하는 데 위험이 적고 효율적인 수단을 제공했다. 경제 여건이 달라져 더 이상 경제적 국가공동체 개념이 지탱될 수 없게 되었다 해도, 정치적으로 그것의 자리를 대체할 수 있는 모종의 국가공동체 개념이 필요했다. 더 큰 불안정을 가져올 또 다른 종류의 국가공동체 개념에 문을 열게 되는 것은 피하면서 말이다.

* * *

1980년대에 어떤 이들은 이 문제[경제적 국가공동체 개념이 무너진 자리에, 파괴적인 종류의 공동체 개념이 들어오는 것을 막으면서, 새로운 공동체 개념을 일궈야 하는 과제]에 EC가 부분적으로 해답이 되어주리라고 생각했다. 유럽의 민주정 국가들이 국가 안에서 세력간 균형을 다시 잡고 공동체 의식을 새로이 만들 수 없다면, 이론적으로는 유럽 수준에서 민주적 권위를 갖는[사람들이 직접적으로 승인한 권위를 갖는] 정치체를 새로이 수립하는 것이 해답이 될 수 있을 터였다.

명백히 1973년에 EC의 확대는 국가의 절차를 통해 EC의 민주적 정당성을 강화해줄 수 있으리라는 기대를 높였다. 프랑스는 영국, 덴마크, 아일랜드, 노르웨이의 가입에 대한 국제 조약을 인준하기 위해 국민의 의견을 묻는 국민투표를 했다. 그리고 이 네 나라 중 세 나라가 자국의 가입을 국민투표로 확정했다. 노르웨이 유권자들은 국민투표에서 가입에 반대함으로써 EC에 대한 민주적 동의가 따놓은 당상이 아님을 보여주었다. 1980년대에도 덴마크와 아일랜드는 창설 회원국인 6개 국가보다 EU의 구조 변화에 더 조심스러운 접근을 취하기로 하고 EC에서 합의된 단일유럽법Single Enropean Act에 대해 국민의 의사를 묻는 국민투표를 진행했다. 1973년에 덴마크의 일부로서 EC에 들어온 그린란드는 1979년에 자치권을 획득했고 1982년에 국민투표를 통해 EU에서 탈퇴했다.

위의 사례와 대조적으로, 영국의 가입은 민주적 권위의 토대가 기본적으로 여전히 각 국가인 상황에서 EC의 구조를 [국민들의 의사를 직접 묻는 방식으로] 민주정에 더 가깝게 가져가려 할 때 얼마나 큰 어려움을 불러 오게 되는지를 보여준 사례였다. 에드워드 히스Edward Heath가 이끄는 보수당은 1970년 총선 때 공약에서 EC 가입 협상을 하겠다고 천명했다. 노동당과 자유당도 협상을 시작하겠다고 공약에서 밝혔기 때문에, EC 가입에 반대하는 사람들은 총선을 통해서는 불만을 표출할 통로가 없었다. 다른 국가들과 EC 가입 조약을 협상하고 나서 히스는 의원들을 강하게 독려해 하원에서 EC 가입 법안을 밀어붙였다.[80] 하지만 1974년 2월 총선에서 노동당이 EC 가입에 대해 재협상을 하고 이후 국민투표로 추인도 받겠다는 공약을 내놓았을 때, EC 가입 문제를 국민이 직접 결정하게 할 때 민주정 정치에서 불거질 수 있는 갈등이 드러났다. EC 가입을 찬성하는 사람들은 국민투표가 선동적이고 루이 나폴레옹 같은 독재자들이 활용하는 수단이 될 것이며 영국의 경우에는 헌법에 위배되기까지 한다고 주장했다.[81] 이중 앞 주장은 덴마크, 아일랜드, 노르웨이에서 벌어진 일을 무시하는 주장이었고, 뒤 주장은 영국 헌정 체제에서 의회가 원하는 대로 입법을 할 수 있게 허용되지만 EC법이 국가의 법보다 우선하게 할 것이냐의 문제를 민주적 동의를 구하는 방식으로 다루기에는 국민투표가 헌정 체제와 가장 일관성 있게 부합하는 절차라는 사실을 애써 부인하는 주장이었다[영국에서 의회 주권은 항상 대중 주권과 공존했다].[82] 이 문제가 국내 민주정 정치의 문제로서 어떻게 해소되어야 할지(의회를 통해야 할지, 국민투표를 통해야 할지)에 거의 합의가 없었다는 사실은 더 초국가적인 실체가 될 향후의 EC가 (패자의 동의 문제도 포함해) 동의와 합의에 대해 새로운 문제들을 일으키게 되리라는 점을 예고하고 있었다.

EC 내부에서도, 1986년에 합의된 단일유럽법이 정한대로 1992년까지 촉박하게 단일시장을 구성하려 하면서 '민주적 권위[사람들이 직접적인 의사 표시 절차를 통해 승인한 권위]에 기반한 정치체의 구성'을 유럽 수준에서 복제할 수 있는 기회가 줄어들었다. 단일시장은 '국가 노동시장'을 사실상 없앴고 그나마 남아 있던 국가조합주의를 약화했는데, 그러면서 그것을 대신할 유럽 수준의 노사 협상 구조를 만들지는 않았다.[83] 단일시장은 EC 안의 어디에서든지 재화, 서비스, 노동을 판매할 권리와 자본을 어디로든지 이동시킬 자유만 강화했을 뿐, 시민들이 단일 규제가 적용될 지역이 될 곳에 대해 책임을 질 대표자들을 집합적으로 선택할 수 있는 권리나 시민들이 EC에 세금을 내야 할 의무를 만들지는 않았다. 사실 단일시장은 국가 단위의 민주정에서 발생하는 귀족적 과잉에 맞서 균형을 제공하기는커녕 거의 전적으로 기업 대표자들이 지배하는 초국적 로비 공간을 만들었다. 그리고 그곳에서 지배적인 정치 담론은 기술관료적인 것이었다.[84] 이는 또한 각 회원국 내부에서 시민들 사이에 중대한 계급 분열의 토대를 만들었다. 단일시장이 법적으로 부여해준 경제적 권리로부터 직접적으로 이득을 보는 사람들은 대개 부유한 소수였다. 적어도 부분적으로 이들의 이해관계는 그 권리를 엉망으로 만들지 모를 민주정 국가 내에서의 정치적 경합보다 EC 수준의 정치에서 더 잘 충족될 수 있었다.[85]

이에 더해 통화연맹은 EC에서 귀족정의 특성을 한층 더 강화했다. 통화 정책이 정치적 경합의 대상이 되는 민주적 정치의 장에 유럽중앙은행을 복속시키는 데 독일이 동의할 리 없었다. 사실, 독일식 통화 접근의 유럽판 버전이라 할 수 있는 EC의 통화연맹은 독일 분데스방크에 그래도 조금은 남아 있는 민주적 통제의 요소마저 제거했다. 적어도 분데스방크는 독일이라는 국민국가와의 관련하에 존재하지만 유럽중앙은행의 권한은 어떤 국가로부터도 별개로 존재할 테니 말이다. 유럽중앙은행은 국가 단위로부터는 독립적인 대신 그것의 구성법인 조약이 규정한 책무에 구속되는데, 그 책무는 유럽 국가들의 동맹체 회의에서 합의되었고 정당성은 각 국가의 절차에 따라 사후적으로 추인되었다. 국가가 유럽중앙은행을 설립하는 조약을 비준하는 순간, 이제 그 국가의 선출된 대표자들은 유럽중앙은행이 통화 정책을 결정할 권한을 갖는다는 결정을 자국의 민주적 압력에 반응해 번복할 수 없었다. 번복을 하려면 통화연맹을 탈퇴해야 했다.[86]

* * *

경제적 국가공동체주의가 해체되면서 1980년대 말 시점에 민주정 국가에는 과거의 역사적 경험에서 얻게 된 특정한 버전의 '국민' 개념만 남아 있었고, 이주민과의 관계, 그리고 미국의 경우에는 노예제의 지속적인 영향 등으로 인해 그 국민 개념에 수반되었던 문제도 그대로 남아 있었다. 패자의 동의는 여전히 꽤 잘 작동했으며 선거가 종종 결정적인 결과를 실제로 산출했다는 점이 여기에 일조했다. 미국에서도 패자의 동의는 상당 부분 잘 작동했고, 서유럽의 다문화-다정치체 국가 세 곳(영국, 스페인, 벨기에)에서도 민족주의가 세를 키우고 있긴 했지만 1980년대에 기존의 연합을 해체할 정도는 아니었다. 1980년대가 끝났을 무렵 귀족적 과잉이 얼마나 되돌릴 수 없는 지경까지 온 것으로 보였든 간에 시민 대다수의 생활 수준은 여전히 올라가고 있었고 20여 년 뒤에 존재할, 세금은 거의 안 내면서 우리 일상의 모든 구석에 침투하게 될 거대 기업들은 아직 존재하지 않았다.

　그럼에도, 국가공동체주의는 실질적 존재로서든 위험의 소지로서든 서구 민주정 국가들에서 사라지지 않았다. 남아 있는 국가공동체주의는 대체로 공동의 과거에 대한 '상상된 이야기'였다. 거의 모든 곳에서, 그리고 특히 미국에서, 이러한 역사적 서사는 많은 시민에게 울림이 있었다. 너무 오래된 이야기이고 제국주의와 인종주의가 포함되어 있다는 문제가 있어서 국가적 통합을 가져오기에는 부족하다고 비판하는 사람도 있었지만 말이다. 어떤 이들은 국민국가를 중심으로 형성된 정체성 대신 유럽 단위 정치체를 중심으로 한 정체성으로 재구성하고 싶어 했다. 하지만 EC는 국가가 행동하듯이 행동할 수 없었다. 단적인 예로, 과세 권한과 채권 발행 권한이 없었고, EC가 가지고 있는 권한에 대해 소속 국가들이 민주적 절차로 정당성을 확인하는 과정은 국가 내부에서 극렬한 정치적 쟁투에 불을 지필 수 있었다. 이러한 갈등은 민주정 국가들에 근본적이고 장기적인 문제를 남겼다. 국가공동체 개념 중 아직 그나마 남아 있는 부분에 간신히 의존하고 있는 상태에서 이주의 증가 등을 매개로 국가공동체 개념의 정당성에 대한 갈등이 경제 영역에 직접적으로 다시 흘러넘치면서 21세기에 서구 민주정 국가들은 한층 더 격동을 겪게 된다.

| 9장 | 개혁은 어디로 가고 있는가

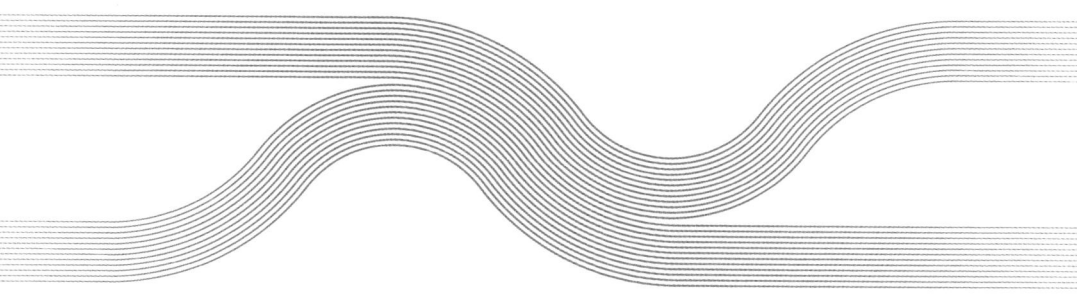

2015년 미국의 정치적 상태를 두고 전 대통령 지미 카터는 한때는 미국이 정치 시스템 덕분에 "위대한 나라"였지만 "이제는 그저 과두 귀족정"이 되어 "무제한의 정치적 뇌물"과 함께 움직이고 있다고 한탄했다.¹ 어느 면에서, 그 이듬해 대선은 미국 공화정이 정말로 과두 귀족정이 되었는지에 대한 질문을 둘러싸고 치러졌다고 해도 과언이 아니다. 처음에는 이 대선이 각 정당에서 원래의 선두 주자였던 힐러리 클린턴과 젭 부시Jeb Bush 사이에 일종의 '왕조 전쟁' 형태를 띨 것으로 예상되었다. 그런데 양당 모두에서 예기치 못했던 반란자 후보가 도전장을 내밀었다. 두 기성 후보 중에서 클린턴만 당내 경선에서 반反기성파 도전자를 누르고 승리했다. 민주당에서 클린턴에 맞서 도전자로 나선 사람은 버니 샌더스였고 그는 미국의 민주주의를 되살리자는 촉구를 핵심 메시지로 들고 나왔다. 2014년에 한 연설에서 샌더스는 "우리가 직면한 커다란 정치적 투쟁은 미국이 민주주의 유산을 유지할 수 있을 것인가, 아니면 실질적인 정치 권력이 평범한 미국인이 아니라 소수의 억만장자 손에 쥐어져 있는 과두 귀족정의 형태를 향해 갈 것인가"라고 말한 바 있었다.² 2015년 5월 출마 연설에서도 대법원이 [2010년 '시민 연합 대 연방 선거위원회' 사건의 판결에서] 기업 등 조직들이 지출할 수 있는

선거 자금에 금액 제한을 없앰으로써 "미국 정치 시스템을 완전히 부패하게 만들었고" 미국의 민주정이 "과두 귀족정"이 되었다고 비판했다.³ 경선 후보로 나서면서 샌더스는 기업 후원금을 받는 일반적인 방법을 모두 피했고 시민들 개개인의 소액 기부에만 의존했다. 한편, 공화당에서는 당내 도전자로 나선 사람이 트럼프였고, 그는 스스로를 과두 귀족 계급에 대한 내부 고발자로 자리매김하면서 등장했다. 트럼프는 막대한 자금을 정치인들에게 후원해온 사람으로서, 본인이 과두 귀족 계급의 일원이었다. 공화당 당내 경선 TV토론에서 그는 이렇게 말했다.

이 전에, 두 달 전만 해도, 나는 기업인이었습니다. 나는 모두에게 줍니다. 그들이 전화하면 나는 줍니다. 그리고, 그거 아세요? 내가 그들로부터 무언가가 필요하면, 2년 뒤에든 3년 뒤에든 말이에요, 나는 그들에게 전화를 합니다. 그들은 나를 위해서 기다리고 있지요.⁴

과두 귀족정 이슈에 못지 않게, 2016년 선거는 미국의 국가공동체 개념과 시민 개념을 둘러싼 오랜 갈등 또한 극적으로 드러냈다. 샌더스는 미등록 이주, 그리고 기업들이 사실상 이를 촉진하는 것을 계급 문제의 틀로 이야기했다. "이 나라에서 우파 사람들이 정말 좋아할 듯한 정책은 국경을 개방하는 것이다. 온갖 종류의 사람들이 들어와서 시간당 2달러나 3달러에 일하게 하면 그들에게 매우 좋은 일일 테니 말이다. 나는 그것이 좋은 일이라고 생각하지 않는다. 나는 이 나라에서 임금을 올려야 한다고 생각한다."⁵ 이번에도 트럼프는 (기만적이게도) 스스로를 '불편한 진실을 폭로하는 사람'으로 자리매김하면서 또 다른 공화당 경선 토론에서 이렇게 말했다. "나는 H-1B[외국인 단기 취업 비자]를 아주 잘 안다. 솔직히 말해서 나도 그걸 사용해 보았는데, 사실 그런 걸 사용하는 건 허용되지 말았어야 한다. 그것을 그대로 두어서는 안 된다. 노동자들에게 매우 나쁜 것이다."[6] [H-1B는 합법 취업 비자이고 고급 인력 유입을 목적으로 하고 있어서 미등록 이주자 이슈는 아니다. 트럼프는 불법 이주자에 대해서는 강경한 추방 정책을, 합법 비자에 대해서는, 때로는 일관되지는 않았지만, 남용 방지를 이야기하며 둘 다 미국 노동자 보호라는 틀로 이야기했다.] 하지만 샌더스와 달리 트럼프가 이주자 유입에 맹렬히 반대한 것은 계급 문제를 훨씬 넘어서 있었다. 미등록 이주자에 대한 트럼프의 잦은 공격은 미국의 정체성이 다문화적·다인종적이라는 어떤 개념에도 반대하는 토착주의적 공격과 함께 이루어졌다. 또한 트럼프는 멕시코와의 국경에 장벽을 세우겠다고 공약함으로써, 수백만 명의 미국 시민에게 그들의 권리와 정체성을 차단해버리는 잔혹한 장벽을 미국의 국가공동체 개념 안에 세웠다.

유럽에서도 사람들이 다양한 이유로 국가 경계를 넘어 새로운 곳에서 새 삶을 추구하는 것이 2010년대 내내 선거에서 격동을 일으키는 쟁점으로 떠올랐다.[7] 독일에서는 2015년 난민 위기 및 이주 위기에 대한 메르켈의 대응이 반反유럽 정당인 독일을위한대안AfD을 처음으로 선거에서 비중 있는 세력으로 등장시켰고, 이는 독일에서 주요 정당들의 연정 구성을 더 어렵게 만들었다. 이탈리아에서는 마테오 살비니가 이끄는 정당 레가Lega가 EU의 국경 순찰 부담이 이탈리아에 과도하게 떨어진다는 점을 이슈로 활용해 "이탈리아 사람을 위한 이탈리아"라는 구호를 들고 나왔다. 영국에서는 조약에 의해 법적으로 보장된 'EU 내에서의 이동의 자유'가 2016년 브렉시트 국민투표에서 EU 탈퇴 결정이 나오는 결과로 이어졌다.[8]

하지만 EU의 단일시장과 공동 국경 정책은 유럽에서 펼쳐지는 이주민 이슈의 정치적 동학이 미국에서와 다른 양상을 보이게 만들었다. 브렉시트의 경우에는, 영국이 EU의 다른 나라들로부터 들어오는 이주를 제약할 권한이 없다는 사실이 마스트리흐트 조약이 체결된 이래 내내 억눌려 있었던 질문을 결국 폭발시킨 것이었다고 볼 수 있었다. '영국 유권자들이 영국 국가를 더 폭넓은 유럽의 정치적·법적 질서하에, 즉 EU 내에서의 자유로운 이주와 같은 사안에 대해 국가에서의 민주적 의사결정이 영향력을 상실하게 되는 질서하에 종속시키는 데 동의하는가'라는 질문 말이다. 그렇다면, 브렉시트 국민투표의 결과는 마스트리흐트 조약의 내재적인 문제에서 나오는 또 다른 질문에 대해서도 답을 한 셈이었다. 마스트리흐트 조약이 체결된 이래로 EU 회원국의 시민들은 그들에게 경제적 권리를 부여해주는 EU의 시민이긴 했지만, EU가 EU 차원에서 부여하는 그 경제적 권리를 각 회원국의 국민들 및 그들의 대표자들로부터의 동의 없이 보장할 수 있는가라는 질문이 있었다. 그리고 브렉시트 국민투표 결과는 이 질문에 대해서도 '아니'라는 답을 내놓은 셈이었다.

코로나19 위기가 닥쳤을 때 유로존은 "EU의 권한과 그에 대한 민주적 통제 사이의 불일치' 문제에 또 다른 형태로 맞닥뜨렸다. 단일통화를 사용하는 국가들은 통화 주권이 없었다. 통화 정책이 국가 정부가 재정에 대해 의사결정을 할 수 있는 여지에 압도적으로 영향을 미치는 세계에서, 국가가 자금 시장에서 돈을 빌릴 수 있느냐 아니냐를 결정하는 주체가 초국가 단위인 유럽중앙은행이기 때문이다. 코로나 위기가 시작되고 3개월이 지났을 때 독일 헌재는 유럽중앙은행의 첫 번째 양적완화 프로그램이 독일 기본법상 합헌인지에 대해 판결을 내렸다. 이 사건의 쟁점은 '유럽 단위의 연맹체가 가진 권한'과 '그것의 합당성에 대한 국가 단위에서의 판단' 간의 정치적 갈등을 핵심으로 파고드는 문제였다. 독일 헌재는 유럽중앙은행이 자신의 권한 범위를 넘어서 행동했다고 판결하면서, 독일 사람들의 주권은 EU로 이양될 수 없으며 "독일 시민에게 전반적으로 재정 부담을 주게 될 모든 결정은 분데스탁[독일 의회]에서 내려야 한다"고 판시했다.[9]

독일 헌재가 민주적 권위는 국민 국가에만 존재한다는 주장을 처음으로 진지하게 제시한 것은 마스트리흐트 조약에 대한 판결 때였다. 하지만 그때 통화연맹의 구성을 원칙적으로 막지는 않았다. [당시 헌재는 마스트리흐트 조약이 독일 기본법에 어긋나지 않으며 독일이 유럽연합과 통화연맹의 회원국이 되는 것은 원칙적으로 허용된다고 밝혔다. 다만 독일 국민의 민주적 자결권과 독일 의회의 통제권이 실질적으로 보장되어야 하며, 통합 수준이 지나치게 높아져 국가 민주주의가 실질적으로 훼손된다면 참여를 재고해야 한다는 조건을 달았다. 몇 년 뒤 통화연맹은 독일이 원하는 소규모가 아닌 대규모 통화연맹으로 출범했다.] 그리고 [전에는 독일 헌재의 판결 취지와는 다른 결과가 나오는 데까지 몇 년이 걸렸다면] 2020년에 헌재의 또 다른 판결이 나왔을 때는 독일 정치인들이 [헌재의 판결 취지에 따르지 않는 방향으로] 유로의 미래에 대해 이제껏보다 훨씬 더 의식적으로 전략적 판단을 할 수밖에 없도록 만드는 즉각적인 파장을 일으켰다. 6장에서 보았듯이 그 결과 EU집행위가 EU의 자격으로 부채를 직접 발행할 수 있는 새로운 권한을 갖게 되었고, 이는 '복수의 통화가 존재하는 단일시장'인 EU가 가진 내재적 긴장을 한층 더 압박했다[주로는 유로존 국가들을 위한 부채 발행을 비유로존 국가들까지 포함하는 EU 차원에서 진행하게 되었기 때문이다].

[같은 코로나19 팬데믹이 닥쳤어도] 2020년 봄과 여름에 미국에서 전개된 상황은 이와 전혀 달랐다. 1945년 이후 대략 1980년대까지는 미국의 이야기와 서구 유럽 국가들의 이야기가 비슷하다고 볼 수 있었지만, 1990년대에 둘은 크게 분기하기 시작한다. 한 가지 이유는 미국에서 두드러지게 벌어진 인종과 시민권의 정치였고, 또 한 가지 이유는 마스트리흐트 조약이 체결되면서 EU가 미국 맥락에는 존재하지 않는 일군의 민주정치적 어려움을 갖게 되었다는 점이었다. 지난 10년간 세계에서 벌어진 민주정 정치의 교란 이야기(패자의 동의에 대한 교란도 포함해서)를 하자면 미국과 유럽 모두 빼놓을 수 없지만, 유럽에서 벌어진 일과 미국에서 벌어진 일은 동일하지 않으며 별도로 이야기되어야 한다.

마스트리흐트와 통화연맹

마스트리흐트 조약은 '그리 공동통화라고는 할 수 없는 단일통화'로 가는 경로를 열었다. 그리고 이는 지난 30년간 유럽 민주정 국가들의 국내 정치에서 벌어진 일들의 상당 부분을 촉발했다. 마스트리흐트가 장기적으로 일으키게 될 여러 문제의 전조로서, 일단 마스트리흐트 조약의 정당성을 각국에서 승인받는 것부터가 굉장히 어려웠다. 4장에서 보았듯이 1992~1993년의 ERM 위기로, 아일랜드, 덴마크, 프랑스에서는 통화 위기라는 배경 하에서 마스트리흐트 비준을 국민투표에 부쳐야 했다. 덴마크 국민투표에서는 '반대'가 나왔고, 이에 덴마크 정부는 몇몇 조항에 대해 "선택적거부권"을 협상하기 시작했다. 이중에는 통화연맹에 대한 선택적거부권도 있었다[두 번째 국민투표에서는 비준 '찬성' 결과가 나왔다]. 프랑스에서는 근소하게 '찬성'이 나왔지만 파리에서 찬성표가 상당히 많이 나온 덕분이었다. 실질적으로 보면, 마스트리흐트 조약은 통화연합이 몇몇 참여국에서 옛 정당 정치 체계를 공동화시키게 되는 과정의 시발점이었다고 말할 수 있는데, 그것을 가장 대표적으로 보여준 나라가 사실 프랑스였다.

통화 통합은 프랑스의 프로젝트로 시작되었고 마스트리흐트에서 프랑스의 실패로 귀결되었다. 통화 통합은 국내의 민주적 정치 과정에서 결정되는 '경제 정책'과 국내 정치적 고려로부터 독립적인 '통화 정책' 사이를 개념적으로 엄격하게 분리하는 데 기반을 두고 있었다. 그런데 프랑스 정치인 중 이 구분을 받아들이는 사람은 거의 없었다. 미테랑의 오랜 장관 중 한 명이었던 장피에르 슈벤망Jean-Pierre Chevenement은 비준 반대 운동을 벌이면서 통화 통합이 "공화국의 해체"를 의미한다고 주장했다.[10] 핵심 중도 우파 정당이던 (당시 이름으로) 공화국연합Rassemblement pour la République은 국민투표 기간 중에 분열되었다. 훗날 대통령이 되는 자크 시라크는 비준을 지지했지만 이 정당의 또 다른 주요 인사인 필리프 세귄Philippe Seguin은 통화연맹이 드골의 프랑스 국가공동체 비전에 대한 배신이라며 중도 우파 유권자 대다수를 비준 반대 진영으로 이끌었다.[11]

비준이 된 다음에도, 1995년 대선 결선 투표에서 프랑스의 단일통화 합류에 깊이 회의적인 두 후보가 맞붙었다(시라크와 사회당의 리오넬 조스팽 Lionel Jospin). 시라크는 당선되고 첫 몇 달 동안 비준을 되돌려 합류를 하지 않는 것을 진지하게 고려했는데, 프랑화가 받는 압력과 서독 총리 헬무트 콜의 맹렬한 촉구로 마음을 바꾸었다.[12] 이후 시라크가 유로존에 들어가기 위해 [수렴 기준에 따라] 프랑스 예산 적자를 3퍼센트 아래로 유지하려 했을 때, 대대적인 총파업이 벌어졌다. 1997년에 시라크가 조기 총선을 소집해 연금 개혁에 대한 의석을 확보하려 했을 때는 사회당 및 사회당의 연합 세력이 승리해 다수 의석을 가져갔다. 조스팽은 예전보다도 통화 통합에 심지어 열의가 더 없는 상태로 총리가 되었고 프랑스가 '안정 및 성장 협약'이 정한 재정 준칙을 받아들일 수 없다고 주장했다. 하지만 이번에도 프랑화에 대한 압력 때문에 프랑스 총리와 대통령은 독일이 선호하는 안에 양보할 수밖에 없었다.

프랑스의 주요 양당 모두가 통화 통합에 대한 회의적 입장을 실행으로 옮길 수 없었으므로 둘 다 지지도가 떨어졌다. 1990년대 말이면 극우 성향 정당인 국민전선Front National이 사람들이 유로존에 반대할 수 있는 유일한 통로가 되어 갔다. 하지만 유권자들 사이에서도, 정치인들 사이에서도 [단일 통화에 대한] 불만은 국민전선 지지자들의 범위를 넘어 훨씬 광범위하게 퍼져 있었다.[13] 2002년 대선에서 처음으로 사회당 후보(이번에도 조스팽)가 결선에 올라가지 못했고, 반면에 국민전선 후보 장마리 르펜Jean-Marie Le Pen은 올라갔다. 조스팽은 그보다 더 좌파 쪽에서 후보가 많이 나오는 바람에 패배했다. 이들 중에는 유로존에 반대하는 장피에르 슈벤망도 있었는데 그는 조스팽과 르펜 사이의 차이보다 큰, 상당한 득표를 했다.[14] [그의 표가 조스팽으

로 갔으면 조스팽이 결선에 올라갈 수도 있었다.]

　　독일에서는 마스트리흐트 조약의 정당성을 추인하는 것이 매우 다른 문제였다. 독일의 경우, 이 조약의 비준이 민주정치적 경합의 이슈가 아니라 사법적 판단의 이슈였다. 독일 헌재는 마스트리흐트 조약이 독일 기본법에 합치된다고 인정하면서도, 그 조약에서 정하고 있지 않은 주권을 추가적으로 이양할 경우에는 합당성이 없으며 통화연맹과 관련해 조약에 추가적인 변화가 있을 시에는 독일 기본법과 합치되는 한에서만 가능할 것이라고 판시했다. 독일 헌재에 따르면, 어떤 사안에 대해서도 EU의 권한은 "독일의 법이 정하는 독일의 지침에 의거해서만 독일 주권이 미치는 관할 영역에서 구속력 있는 효력"을 가질 수 있었다.[15] 또한 독일 헌재는 EU에 대해 국가의 민주적 절차를 통한 제약이 필요하다고 언급했다. 헌재는 판결에서, "회원국들은" 조약으로 정해지는 EU의 법적 구조를 허용할 때 "자국민들이 정치적 의지 형성의 과정을 통해 스스로의 뜻을 구체화하고 발달시킬 수 있는 그들 자신의 행동의 영역을 충분히 가져야 한다"며 그러한 정치적 의지 형성의 과정은 "국민들에 의해 정당성이 부여되고 통제되어서, 영적·사회적·정치적으로 국민들을 (어느 정도 동질적으로) 함께 묶어주는 무언가에 법적인 표현을 제공할 수 있어야 한다"고 언급했다. 헌재는 따라서 "유럽 차원의 연맹체가 갖는 기능과 권한을 확장하는 문제에 대해서는 회원국 국가의 민주적 원칙을 통해 설정된 (…) 제한들"이 존재한다고 판시했다.[16] 독일 헌재가 독일 헌법과의 합치성이 EU의 법적 구조에 영구적인 요소가 되어야 한다고 주장하는 모험을 한 것은 이번이 처음이 아니었다. 하지만 이 결정은 더 장기적인 영향을 남겼는데, EU에 어떤 개혁이라도 필요할 경우 EU 개혁의 내용과 속도 모두가 독일 헌법에 의거해 심각하게 제약될 수 있다는 의미였기 때문이다.

　　국가간 협상에서 마스트리흐트 조약에 합의했을 때 독일 정부는 이탈리아가 유로존에 들어오는 것이 고려되지 못하도록 할 방어막을 쳤다. 그것이 '수렴 기준'인데, 이탈리아에서 이 자격 조건은 당장 국내 정치에 즉각적인 위기를 가져왔다. 그리고 역설적으로 이에 대한 해법이 이탈리아가 유로존에 들어갈 수 있는 길을 열었다. 마스트리흐트 조약이 합의되고 몇 개월 지나지 않아서, 기독민주당과 사회당을 겨냥해 사법부가 대대적인 부정부패 수사에 나서면서 이탈리아 제1공화국이 붕괴했다. 제1공화국 붕괴의 구조적인 원인 중 하나는 냉전 종식이었다. 이탈리아 공산당이 세력을 잃으면서, 다른 정당들이 자신의 부패를 덮고 정당화하던 배경 맥락이 사라졌기 때문이다.[17] 하지만 이탈리아가 통화연맹에서 제외될지 모른다는 전망도 제1공화국 붕괴에 중요한 역할을 했다. 정치 자금 네트워크에 정부가 채권 시장에서 빌리는 돈이 들어가고 있었으므로[정부가 공공 부채로 재원을 조달해 진행하는 프로젝트의 계약 사업 배정 등과 관련한 부정 부패 연결고리로 정당 정치인들에게 돈이 들어가는 식으로], 제1공화국의 정치적 동학은 이탈리아가 유로존에 들어가는 것과 대대적으로 불합치했다. 마스트리흐트 협상 때 이탈리아 재무장관이었던 귀도 카를리Guido Carli는 훗날 이렇게 회상했다. "이탈리아의 정치 계급은, 이 조약에 동의함으로써 자신이 손상 없이 존재하는 것이 불가능한 막대한 변화를 받아들였다는 사실을 깨닫지 못하고 있었다."[18]

    이탈리아의 마스트리흐트 조약 협상팀을 이끈 기술관료들은 내각의 지침을 거의 받지 않았고, 그들은 사실상 유로존에 들어가는 것을 제1공화국을 유지하는 것보다 우선시하는 선택을 내렸다.[19] 협상팀을 이끈 선임 관료는 당시 이탈리아 재무부 고위 관료였던 마리오 드라기였고, 이탈리아 중앙은행 총재였던 카를로 아첼리오 참피Carlo Azeglio Ciampi도 중요한 역할을 했다. 드라기와 참피 입장에서, 유로존에 들어가기 위해 맞추어야 할 자격 조건은 외부적으로 부과된 재정적 요구에 따라 제1공화국의 정치인들을 이탈리아를 개혁할 수 있는 통화 전문가 기술관료들로 대체할 수 있는 수단이

되어주었다.[20]

이탈리아 제1공화국은 1993년 4월에 종말을 고했다. 불법으로 조달된 자금에 대해 [일정 시점까지 자진 신고할 경우] 처벌을 면제해 사실상 합법화하려는 사회당 총리의 칙령을 대통령이 거부하면서, 기독민주당과 사회당의 오랜 연합 체제가 붕괴한 것이다. 대통령은 참피에게 기술관료 중심으로 내각을 구성하도록 요청했다. 이것은 2011년에 조르지오 나폴리타노가 실비오 베를루스코니를 실각시켰을 때처럼 대통령이 내각을 중지시키고 재구성하는 패턴의 시작이었다. 참피의 내각 다음에는 전직 이탈리아 중앙은행 총재 출신 람베르토 디니Lamberto Dini가 이끄는 또 다른 기술관료 내각으로 이어졌다. 1996년 선거에서 로마노 프로디Romano Prodi가 이끄는 중도파와 좌파의 '올리브 연정'이 집권했지만, 프로디는 재무장관으로 기술관료인 참피를 지명했다. 이에 따라 제2공화국에서 행정부의 의사결정이 유권자에 대한 정치적 고려로부터 비교적 제약을 덜 받으면서 이루어질 수 있었고, 이탈리아는 예산 적자를 수렴 기준이 요구하는 수준에 근접할 정도로 줄일 수 있었다.

1990년대에는 '유로존에서 정당성을 얻는 기술관료 내각'으로의 경향이 딱히 정치적으로 불안정을 일으키지는 않았다. 유권자 대다수는 이탈리아가 유로존에 들어가기를 원했고 그렇게 하기 위해 희생할 의향이 있었다. 프로디 정부는 [유로존 가입을 위한 재정 건전성 회복을 위해] 개인 소득에 과세한 한시적 목적세의 이름을 "유럽을 위한 세금Tassa per l'Europa"이라고 부르며 국민적 동의를 구했다. 이탈리아가 유로존에 들어갈 자격을 갖출 수 있게 한, 정부의 기술관료적 전환은 레가 노르드(레가의 전신)의 분리주의적 도전을 줄이면서 오히려 국내 정치를 안정시키는 기능을 했다. 움베르토 보시Umberto Bossi가 이끈 레가 노르드는 이탈리아가 유로존에 들어가지 못할 경우 이탈리아 북부인 "생산자들의 나라"가 분리 독립해야 한다고 주장했다.[21] [레가 노르드는 이탈리아가 유로존에서 배제될 경우, 유럽 수준의 경쟁력과 생산성을 갖춘 이탈리아 북부가 남부를 버리고 분리 독립하자고 주장했다. 따라서 이탈리아가 유로존 진입 자격을 갖추지 못하면 북부 분리 독립론이 더 힘을 얻으리라고 예상되었으므로, 프로디 정부가 유로존 합류를 추진한 것은 정치적 불안정을 완화하는 효과가 있었다. 하지만 2010년대에 마테오 살비니 체제에서 레가는 강경한 유럽회의주의 정당이 된다.]

그럼에도, 통화연맹 가입 조건으로 국내 정치에 요구되었던 점들은 영향을 남겼다. 대규모 재정 긴축으로 이탈리아 경제가 취약해졌다. 1997년에 이탈리아의 실업률은 11퍼센트가 넘었고 경제 성장은 미미했다. 북부 분리주의의 위험을 피했나 했더니 불만은 다른 쪽에서, 즉 지속적으로 고실업을 겪고 있던 남부 지역에서 일어났다. 게다가 '안정 및 성장 협약' 때문에 이탈리아 정부들은 남부 지역을 위해 지역적으로 개입할 수 있는 경제 정책 수단이 많지 않았다.[22] 유로존에 들어가면 제2공화국은 제1공화국에서 넘겨 받은 부채를 관리하기가 훨씬 더 용이해질 터였다. 하지만 유로존 가입을 위한 노력은 불가피하게 국내 정치적인 여지, 특히 중도 우파 정당의 여지를 제약했다. 제2공화국 출범 이후 1990년대의 나머지 기간 동안에는 베를루스코니가 이끈 중도 우파 정당이 내각에서 거의 역할을 하지 못했지만(베를루스코니 내각은 1994~1995년에 7개월간 짧게 집권했고, 그 이후 중도 우파 정당은 내각에 참여하지 못하고 야당에 머물렀다), 정치적 영향력이 소진된 것은 전혀 아니었다. 베를루스코니는 유로존에 가입하려는 의지가 줄여 말해도 일관성이 없었고 '안정 및 성장 협약'을 지키려는 의지는 전혀 없다시피 했다. 특히 그가 개인적으로 제1공화국의 자금 후원 네트워크에 깊이 관여되어 있었기 때문에 더욱 그랬다. 그리고 2001년에 그가 다시 총리가 되었을 때는 유로존 가입이 이탈리아 경제에 준 이득[저비용으로 부채 관리 등]이 사라지는 중이었고, 이제 그는 통화연맹을 맹비난하기 시작했다. 2005년에

는 "프로디의 유로가 모두를 망쳤다"고 주장하기까지 했다.[23]

프랑스 국민투표에서의 '반대'

냉전 종식 이후에 더 확대된 EU는 냉전 시기의 EC 때와 동일한 제도 및 운영 원리를 따를 수 없었다. 2004년의 10개 신규 회원국 가입을 추진하면서, EU는 의사결정 마비를 방지하기 위해 EU 의회의 투표에서 각 회원국이 비토를 놓을 수 있었던 기존의 만장일치 제도를 가중다수결 제도로 수정해야 했다. 이 문제를 해결하기 위한 첫 시도는 2001년 니스 조약Nice Treaty이었다. 하지만 니스 조약에 대해 아일랜드에서 정당성 문제가 불거졌고 아일랜드 국민투표에서 과반이 비준에 반대했다. 또한 이 조약은 어쨌거나 빠르게 신뢰를 잃었다.[24] 니스 조약은 원칙적으로 EU 의회에서 각국이 인구 비례로 가중치를 부여한 투표권을 갖게 했는데, 독일이 어느 나라보다도 인구가 많은 데도 불구하고 프랑스의 자크 시라크가 프랑스-독일 간에 균형이 유지되어야 한다고 주장했고 관철에 성공했다. 그리고 인구가 독일의 절반밖에 안 되는 스페인에도, 그리고 EU 가입 후에 폴란드에도, 독일과 거의 같은 투표권을 줌으로써 의결에서 과반이 쉽게 나올 수 없는 구조가 되었다.[25] 돌파구를 찾기 위해, 니스 조약이 합의되고 1년이 안 되어서, 그리고 아일랜드에서 니스 조약에 대한 두 번째 국민투표가 있기 전에, 벨기에의 라켄에서 열린 EU이사회(정상들이 참여한다)는 EU를 "시민들에게 더 가까이 갈 수 있게 할" 새 조약을 향후 추진하겠다고 밝혔다.[26]

이렇게 해서 나온 것이 2004년에 합의된 헌법조약Constitutional Treaty인데, 마스트리흐트 때와 달리 이 조약은 각국 모두의 비준을 받아 발효하는 데 실패한다. 그리고 여기에서 드러난 'EU 조약의 정당성 확보 위기'는 이후 내내 EU 내에서 발생하는 교란의 원천이 된다.[27] 영국에서는, 명시적으로 '헌법조약'이라는 이름을 가진 이 EU 조약안이 EC에 가입해도 영국의 헌법과 관련되는 사안은 없을 것이라고 했던 1972년과 1975년의 주장을 대놓고 부정한 셈이었다. 몇 개월 동안 영국 총리 토니 블레어는 국민투표 요구에 저항하다가 2004년 4월에 결국 한발 물러섰다. 국민투표를 하기로 한 블레어의 결정은, 전에는 국가간에 합의된 유럽 조약에 대해 국민투표를 해본 적이 없는 나라들과 몇몇 새 회원국들까지 포함해서 다른 나라들에서도 국민투표 요구가 빗발치게 하는 도화선이 되었다.

블레어의 결정은 특히 프랑스 정부에 큰 문제였다. 프랑스의 시라크 대통령에게는 국민투표라는 선택지를 거부하는 것이 늘 정치적으로 큰 부담이었다. 오랫동안 영향력을 발하고 있는 드골주의자의 입장은 '프랑스에서 헌법상의 변화는 국민투표로만 가능하다'는 것이었고, 이것은 드골이 제5공화국을 구상했을 때 핵심이었다. 실제로 드골은 그 취지를 지켜 1969년 국민투표에서 신임을 받지 못했을 때 권력에서 물러났다. 영국에서 블레어가 국민투표 실시와 관련해 [원치 않는] 유턴을 하기 전까지, 시라크는 조약 비준 '반대' 결과가 나올 것을 우려해 국민투표를 되도록이면 하지 않으려 했다.[28]

하지만 결국에는 2005년에 국민투표를 하게 되었는데, 정말로 프랑스 유권자들은 조약의 비준을 거부했다. 며칠 뒤에 네덜란드에서 열린 국민투표에서도 마찬가지였다. 프랑스와 네덜란드 모두에서, 동유럽 국가들을 받아들이면서 EU가 확대된 것과 튀르키예가 EU에 가입할지 모른다는 전망이 반대표가 많이 나오는 데 큰 영향을 미쳤다.[29] 하지만 EU가 국가의 경제 정책이 국가의 민주정치적 과정을 통해 결정되지 못하게 만들지도 모른다는 우려가 사람들 사이에서 높아진 것 또한 국민투표 결과에 큰 영향을 미쳤다. 마스트리흐트 조약 국민투표를 둘러싸고 드골주의자들이 분열되었던 것과 상당히 비슷하게, 헌법조약 국민투표를 둘러싸고 프랑스 사회당 지지자들도 갈라졌다.³⁰ 투표일이 되었을 때 사회당 지지자의 절반 이상이 조약에 반대표를 던졌다. 네덜란드에서는 네덜란드 노동당 지지자의 절반 이상이 반대표를 던졌다. 중도파-좌파 선거 연합 지지자들 중에서 반대표를 던진 사람은 거의 모두 노동자 계급이었다.³¹

프랑스 국민투표에서 '반대'가 나오면서 헌법조약은 백척간두에 처했다. 하지만 EU의 의사결정 구조를 니스에서 합의된 투표 규칙대로 그냥 둘 수는 없었다. 그래서 EU 회원국들은 헌법조약을 리스본 조약Lisbon Treaty으로 재포장했고 국민투표를 되도록 피하도록 서로서로 독려했다. 헌법조약 초안을 논의하는 회의를 이끌었던 프랑스 전 대통령 지스카르 데스탱은 사석에서 이 전략을 가감 없이 이렇게 표현했다. "국민의 여론은 정치인들이 직접적으로 유권자들에게 내세울 엄두를 못내는 정책들을 자기도 모르게 받아들이도록 유도될 것이다. [거부되었던] 이전의 모든 제안이 새로운 문서에 담겨 있을 텐데, 이런저런 방식으로 숨어 있거나 가려져 있을 것이다."³² 아일랜드는 아일랜드 헌법이 부과하는 규정 때문에 국민투표를 해야 했는데 부결이 나왔고, 두 번째 국민투표가 열리기 전에 [이번에는 통과되도록] 다른 나라들이 한두 가지 양보를 했다.

* * *

리스본 조약에 대한 각 국가에서의 정당성 추인 문제를 둘러싸고 더 장기적인 단층선이 가장 두드러지게 펼쳐진 곳은 독일, 프랑스, 영국이었다. 독일에서는 마스트리흐트 조약에 대한 헌재의 판결이 긴 그림자를 드리우고 있었다. 2008년 6월에 리스본 조약 비준안이 의회를 통과했지만, 헌재의 요청에 따라 대통령은 헌재가 이 조약의 합헌성을 판단할 때까지 서명을 보류했다. 이 조약의 합헌성에 대한 헌법 소원은 좌파당Die Linke을 포함한 일군의 반대 세력이 제기한 것이었다. 1년 뒤에 헌재의 판결이 나왔는데, 독일 헌법에 대한 보호 수준을 마스트리흐트 판결 때보다 한층 더 높이는 내용이었다. 즉각적인 쟁점인 리스본 조약에 대해서는, 비준된 방식이 독일 의회의 권리를 침해했다고 판시했다[독일 의회의 EU 정책 관여권을 충분히 보장하지 않아 동반법의 재개정 및 추가 표결이 필요하다고 보았다]. 또한 헌재는 EU를 "국제법에 기초해 동일한 규칙을 적용하는 국가들의 연합"인 현재의 정치적 실체에서 일종의 연방 국가 형태로 바꾸려는 모든 시도는 독일의 헌법 개정이 필요하다며,[33] 그러한 헌법 개정이 없다면 "독일에서 민주적 규칙의 시스템"이 훼손될 것이라고 언급했다. 헌재는, 따라서 국가의 의회가 "삶의 경제적·문화적·사회적 환경"에 대해 숙의할 수 있는 충분한 '공간'을 가져야 하며 그러한 숙의에는 '문화·역사·언어에 대해 이제까지 이해되었던 바에 특히 의존하는 정치적 결정들'도 포함"된다고 주장했다.[34] EU와 관련해서는, EU가 회원국의 '헌법적 정체성'을 위배하는 정책 기능을 법적으로 주장할 수 없다고 판단했다.[35] 리스본 조약은 분데스탁과 분데스랏이 추가로 표결을 실시함으로써 헌재의 요구 조건을 충족해 비준될 수 있었다[헌재 요구에 따라 EU 사안에 대한 독일 의회의 결정권을 강화하는 동반법이 제정되었고, 분데스탁과 분데스랏이 이를 추가 표결로 승인했다]. 하지만 비준이 완료되고 한 달 뒤에 그리스의 유로존 위기가 시작되었고, 곧 독일 정부는 유로존을 구하기 위해 유럽중앙은행이 법적으로 가진 기능과 권한을 훨씬 넘어서는 조치를 하도록 암묵적으로 허용할 것인가를 결정해야 할 기로에 서게 된다.

프랑스와 영국에서도 리스본 조약은 정부에 비슷한 문제를 일으켰다. 하지만 비준을 둘러싼 결정의 여파는 매우 다른 결과로 전개되었다. 프랑스 정치인들에게는 2005년 국민투표에서 부결이 나온 뒤에 어떻게 해야 할지를 정하는 문제가 매우 긴급했다. EU 차원에서 새 조약에 대한 어떤 논의도 시작되기 전에, 당장 프랑스에서는 2007년에 대선이 있었고 결선 투표에 오른 두 후보는 어떻게 할 것인지 입장을 밝혀야 했다. 중도 우파 후보 니콜라스 사르코지는 헌법조약 중 논란이 없는 부분들로만 내용을 다시 구성하고 국민투표는 하지 않는 '미니' 조약을 제안했다. 사회당 후보 세골렌 루아얄Ségolène Royal은 유럽중앙은행의 개혁도 포함하는 종합적인 새 조약을 만들고 이것을 국민투표에 부치자고 제안했다.

사르코지가 결선 투표에서 승리했다. 하지만 그 이후에 리스본에서 나온 조약은 프랑스 유권자들이 전에 부결시켰던 조약과 매우 비슷한 조약이었다. 국민투표를 한다면 반대가 나올 게 틀림없다고 생각한 사르코지는 국민투표를 피하기로 했다. 그는 "국민투표는 이제 유럽을 위험으로 몰고 갈 것"이라며 "프랑스에서 국민투표를 하고 그다음에 영국에서도 국민투표를 한다면 조약은 존재할 수 없게 될 것"이라고 말했다.[36] 의회에서 조약이 비준되었고 이는 프랑스 사회당에 막대한 부담을 안겼다. 세골렌 루아얄이 선거 때 공약했던 바와 달리, 사회당 의원 대다수는 의회에서 이 조약에 찬성표를 던졌다. EU 입법을 둘러싸고 프랑스의 주요 정당 하나가 쪼개졌다. 이번에 반기를 든 기수는 조스팽 시절 장관이었던 장뤽 멜랑숑Jean-Luc Mélenchon이었다. 그는 사회당을 탈당해 좌파당Parti de Gauche을 창당했고, 2017년 대선 1차 투표 때 다시 좌파당을 탈당해 불복하는프랑스La France Insoumise 후보로 나서서 사회당 후보보다 13퍼센트포인트를 더 득표했다.

종합적으로 1992년과 2005년에 프랑스에서 열린 두 번의 국민투표와 2008년의 열리지 않은 국민투표는 프랑스의 주요 정당에 막대한 피해를 입혔다. 이로써 프랑스 정치인들은 향후 조약의 또 다른 변경을 극구 꺼리게 되었다. 실제로 대통령이 되고서 유럽에 대해 처음으로 한 주요 연설에서 에마뉘엘 마크롱은 이 동학을 다음과 같이 표현했다. "한때는 우리가 사람들의 팔을 비틀어서 '조심해, [자꾸 이러면] 우리는 더 이상 제안도 안 할 거고 네 의견도 안 물을 거야'라고 말했다면 이제 다른 많은 나라들처럼 우리는 무언가 금기시된 일, 무언가 끔찍하게 두려운 일이 벌어질까 봐 제안을 아예 만들기조차 두려워하는 빙하기로 들어섰다"며 그 끔찍하게 두렵고 금기시된 일은 "바로 조약의 변경"이라고 말이다.³⁷ 마크롱이 사회당을 나와 독자적으로 대선에 나서기로 모험을 하고 결국 승리할 수 있었던 요인이 EU 조약의 개혁 과정에서 프랑스의 기성 정당들이 너무나 많이 훼손된 덕분이었다는 점은[즉 조약을 국민에게 묻는 과정이 결국 그에게 정치적인 이득이 되었다는 점은] 아이러니하다.

* * *

영국의 노동당 총리 고든 브라운Gordon Brown에게도 리스본 조약은 정치적으로 큰 부담이었다. 국민투표에 부치면 반대가 나올 것이 거의 확실했다. 이 현실에 직면해서 브라운은 헌법조약에 대해 국민투표를 하겠다고 했던 노동당의 2005년 공약을 파기했다. 프랑스에서처럼, '리스본 조약은 이전 조약[헌법조약]과 아주 다르다'는 (사실과 다른) 주장으로 얼버무리면서 말이다.³⁸

영국과 프랑스의 차이는, 야당이 동의의 문제에 어떻게 접근하는지에 있었다. 영국 보수당은 조약 자체와 의회의 비준 둘 다에 반대했다. 캐머런의 보수당은 향후 보수당이 집권할 때까지 비준이 완전하게 완료되지 않은 상태이면[즉 모든 회원국이 다 비준해서 조약의 효력이 발생한 상황이 아니면] 바로 국민투표를 진행하겠다는 "무쇠처럼 확고한" 약속을 하면서, 국민투표가 이루어지게 되면 보수당은 조약 반대 운동을 펼 것이라고 말했다.³⁹ 그 결과, 사르코지의 한 전직 EU 자문의 표현을 빌리면, 리스본 조약의 운명은 "아일랜드의 두 번째 국민투표와 고든 브라운 내각의 죽음의 고통(임기 막바지의 정치적 위기) 사이의 경주"가 되었다.⁴⁰ [즉 아일랜드의 두 번째 국민투표에서 부결

가능성에 처하든지 고든 브라운 내각이 다음 총선에 패배해 새 정당이 국민투표를 해서 부결 가능성에 처하든지의 시간 싸움이 되었다.]

이후 영국 의회에서 리스본 조약이 비준되기는 했는데[보수당은 당론으로 반대했지만 노동당과 여타 정당들의 표로 과반을 넘길 수 있었다], 영국 국내 정치에서 동의의 문제를 잠재우기에는 충분하지 않았다. 보수당이 자신들이 정권을 잡았을 때 모든 국가에서 비준이 되어 조약이 발효되었다 하더라도 이 조약이 "영국에서 민주적 정당성을 가지지 않기" 때문에 "이 문제를 그대로 묵과하지 않을 것"이라고도 공언했기 때문이다.[41] 2010년 총선에서 보수당은 EU 조약들에 대해 국민투표를 의무화하는 법을 만들고 EU의 몇몇 권한을 영국 국가로 다시 가져오기 위해 협상하겠다는 공약을 내걸었다. 이 총선에서 보수당이 집권했고, 그 공약의 맥락에서 의회는 2011년에 EU로 권한을 추가적으로 이양하는 어떤 조약도 국민투표에 부쳐야 한다고 정한 법을 통과시켰다. 전 EU집행위원장 융커가 훗날 말한 것처럼 "유럽의 조약에 맞설 수 있는 국내 정치적 선택은 있을 수 없다"는 주장이 있었다면, 영국의 새로운 법은 그와 반대로 유럽의 모든 새로운 조약은 반드시 국가의 의회(일시적이고 계속 달라지기 마련인 정치의 장)에서 과반의 승인을 받아야만 한다고 말한 셈이었다.[42] [융커의 발언은, 그리스의 국가 채무 위기 때 그리스가 유럽중앙은행이 구제금융에 대한 조건으로 내건 개혁을 국민투표에 부치려고 하자 유럽 조약으로 정해진 것을 회원국의 정치적 절차가 무력화할 수 없다는 취지로 한 말이다.]

그런데 영국의 2011년 EU법도 영국에서 민주적 동의의 문제를 해결하기에 불충분했다. 데이비드 캐머런의 연정이 실제로 EU로부터 권한을 다시 가져올 수 있으려면 [그것을 EU와 협상할 판이 마련되어야 할 터였고 따라서] 모종의 새로운 EU 조약을 만들기 위한 협상이 있어야 했다. 새로운 EU 조약이 만들어져야 할 때 영국이 그 조약에 동의해주는 대가로 일부 EU 권한을 영국에 되가져오겠다고 딜을 해볼 수 있는 것이다. 하지만 프랑스가 [새 조약 협상을] 몹시 꺼리고 있기도 했거니와, 이제 영국에서는 어떤 새로운 EU 조약이든 반드시 국민투표를 해야 한다는 점 때문에 EU 회원국들이 새로운 조약을 위한 협상을 시작하려 할 가능성이 더 적어졌다[합의를 해도 국민투표에서 부결될 가능성이 있기 때문이다]. 6장에서 보았듯이 캐머런은 2011년 12월에 새로운 EU 조약을 만드는 데 실패했고, 이제 영국만을 위한 별도의 협상을 요구해야 했다. 그 결과를 국민투표에 거는 도박을 하기로 하면서 캐머런은 영국의 EU 잔류 여부를 국내 민주정치의 장에 올려놓았고, 'EU 잔류'는 그 장에서 살아남지 못했다. 영국에서 EU 잔류에 대한 대중의 동의는, 2013년에 블룸버그에서 한 유명한 연설에서 캐머런이 한 말을 빌리면, "종잇장처럼 얇았다." 실제로 2016년의 국민투표 결과는 EU 잔류에 대한 동의가 종잇장처럼 얇았음을 보여주었다.[43]

영국의 EU 잔류 여부가 '국민투표'로 판가름날 사안이 되었다는 사실은 '패자의 동의'와 관련해 근본적인 문제를 제기했다. 한 가지 이유는, 스코틀랜드와 북아일랜드에서는 다수가 EU 잔류를 지지했으므로 영국이 여러 나라로 구성된 연합왕국United Kingdom이라는 점 때문에 가지고 있는 갈등에 한층 더 압박이 가해지리라는 점이었다. 하지만 국민투표 후에 패자의 동의가 취약했다는 사실은, EU 회원국으로 존재한다는 것 자체 또한 민주정 국가의 국내 정치를 불안정하게 만들 수 있다는 사실을 보여주는 것이기도 했다. 잔류 지지자 중 일부는 [국가에서 치러지는] 국민투표가 EU 차원의 시민권에 대한 법적 권리를 정당하게 무력화할 수 없다고 주장했다. 즉, 이는 국민투표를 민주적 과잉이며 그것을 집행할 때 행정부의 독재로 귀결될 위험이 있다고 여기는 주장이었다.[44] 정부가 국민투표 결과를 근거로 리스본 조약 제50조를 발동해 탈퇴 절차에 들어가자, EU 잔류파의 몇몇 사람들은 헌법적 권리의 이름으로 소송을 제기했다. 예측 가능하게도, 이러한 움직임은 반대쪽에서 귀족적 과잉이라는 주장을 불러왔다. 이들이 보기에, 이 사건을 법정으로 가져간 사람들은 국민투표로 합당하게 표현된 다수의 의지를 꺾으려 하고 있었다. 이런 면에서, 브렉시트는 구성조약에 의해 법적으로 'EU 시민들'에게 부여된, 하지만 국가의 민주정치적 과정에서 나오는 결과에 조건부로 달려 있는 경제적 권리 및 이동의 권리가, 종국에는 보호되지 않을 수 있다는 것을 보여주었다. 게다가 이러한 권리가 걸려 있는 국민투표에서 투표를 할 수 '없었던' 비非시민들은 투표 결과를 받아들이기 어려웠다[가령 이주의 자유가 소중하지만 국민투표에 참여하지 못해 영국의 EU 잔류에 표를 던지지 못하는 사람들]. 또한 EU 수준에서 부여된 권리가 소중한 사람들 중 국민투표에 참여할 수 '있었던' 사람들에게는 국민투표에서의 패배가 국가의 민주정치적 질서보다(여기에서는 본인이 지는 쪽에 있으므로) 조약으로 구성되어 국가의 정치에 휘둘리지 않는 EU의 법적 질서에 한층 더 많이 걸어야 할 이유만 보여주었을 뿐이었다.

    마스트리흐트 이래, EU는 회원국들의 국내 정치에서 결정적으로 중요한 이슈가 되었다. 민주적 동의를 끌어내기가 더 어려워졌고 어디에서 국내의 민주정치적 과정이 우선해야 하고 어디에서 EU 조약의 법적 규칙이 적용되어야 하는지를 두고 시민들이 분열되었다. 이렇게 보면, 독일 헌재는 민주주의에 대한 주장에서 옳기도 하고 틀리기도 했다. EU 안에서는, 여전히 민주적 정당성 추인의 과정이 전적으로 국민국가에 있는 것이 맞았다. 하지만 이것은 국민국가가 사람들을 영적·사회적·정치적으로 충분히 한데 묶어주어서 공유된 정치체의 일부로서 영속적으로 존재하는 '국민' 개념을 말하게 할 수 있을 만큼 충분한 동질성이 있어서가 아니었다. 사실 EU 자체가 '국민' 개념 대신 '유럽 정치체에 속한 시민으로서의 공동체 의식'을 대안으로 제시하면서 그러한 국민적 통합성이 점점 더 존재하지 않게 되는 데 일조한 면이 있었다.

유로존의 채권자-채무자 정치

유로존 경제 위기는 통화연맹에 속한 나라들에서 부채와 관련해 일군의 복잡하고 어려운 동학을 풀어놓았다. [방만한 경영을 했던] 은행들은 구제금융을 받았는데, 그러고서 너무나 곧바로 일련의 '긴축' 정책으로 공공 지출이 줄고 세금이 오르면서 계급적 분노가 들끓었다. 물론 이것은 유로존 국가들만의 일은 아니었다.[45] 채무자와 납세자들의 분노는 미국과 유럽에서 널리 번져나간 '점령하라Occupy' 운동으로 표출되었고, 유로존 위기와 별개로도 이러한 저항은 유럽 전역에서 반反기성, 체제 저항 정당이 부상하는 데 일조했다.[46] 하지만 유로존에서는 채권자-채무자 갈등이 국가 간 문제이기도 했다. 유로존 북부의 은행들은 남유럽의 정부, 기업, 은행 들에 많은 돈을 빌려주었는데 2009년부터 이 부채가 낮은 금리에서 리파이낸싱[기 대출 상환 및 재대출]이 될 수 없었다. 유로존 남부 국가들이 국제 자본시장을 이용할 수 있는 문이 닫혔을 때, 이들에게 제공된 구제금융은 유로존 남부의 채무국이 유로존 북부의 채권자들[은행]에게 돈을 갚을 수 있게 했다. 따라서 유로존 북부의 채권자들은 국가로부터 구제금융을 받지 않아도 되었다. 한편, 유로존의 동유럽 국가들은 이미 자국의 부채를 줄인 상태였고 이곳 은행들은 위험에 노출되어 있지 않았으므로, 자신에게 돌아오는 이득은 없는 채로 채무자 국가들과 채권자 은행들을 돕는 구제금융에 기여하는 셈이 되었다.[47] 이러한 갈등을 해소하려면 유로존은 취약국들의 민주정치적 과정에서 벌어지는 갈등을 강하게 억눌러야 했고 따라서 회원국들 간의 관계가 정치적으로 훨씬 더 어려워질 수밖에 없었다.[48]

예측 가능하게도, 부채 정치가 민주적 개혁 요구를 가장 크게 촉발한 곳, 그리고 귀족적 과잉에 대해 가장 명시적인 언어로 비판이 쏟아져 나온 곳은 남유럽이었다. 2011년에 스페인 인구 중 6분의 1 정도가 15-M 운동에 참여했다. 이들은 부패한 왕조적 귀족정이 금융과 결탁해 스페인의 민주주의를 타락시키고 있다는 데 분노의 초점을 맞췄다. 이들은 스스로를 '풀뿌리 시민 네트워크'라고 칭하면서 자신들이 민주주의를 원래의 자리에 돌려놓으려 하는 것이라고 주장했다.[49] 15-M 운동에서 새로운 정당 포데모스Podemos가 탄생했고, 이 정당은 자신을 상향식 민주주의를 되살리는 매개자로서 자리매김했다. 포데모스는 디지털 테크놀로지를 사용해 수만 명의 시민들이 정당의 의사결정에 참여할 수 있게 했다. 또한 채권자보다 채무자의 이익을 우선하도록 부채 제도를 개혁할 것과 시민 기본소득을 주창했다.[50]

스페인에서 채권자-채무자 정치는 영토 정치의 형태로 분출했다. 부분적으로는 공교로운 타이밍의 문제였다. 유로존 위기의 첫 몇 달 동안 스페인 헌재는 카탈루냐 유권자들이 국민투표로 승인한 2006년 자치법Statute of Autonomy의 일부를 철폐했다. 그 중에는 카탈루냐의 독립 국가적 속성을 인정한다는 부분도 있었다. 이렇게 이미 복잡했던 정치 상황에서, 스페인 정부와 카탈루냐 정부는 유로존의 재정 준칙을 지키면서 스페인이 계속 자본 시장에 접할 수 있게 하기 위해 도입된 정책 변화를 두고 갈등을 빚었다. 역사적으로 카탈루냐 민족주의는 좌파였지만 중앙 정부가 부과한 긴축과 2012년에 카탈루냐 정부가 자본 시장에서 자금 조달이 막히게 된 점이 결합해서 중도 우파 진영에서도 분리주의 감수성이 일었다. 2012년 11월 카탈루냐 의회 선거에서 중도 우파 정당은 처음으로 분리 독립을 내걸고 선거를 치렀고 좌파 쪽의 분리 독립 정당도 상당한 득표를 했다.[51] 이 선거 이후 의회에서 세가 확장된 분리주의 연합은 2014년에 분리 독립에 대해 법적 구속력은 없는 국민투표를 실시했다. 이어서 2015년에 의회 선거가 또 있었고, 2017년 10월에 국민투표가 또 있었다[2017년 9월 카탈루냐 의회는 국민투표 결과에 구속력을 부여하는 법을 통과시켰고 이에 따라 10월에 국민투표를 다시 실시했다. 하지만 9월에 스페인 헌법재판소가 이 법의 효력을 중지한 상태였고, 스페인 정부는 국민투표와 근거법 모두에 대해 법적 효력을 인정하지 않았다]. 투표율이 그리 높지 않은 가운데 찬성 측이 승리했고 카탈루냐 의회는 독립을 선포했다. 하지만 스페인 정부는 투표 결과를 인정하지 않았고, 카탈루냐 자치 정부 지도부를 체포해 사법적 조치를 진행하는 한편 2018년 6월까지 카탈루냐를 직접 통치했다.

스페인 중앙정부가 강압을 통해 2017~2018년 분리주의 위기를 넘기긴 했지만, 카탈루냐에서 중도 우파 민족주의와 포데모스가 함께 부상했다는 말은 스페인 정치인들이 안정적인 정부를 구성하기가 더 어려워졌다는 의미였다. 정부 구성이 난항을 겪으면서, 2015년 12월과 2016년 6월에 가까운 일정으로 총 두 번의 총선이 있었다. 그리고 2019년에 두 번의 선거가 더 있었고 그중 두 번째 선거에서 사회당이 최다 의석을 얻었지만 과반에는 한참 못미쳤다. 2020년 1월에 사회당은 포데모스와 연정 구성에 합의했지만 여전히 과반 의석을 확보하지 못했고 카탈루냐 민족주의 정당들의 기권으로 간신히 정부 인준 투표에서 과반 득표를 받아 소수 정부를 구성할 수 있었다.

* * *

독일에서는 채권자-채무자 이슈가 사법화되기도 했지만 정당 시스템을 분열시키는 원인이 되기도 했다. 그리스 위기가 시작되자 독일 정부는 독일 은행들의 붕괴를 막는 일에 나섰다. 메르켈로서는 2008년을 거치고 나서 또다시 비용이 많이 드는 구조조정을 하는 게 정치적으로 위험한 일이었을 것이다. 하지만 [독일 은행들의 붕괴를 막으려면] 그리스에, 그리고 나중에는 유로존의 다른 나라들에 구제금융을 제공해야 했는데, 이 역시 국내 정치에서 비용을 일으켰다.[52] 메르켈은 남유럽 국가들에 구제금융이 꼭 필요하다고 말하는 한편으로 독일 은행들과 관련된 이슈(이 은행들이 유로달러 자금을 융통한 것도 포함해)는 국내의 정치 논쟁에 들어오지 않게 하고자 하면서, 실제의 채권자-채무자 동학을 슬쩍 가렸다. 또한 메르켈은 그리스 등에 대한 구제금융이 독일 국내 정치에서 받아들여질 수 있게 하기 위해, 재정협정으로 채무 조달과 관련해 새로운 규칙을 부과하는 등 다른 회원국들이 재정 자율성을 추가로 양보하도록 요구해야 했다.[53]

유로존 위기의 첫 몇 달 동안 독일 헌재는 부담을 유럽중앙은행이 더 가져가게 함으로써 독일 정부에 한숨 돌릴 여지를 준 것 같았다. 유로존 이슈와는 관련 없는 한 중요한 사건에서, 독일 헌재는 'EU 기관이 법으로 정해진 권한을 넘어서서 행동했다고 볼 것인가'를 판단하는 기준을 마스트리히트 판결이나 리스본 판결 때보다 훨씬 높게 설정했다[심각하고 명백한 초과 권력 행사여야만 그렇게 판단하는 것으로]. 더 나중에도 드라기가 진행한 무제한 국채매입OMT에 대해서는 법적으로 문제이고 위헌 소지가 있다고 하면서도 유럽사법재판소가 먼저 판단을 하도록 함으로써 대치를 피했다.[54] 그 다음에 첫 번째 양적완화 관련 사건에서도 우려할 만한 "막중한 이유"가 있다면서도 대치를 일으키는 것은 다시 한번 주저하면서 이번에도 유럽사법재판소가 먼저 판단하도록 했다.[55]

그럼에도, 유럽중앙은행이 마스트리흐트 조약에 의거해 부여받았다고는 누구도 합리적으로 말할 수 없는 권한을 갖게 되었다는 사실은 독일 국내 정치에서 중대한 반향을 일으켰고, 특히 메르켈이 구제금융을 유럽 전체의 일로 만들려는 것과 관련해 더욱 그랬다. 구제금융에 대한 반대는 경제학자, 변호사, 기업인 등이 독일을위한대안을 창당하는 데로 이어졌다. 2017년에 이 정당은 선거 공약집에서 "독일이 본래의 마스트리흐트 조약에서 동의했던 원칙들 및 유로존이 만들어졌을 때 동의했던 원칙들이 무너져 버렸다"고 규탄했다.[56] 2013년 총선 때는 원내에 진입할 만큼의 득표를 하지 못했지만 그해 가을에는 몇몇 란트 의회에서 의석을 확보했다. 독일 재무장관 볼프강 쇼이블레가 2015년에 그리스의 유로존 축출을 시도하고 드라기가 추진하는 양적완화도 집요하게 비판한 데는 독일을위한대안이 기독민주연합보다 더 오른쪽의 우익 정당으로 부상할지 모른다는 데 대한 우려도 작용했을 것이다. 2016년에 쇼이블레는 독일을위한대안이 부상한 것이 드라기 책임이라고 맹비난하기도 했다.[57] 독일 헌재에 양적완화 소송을 제기한 사람들도 독일을위한대안 당원들이었고 여기에는 2015년 [당 지도부가 바뀌기] 이전의 창당 멤버도 있었다. 또한 2020년 7월에 분데스탁이 유럽중앙은행이 한 일[공공부문 국채매입프로그램PSPP]을 사후적으로 추인하는 법을 통과시켰을 때 독일을위한대안은 반대표를 던졌다.[58]

만약 2015년의 난민 위기가 없었어도 독일을위한대안이 독일 의회에 그만큼 큰 교란을 일으킬 수 있었을지는 알 수 없지만, 난민 위기 이후에 독일을위한대안이 더 많은 표를 얻기 시작했고 지도부가 창당 때와 달라지고서 반이민주의 입장과 반무슬림 레토릭을 독일의 국가 정체성과 관련해 적극적으로 이야기하기 시작했다는 점은 분명하다. 하지만 [극우 성향인] 독일을위한대안은, [급진 좌파인] 좌파당과 더불어, 마스트리흐트 조약이 규정한 통화연맹과 실제의 통화연맹 사이에 존재하는 간극을 두고 일었던 불만이 표출되는 통로이기도 했다. 이 불만은 이 두 정당에 실제로 표를 던지는 사람들뿐 아니라 훨씬 폭넓은 사람들이 느끼고 있는 불만이었다.[59]

독일의 국내 정치에 반反기성 반체제 정당들이 일으킨 부담은 2017년 총선과 그 이후의 여파에서 명백하게 드러났다. 기독민주연합-기독사회연합 블록과 사회민주당은 도합 겨우 53퍼센트를 득표했다. 직전 선거인 2013년 선거의 67퍼센트에서 크게 줄어든 것이다. 독일을위한대안, 좌파당, 자유민주당, 녹색당은 득표가 늘었다. 정당 시스템에서 이렇게 표가 분산되었다는 말은 연정 구성이 전보다 더 어려워졌다는 의미였다. 기독민주연합은 전국 연정에서 독일을위한대안과 좌파당 둘 다 연정 파트너로 받아들일 수 없었고, 사회민주당은 란트 정부에서만 좌파당을 연정 파트너로 받아들였기 때문에, 중도 좌파와 중도 우파의 대연정 형태 말고는 현실적인 선택지가 없었다.

하지만 이 대연정을 지탱하는 일은 쉽지 않았고 정치에 교란을 가져오는 원천이 되기도 했다. 기독민주연합과 사회민주당 연정이 2017년 총선이 있은 지 거의 6개월이 지나서야 구성되고 따라서 독일을위한대안이 공식적으로 야당이 되고서, 두 정당 모두 큰 어려움에 처했다. 녹색당이 제2당이 된 것을 우려해서 2019년 11월에 사회민주당 의원들은 양당의 주류가 대체로 합의하고 있던 점들에 반대 의견을 주창한 두 반란자 의원을 지도부로 선출했다. 메르켈이 기독민주연합 지도부에서 물러난 뒤 메르켈이 직접 지지한 후임 아네그레트 크람프-카렌바우어Annegret Kramp-Karrenbauer는 2020년 초에 튀링겐주에서 기독민주연합이 정부 구성을 위해 독일을위한대안과 협력한 것에 책임을 지고 당대표에서 사임했다. 독일을위한대안과의 협력은 2019년 10월 튀링겐주 선거 이후 2020년 1월까지도 정부 구성이 장기간 난항을 겪었기 때문이었는데, 정부 구성에서 배제해야 할 좌파당과 독일을위한대안의 득표를 합하면 50퍼센트가 넘었던 것이다. [2020년 2월, 튀링겐주 의회에서 자유민주당 토마스 켐머리히Thomas Kemmerich가 주 총리로 선출되도록 기독민주연합과 독일을위한대안이 인준 투표에서 협조했다. 독일을위한대안과 협력한 것에 비난이 거세지자 켐머리히가 곧바로 사임해서 다시 주정부에 공백이 생겼다.] 메르켈이 독일을위한대안의 표에 의존하는 정부 구성은 도덕적으로 받아들일 수 없다고 못박은 뒤 선거를 또 해야 하는 상황을 피하고자, 튀링겐 기독민주연합 의원들은 2020년 3월의 주의회 인준 투표에서 좌파당이 소수정부를 구성할 수 있도록 [좌파당에서 나온 총리 후보 바도 라멜로Bodo Ramelow에게 표를 주거나 적어도 기권하는 식으로] 협력해야 했다.[60]

2021년 총선 때, 대연정 정치는 이제 한계에 도달한 것 같았다. 사회민주당이 2017년보다 상당히 더 많은 의석을 확보하긴 했지만 두 주요 정당은 과반 득표를 하지 못했다. 하지만 팬데믹 전에 튀링겐에서 있었던 일과 달리, 독일을위한대안도 좌파당도 수혜자가 아니었다. 사실 좌파당이 사회민주당 및 녹색당과 함께 연정에 들어갈지 모른다는 생각이 기독민주연합 유권자들을 결집시킨 면이 있었다. 기독민주연합 총리 후보였던 아르민 라셰트Armin Laschet가 매우 인기 없는 후보였는 데도 말이다. 결국에는, 독일 최초로 세 개 정당으로 정부를 구성하기 위해 협상해야 했다. 좌파당과 독일을위한대안을 빼고, 어떤 세 개의 정당이 연정을 구성할지에 대한 협상은 자유민주당과 녹색당이 주도했다[이들이 기민련과 함께 기민-자민-녹색 연정을 꾸릴지 사민당과 함께 사민-자민-녹색 연정을 꾸릴지를 결정했다]. 그런데 이 둘은 합해서 의석이 30퍼센트가 되지 않았고 독일의 '부채 브레이크'[국가 부채 제동장치]와 유로존의 부채에 대해 입장이 극과 극이었다.

* * *

프랑스 제5공화국에서는 유로존의 채권자-채무자 정치가 EU 조약에 대한, 또한 EU의 변화를 국가의 민주정치적 절차를 통해 이룰 수 있을 것인가에 대한 더 오랜 문제를 다시 불러왔다.[61] 2012년 겨울에 열린 대선에서 프랑수아 올랑드는 명시적으로 귀족적 과잉을 비판했고, 승리했다. 그는 "나의 적은 세계의 금융"이라며 연 100만 유로 이상 소득자에게 75퍼센트의 세율을 적용하겠다는 공약을 내세웠다.[62] 그는 통화연맹이 재정협정 조약을 통해 새로 부과한 국가 재정 운용에 대한 제약도 거부했다(아직 프랑스에서 비준되기 전이었다). 또한 올랑드는 독일이 유럽중앙은행이 유로존 국가들의 부채 조달 비용을 줄이기 위해 사용할 수 있었을 수단들에 사실상 비토를 놓은 것도 공격했다. 그는 "유럽의 다른 나라들을 위해 의사결정을 하는 것은 독일의 일이 아니"라고 비난했다.[63] 올랑드가 EU 조약(재정협정을 말하는데, 사실 [영국과 체코가 합의에 참여하지 않았기 때문에] 재정협정은 EU 국가 전체가 합의한 것이 아니라서 엄밀히는 'EU 조약'이 아닌 '국가 간 조약'이다)에 대한 반대를 기치로 선거를 치르려 했다는 사실은, 국가의 민주정치적 절차를 통한 EU의 변화 가능성과 구성법적 조약에 의거한 EU의 법적 구조 사이의 긴장을 다시 한번 노출했다. 프랑스 대선이 재정협정을 망가뜨릴지도 모른다는 우려에서 메르켈은 프랑스와 독일의 방송에 사르코지와 함께 출연해 현 대통령으로서 출마한 사르코지에 대한 지지를 밝히기도 했다.[64]

대선에서는 승리했지만, 올랑드가 시도하려 한 저항은 프랑스의 자금 조달 비용, 외부로의 자본 이탈, 높아지는 실업 등의 무게에 눌려 빠르게 무너졌다. 그보다 앞서 미테랑, 시라크, 조스팽도 그랬듯이, 올랑드도 의회에 EU 조약[재정협정]에 비준을 구하는 쪽으로 선회했다. 재정협정 비준에 의회에서 다수를 확보했지만 이로써 많은 사회당 지지자를 실망시켰고, 좌파 당이 이 이슈를 붙잡을 기회를 갖게 되었다. 또한 전임자들처럼 올랑드도 그다음에는 EU 조약이 부과한 국내 경제 개혁이 일으키는 극도의 어려움에 처했다. 의미심장하게도, 올랑드의 경제장관 마크롱은, 대중의 저항이 맹렬히 분출하는 것을 보면서 노동시장 개혁을 의회의 표결을 통하지 않고서 추진하는 쪽을 택했다.[65] [프랑스 헌법 49조 3항을 발동해 일단 정부 책임하에 법안을 표결 없이 효력화하고 의회가 '내각 불신임'안을 가결하지 않으면 자동 통과되는 것을 활용해 의회를 우회하는 입법 방식을 추진했다.]

올랑드 재임기를 거치면서 프랑스의 정당 시스템은 차차로 확실한 위기를 맞았다. 임기 마지막 해에 올랑드는 지지율이 역대 최저였다. 그의 실패로 사회당이 사실상 파괴되었고 중도 우파 정당[공화당]에서는 부패 스캔들이 터지면서, 2017년 대선에서 양대 주요 정당인 사회당 후보와 공화당 후보 둘 다 결선 투표에 올라가지 못하는 이변이 벌어졌다. 마크롱이 독자적으로 앙마르슈['전진'. 이후 당명이 '전진하는공화국', 다시 '르네상스'로 바뀌었다]

를 창당하지 않았다면 프랑스의 기존 정당 시스템이 조금 더 오래 생존했을지도 모른다. 하지만 양당의 복점 상태가 핵심에서 무너진 것은 우연적인 사고가 아니라 구조적인 문제였다. 두 정당 모두 유럽회의주의euro-sceptic적인 반란자들로 인해 약화되었다. 통화연맹이 더 독일적인 유럽이 아니라 더 프랑스적인 유럽으로 가는 길이라는 약속을 자신들이 집권한 동안 되살릴 수 없었으므로, 예측 가능하게도 이들은 유럽회의주의적인 정당들(예를 들어 2018년에 국민연합Rassemblement National으로 이름을 바꾸는 국민전선이나 사회 운동 스타일의 불복하는 프랑스La France insoumise)에 표를 빼앗겼다.

하지만 주요 양당 자신이 유럽회의주의적인 정당이 될 수는 없었다. 프랑스의 부채를 생각할 때 유로존을 나오면 너무 큰 비용이 수반될 터였고, 프랑스의 입장에 부합하게 유로존을 안에서부터 개혁하려는 노력이 왜 결국에는 버려져야 했는지에 대해 질문이 제기될 것이었다. 이런 면에서, 마크롱이 기존 정당 시스템을 벗어나 독자적으로 대선에 나서기로 한 데는 개인적인 야심 이상의 논리가 있었다. 주요 양당은 프랑스가 규칙을 준수하는 유로존 회원국이 되게 하는 데 필요한 정치적 행동의 매개체가 될 수 없었다.

하지만 EU에서 프랑스-독일 리더십을 통해 프랑스의 국가공동체주의를 실현한다는 오랜 야망을 달성하기 위해 기성 정당을 넘어서 개인의 역량과 카리스마로 승부를 보겠다는 마크롱의 시도도 성공할 수 없었다. 국내적으로는, 마크롱 역시 여전히 전임 대통령들이 시위와 파업에 직면해 실패했던 경제 개혁을 달성해야 했다. 성공하지 못하면 반대 여론이 선거에서 국민전선과 불복하는프랑스의 세를 계속 불리거나 거리 저항을 격화시키게 될 것이었다. 앙마르슈가 정당 시스템이 민주적으로 재생되길 원하는 시민들을 위한 통로를 의미했다면, 탄소세에 반대하는 저항으로 시작해 시민이 발의하는 국민투표 등 일련의 민주적 개혁을 요구하는 데로 옮겨간 '노란 조끼' 운동은 정당 시스템이 사실상 파괴되기를 원하는 사람들을 위한 또 다른 통로를 의미했다. 국제적으로는, 이전의 그 모든 경험에도 불구하고 프랑스가 EU에서 행사하려는 영향력을 독일이 따르게 만들 수 있다고 가정해야 했다. 2017년 독일 총선 이후 마크롱은 부채 분담[유로존 공동 채권 등]에 반대하는 자유민주당이 참여한 독일 정부를 상대하게 되는 일은 면했지만[66] 독일 연정에 들어간 사회민주당 재무장관도 마크롱이 요구하는 유로존 개혁을 지지하지 않았다. 2018년 말에 노란 조끼 시위가 분출하면서 마크롱이 국내의 저항을 수용해 재정을 확대해서 양보해야 했을 때, 프랑스가 처한 국내외의 난국이 함께 닥쳤다. 유로존을 국내의 민주정치적 통제에 더 부합하게 만들 수 있는 어떤 기회라도 있으려면, 마크롱은 유로존이 법적으로 부과한 재정 규칙을 잘 지키는 대통령 자격으로 그 재정 규칙을 개정하자는 데 독일 정부를 설득해낼 수 있어야 했다. 하지만 일은 그렇게 되지 않았고, 마크롱은 국내에서 이례적으로 긴 저항에 직면하는 대통령이 되었다.

    마크롱 재임기는 조세의 배분이 국제 자본 시장과 역외 은행업에 의해 제한될 때 유로존이 국내 정치를 얼마나 어렵게 만들 수 있는지를 보여주는 또 하나의 사례가 되었다. 변화하는 경제 상황에 맞추어 유로존 시스템을 바꾸는 일은 독일의 선거 정치 및 사법적 정치 때문에 제약을 받는다. 그렇다고 정부 지출에 실질적으로 의존하고 있고 새로운 세금의 납세자이기도 할 사람들에게 피해를 주는 국내 경제 개혁을 추구할수록, 통화연맹을 지켜야 하는 입장인 주요 정당으로서는 감당하기 어려운 국내적 불만이 더 많이 발생하게 된다. 더 많은 직접 민주주의와 더 적은 세금이라는 노란 조끼의 요구에 직면한 마크롱은 정당 없이 프랑스를 통치하려는 자신의 지향에 이 움직임을 이용하고자 했다. 2019년 초, 그는 두 달간 전국을 돌며 시민들을 직접 만나 토론을 했다. 하지만 지역을 돌며 이루어진 이 숙의의 장은 부유층에 대한 세금 인상을 논의 주제에서 배제하는 등 마크롱이 설정한 질문만으로 한정된 것이었다. 두 달 간의 토론이 끝나고서 마크롱은 전국에 방영

된 연설을 통해 정부가 앞으로 어떻게 할 것인지 설명했다. 여기에서 그는 중산층을 위한 소득세 감면과 국민투표 요건 완화 등을 약속했다. 하지만 경제 정책의 상당 부분이 유로존에서 구성되고 국제 자본 시장에서 저비용으로 자금을 조달하려면 유럽중앙은행의 통화 지원이 필요한 상황에서, 직접 민주주의를 확대하겠다는 약속 정도로는 민주적인 방식으로 문제 해결을 해냈다고 할 수 없었다. 이렇게 볼 때, 유로존 시스템은 거의 확실히 몇몇 종류의 귀족적 과잉(세금을 둘러싸고 벌어지는 과잉이든 통화에 대한 기술관료적 접근과 관련해 벌어지든 과잉이든)을 정치적으로 매우 다루기 어려운 일이 되게 만든다고 결론내릴 수 있을 것이다.

＊　＊　＊

유로존 위기가 국내 정치에 일으킨 영향이 가장 심각했던 곳을 꼽으라면 뭐니뭐니 해도 이탈리아다. 유럽중앙은행이나 독일 총리가 이탈리아의 정부 구성에 개입한 것은 전에 없던 일이긴 했지만, 이들의 압박으로 이탈리아 대통령이 베를루스코니 내각을 몬티의 기술관료 내각으로 교체한 것(4장과 6장 참고)은 변칙적인 사건이 아니었다. 유럽중앙은행의 자산매입 프로그램을 통한 외부 지원이 커질수록 국내의 민주정치적 절차가 경제 정책을 결정할 수 있는 공간은 좁아졌다. 유럽중앙은행의 지원을 받을 수 있는 조건으로, 새 정부는 재정 규율을 지켜야 하는 것은 물론이고 노동 시장 개혁까지 해야 했다.[67]

하지만, 당연한 수순으로, 베를루스코니의 실각은 이탈리아 정당 시스템을 교란했고, 스페인에서 포데모스가 그랬듯이 '대의제' 민주주의가 갖는 한계를 거부하고 직접 민주주의의 확대를 주장하는 정당의 부상을 불러왔다. 2009년에 코미디언 베페 그릴로Beppe Grillo와 한 인터넷 사업가가 이탈리아 제2공화국의 부패를 공격하면서 창당한 오성운동Movimento 5 Stello이 그 정당인데, 이들은 정치인 계급을 "카스트"라고 부르면서 이탈리아에 필요한 것은 더 참여적인 민주주의에서 시민들의 목소리가 들릴 수 있게 하는 것이라고 주장했다.[68] 총선에 처음 나선 2013년에 오성운동은 하원에서 단일 정당으로서는 가장 많은 득표를 했다. 오성운동이 당론상 연정을 배제했기 때문에, 이들의 약진은 중도 좌파, 중도 우파, 그리고 몬티가 세운 중도파 정당이 연정을 구성하는 데로 이어졌다.

기술관료 내각이라는 선택지를 취하기 더 어려워지게 만들기에 충분한 득표를 한 오성운동은 이탈리아에 대연정 정치의 시대를 불러왔다. 또한 2014년 유럽의회 선거 무렵에 오성운동은 강경하게 유럽회의주의적인 정당이 되어 있었다. 이들은 유로존 잔류 여부를 국민투표에 부치자고 주장했고 유로존 통화연맹이 "독일에 맞춰져 있으며 재정판 과두귀족정"이라고 비판했다.[69] 오성운동은 범이탈리아적인 유로존 반대 정당으로 떠오른 레가 노르드(현재의 레가)와 함께 제2공화국에서 유로존을 첨예한 국내 정치 이슈가 되게 만들었다. 그렇다고 오성운동이나 레가가 유로존 탈퇴에 대해 어떤 체계적인 계획이 있다는 징후는 없었지만 말이다.

유럽회의주의가 부상하면서 이탈리아 국내 정치와 유로존 사이의 긴장은 더욱 심해졌다. 2013년 선거 이후에 대연정 정부는 유럽중앙은행의 지지를 받아야 한다는 외부적 필요성과 유로존 기관들이 이탈리아의 재정을 감독하는 것에 저항해야 한다는 국내 정치적 필요성 사이에서 줄을 타려고 노력했다.[70] 이러한 맥락의 와중에, [자신의 사법 리스크에 대한 정면돌파로서] 베를루스코니는 그가 만든 전진이탈리아Forza Italia를 복원하기 위해 연정에서 자기 정당 장관들을 빼냈다. [1994년에 베를루스코니가 창당한 전진이탈리아는 2009년 중도 우파 정당과 국민의자유당으로 통합되었다. 2013년에 베를루스코니는 다시 분리, 재창당을 하는데, 재결집과 정당 정체성 강화를 위해 정부 내 자신의 지지자(전진이탈리아 장관들)에게 연정 이탈을 지시했다.] 그리고 중도 좌파인 민주당에서 상당한 내홍이 있은 뒤 플로렌스의 젊은 시장 마테오 렌치Matteo Renzi가 2014년 2월에 더 좁아진 대연정 정부(전진이탈리아가 빠졌으므로)의 수장이 되었다. 한편, 외부적 요인과 관련해서도 이 정부는 위기에 빠졌다. 2014년 여름에 이탈리아 경제는 다시 불황으로 떨어졌는데 재정적으로 대응할 수 있는 여지가 없었다. 당시로서 유럽중앙은행은 이탈리아가 구제금융을 요청하지 않으면 제공할 수 있는 것이 없었는데, 구제금융에 붙는 조건은 국내적으로 인기가 너무 없어서 구제금융을 요청하는 정부는 무너지고 말 게 틀림없었다. [구제금융 대신] 유럽중앙은행이 이탈리아에 자산매입 프로그램을 재개해주도록 할 기회가 무엇이라도 있으려면 렌치는 몬티가 전에 생각했던 것보다 훨씬 가혹한 노동 시장 개혁을 약속해야 했다.[71] 이탈리아의 이러한 정책 변화는 유럽중앙은행이 2015년에 양적완화 추진 쪽으로 움직이는 데 필요한 정치적인 조건을 마련해준 셈이 되었다.[72]

물론, 이탈리아 정부에 전례 없는 지원을 하면서 유럽중앙은행은 구조적인 긴장을 더 심화시켰다. 렌치의 노동 시장 개혁 입법은 대대적인 저항과 총파업을 불러왔다. 베를루스코니의 정당, 오성운동, 레가 모두 연정 밖에 있는 상태에서, 렌치의 연정은 유럽중앙은행이 이탈리아의 부채를 매입해주는 데 생존이 달려 있었음에도 유로존이 부과한 재정 규칙을 공격해야 했다. 2016년 가을에 곧 편성되어야 할 예산에서 적자 예산을 편성하고자 하면서, 렌치는 [이에 대해 이탈리아의 예산 집행이 충분히 엄격하지 않다고 우려를 표한] EU집행위에 다음과 같이 분노를 표출했다. "브뤼셀은 무엇에 대해 '불가'를 말하는 것인가? 아마트리체(2016년 8월에 지진이 일어난 이탈리아 도시)에 지출할 돈에 반대하는 것인가? 학교를 위해 지출할 돈에 반대하는 것인가? 보건 의료에 20억을 더 쓰는 것을 반대하는 것인가? 그들은 우리에게 답해야 한다."[73] 노동 시장 개혁으로 지지를 크게 상실한 렌치는 2016년 12월에 이탈리아 의회의 구조를 개혁하기 위해 추진한 개헌 국민투표에서 패배했다[개헌의 내용 자체보다도 그에 대한 신임/불신임 투표의 성격이 컸다. 그는 국민투표 이후 사임했다]. 그의 실각으로 기저에 있던 문제가 너무나 가시적으로 드러났다. 유럽중앙은행이(그리고 간접적으로 독일이) 용인할 수 있는 정부만이 양적완화의 지원을 받을 수 있었으므로, 오성운동과 레가를 제외한 형태의 대연정이 유럽중앙은행에 의해 가능한 한 오래 지탱되어야 했기 때문이다. 사실, 2017년이 되기 전에 양적완화를 끝내는 것이 렌치의 국민투표 패배 전에는 상당히 가능해 보였는데 이제는 그 전망이 사라졌다.[74]

결국 선거는 현행 헌법하에서 치러야 했다. 2018년 4월에 유일하게 구성이 가능할 법한 정부는 유럽회의주의 정당들인 오성운동과 레가가 구성하는 정부였다. 이것이 대외적으로 받아들여질 수 있도록, 두 정당 지도부 모두 총리를 자당에서 내지는 않기로 동의했다. 총리는 선출된 정치인이 아닌 법학 교수 주세페 콘테Giuseppe Conte가 맡게 되었고 기술관료 출신이 재무장관으로 임명되었다. 2018년 12월에 3차 양적완화가 끝나면서, 자본 조달 비용이 높아질 위험을 감수한다면, 정부 구성에 대한 제약의 절박성[유럽중앙은행이 받아들일 수 있는 정부여야 한다는 절박성]은 다소 느슨해졌다. 하지만 2019년에 유로존 전체적으로 경제가 악화되면서 같은 문제가 되돌아왔다. 2019년 8월에 레가의 마테오 살비니는 [레가 지지율이 오르자] 오성운동-레가 연정을 붕괴시키고 조기 총선을 열어 집권을 노리기로 했다. 하지만 그의 집권 계획은 오성운동이 민주당과 대연정을 꾸려 콘테 2기 내각으로 가기로 결정해 조기 총선이 열리지 않으면서 좌절되었다. 즉 민주당-오성운동 연정도 여전히 기술관료 총리가 이끌었다. 한 달 뒤에 유럽중앙은행은 11월에 또 한 차례의 양적완화 프로그램을 시작하겠다고 발표했다. 아마도 살비니가 정부에서 빠진 것이 유럽중앙은행이 양적완화 지원을 재개하는 의사결정을 가능하게 하는 데 일조했을 것이다. 하지만 레가가 없는 정부에 양적완화가 돌아왔다는 사실은 다음 선거에서 레가가 정부에 다시 들어간다면 이탈리아 정부의 국채 발행 가능성에 의구심이 제기될 수 있다는 의미였다. 이를 테면, 살비니나 레가의 연정 파트너가 될 가능성이 있는 극우 성향 정당 이탈리아의형제들Fratelli d'Italia이 정부에 들어간다면 독일이 어떻게 판단할 것인가에 따라서 말이다.

* * *

쉽게 고쳐질 수 없는 조약에 의해 만들어진 통화연맹은 EU 회원국들의 국내 정치에 막대한 부담을 가져왔다. 불안정을 일으키는 요인 중 어떤 것은 맨처음부터 존재했다. 통화연맹의 구성이 본질적으로 독일이 제시한 조건대로 이루어졌으므로 회원국 전체에서 지지를 얻기에는 정치적 합의가 매우 부족했다. 국가 정치에서의 선거와 EU 조약이 정한 법적 원칙 사이의 이상한 관계와 관련된 일반적인 이슈들을 생각하면 더욱 그랬다. 프랑스에서는 국민투표가 유로존에 일어날 수 없는 변화를 요구했다. 이탈리아에서는 유로존이 부채가 국내 정치의 장에서 논의와 경합의 대상이 되는 것을 막는 방어막이 되었다. 만약 부채 이슈가 국내 정치의 대상이 되었다면 이는 금융 위기를 가져올 위험이 있었다. 하지만 통화연맹이 이탈리아의 부채를 감당 가능하게 해주긴 했어도, 국가에서 의사결정 권한을 행사하는 사람들이 대중민주적 압력으로부터 영향받지 않게 철갑옷을 둘렀고 정당 간의 경합도 이들만으로 한정되었다. 영국의 경우에는, 영토적으로 불완전한 통화연맹의 곡절이 '단일시장' 이슈를 국내 정치의 한가운데로 던져 놓았다. 프랑스에서 2012년에 올랑드가 EU 조약에 반대한다는 입장을 내걸고 선거에 나와 당선되었지만 실제로는 조약을 거부할 수 있는 처지가 아니었듯이, 2010년 선거에서 [EU 조약이 정한 단일시장 규칙에 맞서서] 이민자 제한 목표치를 공약으로 내걸고 승리한 캐머런도 실제로 공약을 실행할 수 있는 입장이 전혀 아니었다.

    2008년 이후의 통화 환경, 그리고 구성 조약을 개정할 수 있는 가능성이 없는 상태에서 유럽중앙은행을 변화시켜야 할 필요성은 독일 정치에 유로존 이슈를 다시 불러옴으로써 위와 같은 기본적인 분열의 동학에 교란 요인을 더 보탰다. 여기에 더해 2015년의 국경 위기는 EU와 유로존에서 독일이 갖는 영향력을 둘러싸고 생겨났던 정치적 문제들을 한층 더 어렵게 만들었다. 이는 독일을위한대안을 유로존에 대해서는 엄격하게 헌법을 이야기하는 동시에 이주에 대해서는 헌법적 규범과 전후 독일의 국가공동체주의 개념 모두에서 이탈하는 입장을 가진 정당으로 변모시켰다.

    영국에서는 국내에서 민주정치적으로 표출된 불만이 승리하면서 다국가 연합으로서의 UK의 불안정성이 한층 더 높아졌다. 다른 나라들에서는 유로존의 각기 상이한 측면들에 대해 분출한 대중민주적 불만이 억눌러져야 했다. 독일과 이탈리아에서는 이것이 대연정 정치로의 움직임을 추동했다.[75] 프랑스에서는 유로존 및 EU 조약이 주요 양당을 너무나 약화시켰기 때문에 대연정이 선택지에 없었다. 프랑스에서는 거리의 시위 정치가 성장했고 때로는 국가가 억압으로 이에 대응했다. 카탈루냐 문제가 대연정의 전조가 되었던 스페인에서는 프랑스에서보다도 더 가혹하게 국가의 억압적인 대응이 벌어졌다.

    유로존 자체에서는, 2010년 이후에 변모된 유럽중앙은행과 부채를 발행할 수 있게 된 EU에 부합할 수 있는 새로운 조약을 만드는 것과 관련해 각 회원국의 국내 정치에서 일어날 반발 쪽으로 구조적인 압력이 이동했다. 하지만 EU 조약이 각 국가에 일으키는 정치적 어려움, 그 결과로 발생할 불만과 경합의 강도, 그리고 EU와 유로존이 불일치한다는 사실을 보건대, 그러한 조약은 EU에 또 다른 심각한 교란의 원천이 될 것이 분명하다.

고친 게 없는 미국의 수선

2016년 대선에서 명시적으로 드러나게 되는 미국 국내 정치에서의 갈등은 양상이 좀 달랐다. 유럽에 비해 미국에서의 민주정치적 과정은 공식적인 헌법적 질서와 구조에 의한 제약은 덜했다(헌법적 질서가 점점 더 논쟁의 대상이 되긴 했지만). 그보다는, 민주정치적 과정이 과두 귀족들의 돈이 선거에 미치는 영향 때문에 제약되었다. 핵심 질문은 "선거 결과와 관계없이 무엇이 동일하게 남아 있어야 하느냐'가 아니라 '선거 결과가 합당하다고 받아들여질 수 있는가'가 되었고, 특히 대선에서 그랬다. 이것을 파악하는 데 도움이 되는 하나의 틀은 국가공동체주의를 둘러싼 어려움이 미국에서 1990년대부터 어떻게 더 심해졌는지, 그리고 그것이 1970년대 이후 세계 경제에 생긴 귀족적 과잉과 어떻게 상호작용했는지 살펴보는 것이다.

빌 클린턴 행정부 시절부터, 미국의 국가공동체주의를 수선하려는 진지한 시도가 있었다. 클린턴과 조지 부시 주니어 행정부 모두 뉴딜 시기에 뿌리 박힌 주택 소유에서의 인종 불평등 문제를 해결하려 했다. 1994년에 클린턴은 소수자들 사이에서 주택 보유율을 끌어올리기 위한 계획을 발표했다. 당시에 백인은 70퍼센트가 주택을 소유하고 있었는데 히스패닉과 흑인은 그 비중이 40퍼센트에 불과했다.[76] 옛 뉴딜 체계에서였다면 개혁은 연방정부의 직접적인 행동으로 달성되었을 것이다. 하지만 클린턴은 민간 모기지 업체들이 모기지 부채를 한데 모아 증권화함으로써 이제까지 대출이 막혀 있던 사람들에게 돈을 빌려주도록 독려했다. 이를 위해 모기지 부채와 그것을 증권화한 상품을 사줄 모기지 회사 두 곳을 세웠는데, 이곳이 패니매Fannie Mae와 프레디맥Freddie Mac이다(의회가 특별법으로 설립해 설립 근거, 취지, 감독 방향 등을 정하지만 주식회사 형태로 민간 투자자들이 소유하는 형태의 민간 회사다). 이 두 곳은 저소득층에게 대출된 모기지 부채와 그러한 부채를 모아 구조화한 금융상품인 모기지담보부증권을 매입했다.

주택 소유 문제를 이렇게 접근하면서 미국에서 귀족적 과잉이 크게 증폭되었다. 모기지의 증권화는 금융회사들이 막대한 양의 달러를 빌려서 이러한 파생상품을 매입하게 부추겼다. 이는 금융회사들의 단기 자금 시장 의존도를 높였고, 이것이 훗날 2008년 은행 위기와 뒤이어 은행 구제금융을 불러오게 되는 큰 맥락이다. 패니매와 프레디맥이 야심찬 영업 목표를 잡으면서, 최고위 경영자들에게 막대한 보상을 주는 변칙적인 회계 문화가 촉진되었다. 패니매와 프레디맥은 나중에 의회에서 이러한 관행에 대해 옹호했는데, 의원들 상당수가 선거에서 패니매와 프레디맥 사람들이나 이들의 로비스트에게 정치 후원금을 받은 바 있었다.[77]

클린턴 행정부와 부시 행정부가 중국을 세계 경제에 편입시키기 위해 미국 제조업 일자리의 희생을 감수할 의향이 있었던 것(5장 참조)도 금권 귀족정의 경향을 강화했다. 1992년 대선 선거 운동에서 사실 빌 클린턴은 '중국에 강하게 나가자'는 입장이었고 중국과의 양자 교역 관계를 갱신하는 데 반대했다(매년 갱신이 승인되어야 했다). 하지만 (종종 직접적으로 중국 정부가 지원한) 기업계의 막대한 로비로 정책이 180도 전환했다.[78] 1996년 대선 후에, 중국 정부 인사들이 클린턴의 재선 선거 운동에 자금을 댔고 총선에서도 민주당 후보들에게 자금을 댔다는 증거가 쏟아져 나왔다.[79] 미국 제조업 일자리가 사라지면서 연방정부의 대(對)중국 정책이 많은 노동자 계급 유권자들에게 계급 문제로 인식된 것은 놀랄 일이 아니었다. 정부가 지정학적 협력, 기업의 수익, 선거 후원금과 관련된 이해관계를 노동자 대중의 이해관계보다 더 우선시했다고 말이다.[80]

그러는 한편, 클린턴 행정부는 1965년 이후 불거진 이주와 시민권을 둘러싼 정치적 갈등을 해소하고자 노력했지만 실패했다. 1994년과 1996년에 통과된 법은 멕시코와의 국경에서 경찰력을 통한 단속을 강화하도록 허용했는데, 이는 이민자들이 국경의 더 위험한 지역을 통해 들어오도록 만들었을 뿐이었다. 시민이 아닌 인구는 계속 증가했다.[81] 1990년 미국에 350만 명의 미등록 이주자가 있었는데 2007년에는 1220만 명이 되었다.[82] 이후에 들어선 행정부들도 선거에서는 국경 통제를 하겠다고 약속하면서도 실제로 그렇게 할 역량은 없었는데, 이는 대중의 분노를 촉발했고 특히 몇몇 거대 기업이 이주자가 더 많이 들어오게 하려고 로비했다는 사실이 알려지면서 더욱 분노가 일었다.[83] 하지만 반대편에서의 압력, 즉 '실제로 미국에서 살고 있는 사람들'과 '시민권'을 합치시키자는 쪽에서의 압력도 높아졌다. 팽팽한 정치적 대립이 계속되었는데, 의회에서 이민법 개혁이 실패한 양상이 이를 단적으로 보여준다. 시민권을 이주자에게까지 확대하는 안에도 지지가 충분하지 않았고, 그렇다고 3000킬로미터가 넘는 국경을 단단하게 조이기에는 실질적인 역량이 충분하지 않았다. 그 이후의 정치적 공간에서, 연방정부가 의무적으로 인정하도록 한 미등록 이주자의 권리를 실질적으로 보장하는 데 필요한 돈은 누가 댈 것인가를 놓고 주와 연방 사이에 갈등이 불거졌다.[84]

경제적 국가공동체주의가 되살아나 더 많은 시민을 포괄하거나 시민권 문제를 해소해주기는 어려워진 상황에서, 냉전이 종식되고 인구 구성이 바뀌면서 '패자의 동의'가 잘 작동하도록 국가공동체주의를 일구어야 할 필요성은 오히려 증폭되었다. 공화당은 냉전 시기에 외교 이슈에서 가졌던 이점이 없어졌고 민주당은 남부에서 강하게 가지고 있던 입지가 1964년 이후로 계속 약화되었기 때문에, 두 정당 모두 유권자 과반을 잡는 데 고전했다. 1992년에 빌 클린턴은 유권자 표의 43퍼센트를 얻었다. 2000년에 조지 부시 주니어는 그가 누르고 승리한 상대 후보 앨 고어보다 50만 표를 덜 얻었다[대중 득표는 더 낮았지만 선거인단 수를 더 많이 확보해 승리했다]. 2004년 부시는 대중 득표율이 50퍼센트를 간신히 넘겼는데, 오하이오주에서 유권자 중 약간만이라도 존 케리John Kerry에게 갔더라면 선거 결과가 달라졌을 수도 있었다.

다른 연방기관들도 패자의 동의를 둘러싼 단층선을 압박했다. 1960년대 이래 대법원의 결정을 둘러싼 맹렬한 싸움은 매번의 대선을 일정 정도 앞으로 대법원의 정치적 방향이 무엇이 될 것인가의 싸움이 되게 했고, 이는 대법원의 역할이 합의된 헌법을 고수하는 것이라는 개념을 훼손했다. 하원의 선거구 재획정(10년마다 센서스를 토대로 인구와 비례해 정해진다)은 인종정치로 얼룩졌다.[85] 그러는 동안 50개 주들 사이에 인구 격차가 커졌고, 따라서 상원의 반反다수주의 구조[인구 비례가 아닌 구조. 인구 수에 상관없이 각 주는 상원의원을 2명씩 갖는다]가 더욱 두드러지게 되었다. 1995년에 오랜 뉴욕 주 상원의원 대니얼 패트릭 모이니한Daniel Patrick Moynihan은 "이후 100년 사이 중 언젠가 미국은 상원 의석 배분 문제를 해결해야 할 것"이라고 말했다.[86]

이러한 변화는 대중민주주의 원칙과 연방제적 원칙이 혼합된 형태인 선거인단 제도의 정당성에 강한 문제제기를 불러왔다. 2000년 대선은 대법원 판결로 결판이 났다. 이때 패자의 동의는 지켜졌지만, 공화당 대통령이 지명한 대법관 다섯 명이 다소 이상한 법리에 근거해 플로리다의 재검표를 멈춤으로써 선거를 부시의 승리로 만들었다는 사실은 대법원의 정치성 및 정당성을 둘러싼 갈등을 격화했다. 이러한 박빙의 선거들은 정치적 권리를 가지지 못한 노동자[미등록 이주 노동자]들을 포함해 노동자들의 불만이 일으키는 긴장도 격화했다. 미등록 이주자 이슈는 두 정당 사이를 뚜렷하게 분열시킨 것은 아니었지만 정당 안에서 계급 간의 연합을 분열시켰다. 이는 2016년 대선 때 트럼프와 샌더스 모두 각각의 정당에서 반기성 비주류 후보로서 도전장을 내밀면서 미등록 이주자 사안을 들고 나온 데서 단적으로 드러났다.

2008년 선거는 이러한 긴장에 잠시 휴지기가 온 듯한 인상을 주었다. 혼합 인종인 후보가 민주적 개혁을 약속하며 승리한 것은 인종적으로 제한적인 버전의 미국 국가공동체주의를 끝내줄 것으로 보였고 선거가 경제에서 의미 있는 변화를 가져오리라는 희망을 불러왔다. 오바마가 선거인단 득표에서 크게 승리했고 유권자 득표도 1988년 이래 역대 어느 대통령보다 높았다는 사실도 대선이 여전히 결정적인 결과들을 내놓을 힘이 있다고 말해주는 것 같았다.

하지만 이러한 희망은 환상이었던 것으로 판명났다. 2008년의 선거 결과도 2000년, 2004년과 다를 바 없이 각 후보를 지지하는 인구 연합 중 어느 쪽이 투표장에 더 많이 나왔느냐의 결과였다.[87] [유색인종, 젊은층, 도시 고학력층 등 '민주당 연합'의 투표가 일제히 올라갔고, 공화당을 지지하는 백인, 고령층, 중소도시, 남부 등은 결집도가 상대적으로 떨어졌다.] 오바마는 정치적 변화를 실제로 가져오는 사람이라기보다 정치적 변화를 향한 '열망'의 상징이었던 면이 더 크다. 그의 일대기가 미국의 국가공동체주의의 재구성에 잘 투사되는 면이 있고 그가 구사한 수사법도 미국 공화정의 토대로서 포용적인 미국인 개념을 든 것은 사실이다.[88] 출마 선언을 하면서 그는 민주적 개혁과 재생을 슬로건으로 삼았다. 그는 "우리가 하나의 국민이 될 수 있다"고 믿는 사람들에게 호소했고 민주적 수선이 가능하다는 신념을 말했다. 또한 그는 "건국의 아버지들의 뛰어난 점은 변화가 가능한 정부 시스템을 고안했다는 점"이라고도 말했다.[89] 하지만 경제 정책에서 오바마는 경선에서 그와 경쟁했던 민주당의 다른 주요 후보들과 구별되지 않았다. 집권 후에는, 그가 백악관에 존재한다는 것이 초월적인 상징으로 기능하긴 했지만 이는 일부 백인들이 인종과 민족에 대해 그가 표방하는 것의 반대쪽으로 쏠리게 만드는 반작용도 가져왔다.[90] 민주주의에서 어떤 지도자도 민주정치적 갈등의 합당성을 부인하지 않고는 그 개인 자체로서 국가 전체의 통합을 담지하는 매개체가 될 수 없다면, 오바마에게 자주 투사된 메시아적 희망은 이 문제를 암묵적으로 부인함으로써 증폭했다.

2008년 붕괴의 여파가 없었더라도 귀족적 과잉에 대한 분노에서 나온 계급 정치의 조건은 오바마 8년 임기 내내 계속되었을 것이다. 2008년에 오바마는 월가에서 막대한 후원금을 조달했다.[91] 지출에 제한이 부과되는 공적 선거 자금 체계에서 이탈하면서 오바마는 그 이후로 선거 자금 모금의 군비 경쟁을 불러왔다. 2010년에 대법원이 '시민연합' 사건에서 기업들이 원하는 만큼 선거에 돈을 쓸 수 있다고 판결하면서, 이 동학은 더욱 증폭되었다.

오마바 임기 동안 거대 기업들은 계속해서 정부 고위직 출신들을 영입했다. 빌 클린턴 같은 전직 정치인들이 설립한 비영리기구와 재단은 선거 때 후보들에게 풍부하게 자금을 후원하는 동일한 사람들, 그리고 외국 정부들을 통해 이런저런 자선 프로젝트에 자금을 댔다. 펜타곤이 발주한 계약을 따내고 정당 후원자 목록에 일상적으로 이름을 올리는 거대 기업들은 그들이 공급하겠다며 입찰한 군사 기술을 종종 공급하지 못했다.[92] 막대한 군사비 지출이 전쟁 승리를 위한 것이라면, 2016년 경의 현실은 [정부의 국방 프로젝트 지출을 통해] 세금은 계속 소수의 기업으로 들어가는데 미국의 군사력은 기껏해야 정체 상태이거나 더 나쁘게는 중동과 아프간에서 재앙을 맞고 있었다.

석유의 귀환

미국 공화정이 이 파괴적인 요인들을 어떻게 제약할 수 있을 것인가의 문제는, 한동안 강력한 국내 정치 이슈 목록에서 사라졌던 석유가 1990년대에 다시 나타나면서 한층 더 복잡해졌다. 석유가 수면 위로 다시 올라온 것은 조지 부시 주니어의 대선 때였다. 그는 석유와 가스 회사에서 많은 후원금을 받았고 에너지 업계 후보라는 공격을 내내 받았다.[93] 이어서 그는 거대 석유 유전 서비스회사 할리버튼Haliburton CEO 딕 체니Dick Cheney를 부통령 후보로 지명했다. 당선 후에는, 이라크 전쟁을 위한 포석을 쌓아가는 과정에서 그의 행정부가 에너지 업계의 이해관계에 의해 지배되고 있다는 인식이 사람들 사이에 더 높아졌다.[94] 이 전쟁이 이라크 석유 생산을 재활성화하는 데 실패하면서, 과거 1970년대에 에너지 생산주(州)들, 에너지 소비주, 환경단체들 사이에 있었던 분열이 다시 결정적으로 불거졌다. 2005년부터는 [외부 이슈와 함께] 에너지 아젠다의 한 축으로 늘 존재했던 국내적 측면, 즉 국내 석유 증산에 더 신경을 써야 했다. 2007년 연두교서에서 부시가 한 다음 발언은 닉슨과 카터의 말을 복화술로 따라하는 듯했다. "너무 오랫동안 우리는 외국 석유에 의존해왔습니다. 그리고 이 의존성이 우리를 적대적 정권과 석유 수송을 크게 교란할 수 있는 테러리스트에게 취약해지게 만들었고 석유 가격을 올려 우리 경제에 큰 해를 끼쳤습니다."[95] 2005년과 2007년에 의회는 석유 생산에 대한 규제를 일부 없애고 석유와 가스 기업들에 상당한 보조금을 제공하는 법을 두 개 통과시켰는데, 하나는 이름이 '에너지 자립 및 안보법Energy Independence and Security Act'이었다. [2007년 법의 경우, 법 자체는 연비 강화, 신에너지 확대 등에 초점을 둔 법이었다. 초안에는 석유, 가스 산업에 세금 혜택과 보조금을 대폭 줄이는 내용이 있었지만 나중에 이 부분은 빠졌다.]

  2008년 한 해의 흐름을 보면, 7월까지는 대선 선거 운동을 에너지 이슈가 지배했다. 유가가 천정부지로 치솟던 때였고 아직 리먼브라더스 파산이라는 초대형 이슈가 생기기 전이었다[2008년 금융 위기의 도화선이었던 리먼브라더스 파산은 9월이었다]. 그해 7월에 석유 가격이 150달러로 최고점에 올랐다. 부시는 행정 명령으로 해양 시추 금지를 해제했다. 상당한 민주당 의원들이, 환경을 우선시하고 싶은 마음이 있었더라도 유가 상황이 상황인지라 제한적인 석유 탐사를 허용하는 쪽으로 공화당에 동참했다.[96] 공화당 후보 존 매케인John McCain은 일부 민주당 의원들이 시추 증대에 반대하고 오

| 9장 | 개혁은 어디로 가고 있는가   361

바마가 휘발유세 중지에 반대한 것이 선거에서 자신을 유리하게 만들어줄 수 있을 것으로 생각했다. 7월의 여론 조사에서 유권자의 4분의 3 이상이 휘발유 가격이 누구를 찍을지 결정하는 데 지극히 또는 매우 중요할 것이라고 답했다. 또 다른 조사에서는 절반 이상이 연방 보호 구역에서 시추를 허용하는 데 찬성했다.[97] 매케인 본인은 알래스카 북극야생동물보호구역에서 시추를 허용하는 것에 반대했지만, 공화당 전당대회에서 "드릴, 베이비, 드릴"이 공화당 대선 슬로건으로 채택되었다.

금융 위기로 경제 붕괴가 시작된 이후에도, 셰일 붐으로 에너지 자립의 유혹이 더 촉진되면서 석유는 미국 국내 정치에서 계속 주요 이슈의 자리를 차지했다. 많은 유권자들이 유가가 낮게 유지되고 석유 기업의 수익이 줄고 기후변화 대응이 늘기를 원한다는 것을 알고서, [2008년 대선에서 승리하고 2009년 1월에 취임한] 오바마는 임기 중에 이 상충하는 측면들 모두에 다 적극적으로 나서고자 했다. 2010년 3월에 오바마 행정부는 해양 시추를 새로 허용하겠다고 발표했다. 하지만 다음 달에 멕시코만에서 딥워터 호라이즌 석유 누출이 벌어지자 그 결정을 철회했다. 유가와 환경 사이에 끼인 오바마는 2010년에 캐나다 앨버타에서 멕시코만까지 타르샌드 석유를 운반하기 위해 시작되었던 키스톤 XL 파이프라인 건설의 네 번째 단계를 계속 진행할 것인지의 결정을 6년이나 미뤘다. 2014년 중간선거 때 공화당은 이 이슈를 이용해 상원을 재장악하는 데 성공했다. 하지만 새 의회 회기가 되기 전에 열린 투표에서 공화당은 승인을 확실히 하는 데 필요한 60석에서 한 석이 모자랐다. 2015년에, 이제 걱정할 또 다른 선거가 없는 상태에서, 오바마는 마침내 키스톤 파이프라인 건설 재개를 승인하지 않기로 결정했다. 이를 발표하는 연설에서 오바마는 양측 모두에서 석유가 실재와 괴리된 상징적인 무언가가 되었다고 한탄했다. 석유회사의 사악함을 상징하는 것이거나, 경제 성장과 일자리 창출에 필요한 것이 무엇인지 잘 알지도 못하면서 무턱대고 반대하는 무모한 열정을 상징하는 것이 되었다고 말이다. 하지만 매우 상이한 문제인 '청정' 에너지와 '국내에서 생산된' 에너지 이슈를 뒤섞어서 둘 다에 대해 자신의 정치적 공적을 인정받고자 했다는 점에서 그 자신의 부정직함도 없지 않았다.[98]

공화당 쪽에서는, 2000년에도 그랬듯이 2016년 대선에서도 석유가 중요한 역할을 했다. 석유는 젭 부시가 속한 당내 기성 세력에게 공화당 예비선거에서 유세의 핵심 기조를 제공했다. 형 부시와 비슷한 경로를 가면서, 젭 부시는 환경 규제와 수출 금지를 공격했다. 시추와 관련해서는, 연방에 비해 주의 권한을 강화하고 키스톤을 즉각 승인하겠다고 약속했다. 언론보도에 따르면, 석유 및 가스 업계는 다른 모든 공화당 후보를 합한 것보다 젭 부시에게 더 많은 선거 자금을 지원했다.[99] 이 방대한 돈, 그리고 대통령을 둘이나 배출한 왕조 집안의 이름 '부시'는 2016년 공화당 경선에서 젭 부시를 귀족적 과잉의 적장자가 되게 했다. 수사법으로야 본인이 다수 대중의 이익을 지키는 사람이고 소비자를 고유가로부터 보호하며 환경파괴에 대한 과도한 우려로부터 사람들의 경제적 이익을 지키는 사람이라고 말하긴 했지만 말이다.[100] 젭 부시의 선거 운동은 처참할 정도로 창피하게 끝났다. 하지만 가격을 낮추고 물량을 풍부하게 공급한다는 약속은 미국의 대중정치에서 사람들에게 내세울 대의로서 훗날 트럼프도 사용하게 되는 전략이다. 기후변화의 중요성을 인식하는 유권자가 점점 많아지고 있긴 했지만, 대다수의 사람들이 에너지 소비에 더 비싸게 돈을 내거나 에너지 소비를 줄일 의향이 있다는 징후는 없었다.

미국의 채권자-채무자 정치

셰일 에너지를 생산해야 할 당장의 현실적인 필요성과 셰일 에너지 생산이 방대한 신용 조달에 의존한다는 사실은 제로 금리에 대해 독일 주도의 유로존에는 존재할 수 없었던 광범위한 정치적 합의를 가능케 했다. 그럼에도, 금융 붕괴 이후 연방정부와 중앙은행의 자원으로 '누구'의 부채를 구제해 주어야 하느냐는 치열한 정치적 갈등이 벌어지는 주제였다.

부시 행정부가 마련한 기업구제 프로그램인 부실자산 구제프로그램 Troubled Asset Relief Programme(이하 'TARP')은 즉각적으로 정치적 논쟁의 장에 반발을 불러왔다. 처음에 이 법안이 상정되었을 때는 하원에서 부결되었다. 우파 쪽에서는 분노가 구제금융 반대, 정부의 추가 부채 발행 반대를 주창하는 티파티Tea Party 운동으로 이어졌고 곧 이 운동은 공화당의 기성 지도부에 중대한 도전 세력이 되었다.[101] 2010년 중간선거 때 공화당의 몇몇 당내 경선에서 반란자 후보들이 승리했고 본 선거에서 공화당이 하원을 재장악하는 데 기여했다. 티파티 활동가들은 공화당의 기성 지도부가 납세자로서의 시민을 은행의 구제금융 요구와 연방정부 자체의 부채 발행으로부터 보호하는 데 실패했다고 여겼다. 또한 그들은 연방정부가 채권 발행으로 돈을 빌려서 시민이 아닌 사람들을 지원하는 데 쓰고 있다고 생각했다. 옛 민중당의 수사법을 사용해서, 티파티 운동은 종종 미등록 이주자들을 '생산적인 시민' 범주의 외부에 있는 사람으로 묘사했고, 좌파가 투표권을 시민이 아닌 사람에게까지 확대해 보수 유권자 표의 중요성을 희석시키려 한다고 비난했다.[102]

공화당이 기존의 방향을 바꾸기를 원하면서, 하지만 그와 동시에 공화당의 이름으로 선거에 나서려 하면서, 티파티는 기존 정당들이 가지고 있었던 귀족정의 속성에 빠르게 포획되었다. 곧 억만장자인 코크 형제(석유와 파이프라인 관련한 이해관계가 있는 일가다)가 주요 자금원으로 떠올랐다.[103] 공화당의 몇몇 신예 정치인들은 티파티의 이름으로 지지자를 확보해 기성 후보를 꺾고서 워싱턴에 입성하고서 그다음에는 (미등록 이주자를 더 받아들이려 하는 것도 포함해) 기업 후원자들이 요구하는 정책 방향을 따르는 쪽으로 선회했다. 훗날 2016년 대선에서 공화당 경선에 나서는 마르코 루비오Marco Rubio도 그런 경우였다.[104]

TARP가 연방정부가 국채를 발행해 돈 빌리는 것을 줄여야 한다는 요구에 불을 붙였다면, 모기지 압류 위기는 집을 잃게 된 사람들 사이에서 연방정부가 은행에 해주는 것만큼 너그럽게 자신의 부채도 구제해줘야 한다는 요구를 촉발했다. 하지만 1930년대와 달리 어떤 정당도 모기지 채무자를 보호하기 위한 개혁 프로그램을 제공하지 않았다. 뒤이은 채무자들의 불만은 2011년의 '점령하라' 운동에서 가장 명백하게 드러났다. 이 운동은 "우리가 99퍼센트다"라는 슬로건을 통해 거의 문자 그대로 귀족적 과잉을 공격했다. 또한 민주당 내에서 이 저항은, 빌 클린턴이 중국과의 교역 자유화 쪽으로 정책을 전환한 이래 이어져온 민주당의 경제 기조 전체로부터 멀어져서 민주당을 더 왼쪽으로 가게 하려는 젊은 활동가층을 산출했다.

좌우파 모두에서, 미국이 정치적으로도 도덕적으로도 경제적 불만에 대응할 역량이 없다는 믿음이 팽배했다. 이것은 그 자체로도 국내 정치에 큰 부담이었을 테지만, 주택 압류 위기의 인종적인 여파로 강도가 한층 더 심해졌다. 체계적으로 사기를 당한 사람들까지 포함해서 자산을 잃은 채무자들은 흑인과 히스패닉이 인구 비례보다 많았다.[105] 그 결과, 자산 소유에서 오래도록 존재했던 인종적 불평등이 2007년 이후에 더 급격하게 증가했다.[106] 민권 운동으로 남부의 흑인들이 시민권을 회복한 지 50년이 지난 시점에, 미국 정치인들은 흑인과 히스패닉 시민에게 주택 소유에 대한 연방 보조의 이득을 과거 정치인들이 백인에게 제공했던 것과 동일하게 제공할 역량이 없어 보였다. 오히려, 주택 보조에 들어가는 자금을 국제화된 은행업을 이용해 조달하려 하면서, 정치인들은 불평등을 한층 더 악화시켰다.

이러한 배경에서, 흑인의 투표권 이슈 또한 심하게 정치화되었다. 공화당이 장악한 몇몇 주 의회에서 '1965년 투표권 법'이 금지하고 있는 방식으로 주 선거법 변경을 시도했다. 그리고 2013년에 대법원이 연방 정부의 승인 없이 남부 주들이 선거법을 바꾸지 못하게 한 선거권 법의 두 조항을 무력화시켰다. 그 이후로 (남부 주에서만이 아니라 다른 곳에서도) 공화당이 장악한 몇몇 주 의회는 사진 부착 신분증 지참을 요구하고 사전 투표를 제한하고 지역 투표소를 닫는 등 새로운 선거법을 만들었고 종종 이는 흑인과 히스패닉 유권자들의 투표율을 낮추었다.[107]

주정부와 주의회에서 어떤 시민이 투표를 할 수 있는 헌법적 권리를 '실제로' 행사할 수 있느냐를 둘러싼 갈등이 높아지는 동안, 연방정부와 연방의회에서는 비시민 거주자 수백만 명을 시민이 되게 해야 하는지, 그리고 멕시코와의 국경에 대해서는 무엇을 해야 하는지에 대한 싸움이 계속되었다. 2013년에 미등록 이주자들에게 시민권 획득의 경로를 열어주는 것을 포함하는 개혁 법안이 발의되었지만 통과되지 못했다. 2014년에 공화당이 상원의 다수가 되고 원래 다수였던 하원에서도 의석이 더 많아지면서(부분적으로는 국경 이슈 때문이었다), 오바마는 의회를 통하지 않고 대통령 행정명령으로 미국에 오래 거주한 미등록 이주자 중 일부에게 체류 신분을 허용하는 완화책을 제공했고 여러 경제 영역에서 비자 프로그램을 연장했다. 이 조치는 정치적 갈등이 사법부로 넘어가는 경향에 사례를 보탰다. 텍사스 주정부 및 24개의 여타 주정부들이 미등록 이주자와 관련한 오바마의 2014년 행정명령에 대해 소송을 제기한 것이다. 연방 하급 법원에서 오바마의 행정 명령이 위헌이라고 판결하고 나서, 2016년에 연방 대법원은 안토닌 스칼리아 Antonin Scalia 대법관 사망으로 8명이 된 상태에서 이 사건에 대해 4대 4의 결론을 내렸고 따라서 하급심 판결이 유지되었다. 몇몇 다른 문제에서도 미국 민주공화정은 덫에 빠진 것처럼 보였다. 시민권 문제를 풀 수도 없었고, 국경을 통제할 수도 없었으며, 둘 중 어느 하나라도 시도하면 시민들에게 민주장을 다른 이들과 공유한다는 것의 의미에 대해 서로가 얼마나 동의하지 않는지만 새삼 상기시킬 뿐이었다.

트럼프의 반란

시민권 이슈와 국경 이슈가 정치적 화염을 일으키는 강력한 힘을 발휘하지 않았더라면 2016년에 도널드 트럼프가 공화당 대선 후보가 될 수 없었을 것이다. 트럼프는 이 이슈들을 활용해서, 미국의 제한적인 국가 공동체주의라는 깊은 우물에서 풍성한 자원을 퍼올렸다. 멕시코와의 국경에 장벽을 짓겠다는 공약이나 히스패닉계인 판사가 '트럼프 대학'에 대한 사기성 소송의 재판을 맡았으니 편파적인 판결이 나올 수밖에 없다는 주장 등 그의 이야기 모두가 1952년까지 미국 사법부가 시민권에 대해 법적으로 승인했던 인종주의에 호소한 것이었다. 이러한 인종주의적 수사법은 미국에 살고 있는 사람 수백만 명이 자신의 존재 자체의 정당성을 부인당하게 만들었고 수많은 다른 사람들도 경악에 빠트렸다.

하지만 트럼프가 공화당 후보 지명전에서 자금을 넉넉하게 후원받는 공화당 기성 후보들로부터 후보 자격을 효과적으로 가로채고 이어서 본선에서 힐러리 클린턴까지 누르고 승리한 것은, 인종에 대한 단층선 외에 미국을 가로지르는 또 다른 단층선도 불러왔기 때문이었다. 토착주의에 대놓고 호소한 것에 더해, 트럼프는 귀족적 과잉에 대한 계급적 불만도 동원했다. 트럼프는 중국과의 교역 정책, 은행 구제금융, 연준의 양적완화 프로그램, 미등록 이주자 유입을 위한 기업의 로비, 중동에서의 전쟁 등의 사안을 활용해 미국 공화정이 형태와 결과 모두에서 귀족적 과잉을 가지고 있음을 드러내고자 했다. 그 자신도 명백히 귀족적 과잉의 일원이라는 점은, 도덕적인 면은 차치하고 정치적인 면에서는, 핵심이 아니었다. 사실, 그 역시 특권층의 일원이라는 사실은 그를 고대 로마 공화정의 [후기 정계를 둘로 나눈 파벌인 오프티마테스Optimates와 포풀라레스Populares 중] 포풀라레스처럼 보이게 했다. 귀족 계급에 속하면서도 평민 계급의 불만을 이용해 자신과 같은 권력자 집단인 동료들과의 싸움에 나섰다는 의미에서 말이다.

중국에서 멀어지는 방향으로의 지정학적 전환이 국내 정치에 갖는 함의가 무엇이었건 간에 트럼프의 재임기는 문제에 대한 민주적 개혁을 실행하는 것과는 거리가 멀었다. 미국 공화정이 가지고 있는 귀족정의 속성은 그에게 대통령 직책을 이용해 자신의 기업적 이익을 추구하고 자기 가족을 지원할 기회를 제공했다. 본선 선거 운동 때 그는 억만장자와 공화당의 기업인 후원자들로부터 상당한 자금을 받았고, 이는 당내 경선 때 자신은 워낙 돈이 많아서 정치적으로 매수될 일이 없다던 그의 주장을 곧바로 무너뜨렸다. 행정부 인선에서는 군 장성 출신 인사들을 대거 중용했다. 또한 의회에서 정책을 통과시키려면 공화당 의원들의 지지가 필요했는데 이들이 미는 의제는 트럼프가 공약했던 대규모 인프라 지출이 아니라 공화당의 표준 아젠다인 감세와 키스톤 파이프라인 승인이었다.

트럼프와 석유 정치와의 관계는 민주적 개혁이라는 주제 위주로 영리하게 설계된 그의 수사법과 미국을 실제로 통치할 때의 현실 사이의 괴리를 단적으로 보여주는 사례다. 당내 경선 기간 중에 그는 라이벌인 테드 크루즈Ted Cruz를 "전적으로 석유회사들이 통제하는 사람"이라고 맹비난했다.[108] 키스톤 파이프라인 승인을 신념의 문제로 이야기한 다른 후보들과 달리 트럼프는 키스톤을 "미국인을 위한 이익의 거대한 조각"을 얻는 것으로서 승인하겠다고 말했다.[109] 또한 셰일 시추를 금지할 것이냐에 대한 결정권을 지역공동체가 가져야 한다고 제안한 적도 적어도 한 번 있었다.[110] 본선 때도 트럼프는 클린턴과 다르게 석유와 가스 업계에서 후원금을 매우 적게 받았다.[111] 하지만 예측 가능하게도, 임기가 시작되자 트럼프의 태도는 급격하게 바뀌었다. 그는 조지 W. 부시 시절 국가안보보좌관이었던 콘돌리자 라이스Condoleezza Rice의 추천으로 미국 최대 석유회사 중 하나인 엑손모빌의 CEO 렉스 틸러슨Rex Tillerson을 첫 국무장관으로 지명했다. 그리고 임기가 시작되고 얼마 되지 않아서 연방정부가 받는 수익 분배에 대한 언급 없이 키스톤을 승인하는 행정 명령을 내렸다. 셰일에 대해 전에 그가 말했던 의구심도 이제 그의 발언에서 모두 사라졌다. 사실, 그보다 앞서 오바마도 그랬듯이, 트럼프는 '미국의 에너지 패권'과 '미국 에너지의 황금기' 둘 다를 자신의 공적으로 가져가고 싶어했다.[112]

이 점에서, 셰일 시대에 백악관에 입성할 수 있었을 다른 기성 정치인들과 트럼프는 그리 다르지 않았다. 코로나 이전에 트럼프는 자신의 재선 전망이 이란과 러시아가 어떤 결정을 하는지에 달려 있다는 것을 잘 알고 있었다. 미국의 '에너지 패권' 시대라고는 해도 미국 셰일 회사들이 다른 두 석유생산국인 이란과 러시아의 협력 없이 가격을 결정할 수는 없을 것이기 때문이다. 트럼프가 아니라 다른 사람이었다면 트위터에서 사우디에 생산을 늘리라고 요구하지는 않았겠지만, 구매 가능한 가격대의 유가를 유지하는 것은 재선을 앞둔 어떤 현직 대통령이라도 원할 일이고, 조 바이든도 예외가 아니었다. 다른 많은 정책 영역에서는 미국 정치인들이 대중의 요구나 분노로부터 잘 보호막을 칠 수 있지만 유가가 비싸지는 것은 그렇지 않다.

트럼프 재임 기간의 독특했던 점은, 그가 무엇을 했느냐보다는 그가 대중에게 말하는 화법 및 드러내는 표현과 '대통령'이라는 직의 관계에 있었다. 많은 이들에게 그가 백악관에 있다는 것 자체가 민주적으로 정당성이 없어 보였고 그는 종종 그러한 인식을 더욱 강화하는 방식으로 행동했다. 트럼프가 대중 득표에서 이기지 못했다는 사실, 그리고 이번이 16년 전에 이어 두 번째로 미국의 연방제적 속성이 민주정의 속성을 누르고 승리한 대선[대중 투표 득표율이 더 낮았는데 선거인단 표를 더 많이 확보해 승리했다. 이는

| 9장 | 개혁은 어디로 가고 있는가   369

1800년대를 제외하고 1900년 이후로 2000년 대선 때에 이어 두 번째였다]이었다는 사실은 '패자의 동의'를 즉각적으로 약화시켰다. 2020년 선거 직후 그가 보여준, 막무가내식의 부끄러운 행동이 있기 한참 전부터도 트럼프를 도저히 대통령으로 받아들일 수 없다고 생각하는 사람들에게는 화염성 있는 그의 토착주의 레토릭과 행정적 무능함이야말로 강한 헌법적 제약과 규범이 없는 상태에서 민주정이 타락해버렸음을 보여주는 증거 같았다.[113] 반대로, 2020년 선거에서 트럼프를 옹호한 사람들에게는 트럼프 반대자들이 2016년의 패배를 받아들이지 않으려고 하는 것이 계급적 이해관계 때문에 민주주의를 공격하는 것으로 보였다.[114]

패자의 동의가 취약하다는 사실의 기저에는 미국의 국가공동체주의 그리고 그 공동체주의와 연방제라는 형태와의 관계에 대한 문제가 놓여 있다. 미국의 역사적 기억에 대한 이슈들, 특히 미국 공화정의 건국에 대한 기억의 이슈는 해체적인 정치적 열정에 불을 붙인다. 남부연맹의 역사를 집합적인 미국의 역사적 경험에 포함하는 것은 남북 전쟁 이후에 만들어진 합의의 일부였다. 하지만 이전의 노예가 이제는 시민이 된 국가에서, 이것은 미국 국가공동체주의의 언어를 크게 제약했다. 아직 미국은 미국에서 살아가는 모든 사람들을 포괄할 수 있는 '미국인' 개념을 뒷받침하는 과거 이야기를 가지고 있지 않다. 한때 정치적으로 우세했던 이야기(미국 공화정의 기원을 차차로 실현되어갈 이상의 토대로 보는 개념)는 이제 불충분해 보인다. 이 개념은 시간이 가면서 시민권을 누리는 인구 집단의 구성에 변화가 생긴다는 사실 및 돈 있는 사람들의 이해관계에 매우 많이 지배되는 국가에서는 경제적 개혁이 매우 어렵다는 사실과 언제나 충돌했다. 하지만 미국 공화정의 기원 이야기에 대한 어떤 개념도 회복이 불가능하고 민주적 재생에 영감을 주지 못한다는 생각은, 많은 미국인들에게 '미국 시민이 된다는 것의 의미'에 대한 그들의 이해를 공격하는 것으로 여겨진다. 이러한 인식상의 충돌은 인구 변화로 반다수주의적 원칙에 기초한 상원의 구조가 정치의 결과에 더 크게 영향을 미치게 되면서, 한층 더 복잡해졌다. [연방 상원의원 수가 인구 비례로 정해지지 않고 각 주에서 동일하게 두 명씩 선출되므로, 쇠락하고 공동화되는 지역이 분노의 표출에서는 인구 비례를 훨씬 넘어서는 정치적 영향력을 일으킬 수 있다.] 이러한 정치적 조건에서, 선거 자체가 민주정의 위기를 가져올 가능성이 있게 되었을 뿐 아니라, (연방과 주의 관계에 대한 규칙도 포함해서) 헌법 자체가 점점 더 민주정치적 쟁투의 대상이 되고 있다.

팬데믹 시기 민주정 국가들의 국내 정치

지정학적·경제적으로도 그랬듯이, 팬데믹은 민주정 국가들의 국내 정치 면에서도 장기적인 단층선을 확연하게 드러냈다. 이번에도 미국의 경험은 유럽과 양태가 사뭇 달랐다. 그리고 이번에도 (영국을 제외하고) 유럽의 큰 국가들에서 일어난 일은 EU 및 유로존과 뗄 수 없이 결부되어 있었다. 팬데믹 초기에 정부들이 어마어마한 결정들을 긴급하게 내려야 했다는 사실은 정치에서 누가 무엇에 대한 의사결정 권한을 갖고 있느냐의 문제를 불러왔다. 의회나 사법부가 아니라 행정부가 결정적인 중요성을 가졌고, 이는 이런저런 방식으로 권한과 권위에 대한 정당성이 핵심에서 잠식되고 있던 민주정 국가들을 한층 더 취약하게 노출시켰다. 미국에서는 연방정부가 자신이 가진 권한으로 긴급 대응을 이끌어야 했겠지만 트럼프는 그럴 의향도 없었고 그러기 위해 행정력을 동원할 능력도 없었다.[115] 알아서 하는 수밖에 없게 된 주지사들은 '주의 자율성'을 주장했다. 코로나 위기의 첫 몇 주 동안 캘리포니아 주지사 개빈 뉴섬Gavin Newsom은 '주권적 통치력을 가진 정부로서' 주 차원의 록다운을 명령했고(이런 취지에서 캘리포니아의 지위를 일컬어 'nation-state'라는 표현을 자주 사용했다), 중국에서 의료 장비를 구매했다. 트럼프가 중국과의 디커플링을 강화하려 했던 때인데도 말이다.[116] 트럼프가 뉴욕과 뉴저지에 격리 조치를 강제하는 데 연방정부의 비상 시기 권한을 사용하겠다고 하자(주 안팎으로 이동을 금지하게 될 것이었다) 뉴욕주지사 앤드류 쿠오모Andrew Cuomo는 그러한 조치는 "연방정부가 전쟁을 선포하는 것"이라며 맞섰고, 트럼프는 한발 물러섰다.[117]

2020년 5월에 미니애폴리스에서 흑인 조지 플로이드George Floyd가 백인 경찰의 손에 사망하면서 정당성과 관련해 미국이 가진 모든 어려움이 만천하에 드러났다. 처음에는 명백하게 노예제의 유산, 그리고 노예제 폐지 이후에도 지속되는 인종적 위계의 문제로 보였다. 그다음에는 저항, 경찰의 잔혹함, 그리고 폭동이 이어졌고, 이는 트럼프의 대통령직이 합당한가에 대한 논쟁 및 트럼프 스스로가 자신에게 맞서는 분노의 감정을 일으켜놓은 것의 문제와 뗄 수 없게 되었다. 몇 달 동안 많은 미국인들에게 공중보건 위기 상황에서 저항에 나설 것인가, 그럴 헌법적·도덕적 권리가 자신에게 있는가의 문제는 주의 법이나 공중보건상의 위험[감염 확산 위험]의 함수가 아니라 그 저항에서 공언된 정치적 대의의 함수였다. 모든 시민이 동일한 헌법적 권리를 가지고 있지는 않다는 인식이 팽배했다. 사실 록다운에 저항하거나 인종적 부정의에 저항하는 사람들이 자신이 주창하는 대의에 대해, 또 그 대의를 위해 공중보건 위기인 상황에서 저항에 나서는 것에 대해 정당하다고 생각했다면, 종종 다른 사람들에 대해서는 그러한 정당성을 부정했다.

이러한 정치적 분위기에서 대선이 진행되었다. 투표 시작 전부터도 현직 대통령인 후보[트럼프]가 자신이 패배할 경우에 '민주정에서는 선거에서 패배했을 때 그 자리를 떠나야 한다'는 사실을 자명한 진리로 받아들이지 않으리라는 것, 그리고 그가 승리해 재선이 될 경우에는 정치적 위기를 일으키리라는 것이 명백했다. 트럼프는 선거에서 패배했고 미국의 최고 법원[연방대법원]과 의회를 동원해 백악관에서 나가지 않으려는 재앙적인 시도를 했다. 일부 트럼프 지지자들이 의사당에 난입하는 사태가 있고 나서, 조 바이든의 취임식이 대규모 군 경비하에 진행되면서 워싱턴 D. C.는 미국 공화정의 중심지가 아니라 점령된 군사 지역처럼 보였다.

유럽에서는 다국가 체제가 아닌 국가들의 경우 2020년 봄에 정부가 거의 완전한 동의를 바탕으로 전국적인 록다운을 실시할 수 있었다. 독일 연방공화국의 경우 란트 정부들이 이 조치를 결정할 권한이 있었지만 연방정부가 록다운을 조율했다. 하지만 다국가 체제인 국가들의 경우에는 매우 명백한 분열이 드러나기도 했다. 영국에서는 위기 시에 의회보다 행정부가 우위에 있게 되었을 때 UK의 구성적 질서가 얼마나 취약한지가 금세 드러났다. 자치권 이양이 비대칭적으로 이루어졌었기 때문에 스코틀랜드, 웨일스, 북아일랜드는 자치 정부가 있지만 잉글랜드는 그렇지 않은 것이다. UK 정부가 록다운 해제 조치를 내놓았을 때 스코틀랜드, 웨일스, 북아일랜드 정부들은 보건과 교육에 대한 자치 권한을 활용해 UK와 다른 조치를 취하려 했고 'UK 행정부'는 사실상 '잉글랜드 행정부'가 되었다[팬데믹 초기던 2020년 3월에는 4개 정부가 협의를 통해 비슷한 시점에 록다운을 발동했지만 5월 이후 완화 국면에서는 스코틀랜드, 북아일랜드, 웨일스가 중앙정부의 봉쇄 해제 일정이나 방침을 그대로 따르지 않고 자체 권한에 각자의 속도와 방침으로 별도의 조치를 취했다]. 하지만 여기에는 명료한 헌정상의 토대가 없었고 어느 면에서는 민주적 정당성도 없었다. 정부 간 경쟁이 증가하고 'UK의 통치'가 사실상 '잉글랜드 통치'나 다름 없어지면서 2021년에 스코틀랜드 분리 독립에 대한 요구가 전에 없이 높은 수준으로 고조되었다.

경제 회복에 대해 말하자면, 유로존의 더 약한 국가들의 처지는 위의 경우와 개념적으로 반대였다. 잉글랜드처럼 유로존도 공식적인, 주권적 행정부가 없었다. 하지만 이 경우에는 새로운 EU조약이 생기거나 유로존의 협정이 생기지 않는한 주권적 행정부가 생길 가능성이 없었다. 마크롱에게는 이 위기가 유로존 개혁을 밀어붙일 기회로 보였다. 2020년 봄 마크롱은 독일이 유로존 공동의 부채 매입 프로그램에 동의해야 한다고 촉구하면서 2012년에 올랑드가 시도했던 것처럼 프랑스를 남유럽 연합의 맹주로 위치시키려는 모험을 했다. 하지만 메르켈이 퇴짜를 놓자 마크롱은 익숙한 경로로 후퇴했다. 마크롱은 베를린을 방문해 덜 야심찬 조치에 동의했다. 프랑스-독일이 합의한 EU회복기금 초안과 2020년 7월에 EU 국가들이 합의한 EU회복기금 공식 안에서 표방된 과장된 언사가 무엇이었든 간에, 여전히 EU는 EU 이름으로 발생한 부채 상환을 위해 EU 시민들에게 직접 과세하는 방향으로는 나가지 못했다.

그 결과, 유로존을 둘러싼 정치적 교착 상태는 해소되지 않고 계속 이어지고 있다. 민주정에서 세금은 늘 기저의 동의가 필요하다. 7장에서 설명했듯이 역사적으로 처음에 이것은 투표권을 납세와 연결시킴으로써, 또한 모든 시민이 납세자이자 채권자가 되도록 독려함으로써 이루어졌다. 하지만 1920년대 무렵이면 부자들에게 세금을 더 높은 세율로 내게 하는 것이 유럽의 민주정 국가들을 불안정하게 하는 데 일조했다. 그리고 개방된 국제 자본 흐름의 조건에서 자본 이탈과 부채 조달의 문제가 다시 등장하면서, 이는 유로존이 창설되는 데 간접적으로 매우 중요한 맥락이 되었다. 하지만 여기에 수반되어야 할 정치체나 정치적 연합체가 없는 상태로 만들어진 초국가적 통화연맹은 공동의 조세를 지탱할 수 있는 공유된 정치공동체 의식을 충분히 가질 수 없었다.[118] 오히려 유로존의 정치인들은 국제화되고 금융화된 경제에서 기업의 수익에 과세를 하기란 지극히 실현하기 어려운 일이라는 결론에 도달했다.

이런 면에서, 팬데믹 이전에도 명백했던, 민주적 수선을 가로막는 일반적인 경제적 장애물은 유로존에서 특히나 첨예한 형태를 띠었다. 그 전까지 각 국가들의 국내 정치는 통화 의사결정과 한동안 괴리되어 있었고 독일의 경우에는 더 오래 그랬다. 그런데 유로존 위기의 결과로 '통화 영역'과 '선거를 통해 부여되는 정치적 권한' 사이의 관계가 민주정 정치의 일반적인 요구와 거꾸로가 되었다. 말하자면, [통화가 정치적 고려의 영향을 받는 게 아니라] 유럽중앙은행이 참아줄 수 있는 정부만 국가의 통치 권력을 가질 수 있었다. 마스트리흐트로부터 나온 그 모든 정치적 교란이 있고 나서, 이제 마스트리흐트 조약에 내재된 통화-경제 분리(통화의 영역은 초국가적이고 기술관료적인 반면, 나머지 경제 정책은 국가적이고 대중민주적으로 결정된다는 분리)는 거의 완전히 붕괴했다.

EU회복기금도 이 동학을 촉진하는 또 하나의 촉매로 작용했다. 2021년 1월, 회복기금을 받음으로써 정부 지출에 운신의 여지가 생긴 이탈리아가 재정적 자율성을 행사하려 했을 때, 이는 직전 총선 때는 존재하지도 않았던 정당[전 총리 마테오 렌치가 이끄는 생동하는이탈리아Italia Viva]의 손에 주세페 콘테 총리가 이끄는 대연정이 붕괴되는 결과를 가져왔다. 콘테는 회복기금을 확장적으로 사용하려 했는데, 그의 사용 계획에 경악한 전 총리 마테로 렌치가 기금 사용에 대한 결정권이 지배 연정에 있는 다른 장관들에게 더 많이 주어져야 한다고 주장했다[받아들여지지 않자 생동하는이탈리아는 연정에서 이탈했다]. 렌치는 EU가 이탈리아에 제공한 재정 지원이 어떻게 사용되고 있는지에 대한 독일의 인식이[즉 독일이 보기에 이탈리아가 지원금을 방만하게 사용하고 있는 것으로 여겨지는지 아닌지가] 유럽 공동명의로 부채를 발행하는 시스템이 앞으로도 계속 존재할 수 있을지를 판가름하는 데 결정적으로 중요하다는 사실을 알고 있었던 것 같다. 렌치의 행동(콘테 총리에게 정면으로 반기를 들고 연정에서 이탈)이 가져온 최종 결과는 또 한 차례의 기술관료 정부였다. 마리오 드라기가 이 연정의 총리가 되었고 대규모 지출을 해야 하는 모든 부처에는 선출직 출신이 아닌 사람들이 장관으로 임명되었다. 드라기가 총리가 된 것은 이탈리아에서 제2공화국이 갈 수 있는 논리적 귀결이었다. 새 총리는 유럽중앙은행이 신뢰하는 총리여야만 할 텐데, 그렇다면 전직 유럽중앙은행 총재였던 드라기만한 적임자가 없을 테니 말이다.

하지만 유럽친화적 정당들이 대연정에서 겪게 되는 정치 논리는 드라기의 임명으로 사라지지 않았다. 드라기 정부를 지지한 의원들의 다수와 드라기 정부의 각료들은 레가까지 포함하는 매우 폭넓어진 스펙트럼에서 온 사람들이었다. 이는 2021년에 2018년 총선 당시의 각 정당 득표율을 합산해보았을 때 총 86퍼센트의 지지를 얻은 정부를 탄생시켰다. 야당에는 극단적으로 유럽회의주의적이고 강한 반이민자 입장을 가진, 그때 총선에서 4퍼센트밖에 득표를 못한 이탈리아의형제들만 유일하게 남았다. 레가 입장에서 연정 참여가 중대한 유턴이었다면, 살비니가 일시적으로라도 대연정에 합류할 의사가 있었다는 사실은 EU가 이탈리아에 제공하는 지원이 제약적인 만큼이나 유혹적이라는 점을 말해준다.

다시 한번, 이탈리아의 국내 정치는 EU에서의 변화와 분리될 수 없었다. EU의 미래를 새로운 EU 조약을 둘러싼 민주정치적 경쟁의 장에 올려놓는 것을 통해서만이, 이탈리아 국내 정치를 단기적으로 안정시키는 것이 독일 국내 정치를 불안정하게 만드는 동학을 없앨 수 있다. 하지만 유로의 법적 구조를 조약으로 수정하려는 시도는 공동 과세에 기초한 유럽 수준의 정치공동체를 구성하는 것에 대한 대중의 지지가 얼마나 약한지만 드러내게 될 위험이 있다.

이탈리아 제2공화국에서 30년간 존재했던, 기술관료 내각(특히 총리와 재무장관)을 두는 경향이 민주정 국가의 일반적인 모습이 되지는 않을 것이다. 그럼에도, 이탈리아는 (행정부 내의 매우 소수 사이에서만의 경합이 있을 뿐) 정당들 사이의 경합으로서 정치적 갈등을 구조화하는 데서 유럽의 민주정 국가들이 겪는 어려움을 잘 보여준다.[119] 대연정으로 간 다른 곳들과 마찬가지로, 이탈리아에서도 유권자로서의 시민은 투표를 한다 해도 누가 의사결정을 하게 될지를 믿을 만하게 선택할 수 없다[유권자가 자신이 지지하는 정당을 찍어도 연정이 되어서 정책이 희석될 수 있고 잦은 연정 붕괴의 가능성도 있다]. 비례 대표식 선거 시스템이 오랫동안 민주정에 존재하는 이 문제를 완화해왔지만, 이런 경우가 발생하는 것은 이제 그리 드문 일이 아니다. 대통령제인 프랑스의 경우에는 이 문제가 전통적인 중도 우파와 중도 좌파의 양당 체제가 없어진 상태에서 다소 다르게 펼쳐졌다. 적어도 마크롱 재임하의 프랑스 민주정은 드골이 "공화적 군주제"라고 묘사한 것과 더 비슷하다. 국민들 사이의 갈등이 제도적 구조를 통해서 정치적으로 제기되고 해소되지 않는다는 점에서 말이다. 이 문제는 분배적 갈등이 줄어드는 것이 아니라 심화되고 있기 때문에 더욱 악화된다('나가는 글' 참고). 초국가적 통화연맹의 요구사항에 의한 부담이 없는 미국과 영국은 여전히 민주정치적 제도의 장이 더 첨예한 갈등은 어느 정도 해소할 수 있다. 하지만 상당 부분 이는 미국과 영국이 취하고 있는 헌법적 구성과 구조를 두고 민주정치적 장에서 쟁투가 벌어지고 있기 때문이다. 드러난 형태는 달랐지만 두 경우 모두에서 이는 패자의 동의를 약화시키며 선거에 걸려 있는 것이 민주정 국가가 감당할 수 있는 것보다 커지게 만든다.

| 나가는 글 | **앞으로 올 더 많은 일들**

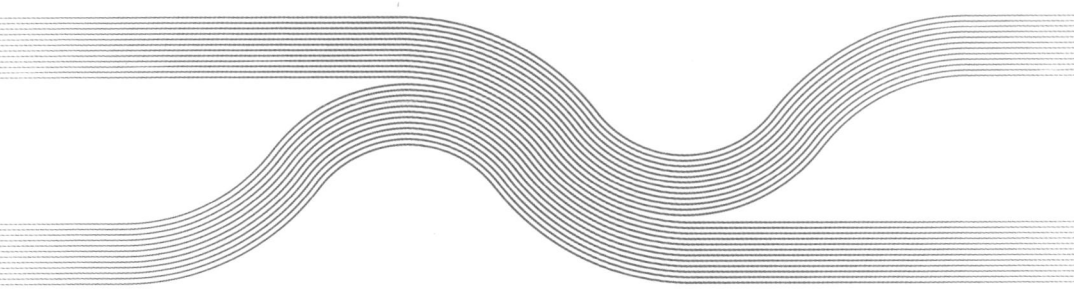

2016년 브렉시트 국민투표와 도널드 트럼프 당선이라는 정치적 사건의 극적인 속성은 상당히 단견이라 할 수 있는 정치 분석들이 쏟아져나오게 한 면이 있다. 물론 두 사건 모두 중대한 전환점을 의미했고 이 사건들이 없었다면 현재의 지정학적, 경제적, 그리고 민주정 국가들의 국내 정치적 세계는 매우 달랐을 것이다. 하지만 이 사건들은 수십 년 동안 전개되어온 이야기의 일부이고 그 사건들을 일으킨 파괴적인 단층선은 이르게는 2000년대 중반부터도 명백했다.

  우리가 살고 있는 지금의 세상이 처음 모양이 잡힌 최근의 기점이라면, 미국에서도 중국에서도 미·중 경제 관계가 정치적 의미에서 더 이상 단순히 기정사실로 보이지 않게 된 2005년이라고 말할 수 있다. 2005년 무렵이면 민주당과 공화당 모두 중국의 무역과 환율 정책이 미국의 제조업 일자리에 피해를 준다고 비판하고 있었다(2005년은 미국의 탄소 배출량이 중국보다 많았던 마지막 해이기도 하다). 미국 의회에서 보호주의적 압력이 일면서 환율 정책을 공식적으로 바꾸도록 중국을 압박했다. 중국 지도부는 미국과의 관계가 여전히 순자산이라고 판단했을 수 있지만, 곧 시진핑의 명시적인 유라시아적 야심으로 발전하게 될 요소들이 이때도 이미 존재했다. 미국의 해군력에 의해 군사적으로 지배되는 세상에서 중국의 에너지 안보를 보장해야 한다는 것이 시진핑의 일대일로 프로젝트의 주된 논리라면, 그 기점은 중국이 믈라카 딜레마를 처음으로 첨예하게 인식하게 된 2차 이라크 전쟁이라고 볼 수 있다. 부시 주니어가 성급하게도 이라크 전쟁 "임무 완수"를 선포한 2003년 5월에 중국은 러시아를 설득해 아시아로 가는 송유관 건설에 합의를 맺었고 2년 뒤에 처음으로 러시아와 합동 군사 훈련을 실시했다.

중동으로 가보면, 중동에 새로운 질서를 부과하려던 미국의 시도가 혼란에 빠졌는데 미국 대통령이 취할 수 있을 만한 출구가 존재하지 않았다. 2005년에 이라크에서 수니파의 반란이 고조되면서 부시의 철군 계획이 무산되었다. 2008년 미국 대선은 미국의 소위 '영원한 전쟁'에 초점이 쏠린 여러 대선 중 첫 번째였다. 이라크에서 미국의 실패는 중국의 석유 수요가 가속적으로 증가하던 2005년에 세계 원유 생산이 정체된 원인 중 하나였다. 머빈 킹이 그해에 "NICE가 종말을 고했다"고 경고했듯이, 이후의 유가 급등 쇼크는 경제에 심각한 문제를 일으켰고, 다른 한편으로 러시아에는 이것이 또 하나의 지정학적 횡재가 되었다.

유럽에서는, 냉전 종식, 독일 통일, 그리고 마스트리흐트와 그 뒤를 이은 EU 조약들로 만들어진 세계가 흔들리기 시작했다. 네덜란드와 프랑스 유권자들이 EU의 헌법조약에 비준을 거부하는 국민투표를 한 것이 2005년이었다. 만약 2005년에 프랑스 국민투표에서 아슬아슬하게 '찬성'이 나왔더라면, 그리고 영국에서는 토니 블레어가 약속했던 국민투표가 실제로 열려서 '반대'가 나왔더라면 어떻게 되었을지 생각해보면, 캐머런의 의사결정이 예기치 못하게 새로운 국면이 펼쳐지게 될 변칙적인 출발점이었던 것이 아니라 EU에 대해 영국 국내 정치에서 대중의 동의가 약화되어온 긴 이야기의 종착점이었음을 알 수 있다. 2007년 리스본 조약 이후 프랑스에 발생했던 곡절이, 정당 시스템에 미친 그 모든 파괴적 영향도 함께, 되풀이되었을까? 독일과 프랑스가 유로화 표시 부채가 없는 회원국에서는 동의의 이슈가 다르게 전개되리라는 것을 인정해서 EU가 니스 조약에 그대로 머물렀을까? 2005년에 열렸을 뻔한 영국의 국민투표가 열려서 '비준 반대'가 나왔다면 그것은 영국만의 문제가 되었을까(가령, 나중에 자신이 속하지 않은 통화 연맹의 최종고용자 역할을 하게 된 것처럼)? 그래서 [영국만 이탈하는] 브렉시트가 앞당겨졌을까?

    2005년이면 독일은 여러 전환점을 지난 상태였다. 경제적으로는, 수출 주도 성장에 대한 장기적인 선호가 되살아나고 큰 폭의 무역 흑자가 나면서 유로존을 구조적으로 분열시켰다. 무역 적자 국가들이 과거 ERM 시절에는 [좁은 폭 이내에서나마] 자국 통화를 평가절하하는 안전판을 쓸 수 있었는데, 이제는 통화가 유로화로 통합되어 그럴 수가 없었기 때문이다. 국내 정치적으로는, 2005년 독일 선거는 대연정 정치의 시작이었다. 1949년에서 2004년까지는 독일에서 대연정이 구성된 기간이 3년이 되지 않았다. 하지만 2005년 이후에는 2021년이 시작될 무렵까지 4년을 제외하고 다 대연정이었다. 지정학적으로는, 통일된 독일이 유럽의 에너지 지리를 재구성했다. 2005년 게르하르트 슈뢰더Gerhard Schroeder 정부는 러시아와 첫 번째 노르트스트림 파이프라인 건설 협상을 맺었다. 이는 장래에 유럽에 에너지를 수송할 허브 국가로서 우크라이나의 위치를 위협했고 튀르키예의 중요성을 감소시켰다. 같은 해, 튀르키예의 EU 가입 협상이 막 본격화되었을 시점에 빅토르 유셴코가 우크라이나 대통령이 되었고 EU와 NATO 가입을 위한 노력을 시작했다.

    이러한 지각판들이 맞춰지는 동안, 금융 시장은 떠오르는 지정학적, 경제적 위험과 동떨어져 존재하는 것처럼 보였다. 통화 긴축은, "NICE의 종말"을 가져왔을지는 모르지만, 금융 기업들의 신용 조건에는 단기적으로 거의 영향을 미치지 못했다. 유로달러 시장은 그 자신만의 세계가 되었다.

정치인들에게 다양한 기회를 제공했기 때문에 정치인들과는 분리되지 않았지만, 경기 순환을 관리하고 과도하게 위험한 투자 행동을 하려는 인센티브를 없앨 수 있는 중앙은행의 역량과는 괴리되었다. 2007년 8월 9일이 되어서야 은행들이 의존하고 있는 복잡한 자금 조달 시스템의 메커니즘 전체가 대대적으로 붕괴했다. 그날 이후로, 국제 통화 및 금융 시스템은 연준이 제공하는 체계적인 지원이 없으면 기능할 수 없었다.

2010년대의 교란 중 너무나 많은 원인이 2007~2008년 붕괴 이전부터 있었다는 사실은, 이것들의 더 깊은 기원이 더 이른 시기에 있음을 의미하며 그 기점은 1970년대다. 1970년대는 미국의 석유 자립이 끝난 때이고 유가 충격과 불태환 화폐가 시작된 때이며 페르시아만 동쪽에서 혁명 정부가 정권을 잡은 때이고 독일이 소련의 에너지에 결정적으로 의존하게 된 때다. 또한 1970년대에 덩샤오핑 치하에서 중국이 국제 무역 시장에 진입하기 시작했다. 1970년대에 미국에서는 징병제가 끝나면서 '미국판 국가공동체주의'의 한 형태가 상징적으로 끝났고 세계 최대 패권국인 미국이 유라시아에서 지상전을 벌이기가 정치적으로 얼마나 어려운지를 드러냈다. 1970년대에 유럽에서는, 통화 협력의 첫 시도[스네이크 체제]가 독일의 경제적 우위에 의해 무산되었고 이탈리아 제1공화국이 너무나 많은 정부 부채를 져서 훗날 제2공화국에 엄청난 무게를 지우게 되었으며 처음으로 국민투표가 'EU'의 법적 구조에 대해 회원국 '국가'가 정당성을 추인하는 수단이 되었다. 또한 1970년대는 유로달러 시장이 대규모로 달러 신용을 창출하기 시작한 때이기도 하다.

1980년대 말과 1990년대는 이러한 지정학적·경제적 문제들이 잠시 쉬어가는 시간이었고 상당 부분이 에너지 이슈가 잠잠해진 덕분이었다. 중국이 아직까지 에너지를 자급하던 데 힘 입어 저유가가 저인플레와 합리적인 수준의 경제성장률을 가져다주었다. 소련(이어서 러시아)은 약했고 미국은 처음에는 이라크를 통해 이란을 제약하고 그다음에는 공군력을 통해 이라크를 관리할 능력이 있었으므로, 미국은 쿠웨이트를 해방시키기 위해 짧게 개입한 것을 제외하면 실제 지상군 전투는 하지 않으면서도 중동에서 권력을 행사할 수 있었다. 한편, 독일 경제도 비교적 약했기 때문에 유로존 출범 초기인 1990년대 말과 2000년대 초에는 유로존에 이렇다 할 갈등이 없었다.

물론 이 대체로 우호적인 조건이 1980년대가 되기 전부터 작동하던 요인들의 파괴적인 역량을 없애지는 않았다. 마스트리흐트 조약과 1992~1993년 ERM 위기가 즉각적으로 가져온 격동은 거기에서 멈추지 않고 장기적인 구조적 문제들을 남겼다. 새천년으로 진입하던 시점에 EU는 '복수의 통화가 있는 경제 연맹체'였고, 독일이 원래 생각했던 것보다 훨씬 큰 규모의 유로존을 가지고 있었으며, 금융중심지[런던]는 EU 안에는 있었지만 유로존 밖에 있었다. 또한 EU는 EU 차원의 조약과 각국의 선거 정치와의 관련을 둘러싸고도 장기적인 곤경에 처해 있었다. 한편 미국에서는, 1992년 대선에서 빌 클린턴이 1912년 이래 가장 낮은 대중 득표율을 얻은 채 승리했다는 사실과 공화당 의원들이 빌 클린턴을 탄핵해 몰아내려는 시도를 지속적으로 했다는 사실은 미국에서 패자의 동의가 약해지고 있음을 보여주는 초기 징후였다.

2005년이면 '쉬어가는 시간'은 끝나 있었다. 이때 이미 분명히 존재했던 단층선들의 혼란 위로 2007~2008년 금융 위기와 시리아 내전이 닥쳤다. 금융 위기는 각국이 국내 정치에 대해 눈을 번쩍 뜨게 하는 사건이기도 했다. 역사학자 애덤 투즈의 통렬한 표현을 빌리면, 이 위기는 "미국과 유럽의 민주정 모두에서 국내 정치가 질식하고 있음을 보여주는 폭발적이고 삼키기 어려운 진실"이었다.[1] 또한 이 위기는 지정학이 경제에 미치는 영향 면에서 또 하나의 전환점이기도 했다. 2008년 이후 세계 경제는 신용이 주도하는 중국의 성장에 의존했고 유럽은 중국과의 무역 및 투자에 의존했다. 시진핑은 이것을 기회라고 보았을 수 있지만, 이러한 통화 환경은 중국 경제가 연준의 제약에 훨씬 더 많이 영향을 받게 만들었다. 또한 중국이 2008년 경제 위기에 대응해 추진한 막대한 규모의 재정 정책에서 석탄이 차지했던 위치도 기후변화에 대한 국제 정치를 결정적으로 바꾸었다. 중국 국내의 대기오염 문제가 중국이 더 친환경적인 발전을 향해 가도록 압박하면서, 미국과 중국이 협력할 인센티브를 높이는 동시에 에너지에 대해 전과는 완전히 다른 지정학적 경쟁도 벌이게 만든 것이다.

연준은 부채와 금융 시장을 둘러싼 통화 환경을 변모시킴으로써 의도치 않게 석유 문제에 해법을 제공한 동시에 석유가 일으키는 경제적·지정학적 교란을 악화했다. 처음에는 금융 시장의 많은 참가자들이 양적완화의 결과 1970년대에 겪었던 무언가가, 즉 인플레가 올 것으로 예상했다. 하지만 자산 가격이 급등한 것을 제외하면 인플레는 일어나지 않았고, 따라서 부채 부담을 완만한 인플레로 완화하려던 중앙은행들의 시도는 실패했다.

셰일 붐의 또 한 가지 부산물인 인플레의 부재[유가가 유도하는 인플레 요인이 없었다]도 유로존을 애초에 고안되었을 때의 개념과 달라지게 만든 중요한 요인이었다. 금융 위기로 인한 단기적인 여파가 하나의 통합된 신용 시장으로서의 유로존을 깨뜨린 것이었다면, 처음에 독일이 주장한 조건들로 구성되었던 마스트리흐트 조약 자체에 인플레에 대한 두려움이 구조적으로 내재해 있다는 사실은 통화연맹으로서의 유로존을 개혁하는 일이 길고 파괴적이며 불안정한 것이 되리라는 의미이기도 했다. 또한 이는 가뜩이나 큰 규모인 독일의 무역 흑자가 더 커지는 데도 기여했다. 유로존보다 폭넓은 EU를 보면, 유로존의 경직성은 교란이 '단일시장의 내부에 있지만 유로존의 외부에 있으며 유로존의 금융중심지를 가지고 있는' 영국으로 향하게 했다.

시리아에서 벌어진 인도적 위기는 이라크 전쟁 때보다도 더 파괴적이었다. 시리아 내전은 미국과 NATO의 몇몇 유럽 국가들을 또 한 번의 중동 전쟁에 나서게 만든 칼리파국을 산출했다. 이는 1970년대 이래 처음으로 러시아군이 중동에 들어오게 했으며 에르도안의 신오스만주의적 야심을 촉진했다. 시리아에서 아사드 정권이 생존하리라는 것이 확실해지자 튀르키예의 에르도안은 러시아와 협력 관계를 구축했고 미국과 튀르키예 관계는 크게 벌어졌다. 또한 시리아 위기로 수백만 명의 난민이 튀르키예로 넘어왔는데, 에르도안은 난민 이슈를 EU에 대해 무기로 사용하기 시작했다. 2013년과 2019년에 미국이 중동에서 철군하려 하는 것과 튀르키예의 군사 개입에 분노한 프랑스는 NATO에 반대하는 목소리를 높였다. 이러한 사건들은 동지중해 이슈를 둘러싸고 튀르키예와 프랑스 사이에 새로이 맹렬한 대치 관계를 불러왔고 가뜩이나 러시아와 중국 이슈로 지정학적 분열이 팽배했던 EU를 한층 더 분열시켰다.

금융 붕괴 이후에 벌어진 일과 시리아에서 벌어진 일은 기존에 존재하던 별개의 여러 교란 요인들을 지정학적으로, 또 경제적으로 서로 연결했다. 에너지에 대해서는 예측 가능한 일이었다. 셰일오일 붐은 완화적인 통화 환경에 의존했고 지정학적 충격의 한 요인이 되었으며 미국의 국내 정치를 국내 에너지 생산자와 환경주의자 사이의 대결로 만들었다. 또한 2014년에 유가를 붕괴시키고 달러 가치를 올리면서 중국을 포함해 달러에 연동된 경제권에서 통화 문제를 촉발했다. 이 문제는 연준이 2015년에 시도해보려 한 소위 통화 공급 '정상화'[테이퍼링] 이전부터도 이미 존재했다.

여기에서 셰일오일은, 2007년 이후의 달러 신용 환경이 가져온 복잡한 영향을 한층 더 강화했다. 이 신용 환경에서 중국이 달러 부족이 벌어질 경우 처하게 될 취약성이 커지면서 세계 경제의 성장 전망이 어두워졌다. 또한 다른 나라 은행과 기업들의 달러 접근성 문제는 더 첨예한 지정학적인 문제로 비화하기도 했다. 금융 붕괴 이후의 통화 환경에서 달러 부족을 효과적으로 다룰 수 있는 방법은 달러 스와프뿐이었는데, EU의 지정학적 난제들과 긴밀히 얽혀 있는 우크라이나와 튀르키예가 연준의 지원 체제에서 빠지면서 금융 위기에 매우 취약해진 것이다.

어느 상황에서였더라도 에너지, 달러, 안보의 동학이 이렇게 상호작용을 했다면 파괴적인 영향을 미쳤을 테지만, 이 상호작용은 미국과 중국의 권력을 둘러싼 변화와도 긴밀하게 관련되었다. 페르시아만을 제외하면 중동에서 미국의 군사 권력은 약해진 반면 미국의 에너지와 금융 권력은 성장했다. 중국은 채권자로서의 권력은 줄었고 해외 석유 의존도와 탄소 배출은 중요성이 미국을 넘어섰다. 미국의 영향력이 동시에 강해지고 또 약해지면서, 미국의 대통령들은 더 이상 그저 현상 유지를 하기로 선택할 수 없었다. 이를 잘 보여준 것이 오바마의 "아시아로의 방향 전환" 시도와 시리아에서의 철군이다. 그 여파로 미국의 정치 계급은 지정학적 우선순위가 무엇이어야 하느냐를 놓고 분열했다. 정당 정치에서 이 갈등은 이란 이슈와 기후 이슈를 둘러싸고 가장 첨예했지만, 미국 대선 후보들도 앞다퉈 테크와 녹색에너지를 선언하던 2015년에 시진핑이 테크 분야와 녹색에너지 분야로의 전환을 선언하면서 중국의 정책이 이듬해 미국 대선에서 핵심 이슈로 부상했다. 힐러리 클린턴이 2016년에 트럼프를 누르고 승리했더라도, 기저의 구조적인 논리상 미국의 대對중국 정책은 대치적으로 이동했을 것이다. 또한 그 기저의 구조적인 논리는 파리 기후협정에 대한 민주당과 공화당의 깊은 불일치를 한층 더 강화했을 것이다.

유럽에서는 독일이 2010년대의 정치적 격동에서 핵심이었다. 2005년에 이미 분명하게 독일과 독일 주위를 지나가던 통화 단층선이 2007~2008년 금융 위기에서 발생한 교란을 유로존 위기를 통해 EU로 확산시키고 있었다. 금융 붕괴 이후에 독일은 구조적인 무역 흑자가 계속 증가했고 EU단일시장 내에서 제조업 공급망을 지배했기 때문에, 그리고 유럽중앙은행이 하려는 일에 대해 암묵적인 중재자의 역할과 결정적인 동의를 통해 무게를 실어주는 역할을 할 수 있다는 점 때문에, 영향력이 더 커졌다. EU에서 독일의 영향력이 커진 것은 브렉시트를 추동한 즉각적인 외부 요인이었다.

독일이 부채에 대한 독일식 접근을 유로존의 다른 나라들에 강제하는 데 성공하면서, 독일 경제가 강하다는 사실이 다른 유로존 국가들의 국내 정치에 부담을 일으켰다. 프랑스의 정당 시스템이 붕괴한 부분적인 이유는 경제 정책에 대해 민주적으로 표출된 대중의 불만이 정당 시스템을 통해서는 바꿀 수 있는 게 거의 없었기 때문이었다. 정당의 실패를 뛰어넘는 존재로 자신을 자리매김하면서, 또한 '그의 프랑스 영웅주의가 되살릴 새로운 EU'라는 개념을 정당화하려 하면서, 마크롱은 벗어날 것이라고 했던 동학을 오히려 강화했다. 한편 이탈리아에서는 제2공화국의 부채가 유로존의 지원에 의해 지탱된다는 오랜 현실에 이제 (유럽중앙은행의 자산매입 프로그램과 함께) 명시적인 독일의 동의가 필요해지기 시작했다. 그래서 2011년에 메르켈은 이탈리아 정치에 개입했고, 이어서 드라기 총리 내각에서 기술관료 정치와 대연정 정치가 결합했다.

하지만 독일의 통화 권력은 유럽중앙은행의 역할 변모, 부채 중심적인 통화 환경, 그리고 2021년 전에는 일반적으로 인플레가 없었다는 사실 때문에 약해지기도 했다. 일찍이 독일 시민들이 통화연맹을 받아들이면서 무엇을 포기했는지를 생각하면, 마스트리흐트 조약에 의해 보장된 것처럼 보이던 '부채에 대한 독일의 통제력'의 상실은 독일 국내 정치에서 맹렬한 이슈가 될 수밖에 없었다. 또한 독일은 다른 국가들보다 저축률이 높고 가계 부채가 낮아서 순저축자가 순채무자보다 입지가 강했다. 독일 헌재는 이러한 이해관계들이 강력하게 목소리를 낼 수 있는 통로를 제공했다.

EU에서는, 미국의 셰일가스 붐과 2015년 시진핑의 경제 전략 수정도 독일에 직격탄이 되었다. EU와 NATO의 관계가 어긋나면서 독일은 "유럽의 안보 무임승차"에 대한 미국의 분노에 가장 크게 일조했고 유럽 어느 국가보다도 러시아와 구조적으로 에너지 관계가 깊었다. 수출 중심의 경제이고 단일시장 내에서 막대한 강점이 있었던 데다 중국과 미국 모두와 경제적으로 긴밀했으므로, 독일은 미·중 관계 악화, '중국 제조 2025', 그리고 중국의 성장 둔화 모두에서 타격을 가장 크게 받았다.

지정학적으로도, 독일의 위치는 구조적인 취약성에 노출되었다. 독일은 중국이 EU 회원국 중 일부를 골라서 더 긴밀한 경제적 연합을 맺는 것을 막을 수 없었다. 하지만 독일 자체도 중국과 독보적인 무역 및 투자 관계가 있었고 유럽으로 오는 중국의 육상 교역로에서도 매우 중요했기 때문에, 이 역시 EU 분열의 점점 더 큰 원천이 되었다. 동시에, 안보 면에서는 독일이 러시아를 다루기 위해 NATO라는 안보 동맹에 의존하고 있었는데, 유럽의 안보를 위해 미국에 크게 의존하는 형태로 만들어진 체제였던 NATO는 이제 더 이상 미국의 우선순위가 아니었다. 게다가 에너지에 대한 독일의 의사결정이 (특히 마찬가지로 NATO의 보호 범위에 있다고 상정되는 동유럽 국가들과의 관계도 포함해서) NATO의 갈등선을 압박했다. 유의미한 군사적 역량을 보유하고 있지 못한 독일은 유라시아 시장으로 연결되는 육로 및 해로에 대해 미국이나 중국, 혹은 둘 다로부터 확실하게 물리적인 안전을 보장받아야 할 필요가 있었다.

또한 독일은 튀르키예가 중동에서 유럽으로 교란을 옮겨오는 통로가 된 시점에 EU의 튀르키예 정책에서 조정자 역할을 했다. 2015년에 난민 위기가 없었다면 영국의 EU 잔류 여부 문제는 더 오래 잠잠했거나 다른 결론으로 갈 수 있었을지도 모른다. 2016년 이후 북아프리카, 중동, 동지중해에서 튀르키예가 관여된 지정학적 갈등(세 지역 모두의 갈등이 튀르키예가 해외 에너지에 의존한다는 사실과 관련이 있다)이 일면서, EU가 국경을 맞대고 있는 이 덩치 큰 나라에 어떻게 대응할 것인가가 점점 더 맹렬한 갈등 요인이 되었고, 특히 독일과 프랑스 간에 입장 차이가 첨예해졌다.

코로나19 위기는 이 모든 단층선을 타고 흐르는 교란을 가중했다. 금융 시장을 안정화하고 기업의 고갈된 현금 보유고를 채우고 정부 부채의 막대한 팽창을 지탱하려면 양적완화가 훨씬 더 많이 필요했다. 석유 라이벌 사우디와 러시아 사이에 [미국의] 셰일로 인해 생겨날 수 있었던 [미국에 맞서는 러-사우디간] 화해가 처음에는 내파했고, 그다음에는 [미국도 포함해] 모든 석유 생산 경제권이 낮은 유가에 취약해진 세상에서 미국에 의해 다시 협력해야 했다. 2020년 3월 극도의 달러 부족 위기 중에 연준이 추가로 스와프 라인을 열어준 국가에서 튀르키예가 제외되면서, 튀르키예가 다시 심각한 금융 위기에 빠졌다. 이러한 경제적 맥락에서, 에르도안은 2020년 여름에 아야 소피아 성당에 대해 분수령이 될 조치를 취함으로써 동지중해에서 안 그래도 멀어진 프랑스-튀르키예 관계에 문화적인 차원까지 보탰다.

중국에 대해서는, 연준이 직접적인 달러 신용을 제공할 의사가 있었느냐를 차치하더라도, 미·중 간에 남아 있던 신뢰는 깨어진 상태였고 영국과 중국의 디커플링도 심화되었다. '중국 제조 2025'와 트럼프 행정부의 맞대응으로 지정학적 부담이 가뜩이나 가득하던 세계 경제는 글로벌 제조업 공급망에서 생산 확보를 위한 각국의 필사적인 열망으로 더욱 분열되었다. 팬데믹이 오면서 서구 국가들은 녹색에너지와 하이테크 제조업 중심이던 산업 전략에 백신과 의료 장비를 긴급히 포함했다. 미·중 경쟁 관계가 격화되면서, 독일이 EU를 자신의 경제적 이익에 따라 구성할 수 있는 능력은 한층 더 쇠퇴했다. 메르켈은 EU집행위원회의 도움으로 2020년 12월에 EU와 중국 사이의 투자 협정을 밀어붙일 수 있었지만 취약한 기반 때문에 이 협정은 몇 달 지나지 않아서 무산되었다.

팬데믹은 트럼프의 대통령직을 끝내는 데 결정적인 요인이었다. 또한 미국이 평화적인 선거를 할 수 있을지에 대한 긴장을 높인 요인이기도 했다. 1월 6일 의사당 난입 사건 이후, 바이든의 취임은 미국에 안도의 순간으로도 보였지만, 의사당과 백악관에 병력이 배치되어 취임식이 '군사적 경계 속의 정치 행사'가 되면서 미국 민주정 정치의 현 상태에 대한 충격적인 질책으로 보이기도 했다. 국내적으로는, 취임 이후에 바이든 행정부는 QE인피니티 덕분에 재정 지출에서 갖게 된 운신의 폭을 대규모 재정 지출을 위한 법안을 밀어붙이는 데 유리하게 활용할 수 있었다.

하지만 국외적으로는, 바이든 임기 첫해에 중국과의 지정학적 관계가 재구성되었다는 징후는 없었다. EU가 바이든 임기 시작이 임박한 시점에 중국과의 투자 협정에 합의한 것을 보면, 적어도 메르켈은 궁극적으로 미국의 권력 교체로 크게 달라지는 것은 없으리라 판단했던 것 같다. 프랑스 역시, 바이든 행정부가 2021년 9월에 맺은 오스트리아-영국-미국 간 공동 방위 동맹으로 전임자 트럼프가 했던 어떤 행동 못지 않게 프랑스를 분노하게 하면서, 미국의 대중국 견제 기조가 달라지지 않으리라고 판단했다.

미국이 페르시아만의 해군력을 유지하기 위해 이라크에 어느 만큼의 지상군과 공군력을 여전히 주둔시켜야 할지도 바이든에게 두 전임자들에게 만큼이나 어려운 결정일 것이다[미국은 1991년 이후 페르시아만 해역에 강력한 해군력을 상주시키면서, 동시에 이라크내 일정 규모의 지상·공군 병력을 유지해왔다. 해군력 단독으로는 지역 안보·억지에 한계가 있으므로 이라크 등지에는 항상 일정 수준의 미군 주둔이 병행되어야 한다]. 오바마와 트럼프를 거치면서 미국은 이라크내 병력을 최소화하려 했고 단계적으로 상당한 병력을 철수시켰다. 2021년 6월에 바이든도 그해 말까지 이라크 내에서 미국의 모든 전투 작전을 종료하겠다고 발표했다. 하지만 이후 이라크가 심각하게 불안정해지면 아직 이라크에 잔류하고 있는 병력을 사용할 것인지를 결정해야 할 테고, 여전히 이라크에서 ISIS에 대해 군사적으로 대응해야 한다고 강하게 주장하고 있는 프랑스와의 관계가 악화될 것이다. 게다가 2021년 8월에 미국이 아프간에서 최종적으로 철수하면서 남긴 재앙을 보면서 일부 유럽 국가들 사이에서 미국이 유럽의 우방에 너무 무신경하게 의사결정을 한다는 인식이 높아진 상황이므로 더욱 그럴 것이다.

다음으로 기후 이슈를 보면, 바이든은 파리 협정으로 즉시 되돌아갈 것이고[파리 협정은 2015년 오바마 행정부 때 합의했으나 이듬해에 트럼프가 취임하면서 탈퇴했고 바이든이 다시 가입했다] 키스톤 파이프라인 승인을 철회할 것이며 녹색에너지 일자리를 그가 의회에 제안한 대규모 인프라 지출 법안에서 핵심이 되게 하겠다고 밝히면서 변화의 의지를 드러냈다. 하지만 에너지 정책의 이 같은 변화는 지정학적 두려움을 반영한 것이기도 했다. 바이든은 몇몇 상원의원들과의 만남에서 "우리가 움직이지 않으면 그들[중국]이 우리의 점심을 먹어치울 것"이라고 말했다고 한다.[2]

유럽에서는 EU회복기금, 그리고 독일 정부가 이 기금을 적극 추진하도록 방향을 선회하는 [역설적인] 계기가 된 독일 헌재의 결정이 EU와 유로존 내부의 갈등에 압력을 높였다. 이탈리아에서는 이것이 정당간 경쟁을 토대로 하는 국내의 민주정치적 경합 과정에서 경제적 의사결정이 멀어지는 흐름을 강화했다. 유로존 자체가 붕괴하지 않는 한, 유로존 국가들은 통화적으로 너무 멀리 와서 자국 화폐 표시로 발행되는 부채로는 돌아갈 수 없다. 논리적으로 보자면, 이것은 유럽 차원에서 부채와 과세를 결정할 수 있는 민주정치적 제도들을 마련함으로써 유로존을 재정 연맹체가 되게 해야 한다는 말이다. 하지만 EU회복기금을 둘러싼 갈등은 그러한 변화를 추동할 정치적 힘이 여전히 부재하다는 것을 보여주었다. 유럽의 민주정 국가들에 정치적으로 아직 남아 있는 국가공동체주의는 과세 국가를 지지하기에 충분하지 못할 것이므로 국가 단위의 '시민-채권자'는 회복될 수 없을 것이다. 하지만 유로존 수준에서 '유럽 시민'들에게 과세하는 것을 정당화할 개념에 대한 믿음이나 그러한 개념을 위한 양보가 있다는 징후는 보이지 않으며 그러한 것을 승인할 수 있도록 대중을 민주적으로 대표할 제도 역시 존재하지 않는다. 현재로서 유럽 시민이 된다는 것은 세금 부담에서 자유롭다는 말인데, (온갖 복잡한 문제가 생기더라도) 유로존을 유로존보다 범위가 넓은 EU와 더 긴밀해지게 만들거나, EU의 구성 질서를 근본적으로 개혁하고 이에 대해 어렵기 짝이 없는 (특히 독일에서) 국내 정치에서의 정당화를 이뤄내지 않는 한, 이를 고치는 것이 가능하지 않을 것이다.

영국이 공식적으로는 EU를 탈퇴했지만 아직 EU 단일시장에 남아 있었던 과도기 때, 팬데믹이 짧게 브렉시트의 조건을 재협상할 길을 열어준 것 같았다. 하지만 야당인 노동당의 새 지도부는 영국을 EU와 더 가깝게 두고자 하는 사람들을 위한 버팀목 역할에서 발을 뺐다[원래는 재협상과 2차 국민투표를 통해 EU 잔류를 추진하는 방안에도 열려있었지만 점차로 '브렉시트를 재론하지 않는다'는 쪽으로 입장을 전환했다]. 이로써 의회에서 브렉시트에 대해 폭넓은 합의가 이뤄진 셈이었지만, 영국의 정치를 안정시키지는 못했다. 보리스 존슨 내각은 EU와 최소주의적인 교역 협정을 하는 데 국내적으로 비교적 손이 자유로워졌지만, 이는 북아일랜드와 관련한 압력을 가중했다[북아일랜드는 관세, 규제 등의 사안에서 EU에 속해 있는 아일랜드와 EU에서 나오게 된 영국 본토 사이에 끼어 있는 불안정한 상태가 되었다. 그리고 북아일랜드 자체는 브렉시트 국민투표에서 EU 잔류 표가 더 많았다]. 팬데믹이 연합왕국[UK]이라는 영국의 구조가 얼마나 근본적으로 어려움을 내재하고 있는지를 드러낸, 그리고 (적어도 일시적으로라도) 스코틀랜드 분리 독립에 대한 지지가 높아진 바로 그 시점에 말이다. 2021년 초에 영국에서 백신 개발과 분배가 상대적으로 성공적이었던 것은 [EU 밖에서 EU 국가들보다 더 효과적으로 성취한 성공으로 여겨지면서] 영국(브리튼)을 EU에 다시 연결하고자 하는 사람들의 입지가 더 어려워지게 만들었다. 하지만 연합왕국[UK]으로서의 영국에 존재하는 갈등선과 장래에 영국이 EU와 어떤 관계가 되어야 할 것인가의 문제는 서로 분리될 수 없으며, 특히 북아일랜드에 대해서는 더욱 그렇다. 사실 바이든 시절에 거의 모든 지정학적 어려움이 서로 연결된 세계에서, 브렉시트 과정이 전개된 양상은 북아일랜드가 영국에 더 광범위한 지정학적 부담이 되게 만들었다.

* * *

팬데믹은 새로운 변화를 불러온 촉매이자 이전 교란의 연속선이었다. 이 말은 특히 에너지에 대해 진실일 것이다. 2019년에 이미 몇몇 서구 국가들은 에너지 전환에 속도를 높이려 했고, 팬데믹이 트럼프 행정부에 타격을 주면서 대선에서 승리한 바이든도 취임 후 이 흐름에 합류했다. 서구 국가들의 녹색 야망은 기후 위기, '중국 제조 2025', 약한 성장, 민주정치적 과정에서의 불안정성 모두에 대한 해법으로 녹색에너지 전환에 기대를 걸고 있는 것 같다.

지정학적인 면으로 보면, 에너지 변화는 불가피하게 격동을 가져올 것이다. 영국이 석탄의 시대에, 미국이 석유와 석탄의 시대에 패권국으로 부상했다면, 미국이 재생에너지와 전기화로 전략적인 전환을 해내지 못할 경우 새로운 에너지 시대에서 중국이 패권국이 될지 모른다는 사실은 미국으로서는 떨칠 수 없는 우려다. 특히 새로운 에너지는 중국이 장악하고 있는 금속과 광물에 크게 의존하기 때문에 더욱 그렇다. EU로서는, 녹색에너지가 20세기 동안 유럽의 권력을 그렇게나 많이 약화시켰던 석유와 가스의 세계에서 벗어날 수 있는 길이 되리라는 희망이 있다.

경제에 대해 말하자면, 금융 시장을 활성화하고 정부의 부채 조달 비용을 낮추고 석유 위기를 완화하기 위해 통화 정책에 의존했던 것이 높은 성장을 가져다주지 못한 10년을 지나고 난 뒤에, 이제 대규모 녹색 투자가 거대한 재정 부양책을 쓰는 쪽으로의 경제 정책 전환을 정당화해주는 면이 있다. 적어도 이론상으로, 녹색 주도 성장은 제조업 일자리를 다시 창출하고 건설 분야를 활성화하면서 노동자들에게 더 많은 몫의 소득이 갈 수 있게 해주리라는 전망을 제시한다. 탄소 포집 등 투자가 필요한 기술의 상당 부분이 상업적으로 타당성이 없다 해도 그것이 정부가 자금을 지원하는 대상에 포함되고 정부의 부채 조달이 중앙은행의 지원을 받을 수 있다면 문제되지 않는다.

민주정에서의 국내 정치와 관련해 말하자면, 여기에서 가능할 법한 정치적 이득은 경제적 국가공동체주의의 새로운 버전이 나오는 것이다. 조 바이든은 녹색에너지를 닉슨과 카터가 1970년대에 에너지 자립에 대해 이야기했을 때처럼 '국가 프로젝트'로서 이야기하면서 임기를 시작했다. 그가 본받고자 하는 대통령은 명백히 프랭클린 루스벨트였다. 영국에서는, 보리스 존슨이 영국을 '해상 풍력계의 사우디'로 만들겠다고 반복적으로 이야기했는데, 스코틀랜드의 동부 연안을 잉글랜드의 동부 연안과 다시 통합하는 것이 여기에서 중요한 목표 중 하나다. 스코틀랜드 민족주의를 불러일으키는 데 일조했던 것이 북해의 석유였지 않은가[그렇다면 녹색에너지 전환은 스코틀랜드-잉글랜드 통합의 촉매가 될 수 있으리라는 기대가 있는 것이다]. EU에서는, 2015년 2월 '에너지 유니온' 프레임워크Framework Strategy for a Resilient Energy Union with a Forward-Looking Climate Change Policy가 나온 이후로 이것이 EU 차원에서 유럽 경제 현대화 프로젝트 역할을 할 것으로 기대되고 있다. 적어도 에너지에 대해서라면 유럽에 단일경제권이 존재하리라는 전제에서 말이다.[3]

각국이 에너지 혁명에 나서도록 한 기저의 조건을 가져온 것은 현재의 통화 환경이다. 2007~2008년 금융 위기의 여파가 한창이던 시기와 2015년 파리 협정 이후 시기를 비교해보면, 서구 국가들, 특히 미국과 독일은 국가가 돈을 빌릴 수 있는 역량에 대해 훨씬 더 확신이 있다(두 나라 정치인이 운영하는 재정은 규모가 다르지만 말이다). 2019년 9월에 연준이 사실상 양적완화로 다시 돌아간 것은 세계 경제 전체에 결정적인 전환점이었다. 통화를 '정상' 상태로 돌리려는 노력을 포기하기로 한 것은 6개월 뒤에 QE인피니티로 한층 더 강화되었다. 독일에서는 헌재가 2020년 5월에 유럽중앙은행의 양적완화를 제한하려 했을 때 독일 정부가 [헌재의 결정과 달리] 이전의 입장을 바꾸어 EU가 낮은 수준으로나마 (그리고 과세 기반은 없는 채로나마) EU 이름으로 채권을 발행하는 방안을 추진했다. 놀랍게도 EU회복기금 조항을 보면 회원국들이 가용한 돈 전체의 무려 4분의 1을 녹색 전환 프로젝트에 쓰도록 하고 있다.

그럼에도, 21세기의 첫 20년간 형성된 문제들은 모든 면에서 계속 남아 있을 것이다. 녹색에너지 투자를 가속화하려는 지정학적 동기는 미·중 경쟁의 강도를 높일 것이다. 가장 명백하게는, 미국이 중국 제조업 공급망에 대한 의존도를 깨는 데 성공할수록 중국의 맞대응이 더 촉발될 것이다. 중국이 이를 보상하기 위해 국내 시장을 확대하면 세계 경제에는 미·중 간의 지정학적 경쟁 관계가 스며들지 않은 영역이 거의 남지 않게 될 것이고 그 안에 묶여 있는 모든 나라는 해양 수송을 경제 안보의 문제로 여기게 될 것이다. 유라시아에서는 중국이 대륙을 가로지르는 육상 벨트의 일부로 추구하는 철도 경로가 한층 더 정치적인 싸움의 대상이 될 것이다. 기후와 관련해서는, 새로운 세계에서 석탄을 태울 수 있는 역량이 중국의 암묵적인 무기가 될 것이다. 대기 오염 문제만으로도 석탄에서 멀어져야 할 국내적 인센티브가 상당하긴 하지만 말이다.

녹색에너지가 만들 지정학적 동학은 석유와 가스가 만들어온 오랜 지정학적 동학과 공존할 것이다. 중국이 계속해서 중동 석유에 의존할 것이고 중국이 추진하는 유라시아 벨트의 파키스탄 부분이 '믈라카 딜레마'에 대해 부분적인 안전망밖에 되지 못할 것이기 때문에, 중국은 에너지와 관련해 미국의 군사적·금융적 권력을 두려워해야 할 이유가 여전히 있다. 또한 중국의 중동 에너지 의존은 미국이 페르시아만에서 철수하기 어렵게 만들 것이다. 이러한 옛 에너지 현실의 지정학적 영향은 2021년에 (중국이 이란의 석유와 가스 분야에 대규모 투자를 하는 것을 포함해) 중국과 이란이 25년간의 경제 파트너십을 맺기로 하면서 더 없이 극명하게 드러났다. 과거에 중동을 둘러싼 유럽의 제국주의적 경쟁에서 영국이 승리하는 데 이란이 핵심이었듯이, 석유와 가스에서 벗어나려 하면서도 석유와 가스에 계속해서 의존하고 있는 나라들이 직면하는 어려움 속에서 이란은 앞으로도 중요성을 가질 것이다.

EU를 보면, 녹색에너지 촉진이 EU의 통합을 가져올 법하지는 않다. 가스 공급과 수송에서 30년간 지속되고 있는 갈등이 보여주듯이, 'EU 차원'의 에너지 정책을 세울 수 있는 EU의 권위도 약하고 회원국들이 국익에 대해 공통된 판단을 할 법하지도 않기 때문이다. 이번에도 독일의 정치가 (이번에는 핵발전과 관련해서) 유럽의 에너지 통합을 어렵게 만들 것이다.[4] 핵발전 반대 입장만으로도 독일은 러시아에 가스 의존을 빠르게 줄일 수 없다. 러시아와 독일 사이의 가스 관계는 NATO에 오래 존재해온 에너지 불협화음을 지속시킬 것이다. 이 불협화음은 러시아가 우크라이나를 가스 운송 경로에서 떼어내려고 계속해서 시도하는 가운데 벌어질 것이다. 바이든은 2021년 5월에 노르트스트림2에 대한 제재를 갑자기 철회하면서 러시아 가스에 대한 독일의 고집을 받아들이기로 했다. NATO 내 동유럽 회원국들의 분노를 사는 비용을 치르더라도 중국 견제의 지렛대로 삼으려는 것이었다. 하지만 독일이 중국과 맺은 교역 및 투자 관계, 그리고 중국이 추진하는 일대일로에 사실상의 참여는 즉각적으로 되돌리기에는 너무 긴밀하다. 설령 향후에 독일에 들어서는 어떤 정부가 '에너지 및 경제적 이해관계가 지정학적인 협력과 동조보다 우선'이라는 전임 정부들의 주장에서 이탈하고 싶어하더라도 말이다. 에너지와 경제를 지정학과 분리해 추구하려는 독일의 태도는 프랑스가 인도-태평양에서 군사전략적 개입을 추구할 수 있는 역량을 중대하게 제약한다[독일이 지정학적으로 유럽 공동의 이해관계에서 이탈하게 되기 때문이다]. 이는 호주-영국-미국의 오커스AUKUS 방위동맹 사태에서 프랑스가 굴욕을 당한 현실이 간접적이지만 극명하게 보여주었다. [오커스 방위동맹은 중국 견제 목적을 염두에 두고 결성되었는데, 이때 프랑스가 호주와 더 먼저 체결했던 잠수함 수출 계약이 프랑스에 사전 고지 없이 일방적으로 파기되었고 프랑스는 오커스 결성을 격렬하게 비난했다. 오커스는 미국이 안보에서 EU와의 연대보다는 영미권 파트너십을 우선시하는 태도를 보인 것으로 여겨진다.]

튀르키예와 관련해서는, EU와 NATO가 직면한 여러 문제 중 적어도 일부라도 악화시키지 않고는 취할 수 있는 선택지가 없다. 2010년대에 튀르키예의 경제 발전은 석탄 중심이었다. 튀르키예는 파리 기후협정을 비준하지 않았고 2019년과 2020년에 각국이 앞다투어 탄소 중립 실천 계획을 내놓는 데도 동참하지 않았다. 그리고 현 튀르키예의 지리적 토대인 로잔 조약Lausanne Treaty을 소환하면서, 에르도안은 석유와 가스를 말할 때 '보복'이나 '실지 탈환'의 뉘앙스를 갖는 과도하게 공격적인 표현을 점점 더 많이 사용하고 있다.[5] [로잔 조약으로 오스만 제국의 영토가 크게 축소되었다. 이는 로잔 조약의 한계를 넘어 오스만 제국 시절 잃었던 영향력과 자원을 되찾겠다는 신오스만주의적 야망이 반영된 것으로 볼 수 있다.]

석유 생산을 둘러싼 지정학적·금융적 조건에서 나온 역기능적 동학은 사라질 수 없을 것이다. 공급과 관련해서 셰일오일은 늘 중기적인 해법밖에 되지 못했다. 석유 분야에 막대한 투자가 쏟아져 들어와 고비용의 생산을 가능케 하는 것이 되풀이될 수 없다면, 향후 수십 년 동안 세계 경제는 2000년대에 그랬듯이 중동과 러시아에서 오는 비싼 석유에 의존해야 할 것이다. 원칙적으로는 고유가가 돌아오면 투자 인센티브가 생겨야 하지만, 이는 화석연료 투자에 대한 비판적 분위기가 높지 않을 때만 성립하는 이야기다. 고유가는 생산 투자 인센티브는 만들어내지 못하면서 경제 성장을 심각하게 제약할 것이고 다시 한번 소비 수요를 위축시킬 것이며 이라크를 포함해 석유 생산 국가들을 불안정하게 만들 것이다. 'OPEC 플러스'에 대한 의존이 재활성화할 옛 문제들은, 이들 OPEC 플러스 국가들이 전기 발전부터 교통까지 다양한 분야에서 석유 확보 각축전이 새로이 불러올 막대한 중장기적 변화에 적응해야 하는 상황과 나란히 다시 불거질 것이다.

경제적으로는, 에너지 비용이 전반적으로 오를 것이고 다시 한번 에너지 비용이 인플레 압력으로 작용할 것이다. 유럽에서 가스 가격은 러시아로부터의 공급과 수송 이슈에 특히 취약하다. 기술적 혹은 실무적 문제이든 푸틴이 대놓고 가스를 전략 수단으로 쓰려고 하는 데서 나오는 문제이든 말이다. 배터리 저장 용량 기술에서 주된 돌파구가 나오지 않는다면, 재생에너지가 에너지 가격이 추동하는 인플레를 당연히 벗어나게 해주리라는 보장은 없다. 태양열 발전과 풍력 발전의 생산 단가가 낮아진다 해도 간헐적으로 생산되는 특징이 있는 재생에너지의 비효율은 [송전 등까지 포함하는] 전체 시스템 수준에서 이제까지 소비자에게 종종 높은 에너지 비용을 의미했고, 특히 독일처럼 재생에너지가 상당한 비중을 차지하지만 날씨가 그리 우호적이지 않은 곳에서 더욱 그랬다.

에너지가 추동한 인플레는 채권 시장을 불안정하게 할 것이고 정부들이 돈을 빌리는 비용이 더 비싸질 것이다. 이미 2021년 2월, 미국 경제가 팬데믹 록다운 이후 다시 열리던 시점에, 인플레가 강타할 것을 예측한 투자자들이 미 국채를 대거 매도한 바 있다. 투자자들의 의구심이 정부의 대규모 부채 발행을 가능하게 하는 지극히 우호적인 통화 및 금융 환경을 변화시킬 만큼 크지는 않았지만, 그럼에도 한 달 뒤에 나온 바이든 행정부의 2조 달러 규모의 인프라 법안에 상당 규모의 조세 증가가 포함되었다는 말은,

미국에서조차 국가가 돈을 빌릴 수 있으려면 모종의 과세 기반이 있어야만 한다는 점이 널리 인식되고 있음을 보여준다. 2020년의 금융 붕괴 때 전례 없이 막대한 양적완화를 실시했던 것이, 양적완화가 뒤를 받쳐주는 채권 시장 세계에는 여전히 한계가 있음을 말해주는 경고였는지, 아니면 중앙은행들이 여전히 정책 수단을 가지고 있어서 시장에 부채에 대한 심판의 날이 오기 전에 그 수단을 사용할 수 있으리라는 점을 보여준 것이었는지는 아직 알 수 없다.

　국내 정치 면에서 보면, 에너지 소비는 불가피하게 옛 갈등을 강화하는 새로운 분배적 갈등을 맹렬히 일으킬 것이다. 부분적으로 이는 녹색에너지 전환과 전기화에 어떻게 인센티브를 충분히 부여하고 여기에 자금을 조달할 수 있을 것인지와 관련이 있다. 일례로 프랑스에서 유류세 인상에 저항하며 일어난 노란 조끼 시위는 '패자의 동의' 문제가 선거에서만으로 한정되지 않는다는 것을 보여주었다. 또한 이 문제는 에너지의 미래 모습이 실질적으로 어떠할 것인가의 문제이기도 하다. 전기가 탈탄소화되고 현재 직접적으로 석유와 가스로 동력을 얻는 부분들이 전기로 대체되었을 때, 그때도 지금 같은 수준으로 에너지를 사용할 수 있으리라고 예상할 선험적인 이유는 전혀 없다. 메르켈은 2020년 1월 한 연설에서 에너지 변화는 "우리가 기업 활동 방식과 삶의 전반적인 방식 모두를 완전히 바꾸어야 한다는 의미"라고 언급했다.[6]

　특히 개인 교통수단이 정치적 갈등의 장소가 될 것이다. 전기차는 헨리 포드의 모델 T처럼 되기에는 아직 갈 길이 멀어 보인다. 어느 면에서 미래는 포드주의 이전 세계의 모습을 갖게 될 것이다. 자동차가 사치재이자 계급 간 분노의 원천이던 시절로 말이다.[7] 어느 시점에 석유 문제와 교통수단 전기화의 문제가 만나게 될 것이다. 개인의 에너지 소비에 대한 분배적 함의가 명백해질수록 탄소 중립을 어떻게 달성할 것인가의 문제는 (얼마나 많은 탄소를 "제거elimination[실질적으로 탄소를 없애는 것]"해야 하는 것인가뿐 아니라 "상쇄offset[자기 배출량을 다른 활동으로 보상하는 것]"해야 할 것인가의 문제도 포함해서) 정부가 감축목표치를 발표하는 수준을 넘어 선거 경쟁의 장으로 들어오게 될 것이다. 한편, 경제적 갈등의 많은 부분을 정당을 통한 선거에서 구조화하고 다루는 데 고전하고 있는 유로존 국가들에서는 거시경제적인 불일치를 최소화해야 할 필요성의 반대 방향으로 당기는 압력이 존재할 것이다.

여기에서, 지정학이 앞으로도 계속해서 국내 정치의 교란에 불을 땔 가능성을 상당히 많이 발견할 수 있다. 전기차를 두고 벌어지는 중국과의 경쟁에서 승리하느냐가 기술적 우위의 문제가 되었으므로, 정부와 투자자들은 자동차 소유권이 소수에게 집중되는 문제가 국내 정치에 일으킬 갈등과 상관없이 이 분야를 촉진할 것이다. 경제 면에서 보면, 녹색에너지로의 전환과 전기화는 지난 수십 년간의 광범위한 문제를 눌러줄 만병통치약이 아니다. 영국처럼 제조업이 특히 심하게 공동화된 곳이나 미국처럼 정치, 기업의 로비, 선거 자금 지원 사이의 관계로 인해 귀족적 과잉으로 얼룩진 곳에서, 녹색에너지 전환과 전기화는 옛 문제들을 강화할 것이다. 이제까지 국가 경제의 취약성이 외국 기업이 시장을 지배하는 것을 의미했다면, 얼마나 많은 국내 일자리가 창출될 수 있을지는 여전히 전혀 명확하지 않다. 스코틀랜드는 풍력 발전의 양과 재생에너지를 통한 전기화 비중이 지극히 높지만 이러한 전환으로 기대했던 것보다 일자리는 적게 창출되었다.[8] 그러는 한편, 대규모 인프라 프로젝트는 누가 계약을 딸지와 관련해 정실주의에 문을 열 수 있다. 일례로, 오바마 행정부가 거대 건설 프로젝트에 자금을 대서 캘리포니아 고속철도를 지원하기로 했을 때, 이는 캘리포니아에 새로운 대중교통 시스템을 마련했다기보다는 컨설팅 회사에 막대한 혜택을 안겼다.[9]

에너지 혁명을 향해 가면서, 서구 민주정 국가의 정치인들과 2019년부터 화석연료 투자를 피하기로 하기 시작한 투자자들은 아직 발명되지 않은 테크놀로지에 도박을 걸었다. 화석연료가 아닌 에너지원을 사용해 현재의 물질적 여건을 그대로 유지하게 해주리라고 믿으면서 말이다. 성공하려면 이 테크놀로지는 에너지 혁명을 일으켜야 한다. 핵발전은 별개로 하더라도, 저밀도 에너지[풍력, 태양광 등]가 고밀도 에너지[화석연료 등]를 대체해야 한다.[10] 전반적으로 지금까지 재생에너지는 화석연료에너지 소비를 대체하기보다 전반적인 에너지 소비를 늘리는 데 기여해왔다. 처음으로 유엔 기후변화 회담이 열린 1995년 이래 석탄 소비는 3분의 2 이상, 석유 소비는 3분의 1 이상, 가스 소비는 5분의 4 이상 증가했다.[11] 대부분의 서구 국가에서 석유 소비가 줄었고 일부에서는 석탄 소비도 크게 줄었지만, 이는 산업 생산의 상당 부분을 아시아로 오프쇼어링했기 때문이었다. 적어도 지금으로서는, 에너지 혁명 자체가 전적으로 화석연료에너지 투입에 달려 있다. 에너지 혁명으로 대체하려고 하는 것이 바로 화석연료인데 말이다. 그리고 에너지 혁명은 희토류처럼 잠재적으로 희소할 수 있는 물질에도 달려 있다. 에너지 전환은 빠르게보다는 느리게 일어날 것이다. 한 가지 면에서는, 에너지 전환의 비전이 새로운 것은 아니다. 불확실성, 가장 좋은 결과가 나오리라는 희망, '할 수 있다' 정신으로 하는 투자는 늘 자본주의 경제의 토대였다. 하지만 에너지가 식량 생산부터 포함해 모든 경제 활동의 기초이고 물리 법칙에 지배를 받으므로, 에너지 분야에서 기술 혁명을 필요로 한다는 것은 상당히 새로운 요구 사항이다. 2000년대부터도 이미 많은 정부와 기업이 화석연료 없는 에너지 계획을 내놓았지만 거의 전적으로 공상 수준이었던 것으로 판명된 바 있다.[12]

앞으로 올 정치의 아마도 파괴적일 속성을 완화하려면 우리의 집합적 이해가 에너지의 물리적 현실과 기후변화가 가져올 현실이 결합할 때 벌어질 일을 잘 따라잡아야 한다. 기술적으로 추동된 구원의 희망과 붕괴가 불가피하리라는 절망을 오락가락하는 것은 도움이 되지 않는 대응이다. 에너지 혁명이 불러오고 강화할 구체적인 어려움들을 줄이기 위해 정부들은 서로 다른 시간 스케일에서 그러한 조치에 수반되는 위험 중 어떤 것을 감수할지 결정해야 할 것이다. 이러한 결정은 핵심 자원이 있는 영토를 둘러싼 갈등을 포함해서 지정학적 갈등을 불러올 것이다. 서구 민주정 국가에서 정치인들은 귀족적 과잉을 강화하지 않으면서 시민들이 감수해야 할 희생을 시민들이 받아들일 수 있는 방식으로 이야기해야 한다. 생태적 영역과 에너지의 적용 모두가 한계를 부과한다. 우리 인류가 그 한계를 반드시 밀어내야 하지만 말이다. 또한 어떤 정치적 질서의 장소에서도 마찬가지이듯이, 비물질적인 형태로 한계들은 민주정 국가들의 정치에도 존재한다. 기후변화와 에너지 소비를 둘러싼 경합이 민주정 정치체를 불안정하게 하는 시기에 이러한 한계 하에서 민주정 정치체가 어떻게 지탱될 수 있을지가 앞으로 10년간의 핵심적인 정치적 질문이 될 것이다.

| 후기 | **2022년의 전쟁**

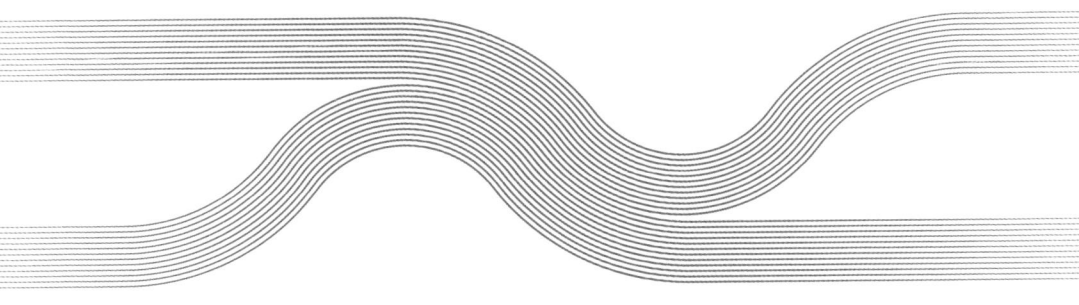

2022년 2월 24일 새벽, 러시아가 우크라이나를 기습 침공했다. 같은 날 몇 시간 뒤, 러시아 해군이 흑해 연안의 우크라이나 영토 스네이크섬을 장악했다. 이 속보가 타전되자 석유와 유럽 시장의 가스 가격이 급등했다.

이 사건이 벌어진 유럽은 전쟁의 세계였다. 유럽의 평화가 통일의 역사적 조건이었던 독일은 이미 그전 몇 주 동안 절박한 상태였다. 미국 정보기관이 지난 가을부터 러시아의 공격이 있을 것이라고 경고했지만 독일 정부는 외교적 해법이 가능하리라는 희망을 놓지 않고 있었다. 2월 7일에, 총리가 된 지 8주밖에 안 된 올라프 숄츠Olaf Scholz는 워싱턴을 방문했는데, 조 바이든으로부터 러시아가 전쟁을 할 경우 "우리는 노르트스트림2를 중단시킬 것"이라는 말을 들었다.[1] 1주일 뒤인 14일에는 키이우에 가서 우크라이나 대통령 볼로디미르 젤렌스키Volodymyr Zelensky를 만나 미이행 상태인 2015년 민스크2 평화협정을 받아들이라고 압박했다. 우크라이나로부터 분리 독립을 하려 하는 도네츠크와 루한스크의 자치권을 인정하도록 한 이 협정에 독일이 핵심 중재자 역할을 한 바 있었다[우크라이나 동부 돈바스 지역의 분쟁을 해결하기 위해 우크라이나, 러시아, 도네츠크, 루한스크가 체결했다. 도네츠크와 루한스크의 독립이 아니라 우크라이나 내에서의 자치권을 보장하도록 되어 있었다]. 다음날인

15일에는 푸틴을 만났고 나중에 트위터에 이렇게 적었다. "우리에게는 평화적인 길을 찾아야 할 빌어먹을 의무와 책임이 있습니다. 지속적인 안보는 러시아 없이 달성될 수 없습니다."² 하지만 푸틴은 아랑곳없이 2월 21일에 도네츠크와 루한스크를 독립 국가로 인정한다고 공식 발표했다. 보도에 따르면, 러시아의 이 움직임에 분노해서 숄츠는 노르트스트림2의 운영이 독일의 가스 안보에 부합하는지 재검토해야 한다고 말했다고 한다.³

러시아의 우크라이나 공격으로, 독일에서는 아직 미개통인 파이프라인를 어떻게 할 것인가에서 러시아와 50년간 유지해온 화해 협력 관계를 계속 이어갈 것인가로 주된 이슈가 이동했다. 72시간이 지나지 않아서, 숄츠는 독일 무기를 우크라이나에 제공할 것이고 독일군의 전력 증강을 위해 1000억 유로 규모의 특별 기금을 마련할 것이며 해양 가스 운송 경로를 열어서 러시아 에너지에의 의존을 종식시킬 것이라고 선포했다. 의회에서 숄츠는 푸틴이 "1975년 헬싱키 협약 이후 거의 반세기 간 유지되어 온 유럽의 안보 질서를 무너뜨렸으므로" 모든 것이 달라졌다며 이렇게 말했다. "우리는 시대 전환의 분기점eine Zeitenwende을 지나가고 있습니다. (…) 이후의 세계는 이전의 세계와 같지 않을 것입니다."⁴

부분적으로는 숄츠의 말이 맞았다. 하지만 유럽 역사가 2022년 2월에 이전과 단절되는 시대 전환의 분기점을 맞았다는 그의 설명에는 왜곡도 있다. 유럽의 안보 질서는 러시아가 전쟁을 일으키기 전에도 1970년대 중반과 분명히 달랐다. 전에 소련에 속했던 곳이 이제 6개의 새로운 유럽 국가가 되어 있었다. 평화 시기에 독립 국가로 존재했던 경험이 없는 우크라이나가 1991년에 유럽에서 가장 넓은 영토를 가진 국가로 떠오른 것은 막대한 변화를 의미했다. 새로이 국민국가로 독립한 우크라이나는 늘 지정학적으로 위태로웠다.⁵ 적어도 2009년부터 푸틴은 공개적으로 독립 국가 우크라이나의 정당성을 부인했다. 1990년대에 러시아와 서명한 조약들에 의거해 우크라이나는 크림에서 군사적 권리를 러시아에 양보했다. 그러고 나서 2014년에 크림반도를 잃었고 동남부 지역에서는 러시아가 지원하는 분리주의자 반군과 싸워야 했다. 러시아의 2022년 우크라이나 침공이 역사적으로 과거와 단절되는 기점을 의미한다면, 그 충격의 규모는 푸틴이 독립 국가로서의 우크라이나의 생명력을 끊기 위해 일으킬 의향이 있었던 고통의 규모가, 키이우를 장악하고자 하는 그의 야망의 크기와 그 임무에 전적으로 부족한 군사 동원력 사이의 간극으로 인해 증폭된 만큼일 것이다.

독일에 대해 말하자면, 러시아와의 에너지 교역은 오랫동안 주권을 위한 우크라이나의 투쟁과 관련해 독일의 입장을 곤란하게 해왔다. 2005년 이래로 독일 정부들은 러시아-우크라이나 간 분쟁이 일으키는 에너지 안보 문제에서 벗어나려는 노력에 상당한 정치적 자본을 쏟았다. 우크라이나를 불안정한 수송국이자 그리 환영받지 못하는 NATO 회원 후보국으로 여기면서, 독일은 러시아와 편을 같이 했다. 하지만 2009년부터는 우크라이나에 EU 준회원 자격을 줌으로써 우크라이나가 파이프라인을 현대화하도록 경제적 인센티브를 제공하려고도 했는데, 대체로 이는 별로 효과가 없었다. 크림 위기와 돈바스 전쟁이 시작되고 나서는, 민스크2 합의를 위해 들인 그 모든 시간에도 불구하고 러시아-우크라이나 관계를 누그러뜨리지 못하고 있는 와중에, 독일의 에너지 안보를 우크라니아의 독립보다 우선시할 경우 미국을 적대적으로 만들지 모른다는 점도 독일을 곤란하게 했다. 바이든이 2021년 5월에 노르트스트림2에 대한 제재를 철회했을 때, 이는 독일이 자신의 에너지 안보를 자율적으로 결정할 권리가 있다는 메르켈의 주장이 승리했다는 의미로 보였다. 하지만 4개월 뒤 러시아-우크라이나 국경 지역에 러시아가 대규모로 군사를 집결시키자, 10월에 바이든은 차기 총리 내정자 숄츠에게(9월에 있었던 총선 후 차기 총리로 확정되었고 12월에 취임했다)에게 러시아가 실제로 어떤 공격이라도 개시한다면 노르트스트림2를 중단

해달라고 요청했다.⁶ 숄츠가 총리가 되고 얼마 뒤 [러시아가 도네츠크와 루한스크의 독립을 공식적으로 인정하고 평화 유지 명분으로 병력을 파견하자] 독일의 에너지 규제 당국은 노르트스트림2에 대한 승인 절차를 중지했다. 숄츠가 전쟁 직전 노르트스트림2에 행한 죽음의 의례는 [모종의 역사적 기점을 지난] 새로운 유럽이 시작되었음을 의미하는 것이라기보다, 러시아가 우크라이나를 공격하는 쪽으로든 우크라이나가 2014년에 잃어버린 영토의 탈환에 나서는 쪽으로든 간에 매우 불안정한 상황이 전개될 가능성이 높은 세계에서 발트해 해저를 지나가는 파이프라인 노르트스트림2는 어차피 아슬아슬한 운명이었음을 반영하는 것이었다고 보아야 한다.

하지만 1991년 이후의 유럽 질서에서 우크라이나를 둘러싼 단층선의 확장판이 무엇이었든 간에, 시대 전환의 분기점이라는 서사는 어느 정도 사실이기도 하다. 팽창주의적 전쟁은 불가피하게 근본적인 교란을 일으키며, 이번에도 예외가 아니었다. 이것은 세계 패권국이 이미 상당한 군사 원조를 하면서 독립을 지원하고 있는 나라에 대해 핵 보유국이 국경을 넘어 영토적 정복을 시도한 전쟁이었다. 따라서 날마다 이 분쟁은 더 큰 전쟁으로 비화될 위험이 있었다.

비非군사적 전쟁 수단 면에서도 크게 달라졌다. 미국 등 여러 나라가 전개한 대對러시아 금융 제재는 러시아가 주요 국제 결제 시스템에 접근하지 못하게 막았고 러시아 중앙은행을 고립시켰다. 욤키푸르 전쟁 때 사우디가 이스라엘의 동맹국들에 석유 수출을 중단했듯이 러시아가 우크라이나를 지원하는 나라에 가스 공급을 끊을지 모른다는 예상은 있었지만, 2022년에 에너지 순수입국들이 세계의 주요 에너지 수출국을 제재한 것은 전례 없는 일이었다.

여기에 더해 2022년 9월에 일어난 노르트스트림 파이프라인 폭발 사건도 기존 역사로부터 이탈을 의미하는 사건이었다. 처음에는 러시아가 자국 인프라를 폭파한 자작극이라는 설이 제기되었는데, 아마도 잘못된 해석이었을 것이다. 자작극 설이 맞다면 푸틴의 의도를 너무 허무주의적으로 해석할 수밖에 없게 된다. 푸틴이 러시아의 권력을 투사하는 데서 '러시아의 국익'이라는 개념을 다 포기했다는 의미나 마찬가지일 테니 말이다. 한편, 만약 바이든 행정부가 이 폭발을 사주했거나 용인했다면 이는 미국이 NATO의 유럽 국가들을 강제로라도 러시아와 단절하게 만들겠다는 강한 의지를 보인 것이라고 해석해볼 수 있다. 그렇다면 독일로서는 노르트스트림 폭발 사건이 러시아의 자원과 독일의 자본 및 기술을 맞교환해서 해외 에너지 의존을 근근이 해소하면서 여기에 미국이 제재를 부과하지 못하게 하느라 무던히도 노력했던 수에즈 이후의 시대가 독일의 체면을 구기며 종말을 맞이했다는 상징일 수 있었다. 2022년에 시대의 변곡점을 상징하는 사건이 존재했다면, 건설되었을 때는 유럽과 미국 모두에서 비판이 거의 제기되지 않았던 이 파이프라인의 폭발이라는 물질적 파괴의 순간이 아마도 기점이었을지 모른다.

폭풍 속의 유럽

러시아가 일으킨 전쟁의 맥락에서 보면, 노르트스트림 폭발은 지속되어 오던 무혈의, 하지만 파괴적인 에너지 전쟁의 일부였다. 유럽 국가들은 공급이 부족한 에너지 세계에서 자신의 정치적 절박성이 그것의 충족에 대한 물질적 가능성과 직접적으로 충돌하는 것을 목격했다. 전쟁이 시작되고 12일 뒤에 EU집행위원회는 러시아 가스에 대한 의존도를 그해가 가기 전에 3분의 2가량 줄이고 "2030년이 되기 한참 전에" 러시아와의 모든 화석연료 에너지 교역을 중단한다는 계획을 내놓았다.[7] 하지만 EU는 다음 달까지도 러시아의 에너지 수출에 어떤 제재도 가하지 않았고 그때도 석탄에 대해서만 제재를 가했을 뿐이었다. 전쟁 시작 이후 첫 몇 달 동안 독일은 노르트스트림1을 통해 들어오는 것도 포함해서 러시아 가스를 파이프로 계속 수입했다. 2022년 6월에 독일 등 몇몇 유럽 국가들에 발트해 해저를 통해 들어가는 공급을 급격히 줄임으로써 가스 전쟁을 먼저 추동한 것은 [러시아의] 가스프롬이었다. 가스프롬은 이 시점으로서는 수출이 증가해 이득을 얻고 있었지만 미래에 수출을 상실할 위험에 처해 있었다. 가스 공급이 줄어든 긴급 상황에서, 유럽 국가들이 단기적으로 대응할 수 있는 유일한 방법은 에너지 소비를 줄이는 것뿐이었다. 하지만 EU가 2022년 7월에 이후 9개월간 가스 소비를 15퍼센트 줄인다는 계획을 발표했을 때, 이는 독일의 에너지 취약성을 다른 EU 회원국들이 꼭 공유하지는 않는다는 사실을 감안하지 않은 채 EU 차원의 집합적 희생을 하겠다고 말한 꼴이었다. 헝가리는 이 집합적 계획에 비토를 놓지는 않았지만 얼마 후에 가스프롬과 새로운 공급 계약을 맺었다. EU 집행위원회의 안에 대해 헝가리 대통령 빅토르 오르반은 비축분을 열심히 마련해둔 나라에서 비축분을 충분히 두지 않았던 나라로 가스를 재분배하는 것은 받아들일 수 없다고 말했다.[8]

유럽 국가들이 러시아를 통하지 않는 해양 운송 공급원을 절박하게 찾으려 하면서 유럽의 지정학적 풍경이 달라졌다. 시베리아로부터 서쪽으로 이동해 유럽에 들어오는 가스가 없어지면서, 대서양에 면한 나라들(영국, 프랑스, 스페인, 포르투갈)이 더 동쪽에 있는 이웃나라들로 액화천연가스를 재수출하는 기착지가 되었다. 이베리아반도로 가스가 들어오면서 새로운 파이프라인 문제도 불거졌는데, 이는 유럽의 중기적 에너지 미래에 대해 심각한 입장 차이를 드러냈다. 프랑스의 반대에 맞서 독일, 스페인, 포르투갈은 가스를 피레네산맥을 가로질러 운송하는 프로젝트를 되살리는 방안을 밀었다. 이러한 압박에서 2022년 10월에 마크롱은 바르셀로나와 마르세유 사이에 가스와 수소를 둘 다 수송할 수 있는 해저 파이프라인을 짓는 것을 대안으로 제시했다. 하지만 곧 프랑스와 스페인은 이 프로젝트에서 가스를 제외했다. 가스가 포함되면 EU에서 자금을 지원받을 수 없었기 때문이다[화석연료 신규 인프라에는 EU의 지원을 받을 수 없고 수소 인프라는 받을 수 있다]. 더 당장의 문제로, 알제리에서 들어오는 새로운 가스 공급이 또 그곳대로의 지정학적 문제들을 가지고 있어서 불안정했다. 미국이 2020년에 모로코가 서부 사하라에 대해 주권을 갖는다고 인정하면서 알제리와 모로코 사이에 외교 관계가 단절되었다. 2021년 11월에 알제리는 모로코 영토를 지나가는 파이프라인을 통해 스페인으로 들어가는 가스 수송을 중단했다. 이어서, 러시아가 우크라이나를 침공하고 한 달 뒤에 스페인이 모로코 편을 들었을 때 알제리는 해저 파이프라인을 통해 스페인으로 들어가는 가스를 차단했다. 한편 이탈리아는 러시아산 가스를 대체하려는 노력에서 알제리산 가스의 수입 경로를 확보하는 데 성공했다.

하지만 공급 부족의 압박 때문에 유럽은 노르트스트림 폭발 이후에도 러시아와 에너지 교역을 지속할 수밖에 없었다. EU는 러시아 우라늄을 제재하지 못했고 러시아도 수출을 중단하지 않았다. 그러는 동안 해양을 통한 러시아의 석유도 인도를 통해 석유 정련 제품으로 여전히 유럽에 들어왔다.[9] 또한 프랑스와 스페인의 수요로 추동되어서 2022년의 첫 9개월간 러시아가 유럽으로 수출한 액화천연가스는 2021년 동기간보다 40퍼센트나 늘었다.[10] 일부는 노르트스트림의 입구와 가까운 발트해 연안의 새 러시아 LGN 항구를 통해 들어왔다.

노르트스트림 파이프라인 폭발이 수에즈 이후의 에너지 시대를 끝냈다 해도 수에즈의 지정학적 그림자는 여전히 남아 있었다. 수에즈 이후 시절에는 서유럽 지도자들이 소련과 알제리를 중동 석유에 대한 대안으로 생각했고 핵발전을 통한 에너지 혁명이 차차 해외 석유 의존을 완전히 없애줄 것이라고 기대했다. 소련과의 에너지 관계 구축은 성공했지만(중동 석유의 필요성을 없애지는 못했어도), 나머지 두 개의 야망은 알제리 독립, 석유 국수주의, 그리고 핵발전의 비용과 한계(우라늄을 해외에서 구매해와야 한다는 점도 포함)로 무너졌다. 이제 유럽 국가들은 1956년 이후 그들이 찾아낸 하나의 탄화수소 대안에 대해 단기적으로 또 다른 탄화수소 대안을 찾는 한편으로 유럽 차원의 또는 국가적인 에너지 자립을 위한 또 다른 비전들을 추구하고 있다. 이 모두에 아프리카의 자원에 접근하는 것이 꼭 필요하다. 하지만 아프리카 국가들도 절박하게 국내 에너지 소비를 늘리려 하고 있고 유럽 국가들이 아프리카의 금속 자원에 접근하려면 중국과 경쟁해야 하기 때문에, 자본과 기술을 제공하겠다는 유럽의 제안이 전에 소련에게 유혹적이었던 만큼 아프리카 국가들에도 결정적으로 유혹적일 가능성은 작다.

수에즈 위기에서 드러났던 NATO 내부의 권력 위계도 여전히 유럽에 지정학적 악몽으로 남아 있다. 러시아의 침공이 시작되자마자 유럽 국가들이 취할 수 있는 대응의 범위를 설정한 것은 워싱턴의 반응이었다. 바이든 행정부는 처음에는 우크라이나의 승리 전망에 회의적이었지만 러시아가 공중전에서 우위를 점하는 데 실패하는 것을 보면서 평가를 달리하게 된 것 같았다. 2022년 3월 말부터 미국은 러시아에 전략적 타격을 줄 수 있으리라 생각해서 훨씬 더 큰 규모의 경제 원조와 무기 이전을 실시했다. 이러한 미국의 조치는 특히 독일에 큰 영향을 미쳤다. 숄츠가 우크라이나에 방어용 무기를 지원하기로 결정했을 때는 미국이 이 전쟁이 빠르게 끝나리라고 예상하고 있을 때였는데[우크라이나가 오래 버티지 못하리라는 전제하에서 지원], 전쟁이 길어지기 시작하자 우크라이나 지원을 늘리라는 요구를 미국으로부터 반복적으로 받게 되었다. 그 대가로 독일이 우크라이나가 전쟁에서 목적하는 바에 영향력을 행사할 수는 없는 채로 말이다.

전쟁이 흑해 일대와 관련해 어떤 조건으로 끝나게 될지는 유럽의 지정학적 미래에 매우 중요하다. 미국이 우크라이나가 크림 지역에 대해 완전한 주권을 갖기 위해 싸우는 것을 뒷받침할 의사가 있다면, 관건은 러시아가 1780년대 이래로 흑해 함대를 거의 중단 없이 주둔시켜온 세바스토폴을 계속 보유할 것인가가 될 것이다. 더 일반적인 면에서 보면, 흑해에서의 항행권에 대한 현재의 상태는 1936년에 체결된 몽트뢰 협약Montreux Convention에 의거하고 있는데, 이 협약은 어떤 전쟁에서든 다르다넬스와 보스포로스 두 해협에 두 해협에 누가 들어올 수 있는지를, 그리고 무엇이 전쟁에 해당하는지 자체를 튀르키예가 전적으로 통제하게 하고 있다. 이 오랜 국제법은 중동에서 러시아를 제약하고 있긴 하지만(2장에서 보았듯이 튀르키예가 중동에서 러시아를 견제하는 것이 튀르키예를 NATO 회원으로 받아들이게 된 현실적인 이유였다), 2차 대전과 냉전 시기에 보았듯이 남쪽에서부터 바다를 통해 들어오는 공격에서 러시아를 보호해주기도 한다. 그리고 이제 몽트뢰 협약을 유지하는 것, 특히 무엇이 전쟁에 해당하느냐를 결정하는 튀르키예의 권한을 보호하는 것은 우크라이나의 장기적인 군사 방위를 제약할 수 있기 때문에 러시아에 입장에서 매우 중요한 이득이 걸린 일이 되었다.

더 북쪽으로 가보면, 러시아가 일으킨 전쟁으로 풀려난 지정학적 교란이 이미 명백하다. 러시아의 영토적 보복 정책에 경악한 스웨덴과 핀란드는 2022년 5월에 NATO 가입을 신청했다. 핀란드의 가입은 11개월 후에 완료되었다. 스웨덴이 가입하면 러시아를 제외한 모든 발트해 국가가 이 군사동맹에 포함된다. 또한 이렇게 확대된 NATO는 EU 내에 폴란드 주도의 북부 유럽 국가 연합이 생기게 해서 EU에서 독일의 권력을 약화시킬 가능성도 있다(폴란드는 2030년까지 NATO에서 유럽 국가 중 가장 규모가 큰 지상군을 보유한 나라가 되고자 한다). 따라서 독일로서는 브렉시트 이후의 영국과 더 깊은 관계를 맺는 것에 첨예한 안보적 이해관계가 걸려 있다.

스웨덴과 핀란드가 중립국 위치를 갖지 않기로 한 것은 북극에서 높아지던 지정학적 긴장도 강화했다. 극지방에 석유, 가스, 광물이 많다는 것은 오래 전부터 알려져 있었지만 그것을 추출하기란 기온이 오르기 시작하기 전까지는 막대하게 어려운 일이었다. 2010년대에 러시아, NATO, 중국 모두 북극에서 군사 행동을 늘렸고, 군사화되지 않은 비무장 지대인 스발바르제도를 둘러싸고 긴장이 일었다. 1920년의 조약에 의해 노르웨이가 스발바르제도에 주권을 가지고 있지만 다른 50여국이 이곳에서 자원을 탐사할 법적 권리를 가지고 있다. 러시아가 우크라이나를 침공하고 몇 주 뒤, 세계 최대 상업용 위성 지상국과 노르웨이 본토를 연결하는 해저 케이블이 절단되는 사건이 일어났고, 러시아의 소행일 가능성이 짙었다. 이 공격 이후 러시아 이외의 국가들은 북극이사회Arctic Council(북극권에 영토를 가진 8개국이 냉전 종식 직후 시기에 만든 협의체)의 활동을 중지했고, 북극 강대국으로서의 러시아를 정치적으로 고립시켰다.

하지만 정치 권력으로서는 고립되었을지라도 러시아는 여전히 북극해에서 중요한 경제 권력이다. 우크라이나 전쟁은 러시아가 북극해의 상업적 사용을 더 강화할 유인을 제공했다. 북동 유럽부터 러시아로, 다시 태평양쪽 아시아로 가는 북해 항로Northern Sea Route는 수에즈 운하를 지나는 경로에 비해 거리가 절반 이하이고 기후변화로 북극이 녹고 있다면 겨울에도 이 경로로 쇄빙선이 지나갈 수 있을 것이다. 우크라이나 전쟁 전부터도 북해 항로는 갈등의 장소였다. 러시아는 북해 항로가 러시아의 배타적 경제 수역을 지나기 때문에 이 항로에 외국의 항행을 통제할 권한이 자신에게 있다고 주장한다. 우크라이나 침공 이후, 이 항로를 이용하는 비러시아 선박의 수송은 급감했지만 남유럽과 서유럽의 항구들로 가는 액화천연가스 수송선을 포함해 러시아 선박의 수송은 증가했다. 우크라이나 침공으로 아시아 수출 시장이 러시아에 중요성을 더 갖게 되자 러시아 에너지 회사 로스네프트는 대규모 북극 석유 터미널을 짓기 시작했다. 중국이 러시아 석유를 더 많이 수입하는 세계에서 북해 항로가 러시아 석유를 중국으로 보내는 주요 경로가 된다면, 커다란 지정학적 변화가 될 것이다. 중국 입장에서 이는 '플라카 딜레마'를 완화해주는 한편 동부 러시아와 미국을 분리하는 좁은 해협[시베리아 동단과 알래스카 사이]이 막힐 경우 중국의 교역에 병목이 발생할 수 있다는 '베링해협 문제'를 불러올 것이다. 전쟁의 결과가 러시아가 흑해에서 퇴각하는 것이 아니라 부상하는 것이라면, 러시아는 자국 해군으로 새로운 교역로를 지켜야 할 모든 이유가 있는, 중대한 해양 상업국으로 떠오르게 될 것이다. 이와 별개로, 하지만 이와 동시에, 북해와 지중해/에게해의 주요 유럽 항구 대부분에 대해 중국이 지분을 확보한 상황에서 말이다. 이런 면에서, 미국의 해군이 대체로 혼자 항행의 보호와 유지를 담당하던 시대가 끝나고 있는지도 모른다.

남동 유럽과 북동 유럽 모두의 지정학적 영역에서, 러시아가 일으킨 전쟁은 튀르키예 문제를 둘러싼 유럽의 단층선이 더 깊어지게 만들었다. 튀르키예는 자신이 우크라이나 방위에 꼭 필요한 존재임을 입증했다. 생명을 구하는 드론을 키이우에 보내주었고 우크라이나가 오데사를 통해 식량을 수출할 수 있도록 한 두 번의 합의를 러시아와 맺도록 성공적으로 중재했다. 시리아와 관련해서는 전략적·전술적으로 골칫거리였던 튀르키예가, 흑해 주변에서 벌어진 전쟁에서는 NATO에 없어서는 안 될 존재가 되었다. 하지만 러시아 제재에 동참하기를 거부하면서 튀르키예는 NATO 내의 불량국으로 행동하려는 경향도 보였다. 또한 튀르키예는 에너지 허브로서도 EU에 협조적이면서 비협조적인 이중적 파트너의 모습을 보이고 있다. 2022년 7월 EU가 아제르바이잔이 트랜스아나톨리아 파이프라인으로 수송되는 가스 물량을 두 배로 늘리는 데 동의하면서 비非러시아산 가스 수송에서 튀르키예의 중요성이 더 커졌다. 하지만 노르트스트림 폭발 이후 에르도안은 푸틴 편에 서서 흑해 해저의 투르크스트림 파이프라인이 러시아 가스가 유럽으로 들어오는 중심 경로가 되어야 한다고 주장했다.[11] 또한 에르도안은 스웨덴의 NATO 가입을 방해하는 큰 걸림돌이기도 하다.

예측 가능하게도, 흑해에서 벌어진 분쟁은 동지중해 사안을 두고 NATO를 가로질러 존재하는 지정학적 단층선을 악화했다. 아마도 NATO에 튀르키예가 유용하다는 사실에 대담해져서, 에르도안은 "때가 오면 우리는 어느날 밤 갑자기 들이닥칠 수 있다"며 그리스가 튀르키예 연안의 그리스 섬들을 군사화하는 것을 응징하겠다고 거듭 위협했다.[12] 2022년 9월에 그리스는 유럽이 또다시 유럽 대륙에서 벌어지는 전쟁을 겪게 될 위험이 있다는 서한을 NATO에 보냈다. 그리스 정부는 몽트뢰 협약이 그 섬들에 대해 튀르키예의 입장이 아니라 그리스의 입장을 뒷받침한다고 생각하므로, 튀르키예와 그리스 사이의 이 공방은 동지중해에서의 사건을 흑해에서의 권력 갈등과 긴밀하게 연결한다. 전쟁이 산출할 어떤 시나리오에서도, 종전이든, 장기 교착 상태이든 간에, 계속해서 러시아가 흑해 북부의 우크라이나 연안 영토 대부분을 통제할 경우 러시아는 가스가 풍부한 동지중해에 더 가까이 가려 것이다. 아마도 튀르키예가 흑해에서의 러시아 상황을 자신의 목적에 이용할지도 모른다는 위험을 인지하고서, 2023년 1월에 그리스 총리는 당장 자기 나라를 방위하는 데 꼭 필요하다며 우크라이나에 레오파드 탱크 제공을 거부했다. 레오파드 탱크를 유럽의 어느 나라보다도 많이 보유하고 있으면서도 말이다.

2022년 6월에 흑해를 중심으로 다시 한 번 더 동쪽으로 확장하기로 한 EU는 이제 새로운 튀르키예 문제를 다루어야 한다. 우크라이나가 후보국 지위가 된 것만으로도 EU에는 이미 심각한 이슈들이 있다. 전쟁 전에도 유럽 평균보다 생활 수준이 훨씬 낮았던 우크라이나 경제를 구조조정하는 데는 막대한 돈이 들 것이다. 이에 더해, 러시아와 바다로든 땅으로든 국경을 맞대는 나라는 EU 회원국이 되려면 아마도 NATO 회원국도 되어야 할 테고, 러시아와 분쟁을 겪고 있는 나라라면 더더욱 그럴 것이다. 하지만 모든

EU 회원국이 이를 지지할지, 혹은 [오랫동안 EU 가입 후보국 지위인] 튀르키예가 [우크라이나가 먼저 가입하도록] 실제로 양보를 할지는 전혀 확실하지 않다.

우크라이나가 EU나 NATO에 가입하느냐 아니냐와 상관없이, 우크라이나가 러시아에 맞서 끈질기게 버티는 능력이 있음을 보여왔다는 점 자체도 유럽을 지정학적으로 어렵게 만든다. 1984년에 쓴 글에서 체코 소설가 밀란 쿤데라Milan Kundera는 국가로서 우크라이나가 "유럽의 위대한 국가 중 하나이지만 서서히 사라지고 있다"며 "이 엄청나고 거의 믿을 수 없는 사건이 세상이 그것을 인지하지 못하는 상태로 벌어지고 있다"고 언급한 바 있다.[13] 7년 뒤 우크라이나가 독립했을 때도 서구 유럽 사람들은 우크라이나 역사에 관심을 많이 기울이지 않았다.[14] 그런데 푸틴이 우크라이나의 국가공동체성을 제거하려 하면서 우크라이나는 EU가 반드시 고려해야만 하는, 유럽의 영속적인 요인이 되었다. 냉전 종식 이후 EU는 동유럽 국가들이 러시아 제국의 소련판에 맞서 이제서야 막 독립을 쟁취한 가운데서도, 독일 통일이 가능하게 하는 데 독일-러시아간 화해에 어느 정도 의존했다. 그 이후로, 독일 민족주의의 종말이자 동유럽에서 수십 년에 걸쳐 일어난 인종 분리의 파국적인 정점이었던 홀로코스트는 '유럽의 통합성'이라는 상상된 개념을 구성하는 데 핵심이 되었다.[15] 그런데 2022년을 보면, ['평화와 화해에 기반한 유럽의 통합성' 개념과는] 대조적으로, 홀로코스트와 20세기 중반 소비에트의 공포 정치를 둘 다 경험한 나라[우크라이나]가 영토적 주권을 지키기 위한 방어 전쟁에서 러시아와 싸움으로써 EU의 공식적인 회원 후보국이 되었다[우크라이나는 2022년 2월 24일 러시아의 침공이 시작된 직후(2월 28일)에 EU 회원 가입을 신청했고 그해 6월 공식적으로 후보국이 되었다]. 이 나라는 "국가공동체를 세울" 권리를 주장했는데 이 나라의 국가공동체 수립 노력에는 공공장소에서 소수자 언어 사용을 억압하는 등의 조치도 있었다. 이러한 경험의 어떤 측면도 마스트리흐트 이래로 설파된, EU가 초국가적이고 평화 지향적인 구성물이라는 개념과 쉽게 합치되지 않는다. 우크라이나를 전쟁을 통해 구성된 국가로서 EU에 받아들이면 EU는 예전의 EU와는 종류가 다른 실체가 될 것이다. 존재의 목적과 관련해 러시아를 지정학적 적국으로 간주하는 새로운 역사 내러티브가 없다면 수사적 정당성을 가질 수 없는 실체가 되는 것이다. 독일과 프랑스 입장에서, EU가 자원이 풍부하고 대륙적 크기를 가진 이웃나라[러시아]와 그러한 관계를 갖게 된다면 이는 실로 '시대의 전환Zeitenwende'이 될 것이다.

전쟁 중인 세계 경제

세계의 에너지 수출 슈퍼파워 국가가 일으킨 전쟁으로 생겨난 에너지 격동은 불가피하게 일련의 경제적 충격을 가져왔다. 하지만 이러한 에너지 문제에 대해 탓을 전적으로 전쟁에만 돌리는 것은, 정치적으로 편리하긴 했어도, 유가를 중심으로 한 에너지 위기가 2022년 초에 이미 펼쳐지고 있었다는 사실을 간과한 것이다.[16] 사실 서구 정치인들은 그 이전해 여름부터 에너지 문제의 해법을 찾는 데 골머리를 앓고 있었다. 전쟁 시작 한 달 전에 유가는 2014년 말 이래 가장 높은 수준이었다. 게다가 2021년 내내 유럽 국가들은 역사상 있었던 어떤 유가 충격에도 뒤지지 않는 가스 가격 충격도 겪었다. 중국의 액화천연가스 수입 수요가 15퍼센트나 증가했고 EU의 천연가스 선물 가격은 2021년 12월에 팬데믹 이전 수준보다 18배나 높았다.[17]

꽤 단순하게, 전쟁은 에너지 교역 흐름의 지정학적 패턴을 교란하기 전에 기존에 존재하던 공급량 관련 제약을 먼저 드러냈다. 2021년에 유럽을 강타한 가스 가격 충격은 유라시아 전체 차원에서 벌어지던 치열한 액화천연가스 확보 경쟁을 반영하는 사건이었다. 따라서 어마어마하게 오른 가격은, 그것이 야기한 온갖 어려움에도 불구하고, 2022년에 전쟁이 시작된 뒤

서구 국가들이 바다를 통해 들어오는 액화천연가스 확보 경쟁에서 [아시아 국가들을 내몰고] 승리하는 데 필요조건이기도 했다.[18]

석유 시장에서는, 2005년에 일반적으로 공급이 정체되면서, 그리고 2014년부터 투자가 줄면서, 구조적 문제들이 진즉부터 형성되어 있었다. 그리고 2021년이면 이 문제를 상쇄해주던 셰일오일의 역량이 줄었다는 것이 매우 명백했다. 그해에 세계의 1일 석유 생산량과 소비량 격차는 150만 배럴이나 되었다.[19] 그해 말에도 미국의 1일 원유 생산량은 2년 전보다 100만 배럴가량 낮았다.[20] 바이든은 임기가 시작되고 첫 몇 개월 사이에 이란을 새로운 핵 협상에 나오게 하는 데 실패한 뒤(성공했더라면 이란의 석유 수출에 대한 제재를 완화할 수 있었을 것이다), OPEC 플러스 국가들이 생산 쿼터를 늘리도록 설득하고자 했다. 여기에서도 실패하자, 그해 가을에는 전략비축유를 방출하는 쪽으로 이동해 중국[등 주요 석유소비국]과 조율에 들어갔다. 러시아-우크라이나 전쟁이 유가를 다시 올리면서, 바이든에게는 OPEC 플러스 국가들에 생산량을 조정하도록 밀어붙여야 한다는 압박이 한층 더 높아졌다. 2021년에는 사우디를 비판하기는 하면서 OPEC 플러스에 기대려 했지만, 2022년 7월에는 [어조를 확 바꾸고] 리야드로 직접 가서 모함메드 빈 살만을 만났다. 하지만 셰일 붐 시절에 미국이 예전의 아랍 내 우방국이었던 사우디에 행사할 수 있었던 영향력은 미미해져 있었다. 팬데믹 때 사우디와 러시아가 서로 매우 상이한 대응을 하면서 2020년 4월에는 트럼프가 사우디를 압박해 감산을 유도할 수 있었지만[당시에는 사우디가 유가를 폭락시켰기 때문에 감산을 유도해 유가를 어느 정도 지지하는 것이 미국에 필요했다], 이번의 에너지 전쟁은 G7 국가와 EU 국가 들 사이에서 러시아 석유에 가격 제한을 두려는 움직임을 촉진하면서 사우디와 러시아가 공유하는 기저의 이해관계를 더 강화했다.

바이든이 방문하고 3개월 뒤, OPEC 플러스는 생산 목표치 대비 하루 200만 배럴을 즉각 감산한다고 발표했고 워싱턴은 분노했다. 하지만 몇몇 OEPC 플러스 국가들이 기존 목표치만큼을 생산하지 못하고 있었기 실제 감산폭은 선언된 것만 못했다. 원유 생산이 지속적으로 정체 상태였음을 말해주는 현상이었다. 2022년의 세계 경제는 2021년만 해도 정치적으로 감당할 수 없는 수준으로 보였을 유가 조건에서 일단 굴러가기라도 하기 위해 바이든이 전략비축유를 푸는 데 의존해야 했다. 중국의 '제로 코비드' 정책으로 중국에서의 석유 수요가 줄어서 그나마 부담이 덜했다. 2010년대에 셰일오일 생산이 가속적으로 늘던 동안 세계 경제 성장이 중국 경제 성장에 의존했다면, 2022년에는 완전한 석유 위기를 피하는 것이 중국에 경제 성장이 없는 것에 달려 있었다.

하지만 2000년대 중반에 존재했던 값싼 중국산 수출품이 없어지면서 2021년 가을부터 2022년 중반까지 21세기의 세 번째 유가 급등 충격이 일으킬 인플레를 상쇄해줄 요인도 사라졌다. "NICE의 종말"이 2005년에 머빈 킹이 이야기했을 때보다 더 가시적이었지만, 여전히 중앙은행들은 2004~2006년보다 행동이 느렸고 유럽중앙은행의 경우에는 2011년보다도 느렸다. 연준은 2022년 3월에서야(이때는 인플레가 이미 8퍼센트에 육박했다) 긴축적 통화 정책[금리 인상]을 내놓았고, 유럽중앙은행은 다시 4개월이나 더 지나서야 그렇게 했다.

높은 차입으로 굴러가는 2008년 이후의 국제 금융 시스템에서 통화 긴축은 언제라도 금융을 불안정하게 만들 수 있었고, 2010년대와 2020년대 초에 긴축 시도가 시장에 중대한 충격을 일으키는 일이 왕왕 있었다. 하지만 팬데믹에 대한 경제적 대응은 다시 한번 인플레 유발적인[완화적인] 통화 신용 여건을 허용했고, 특히 미국에서 그랬다. 이는 중앙은행에 금리 인상 압박이 커지리라는 뜻이었지만, 2021년에는 [인플레에 대해] 통화 정책을 써볼 수 있는 여지가 매우 작았다. 팬데믹이 아직 끝나지 않은 상황에서 금리를 일찍 올리면 소비자 신뢰에 큰 타격을 줄 것이고 은행들도 2023년 실리콘밸리은행SVB을 집어삼켰던 종류의 위기(금리가 급등해 미 국채의 장부상 평가액이 떨어지면서 폐쇄되었다)에 처하게 될 것이었다.

하지만 미국 밖에서는, 달러 가치가 꾸준히 오르는 상황에서 중앙은행이 행동을 취하지 않으면 환율 압박만 가중하게 될 터였다. 연준이 금리를 올리고 있는 통화 세계에 처한 유럽중앙은행과 유럽 각국의 중앙은행은[연준은 2022년 3월부터 금리를 올리기 시작했다] 볼커 시대에 있었던 상충적 교환 관계, 즉 고유가 시기에 [인플레를 잡기 위해] 통화 정책의 정치적 자율성을 주장하는 것과 [경기 진작을 위해] 인플레를 유발하는 통화 평가절하를 실시하는 것 사이의 상충 관계에 봉착했다. 회원국 통화들끼리의 환율 불안정 가능성을 제거한 유로존은 미테랑의 실험을 망가뜨렸던 문제로부터 회원국을 어느 정도 보호했다. 하지만 유럽중앙은행이 행동을 취하든 안 하든 독일과 이탈리아 사이의 금리 스프레드 문제가 다시 돌아올 위험이 여전히 있었다.

그해 2분기와 3분기에 높은 에너지 가격이 달러 가치를 급등시키는 데 대한 정치적 우려가 높아지면서 통화 당국이 처한 곤경은 더욱 증폭되었다. 거의 모든 유럽 정부가 가계와 기업에 에너지 충격을 완충할 수 있는 보조를 제공하기 위해 돈을 더 빌리려 했다. 독일과 영국처럼 빌릴 수 있는 여지가 크다고 생각한 국가들은 대대적인 재정 지원을 했다. 보리스 존슨에 이어 취임한, 하지만 단명으로 끝나게 되는 영국의 총리 리즈 트러스Liz Truss의 경우, 재정 통화 정책 믹스에 감세를 포함한 것이 재앙적인 결과로 귀결되었다. 영국 채권 시장에서 유동성이 붕괴했고 스털링 위기가 왔으며 트러스는 2022년 10월에 사임해야 했다. 스털링 가치 방어를 위해 금리를 올려야 할 압력을 줄일 수 있기를 바라면서 [그다음 총리] 리시 수낵Rishi Sunak은 트러스의 감세안뿐 아니라 에너지 보조도 상당 부분 없앴다.

2022년에 세계 경제를 스태그플레이션으로 끌고가던 거시경제의 구조적 환경에 중국의 성장 둔화가 구원이 되었지만, 그와 동시에 러시아가 일으킨 전쟁은 2005년 이후 미·중 간에 존재해온 단층선이 세계 경제에 전보다 더 큰 불안정 요인이 되게 만들기도 했다. 2022년 2월 24일[러시아가 우크라이나를 침공한 날] 이전에는, 점증하던 미·중간의 무역 및 테크놀로지 갈등이 중국에 일시적으로 심각한 달러 부족이 올 경우 연준이 보험 역할을 해주는 것으로 완화되었다. 러시아의 우크라이나 침공 이후에는, 미국의 대對러시아 금융 제재를 보면서 중국 지도부가 중국이 달러 기반의 국제 신용 시스템에 너무 많이 통합된 것을 한층 더 우려하게 되었다. 하지만 중국의 달러 노출 규모가 워낙 커서, 달러 신용 시스템에서 빠져나가는 것은 쉽지 않았다. 중국은 보유한 미 국채를 2022년 2월부터 2022년 말까지 20퍼센트 가까이 줄였지만 패니매와 프레디맥의 자산 매입을 20퍼센트 가량 늘렸다[절대 액수로 같은 만큼인 것은 아니다. 줄인 미 국채 물량보다 늘린 패니매, 프레디맥 자산 물량이 적다]. 2008년에 이 두 모기지 회사의 부채에 대해 신뢰를 완전히 상실하기 전에 했던 행동으로 돌아간 것이다.[21]

중국이 달러 문제로 씨름하던 동안, 미·중 군사 분쟁의 위험이 점점 너 높아졌다. 그러한 분쟁이 벌어지면 역외에 있는 중국의 달러 보유고가 징발될지도 몰랐다. 푸틴은 우크라이나 침공 3주 전에 시진핑을 만나서 자신이 추구하는 '영토적 수정주의'에 중국을 아군으로 만들려 했다. 우크라이나는 러시아에 속하고 타이완은 중국에 속한다면서 말이다. 이에 대한 대응인지 아닌지는 알 수 없지만, 바이든은 미국 역사상 이전 어느 때보다 명시적으로 타이완에 대한 방어를 천명했다. 그와 동시에, 2022년 10월에 중국으로 반도체 판매를 금지함으로써 중국의 기술 혁명 야망을 꺾는 데 베팅을 한층 더 올렸다. 그 결과, 정밀 마이크로칩의 90퍼센트가 타이완에서 생산되는 세계에 중차대한 영향을 미칠 수 있는 미·중 긴장 관계가 더욱 높아졌다. 러시아가 일으킨 전쟁 동안 석유 공급 부족 문제는 미국이 비축유를 풀어서 어느 정도 해결해볼 수 있었지만, 태평양 북서쪽 섬을 두고 벌어지는 전쟁에서 잃게 될 것은 물질적으로 보충하는 것이 불가능할 터였다.

유럽 기업들이 가스 충격으로 가뜩이나 유럽-미국 간 산업 경쟁에서 취약해지던 시점에, 바이든 행정부는 러시아가 일으킨 전쟁을 '민주주의 대 독재' 구도로 이야기하면서 중국과 관련해서도 유럽 정부들을 닦달했다.[22] 에너지 문제를 염두에 두고 2022년 10월에 세계 최대의 화학 기업인 독일의 바스프는 "가능한 한 빠르게" 유럽내 생산 규모를 "영구적으로" 축소하겠다고 발표했다.[23] 그런데 독일의 메인 공장과 같은 규모의 공장을 중국에 짓고자 하면서, 이는 독일(기업과 정부 모두)이 중국과의 상업 관계를 자율적으로 추구할 수 있는 여지를 미국이 얼마나 용인할 것인가에 대한 시험대가 되었다. 그리고, 미·중 관계가 개선되지 않는다면, 독일의 이러한 취약성을 중국이 알게 될 경우 중국으로서는 EU를 미국으로부터 멀어지게 하려 할 인센티브만 커질 터였다.

이에 더해, 에너지 혁명을 일구는 데 사활을 걸기로 한 것 또한 유럽이 처한 난제를 복잡하게 만들었다. 2022년 8월에 미국 의회는 인플레감축법을 통과시켰다. 기후 대응책으로서 제시된 이 법은 저탄소 기술과 저탄소 생산에 인센티브를 제공하도록 되어 있다. 부분적으로 이는 미국 기업으로부터, 또는 미국과 자유무역협정을 맺은 나라로부터 물품을 조달하는 기업들에 혜택을 주는 방식으로 이루어진다. 표방된 목적은 현재의 중국 중심 공급망을 다른 경로로 바꾸는 것이지만, 동시에 이 접근은 향후에 유럽 기업들이 새 경로에 접근할 길을 닫는 것이기도 하다. EU도, EU 밖의 어떤 유럽 국가도, 미국과 자유무역협정을 맺지 않았기 때문이다. EU집행위원회는 미국 재무부에 보낸 서한에서 이 법이 "미국과 유럽의 기업인들에게 다국적 교역 시스템의 가치가 그 어느 때보다 중요한 시점에 다국적 교역 관계를 훼손할 우려가 있다"고 비판했다.[24] 하지만 이 주장은 미국과 유럽 사이에 공동의 이해관계가 있다는 전제를 깔고 있는데, 미국과 유럽 사이에 그러한 공동의 이해관계는 거의 존재하지 않는다. 오히려 셰일 붐의 가속화와 함께 시작된 미국과 유럽 사이의 경제적 분기가 심해지고 있다. 2022년 12월에 철강 관세 관련 사건에서 세계무역기구가 미국 손을 들어주지 않는 쪽으로 판결했을 때, 바이든 행정부는 안보가 중요해진 새로운 지정학적 시대에 다국적 교역 시스템은 부합하지 않는다고 주장했다.[25] 대조적으로, 중국과는 유럽 국가들의 이해관계가 더 가까워졌다. 수출을 촉진해 화석연료 수입 대금을 지불하는 데 필요한, 그리고 때로는 화석연료 수입을 확보하기 위해 경쟁하는 데 필요한 경화를 획득할 수 있게 해줌으로써 다국적 교역 시스템이 유럽과 중국 모두에 여전히 에너지 안보를 보장해줄 수 있기 때문이다. 그리고 이 절실한 과제는 달러가 강세일 때는 달성하기가 더 어렵다.

에너지, 전쟁, 귀족적 과잉

즉각적으로 에너지 안보를 교란한 전쟁에서, 유럽 정부들은 지미 카터가 1970년대에 이야기했던 '희생' 서사를 다시 가져왔다. 2022년 봄 이탈리아 총리 드라기는 "평화를 갖고 싶은가, 에어컨을 켜고 싶은가"라고 물었다.[26] 하지만 1970년대에 카터는 정치적으로 실패했고 그 실패의 유령이 유럽과 미국 모두에 계속 떠돌고 있었다. 에너지에 대한 대중 폭동을 우려해서 서구 정치인들은 정치적 공동체 의식과 관련한 어떤 명분에 대해서도 경제적 고통을 너무 많이 견디라고는 요구하지 않았다. 그 정치공동체가 국가이든 유럽이든 서방 민주 세계이든 간에 말이다. 바이든은 전략비축유를 사용하기로 한 결정의 정당성을 설명하면서 "푸틴이 일으킨 유가 급등이 이곳 우리의 조국에서는 최소화될 수 있게" 자신이 할 수 있는 "모든 일을 하겠다"고 약속했다.[27] 유럽 정부들은 재정적 신중함의 원칙을 내버리고 가정에 연료비를 보조했지만, 그랬어도 몇몇 국가에서는(특히 영국과 프랑스) 파업의 파도가 일었다. 파키스탄에 가기로 이미 계약된 LNG를 유럽 기업들이 사들이는 것에도 아무도 저어함을 보이지 않는 듯했다.[28] 이탈리아에서는 2022년 7월에 오성운동이 지지를 철회하면서 드라기 정부가 무너졌다. 오성운동은 유럽중앙은행 총재 출신인 드라기가 에너지 가격을 낮추는 것보다 우크라이나를 더 우선시한다고 비난했다. 의미심장하게도, 뒤이은 총선에서 다시 한 번 기술관료주의적 정치와 대연정 정치에 타협하지 않은 정당(이번에는 이탈리아의형제들)이 최다 의석수를 차지하며 승리했을 때, 이 정당의 당수 조르자 멜로니Giorgia Meloni는 무사히 총리가 될 수 있었다.

대조적으로, 탄소 배출을 줄이기 위해 에너지 소비를 줄이는 것은 여전히 생각할 수 없는 일로 여겨진다. 그보다, 전쟁으로 인한 비상 상황은 에너지 전환의 필요성을 역설하는 또 하나의 강력한 근거로 기능하면서, 경제 전환을 통해 1970년대 이래 잃어버렸던 국가의 제조업 생산을 되살림으로써 광범위한 계급에 다시 이득을 가져다줄 수 있으리라는 기대를 촉진했다. 2022년의 인플레감축법과 함께, 거의 명시적으로 미국의 기후 정책은 2016년의 충격과 같은 충격, 즉 트럼프나 트럼프 스타일의 후보가 미국이 탈산업화되는 과정에서 패자가 된 사람들에게 호소해서 승리하는 충격이 또 오지 않게 막아줄 정치적 성채가 되었다. 뉴딜 때의 선례와 달리, 이번의 연방 개입에서 설파된 국가공동체 개념은 명시적으로 인종 포용적이다. 실제로 바이든 행정부는 이 법을 과거의 제한적이고 배제적이던 미국의 국가공동체 개념에 희생된 사람들에 대한 보상이자 뉴딜에서 기원한 경제적 국가공동체 개념을 복원하려는 조치라고 본다. 일단 경제 자체로 볼 때, 제조업 생산을 리쇼어링함으로써 이것이 성공할 수 있을지는 아직 답이 내려지지 않은 질문이다. 하지만 2022년에 미국의 민주당 정부가 유럽 정부들이 2019년에 "넷제로 2050Net Zero 2050"을 가지고 점유하고자 했던 것과 동일한 정치적 공간에 들어갔다는 사실은 유럽의 야망을 제약하고 있다. 미국의 이 조치는 귀족적 과잉의 문제를 다루기 위해 에너지 전환을 사용하려는 서방 국가들 사이에 지정학적 경쟁을 일으켰다. 그리고 이 경쟁에서 유럽 국가들과 EU는 높은 화석연료에너지 비용과 미국의 금융 권력 때문에 불리한 처지다. 브렉시트 이후에 내건 '상향 평준화 아젠다levelling up agenda'를 저탄소 투자로 달성하고자 했던 보리스 존슨 정부의 실패가 이미 이를 잘 보여준 바 있다. 미국에서 인플레감축법이 나오면서, 브렉시트 이후 미국과 자유무역협정을 맺는 것에 걸려 있는 영국의 이해관계는 이제 상당히 높고, 따라서 아마 앞으로 영국은 미국 중심의 저탄소 공급망에 영국 회사들이 들어가게 해야 할 필요성과 미국이 제시하는 교역 조건을 받아들여야 한다는 사실이 국내 정치에서 일으킬 부담 사이에서 선택해야만 하는 상황에 놓일 것이다.

심지어 미국에서도 에너지 생산을 국내 자급이 가능하도록 재편하는 일이 민주적 변혁을 가져오기에 충분할 만큼 빠르게 이루어질 수는 없을 것이다. 반란자 후보로서 당선된 전임 대통령[트럼프]의 재임기가 남긴 영향에 대한 대응이 되기에는, 이 프로젝트는 국경 이슈와 시민권 이슈를 건드리지 않는다는 문제가 있다. 또한 "저탄소 미국"을 빠르게 일구는 것에 베팅하면서 바이든 행정부는 실현가능성 없는 미래지향적 프로젝트에 현재의 에너지 니즈를 종속시키면서 눈먼 보조금을 따낼 수 있는 기업들 좋은 일만 시키고 있다는 비난도 받는다.

여기에서, 에너지 시간의 근본 문제는 이동하지 않았다. 러시아가 일으킨 전쟁은 격변적 요인을 대거 풀어놓았지만 저탄소 에너지의 미래에 필요한 종류의, 근본적으로 판도를 바꾸는 기술적 혁신은 그중 하나가 아니다. 한편, 2021년 중국 가스 쇼크에 바로 뒤이어 러시아가 일으킨 전쟁으로 에너지 무역이 교란되면서, 미래의 에너지 문제와 별개로 현재의 에너지 문제가 첨예하게 심각해졌다. 2022년의 위기는 정치인들이 국민에게 예전의 지정학적 시대에 형성된 에너지 소비에 대한 기대치를 낮추라거나 서방이 아닌 세계의 많은 사람들이 겪는 에너지 빈곤을 고려해 행동을 바꾸라고 요구하기가 정치적으로 얼마나 어려운지를 잘 보여주었다. 민주정 국가들이 에너지와 관련해 겪어온 난관에서 러시아가 일으킨 전쟁으로 달라진 게 있다면, 많은 이들이 에너지 이슈를 '인식'하게 되었다는 점일 것이다. 풍부한 에너지의 존재를 당연한 전제로 삼았던 곳들에서 미래의 에너지 희소성에 대한 우려가 풀려나온 것을 포함해서 말이다.

에너지 이슈가 권력자들 사이에서는 첨예한 관심사였지만 일반 시민들 사이에서는 종종 그다지 인식되지 않고 있었던 곳들에서는, 이번 전쟁이 일반 시민들도 자신의 물질적 열망과 두려움을 에너지에 대한 수요 및 우려와 관련된 것으로서 더 잘 이해하게 해주었을 것이다. 이러한 인식은 서구의 민주정 국가들 대부분이 2008년의 붕괴가 일으킨 타격에서 아직 회복되지 않은 시점에(2023년 3월 실리콘밸리은행 파산으로 인한 위기와 또 한 번의 은행 구제까지 가지 않더라도), 그리고 프랑스에서 폭력적인 거리 시위가 불만 표출의 영속적인 특성이 된 시점에 생겨나 확산되고 있다. 이론적으로는, 에너지 이슈에 대해 대중의 인식이 높아지면 2050년까지 에너지 전환을 실현한다는 유럽의 원래 공식이 토대를 두고 있는 기술관료적 논리가 느슨해질 수 있을지도 모른다. 하지만 에너지에 대한 인식이 높아질 때 현실에서 더 있을 법한 결과는, 기후변화에 직면해 모든 사람이 공유하게 된 이해관계와 개인 교통수단의 전기화 과정에서 나타나게 될 불평등 사이의, 그리고 높은 화석연료 가격이 늘 유발하기 마련인 불평등 사이의 깊은 간극이 드러나면서 서구 민주정 국가들이 귀족적 과잉의 덫에 더 깊이 빠지는 것이다. 21세기의 첫 20년 동안에는 에너지가 정치적 격동과 무질서의 '기저에 있는' 요인이었다면, 앞으로의 세계에서 에너지는 정치적 격동과 무질서를 '주되게 실어나르는' 핵심 매개가 될 것이다.

| 감사의 글 |

돌이켜보면 이 책의 출발은 2016년의 여름과 가을이었다. 무언가를 이해했다는 느낌이 그 출발의 동인 중 하나였다. 그해 여름에 나는 21세기로 접어든 이후에 석유가 서구 경제에서 왜 그렇게 파괴적인 교란 요인으로 작용했는지를 다룬 짧은 책을 마무리했고, 잡지 《정크처Juncture》에 글도 하나 기고했다. 그 책과 글에서 나는 [6월에 있었던] 국민투표 결과가 어느 쪽이었든 장기적으로 브렉시트는 불가피하리라고 주장했다. 그 책의 원고를 출판사에 보내고 나서, 나는 브렉시트가 결국에는 벌어질 수밖에 없도록 몰아가는 구조적 필연과 캐머런David Cameron 내각이라는 특수한 여건 사이의 관계를 탐구하는 논문을 쓰기 시작했다. 이 관계를 파고들수록 캐머런 내각이라는 특수한 여건은 처음에 생각했던 것보다 덜 중요해 보였고 영국을 EU에서 밀어내는 구조적 요인은 생각했던 것보다 더 강력해 보였다. 이 문제를 다각도로 살펴보면서, 영국과 유로존 사이에 점점 더 벌어져온 오랜 통화상의 차이가 2011년 고유가 때 영란은행과 유럽중앙은행이 서로 상반되는 대응을 취하면서 특히 더 막중한 결과를 낳기 시작했음을 알게 되었다. 또한, 방식은 상당히 달랐으되 에너지 이야기는 2016년 미국 대선에서도 중요한 부분으로 보였다. 이 선거는 미국이 약 50년 만에 세계 석유 시장에서 주요 생

산국이 된 상태에서 치러진 선거였다. 순전히 분석적인 관점에서 생각하면, 트럼프의 선거 승리가 충분히 설명 가능한 정치 현상으로 보였다. 인정하기에 마음 편한 결론은 아니었지만, 어쨌든 2016년이 왜 그렇게 방향을 틀었는지 어느 정도 설명이 가능하리라는 확신이 들었다.

이 책을 쓰기로 마음먹는 데 마찬가지로 크게 영향을 미친 동인은, 그해의 격동 중 지정학적으로 중요한 사건이라는 걸 감으로는 알겠는데 정확히는 이해하지 못한 부분들이었다. 특히 튀르키예에서 시도되었다가 실패한 쿠데타의 여파 등과 관련해 내가 무언가를 놓치고 있다는 느낌이 들었다. 전에 석유 문제를 연구하면서 지정학적 요소를 고찰해보긴 했지만 더 알아야 할 것이 많았다.

케임브리지대학교에서 여러 일을 맡고 있었던지라 생각을 다듬고 내 주장을 더 폭넓은 틀로 종합해 책을 쓰기까지 몇 년이 걸렸다. 2019년 가을에 1년간 연구년을 갖게 되어 집필을 시작했는데, 초고를 3분의 2 정도 썼을 때 팬데믹이 닥쳤다. 처음에는 이 책을 계속 써도 될지 확신이 들지 않았다. 현재의 정치 상황을 설명하려고 하는데 그 현재의 정치 상황이 완전히 달라져버리는 순간이 온 것이면 어떻게 하는가? 하지만 그리 오래지 않아서 나는 팬데믹의 영향이 내가 이야기하려는 바를 무효로 만들지는 않았으며 완전히 새로운 이야기가 나와야 한다는 의미도 아니라고 판단할 수 있었다. 오히려 팬데믹의 영향은 내가 말하려는 요인들을 몇몇 중요한 측면에서 한층 더 심화시킨 것 같았다. 2020년의 상황까지 분석에 포함해 책을 완성하면서, 지난 10년간의 지정학 이야기를 다시 한번 돌아볼 수 있었고 특히 이를 녹색에너지와 관련해 고찰해볼 수 있었다.

현재진행형인 경제적·정치적 변화를 설명하기 위해 장기적으로 지속되는 구조적 요인을 가져올 때는 '지금 내가 서 있는' 위치에서의 관점이 결코 정확할 수 없는 법이다. 이 책에는 지금 시점에서 내가 명확하게 볼 수 있는 것보다 더 많은 것을 설명하려 한 오류가 담겼을지도 모른다. 미래란 각기 움직이면서 또한 상호작용하는 수많은 부분으로 구성되고, 과거에 대한 내 분석이 시사하는 경로와 상당히 다르게 전개될 수 있음을 나는 잘 인식하고 있다. 대체로 나는 미래 예측을 매우 조심스러워하는 편이고 이 책의 결론에서 내놓은 약간의 예측도 사실은 주저하면서 했다. 정치를 분석할 때 '적합한 시간 단위'가 무엇인지 알아내는 일은 본질적으로 무척이나 어려운 과제다. 게다가 리스크를 시간과의 관련성하에서 어떻게 판단할 것인가가 현대 정치의 핵심 질문이 되었다는 사실은 이 어려움을 가중한다.

이 책의 부제[원제의 부제는 'Hard Times in the 21st Century'다]는 찰스 디킨스를 향한, 그리고 시간이 가진 "무한히 막대한 동력"에 비추어 산업 문명을 숙고한 그의 대표작 『어려운 시절Hard Times for These Times』에 대한 오마주다. 또한 내게 이 부제는 지적 겸손의 필요성을 상기시키는 작은 표식이기도 하다. 그 책을 처음 읽었던 열여섯 살 때 미처 보지 못했던 것들 때문에, 어리석게도 10년이 넘도록 디킨스가 주는 통찰과 즐거움을 누릴 기회를 놓쳐버리고 말았지 무언가.

이 책을 펴내면서 와일리 에이전시의 새러 챌펀트와 엠마 스미스, 옥스퍼드대학교출판부의 루치아나 오플레허티에게 큰 빚을 졌다. 담당 에이전트 세라와 그의 동료 엠마는 뛰어난 전문성을 발휘해서, 제목을 정하는 맨 마지막 논의 때까지 이 책을 출간하는 모든 단계를 내가 잘 헤쳐나가도록 이끌어주었다. 또한 팬데믹의 처음 몇 달 동안 가중된 스트레스를 이기는 데 그들의 지원이 큰 도움이 되었고 덕분에 그해 봄과 여름에 훨씬 수월하게 일에 매진할 수 있었다. 담당 편집자 루치아나는 글이 더 나아지는 데 막대한 도움을 주었다. 그러느라 그의 정신이 얼마나 고달팠을지는 가늠해볼 엄두도 나지 않는다.

옥스퍼드대학교출판부의 셀린 루아슬리Céline Louasli, 안나 실바, 에 이미 게스트Amy Guest, 데이비드 맥브라이드David McBride, 조슬린 코르도바Jocelyn Córdova, 가브리엘 카축Gabriel Kachuck에게도 감사를 전한다. 또한 초고 작성에 도움을 준 신두자 바스카란Sindhuja Baskaran, 칼파나 사가야나탄Kalpana Sagayanathan, 필 다인스Phil Dines에게도 고마움을 전한다.

한스 쿤드나니Hans Kundnani와 드미트리 사프로노프Dmitri Safronov는 귀한 시간을 내어 초고를 읽어주었고, 안드레아 바인더는 6장과 8장을, 게리 거스틀은 7장을 읽어주었다. 제안과 통찰에 깊이 감사드리며, 옥스퍼드대학 출판부의 원고 검토자에게도 귀한 조언에 감사드린다.

이 책을 쓰겠다고 본격적으로 생각한 이래로 여러 동료와 나눈 대화(팬데믹 때는 온라인으로 나누었다)는 내가 내 생각에만 매몰되지 않고 새로운 사고를 하도록 자극해주었다. 다음 분들에게 감사를 전한다. 스테판 아우어Stefan Auer, 크리스 비커톤Chris Bickerton, 앤드리아 바인더, 크리스토퍼 브룩Christopher Brooke, 데이지 크리스토둘루Daisy Christodoulou, 다이앤 코일Diane Coyle, 게리 거스틀, 톰 홀란드, 에릭 존스Erik Jones, 샤섕크 조시Shashank Joshi, 한스 쿤드나니, 히얄트 로크담Hjalte Lokdam, 마티아스 마티즈Matthias Matthijs, 톰 맥타그Tom McTague, 아난드 메논Anand Menon, 브렌든 올리어리Brendan O'Leary, 크레이그 파슨스Craig Parsons, 아리스 루시노스Aris Roussinos, 루시아 루비넬리Lucia Rubinelli, 데이비드 런시먼David Runciman, 톰 런시먼Tom Runciman, 월트라우트 슈클레Waltraud Schelkle, 조시 시먼스Josh Simons, 애덤 스필먼Adam Spielman, 앨리스 톰슨, 로버트 툼스Robert Tombs, 애덤 투즈, 샤힌 발레Shahin Vallée, 대니얼 예긴Daniel Yergin, 아이세 자라콜Ayse Zarakol.

코로나19로 인한 첫 번째 록다운 기간 동안 모리스 글래스먼과 여러 차례 긴 통화를 하면서, 내가 책에 담고자 하는 지정학적·경제적 이야기에 홍콩이 얼마나 중요한지 알 수 있었다.

초고를 마무리하던 중, 내 지정학 이야기가 여전히 불완전하다는 사실을 깨닫고서 팬데믹 초기 반년 동안 애덤 투즈가 글과 방송에서 설명한 내용들을 공부하며 많은 시간을 보냈다. 애덤의 놀라운 식견과 학식을 통해, 지금까지 놓치고 있었던 부분들에 주목할 수 있었다. 우리의 의견이 몇 가지 점에서는 꽤 깊게 달랐지만, 바로 그 때문에 그와 소통하면서 정말 많은 것을 배웠다.

타나시스 스피카스Thanasis D. Sfikas가 없었다면 유로존 위기를 이해하는 데 지난 10년간 그렇게 많은 시간을 할애하지 못했을 것이다. 유럽연합을 목적론적 프로젝트로 상정하는 개념에 대한 나의 회의주의와는 별개로, 우리의 지속적인 우정은 언제나 내게 "유럽인으로서 존재한다"는 것의 의미를 실감하는 데 토대가 되어줄 것이다.

〈토킹 폴리틱스Talking Politics〉 팟캐스트에 고정 출연하면서 다양한 주제에 대해 생각을 정리하고 여러 분야의 흥미로운 분들과 대화할 수 있었다. 일찍이 2015년에 데이비드 런시먼이 통상적인 학계의 장을 벗어나서 정치에 대해 이야기해보자고 제안했을 때는 우리가 얼마나 많은 것을 이야기하게 될지, 막 치러진 영국 총선에 대해 나눈 이야기(팟캐스트가 아니었다면 대학교 복도에서 나눴을 이야기)가 어디까지 뻗어나갈지 우리 둘 다 알지 못했다. 지적으로 풍성하고 실존적인 여정이었다. 좋았던 시기에도, 힘겨웠던 시기(2019년 여름에 팟캐스트를 함께 진행하던 동료이자 친구인 아론 라포트Aaron Rapport, 핀바르 리베시Finbarr Livesey, 그리고 아론의 아내 조이스 헤크먼Joyce Heckman이 세상을 떠났을 때처럼)에도, 이들이 아닌 다른 사람과도 이렇게 할 수 있었을지 생각해보면 상상이 잘 가지 않는다. 〈토킹 폴리틱스〉가 방영되도록 필요한 모든 일을 해준 캐더린 카르Catherine Carr와 우리 이야기를 훨씬 더 매끄럽게 만들어준 닉 카터Nick Carter에게도 감사를 전한다.

《뉴 스테이츠먼》에 칼럼 게재 기회를 준 제이슨 카울리James Cowley에게 감사드린다. 그가 허용해준 주제 선정의 재량권은 정말 귀한 특권이었다.

이 책에서 개진한 지정학 관련 논지 중 2020년 가을과 초겨울이 지나고서야 명확하게 이해하게 된 부분을 그 칼럼을 쓰면서 정리할 수 있었다. 내용과 글쓰기 모두에서《뉴 스테이츠맨》의 개빈 제이콥슨Gavin Jacobson이 베풀어준 기술적·학문적 도움에 깊이 감사드린다.

온라인 매체 〈언허드Unherd〉의 샐리 채터튼Sally Chatterton은 2018년과 2019년에 EU와 지정학을 주제로 여러 편의 글을 내게 의뢰했다. 여기에 실을 글을 준비하면서 주장을 더 날카롭게 다듬을 수 있었다. 첫 번째 록다운이 끝나고 런던에서 통행이 막 재개되었을 때도 디킨스에 대해 글쓸 기회를 주어서 이 책을 계속 준비해나가는 데 큰 도움이 되었다.

이 책의 내용 중 일부는 전에 쓴 몇몇 글과 논문을 발전시킨 것이다. 남유럽과 유로화에 관해서는 클라라 마이어Clara Maier의 초청 덕분에 함부르크 사회연구소Hamburg Institute of Social Research에서 연구를 진행할 수 있었다. 브렉시트에 대해서는 다음을 포함한 몇몇 저널과 학회에 기고 및 발표를 하며 내용을 더 발전시킬 수 있었다. 대니얼 윈콧Daniel Wincott과 작고한 존 피터슨John Peterson의 초청으로 에든버러에서 열린《영국 정치학 및 국제관계학 저널British Journal of Politics and International Relations》워크숍에서 발표, 브라이언 살터Brian Salter와 피터 존Peter John의 초청으로 킹스칼리지런던에서 발표, 새러 차일즈Sarah Childs의 초청으로 버크벡 칼리지의 연례 영국 정치학 강연에서 발표. 또한 미 연방준비제도이사회와 유로달러 시장에 대해서는 이안 하디Iain Hardie와 함께 쓰고《국제정치경제학리뷰Review of International Political Economy》에 게재한 논문을 준비하면서 많은 것을 배울 수 있었다.

2021년 2월에는 "레너드 샤피로 기념 강연Leonard Schapiro Memorial Lecture"을 하면서 지정학을 다룬 두 번째와 세 번째 장을 정교화할 수 있었다. 그 자리를 마련해주고 초청해준 캐서린 아데니Katharine Adeney, 로라 크램Laura Cram, 에릭 존스Earik Jones, 로잘린드 존스Rosalind Jones에게, 그리고 채텀하우스

Chatham House(왕립국제문제연구소)에 초청해준 한스 쿤드나니에게 감사를 전한다. 에릭과 로라는 그 후에 《정부와 야당Government and Opposition》을 위해 쓴 내 논문에 날카로운 논평도 보내주었다. 알룬 마이클Alun Michael의 독려로 개혁클럽Reform Club의 경제시사그룹Economics and Current Affairs Group에서 에너지 문제에 대해 발표를 했는데, 이는 내가 처음으로 천연가스의 지정학을 체계적으로 고찰해보는 계기가 되었다. 또한 《엥겔스버그 아이디어Engelsberg Ideas》를 위해 기후위기와 에너지의 미래에 대한 탐구를 더 발전시키지 못했다면 이 책의 마지막 주장을 마무리하지 못했을 것이다. 이언 마틴Iain Martin과 올리버 로즈Oliver Rhodes에게 감사를 전한다.

2019년 3월에 존 홀John Hall은 몬트리올에서 유럽과 합스부르크 세계의 역사에 대한 멋진 주말 워크숍을 열어주었고 프란체스코 두이나Francesco Duina와 프레데릭 메랑Frédéric Mérand은 내가 그 워크숍에서 발표한 짧은 논문을 발전시켜 《정치사회학연구Research in Political Sociology》에 투고하도록 독려해주었다. 이 책에서는 그 논문의 논점들을 직접 다루지 못했지만, 그 논문을 작성하느라 노력하며 학문적으로 풍성한 경험을 할 수 있었다. 무엇보다, 20세기로의 전환기에 오스트리아 빈에서 벌어졌던 민주적 압력과 대중 정치에 대해 많은 문헌을 살펴보고 우크라이나에 대한 지정학적 논지를 더 날카롭게 다듬을 수 있었다.

존 던John Dunn과 작고한 제프 호손Geoff Hawthorn에게 학문적으로 오랜, 그리고 앞으로도 계속될 큰 빚을 졌다. 그분들의 영향이 없었다면 이런 책을 구상할 학문적 야망 자체를 갖지 못했을 것이고 역사 연구로 정치 담론에 참여할 수 있는 길도 알지 못했을 것이다. 이제 제프에게 감사의 마음을 직접 전할 길이 없어 마음이 아플 따름이다.

2021년 9월
런던에서, 헬렌 톰슨

| 주 |

들어가는 글 거대한 교란

1 다음에 인용됨. Joshua Posaner, 'Merkel Blasts "Unforgivable" Thuringia Election', *Politico*, 6 February 2020, https://www.politico.eu/article/angela-merkel-blasts-unforgivable-thuringia-election-far-right-afd/.
2 *The Economist*, 'Transcript, Emmanuel Macron in His Own Words (English)', Transcript 7 November 2019, https://www.economist.com/europe/2019/11/07/emmanuel-macron-in-his-own-words-english.
3 다음에 인용됨. Victor Mallet, Michael Peel, and Tobias Buck, 'Merkel Rejects Macron Warning Over NATO "Brain Death"', *Financial Times*, 7 November 2019, https://www.ft.com/content/2ee4c21a-015f-11ea-be59-e49b2a136b8d/.
4 2020년 1월 6일, 이라크 상황에 대한 마크롱, 메르켈, 존슨의 공동 성명. 2020. https://www.gov.uk/government/news/joint-statement-from-president-macron-chancellormerkel-and-prime-minister-johnson-on-the-situation-in-iraq.
5 다음에 인용됨. 'Clinton Accuses Trump of Being Putin's "Puppet"', *Reuters*, 20 October 2016, https://www.reuters.com/article/us-usa-election-debaterussia-idUSKCN12K0E7.
6 포퓰리즘을 권위주의나 반다원주의 현상으로 보는 주장은 예를 들어 다음을 참고하라. Yascha Mounk, *The People Versus Democracy: Why Our Freedom is in Danger and How to Save it* (Cambridge, MA: Harvard University Press, 2018); Jan-Werner Müller, *What is Populism?* (Philadelphia: University of Pennsylvania Press, 2016); Pippa Norris and Ronald Inglehart, *Cultural Backlash: Trump, Brexit, and Authoritarian Populism* (Cambridge: Cambridge University Press, 2019). 현재의 포퓰리즘이 민주주의의 더 구조적인 특징이라는 주장은 다음을 참고하라. Roger Eatwell and Matthew Goodwin, *National Populism: The Revolt Against Liberal Democracy* (London: Pelican, 2018); Barry Eichengreen, *The Populist Temptation: Economic Grievance and Political Reaction in the Modern Era* (New York: Oxford University Press, 2018). 현재의 포퓰리즘이 테크노-포퓰리즘이라고 묘사할 수 있는 더 복잡한 현상의 한 측면이라는 주장은 다음을 참고하라. Christopher J. Bickerton and Carlo Invernizzi Accetti, *Technopopulism: The New Logic of Democratic Politics* (Oxford: Oxford University Press, 2021). 포퓰리즘의 경제적 요인과 문화적 요인 사이의 논쟁은 다음을 참고하라. Noam Gidron and Peter A. Hall, 'The Politics of Social Status: Economic and Cultural Roots of the Populist Right', *British Journal of Sociology* 68, no. S1 (2017): pp. S57 – S84; Ronald Inglehart and Pippa Norris, 'Trump and the Xenophobic Populist Parties: The Silent Revolution in Reverse', *Perspectives on Politics* 15, no. 2 (2017): pp. 443 – 54. Mark Blyth, 'After The Brits Have Gone and the Trumpets Have Sounded: Turning a Drama into a Crisis that Will Not Go To Waste', *Intereconomics* 51, no. 6 (2016): pp. 324 – 31; Jonathan Hopkin and Mark Blyth, 'The Global Economics of European Populism: Growth Regimes and Party System Change in Europe' (The Government and Opposition/Leonard Schapiro Lecture 2017), *Government and Opposition* 54, no. 2 (2019): pp. 193 – 225; Jonathan Hopkin, *Anti-System Politics: The Crisis of Market Liberalism in Rich Democracies* (Oxford: Oxford University Press, 2020). 민주주의의 위기에 대한 주장은 다음을 참고하라. Steven Levitsky and Daniel Ziblatt, *How Democracies Die: What History Reveals About the Future* (London: Viking, 2018); David Runciman, *How Democracies End* (London: Profile, 2018). 배타적 국가공동체주의/민족주의의 부활이라는 맥락에서의 주장은 다음을 참고하라. John B. Judis, *The Nationalist Revival: Trade, Immigration and the Revolt Against Globalization* (New York: Columbia Global Report, 2018). 국가공동체주의/민족주의와 국가 정체성을 서로 다른 출발점에서 옹호하는 최근의 논리는 다음을 참고하라. Yael Tamir, *Why Nationalism* (Princeton: Princeton University Press, 2019); Francis Fukuyama, *Identity: The Demand for Dignity and the Politics of Resentment* (New York: Macmillan, 2018); Jill Lepore, 'A New Americanism: Why a Nation Needs a National Story', *Foreign Affairs* 98, no. 2 (March/April 2019): pp. 10 – 19; Yoram Hazony, *The Virtue of Nationalism* (New York: Basic Books, 2018). 자유주의적 국제 질서의 붕괴에 대해 애석함을 표출한 논의는 다음을 참고하라. Bill Emmott, *The Fate of the West: The Battle to Save the World's Most Successful Political Idea* (London: Economist Books, 2017); Edward Luce, *The Retreat of Western Liberalism* (London: Little Brown, 2017); Thomas J. Wright, *All Measures Short of War: The Contest for the TwentyFirst Century and*

the Future of American Power (New Haven: Yale University Press, 2017). 자유주의적 국제 질서 상실을 애도하는 논의에 대한 비판은 다음을 참고하라. John J. Mearsheimer, *The Great Delusion: Liberal Dreams and International Realities* (New Haven: Yale University Press, 2018); Stephen M. Walt, *The Hell of Good Intentions: America's Foreign Policy Elite and the Decline of U.S. Primacy* (New York: Farrar, Straus and Giroux, 2018).

7   예를 들어 다음을 참고하라. Max Weber, 'Suffrage and Democracy in Germany.' 다음에 수록됨. *Max Weber: Political Writings* (Peter Lassman편, Ronald Spiers역) (Cambridge: Cambridge University Press, 1994).

8   '지정학' 개념에는 길고 복잡한 역사가 있다. 이 책에서는 지정학을 지리, 국가 권력, 비국가행위자의 초국가적 목적이 경제적, 정치적 선택의 구조를 잡는 데서 상호작용하는 영역을 의미하는 용어로 사용했다. 더 일상적인 측면과 비국가 주체에 초점을 맞춘 지정학 개념은 다음을 참고하라. Klaus Dodds, *Geopolitics: A Very Short Introduction*, third edition (Oxford: Oxford University Press, 2019).

9   이 책 전체에서 종종 '서구'를 북미와 유럽을 언급하는 것으로 사용했지만 '서구'에 더 깊은 의미에서 어떤 응집성이 존재한다는 의미는 아니다.

10 이 책의 지정학적 변화 이야기는 불완전하다. 우선, 유럽의 해외 에너지 의존도와 일본의 해외 에너지 의존도 사이의 유사점을 피상적으로만 언급했고 1990년대 이후 지정학적 전환의 궤적을 그릴 때 인도의 산업 발전과 아프리카의 자원을 둘러싼 경쟁에 대한 논의를 두드러지게 제외했다. 중동에서 벌어진 사건들이 미친 파국적인 영향을 다룰 때도 2011년 이후 이집트가 이 지역의 내부적 불안정성에 미친 영향이나 중동에서 튀르키예가 미치는 영향 등을 언급하지 않았다. 경제의 역사를 다룰 때는, 노동 가능 연령대 인구의 인구학적 변화나 생산 경제에서의 기술 혁신 이슈, 그리고 감시 자본주의의 부상 등의 경제 내재적으로 중요한 변화들도 일부 간과했다. 인구학적 변화와 생산 경제에서의 기술 혁신 이슈는 다음을 참고하라. Robert J. Gordon, *The Rise and Fall of American Growth: The US Standard of Living Since the Civil War* (Princeton: Princeton University Press, 2016). 감시 자본주의의 부상은 다음을 참고하라. Shoshana Zuboff, *The Age of Surveillance Capitalism: The Fight for a Human Future at the New Frontier of Power* (London: Profile, 2019). 또한 경제 규모가 큰 나라 중에서 양적완화를 가장 먼저 실시한 나라는 일본이지만 일본의 통화 이야기는 이 책에서 다루지 않았다.

11 존 그레이John Gray는 유럽과 미국 정치에 종교가 지속적으로 존재한다는 점을 다음의 두 저서에서 일부 언급했다. *Black Mass: Apocalyptic Religion and the Death of Utopia* (London: Penguin, 2007); *Seven Types of Atheism* (London: Allen Lane, 2018). 서구 역사에서 기독교의 장기적인 영향은 다음을 참고하라. Tom Holland, *Dominion: The Making of the Western Mind* (London: Little Brown, 2019). 불가피하게 이 책에도 물질적 질문과 종교적 질문 사이의 긴장이 있다. 가장 명시적으로는 튀르키예와 EU의 관계가 그렇다. EU가 수십 년 동안 튀르키예를 어떻게 해야 할지 결정하지 못하고 고전한 이유 중 하나는 EU와 튀르키예의 관계를 종교 문제로 취급하는 것과 에너지 및 군사 안보 문제로 취급하는 것 사이의 긴장에서 나왔으며, 무엇이 동기이고 무엇이 구실이고 무엇이 합리화인지를 판별하기가 때로는 너무나 어렵다.

12 Geoffrey West, *Scale: The Universal Laws of Life and Death in Organisms, Cities, and Companies* (London: Weidenfeld and Nicolson, 2017), p. 233.

13 에너지 흐름이 인간의 물질적 행동과 물질적 가능성에 부과하는 근본적인 제약을 중심으로 인간 삶에서 에너지가 차지하는 중요성을 논한 저서로는 다음을 참고하라. Vaclav Smil, *Energy and Civilization: A History* (Cambridge, MA: MIT Press, 2017). 스밀이 정확하게 지적했듯이 많은 경제학자와 정치경제학자들이 "근본적인 물리학, 열역학적 의미에서 모든 경제 활동은 구체적인 제품과 서비스의 생산을 위해 단순하고 순차적인 에너지의 변환이 이뤄지는 것"이라는 사실에도 불구하고 에너지 문제를 간과했다. 스밀의 인용 구절은 다음을 참고하라. Vaclav Smil, *Growth: From Microorganisms to Megacities* (Cambridge, MA: MIT Press, 2020), p. 376.

14 이 관계는 지난 20년간 중국 GDP 급성장에서 명백하게 볼 수 있다. 중국의 성장이 가속화되기 시작하던 2000년부터 2019년까지 중국의 1차 에너지 소비는 330퍼센트 넘게 증가했다. Our World in Data, Energy, China Country Profile, https://ourworldindata.org/energy/country/china?country=~CHN.

15 이것이 어떻게 달성될 수 있는지에 대한 낙관적인 견해는 다음을 참고하라. Namit Sharma, Bram, Smeets, and Christer Tryggestad, 'The Decoupling of GDP and Energy Growth: A CEO Guide', *McKinsey Quarterly*, 24 April 2019, https://www.mckinsey.com/industries/electric-power-and-natural-gas/our-insights/the-decoupling-of-gdp-and-energy-growth-a-ceo-guide.

16 West, *Scale*, pp. 234-8.

1장 석유 시대의 시작

1. 트럼프의 이란 핵 합의 탈퇴에 대한 연설 트랜스크립트 전문은 다음을 참고하라. 8 May 2018, *New York Times*, https://www.nytimes.com/2018/05/08/us/politics/trump-speech-iran-deal.html.
2. 'Six Charts that Show How Hard US Sanctions have Hit Iran', *BBC News*, 9 December 2019, https://www.bbc.co.uk/news/world-middle-east-48119109.
3. 로이터 취재진, 'France: More Countries Back European-Led Naval Mission in Hormuz', *Reuters*, 20 January 2020, https://www.reuters.com/article/uk-mideast-iran-france/france-more-countries-back-european-led-naval-mission-in-hormuz-idUKKBN1ZJ1AI?edition-redirect=uk.
4. Kenneth Pomeranz, *The Great Divergence: China, Europe, and the Making of the World Economy* (Princeton: Princeton University Press, 2001), p. 16.
5. John Darwin, *After Tamerlane: The Rise and Fall of Global Empires, 1400–2000* (London: Penguin, 2007), p. 19. 지리적으로 유라시아의 자연지리적 발달과 14세기까지 유라시아 문명의 부상은 다음을 참고하라. Barry Cunliffe, *By Steppe, Desert, and Ocean: The Birth of Eurasia* (Oxford: Oxford University Press, 2015). 미국 패권의 부상은 다음을 참고하라. Victoria de Grazia, *Irresistible Empire: America's Advance Though Twentieth Century Europe* (Cambridge, MA: Harvard University Press, 2006); Giovanni Arrighi, *The Long Twentieth Century: Money, Power and the Origins of Our Times*, new edition (London: Verso, 2009); Neil Smith, *American Empire: Roosevelt's Geographer and the Prelude to Globalization* (Berkeley: University of California Press, 2004).
6. 대조적으로, 러시아는 대륙을 가로질러 태평양까지 확장해가던 수백 년 동안 서쪽과 남쪽의 국경 분쟁을 벗어나지 못했다.
7. 20세기 미국의 패권에서 석유가 가진 중요성은 다음을 참고하라. David S. Painter, 'Oil and the American Century', *Journal of American History* 99, no. 1 (2012): pp. 24–39.
8. Vaclav Smil, *Energy and Civilization: A History* (Cambridge, MA: MIT Press, 2018), p. 408.
9. H.D. Lloyd, 'The Story of a Great Monopoly', *Atlantic*, March 1891, https://www.theatlantic.com/magazine/archive/1881/03/the-story-of-a-great-monopoly/306019/.
10. 러시아 석유의 부상은 다음을 참고하라. Daniel Yergin, *The Prize: The Epic Quest for Oil, Money, and Power* (New York: Simon & Schuster, 1993), pp. 57–63, 71–2.
11. Yergin, *The Prize*, pp. 61–72.
12. 스탠더드오일과 러시아 석유를 파는 회사들 사이의 상업적 라이벌 관계와 세계 시장을 나눠 갖기 위한 협력 시도는 다음을 참고하라. Yergin, *The Prize*, pp. 63–72. 오스트리아-헝가리가 나중에 스탠다드 오일에 맞선 것은 다음을 참고하라. Alison Frank, 'The Petroleum War of 1910: Standard Oil, Austria, and the Limits of the Multi-National Corporation', *The American Historical Review* 114, no. 1 (2009): pp. 16–41.
13. Bülent Gökay, 'The Battle For Baku (May 1918–September 1918): A Peculiar Episode in the History of the Caucasus', *Middle Eastern Studies* 34, no. 1 (1998): p. 30.
14. Yergin, *The Prize*, pp. 131–3.
15. 1870년대부터 미국이 산업 강국으로 부상한 이래 유럽 국가들은 아프리카에서 자신이 병합한 영토를 대서양 건너편의 산업 거인과 경쟁할 수 있게 해주는, 경제적 자원이 풍부한 변방 지역이라고 생각했다. 북미 대륙에서 미국의 확장과 빠른 산업화가 1차 대전을 전후한 시기에 유럽에 미친 영향은 다음을 참고하라. Sven Beckert, 'American Danger: United States Empire, Eurafrica, and the Territorialization of Industrial Capitalism, 1870–1950', *American Historical Review* 122, no. 4 (2017): pp. 1137–70.
16. 오스만 제국은 페르디난드 대공이 암살된 날 메소포타미아의 석유 이권을 터키 페트롤리엄컴퍼니에 제공했다. Edward Mead Earle, 'The Turkish Petroleum Company—A Study in Oleaginous Diplomacy', *Political Science Quarterly* 39, no. 2 (1922): p. 266.
17. 전쟁 전 "석유를 동력원으로 하는 해군"이라는 전망을 둘러싼 영-미 라이벌 관계는 다음을 참고하라. John A. DeNovo, 'Petroleum and the United States Navy before World War I', *The Mississippi Valley Historical Review* 41, no. 4 (1955): pp. 641–56.
18. 영국이 새로운 선박을 실험하는 데 사용된 석유의 일부는 스코틀랜드에서 추출한 셰일 석유였다. 영국 해군이 석유로 전환한 초창기 역사는 다음을 참고하라. Warwick Michael Brown, 'The Royal Navy's Fuel Supplies, 1898 to 1939: The Transition from Coal to Oil' (킹스칼리지런던 2003년 박사학위 논문).
19. 다음에 인용됨. Timothy C. Winegard, *The First World Oil War* (Toronto: University of Toronto Press, 2016), p.

57.

20 Yergin, *The Prize*, p. 160; Winegard, *The First World Oil War*, p. 59.
21 양차 대전 모두에서 석유의 중요성은 다음을 참고하라. W. G. Jensen, 'The Importance of Energy in the First and Second World Wars', *Historical Journal* 11, no. 3 (1968): pp. 538 – 54. 1차 대전이 에너지원으로서 석유의 지위에 미친 영향은 다음을 참고하라. Dan Tamir, 'Something New Under the Fog of War' 다음에 수록됨. *Environmental Histories of the First World War*, (edited by Richard Tucker, Tait Keller, J. R. McNeill, and Martin Schmid) (Cambridge University Press, 2018), pp. 117 – 35.
22 Tamir, 'Something New Under the Fog of War', p. 118.
23 Winegard, *The First World Oil War*, p. 93.
24 Alison Fleig Frank, *Oil Empire: Visions of Prosperity in Austrian Galicia* (Cambridge: Harvard University Press, 2007), pp. 21, 251.
25 바쿠 전투는 다음을 참고하라. Bülent Gökay, 'The Battle for Baku', pp. 30 – 50.
26 다음에 인용됨. Yergin, *The Prize*, p. 183; Yergin, *The Prize*, p. 178.
27 Priscilla Roberts, 'Benjamin Strong, the Federal Reserve and the Limits to Interwar American Nationalism', *Economic Quarterly Federal Reserve Bank of Richmond* 86 (2000): p. 65. 미국 외교 정책이 채권국으로서의 권력을 통해 대서양으로 전환하는 데 1차 대전이 미친 영향은 다음을 참고하라. Priscilla Roberts, 'The First World War and the Emergence of American Atlanticism 1914 – 20', *Diplomacy and Statecraft* 5, no. 3 (1994): pp. 569 – 619; Harold James, 'Cosmos, Chaos: Finance, Power, and Conflict', *International Affairs* 90, no. 1 (2014): pp. 46 – 7.
28 Barry Eichengreen and Marc Flandreau, 'The Rise and Fall of the Dollar, or When Did the Dollar Replace Sterling as the Leading International Currency?' *NBER Working Paper Series* 14154, July 2008, p. 3, https://www.nber.org/papers/w14154.
29 다음에 인용됨. Roberta Allbert Dayer, 'The British War Debts to the United States and the Anglo-Japanese Alliance, 1920 – 1923', *Pacific Historical Review* 45, no. 4 (1976): p. 577.
30 Liaquat Ahamed, *Lords of Finance: 1929, The Great Depression, and the Bankers Who Broke the World* (London: Windmill books, 2009), p. 144.
31 1920년대에 미국의 산업적 위력은 계속해서 다른 곳들에 모방 욕망을 불러일으켰다. 미국의 포디즘을 모방하고 나아가 능가하고자 한 독일과 소련의 노력은 다음을 참고하라. J. Link, *Forging Global Fordism: Nazi Germany, Soviet Russia, and the Contest over the Industrial Order* (Princeton: Princeton University Press, 2020). 모델T에 대한 히틀러의 집착은 다음을 참고하라. Wolfgang König, 'Adolf Hitler vs. Henry Ford: The Volkswagen, the Role of America as a Model, and the Failure of a Nazi Consumer Society', *German Studies Review* 27, no. 2 (2004): pp. 249 – 68.
32 더 폭넓은 지정학 영역인 유라시아와 아프리카 지형에서, 영국과 프랑스가 승리한 지정학적 갈등의 장소로서 오스만제국의중동이 차지하는 위치는 다음을 참고하라. Anthony D'Agostino, *The Rise of Global Powers: International Politics in the Era of the World Wars* (Cambridge: Cambridge University Press, 2012), ch. 4.
33 Sean McMeekin, *The Ottoman Endgame: War, Revolution, and the Making of the Modern Middle East 1908–1923* (London: Penguin Random House), p. 404. 1923년에 미국의 해군 소장 콜비 미첼 체스터가 새로 독립 국가가 된 튀르키예로부터 흑해-아나톨리아-바스라까지 이어지는 철도부설권을 얻은 것으로 보인다(바스라는 영국의 통제하에 있었지만 튀르키예가 여전히 영토권을 주장해볼 만하다고 생각한 곳이었다). 그리고 베를린-바그다드 철도 조약도 그랬듯이, 여기에서도 철도 인근 지역의 석유 탐사권이 양허에 함께 포함되어 있었던 것으로 보인다. 하지만 이 양허는 튀르키예가 로잔 조약을 체결하면서 무효가 되었다.
34 다음에 인용됨. McMeekin, *The Ottoman Endgame*, pp. 421 – 2.
35 다음을 참고하라. Sean McMeekin, *The Berlin-Baghdad Express: The Ottoman Empire and Germany's Bid for World Power, 1898–1918* (London: Penguin, 2010).
36 Darwin, *After Tamerlane*, p. 378.
37 다음을 참고하라. John Darwin, *The Empire Project: The Rise and Fall of the British World System 1830–1970* (Cambridge: Cambridge University Press, 2009), pp. 375 – 85.
38 그레고리 노웰은 1920년대 미국의 오픈 도어 정책이 외국의 석유 자원으로부터 배제되는 것을 막기 위한 스탠더드오일의 세계적인 노력이 외교적으로 촉진한 바라고 보고 있다. Gregory Nowell, *Mercantile States*

and the World Oil Cartel (Ithaca: Cornell University Press, 1994), p. 185.
39 다음에 인용됨. Yergin, *The Prize*, p. 195.
40 Yergin, *The Prize*, p. 189; Anand Toprani, 'An Anglo-American "Petroleum Entente"? The First Attempt to Reach an Anglo-American Oil Agreement, 1919–1921', *The Historian* 79, no. 1 (2017): p. 64.
41 John A. DeNovo, 'The Movement for an Aggressive American Oil Policy Abroad, 1918–1920', *American Historical Review* (July 1956), p. 865.
42 Yergin, *The Prize*, p. 201.
43 Yergin, *The Prize*, pp. 289–92.
44 다음에 인용됨. Melvyn P. Leffler, *Safeguarding Democratic Capitalism: US Foreign Policy and National Security, 1920-2015* (Princeton: Princeton University Press, 2017), ch. 3; Mervyn Leffler, 'American Policy Making and European Stability', *Pacific Historical Review* 46, no. 2 (1977): pp. 207–28.
45 Ron Chernow, *The House of Morgan: An American Banking Dynasty and the Rise Of Modern Finance* (New York: Grove Press, 2010), p. 203.
46 다음에 인용됨. Adam Tooze, *The Deluge: The Great War and the Remaking of Global Order, 1916–1931* (London: Penguin, 2015), p. 65.
47 Leffler, 'American Policy Making and European Stability', p. 215; Chernow, *House of Morgan*, pp. 181–2.
48 Roberts, 'Benjamin Strong, the Federal Reserve and the Limits to Interwar American Nationalism', *Economic Quarterly Federal Reserve Bank of Richmond* 86 (2000): p. 74.
49 Ahmed, *The Lords of Finance*, p. 140.
50 영미 관계에서 부채와 관련한 상이한 입장에 대해서는 다음을 참고하라. Robert Self, 'Perception and Posture in Anglo-American Relations: The War Debt Controversy in the "Official Mind", 1919–1940', *The International History Review* 29, no. 2 (2007): pp 282–312.
51 Adam Tooze, *The Wages of Destruction: The Making and Breaking of the Nazi Economy* (London: Penguin, 2007), p. 6.
52 Frank Costigliola, 'The United States and the Reconstruction of Germany in the 1920s', *The Business History Review* 50, no. 4 (1976): pp. 498–502.
53 Ahmed, *The Lords of Finance*, p. 395; Tooze, *The Wages of Destruction*, pp. 7, 13, 657.
54 Tooze, *The Wages of Destruction*, p. 28.
55 Ahmed, *The Lords of Finance*, p. 462.
56 다음에 인용됨. Ahmed, *The Lords of Finance*, p. 470.
57 대공황의 주요 원인이 미국이 국제 통화 시스템에서 이론상으로는 패권국이었지만 실제로는 통화 안정을 유지하는 역할을 할 수 없었기 때문이라는 영향력 있는 주장은 다음을 참고하라. Charles Kindleberger, *The World in Depression 1929–1939*, 40주년 기념판 (Berkeley: California University Press, 2013).
58 Yergin, *The Prize*, p. 329.
59 Thomas Parke Hughes, 'Technological Momentum in History: Hydrogenation in Germany 1898–1933', *Past and Present* 44, no. 1 (1969): p. 123.
60 Raymond Stokes, 'The Oil Industry in Nazi Germany, 1936–1945', *Business History Review* 59, no. 2 (1985): p. 257.
61 Tooze, *The Wages of Destruction*, pp. 116–118, 226–7. 나치의 석유 정책과 그것의 실패는 다음을 참고하라. Anand Toprani, *Oil and the Great Powers: Britain and Germany 1914–1945* (Oxford: Oxford University Press, 2019), chs. 6–8. 합성연료 산업을 일구려던 일본의 실패는 다음을 참고하라. Anthony N. Stranges, 'Synthetic Fuel Production in Prewar and World War II Japan: A Case Study in Technological Failure', *Annals of Science* 50, no. 3 (1993): pp. 229–65.
62 히틀러의 바르바로사 작전에서 석유 동기의 중요성에 대해서는 다음을 참고하라. Tooze, *The Wages of Destruction*, pp. 423–425, 455–60; Joel Hayward, 'Hitler's Quest for Oil: The Impact of Economic Considerations on Military Strategy, 1941–1942', *Journal of Strategic Studies* 18, no. 4 (1995): pp. 94–135; Anand Toprani, 'The First War for Oil: The Caucasus, German Strategy, and the Turning Point of the War on the Eastern Front, 1942', *Journal of Military History* 80, no. 3 (2016): pp. 815–54. 1940-41년에 앵글로-아메리칸 회사들과 경쟁하기 위해 나치가 석유 회사 컨티넨탈오일(콘티)을 세운 것과 독일을 세계의 패권국

으로 만들고자 하는 나치의 야망에서 이것이 차지한 역할은 다음을 참고하라. Anand Toprani, 'Germany's Answer to Standard Oil: The Continental Oil Company and Nazi Grand Strategy, 1940–1942', *Journal of Strategic Studies* 37, no. 6–7 (2014): 949–73.
63 Yergin, *The Prize*, pp. 339–43.
64 다음에 인용됨. B.S. McBeth, *British Oil Policy 1919–1939* (London: Cass, 1985), pp. 34–5.
65 Yergin, *The Prize*, p. 332.
66 전간기에 영국이 미국 석유에의 의존도를 끝내려 한 시도의 실패는 다음을 참고하라. Toprani, *Oil and the Great Powers*, chs. 3–4; McBeth, *British Oil Policy 1919–1939*.
67 Hans Heymann Jr, 'Oil in Soviet-Western Relations in the Interwar Years', *The American Slavic and Eastern European Review* 7, no. 4 (1948): pp. 303–16.
68 Anand Toprani, 'The French Connection: A New Perspective on the End of the Red Line Agreement, 1945–1948', *Diplomatic History* 36, no. 2 (2012): p. 263 fn.7.
69 프랑스 석유 정책을 초국가적인 상업적 경쟁, 그리고 프랑스가 20세기의 첫 3분의 1 동안 이 경쟁에서 취약했다는 맥락을 중심으로 설명한 분석은 다음을 참고하라. Nowell, *Mercantile States and the World Oil Cartel*.
70 Michael B. Stoff, 'The Anglo-American Oil Agreement and the Wartime Search for Foreign Oil Policy', *Business History Review* 55, no. 1 (1981): p. 63.
71 레드 라인 협정 종식에 대한 프랑스의 반대와 미국이 프랑스의 금융 의존성을 사용해 그 반대를 어떻게 돌파했는지는 다음을 참고하라. Toprani, 'The French Connection'
72 Yergin, *The Prize*, p. 425.
73 James Barr, *Lords of the Desert: Britain's Struggle with America to Dominate the Middle East* (London: Simon & Schuster 2018) pp. 61–7.
74 Painter, 'Oil and the American Century', *Journal of American History* 99, no. 1 (2012): p. 29.
75 이 측면에서 독일의 문제는 다음을 참고하라. McMeekin, *The Berlin-Baghdad Express*, epilogue.
76 스탈린 치하에서 소련이 빠르게 산업 발달을 이룬 것이 부분적으로는 석유 수출로 벌어들일 수 있었던 경화 덕분이었다는 점은 다음을 참고하라. Yergin, *The Prize*, p. 266.
77 다음에 인용됨. D'Agostino, *The Rise of the Global Powers*, p. 43.
78 H.J. Mackinder, 'The Geographical Pivot of History', *The Geographical Journal* 23, no. 4 (1904): p. 436.
79 전후 독일에 대한 루스벨트 행정부의 원래 계획(모겐소 계획)은 독일을 탈산업화해 농업 국가로 만들어서 이 문제를 해결한다는 계획이었다. 이제 이슈가 석유만이 아니라 가스, 그리고 가스의 수송까지 포함하게 되었으므로 노르트스트림 파이프라인은 앤소니 다고스티노가 표현한 대로 '경제판 라팔로 조약Rapallo Treaty[1922년 독일과 소련이 체결한 우호 조약]'이라고 볼 수 있었다. D'Agostino, *The Rise of Global Powers*, p. 477.

2장 석유를 보장할 수 없다

1 US Energy Information Administration, International Data, Petroleum and Other Liquids, https://www.eia.gov/international/data/world. 미 에너지정보국의 데이터이며, 이후에 수정될 수 있다. 여기 제시된 숫자들은 2021년 9월 자료다.
2 US Energy Information Administration, US Imports from OPEC Countries of Crude Oil and Petroleum Products, https://www.eia.gov/dnav/pet/hist/LeafHandler.ashx?n=pet&s=mttimxx1&f=a.
3 US Energy Information Administration, US Exports of Crude Oil and Petroleum Products, https://www.eia.gov/dnav/pet/hist/LeafHandler.ashx?n=PET&s=MTTEXUS2&f=A.
4 다음에 인용됨. Helen Thompson, *Oil and the Western Economic Crisis* (London: Palgrave, 2017), p. 80.
5 다음에 인용됨. Ivana Kottasová, 'Saudi Arabia Tries to Break "Dangerous" Addiction To Oil', *CNN Business*, 25 April 2016, https://money.cnn.com/2016/04/25/news/economy/saudi-arabia-oil-addiction-economy-plan/index.html.
6 Timothy Gardner, Steve Holland, Dmitry Zhdannikov, and Rania El Gamal, 'Special Report—Trump Told Saudis: Cut Oil Supply or Lose US Military Support', *Reuters*, 30 April 2020, https://www.reuters.com/article/economy/special-report-trump-told-saudi-cut-oil-supply-or-lose-us-military-support--

idUSKBN22C1V3/.

7   Benn Steil, *The Battle of Bretton Woods: John Maynard Keynes, Harry Dexter White, and the Making of a New World Order* (Princeton: Princeton University Press, 2013), p. 155.
8   Steil, *The Battle of Bretton Woods*, p. 135.
9   Steil, *The Battle of Bretton Woods*, p. 301.
10 Lawrence A. Kaplan, 'The United States and the Origins of NATO 1946–49', *The Review of Politics* 31, no. 2 (1969): p. 213.
11 Steil, *The Battle of Bretton Woods*, pp. 290–1; Benn Steil, *The Marshall Plan: Dawn of the Cold War* (Oxford: Oxford University Press, 2018), p. xii. 해리 덱스터 화이트의 스파이 활동과 소련에 대한 동조에 대해서는 다음을 참고하라. Steil, *The Battle of Bretton Woods*, pp. 35–46, 318–26.
12 냉전의 기원에서 이란의 역할을 다음을 참고하라. Gary Hess, 'The Iranian Crisis of 1945–46 and the Cold War', *Political Science Quarterly* 89, no. 1 (1974): pp. 117–46; Louise Fawcett, *Iran and the Cold War: The Azerbaijan Crisis of 1946* (Cambridge: Cambridge University Press, 2009).
13 Steil, *The Marshall Plan*, pp. 362–3. On the centrality of West Germany to the Marshall Plan see Helge Berger and Albrecht Ritschl, 'Germany and the Political Economy of the Marshall Plan, 1947–1952.' 다음에 수록됨. *Europe's PostWar Recovery*, Barry Eichengreen편 (Cambridge: Cambridge University Press 1995).
14 Stanley Hoffman, 'Obstinate or Obsolete? The Fate of the Nation-State and the Case of Western Europe', *Daedelus* 95, no. 3 (1966): p. 908. Armin Rappaport, 'The United States and European Integration: The First Phase', *Diplomatic History* 5, no. 2 (1981): pp. 121–2. 처음에 미국이 서유럽 통합을 촉진한 것은 다음을 참고하라. Geir Lundestad, *Empire by Integration: The United States and European Integration, 1945–1997* (New York: Oxford University Press, 1998), ch. 4.
15 Hoffman, 'Obstinate or Obsolete?', p. 907.
16 NATO 창설에 대해서는 다음을 참고하라. Lawrence S. Kaplan, *NATO 1948: The Birth of the Transatlantic Alliance* (Lanham, ML: Rowan & Littlefield, 2007).
17 Charles Maier, *Among Empires: American Ascendancy and its Predecessors* (Cambridge, MA: Harvard University Press), p. 175.
18 유럽방위공동체 결성에 대한 미국의 지지는 다음을 참고하라. Brian R. Duchin, 'The "Agonizing Reappraisal": Eisenhower, Dulles and the European Defense Community', *Diplomatic History* 16, no. 2 (1992): pp. 201–21.
19 Our World in Data, Energy, Global Primary Energy: How has the Mix Changed over Centuries?, https://ourworldindata.org/energy-mix
20 US Energy Information Administration, US Energy Facts Explained, https://www.eia.gov/energyexplained/us-energy-facts/.
21 Our World in Data, Energy, France CO2 Country Profile: Energy Consumption by Source, https://ourworldindata.org/co2/country/france?country=~FRA. Our World in Data, Energy, Italy CO2 Country Profile: Energy Consumption by Source, https://ourworldindata.org/energy/country/italy?country=~ITA.
22 Vaclal Smil, *Energy and Civilization: A History* (Cambridge, MA: The MIT Press, 2017), p. 327.
23 Bruce W. Jentleson, 'Khrushchev's Oil and Brezhnev's Natural Gas Pipelines: The Causes and Consequence of the Decline in American Leverage Over Western Europe' in *Will Europe Fight for Oil? Energy Relations in the Atlantic Area*, edited by Robert J. Lieber (New York: Praeger, 1983) pp. 35–8.
24 Ethan B. Kapstein, *The Insecure Alliance: Energy Crises and Western Politics Since 1944* (Oxford: Oxford University Press, 1990), p. 69.
25 Kapstein, *The Insecure Alliance*, p. 95.
26 Steven G. Galpern, *Money, Oil and Empire in The Middle East: Sterling and Post-War Imperialism, 1944–1971* (Cambridge: Cambridge University Press, 2013), pp. 7–8; James Barr, *Lords of the Desert: Britain's Struggle with America to Dominate the Middle East* (London: Simon & Schuster, 2018), pp. 116, 120.
27 Daniel Yergin, *The Prize: The Epic Quest for Oil, Money, and Power* (New York: Simon & Schuster, 1993), p. 424; David S. Painter, 'The Marshall Plan and Oil', *Cold War History* 9, no. 2 (2009): pp. 159–75.
28 Jeffrey R. Macris, *The Politics and Security of the Gulf: Anglo-American Hegemony and the Shaping of a Region*

(London: Routledge, 2010), p. 82; Kapstein, *The Insecure Alliance*, p. 203.

29 Michael J. Cohen 'From "Cold" to "Hot" War: Allied Strategic and Military Interests in the Middle East after the Second World War', *Middle Eastern Studies* 43, no. 5 (2007): p. 727–31.

30 다음을 참고하라. Laila Amin Morsy, 'The Role of the United States in the Anglo-Egyptian Agreement of 1954', *Middle Eastern Studies* 29, no. 3 (1993): pp. 526–58; Douglas Little, 'His Finest Hour? Eisenhower, Lebanon and the 1958 Middle Eastern Crisis', *Diplomatic History* 20, no. 1 (1996): pp. 27–54.

31 다음에 인용됨. Steil, *The Marshall Plan*, p. 44.

32 Tyler Priest, 'The Dilemmas of Oil Empire', *Journal of American History* 99, no. 1 (2012): pp. 236–51.

33 튀르키예의 NATO 가입에 대한 한 미국 내부자의 관점은 다음을 참고하라. George C. McGhee, *The US-Turkey-NATO-Middle East Connection* (New York: Macmillan, 1990). 튀르키예의 관점은 다음을 참고하라. Paul Kubicek, 'Turkey's Inclusion in the Atlantic Community: Looking Back, Looking Forward', *Turkish Studies* 9, no. 1 (2008): pp. 21–35.

34 Barr, *Lords of the Desert*, pp. 102–3.

35 CIA–MI6의 합동으로 설계한 쿠데타는 다음을 참고하라. Barr, *Lords of the Desert*, ch. 14.

36 Barr, *Lords of the Desert*, p. 174; Yergin, *The Prize*, pp. 470–8.

37 수에즈 위기를 구조적인 시스템상의 위기로 본 분석은 다음을 참고하라. Ralph Dietl, 'Suez 1956: A European Intervention', *Journal of Contemporary History* 43, no. 2 (2008): 259–78; Hans J. Morgenthau, 'Sources of Tension Between Western Europe and the United States.' 다음에 수록됨. *Annals of the American Academy of Political and Social Science* 312 (1957): pp. 22–8.

38 US Department of State, Office of the Historian, *Foreign Relations of the United States, 1955–57, Suez Crisis, July 26–December 31 1956, vol XVI*, Message from Prime Minister Eden to President Eisenhower, London, 27 July, 1956, https://history.state.gov/historicaldocuments/frus1955-57v16/d5

39 US Department of State, Office of the Historian, *Foreign Relations of the United States, 1955–57, Suez Crisis, July 26–December 31 1956, vol XVI*, Letter from President Eisenhower to Prime Minister Eden, Washington, DC, 31 July, 1956, https://history.state.gov/historicaldocuments/frus1955-57v16/d25.

40 Yergin, *The Prize*, p. 491; Barr, *Lords of the Desert*, p. 245; David S. Painter, 'Oil and the American Century', *Journal of American History* 99, no. 1 (2012): p. 31.

41 다음에 인용됨. Yergin, *The Prize*, p. 491.

42 Steil, *The Battle of Bretton Woods*, p. 332.

43 Gregory Bew, '"Our Most Dependable Allies", Iraq, Saudi Arabia, and the Eisenhower Doctrine, 1956–58', *Mediterranean Quarterly* 26, no. 4 (2015): pp. 89–109.

44 Jeffrey R. Macris, *The Politics and Security of the Gulf: Anglo-American Hegemony and the Shaping of a Region* (London: Routledge, 2010), p. 113; Yergin, *The Prize*, p. 498.

45 다음을 참고하라. Douglas Little, 'His Finest Hour? Eisenhower, Lebanon and the 1958 Middle Eastern Crisis', *Diplomatic History* 20, no. 1 (1996): pp. 27–54.

46 다음에 인용됨. Dietl, 'Suez 1956', p. 261.

47 다음에 인용됨. Stefan Jonsson, 'Clashing Internationalisms: East European Narratives of West European Integration' in *Europe faces Europe: Narratives From its Eastern Half*, edited by Johan Fornäs (Bristol: Intellect, 2017), p. 70.

48 Hoffman, 'Obstinate or Obsolete?' p. 894.

49 Wolfram Kaiser, *Using Europe, Abusing the Europeans: Britain and European Integration 1945–63* (Basingstoke: Palgrave Macmillan, 1996), pp. 151–4.

50 다음을 참고하라. Kaiser, *Using Europe, Abusing the Europeans*, chs. 5 and 6.

51 드골의 영향은 다음을 참고하라. Hoffman, 'Obstinate or Obsolete?', pp. 872–874, 893–903.

52 석유, 프랑스의 알제리 통치, 프랑스의 EEC 지원의 관계는 다음을 참고하라. Robert Cantoni, *Oil Exploration, Diplomacy, and Security in the Early Cold War: The Enemy Underground* (Abingdon: Routledge, 2017), chs. 2–3.

53 Megan Brown, 'Drawing Algeria into Europe: Shifting French Policy and the Treaty of Rome', *Modern and Contemporary France* 25, no. 2 (2017): p. 195–6. 유럽 통합을 위한 노력의 긴 역사와 아프리카 식민화의 역사는 다음을 참고하라. Peo Hansen and Stefan Jonsson, *Eurafrica: The Untold History of European Integration*

54　Yergin, *The Prize*, p. 569.
55　Barr, *Lords of the Desert*, p. 274.
56　Kevin Boyle, 'The Price of Peace: Vietnam, the Pound, and the Crisis of the American Empire', *Diplomatic History* 27, no. 1 (2003): p. 43.
57　ENI와 소련의 관계는 다음을 참고하라. Cantoni, *Oil Exploration, Diplomacy, and Security*, chs 1 and 5.
58　Kapstein, *The Insecure Alliance*, p. 137.
59　다음에 인용됨. Bruce W. Jentleson, 'From Consensus To Conflict: The Domestic Political Economy of East-West Energy Trade Policy', *International Organization* 38, no. 4 (1984): p. 640.
60　Jentleson, 'From Consensus to Conflict', p. 643-4.
61　Bruce W. Jentleson, 'Khrushchev's Oil and Brezhnev's Natural Gas Pipelines: The Causes and Consequence of the Decline in American Leverage over Western Europe' in *Will Europe Fight for Oil? Energy Relations in the Atlantic Area*, edited by Robert J. Lieber (New York: Praeger, 1983) pp. 46-7.
62　Jentleson, 'Khrushchev's Oil and Brezhnev's Natural Gas Pipelines', p. 47.
63　Kapstein, *The Insecure Alliance*, p. 138; Jentleson, 'Khrushchev's Oil and Brezhnev's Natural Gas Pipelines', p. 49.
64　Jentleson, 'From Consensus to Conflict', p. 641; Yergin, *The Prize*, pp. 516-20.
65　Yergin, *The Prize*, p 523; Jentleson, 'From Consensus to Conflict', p. 641.
66　프랑스의 석유 정책과 아랍 국가들에 대해서는 다음을 참고하라. Robert J. Lieber, *The Oil Decade: Conflict and Co-Operation in the West* (New York: Praeger Publishers, 1983), ch. 5.
67　Kapstein, *The Insecure Alliance*, p. 144; Galpern, *Money, Oil and Empire in the Middle East*, p. 368.
68　페르시아만에서 영국이 철수한 것의 여파는 다음을 참고하라. Jeffrey R. Macris, *The Politics and Security of the Gulf*, ch 5.
69　Kevin Boyle, 'The Price of Peace: Vietnam, the Pound, and the Crisis of the American Empire', *Diplomatic History* 27, no. 1 (2003): p. 43.
70　다음에 인용됨. Galpern, *Money, Oil and Empire in the Middle East*, p. 278. 존슨 행정부와 닉슨 행정부 시절의 미국-이란 관계는 다음을 참고하라. Roham Alvandi 'Nixon, Kissinger, and the Shah: The Origins of Iranian Primacy in the Persian Gulf', *Diplomatic History* 36, no. 2 (2012): pp. 337-72.
71　Yergin, *The Prize*, pp. 532-5, 637-8.
72　다음을 참고하라. Eugenie M. Blang, 'A Reappraisal of Germany's Vietnam policy, 1963-1966: Ludwig Erhard's response to America's war in Vietnam', *German Studies Review* 27, no. 2 (2004), pp. 341-60. 이전의 독일의 냉전 정책은 다음을 참고하라. Ronald J. Granieri, *The Ambivalent Alliance, Konrad Adenauer: The CDU/CSU, and the West, 1949–1966* (New York: Berghahn Books, 2003). 서독의 동방외교ostpolitik에 대한 닉슨 행정부의 대응은 다음을 참고하라. Jean-François Juneau, 'The Limits of Linkage: The Nixon administration and Willy Brandt's Ostpolitik, 1969–72', *International History Review* 33, no. 2 (2011): pp. 277-97.
73　다음에 인용됨. Robert M. Collins, 'The Economic Crisis of 1968 and the Waning of the "American Century"', *American Historical Review* 101, no. 2 (1996): p. 416.
74　Thompson, *Oil and the Western Economic Crisis*, p. 94.
75　Thompson, *Oil and the Western Economic Crisis*, p. 94.
76　중부 유럽 및 서유럽으로의 수출이 소련의 서시베리아 가스전 개발에 미친 영향과 이것이 소련-독일 관계에 대해 갖는 시사점은 다음을 참고하라. Thane Gustafson, *The Bridge: Natural Gas in a Redivided Europe* (Cambridge, MA: Harvard University Press, 2020), ch. 2. 독일의 녹색 운동과 핵 에너지는 다음을 참고하라. Stephen Milder, *Greening Democracy: The Anti-Nuclear Movement and Political Environmentalism in West Germany and Beyond 1968–1983* (Cambridge: Cambridge University Press, 2017).
77　Jentleson, 'From Consensus to Conflict', pp. 645-6; Jentleson, 'Khrushchev's Oil and Brezhnev's Natural Gas Pipelines', p. 49.
78　US Department of State, *The Washington Summit: General Secretary Brezhnev's Visit to the United States June 18–25, 1973*, p. 51, http://insidethecoldwar.org/sites/default/files/documents/The%20Washington%20

Summit%2C%20June%2018-25%2C%201973.pdf
79　Jentleson, 'From Consensus to Conflict', p. 648.
80　욤키푸르 전쟁 동안의 미-소 관계는 다음을 참고하라. John L. Scherer, 'Soviet and American Behaviour During the Yom Kippur War', *World Affairs* 141, no. 1 (1978): pp. 3-23.
81　Yergin, *The Prize*, p. 595.
82　Thomas Robb, 'The Power of Oil: Edward Heath, The "Year of Europe" and the Special Relationship', *Contemporary British History* 26, no. 1 (2012): p 79.
83　Kapstein, *The Insecure Alliance*, p. 166.
84　Macris, *The Politics and Security of the Gulf*, pp. 202-4.
85　다음에 인용됨. Kapstein, *The Insecure Alliance*, p. 165.
86　다음에 인용됨. Robb, 'The Power of Oil', p. 80.
87　Kapstein, *The Insecure Alliance*, p. 174.
88　Yergin, *The Prize*, pp. 643-4.
89　Richard Nixon, Address to the nation about national energy policy, 7 November 1973, https://www.presidency.ucsb.edu/documents/address-the-nation-about-national-energy-policy.
90　다음에 인용됨. Shahram Chubin, 'The Soviet Union and Iran', *Foreign Affairs* 61, no. 2 (1983): pp. 921-49.
91　Jimmy Carter, Address to the nation: energy and the national goals, 15 July 1979, https://www.jimmycarterlibrary.gov/assets/documents/speeches/energy-crisis.phtml
92　다음에 인용됨. Melvyn Leffler, 'From the Truman Doctrine to the Carter Doctrine', *Diplomatic History* 7, no. 4 (1983): p. 246.
93　다음에 인용됨. Leffler, 'From the Truman Doctrine to the Carter Doctrine', p. 261.
94　카터 독트린과 1903년 5월 영국의 다음과 같은 페르시아만 선언은 명백한 유사점이 있다. "어떤 다른 권력이라도 페르시아만에 해군 기지나 요새를 짓는다면 영국의 영국의 이해관계에 매우 심각한 위협이 될 것이며, 따라서 우리는 사용할 수 있는 모든 수단을 동원해 그것을 막아야 한다." 다음에 인용됨. Pascal Venier, 'The Geographical Pivot of History and Early Twentieth Century Geopolitical Culture', *The Geographical Journal* 170, no. 4 (1984): p. 332.
95　Victor McFarland, 'The United States and the Oil Price Collapse of the 1980s' in *Counter-shock: The Oil Counter-Revolution of the 1980s*, edited by Duccio Basosi, Giuliano Garavini, and Massimiliano Trentin (London: I.B. Taurus, 2020), p. 273.
96　Kapstein, *The Insecure Alliance*, p. 195; Walter Levy, 'Oil and the Decline of the West', *Foreign Affairs* 58 (Summer 1980): p. 1011.
97　Robert J. Lieber 'Will Europe Fight for Oil?: Energy and Atlantic Security' in Lieber, ed. *Will Europe Fight for Oil?* p. 4; Lieber, *The Oil Decade*, p. 62.
98　Leffler, 'From the Truman Doctrine to the Carter Doctrine', p. 259.
99　다음에 인용됨. Steven Rattner, 'Britain Defying US Restriction in Soviet Project', *New York Times*, 3 August 1982.
100　Lieber, *The Oil Decade*, p. 9.
101　Yergin, *The Prize*, p. 743.
102　예를 들어 다음을 참고하라. Peter Schweizer, *Victory: The Reagan Administration's Secret Strategy that Hastened the Collapse of the Soviet Union* (New York: Grove Press, 1994).
103　Painter, 'Oil and the American Century', p. 36. 이에 대한 근거는 다음을 참고하라. David Painter, 'From Linkage to Economic Warfare: Energy, Soviet-American Relations and the End of the Cold War' in *Cold War Energy: A Transnational History of Soviet Oil and Gas*, edited by Jeronim Perovic (London: Palgrave Macmillan, 2017); Majid Al-Moneef, 'Saudi Arabia and the Counter-shock of 1986'. 다음에 수록됨. *Counter-shock*, pp. 112-13; Yergin, *The Prize*, pp. 756-8; Victor McFarland, 'The United States and the Oil Price Collapse of the 1980s' in *Counter-shock*, pp. 262-9.
104　다음에 인용됨. Meg Jacobs, *Panic at the Pump: The Energy Crisis and the Transformation of American Politics in the 1970s* (New York: Hill and Wang, 2016), p. 289.
105　고유가 충격이 방향을 정반대로 바꾸어 유가가 급락한 것이 미국 석유 산업과 더 일반적으로는 미국 경제

에 미친 영향은 다음을 참고하라. McFarland, 'The United States and the Oil Price Collapse of the 1980s.'
106 Jacobs, *Panic at the Pump*, p. 284.
107 James Schlesinger, 'Will War Yield Oil Security?' *Challenge* 34, no. 2 (1991): p. 27.
108 석유가 소련 붕괴에 미친 영향은 다음을 참고하라. Yegor Galdar, *Collapse of an Empire: Lessons for Modern Russia* (Washington, DC: Brookings Institution Press, 2008), pp. 100 – 9.

3장 유라시아, 재구성되다

1   US Department of State, 'Background Briefing on Secretary Kerry's Meeting with Russian Foreign Minister Sergey Lavrov.' 보도자료, 27 September 2015, https://2009 – 2017.state.gov/r/pa/prs/ps/2015/09/247376.htm.
2   2016년 대선 후보 토론, 전체 트랜스크립트. *Politico*, 10 October 2016, https://www.politico.com/story/2016/10/2016-presidential-debate-transcript-229519
3   2016년 1차 대선 후보 토론, 전체 트랜스크립트. *Politico*, 27 September 2016, https://www.politico.com/story/2016/09/full-transcript-first-2016-presidential-debate-228761.
4   Zbigniew Brzezinski, *The Grand Chessboard: American Primacy and its Geostrategic Imperatives*, Basic Books, Kindle edition, ch. 3.
5   생말로 선언 이후 유럽안보방위정책이 즉각적으로 전개된 것은 다음을 참고하라. Anand Menon, 'Playing With Fire: The EU's Defence Policy', *Politique Européenne* 4, no. 8 (2002): pp. 32 – 45.
6   Benn Steil, *The Marshall Plan: Dawn of the Cold War* (Oxford: Oxford University Press, 2018), p. 395. NATO가 민주주의를 일으킬 역량이 있으리라는 낙관이 2010년까지도 있었던 것에 대해서는 다음을 참고하라. Charles Kupchan, 'NATO's Final Frontier: Why Russia Should Join the Atlantic Alliance', *Foreign Affairs* 89, no. 3 (May/June 2010). 더 이른 시기의 회의론은 다음을 참고하라. Dan Reiter, 'Why NATO Enlargement Does Not Spread Democracy', *International Security* 25, no. 4 (2001): pp. 41 – 67.
7   NATO의 확대가 불가피했는지에 대해서는 다음을 참고하라. Kimberly Marten, 'Reconsidering NATO Expansion: A Counterfactual Analysis of Russia and the West in the 1990s', *European Journal of International Security* 3, no 2 (2018): pp. 135 – 61.
8   다음에 인용됨. Craig C. Smith, 'Chirac Upsets East Europe by Telling it To "Shut Up" on Iraq', *New York Times*, 18 February 2003, https://www.nytimes.com/2003/02/18/international/europe/chirac-upsets-east-europe-by-telling-it-to-shut-up-on.html.
9   Anand Menon, 'From Crisis to Catharsis: ESDP After Iraq', *International Affairs* 80, no. 4 (2004): p. 639.
10 Steil, *The Marshall Plan*, p. 389.
11 즈비그뉴 브레진스키Zbigniew Brezinski는 저서 『거대한 체스판The Grand Chessboard』에서 냉전 종식 이후의 세계에서 우크라이나가 "지정학적 중심축"이었다고 언급했다.
12 다음을 참고하라. Andrew Wilson, *Ukraine's Orange Revolution* (New Haven: Yale University Press, 2005).
13 다음에 인용됨. Mathias Roth, 'EU-Ukraine Relations After the Orange Revolution: The Role of the New Member States', *Perspectives on European Politics and Society* 8, no. 4 (2007): p. 509.
14 Helen Thompson, *Oil and the Western Economic Crisis* (London: Palgrave, 2017), pp. 16 – 17.
15 나부코 파이프라인의 정치학은 다음을 참고하라. Pavel K. Baev and Indra Øverland, 'The South Stream Versus Nabucco Pipeline Race: Geopolitical and Economic (Ir)rationales and Political Stakes in Mega-Projects', *International Affairs* 86, no. 5 (2010): pp. 1075 – 190.
16 Thompson, *Oil and the Western Economic Crisis*, p. 17.
17 Saban Kardas, 'Geo-strategic Position as Leverage in EU Accession: The Case of Turkish-EU Negotiations on the Nabucco Pipeline', *Southeast European and Black Sea Studies* 11, no. 1 (2011): p. 38.
18 다음에 인용됨. Meltem Müftüler-Bac 'The Never-Ending Story: Turkey and the European Union', *Middle Eastern Studies* 34, no. 4 (1998): p. 240.
19 Müftüler-Bac 'The Never-Ending Story', p. 240.
20 다음에 인용됨. Ekavi Athanassopoulou, 'American-Turkish Relations Since the End of the Cold War', *Middle East Policy* 8, no. 3 (2001): p. 146.

21 미국의 관점은 다음을 참고하라. Kemal Kirisci, *Turkey and the West: Faultlines in a Troubled Alliance* (Washington, DC: Brookings Institution Press, 2018), ch. 2.

22 Peter W. Rodman, 'Middle East Diplomacy After the Gulf War', *Foreign Affairs* 70, no. 2 (Spring 1991): pp. 2-3.

23 James Schlesinger, 'Will War Yield Oil Security?' *Challenge* 34, no. 2 (1991): p. 30.

24 US Energy Information Administration, International Data, Petroleum and Other Liquids, https://www.eia.gov/international/data/world.

25 2차 이라크 전쟁의 에너지 논리에 대한 비판은 다음을 참고하라. Christopher Layne, 'America's Middle East Grand Strategy After Iraq: The Moment for Offshore Balancing has Arrived', *Review of International Studies* 35, no. 1 (2009): pp. 5-25.

26 전 연준 의장 앨런 그린스펀은 회고록에서 이렇게 언급했다. "모든 사람이 알고 있는 사실을 인정하는 게 정치적으로 불편한 일이라니 슬프다. 그 사실은 이라크 전쟁이 대체로 석유 때문이었다는 것이다." Alan Greenspan, *The Age of Turbulence* (London: Allen Lane, 2007), p. 463. 현실주의 시각에서 신보수주의가 이라크에 대해 가졌던 희망을 비판한 논의는 다음을 참고하라. John J Mearsheimer, 'Hans Morgenthau and the Iraq War: Realism Versus Neo-Conservatism', *Open Democracy*, 18 May 2005, https://www.opendemocracy.net/en/morgenthau_2522jsp/. 이라크 전쟁이 현실주의 사고에 의해 동기부여되었다는 주장은 다음을 참고하라. Daniel Deudney and G. John Ikenberry, 'Realism, Liberalism, and the Iraq War', *Survival* 59, no. 4 (2017): pp. 7-26.

27 Andrew Bacevich, 'Ending Endless War: A Pragmatic Military Strategy', *Foreign Affairs* 95, no. 5 (September/October 2016): p. 39.

28 2차 이라크 전쟁 후 미국이 계획했던 바의 실패는 다음을 참고하라. Aaron Rapport, *Waging War, Planning Peace: US Noncombat Operations and Major Wars* (Ithaca: Cornell University Press, 2015), ch. 3.

29 Hans Kundnani, 'Germany as a Geo-Economic Power', *Washington Quarterly* 34, no. 3 (2011): p. 35.

30 다음에 인용됨. R. Nicholas Burns, 'NATO Has Adapted: An Alliance With a New Mission', *New York Times*, 24 May 2003, https://www.nytimes.com/2003/05/24/opinion/IHT-nato-has-adapted-an-alliance-with-a-newmission.html. 2차 이라크 전쟁이 미국-독일 관계에 미친 영향은 다음을 참고하라. Stephen F. Szabo, *Parting Ways: The Crisis in German-American Relations* (Washington, DC: Brookings Institution Press, 2004).

31 다음에 인용됨. John Hooper and Ian Black, 'Anger at Rumsfeld Attack on "Old Europe"', *Guardian*, 24 January 2003, https://www.theguardian.com/world/2003/jan/24/germany.france.

32 Daniel Yergin, *The New Map: Energy, Climate, and the Clash Of Nations* (London: Allen Lane, 2020), p. 157.

33 다음을 참고하라. Marc Lanteigne, 'China's Maritime Security and the "Malacca dilemma"', *Asian Security* 4, no. 2 (2008): pp. 143-61.

34 Erica Downs, 'Sino-Russian Energy Relations: An Uncertain Courtship.' 다음에 수록됨. *The Future of China-Russia Relations*, edited by James Bellacqua (Lexington, KY University of Kentucky Press, 2010), p. 148.

35 Thane Gustafson, *The Bridge: Natural Gas in a Redivided Europe* (Cambridge, MA: Harvard University Press, 2020), p. 319.

36 유럽의 가스 의존성이 갖는 함의는 다음을 참고하라. Agnia Grigas, *The New Geopolitics of Natural Gas* (Cambridge, MA: Harvard University Press, 2017), ch. 4.

37 Euractiv, 'Nord Stream "a Waste of Money" Says Poland', *Euractiv*, 11 January 2010, https://www.euractiv.com/section/central-europe/news/nord-streama-waste-of-money-says-poland/.

38 이탈리아, 독일, 프랑스 기업들이 이탈리아, 독일, 프랑스 정부의 러시아에 대한 에너지 정책에 미친 영향의 중요성은 다음을 참고하라. Rawi Abdelal, 'The Profits of Power: Commerce and Realpolitik in Eurasia', *Review of International Political Economy* 20, no. 3 (2013): pp. 421-56.

39 NATO의 흑해와 캅카스로의 확대에 대해 미 국무부 내부에서 나온 주장은 다음을 참고하라. Ronald Asmus, 'Europe's Eastern Promise: Rethinking NATO and EU Enlargement', *Foreign Affairs* 87, no. 1 (January/February 2008): pp. 95-106.

40 Adam Tooze, *Crashed: How a Decade of Financial Crises Changed the World* (London: Penguin, 2018), pp. 136-7.

41 다음을 참고하라. Jolyon Howorth, '"Stability on the Borders": The Ukrainian Crisis and the EU's Constrained

Policy Towards the Eastern Neighbourhood', *Journal of Common Market Studies* 55, no. 1 (2017): pp. 121 – 36.

42　European Commission, Communication from the Commission to the European Parliament and Council, European Energy security strategy, 28 May 2014, p. 2, https://eur-lex.europa.eu/legal-content/EN/ALL/?uri=CELEX%3A52014DC0330.

43　José Manuel Durão Barroso, President of the European Commission Signature of the Nabucco Intergovernmental Agreement, Ankara, 13 July 2009.

44　European Commission, Communication from the Commission to the European Parliament and Council, European Energy Security Strategy, 28 May 2014, p. 2. Saban Kardas, 'Geo-strategic Position as Leverage in EU Accession: The Case of Turkish-EU Negotiations on the Nabucco Pipeline', *Southeast European and Black Sea Studies* 11, no. 1 (2011): p. 43.

45　Erhan İçener, 'Privileged Partnership: An Alternative Final Destination for Turkey's Integration with the European Union?' *Perspectives on European Politics and Society* 8, no. 4 (2007): pp. 421 – 5.

46　다음에 인용됨. Kardas, 'Geo-strategic Position as Leverage in EU Accession', p. 35.

47　Kardas, 'Geo-strategic Position as Leverage in EU Accession', p. 46.

48　Henry Kissinger, *World Order: Reflections on the Character of Nations and the Course of History* (London: Penguin, 2015), pp. 323 – 4.

49　2003년 이후 미국의 이라크에 대한 의사결정은 다음을 참고하라. Michael R. Gordon and Bernard E. Trainer, *The Endgame: The Inside Story of the Struggle for Iraq* (New York: Atlantic Books, 2012).

50　이라크 전쟁이 2008년 대선에 미친 영향은 다음을 참고하라. Gary C. Jacobson, 'George W. Bush, the Iraq War, and the Election of Barack Obama', *Presidential Studies Quarterly* 40, no. 2 (2010): pp. 207 – 24.

51　"아시아로의 방향 전환Pivot to Asia"으로 가게 된 오바마 행정부의 내부적 궤적은 다음을 참고하라. Nicholas D. Anderson and Victor D. Cha, 'The Case of the Pivot To Asia: System Effects and the Origins of Strategy', *Political Science Quarterly* 132, no. 4 (2017): pp. 595 – 617.

52　BBC News, 'Obama: The United States is a Pacific Power Here to Stay', BBC News, 17 November 2011, https://www.bbc.co.uk/news/av/world-asia-15768505.

53　Our World in Data, Energy, China: Country Energy Profile, https://ourworldindata.org/energy/country/china?country=~CHN.

54　Charles A. Kupchan, *No-one's World: The West, the Rising Rest, and the Coming Global Turn* (New York: Oxford University Press, 2013), p. 101. 중국 입장에서 해양 지리의 중요성은 다음을 참고하라. Bernard Cole, *China's Quest for Great Power: Ships, Oil and Foreign Policy* (Annapolis, MD: Naval Institute Press, 2016), ch. 1.

55　다음에 인용됨. Yergin, *The New Map*, p. 182.

56　Min Ye, *The Belt Road and Beyond: State-Mobilised Globalisation in China 1998–2018* (Cambridge: Cambridge University Press, 2020).

57　중국에 과다르가 갖는 중요성은 다음을 참고하라. Syed Fazl-e-Haider, 'A Strategic Seaport: Is Pakistan Key to China's Energy Supremacy?', *Foreign Affairs*, 5 March 2015, https://www.foreignaffairs.com/articles/china/2015-03-05/strategic-seaport

58　다음에 인용됨. Cole, *China's Quest for Great Power*, pp. 51, 128.

59　Economist, 'America Wants a Bigger Navy of Smaller Ships to Compete With China's Fleet', *Economist*, 21 September 2020, https://www.economist.com/united-states/2020/09/21/america-wants-a-bigger-navy-of-smaller-ships-to-compete-with-chinas-fleet.

60　다음에 인용됨. Megan Ingram, 'With American Natural Gas, Russia is Losing European Energy Chokehold', *The Hill*, 3 July 2017, https://thehill.com/blogs/pundits-blog/energy-environment/340502-with-american-natural-gas-russia-is-losing-european

61　Gustafson, *The Bridge*, pp. 356, 413.

62　나부코 실패의 재정적인 이유는 다음을 참고하라. Morena Skalamera, 'Revisiting the Nabucco Debacle', *Problems of Post-Communism* 65, no. 1 (2018): pp. 18 – 36.

63　튀르키예와 국경을 맞대고 있고 러시아와 가까운 불가리아의 지정학적 어려움에 대한 날카로운 분석은 다음을 참고하라. Robert D. Kaplan, *The Return of Marco Polo's World: War, Strategy, and American Interests in the TwentyFirst Century* (New York: Random House, 2019), pp. 36 – 8.

64　Anca Gurzu and Joseph J. Schatz, 'Great Northern Gas War', *Politico*, 10 February 2016, https://www.politico.eu/article/the-great-northern-gas-war-nordstream-pipeline-gazprom-putin-ukraine-russia/.
65　다음에 인용됨. Younkyoo Kim and Stephen Blank, 'The New Great Game of Caspian Energy in 2013–14: "Turk Stream", Russia and Turkey', *Journal of Balkan and Near Eastern Studies* 18, no. 1 (2016): p. 37.
66　다음에 인용됨. Gustafson, *The Bridge*, p. 380.
67　Jeffrey Goldberg, 'The Obama Doctrine', *Atlantic* (April 2016), https://www.theatlantic.com/magazine/archive/2016/04/the-obama-doctrine/471525/
68　Goldberg, 'The Obama Doctrine'; 'Emmanuel Macron in his Own Words (English)', *Economist*, 7 November 2019. https://www.economist.com/europe/2019/11/07/emmanuel-macron-in-his-own-words-english.
69　Goldberg, 'The Obama Doctrine.'
70　다음에 인용됨. Dan Roberts and Spencer Ackerman, 'Barack Obama Authorises Airstrikes Against ISIS Militants in Syria', *Guardian*, 11 September 2014, https://www.theguardian.com/world/2014/sep/10/obama-speech-authorise-air-strikes-against-isis-syria.
71　다음에 인용됨. Zeke J. Miller and Michael Sherer, 'President Obama Attacks Republicans for Paris Response', *Time*, 18 November 2015, https://time.com/4117688/barack-obama-paris-attacks-republican/.
72　달러 금융과 미국의 역외 경제 제재 사용의 관계는 다음을 참고하라. Daniel W. Drezner, 'Targeted Sanctions in a World of Global Finance', *International Interactions* 41, no. 4 (2015): pp. 755–64.
73　European Commission, Communication from the Commission to the European Parliament and Council, pp. 16 and 2.
74　로이터 취재진, 'Obama Thanks Putin for Role in Iran Deal', *Reuters*, 15 July 2015, https://www.reuters.com/article/us-iran-nuclear-russia-callidUSKCN0PP2RI20150715.
75　미국의 군사력을 중동에 압력 수단으로 사용하는 것의 문제는 다음을 참고하라. Christopher Layne, 'Impotent Power? Re-Examining the Nature of America's Hegemonic Power', *The National Interest* 85 (September/October 2006), pp. 41–7.
76　다음에 인용됨. Quint Forgey, 'Trump Levels New Sanctions Against Iran', *Politico*, 24 June 2019, https://www.politico.com/story/2019/06/24/donald-trump-iran-strait-of-hormuz-1377826.
77　US Energy Information Administration, US Petroleum Imports: Total, and from OPEC, Persian Gulf, and Canada, 1960–2019, https://www.eia.gov/energyexplained/oil-and-petroleum-products/imports-and-exports.php.
78　미국이 대對중동 관여를 최소화해야 하긴 하지만 페르시아만에서 빠져나올 수는 없다는 주장은 다음을 참고하라. Mara Karlin and Tamara Cofman Wittes, 'America's Middle East Purgatory', *Foreign Affairs* 98, no. 1 (January/February 2019): pp. 88–100. 미국의 에너지 지위 변화가 페르시아만에서의 군사 개입에 대한 계산을 달라지게 했다는 여러 주장은 다음을 참고하라. Charles Glaser and Rosemary A. Kelanic, eds., *Crude Strategy: Rethinking the US Commitment to Defend Persian Gulf Oil* (Washington, DC: Georgetown University Press, 2016).
79　Stephen F. Szabo, *Germany, Russia and the Rise of Geo-economics* (London: Bloomsbury Academic, 2014), p. 3.
80　US Energy Information Administration, Today in Energy, 1 December 2020, https://www.eia.gov/todayinenergy/detail.php?id=46076.
81　US Energy Information Administration, Natural Gas Data, Liquid US Natural Gas Exports by Vessel and Truck, https://www.eia.gov/dnav/ng/hist/ngm_epg0_evt_nus-z00_mmcfM.htm
82　Sarah White and Scott DiSavino, 'France Halts Engie's US LNG Deal Amid Trade, Environment Disputes', *Reuters*, 23 October 2020, https://www.reuter s.com/ar ticle/eng ie-lng-france-unitedstates/france-halts-engies-us-lng-deal-amid-trade-environment-disputes-idUSKBN27808G.
83　로이터 취재진, 'In Shift, Merkel Backs an End to EU-Turkey Membership Talks', *Reuters*, 3 September 2017, https://cn.reuters.com/article/instant-article/idUSKBN1BE15B.
84　House of Commons, Foreign Affairs Committee, *UK-Turkey Relations and Turkey's Regional Role*, Twelfth Report of Session 2010–2012, 4 April 2012, paras, 135, 143.
85　다음에 인용됨. House of Commons, Foreign Affairs Committee, *UK-Turkey Relations and Turkey's Regional Role*, para 167.

86 House of Commons, Foreign Affairs Committee, *UK-Turkey Relations and Turkey's Regional Role*, p. 174.
87 다음에 인용됨. George Parker, 'Turkey Unlikely to Join EU "Until the Year 3000", Says Cameron', *Financial Times*, 22 May 2016, https://www.ft.com/content/de1efd42-2001-11e6-aa98-db1e01fabc0c.
88 Michael Peel and Richard Milne, 'Macron Warns Turkey Not to Undermine NATO Allies' Solidarity', *Financial Times*, 28 November 2019, https://www.ft.com/content/7177e13e-1203-11ea-a225-db2f231cfeae.
89 다음에 인용됨. 로이터 취재진, 'Turkey's Erdogan Says Talks with EU May End over Cyprus Sanctions', *Reuters*, 12 November 2019, https://www.reuters.com/article/us-cyprus-turkey-eu-idUSKBN1XM19C.
90 Economist, 'Emmanuel Macron in His Own Words'.
91 Economist, 'Why Germany's Army is in a Bad State', *Economist*, 9 August 2018, https://www.economist.com/the-economist-explains/2018/08/09/why-germanys-army-is-in-a-bad-state.
92 다음에 인용됨. Justin Huggler, 'Nato "More Important Now than in the Cold War", Angela Merkel Says in Rebuke of Emmanuel Macron', *Daily Telegraph*, 27 November 2019, https://www.telegraph.co.uk/news/2019/11/27/nato-important-now-cold-war-angela-merkel-says-rebuke-emmanuel/; 다음에 인용됨. 로이터 취재진, 'Merkel Ally Calls for Better Franco German Ties After NATO Row', *Reuters*, 24 November 2019, https://www.reuters.com/article/us-germany-france-idUSKBN1XY0I6.
93 다음에 인용됨. Guy Chazan, 'US Envoy Defends Nord Stream 2 Sanctions as "Pro-European"', *Financial Times*, 22 December 2019, https://www.ft.com/content/21535ebe-23dc-11ea-9a4f-963f0ec7e134.
94 Guy Chazan, 'Merkel Faces Calls to Scrap Nord Stream 2 After Navalny Poisoning', *Financial Times*, 3 September 2020, https://www.ft.com/content/81e7d355-e478-49fc-ba75-49f43cbfc74f.
95 동지중해에서 튀르키예의 움직임은 다음을 참고하라. *Economist*, 'A Row Between Greece and Turkey Over Gas is Raising Tension in the Eastern Mediterranean', Economist, 22 August 2020, https://www.economist.com/international/2020/08/20/a-row-between-turkey-and-greece-over-gas-is-raising-tension-in-the-eastern-mediterranean.
96 다음에 인용됨. Laura Pitel and David Sheppard, 'Turkey Fuels Regional Power Game over Mediterranean Gas Reserves', *Financial Times*, 19 July 2020, https://www.ft.com/content/69a222d4-b37c-4e7e-86dc-4f96b226416d.
97 Michaël Tanchum, 'The Logic Beyond Lausanne: A Geopolitical Perspective on the Congruence Between Turkey's New Hard Power and its Strategic Re-Orientation', *Insight Turkey* 22, no. 3 (2020): p. 51, https://www.insightturkey.com/commentaries/the-logic-beyond-lausanne-a-geopolitical-perspective-on-the-congruence-between-turkeys-new-hard-power-and-its-strategic-reorientation.

4장 우리의 통화, 당신네 문제

1 Corriere della Serra, Economia, 'Trichet e Draghi: Un'Azione Pressante Per Ristabilire La Fiducia Degli Investitori', https://www.corriere.it/economia/11_settembre_29/trichet_draghi_inglese_304a5f1e-ea59-11e0-ae06-4da866778017.shtml.
2 Alan Crawford and Tony Czuczka, *Angela Merkel: A Chancellorship Forged in Crisis* (Chichester: Wiley Bloomberg Press, 2013), p. 14.
3 Marcus Walker, Charles Forelle, and Stacey Meichtrei, 'Deepening Crisis Over Europe Pits Leader Against Leader', *Wall Street Journal*, 30 December 2011, https://www.wsj.com/articles/SB10001424052970203391104577124480046463576.
4 다음에 인용됨. Silvia Ognibene, 'Italy's Northern League Chief Attacks Euro, Says Preparing for Exit', *Reuters*, 7 February 2018, https://www.reuters.com/article/instant-article/idUKKBN1FR30Z.
5 다음에 인용됨. Adam Tooze, *Crashed: How a Decade of Financial Crises Changed the World* (London: Penguin, 2018), p. 438.
6 Peter Spiegel, *How the Euro Was Saved*, kindle edition (London: Financial Times, 2014), ch. 3.
7 Helen Thompson, *Might, Right, Prosperity and Consent: Representative Democracy and the International Economy 1919–2001* (Manchester: Manchester University Press, 2008), pp. 78–9.
8 Benn Steil, *The Battle of Bretton Woods: John Maynard Keynes, Harry Dexter White, and the Making of a New*

World Order (Princeton: Princeton University Press, 2013), pp. 331 – 5. 이 문제의 한 부분은 미국 경제학자 로버트 트리핀에 의해 널리 알려졌다. 트리핀은 브레턴우즈가 미국에 해결 불가능한 부담을 지웠다고 주장했다. 국제 교역 확대에 필요한 달러가 공급되도록 미국이 국제수지 적자를 이뤄야 했고 그와 동시에 연준이 [경기 진작보다는] 달러 가치 유지를 위해 통화 정책을 펴야 했기 때문에 미국 경제에 불황이 왔다는 것이다. Robert Triffin, *Gold and the Dollar Crisis: The Future of Convertibility* (Oxford: Oxford University Press, 1960). 하지만 트리핀은 브레턴우즈가 붕괴한 이유를 두 가지 면에서 설득력 있게 설명하지 못했다. 첫째, 트리핀이 그가 말한 역설을 이론화하기 전에도 이미 브레턴우즈 체제는 금-달러 문제에 대해 유로달러 시장에서 대응을 일으키고 있었고, 이는 브레턴우즈가 공식적으로 종식되기 한참 전부터도 브레턴우즈 체제에 긴장을 일으키고 있었다. 둘째, 1965년 이후에 미국의 정책 결정자들은 재정 정책과 통화 정책을 실행할 때 달러-금 태환을 유지하는 데 그리 우선순위를 두고 있지 않았다. Michael D. Bordo and Robert N. McCauley, 'Triffin: Dilemma or Myth?', *BIS Working Papers*, no. 684, 19 December 2017, https://www.bis.org/publ/work684.htm.

9 Bordo and McCauley, 'Triffin: Dilemma or Myth?', p. 5.
10 유로달러 시장의 역사에 대해서는 다음을 참고하라. Gary Burn, *The Re-Emergence of Global Finance* (Basingstoke: Palgrave Macmillan, 2006); Catherine R. Schenk, 'The Origins of the Eurodollar Market in London: 1955 – 1963', *Explorations in Economic History* 35, no. 2 (1998): pp. 221 – 38.
11 초기 유로달러 시장과 그것의 장기적 역할에서 런던의 결정적인 중요성은 다음을 참고하라. Jeremy Green, *The Political Economy of the Special Relationship: Anglo-American Development from the Gold Standard to the Financial Crisis* (Princeton: Princeton University Press, 2020); Gary Burn, 'The State, the City, and the Euromarkets', *Review of International Political Economy* 6, no. 2 (1999): pp. 225 – 61.
12 Milton Friedman, 'The Euro-Dollar Market: Some First Principles', *Federal Reserve Bank of St Louis*, July 1971, pp. 16, 21, https://files.stlouisfed.org/files/htdocs/publications/review/71/07/Principles_Jul1971.pdf.
13 Federal Reserve Board, Federal Open Market Committee, *Memoranda of Discussion*, 17 December 1968, pp. 20 – 22, https://www.federalreserve.gov/monetarypolicy/files/fomcmod19681217.pdf.
14 Jeffry Frieden, *Banking on the World: The Politics of American International Finance* (New York: Routledge Revivals, 2016), p. 81.
15 다음에 인용됨. Francis Gavin, *Gold, Dollars and Power: The Politics of International Monetary Relations, 1958–1971* (Chapel Hill, NC: University of North Carolina Press, 2004), p. 121.
16 Michael J. Graetz and Olivia Briffault, 'A "Barbarous Relic": The French, Gold, and the Demise of Bretton Woods', *Yale Law & Economics Research Paper* No. 558; *Columbia Law & Economics Working Paper* No. 560 (2016), p. 13. 브레턴우즈에 대한 프랑스의 견해와 금본위제로 돌아가야 한다는 드골의 핵심 참모의 주장은 다음을 참고하라. Jacques Rueff, *The Monetary Sin of the West* (New York: Macmillan, 1972).
17 Helen Thompson, *Oil and the Western Economic Crisis* (London: Palgrave, 2017), p. 94.
18 브레턴우즈의 종말이 불가피했다는 데 대한 반대 주장은 다음을 참고하라. Harold James, 'The Multiple Contexts of Bretton Woods', *Oxford Review of Economics Policy* 28, no. 3 (2012): pp. 420 – 3.
19 Steil, *The Battle of Bretton Woods*, p. 25.
20 James, 'The Multiple Contexts of Bretton Woods', p. 424.
21 1970년대 유로달러 시장의 성장은 다음을 참고하라. Carlo Edoardo Altamura, *European Banks and the Rise of International Finance: The Post Bretton-Woods Era* (London: Routledge, 2017).
22 Thompson, *Oil and the Western Economic Crisis*, p. 96.
23 David Spiro, *The Hidden Hand of American Hegemony: Petrodollar Recycling and International Markets* (Ithaca: Cornell University Press, 1999), pp. 107 – 20; Andrea Wong, 'US Discloses Saudi Holdings of US Treasuries for First Time', *Bloomberg*, 16 May 2016, https://www.bloomberg.com/news/articles/2016-05-16/u-s-discloses-saudi-arabia-s-treasuries-holdings-for-first-time
24 Spiro, *The Hidden Hand*, pp. 122 – 4, 148.
25 Samba Mbaye, New Data on Global Debt, *IMF Blog*, https://blogs.imf.org/2019/01/02/new-data-on-global-debt/.
26 1970년대 이후의 경제를 신자유주의의 확산에 중심을 두어 설명한 더 정교한 논의들은 다음을 참고하라. David Harvey, *A Brief History of Neo-Liberalism* (Oxford: Oxford University Press, 2007); Andrew Gamble,

Crisis Without End?: The Unravelling of Western Prosperity (London: Palgrave, 2014); Daniel Stedman Jones, Masters of the Universe: Hayek, Friedman, and the Birth of Neoliberal Politics, 개정증보판. (Princeton: Princeton University Press, 2014).

27 합스부르크 제국 붕괴 시기로 거슬러 올라가는 신자유주의의 사상적 기원은 다음을 참고하라. Quinn Slobodian, Globalists: The End of Empire and the Birth of Neo-Liberalism (Cambridge, MA: Harvard University Press, 2018).

28 1970년대가 미국의 생산성 성장에 대해 다시는 되풀이 될 수 없을 기술적, 물질적, 인구구성적 조건의 종말을 나타낸다는 설득력 있는 주장은 다음을 참고하라. Robert J. Gordon, The Rise and Fall of American Growth (Princeton: Princeton University Press, 2016).

29 1970년의 위기의 물적 요인에 대해 이와 비슷한 논지는 다음을 참고하라. Adam Tooze, 'Neo-liberalism's World Order', Dissent (Summer 2018), https://www.dissentmagazine.org/article/neoliberalism-world-order-review-quinn-slobodian-globalists. 1970년대와 1980년대 초 미국의 탈규제 아젠다에서 에너지가 차지한 중심적인 위치에 대해서는 다음을 참고하라. Meg Jacobs, Panic at the Pump: The Energy Crisis and the Transformation of American Politics in the 1970s (New York: Hill and Wang, 2016). 달러 이슈와 경제 자유화 수사법의 관계는 다음을 참고하라. David E. Spiro, 'The Role of the Dollar and the Justificatory Discourse of Neoliberalism' in Counter-Shock: The Oil Counter-Revolution of the 1980s, edited by Duccio Basosi, Giuliano Garavini, and Massimiliano Trentin (London: I.B. Taurus, 2020), pp. 36, 49, 51.

30 Jacobs, Panic at the Pump, chs. 3-4.

31 다음에 인용됨. Jacobs, Panic at the Pump, p. 271.

32 Jacobs, Panic at the Pump, p. 109.

33 Perry Mehrling, 'An Interview with Paul A. Volcker', Macroeconomic Dynamics 5, no. 3 (2001): p. 443.

34 Graetz and Briffault, 'A "Barbarous Relic"', p. 17.

35 Barry Eichengreen, Exorbitant Privilege: The Rise and Fall of the Dollar and the Future of the International Monetary System (Oxford: Oxford University Press, 2011), p. 75.

36 Geoffrey Bell, 'The May 1971 International Monetary Crisis: Implications and Lessons', Financial Analysts Journal 27, no. 4 (1971): p. 88.

37 다음에 인용됨. James, Making the European Monetary Union, p. 87.

38 다음에 인용됨. EC: Heath-Brandt Meeting—Resumed (Possible Joint EC Float), 1 March 1973, UK National Archive. 다음에서 볼 수 있음. Margaret Thatcher Foundation: Britain & the Origins of the EMS.

39 다음에 인용됨. Callaghan Note of EMS Discussion (At Copenhagen European Council Dinner, 7 April 1978), UK National Archive. 다음에서 볼 수 있음. Margaret Thatcher Foundation: Britain & the Origins of the EMS, https://www.margaretthatcher.org/archive/EMS_1978.

40 다음에 인용됨. Transcript of Meeting of the Bundesbank Council, 30 November 1978; The National Archive, Schmidt Note of Remarks on EMS. UK National Archive. 다음에서 볼 수 있음. Margaret Thatcher Foundation: Britain and the Origins of the EMS.

41 Charles P. Kindleberger, 'The Dollar Yesterday, Today and Tomorrow', Banca Nazionale Del Lavoro Quarterly Review 155 (December 1985): p. 306.

42 Kiyoshi Hirowatari, Britain and European Monetary Cooperation 1964–1979 (London: Palgrave Macmillan, 2015), p. 50.

43 다음에 인용됨. Catherine Schenk, 'Sterling, International Monetary Reform, and Britain's Applications to Join the European Economic Community in the 1960s', Contemporary European History 11, no. 3 (2002): p. 367.

44 Schenk, 'Sterling, International Monetary Reform', p. 369.

45 Hirowatari, Britain and European Monetary Cooperation 1964–1979, pp. 48-9.

46 해롤드 제임스는 영국은 계속 밖에 있고 프랑스와 서독의 손에 두었기 때문에 EC의 통화협력이 어느 정도라도 가능했던 것이라고 주장했다. James, 'The Multiple Contexts', p. 421.

47 볼커 쇼크에 대한 본인의 설명은 다음을 참고하라. Paul A. Volcker with Christine Harper, Keeping at It: The Quest for Sound Money and Good Government (New York: Public Affairs, 2018).

48 Alexandre Reichart, 'French Monetary Policy (1981–1985): A Constrained Policy, Between Volcker Shock, the EMS, and Macro-economic Imbalances', Journal of European Economic History 44, no. 1 (2015): p. 15.

49 Jeremy Leaman, *The Political Economy of Germany Under Chancellors Kohl and Schröder: Decline of the German Model?* (New York: Berghahn Books, 2009), pp. 26–30.

50 다음에 인용됨. Helen Thompson, *The British Conservative Government and the European Exchange Rate Mechanism 1979–1994* (London: Pinter, 1996), chs. 2–5.

51 James, 'Bretton Woods and its Multiple Contexts', pp. 427–8.

52 플라자 합의와 루브르 합의, 그리고 1980년대 중반 환율 협력의 실패에 대해서는 다음을 참고하라. C. Randall Henning, *Currencies and Politics in the United States, Germany, and Japan* (Washington, DC: Peterson Institution of International Economics, 1994); Yoichi Funabashi, *Managing the Dollar from the Plaza to the Louvre*, second edition (Washington, DC: Peterson Institute for International Economics, 1989).

53 Spiro, 'The Role of the Dollar and the Justificatory Discourse of Neoliberalism', p. 41.

54 1988년에 프랑스 정부가 통화 통합을 추진하기로 하는 결정에 어떻게 도달했는지는 다음을 참고하라. David J. Howarth, *The French Road to European Monetary Union* (London: Palgrave Macmillan, 2001).

55 EU집행위원회의 자크 들로르Jacques Delors를 포함해 일부가 어느 정도 시간이 지나면 유럽 공동 통화가 달러를 대체하리라고 기대했다는 점은 이 움직임이 달러에 의해 동기부여된 면이 있음을 말해준다(예를 들어 다음을 참고하라. Barry Eichengreen, *Exorbitant Privilege*, p. 86). 하지만 1987~1988년에는 달러로 인한 제약이 아니라 도이체마르크로 인한 제약이 전면에 등장했고, 프랑스의 입장 변화는 프랑스-독일 각료회의가 빠르게 붕괴한 것에 직접적으로 뒤이어 일어난 것이었다.

56 통화 통합이 독일의 통일에 대한 대응이었다는 주장이 계속 있어왔지만 유럽공동체는 이미 1989년 6월에 통화연맹에 대한 들로르 보고서Delors report를 실행하기로 합의한 바 있었다. 위와 같은 주장에 대한 반박은 다음을 참고하라. Andrew Moravcsik, *The Choice for Europe: Social Purpose and State Power from Messina to Maastricht* (London: UCL Press,1999), pp. 396–401.

57 독일의 중앙은행으로서 분데스방크가 독일 정부와는 다른 방식으로 독일 국민을 대표한다는 주장과 그 주장을 정당화하는 데 사용된 독일 경제에 대한 신화적인 이야기들은 다음을 참고하라. Hjalte Lokdam, 'Banking on Sovereignty: A Genealogy of the European Central Bank's Independence', PhD dissertation submitted to the London School of Economics, 2019, ch. 2.

58 다음을 참고하라. Chiara Zilioli and Martin Selmayr, 'The Constitutional Status of the European Central Bank', *Common Market Law Review* 44, no. 2 (2007): pp. 355–99.

59 통화연맹으로의 움직임과 마스트리흐트에서의 합의된 내용은 다음을 참고하라. James, *Making the European Monetary Union*, chs. 6–8; David Marsh, *The Euro: The Battle for the New Global Currency* (New Haven: Yale University Press, 2009), chs. 3–6.

60 그럼에도 프랑스가 통화연맹을 주창한 초기에 이탈리아는 프랑스의 가장 강한 지지자였다.

61 Moravcsik, *The Choice for Europe*, p. 404.

62 Moravcsik, *The Choice for Europe*, p. 443.

63 James Sloam, *The European Policy of the German Social Democrats: Interpreting a Changing World* (London: Palgrave Macmillan, 2004), pp. 138–40.

64 Alan Cowell, 'Kohl Casts Europe's Economic Union as War and Peace Issue', *New York Times*, 7 October 1995, https://www.nytimes.com/1995/10/17/world/kohl-casts-europe-s-economic-union-as-war-and-peace-issue.html.

65 Cowell, 'Kohl Casts Europe's Economic Union as War and Peace Issue.'

66 David Howarth, 'The French State in the Euro-Zone: "Modernization" and Legitimatizing Dirigisme' in *European States and the Euro: Europeanization, Variation, and Convergence*, edited by Kenneth Dyson (Oxford: Oxford University Press, 2002), p. 167.

67 Moravcsik, *The Choice for Europe*, p. 446.

68 Maria Demertzis, Konstantinos Efstathiou, and Fabio Matera, 'The Italian Lira: The Exchange Rate and Employment in the ERM', *Bruegel Blog*, 13 January 2017, https://www.bruegel.org/2017/01/the-italian-lira-the-exchange-rate-and-employment-in-the-erm/.

69 다음에 인용됨. Katherine Butler and Yvette Cooper, 'Lira Up as Italy's Tax for Europe Gets Go-Ahead', *Independent*, 22 February 1997, https://www.independent.co.uk/news/business/lira-up-as-italy-s-tax-for-europe-gets-goahead-1279992.html.

70 다음에 인용됨. Butler and Cooper, 'Lira Up as Italy's Tax for Europe Gets Go-Ahead.'
71 Thompson, *The British Conservative Government and the European Exchange Rate Mechanism*, pp. 203–7.
72 영국 정부가 합류하지 않기로 한 결정이 금융 부문에 대한 계산에서 나온 결정이었다는 주장은 다음을 참고하라. Ophelia Eglene, *Banking on Sterling: Britain's Independence from the Euro Zone* (Lanham, MD: Lexington Books, 2010).

5장 '메이드 인 차이나'는 달러가 필요하다

1   Janet Yellen, 'The Outlook for the Economy', Remarks at the Providence Chamber Of Commerce, Providence, Rhode Island, 22 May 2015, https://fraser.stlouisfed.org/title/statements-speeches-janet-l-yellen-930/outlook-economy-521732.
2   Janet Yellen, Speech, 'The Outlook for the Economy.'
3   인민폐는 중국의 공식 화폐이고 교환의 수단으로서의 화폐를 표현할 때 사용되는 단어다. 위안은 가격을 측정할 때의 단위다.
4   Federal Open Market Committee, Press Conference, 17 September 2015, https://www.federalreserve.gov/monetarypolicy/fomcpresconf20150917.htm.
5   G20 Finance Ministers and Central Bank Governors' Meeting, Shanghai, 27 February 2016, Communiqué, http://www.g20.utoronto.ca/2016/160227-finance-en.html.
6   National Security Strategy of the United States of America, https://trumpwhitehouse.archives.gov/wp-content/uploads/2017/12/NSSFinal-12-18-2017-0905.pdf, pp. 27, 3, 18.
7   대對중국 정책에 대한 펜스 부통령의 언급. Hudson Institute, Washington, DC, 4 October, https://www.hudson.org/events/1610-vice-president-mike-pence-s-remarks-on-the-administration-s-policy-towards-china102018.
8   다음에 인용됨. Richard N. Haass, 'The Crisis in US-China Relations: The Trump Administration has Staked Out an Aggressive Position, But its Critique of Chinese Behaviour Is Widely Shared and Points to the Need for a New American Strategy', *Wall Street Journal*, 19 October 2018, https://www.wsj.com/articles/the-crisis-in-u-s-china-relations-1539963174. 전 호주 총리 케빈 러드Kevin Rudd는 트럼프 행정부의 2018년 대對중국 접근의 선회가 세계적인 분기점이라고 말했다. 'The United States and China and the avoidable war.' 미 해군 사관학교에서 한 연설. 10 October 2018, https://asiasociety.org/policy-institute/united-states-and-china-avoidable-war.
9   다음에 인용됨. Jim Brunsden, 'EU Warns of $300 billion Hit to US Over Car Import Tariffs', *Financial Times*, 1 July 2018.
10 US Census, Foreign Trade, Trade in Goods with China, https://www.census.gov/foreign-trade/balance/c5700.html.
11 프랑스의 고용 충격은 다음을 참고하라. Clément Malgouyres, 'The Impact of Chinese Import Competition on the Local Structure of Employment and Wages: Evidence from France', *Banque de France, Document du Travail*, No. 603. 독일은 자동차, 기계 등에서 중국으로 가는 반대 방향의 대규모 수출이 있었지만, 다른 나라들은 그렇지 않았다. Wolfgang Dauth, Sebastian Findeisen, and Jens Suedekum 'The Rise of the East and the Far East: German Labour Markets and Trade Integration', *Journal of the European Economic Association* 12, no. 6 (2014): pp. 1643–75.
12 충격의 규모가 컸다는 주장은 여러 연구에서 제시되었다. 예를 들어, 경제학자 데이비드 오터, 데이비드 돈, 고든 핸슨의 다음을 참고하라. David H. Autor, David Dorn, and Gordon H. Hanson, 'The China Shock: Learning from Labour Market Adjustment to Large Changes in Trade', *NBER Working Paper Series*, 21906. 다음도 참고하라. Justin R. Pierce and Peter K. Schott, 'The Surprisingly Swift Decline of US Manufacturing Employment', *American Economic Review* 106, no. 7 (2016): pp. 1632–62; Daron Acemoglu, David Autor, David Dorn, Gordon Hanson, and Brendan Price, 'Import Competition and the Great U.S. Employment Sag of the 2000s', *Journal of Labor Economics* 34, no. 1 (2017): pp. S141–198. 오터, 돈, 핸슨의 주장에 대한 비판은 다음을 참고하라. Jonathan T. Rothwell, 'Cutting the Losses: Reassessing the Costs of Import Competition to Workers and Communities (19 October 2017), https://papers.ssrn.com/sol3/papers.cfm?abstract_

id=2920188. 이득에 주목하는 주장은 다음을 참고하라. Kyle Handley and Nuno Limão, 'Policy Uncertainty, Trade, and Welfare: Theory and Evidence for China and the United States', *American Economic Review* 107, no. 9 (2017): pp. 2731–83.

13   Federal Reserve of St Louis Data, Current Employment Statistics, All Employees, Manufacturing, https://fred.stlouisfed.org/series/MANEMP

14   예를 들어, 2000년부터 2002년까지의 초기 시기는 달러가 강세였던 시기였다. 이 변수를 중국 쇼크와 관련해 어떻게 해석할 것인지는 다음을 참고하라. Brad Setser, 'China's WTO Entry, 15 Years On', *Council on Foreign Relations Blog*, https://www.cfr.org/blog/chinas-wto-entry-15-years.

15   다음에 인용됨. Robert E. Lighthizer, Testimony Before the US-China Economic and Security Review Commission: Evaluating China's Role in the World Trade Organization Over the Last Decade, 9 June 2010, p. 10, https://www.uscc.gov/sites/default/files/6.9.10Lighthizer.pdf

16   다음에 인용됨. Helen Thompson, *China and the Mortgaging of America: Domestic Politics and Economic Interdependence* (London: Palgrave, 2010), p. 38.

17   중국의 통화 정책이 중국 무역 흑자의 주된 원인일 가능성에는 상당한 근거가 있다. 다음을 참고하라. Brad Setser, Testimony before the Senate Committee on Small Business and Entrepreneurship, Hearing on Made in China and the Future of US Industry, 27 February 2019, https://www.sbc.senate.gov/public/_cache/files/3/b/3bd85987-d8b4-48b3-a53e-8b49d2060821/4E39BD152B9F358A5E4254D80A512D8B.setser-testimony.pdf. 문제는 중국이 아니라 미국의 거시 경제 정책이었다는 주장은 다음을 참고하라. Ronald McKinnon, *The Unloved Dollar Standard: From Bretton Woods to the Rise of China* (Oxford: Oxford University Press, 2013), ch. 13.

18   다음에 인용됨. Henry M. Paulson, Jr, 'A Strategic Economic Engagement: Strengthening US-China Ties', *Foreign Affairs* 87, no. 5 (September/October 2008): pp. 59–77.

19   Sean Starrs, 'American Economic Power Hasn't Declined—It Globalised! Summoning the Data and Taking Globalisation Seriously', *International Studies Quarterly* 57, no. 4 (2013): pp. 818–20.

20   다음에 인용됨. Charles Duhigg and Keith Bradsher, 'How the US Lost out on iPhone Work', *New York Times*, 21 January 2012, https://www.nytimes.com/2012/01/22/business/apple-america-and-a-squeezed-middle-class.html.

21   다음에 인용됨. Duhigg and Bradsher, 'How the US Lost out on iPhone Work.'

22   Greg Linden, Kenneth L. Kraemer, and Jason Dedrick., 'Who Captures Value in a Global Innovation System? The Case of Apple's iPod', *UC Irvine Personal Computing Industry Center, The Paul Merage School of Business, University of California, Irvine*, June 2007, https://citeseerx.ist.psu.edu/viewdoc/download?doi=10.1.1.419.2289&rep=rep1&type=pdf

23   매튜 클레인과 마이클 피티스는 무역 전쟁이 궁극적으로 계급 전쟁이라고 주장했다. 이들은 "미국 금융인들의 이해관계가 중국 및 독일 산업가들의 이해관계와 보완적이기 때문"에 미-중 무역, 그리고 사실 미-독 무역에서 "세계의 부유한 사람들이 세계의 노동자와 은퇴자들을 희생시켜 이득을 얻고 있다"고 언급했다. Matthew C. Klein and Michael Pettis, *Trade Wars are Class Wars: How Rising Inequality Distorts the Global Economy and Threatens International Peace* (New Haven: Yale University Press), p. 224.

24   US Energy Information Administration, international statistics. 에너지 수요의 증가는 다음을 참고하라. Thompson, *Oil and the Western Economic Crisis*, pp. 10–12.

25   석유 공급량 문제는 다음을 참고하라. Thompson, *Oil and the Western Economic Crisis*, pp. 12–24.

26   Macro-trends, Crude Oil Prices—70 Year Historical Chart, https://www.macrotrends.net/1369/crude-oil-price-history-chart.

27   Carlo Edoardo Altamura, *European Banks and the Rise of International Finance* (London: Routledge, 2017), ch. 3. 유로달러 시장에서 이루어지는 컨소시엄 은행업에 대해서는 다음을 참고하라. Richard Roberts (with C. Arnander), *Take Your Partners: Orion, the Consortium Banks and the Transformation of the Euromarkets* (London: Palgrave Macmillan, 2001).

28   1970년대 말 국제 은행업의 부상은 다음을 참고하라. Helmut W. Mayer, 'Credit and Liquidity Creation in the International Banking Sector', *BIS Economic Papers*, no. 1, 1 November 1979, https://www.bis.org/publ/econ1.htm. 미국의 경제 구조가 더 금융 중심적이 된 것은 다음을 참고하라. Judith Stein, *Pivotal Decade:*

How the United States Traded Factories for Finance in the Seventies (New Haven: Yale University Press, 2011).

29 다음을 참고하라. Carlo Edoardo Altamura, *European Banks and the Rise of International Finance*, ch 3. 2차 오일 쇼크 이후에 은행들이 유로달러 활동까지 포함해서 통합 재무제표를 쓰도록 해야 한다는 논의가 중앙은행들로부터 일었지만 실제로 이루어진 조치는 없었다. Izabella Kaminska, 'A Global Reserve Requirement for All Those Eurodollars', *Financial Times Alphaville*, 15 April 2016, https://www.ft.com/content/226e90ec-ead3-311d-9361-b0f2c2bfd9e3. 국제적으로 자본 흐름이 개방되는 데 유럽 국가들이 미친 영향은 다음을 참고하라. Rawi Abdelal, *Capital Rules: The Construction of Global Finance* (Cambridge, MA, Harvard University Press, 2007). 브레턴우즈 종말 이후에 새로운 버전의 유로달러 시스템이 발달하는 데 중앙은행들이 수행한 역할은 다음을 참고하라. Benjamin Braun, Arie Kramp, and Steffen Murau, 'Financial Globalisation as Positive Integration: Monetary Technocrats and the Eurodollar Market in the 1970s', *Review of International Political Economy*. Published online 22 March 2020, DOI: 10.1080/09692290.2020.1740291; Rawi Abdelal, 'Writing the Rules of Global Finance: France, Europe, and Capital Liberalization', *Review of International Political Economy* 13, no. 1 (2006): pp. 1–27.

30 Charles Goodhart, *The Basel Committee on Banking Supervision* (Cambridge: Cambridge University Press, 2011), p. 41.

31 Alan Greenspan, 'The Challenge of Central Banking in a Democratic Society', Remarks, 5 December 1996, https://fraser.stlouisfed.org/title/statements-speeches-alan-greenspan-452/challenge-central-banking-a-democratic-society-8581.

32 Greenspan, 'The Challenge of Central Banking in a Democratic Society.'

33 Greenspan, 'The Challenge of Central Banking in a Democratic Society.'

34 Claudio Borio and William White, 'Whither Monetary and Financial Stability? The Implications of Evolving Policy Regimes', *BIS Working Papers*, no. 147, 2004, p. 5, https://www.bis.org/publ/work147.pdf.

35 가장 낙관적이었을 때 그린스펀은 "국경을 넘는 금융"의 규모가 커져서 세계 경제가 충격을 더 쉽게 흡수할 수 있다고 주장했다. Alan Greenspan, 'World Finance and Risk Management', Remarks at Lancaster House, London, 25 September 2002, https://www.federalreserve.gov/boarddocs/speeches/2002/200209253/default.htm. 금융 붕괴 이후 그린스펀은 본인의 연준 재직 시절에 대해 제기된 몇몇 비판을 받아들였다. 하지만 통화 정책이 자산 버블에 선제적으로 대응하는 쪽으로 취해져서는 안 된다는 견해는 고수했다. Alan Greenspan, 'The Crisis', *Brookings Papers on Economic Activity* (Spring 2010), pp. 201–246, https://www.brookings.edu/bpea-articles/the-crisis/. 소위 "대안정기"가 필연적으로 금융 불안정성의 조건을 내재하고 있다는, 2007-8년 위기 전에 제기되었던 견해는 다음을 참고하라. Borio and White, 'Whither Monetary and Financial Stability?.'

36 1990년대 이후 국제화된 은행업에 대해서는 다음을 참고하라. Iain Hardie and David Howarth, eds, *Market Based-Banking and the International Financial Crisis* (Oxford: Oxford University Press). 독일의 주도적인 역할은 다음을 참고하라. Helen Thompson, 'Enduring Capital Flow Constraints and the 2007-8 Financial and Euro-zone Crises', *British Journal of Politics and International Relations* 8, no. 1 (2016): pp. 216–33; Iain Hardie and David Howarth, 'Die Krise and Not la Crise? The Financial Crisis and the Transformation of German and French Banking Systems', *Journal of Common Market Studies* 47, no. 5 (2009): pp. 1017–39.

37 국제화된 은행업이 2002~2007년 국제 자본 이동의 급증에 미친 영향은 다음을 참고하라. Philip R. Lane, *Capital Flows in the Euro Area*. European Commission, *Economic Papers* 497, April 2013, https://ec.europa.eu/economy_finance/publications/economic_paper/2013/pdf/ecp497_en.pdf; Philip. R. Lane, 'Financial Globalisation and the Crisis', *BIS Working Papers*, no. 39, December 2012, https://www.bis.org/publ/work397.htm; Philip R. Lane and Gian Maria Milesi-Ferretti, 'The Drivers of Financial Globalisation', *American Economic Review* 98, no. 2 (2008): pp. 327–32; Gian Maria, Milesi-Ferretti, Francesco Strobbe, and Natalia Tamirisa, 'Bilateral Financial Linkages and Global Imbalances: A View on the Eve of the Financial Crisis', *IMF Working Paper*, WP/10/257, 1 November 2010, https://www.imf.org/en/Publications/WP/Issues/2016/12/31/Bilateral-Financial-Linkages-and-Global-Imbalances-a-View-on-The-Eve-of-the-Financial-Crisis-24350.

38 BIS Committee on the Global Financial System, *The Functioning and Resilience of Cross-Border Funding Markets*, CGFS Paper no. 37, March 2010, p. 10, https://www.bis.org/publ/cgfs37.htm; Patrick McGuire and Goetz

von Peter, 'The US Dollar Shortage in Global Banking', *BIS Quarterly Review* (March 2009): p. 48, https://www.bis.org/publ/qtrpdf/r_qt0903f.pdf?noframes=1.

39　Ben S. Bernanke, 'The Great Moderation', Speech at the Eastern Economic Association, Washington, DC, 20 February 2004, https://www.federalreserve.gov/boarddocs/speeches/2004/20040220/.

40　Bernanke, 'The Great Moderation.'

41　Charles Bean, 'The Great Moderation, the Great Panic, and the Great Contraction', *BIS Review* 101 (2009): pp. 4–7, https://www.bis.org/review/r090902d.pdf.

42　다음을 참고하라. Sandra Eickmeier and Markus Kühnlenz, 'China's Role in Global Inflation Dynamics', *Macroeconomic Dynamics* 22, no. 2 (2016): pp. 225–54.

43　Charles Bean, Christian Broda, Takatoshi Ito, and Randall Kroszner, 'Low for Long? Causes and Consequences of Persistently Low Interest Rates', *Geneva Reports on the World Economy* 17, International Center for Monetary and Banking Studies (ICMB) and Center for Economic Policy Research (CEPR), Geneva and London, October 2015, pp. 1, 3, 14, https://voxeu.org/sites/default/files/file/Geneva17_28sept.pdf.

44　Bean, Broda, Ito, and Kroszner, 'Low for Long?', p. 10.

45　Bean, Broda, Ito, and Kroszner, 'Low for Long?', pp. 28–32.

46　Ben S. Bernanke, 'The Global Saving Glut and the U.S. Current Account Deficit', Remarks at the Sandridge Lecture, Virginia Association of Economists, 14 April 2005, https://www.federalreserve.gov/boarddocs/speeches/2005/200503102/

47　Brad W. Sester and Arpana Pandey, 'China's $1.5 Trillion Bet: Understanding China's External Portfolio', *Council for Foreign Relations, Working Paper*, 13 May 2009, p. 1, https://www.cfr.org/report/chinas15-trillion-bet.

48　Michael P. Dooley, David Folkerts-Landau, and Peter Garber, 'The Revived Bretton Woods System', *International Journal of Finance and Economics* 9, no. 4 (2004): pp. 307–13.

49　Niall Ferguson and Moritz Schularick, 'Chimerica and the Global Asset Boom', *International Finance* 10, no. 3 (2007): pp. 215–39.

50　Lawrence H. Summers, 'The US Current Account Deficit and the Global Economy', Lecture at the Per Jacobsson Foundation, 3 October 2004, pp. 13, 8, https://www.imf.org/en/Publications/Other-Periodicals/Issues/2016/12/31/The-U-S-17872

51　유가가 2004~2008년 연준, 유럽중앙은행, 영란은행의 통화 정책 결정에 미친 일반적인 영향은 다음을 참고하라. 51. Thompson, *Oil and the Western Economic Crisis*, pp. 26–34.

52　Alan Greenspan, *The Age of Turbulence* (London: Allen Lane, 2007), p. 463.

53　다음에 인용됨. 'Greenspan Clarifies Iraq War Comment', *Irish Times*, 17 September 2007, https://www.irishtimes.com/news/greenspan-clarifies-iraq-war-comment-1.812331.

54　Mervyn King, 영국산업연맹 노스이스트 지부CBI North East 연례 만찬, Gateshead, 11 October 2005, https://www.bankofengland.co.uk/speech/2005/cbi-north-east-annual-dinner.

55　European Central Bank, Introductory Statement with Q&A, Jean-Claude Trichet and Lucas Papademos, Frankfurt am Main, 3 July 2008, https://www.ecb.europa.eu/press/pressconf/2008/html/is080703.en.html

56　다음에 인용됨. Tao Wu, 'The Long-Term Interest Rate Conundrum: Not Unravelled Yet?', *Federal Reserve Bank of San Francisco, Economic Letter*, 29 April 2005, https://www.frbsf.org/economic-research/publications/economic-letter/2005/april/the-long-term-interest-rate-conundrum-not-unraveled-yet/.

57　달러 신용을 미국으로 재유통시키는 유럽 은행들의 활동은 다음을 참고하라. Claudio Bordo, Harold James, and Hyun Song Shin, 'The International Monetary and Financial System: A Capital Account Historical Perspective', *BIS Working Papers*, no. 457, August 2014, pp. 15–19, https://www.bis.org/publ/work457.htm.

58　유럽 은행들이 금융 위기의 진앙지였다는 분석은 다음을 참고하라. Robert N. McCauley, 'The 2008 crisis: transatlantic or transpacific?', *BIS Quarterly Review* (December 2018): pp. 39–58, https://www.bis.org/publ/qtrpdf/r_qt1812f.htm; Claudio Bordo, Harold James, and Hyun Song Shin, 'The International Monetary and Financial System'; Hyun Song Shin, 'Global Banking Glut and Loan Risk Premium', *IMF Economic Review* 60, no. 2 (2012): pp. 155–92; Naohiko Baba, Robert N. McCauley, and Srichander Ramaswamy, 'US Dollar Money Market Funds and Non-US Banks', *BIS Quarterly Review* (March 2009): pp. 65–81; Patrick McGuire and Goetz von Peter, 'The US Dollar Shortage in Global Banking', *BIS Quarterly Review* (March 2009): pp. 47-63; Claudio Borio and Piti Disyatat, 'Global Imbalances and the Financial Crisis: Link Or No Link?', *BIS Working Papers*, no. 346, May 2011, https://www.bis.org/publ/work346.pdf. 유럽의 은행 위기에 대해, 그리고 어떻게 이것이 아시아의 저축 과잉과 미국의 서브프라임 사태에서 비롯된 것으로만 잘못 이야기되었는지에 대해서는 다음을 참고하라. Adam Tooze, *Crashed: How a Decade of Financial Crises Changed the World*, chs. 1-3.

59 금융 위기 이후 버냉키가 제시한, 아시아 국가들의 저축 과잉을 원인으로 본 분석은 다음을 참고하라. Ben S. Bernanke, Carol Bertaut, Laurie Pounder DeMarco, and Steven Kamin, 'International capital flows and the return to safe assets in the United States, 2003-07', *Board of Governors of the Federal Reserve System International Finance Discussion Papers*, 1014, February 2011, https://www.federalreserve.gov/pubs/ifdp/2011/1014/ifdp1014.htm. The 'banking glut' term comes from Shin, 'Global Banking Glut and Loan Risk Premium.'

60 Federal Reserve Bank of St Louis, House Price Indexes, https://fred.stlouisfed.org/categories/32261.

61 미국의 주택시장 호황과 서브프라임 대출에 대해서는 다음을 참고하라. Herman M. Schwartz, *Subprime Nation: American Power, Global Capital Flows and the Housing Bubble* (Ithaca: Cornell University Press, 2009); Robert J. Schiller, *The Sub-Prime Solution: How Today's Financial Crisis Happened and What to Do About it* (Princeton: Princeton University Press, 2008), chs. 2-4.

62 William R. Emmons, 'The End is in Sight For the US Foreclosure Crisis', *Federal Reserve Bank of St Louis*, 2 December 2016, https://www.stlouisfed.org/on-the-economy/2016/december/end-sight-us-foreclosure-crisis.

63 Thompson, *Oil and the Western Economic Crisis*, pp. 30-2.

64 Thompson, *Oil and the Western Economic Crisis*, pp. 35-7; James D. Hamilton 'Causes and Consequences of the Oil Shock of 2007-08', *Brookings Papers on Economic Activity* (Spring 2009): pp. 215-61.

65 Thompson, *Oil and the Western Economic Crisis*, p. 34.

66 Thompson, *Oil and the Western Economic Crisis*, pp. 33-4.

67 Statement by Ben Bernanke before the Financial Crisis Inquiry Commission, Washington, DC, 2 September 2010, https://www.federalreserve.gov/newsevents/testimony/bernanke20100902a.pdf. 이 상원 위원회는 최종 보고서에서 버냉키의 발언은 거의 언급하지 않은 채로 서브프라임 대출을 위기의 핵심 요인으로 들었다. 2007-8년에 가장 크게 타격을 입은 은행들의 한 가지 공통점은 단기 자금 의존도가 높았다는 점이었다. 다음을 참고하라. Andrea Beltratti and René M. Stulz, 'The Credit Crisis Around the Globe: Why Did Some Banks Perform Better?' *Journal of Financial Economics* 105, no. 1 (2012): pp. 1-17.

68 Iain Hardie and Helen Thompson, 'Taking Europe Seriously: European Financialization and US Monetary Power', *Review of International Political Economy* 28, no. 4 (2021) p. 4.

69 Izabella Kaminska, 'All about the Eurodollars', *Financial Times Alphaville*, 5 September 2014, https://www.ft.com/content/033a7ad2-9762-35c9-a0e5-f59ea2968757.

70 다음에 인용됨. Baba, McCauley, and Ramaswamy, 'US Dollar Money Market Funds and Non-US Banks', p. 76.연준, 유럽중앙은행, 영란은행이 2007년 8월의 위기를 어떻게 다루었는지에 대한 내러티브적 설명은 다음을 참고하라. Neil Irwin, *The Alchemists: Three Central Banks and a World on Fire* (London: Penguin, 2014).

71 Federal Reserve Economic Data, Labour Participation Rate, https://fred.stlouisfed.org/series/CIVPART

72 Mark Carney, 'The Growing Challenges for Monetary Policy in the Current International Monetary and Financial System', Speech at the Jackson Hole Symposium, 23 August 2019, https://www.bis.org/review/r190827b.htm

73 Carney, 'The Growing Challenges for Monetary Policy.'

74 Carney, 'The Growing Challenges for Monetary Policy.'

6장 다시는 돌아갈 수 없다

1 Michael Santoli, 'Breaking Down This Sell Off, Among the Most Extreme and Rare Wall Street has Ever Seen', *CNBC*, 22 March 2021, https://www.cnbc.com/2020/03/22/breaking-down-this-sell-off-among-themost-extreme-and-rare-wall-street-has-ever-seen.html.

2   Trading Economics, Markets, United States Government Bond 10Y, https://tradingeconomics.com/united-states/government-bond-yield.
3   다음에 인용됨. Martin Arnold and Tommy Stubbington, 'Lagarde Triggers Investor Jitters As ECB Launches Virus Response', *Financial Times*, 12 March 2020, https://www.ft.com/content/11ab8f84-6452-11ea-b3f3-fe4680ea68b5.
4   팬데믹 초기의 경제 위기에 대한 상세한 설명은 다음을 참고하라. Adam Tooze, *Shutdown: How Covid Shook the World's Economy* (London: Allen Lane, 2021).
5   Global Banking Directory, Banksdaily.com, Bankshttps://banksdaily.com/topbanks/World/2007.html.
6   Global Banking Directory, Banksdaily.com, https://banksdaily.com/topbanks/World/total-assets-2020.html.
7   Derek Wallbank and Iain Marlow, 'Trump Calls Hong Kong Protests "Riots," Adopting China's Rhetoric', *Bloomberg*, 2 August 2019, https://www.bloomberg.com/news/articles/2019-08-02/trump-calls-hongkong-protests-riots-adopting-china-rhetoric.
8   중앙은행들이 금융 붕괴 이후의 세계를 만들었고 그것의 경제, 정치적 문제를 해결하지는 못했다는 주장은 다음을 참고하라. Mohamed A. El-Erian, *The Only Game in Town: Central Banks, Instability, and Avoiding the Next Collapse* (New York: Random House, 2016).
9   연준의 정책에 대한 내러티브적 설명은 다음을 참고하라. David Wessel, *In FED We Trust: Ben Bernanke's War on the Great Panic* (New York: Random House, 2010), chs. 10-14. Adam Tooze, *Crashed: How a Decade of Financial Crises Changed the World* (London: Penguin, 2018), chs. 7-8. 연준이 국제적인 최종대부자가 된 것은 다음을 참고하라. Christophe Destais, 'Central Bank Currency Swaps and the International Monetary System', *Emerging Markets Finance and Trade* 52, no. 10 (2016): pp. 2253-66; Daniel McDowell, 'The US as Sovereign International Last Resort Lender: The Fed's Currency Swap Programme During the Great Panic of 2007-9', *New Political Economy* 17, no. 2 (2012): pp. 157-78; Iain Hardie and Sylvia Maxfield, 'Atlas Constrained: The US External Balance Sheet and International Monetary Power', *Review of International Political Economy* 23, no. 4 (2016): pp. 583-613; Perry Mehrling, 'Elasticity and Discipline in the Global Swap Network', *International Journal of Political Economy* 44, no. 4 (2015): pp. 311-24.
10 신흥시장 중에서 어느 국가가 달러 스와프를 받을 것인가를 정하는 연준의 정치는 다음을 참고하라. Aditi Sahasrabuddhe, 'Drawing the Line: The Politics of Federal Currency Swaps in the Global Financial Crisis', *Review of International Political Economy* 26, no. 3 (2019): pp. 461-89; Benn Steil, 'Taper Trouble: The International Consequences of Fed Policy', *Foreign Affairs* 93, no. 4 (July/August 2014): pp. 54-61.
11 알함브라 인베스트먼트 파트너스의 제프리 스나이더는 유로달러 신용 시장이 2007년 이전의 작동 상태로 돌아가지 못한 이유에 대해 방대한 저술과 활발한 강연을 했다. 예를 들어 다음을 참고하라. Jeffrey Snider 'Why Quantitative Easing Can Never Work', *Alhambra Investment Partners*, June 2016, https://alhambrapartners.com/wp-content/uploads/2016/06/Why-QE-Will-Never-Work.pdf.
12 Robert N McCauley, Agustín S Bénétrix, Patrick M. McGuire, and Goetz von Peter, 'Financial Deglobalization in Banking?' *BIS Working Papers*, no. 650, June 2017, https://www.bis.org/publ/work650.pdf; Jaime Caruana, 'Have We Passed Peak Finance?' Lecture for the International Centre for Monetary and Banking Studies, Geneva, 28 February 2017, https://www.bis.org/speeches/sp170228.htm; Gian Maria Milesi-Ferretti, 'Global Capital Flows and External Financial Positions Since the Global Financial Crisis', 다음에서 발표한 논문. Irving Fischer Committee Satellite meeting at the ISI World Statistics Congress, Rio de Janeiro, Brazil, 24 July 2015, https://www.bis.org/ifc/publ/ifcb42_keynotespeech.pdf; Kristin Forbes, 'Financial "Deglobalization"?: Capital Flows, Banks, and the Beatles, 다음에서 한 연설. Queen Mary University, London, 18 November 2014, https://www.bankofengland.co.uk/speech/2014/financial-deglobalization-capital-flows-banks-and-the-beatles.
13 연준이 양적완화와 제로금리를 감행한 것이 연준 역사에서 그 이전과의 막대한 단절을 의미하기는 하지만, 이 비정통적인 통화 정책을 실시한 최초의 중앙은행은 일본 중앙은행이었다. 일본 중앙은행은 1992년 2월에 제로금리 정책을, 이어 2001년 3월에 양적완화를 실시했다. 다음을 참고하라. Kazumasa Iwata and Shinji Takenaka, 'Central Bank Balance Sheet Expansion: Japan's Experience' in 'Are Central Bank Balance Sheets in Asia Too Large?', *BIS Working Papers, Bank for International Settlements*, no. 66, June, p. 134, https://ideas.repec.org/b/bis/bisbps/66.html.

14 모기지 시장과 관련해 이루어졌던 양적완화를 논의한 저술로는 다음을 참고하라. Herman M. Schwartz, 'Banking on the FED: QE1-2-3 and the Rebalancing of the Global Economy', *New Political Economy* 21, no. 1 (2016): pp. 26-48.

15 Federal Housing Finance Agency, Office of Inspector General, *Impact of the Federal Reserve's Quantitative Easing programmes on Fannie Mae and Freddie Mac*, 23 October 2014, p. 13, https://www.fhfaoig.gov/sites/default/files/EVL-2015-002_1.pdf; Marco Di Maggio Amir Kermani Christopher Palmer, 'How Quantitative Easing Works: Evidence on the Refinancing Channel', *NBER Working Paper* 22638, p. 10, https://www.nber.org/papers/w22638.

16 International Monetary Fund, *Global Financial Stability Report: Lower for Longer*, October 2019, p. 28, https://www.imf.org/en/Publications/GFSR/Issues/2019/10/01/global-financial-stability-report-october-2019.

17 다음을 참고하라. Bank of England, 'The Distributional Effects of Asset Purchases', *Quarterly Bulletin* (Q3: 2012): pp. 254-66, https://www.bankofengland.co.uk/-/media/boe/files/news/2012/july/the-distributional-effects-of-asset-purchases-paper.

18 영란은행의 한 보고서는 양적완화를 포함하는 통화 정책 믹스가 나이 든 세대에게는 자산 가격과 관련해 더 이득을 주고 젊은 세대에게는 소득과 관련해 더 이득을 주었다고 시사했다. Philip Bunn, Alice Pugh, and Chris Yeates, 'The Distributional Impact of Monetary Policy Easing in the UK between 2008 and 2014', *Bank of England, Staff Working Paper* no. 720, March 2018, https://www.bankofengland.co.uk/working-paper/2018/the-distributional-impact-of-monetary-policy-easing-in-the-uk-between-2008-and-2014.

19 어떤 국가에서는 젊은 층의 주택 소유자 비중이 2007-8년 붕괴 전부터 미끄러지기 시작했다. 예를 들어, 영국에서는 최초 주택 구입 대출 건수가 2003년 가을에 크게 떨어지기 시작했다.

20 다음을 참고하라. Schwartz, 'Banking on the FED.'

21 다음을 참고하라. Joseph Gagnon, Matthew Rasking, Julie Remache, and Brian Sack, 'The Financial Market Effects of the Federal Reserve's Large-Scale Asset Purchases', *International Journal of Central Banking* 7, no. 1 (2011): pp. 3-43.

22 Dietrich Domanski, Dietrich Kearns, Marco Lombardi, and Hyun Song Shin, 'Oil and Debt', *BIS Quarterly Review* (March 2015), pp. 55-65.

23 James Schlesinger, 'Will War Yield Oil Security?', *Challenge* 34, no. 2 (1991): p. 28.

24 Aasim M. Husain, Rabah Arezki, Peter Breuer, Vikram Haksar, Thomas Helbling, Paulo A. Medas, and Martin Sommer, 'Global Implications Of Lower Oil Prices', *IMF Staff Discussion Note*, 14 July 2015, SDN.15/15, https://www.imf.org/en/Publications/Staff-Discussion-Notes/Issues/2016/12/31/Global-Implications-of-Lower-Oil-Prices-43052. 2014년 11월부터 2016년 초까지 이어진 유가 폭락이 미친 영향은 다음을 참고하라. Helen Thompson, *Oil and the Western Economic Crisis* (London: Palgrave, 2017), pp. 74-80.

25 우크라이나 위기 중 금융 위기 관련 부분은 다음을 참고하라. Steil, 'Taper Trouble.'

26 유로존 위기 이전의 유럽중앙은행에 대해서는 다음을 참고하라. David. Howarth and Peter Loedel, *The European Central Bank: The New European Leviathan?* (London: Palgrave Macmillan, 2005).

27 유로존 위기를 은행 위기로 해석하는 설명은 다음을 참고하라. Mark Blyth, *Austerity: The History of a Dangerous Idea* (New York: Oxford University Press, 2013), ch. 3.

28 Helen Thompson, 'Enduring Capital Flow Constraints and the 2007-2008 Financial and Euro Zone Crises', *The British Journal of Politics and International Relations* 18, no. 1 (2016): pp. 216-33.

29 다음에 인용됨. Wolfgang Proissl, 'Why Germany Fell out of Love with Europe', *Bruegel Essay and Lecture Series*, Brussels, 30 June 2010, p. 10.

30 Blyth, *Austerity*, ch. 3; Alison Johnston and Aidan Regan, 'European Monetary Integration and the Incompatibility of National Varieties of Capitalism', *Journal of Common Market Studies* 54, no. 2 (2016), pp. 318-36; Heiner Flassbeck, 'Wage Divergence in Euroland: Explosive in the Making' in *Europe and the World Economy: Global Player or Global Drag?*, edited by Jürg Bibow and Andrea Terzi (Basingstoke: Palgrave Macmillan, 2007), pp. 43-52.

31 다음을 참고하라. Paul De Grauwe, 'The European Central Bank as a Lender of Last Resort', *Vox*, 18 August 2011, https://voxeu.org/article/european-centralbank-lender-last-resort.

32 다음을 참고하라. Blyth, *Austerity*, ch. 3.

33 유럽중앙은행의 위기 대응 조치 이후 불거진 법적 권한의 문제에 대해서는 다음을 참고하라. Nicole Scicluna, 'Integration through the Disintegration of Law: The ECB and EU Constitutionalism in Crisis', *Journal of European Public Policy* 25, no. 12 (2018): pp. 1874-91; Christian Kreuder-Sonnen, 'Beyond Integration Theory: The (Anti)-Constitutional Dimension of European Crisis Governance', *Journal of Common Market Studies* 54, no. 6 (2016): pp. 1350-66.
34 Christoph Trebesch and Jeromin Zettelmeyer, 'ECB Interventions in Distressed Sovereign Debt Markets: The Case of Greek Bonds', *IMF Economic Review* 66, no. 2 (2018): pp. 287-322.
35 Thompson, *Oil and the Western Economic Crisis*, pp. 62-3.
36 다음을 참고하라. Martin Heipertz and Amy Verdun, *Ruling Europe: The Politics of the Stability and Growth Pact* (Cambridge: Cambridge University Press, 2010), part 2; Ben Clift, 'The New Political Economy of Dirigisme: French Macro-Economic Policy, Unrepentant Sinning and the Stability and Growth Pact', *British Journal of Politics and International Relations* 8, no. 3 (2006): pp. 351-67.
37 이탈리아 부채 위기에 대해서는 다음을 참고하라. Erik Jones 'Italy's Sovereign Debt Crisis', *Survival* 54 no. 1 (2012): pp. 83-110.
38 Timothy Geithner, *Stress Test: Reflections on Financial Crises* (New York: Crown Publishing Group) p. 476.
39 이 사안에 대한 상세한 설명은 다음을 참고하라. Angel Pascual-Ramsay, 'The Management of the Economic Crisis in Spain by the PSOE Government: A Domestic Political Perspective', 케임브리지 대학 박사학위 논문, 20 May 2017, ch. 6.
40 Economist, 'Spanish Practices', *Economist*, 18 February 2012. https://www.economist.com/europe/2012/02/18/spanish-practices.
41 유로존의 의사결정이 "비상 시기"의 정치나 다름없었다고 본 분석은 다음을 참고하라. Kenneth Dyson, 'Sworn to Grim Necessity? Imperfections of European Economic Governance, Normative Political Theory, and Supreme Emergency', *Journal of European Integration* 35, no. 3 (2013): pp. 207-22; Claire Kilpatrick, 'On the Rule of Law and Economic Emergency: The Degradation of Basic Legal Values In Europe's Bailouts', *Oxford Journal of Legal Studies* 35, no. 2 (2015): pp. 325-53; Jonathan White, 'Emergency Europe', *Political Studies* 63, no. 2 (2015), pp. 300-18; Wolfgang Streeck, 'Heller, Schmitt and the Euro', *European Law Journal* 21, no. 3 (2015): pp. 361-70; Jonathan White, *Politics of Last Resort: Governing by Emergency in the European Union* (Oxford: Oxford University Press, 2019).
42 Jean-Claude Trichet (2012) Speech: 'Lessons from the Crisis: Challenges for the Advanced Economies and for the European Monetary Union', Eleventh annual Stavros Niarchos lecture, 17 May 2012, https://piie.com/publications/papers/transcript-20120518niarchos-trichet.pdf.
43 런던에서 열린 글로벌투자컨퍼런스에서 마리오 드라기 유럽중앙은행 총재가 한 연설, 26 July 2012, https://www.bis.org/list/speeches/author_mario+draghi/page_11.htm.
44 다음에 인용됨. K. Gebert, 'A Place at the Top Table?: Poland and the Euro Crisis', *European Council on Foreign Relations*, February 2012, https://ecfr.eu/wp-content/uploads/Poland_final.pdf.
45 Trebesch and Zettelmeyer, 'ECB Interventions in Distressed Sovereign Debt Markets', p. 295.
46 Peter Spiegel, *How the Euro Was Saved*, Kindle Edition (London: Financial Times, 2014), ch. 1.
47 Spiegel, *How the Euro Was Saved*, ch. 1.
48 *Guardian*, 'Eurozone Crisis Live: Row after Merkel "Suggests Greece Hold Euro Referendum"', 18 May 2012, https://www.theguardian.com/business/2012/may/18/eurozone-crisis-stock-markets-greece-spain.
49 Spiegel, *How the Euro Was Saved*, chs. 1-2.
50 구제금융이 부과한 조건이 그리스의 경제 성장에 미친 영향은 다음을 참고하라. Independent Evaluation Office of the International Monetary Fund, *The IMF and the Crises in Greece, Ireland and Portugal* (Washington DC: IMF, 2016).
51 Spiegel International staff, 'Interview with ECB President, Mario Draghi', *Spiegel International*, 29 October 2012, http://www.spiegel.de/international/europe/spiegel-interview-with-ecb-president-mario-draghi-a-863971.html.
52 그때까지 사용되지 않았던 OMT는 임박한 위기를 다루는 데는 텅 빈 도구로 보였다. 이것은 각 국가가 자국의 구제금융 프로그램을 가동하고 있을 것을 요구했는데 이탈리아도 스페인도 국가 차원의 구제금융을

하고 있지 않았다. 또한 독일에서 계속해서 OMT의 합당성에 대해 법적인 문제제기가 일고 있었다. 2014년 2월에 독일 헌재는 OMT가 유럽중앙은행의 권한을 훨씬 넘어서는 것일 수 있으며 헌법이 규정한 분데스방크의 신중 재정 책무를 훼손할 수 있다는 1차적인 결정을 내리고서, 유럽사법재판소에 판단을 요청했다. 그리스 선거 10일 전에 유럽사법재판소는 특정한 조건에서 OMT는 EU 조약에 합치되며 OMT가 없다면 시장이 유로를 현재와 같은[통화 취약국도 포함하는] 대규모 형태가 아니게 되돌릴 수 있다는 잘못된 믿음을 잘못된 믿음을 계속 갖게 될 것이라고 판단했다. 독일 헌재의 판결은 다음을 참고하라. Niels Petersen, 'Karlsruhe Not Only Barks, But Finally Bites-Some Remarks on the OMT Decision of the German Constitutional Court', *German Law Journal* 15, no. 2 (2014): pp. 321-29. 유럽사법재판소 논변의 비일관성은 다음을 참고하라. Michael A. Wilkinson, 'The Euro Is Irreversible!...or is it?: On OMT, Austerity and the Threat of "Grexit"', *German Law Journal* 16, no. 4 (2015): pp. 1049-72.

53 Mario Draghi, Introductory Statement to the Press Conference (with Q&A), EC, 22 January 2015, https://www.ecb.europa.eu/press/press-conf/2015/html/is150122.en.html.

54 그리스를 축출하려 했던 노력에 대한 내러티브적 설명은 다음을 참고하라. Spiegel International Staff, 'A Government Divided: Schäuble's Push for Grexit Puts Merkel on the Defensive', *Spiegel International*, 17 July 2015 https://www.spiegel.de/international/germany/schaeuble-pushed-for-a-grexit-and-backed-merkel-into-a-corner-a-1044259.html; Ian Traynor, 'Three Days that Saved the Euro', *Guardian*, 22 October 2015. https://www.theguardian.com/world/2015/oct/22/three-days-to-save-the-euro-greece.

55 Mario Draghi, Introductory Statement to the Press Conference (with Q&A), ECB, 26 July 2018, https://www.ecb.europa.eu/press/pressconf/2018/html/ecb.is180726.en.html.

56 이에 대한 상세한 논의는 다음을 참고하라. Helen Thompson, 'How the City of London Lost at Brexit: A Historical Perspective', *Economy and Society* 46, no. 2 (2017): pp. 211-28.

57 체코공화국은 2011년 EU 정상회담에서는 재정협정에 반대하지 않았지만 2012년 1월에는 참여하지 않을 것임을 시사했다. 2019년에는 참여했다.

58 캐머런의 전술은 자신이 이 문제에 대한 정당성 논쟁에서 이길 수 있으리라는 미심쩍은 가정에 기반하고 있었다.

59 다른 EU 국가들이 EU의 법 체계 밖의 국가간 조약을 만드는 용도로 EU 제도와 기구를 사용하지 못하게 막는 것이 캐머런이 써볼 수 있는 유일한 방법이었다. 영국처럼 유로존이 아닌 나라가 그렇게 한다면 지나치게 과도해 보이리라는 것을 아마도 알고서, 캐머런은 유로존에 더 엄격한 재정 규칙이 필요하다는 메르켈의 주장에 물러섰다.

60 이에 대해 더 상세한 내용은 다음을 참고하라. Helen Thompson, 'Inevitability and Contingency: The Political Economy of Brexit', *British Journal of Politics and International Relations* 19, no.3 (2017): pp. 434-49. 전 EU 주재 영국 대사의 이와 그리 다르지 않은 주장은 다음을 참고하라. Ivan Rogers, 'Cameron's Brexit referendum', Lecture at Hertford College, Oxford, 24 November 2017. Published by *Politico* at https://www.politico.eu/article/ivan-rogers-david-cameron-speech-transcript-brexit-referendum/. 이주의 자유 이슈가 국민투표 결과에 미친 영향은 다음을 참고하라. Matthew Goodwin and Caitlin Milazzo, 'Taking Back Control?' Investigating the Role of Immigration in the 2016 Vote for Brexit', *British Journal of Politics and International Relations* 19, no. 3 (2017): pp. 450-64.

61 영국 입장에서 단일시장 규칙의 권위가 너무 강하다는 문제는 다음을 참고하라. Matthias Matthijs, Craig Parsons, and Christina Toenshoff, 'Ever Tighter Union? Brexit, Grexit, and Frustrated Differentiation in the Single Market and Eurozone', *Comparative European Politics* 17, no. 2 (2019): pp. 209-30.

62 Jean-Claude Juncker, State of the Union Address 2017, 13 September 2017, https://ec.europa.eu/commission/presscorner/detail/en/SPEECH_17_3165.

63 유로존 개혁에 대해 프랑스가 초기에 가졌던 낙관은 다음을 참고하라. Charles Grant, 'Macron's Plans for the Euro', *Centre for European Reform Insight*, 23 February 2018, https://www.cer.eu/insights/macrons-plans-euro.

64 Emmanuel Macron, 'Initiative on Europe', 소르본에서 한 연설. 26 September 2017, http://international.blogs.ouest-france.fr/archive/2017/09/29/macron-sorbonne-verbatim-europe-18583.html.

65 신한자동맹의 부상에 대해서는 다음을 참고하라. 'Gang of Eight: Euro-zone Reforms', *Economist*, 8 December 2018; Christian Reiermann and Peter Müller, 'The Sputtering German-French Motor', *Spiegel*

International, 11 December 2018.

66 다음을 참고하라. Adam Tooze, ""Coronabonds' and Europe's North-South Divide', *Social Europe*, 13 April 2020, https://www.socialeurope.eu/corona-bonds-and-europes-north-south-divide.

67 이 결정의 경위를 설명한 기사는 다음을 참고하라. Victor Mallet, Guy Chazan, and Sam Fleming, 'The Chain of Events that Led to Germany's Change Over Europe's Recovery Fund', *Financial Times*, 22 May 2020, https://www.ft.com/content/1d8853f4-726d-4c06-a905-ed2f37d25eee.

68 'German ECB Ruling Should "Spur" More Eurozone Integration: Merkel', *Euractiv*, 14 May 2020, https://www.euractiv.com/section/future-eu/news/german-ecb-ruling-should-spur-more-eurozone-integration-merkel/.

69 '해밀턴적 순간'에 비견할 만하다는 주장의 사례는 다음을 참고하라. Anatole Kaletsky, 'Europe's Hamiltonian Moment', *Project Syndicate*, 21 May 2020, https://www.project-syndicate.org/commentary/french-german-european-recovery-plan-proposal-by-anatole-kaletsky-2020-05?barrier=accesspaylog. 이 주장에 대한 나의 비판은 다음을 참고하라. Helen Thompson, 'Pandemic Borrowing', *International Politik Quarterly*, 27 November 2020, https://ip-quarterly.com/en/pandemic-borrowing.

70 'Germany Gains Most from Relaxed State Aid Rules', *Euractiv*, 4 May 2020, https://www.euractiv.com/section/competition/news/germany-gains-most-from-relaxed-eu-state-aid-rules/.

71 이 분노는 다음에서 잘 볼 수 있다. Wolfgang Munchau, 'How to Face Down Orban', *Eurointelligence*, 21 November 2020, https://www.eurointelligence.com/column/enhanced-cooperation.

72 다음을 참고하라. Eric Helleiner and Hongying Wang, 'The Richness of Financial Nationalism-The Case of China', *Pacific Affairs* 92, no. 2 (2019): pp. 211-34; Benjamin Cohen, 'Renminbi Internationalization, a Conflict of Statecraft', *Chatham House Research Paper*, March 2017, https://www.chathamhouse.org/sites/default/files/publications/research/2017-03-20-renminbi-internationalization-statecraft-cohen.pdf. 지정학적 권력과 통화에 대한 중국 지도부의 견해는 다음을 참고하라. Eric Helleiner and Jonathan Kirshner, 'The Politics of China's International Monetary Relations,' 다음에 수록됨. *The Great Wall of Money: Power Politics and China's International Monetary Relations*, edited by Eric Helleiner and Jonathan Kirshner (Ithaca: Cornell University Press, 2014), pp. 1-22. 통화의 지정학은 다음을 참고하라. Benjamin J. Cohen, *Currency Statecraft: Monetary Rivalry and Geopolitical Ambition* (Chicago: University of Chicago Press, 2018).

73 Zhou Xiaochuan, 'Reform the International Monetary System', *BIS Review* 41 (2009), p. 1, https://www.bis.org/review/r090402c.pdf.

74 달러의 지배력이 왜 늘 탄탄했고 중국의 도전에 취약하지 않았는지는 다음을 참고하라. Benjamin J. Cohen, *Currency Power: Understanding Monetary Rivalry* (Princeton: Princeton University Press, 2015). Eric Helleiner, *The Status Quo Crisis: Global Financial Governance After the 2008 Meltdown* (Oxford: Oxford University Press, 2014); Harold James, 'The Enduring International Pre-Eminence of the Dollar,' 다음에 수록됨. *The Future of the Dollar*, edited by Eric Helleiner and Jonathan Kirshner (Ithaca: Cornell University Press, 2009), pp. 24-44. 2008년 금융 붕괴 이후 미국의 권력에 중대한 도전이 제기될 여지가 생겼다는 점은 다음을 참고하라. Jonathan Kirshner, *American Power After the Financial Crisis* (Ithaca: Cornell University Press, 2014); Barry Eichengreen, *Exorbitant Privilege: The Rise and Fall of the Dollar and the Future of the International Monetary System* (New York: Oxford University Press, 2011).

75 위기가 발생하기 전 한동안 중국 지도부는 (인민폐 국제화를) 검토하기는 했지만, 실제로 시행하는 것은 지양했다. Helleiner and Wang, 'The Richness of Financial Nationalism', p. 223.

76 Benjamin J. Cohen, 'Renminbi Internationalization, a Conflict of Statecraft', *Chatham House Research Paper*, March 2017, p. 1.

77 Cohen, 'Renminbi Internationalization, a Conflict of Statecraft', p. 5.

78 다음을 참고하라. Yu-wai Vic Li, 'Hong Kong in China's Financial Globalization: Market Power and Political Leverage', *Asian Survey* 58, no. 3 (2018): pp. 439-63. 1997년 이전 시기 홍콩의 국제화된 경제는 다음을 참고하라. Michael Taylor, 'Hong Kong's Economy and its Global Connections: Prospects for 1997 and Beyond' in *Hong Kong's Transitions, 1842-1997*, edited by Rosemary Foot and Judith M. Brown (Basingstoke: Palgrave, 1996), pp. 166-91.

79 David C. Donald, *A Financial Centre for Two Empires: Hong Kong's Corporate, Securities and Tax Laws in its*

Transition from Britain to China (Cambridge: Cambridge University Press, 2014), p. 2.
80   인민폐를 국제화하려던 노력이 달러의 덫과 관련해 성공적이지 못했던 이유는 다음을 참고하라. Eswar S. Prasad, *The Dollar Trap: How the US Dollar Tightened its Grip on Global Finance* (Princeton: Princeton University Press, 2015).
81   Mark Carney 'The Growing Challenges for Monetary Policy in the Current International Monetary and Financial System', 잭슨 홀 심포지엄에서 한 연설. 23 August 2019.
82   Trading Economics, China's Gross External Debt, https://tradingeconomics.com/china/external-debt.
83   Colby Smith, 'China's Currency Will Not Replace the US Dollar', *Financial Times*, 19 September 2018. 중국의 2015-16년 금융위기는 다음을 참고하라. Tooze, *Crashed*, ch. 25.
84   다음에 인용됨. He Wei, 'How China's Mystery Author Called its Economic Slowdown', *FT Confidential Research*, Financial Times, 25 October 2018, https://www.ft.com/content/69002a74-c52a-435a-b381-07cb5feae0d5.
85   IMF World Economic Outlook Update, 22 January 2018, p. 2. https://www.imf.org/en/Publications/WEO/Issues/2018/01/11/world-economic-outlook-update-january-2018.
86   IMF World Economic Outlook, October 2019: Global Manufacturing Downturn, Rising Trade Barriers, p. xiv. https://www.imf.org/en/Publications/WEO/Issues/2019/10/01/world-economic-outlook-october-2019.
87   Daniel Shane, 'Alibaba's Debut in Hong Kong Signals Change in Beijing's Mindset', *Financial Times*, 4 December 2019, https://www.ft.com/content/5257d548-1686-11ea-8d73-6303645ac406.
88   다음을 참고하라. Brad Setser, 'Testimony Before the Senate Committee on Small Business and Entrepreneurship, Hearing on Made in China 2025 and the Future of American Industry', 27 February 2019, https://www.govinfo.gov/content/pkg/CHRG-116shrg35699/html/CHRG-116shrg35699.htm James McBride and Andrew Chatzky, 'Is "Made in China 2025" a Threat to Global Trade?' *Council on Foreign Relations Backgrounder*, 13 May 2019, https://www.cfr.org/backgrounder/made-china-2025-threat-global-trade.
89   Sophie Meunier, 'Beggars Can't Be Choosers: The European Crisis and Chinese Direct Investment in the European Union', *Journal of European Integration* 36, no. 3 (2014): pp. 284-91.
90   Thilo Hanemann, Mikko Huotari, and Agatha Kratz, 'Chinese FDI in Europe: 2018 Trends and Impact on New Screening Policies', *Mercator Institute for Chinese Studies*, 6 March 2019, p. 8. https://merics.org/en/report/chinese-fdi-europe-2018-trends-and-impact-new-screening-policies.
91   Heather A. Conley and Jonathan E. Hillman, 'The Western Balkans with Chinese Characteristics', *Centre for Strategic International Studies, Commentary*, 30 July 2019. https://www.csis.org/analysis/western-balkans-chinese-characteristics.
92   Facts about German Foreign Trade, *Federal Ministry for Economic Affairs and Energy*. September 2019, p. 5, https://www.bmwi.de/Redaktion/EN/Publikationen/facts-about-german-foreign-trade.html.
93   독일과 중국의 무역 흑자에서 발생한 이슈들의 유사성과 독일의 흑자에서 발생한 이슈가 2008년 이후 더 오래가는 영향을 남긴 점에 대해서는 다음을 참고하라. Guonan Ma and Robert N. McCauley, 'Global and Euro Imbalances: China and Germany', *BIS Working Papers* No. 424, 5 September 2013, https://www.bis.org/publ/work424.htm. 미국 재무부는 2014년에 발표한 한 보고서에서 독일의 무역 흑자가 세계 경제의 디플레 위험 요인이라고 주장했다. *US Treasury Department, Report to Congress on International Economic and Exchange Rate Policies*, Washington DC: US Department of the Treasury, 30 October 2013, p. 3.
94   Laurens Cerulus, 'How US Restrictions Drove Deutsche Telecom and Huawei Closer Together', *Politico*, 8 July 2020, https://www.politico.eu/article/deutsche-telekom-huawei-us-security-measures/.
95   Hanemann, Huotari, and Kratz, 'Chinese FDI in Europe', p. 12.
96   영국 정부와 시티오브런던[런던 금융 구역. 런던시와 별도의 행정구역이며, 런던시장경이라고 불리는 별도의 시장도 있다] 당국이 런던을 역외 인민폐 금융의 중심지로 만들고자 한 노력은 다음을 참고하라. Jeremy Green, 'The Offshore City, Chinese Finance, and British Capitalism: Geo-Economic Rebalancing under the Coalition Government', *British Journal of Politics and International Relations* 20, no. 2 (2018): pp. 285-302; Jeremy Green and Julian Gruin, 'RMB Transnationalization and the Infrastructural Power of International Financial Centres', *Review of International Political Economy*, published online 13 April 2020, https://www.

tandfonline.com/doi/full/10.1080/09692290.2020.1748682.

97 David Cameron, 'My Visit Can Begin a Relationship to Benefit China, Britain and the World', *Guardian*, 2 December 2013, https://www.the-guardian.com/commentisfree/2013/dec/02/david-cameron-my-visit-to-china.

98 James Kynge, 'China Poised to Issue Sovereign Debt in Renminbi in London', *Financial Times*, 13 October 2015, https://www.ft.com/content/5ef6329c-71c9-11e5-9b9e-690fdae72044 BBC News, 'George Osborne on UK's "Golden Era" as China's "Best Partner in the West"', 23 October 2015, https://www.bbc.co.uk/news/av/uk-34621254.

99 로이터 취재진, 'Don't Sacrifice Hong Kong for a Banker's Bonus, UK Tells HSBC', *Reuters*, 1 July 2020, https://www.reuters.com/article/us-hongkong-protests-britain-banks-idUSKBN2425WI.

100 Guy Chazan, 'Merkel Comes Under Fire at Home for China Stance', *Financial Times*, 7 July 2020, https://www.ft.com/content/bf1adef9-a681-48c0-99b8-f551e7a5b66d.

101 Jakob Hanke Vele, Giorgio Leali, and Barbara Moens, 'Germany's Drive for EU-China Deal Draws Criticism from Other EU Countries', *Politico*, 1 January 2021, https://www.politico.eu/article/germanys-drive-for-eu-china-deal-draws-criticism-from-other-eu-countries/.

102 다음에 인용됨. David Dayen, 'Corporate Rescue: How The Fed Bailed Out the Investor Class Without Spending a Cent', *The Intercept*, 27 May 2020, https://theintercept.com/2020/05/27/federal-reserve-corporate-debt-coronavirus/.

103 David Dayen, 'Corporate Rescue'.

104 중국으로부터 발생한 현재의 지정학적 충격이 EU의 변화 과정에 영향을 주었던 일련의 충격의 일부라고 보는 논의는 다음을 참고하라. Scott Lavery and David Schmid, 'European Integration and the New Global Disorder', *Journal of Common Market Studies*, 온라인으로 출판, 12 February.

7장 민주정에서의 '시간'

1 Michael Gove, 'The Privilege of Public Service', *Ditchley Annual Lecture*, 1 July 2020, https://www.gov.uk/government/speeches/the-privilege-of-public-service-given-as-the-ditchley-annual-lecture.

2 루스벨트의 뉴딜이 민주정을 회복시키는 개혁의 원형이라는 주장은 다음을 참고하라. Ira Katznelson, *Fear Itself: The New Deal and the Origins of Our Times* (New York: Liveright, 2013), pp. 4-7, 476-7. 1930년대와 전후 시기를 포함한 1940년대의 민주정 비관론은 다음을 참고하라. Katznelson, *Fear Itself*, chs. 1 and 3.

3 다음을 참고하라. John Dunn, *Breaking Democracy's Spell* (New Haven: Yale University Press, 2014).

4 Benedict Anderson, *Imagined Communities: Reflections on the Origins and Spread of Nationalism* (London: Verso, 1983).

5 민족주의와 국가공동체주의의 부상에 대해서는 많은 연구가 이루어져 있고 역사적 기원에 대해 연구자들 사이에 논란도 많다. 특히 근대 이전의 민족 및 국가주의 개념에 대해서 논란이 많다. 여러 상이한 해석을 일별한 저술로는 다음을 참고하라. Anthony Smith, *Nationalism and Modernism* (London: Routledge, 1998).

6 Michael Howard, 'War and the Nation-State', *Daedalus* 108, no. 4 (1979): p. 109.

7 Helmut Kohl's Ten-Point Plan for German Unity, 28 November 1989, http://ghdi.ghi-dc.org/sub_document.cfm?document_id=223.

8 민주정 정치체와 민족주의/국가공동체주의의 관계는 다음을 참고하라. Margaret Canovan, 'Democracy and Nationalism' in *Democratic Theory Today*, edited by April Carter and Geoffrey Stokes (Cambridge: Polity, 2000), pp. 149-70; Bernard Yack, 'Popular Sovereignty and Nationalism', *Political Theory* 29, no. 4 (2001): pp. 517-36. 더 철학적인 주장은 다음을 참고하라. David Miller, 'Bounded Citizenship' 다음에 수록됨. *Cosmopolitan Citizenship*, edited by Kimberley Hutchings and Roland Dannreuther (London: Macmillan, 1990), pp. 60-80. 민주정은 민족공동체/국가공동체 의식이 있는 국가에서만 가능하다는 존 스튜어트 밀의 주장은 다음을 참고하라. *Considerations on Representative Government* (Cambridge: Cambridge University Press, 2011), ch. 16. (최초 출간은 1861년).

9 Howard, 'War and the Nation-state', p. 102.

10 다음을 참고하라. Margaret Canovan, *The People* (Cambridge: Polity Press, 2005), pp. 57-63.

11 Canovan, *The People*, p. 31.
12 헝가리 정치인이자 저술가인 요제프 에오트포스(József Eötvös)는 계급 구분에 기초한 헌법이 국가공동체주의와 합치되지 않는다는 주장을 강력하게 개진한 바 있다. 그의 주장을 간략히 살펴보려면 다음을 참고하라. Mervyn Jones, 'The Political Ideas of Baron József Eötvös', *Slavonic and East European Review* 48, no. 113 (1970): pp. 582–97.
13 Istvan Hont, *Jealousy of Trade: International Competition and the Nation-State in Historical Perspective* (Cambridge, MA: Harvard University Press, 2010), ch. 7.
14 국가공동체 개념 없이 전쟁은 불가능하다는 주장은 다음을 참고하라. Howard, 'War and the Nation-state', pp. 101–10.
15 Max Weber, 'Suffrage and Democracy.' 다음에 수록됨. *Max Weber, Political Writings*, edited by Peter Lassman and Ronald Speirs (Cambridge: Cambridge University Press, 1994), pp. 80–129.
16 Walter Scheidel, *The Great Leveller: Violence and the History of Inequality from the Stone Age to the Twenty-First Century* (Princeton: Princeton University Press, 2018), pp. 168–9.
17 William Saffran, 'State, Nation, National Identity, and Citizenship: France as a Test Case', *International Political Science Review* 12, no. 3 (1991): p. 222.
18 Yack, 'Popular Sovereignty and Nationalism', p. 520.
19 다음을 참고하라. Alexandre Grandazzi, *The Foundation of Rome: Myth and History* (Ithaca: Cornell University Press, 2000).
20 다음에 인용됨. Robert Tombs, *France 1814–1914* (London: Longman, 1996), p. 370. 국가 건설에 외교 정책과 제국적 확장을 사용한 유럽 국가들에 대해서는 다음을 참고하라. Helen Thompson, *Might, Right, Prosperity and Consent: Representative Democracy and the International Economy, 1919–2001* (Manchester: Manchester University Press), pp. 32–6.
21 프랑스 제3공화국 시절 공통의 언어와 전국적인 교육을 통한 국가 형성은 다음을 참고하라. Eugene Weber, *Peasants into Frenchmen: The Modernisation of Rural France, 1870–1914* (Stanford: Stanford University Press, 1976).
22 독일과 프랑스의 사회주의와 국가공동체주의의 관계는 다음을 참고하라. Sheri Berman, *The Primacy of Politics: Social Democracy and the Making of Europe's Twentieth Century* (Cambridge: Cambridge University Press, 2006).
23 Saul Dubow and Gary Gerstle, 'Race, Ethnicity and Nationalism.' 다음에 수록됨. *A Cultural History of Democracy in the Modern Age*, edited by Eugenio Biagini and Gary Gerstle (London: Bloomsbury, 2021), p. 151.
24 Will Kymlicka, 'Modernity and Minority Nationalism: Commentary on France', *Ethics and International Affairs* 11 (March 1997): pp. 171–12.
25 마이클 만은 역사적으로 민주정과 제노사이드 사이에 강한 관계가 있었다고 주장했다. *The Dark Side of Democracy: Explaining Ethnic Cleansing* (Cambridge: Cambridge University Press, 2004).
26 게티스버그 연설에서 미국의 국가공동체 의식을 새로이 구성하고자 한 링컨의 "상상된 공동체"로서의 국가 재건은 다음을 참고하라. Garry Wills, *Lincoln at Gettysburg: The Words that Remade America* (New York: Simon &Schuster, 1992). 남북 전쟁이 더 일반적으로 미국의 국가공동체주의를 재구성했다는 주장은 다음을 참고하라. James M. McPherson, *The War that Forged a Nation: Why the Civil War Still Matters* (New York: Oxford University Press, 2015).
27 Yack, 'Popular Sovereignty and Nationalism', p. 521.
28 미국에서 전복적인 움직임을 다루기 위한 배제의 정치는 다음을 참고하라. Gary Gerstle, *American Crucible: Race and Nation in the Twentieth Century*, 개정판 (Princeton: Princeton University Press, 2017), ch. 3.
29 다음을 참고하라. John Boyer, *Political Radicalism in Late Imperial Vienna: Origins of the Christian Social Movement, 1848–1897* (Chicago: University of Chicago Press, 1981); John Boyer, *Cultural and Political Crisis in Vienna: Christian Socialism in Power, 1897–1918* (Chicago: University of Chicago Press, 1995).
30 J.G.A. Pocock, *The Machiavellian Moment: Florentine Political Thought and the Atlantic Political Tradition* (Princeton: Princeton University Press, 1975), p. 77.
31 Polybius, *The Rise of the Roman Empire*, edited by F.W. Walbank and trans. Ian-Scott Kilvert (London: Penguin

1979), p. 350.
32 Polybius, *The Rise of the Roman Empire*, p. 350.
33 Polybius, *The Rise of the Roman Empire*, p. 310.
34 Polybius, *The Rise of the Roman Empire*, p. 311.
35 Polybius, *The Rise of the Roman Empire*, p. 350.
36 Polybius, *The Rise of the Roman Empire*, p. 350.
37 이 변화의 중요성은 다음을 참고하라. Jeffrey A. Winters, *Oligarchy* (Cambridge: Cambridge University Press, 2011), pp. 26–31.
38 Peter Fraser, 'Public Petitioning and Parliament Before 1832', *History* 46, no. 158 (1961): pp. 195–211.
39 1970년대 이후 영국의 토지 정치는 다음을 참고하라. Brett Christophers, *The New Enclosure: The Appropriation of Public Land in Neoliberal Britain* (London: Verso, 2019).
40 Richard Johnson, *The End of the Second Reconstruction* (Cambridge: Polity, 2020), pp. 40–1.
41 다음을 참고하라. John Dunn, *Setting the People Free: The Story of Democracy* (London: Atlantic Books, 2005); John Dunn, 'Conclusions.' 다음에 수록됨. *Democracy: The Unfinished Journey 508 BC to 1993*, edited by John Dunn (Oxford: Oxford University Press, 1993), pp. 250–60.
42 남북 전쟁 동안 소득세가 도입되었다가 1872년에 폐지되었다.
43 Winters, *Oligarchy*, pp. 227–9. 미국 소득세의 정치적 역사는 다음을 참고하라. John Whitte, *The Politics and Development of the Federal Income Tax* (Madison: University of Wisconsin Press, 1986).
44 Scheidel, *The Great Leveller*, pp. 143–9.
45 다음을 참고하라. William H. Riker, *Liberalism Against Populism: A Confrontation Between the Theory of Democracy and the Theory of Social Choice* (San Francisco: W.H. Freeman, 1982).
46 Max Weber, 'Parliament and Government in Germany' in *Weber, Political Writings*, pp. 219–22; Max Weber, 'The Profession and Vocation of Politics.' 다음에 수록됨. *Weber, Political Writings*, pp. 331, 342–3.
47 Tomáš Sedláček, *Economics of Good and Evil: The Quest for Economic Meaning from Gilgamesh to Wall Street* (Oxford: Oxford University Press, 2013), pp. 76–8.
48 James Macdonald, *A Free Nation Deep in Debt: The Financial Roots of Democracy* (New York: Farrar, Straus, & Giroux, 2003), p. 373. 이 견해는 부채가 로마 공화정에 파괴적인 결과를 가져왔다는 개념으로 더욱 강화되었다.
49 Macdonald, *A Free Nation Deep in Debt*, ch. 8.
50 이 전략은 루이 나폴레옹이 크림 전쟁에 필요한 자금을 대기 위해 개척했다. 19세기 중반 시민-채권자의 형성은 다음을 참고하라. Macdonald, *A Free Nation Deep in Debt*, pp. 377–464.
51 다음에 인용됨. Macdonald, *A Free Nation Deep in Debt*, p. 396.
52 Machiavelli, *The Discourses*, edited by Bernard Crick and trans. Leslie Walker (London: Penguin, 1970), pp. 385 and 385–7.
53 Machiavelli, *The Discourses*, pp. 201, 202.
54 마키아벨리를 그라쿠스 형제의 분배적 아젠다에 대한 지지자이자 옛 법을 되살리려 하는 것에 대해 신중한 접근을 하는 비판자로 보는 논의는 다음을 참고하라. John P. McCormick, 'Machiavelli and the Gracchi: Prudence, Violence and Redistribution', *Global Crime* 10, no. 4 (2009): pp. 298–305.
55 Gregory Ablavsky, 'The Savage Constitution', *Duke Law Journal* 63, no. 5 (2014): pp. 999–1089.
56 James Madison, 'Federalist 63' in Alexander Hamilton, James Madison, and John Jay, *The Federalist: With Letters of Brutus*, edited by Terence Ball (Cambridge: Cambridge University Press 2003), p. 307.
57 Alexander Hamilton, 'Federalist 1.' 다음에 수록됨. *Hamilton, Madison and Jay, The Federalist*, p. 3.
58 Brutus, 'Letter IV' in Hamilton, Madison and Jay, *The Federalist: With Letters of Brutus*, p. 458.
59 다음에 수록됨. Drew R. McCoy, *The Elusive Republic: Political Economy in Jeffersonian America* (Chapel Hill: University of North Carolina Press, 1980), ch. 6; Lance Banning, *The Jeffersonian Persuasion: Evolution of a Party Ideology* (Ithaca: Cornell University Press, 1978), chs. 5 and 6; E. James Ferguson, *The Power of the Purse: A History of American Public Finance, 1776–1790* (Chapel Hill: University of North Carolina Press, 1961).
60 *The Omaha Platform*. 다음에서 볼 수 있음. http://historymatters.gmu.edu/d/5361/.
61 다른 판단에 대해서는 다음을 참고하라. Thomas Frank, *The People, No: A Brief History of Anti-Populism* (New

York: Metropolitan Books, 2020); Barry Eichengreen, *The Populist Temptation: Economic Grievance and Political Reaction in the Modern Era* (Oxford: Oxford University Press, 2018), ch 2.

62 생산자 계급의 윤리가 미국의 민중주의자들의 정치에서 갖는 중요성은 다음을 참고하라. Michael Kazin, *The Populist Persuasion: An American History*, 개정판. (Ithaca: Cornell University Press, 1995), pp. 13 – 15.
63 다음에 인용됨. Kazin, *The Populist Persuasion*, p. 45.
64 시카고에서 열린 민주당 전당대회에서 윌리엄 제닝스 브라이언이 한 연설, 9 July 1896, http://historymatters.gmu.edu/d/5354/.
65 다음에 인용됨. Kazin, *The Populist Persuasion*, p. 44.
66 Rogers M. Smith, 'The "American Creed" and American Identity: The Limits of Liberal Citizenship in the United States', *Western Political Quarterly* 41 (June 1981): pp. 235 – 6, 243 – 5; John Higham, *Strangers in the Land: Patterns of American Nativism, 1860–1925*, 개정판 (New Brunswick: Rutgers University Press, 2002).
67 주민투표가 있다고 해서 꼭 기업의 이해관계가 민주적 다수에 의해 실제로 패배한다는 의미는 아니었다. 기업 및 전문 직종 집단의 이해관계자들은 국민 직접 투표를 자신의 이익을 위해 사용하는 방법을 알아냈다. Daniel A. Smith and Joseph Lubinski, 'Direct Democracy During the Progressive Era: A Crack in the Populist Veneer?', *Journal of Policy History* 14, no. 4 (2002): pp. 349 – 83.
68 게리 거스틀은 『미국의 도가니American Crucible』에서 미국의 국가공동체주의, 그리고 시민적 국가주의와 인종적 국가주의의 투쟁 및 그것들의 20세기 역사를 루스벨트에 대한 두 장에서 각각 다루고 있다.
69 당대의 진보주의자들이 민주적 정치에서 계급 갈등을 고려하지 않았다는 주장은 다음을 참고하라. Shelton Stromquist, *Reinventing 'the People': The Progressive Movement, the Class Problem, and the Origins of Modern Liberalism* (Urbana: University of Illinois Press, 2006).
70 Kazin, *The Populist Persuasion*, p. 20.
71 뉴욕의 은행들이 달러가 국제 통화가 되는 데 미친 중요한 영향은 다음을 참고하라. J. Lawrence Broz, *The International Origins of the Federal Reserve System* (Ithaca: Cornell University Press, 2009).
72 Liaquat Ahamed, *The Lords of Finance: 1929, The Great Depression, and the Bankers Who Broke the World* (London: Windmill Books, 2009), p. 56.
73 1917년 법이 남유럽과 동유럽에서의 이주를 이미 어느 정도 제한했지만 실질적으로는 효과가 없었다. 1920년대에 이민법과 미국 국가공동체주의와의 관련성은 다음을 참고하라. Gerstle, *American Crucible*, pp. 95 – 122.
74 다음에 인용됨. Boyer, *Cultural and Political Crisis in Vienna*, p. 459.
75 조세 피난처의 역사는 다음을 참고하라. Ronan Palan, Richard Murphy, and Christian Chavagneux, *Tax Havens: How Globalisation Really Works* (Ithaca: Cornell University Press, 2009), chs. 4 and 5. 조세 피난처로서의 저지 섬의 역사는 다음을 참고하라. Mark P. Hampton, 'Creating Spaces. The Political Economy of Island Offshore Finance Centres: The Case of Jersey', *Geographische Zeitschrift* 84, no. 2 (1996): pp. 103 – 13. 영국에서 과세에 대한 반대가 부자들 사이에 어떻게 생겨났는지는 다음을 참고하라. Andrea Binder, 'The Politics of the Invisible: Offshore Finance and State Power: A Country-Level Comparison', 케임브리지 대학 박사학위 논문. January 2019, pp. 72 – 4.
76 민주정 국가에서 전간기에 벌어진 자본 이탈은 다음을 참고하라. The League of Nations (Ragnar Nurske), *International Currency Experience: Lessons of the Inter-War Period* (League of Nations, Economic, Financial and Transit Department, 1944), pp. 162 – 3. 1920년대 프랑스가 직면한 조세와 자본 이탈 문제는 다음을 참고하라. Christophe Farquet, 'Capital Flight and Tax Competition After the First World War: The Political Economy of French Tax Cuts, 1922 – 1928', *Contemporary European History* 27 no. 4 (2018): pp. 537 – 61. 프랑스의 금융, 통화 위기와 이후 그것의 해소는 다음을 참고하라. Ahamed, *The Lords of Finance*, pp. 247 – 69; Kenneth Mouré, *The Gold Standard Illusion: France, the Bank of France, and the International Gold Standard, 1914–1939* (Oxford: Oxford University Press, 2002), chs. 4 – 5.
77 Winters, *Oligarchy*, pp. 230 – 2.
78 다음에 인용됨. Farquet, 'Capital Flight and Tax Competition After the First World War', p. 558.
79 Frederick Taylor, *The Downfall of Money: Germany's Hyperinflation and the Destruction of the Middle Class* (London: Bloomsbury Publishing, 2013), pp. 351 – 2.
80 다음을 참고하라. Daniel Tost, 'German Monetary Mythology', *Handelsblatt*, 31 July 2017, https://www.

handelsblatt.com/english/bundesbank-birthday-german-monetary-mythology/23571490.html?ticket=ST-510167-ZyfyCkdvtOlJWndHWxNM-ap1.

81 다음을 참고하라. Robert L. Hetzel, 'German Monetary Policy in the First Half of the Twentieth Century', *Federal Reserve Bank of Richmond Economic Quarterly*, no. 1 (2002): pp. 4–8.
82 Gerald Feldman, *The Great Disorder: Politics, Economics, and Society in the German Inflation 1914–1924* (Oxford: Oxford University Press, 1993), p. 4.
83 다음에 인용됨. Hetzel, 'German Monetary Policy in the First Half of the Twentieth Century', p. 11.
84 다음에 인용됨. Ahmed, *The Lords of Finance*, p. 462.
85 루스벨트를 경제적 포퓰리스트로 보면서 이런 종류의 포퓰리즘이 경제 위기 시기에는 필요하다고 주장한 논의로는 다음을 참고하라. Dani Rodrik, 'Is Populism Necessarily Bad Economics?', *AEA Papers and Proceedings* 108 (2018): pp. 196–9.
86 프랭클린 루스벨트 취임 연설. March 1933, https://avalon.law.yale.edu/20th_century/froos1.asp. 루스벨트의 경제적 국가공동체주의 사용은 다음을 참고하라. Gerstle, *American Crucible*, pp. 128–43, 149–55.
87 프랭클린 루스벨트. 민주당 대통령 후보 지명 수락 연설. 27 July 1936, https://www.presidency.ucsb.edu/documents/acceptance-speech-for-the-renomination-for-the-presidency-philadelphia-pa.
88 Amy E. Hiller, 'Redlining and the Home Owners' Loan Corporation', *Journal of Urban History* 29, no. 4 (2003): pp. 394–420.
89 Katznelson, *Fear Itself*; Ira Katznelson, *When Affirmative Action Was White: An Untold History of Racial Inequality in Twentieth-Century America* (New York: W.W. Norton, 2005).
90 William Childs, *The Texas Railroad Commission: Understanding Regulation in America to the Mid-Twentieth Century* (College Station: Texas A&M University Press, 2005), pp. 217–24. 이 혼동은 최근 멕시코만에서 해양 탐사와 시추를 허용하려는 시도가 있었던 동안에도 계속되었다. Tyler Priest, 'The Dilemmas of Oil Empire', *Journal of American History* 99, no. 1 (2012): pp. 239.
91 텍사스 철도위원회의 역사는 다음을 참고하라. Childs, *The Texas Railroad Commission*.

8장 민주정 과세 국가의 흥망

1 다음에 인용됨. B. Bryan, 'Trump wants to go after Amazon', *Business Insider*, 28 March 2018.
2 https://twitter.com/ThierryBreton/status/1285548529113595904.
3 독일 연방 공화국의 수립에 대해서는 다음을 참고하라. Peter H. Merkl, *The Origin of the West German Republic* (Oxford: Oxford University Press, 1963).
4 Jan-Werner Müller, 'On the Origins of Constitutional Patriotism', *Contemporary Political Theory* 5 (2006): p. 282. Peter Graf Kielmansegg, 'The Basic Law, Response to the Past or Design for the Future' 다음에 수록됨. 'Forty years of the Grundgesetz' *German Historical Institute Occasional Paper*, Washington, DC, 1990, p. 11, https://www.ghdc.org/fileadmin/publications/Occasional_Papers/Forty_Years_of_the_grundgesetz.pdf. 독일 헌법재판소의 중요성에 대해서는 다음을 참고하라. Justin Collings, *Democracy's Guardians: A History of the German Federal Constitutional Court, 1951–2001* (Oxford: Oxford University Press, 2015); Michaela Hailbronner, *Traditions and Transformations: The Rise of German Constitutionalism* (Oxford: Oxford University Press, 2015).
5 Benn Steil, *The Battle of Bretton Woods: John Maynard Keynes, Harry Dexter White, and the Making of a New World Order* (Princeton: Princeton University Press, 2013).
6 다음을 참고하라. Diane Coyle, *GDP: A Brief Affectionate History* (Princeton: Princeton University Press, 2014).
7 Jürgen Habermas, 'Yet Again: German Identity: A Unified Nation of Angry DM-Burghers?' *New German Critique* 52 (January 1991): p. 86.
8 Charles S. Maier, *The Unmasterable Past: History, Holocaust, and German National Identity*, 개정판. (Cambridge, MA: Harvard University Press, 1998), p. 7.
9 전후 영국의 경제적 국가공동체주의는 다음을 참고하라. David Edgerton, *The Rise and Fall of the British Nation: A Twentieth-Century History* (London: Allen and Lane, 2018).

10 Helen Thompson, *Might, Right, Prosperity and Consent: Representative Democracy and the International Economy 1919–2001* (Manchester: Manchester University Press, 2008), pp. 107 – 13.
11 다음을 참고하라. Nelson Lichenstein, *State of the Union: A Century of American Labor* (Princeton: Princeton University Press, 2002), ch. 4.
12 Meg Jacobs, 'The Uncertain Future of American Politics, 1940 – 1973.' 다음에 수록됨. *American History Now*, edited by Eric Foner and Lisa McGirr (Philadelphia: Temple University Press, 2011), p. 160.
13 Jacobs, 'The Uncertain Future of American Politics, 1940 – 1973', pp. 158 – 62.
14 William Childs, *The Texas Railroad Commission: Understanding Regulation in America to the Mid-Twentieth Century* (College Station: Texas A&M University Press, 2005), pp. 237 – 40.
15 Walter Scheidel, *The Great Leveller: Violence and the History of Inequality from the Stone Age to the Twenty-First Century* (Princeton: Princeton University Press, 2018), pp. 149 – 59.
16 Scheidel, *The Great Leveller*, pp. 152 – 3.
17 Scheidel, *The Great Leveller*, p. 166.
18 전후 시기의 조세에 대해서는 다음을 참고하라. Sven Steinmo, *Taxation and Democracy: Swedish, British and American Approaches to Financing the Modern State* (London: Yale University Press, 1993). 미국에서는 과세에 계속해서 제약이 있었다. 다음을 참고하라. Meg Jacobs and Julian E. Zelizer, 'The Democratic Experiment: New Directions in American Political History.' 다음에 수록됨. *The Democratic Experiment: New Directions in American Political History*, edited by Meg Jacobs, William J. Novak, and Julian E. Zelizer (Princeton: Princeton University Press), pp. 276 – 300. 전쟁 시기의 고율 과세 체계가 전후의 과세 체계에 미친 영향은 다음을 참고하라. Thomas Picketty, *Capital in the Twenty-First Century* (Cambridge, MA: Harvard University press, 2014), pp. 146 – 50.
19 Ian Kershaw, 'War and Political Violence in Twentieth Century Europe', *Contemporary European History* 14, no. 1 (2005): p. 120.
20 전후 오스트리아 정치에는 늘 범게르만 정당이 있었지만 1980년대까지 범게르만 정당이 정부 구성에 참여한 적은 없었다.
21 William Safran, 'State, Nation, National Identity, and Citizenship: France as a Test Case', *International Political Science Review* 12, no. 3 (1991): p 221.
22 프랑스대혁명의 언어와 프랑스 국가공동체주의의 언어가 오랫동안 프랑스 제국에 맞서는 반란을 지원하는 정치적 담론을 제공했다는 점은 다음을 참고하라. Lorelle Semley, *To Be Free and French: Citizenship in France's Atlantic Empire* (Cambridge: Cambridge University Press, 2017).
23 Safran, 'State, Nation, National Identity, and Citizenship', p. 225.
24 Safran, 'State, Nation, National Identity, and Citizenship', pp. 226 – 31.
25 역사학자들 사이의 논쟁은 다음을 참고하라. Maier, *The Unmasterable Past*. 국가의 새로운 구성과 관련한 헌정/헌법적 애국주의가 통합에서 수행하는 역할과 관련된 사안들은 다음을 참고하라. Jan-Werner Müller, *Another Country: German Intellectuals, Unification, and National Identity* (London: Yale University Press, 2000).
26 영국의 시민-채권자가 전쟁 자금 조달에서 수행한 역할은 다음을 참고하라. James Macdonald, *A Free Nation Deep in Debt: The Financial Roots of Democracy* (New York: Farrar, Straus, & Giroux, 2003), pp. 435 – 45.
27 Robert Colls, *Identity of England* (Oxford: Oxford University Press, 2004), pp. 124 – 6. 2차 대전에 대한 영국의 인식에서 "국민의 전쟁" 개념의 중요성은 다음을 참고하라. Angus Calder, *The People's War: Britain 1939–45* (London: Pimlico, 1992).
28 더 폭넓은 마르크스주의의 개념틀에서 이 주장을 전개한, 나중의 매우 영향력 있었던 논의로는 다음을 참고하라. Tom Nairn, *The Break-up of Britain* (London: Verso, 1981).
29 Gary Gerstle, *American Crucible: Race and Nation in the Twentieth Century*, 개정판 (Princeton: Princeton University Press, 2016), pp. 197 – 9. Lawrence R. Samuel, *Pledging Allegiance: American Identity and the Bond Drive of World War* (Washington, DC: Smithsonian Institution Press, 1997).
30 애틀랜타에서 마틴 루터 킹 주니어가 한 연설. 10 May 1967, https://www.theatlantic.com/magazine/archive/2018/02/martin-luther-king-hungry-club-forum/552533/.
31 다음을 참고하라. Gerstle, *American Crucible*, ch. 7. 흑인 민족주의의 가장 강력한 주장을 볼 수 있는 곳은 아마도 말콤 X의 자서전일 것이다. Malcom X and Alex Haley, *The Autobiography of Malcolm X* (London:

Penguin, 2007). (최초 출간: Grove Press, 1965).

32 Gerstle, *American Crucible*, pp. 349–57. 염세적인 관점의 설명은 다음을 참고하라. Bruce D. Porter, 'Can American Democracy Survive?', *Commentary* 96 (November 1993): 37–40, https://www.commentarymagazine.com/articles/bruce-porter/can-american-democracy-survive/

33 로버트 캐플란은 1973년에 징집을 끝낸 것이 "미국을 남북 전쟁 이전 시기에 비견될 만한, 약하게 규율되고 떠들석하며 분절적인 사회이던 원래의 뿌리로 되돌아간 것"으로 볼 수 있다고 언급했다. Robert D. Kaplan, 'Fort Leavenworth and the Eclipse of Nationhood', *Atlantic Monthly*, September 1996, https://www.theatlantic.com/magazine/archive/1996/09/fort-leavenworth-and-the-eclipse-of-nationhood/376665/.

34 민주적 과잉 주장이 미국의 베트남에서의 실패를 설명하는 데 사용되기도 한다. David Runciman, *The Confidence Trap: A History Of Democracy in Crisis from World War I to the Present*, 개정판. (Princeton: Princeton University Press), pp. 189–95.

35 Michael J. Crozier, Samuel P. Huntington, and Jojo Watanuki, *The Crisis of Democracy: Report on the Governability of Democracies to the Trilateral Commission* (New York: New York University Press, 1975), p. 2.

36 Crozier, Huntington, and Watanuki, *The Crisis of Democracy*, p. 113.

37 Crozier, Huntington, and Watanuki, *The Crisis of Democracy*, p. 164.

38 Mark Blyth and Matthias Matthijs, 'Black Swans, Lame Ducks, and the Mystery of IPE's Missing Macro-Economy', *Review of International Political Economy* 24, no. 2 (2017): pp. 210–11.

39 Meg Jacobs, *Panic at the Pump: The Energy Crisis and the Transformation of American Politics in the 1970s* (New York: Hill and Wang, 2017), p. 94.

40 Jacobs, *Panic at the Pump*, 33. 스테판 에이크와 애덤 투즈도 민주적 과잉이 인플레를 지탱했다는 주장에 대해 나의 반론과 비슷한 반론을 제기했다. Stefan Eich and Adam Tooze, 'The Great Inflation' in Vorgeschichte der Gegenwa: Dimensionen des Strukturbruchs nach dem Boom, edited by Anselm Doering-Manteuffel, Lutz Raphael, and Thomas Schlemmer (Göttingen: Vandenhoeck and Ruprecht: 2016). 영어로는 다음에서 볼 수 있다. https://mk0adamtoozept2ql1eh.kinstacdn.com/wp-content/uploads/2020/05/The_Great_Inflation_w_Adam_Tooze_2016.pdf

41 Meg Jacobs, *Panic at the Pump*, pp. 33–4. 정부가 물가 상승을 막아야 한다는 개념이 민주정에서 갖는 강점은 다음을 참고하라. Meg Jacobs, *Pocketbook Politics: Economic Citizenship in Twentieth Century America* (Princeton: Princeton University Press, 2007).

42 1979년 보수당 총선 공약집Conservative Party General Election Manifesto,. http://www.conservativemanifesto.com/1979/1979-conservative-manifesto.shtml.

43 Crozier, Huntington, and Watanuki, *Crisis of Democracy*, p. 9.

44 Scott Lash, 'The End of Neo-Corporatism? The Breakdown of Centralised Bargaining in Sweden', *British Journal of Industrial Relations* 23, no. 2 (1985): pp. 215–39.

45 다음에 인용됨. Jacobs, *Panic at the Pump*, p. 35.

46 다음에 인용됨. Jacobs, *Panic at the Pump*, p. 44.

47 James Schlesinger, 'Will War Yield Oil Security?', *Challenge* 34, no. 2 (1991): p. 30.

48 로널드 레이건. 이란으로의 무기 수출과 니카라과 반군 콘트라에 대한 지원을 둘러싼 논란에 대한 연설. 13 November 1986, https://www.reaganlibrary.gov/archives/speech/address-nation-iran-arms-and-contra-aid-controversy-november-13-1986.

49 리처드 닉슨. 국가 에너지 정책에 대한 연설. 7 November 1973, https://www.presidency.ucsb.edu/documents/address-the-nation-about-national-energy-policy

50 지미 카터. 에너지와 국가의 목표에 대한 연설. 15 July 1979, https://www.jimmycarterlibrary.gov/assets/documents/speeches/energy-crisis.phtml.

51 Jacobs, *Panic at the Pump*, ch. 5.

52 Jon Henley, 'Gigantic Sleaze Scandal Winds up as Former Elf Oil Chiefs are Jailed', *Guardian*, 13 November 2003, https://www.theguardian.com/business/2003/nov/13/france.oilandpetrol.

53 기독민주연합의 역외 금융 사용에 대해서는 다음을 참고하라. Andrea Binder, 'The Politics of the Invisible: Offshore Finance and State Power, a Country Level Comparison', 케임브리지 대학 박사 학위 논문. January 2019, pp. 81–3.

54 아이젠하워 대통령 연설. 17 January 1961. https://www.eisen-howerlibrary.gov/sites/default/files/research/online-documents/farewell-address/1961-01-17-press-release.pdf.
55 Michael Howard, 'War and the Nation-state', *Daedalus* 108, no. 4 (1979): pp. 106-7.
56 조약에 의한 법적 구조의 중요성을 민주적 대중 주권에 대한 다른 어떤 논의도 거부하면서 설파하는 주장, 그리고 이것이 독일 헌법재판소를 통해 EU에 미친 영향은 다음을 참고하라. Jan-Werner Müller, 'Beyond Militant Democracy?', *New Left Review* 73 (January/February 2012): 39-47.
57 다음을 참고하라. Wolfram Kaiser, *Christian Democracy and the Origins of European Union* (Cambridge: Cambridge University Press, 2007).
58 Friedrich A. Hayek, 'The Economic Conditions of Interstate Federalism.' 다음에 수록됨. *Friedrich A. Hayek, Individualism and Economic Order* (Chicago: Chicago University Press, 1948), pp. 255-72.
59 Craig Parsons, *A Certain Idea of Europe* (Ithaca: Cornell University Press, 2006), pp. 52-66.
60 다음을 참고하라. Eric O'Connor, 'European Democracy Deferred: de Gaulle and the Dehousse Plan,1960', *Modern and Contemporary France* 25, no. 2 (2017): pp. 209-24.
61 Wolfgang Streeck, 'Progressive Regression', *New Left Review* 118 (July/August 2019): p. 121.
62 다음을 참고하라. Alan Milward, *The European Rescue of the Nation-State* (London: Routledge, 1992).
63 1970년대와 1980년대에 서구 정부들이 국제 자본 시장에서 자금을 조달하면서 누릴 수 있었던 이점은 다음을 참고하라. Greta Krippner, *Capitalising on Crisis: The Political Origins of the Rise of Finance* (Cambridge, MA: Harvard University Press, 2011). 1970년대에 자본주의와 민주주의가 전면적인 위기에 처할 뻔한 것을 부채가 막아주었다는 주장은 다음을 참고하라. Wolfgang Streeck, *Buying Time: The Delayed Crisis of Democratic Capitalism* (London: Verso, 2014).
64 개방적인 국제 자본 흐름이 대부분의 유럽 복지제도에 미친 영향이 제한적이었다는 주장은 다음을 참고하라. Duane Swank, *Global Capital, Political Institutions, and Policy Change in Developed Welfare States* (New York: Cambridge University Press, 2002).
65 경쟁적인 조세 "개혁"에 대한 비교 연구는 다음을 참고하라. Duane Swank, 'Taxing Choices: International Competition, Domestic Institutions, and the Transformation of Corporate Tax Policy', *Journal of European Public Policy* 23, no. 4 (2016): pp. 571-603.
66 왜 소규모 국가들이 법인세 인하 경쟁을 하게 되는지는 다음을 참고하라. Philipp Genschel, Hanna Lierse, and Laura Seelkopf, 'Dictators Don't Compete: Autocracy, Democracy and Tax Competition', *Review of International Political Economy* 23, no. 2 (2016): pp. 290-315.
67 Philipp Genschel, 'Globalization and the Transformation of the Tax State', *European Review* 13, no. 1 (2005): p. 66.
68 Jacob Burckhardt, *The Age of Constantine the Great* (Berkeley: University of California Press, 1992), p. 70.
69 세계 경제에서 조세 피난처가 차지하는 위치는 다음을 참고하라. Ronen Palan, Richard Murphy, and Christian Chavagneux, *Tax Havens: How Globalization Really Works* (Ithaca: Cornell University Press, 2010); Gabriel Zucman, *The Hidden Wealth of Nations: The Scourge of Tax Havens* (Chicago: University of Chicago Press, 2015).
70 이에 대해서는 다음을 참고하라. Binder, 'The Politics of the Invisible', pp. 166-8. 역외 은행업의 부상은 다음을 참고하라. Gary Burn, 'The State, the City and the Euromarkets', *Review of International Political Economy* 6 no. 2 (1999): pp. 225-61. Robert N. McCauley, Patrick M. McGuire, and Vladyslav Sushko, 'Global Dollar Credit: Links to US Monetary Policy and Leverage', January 2015, *BIS Working Paper*, no. 483, https://ssrn.com/abstract=2552576.
71 Jacob Hacker and Paul Pierson, 'Winner-Takes-All-Politics: Public Policy, Political Organisation, and the Precipitous Rise of Top Incomes in the United States', *Politics and Society* 38, no. 2 (2010): pp. 193-6.
72 Hacker and Pierson, 'Winner-Takes-All-Politics', pp. 157-9.
73 Hacker and Pierson, 'Winner-Takes-All-Politics', pp. 176-9.
74 Jacobs, *Pocketbook Politics*, pp. 267-8.
75 Wolfgang Streeck and Philippe C. Schmitter, 'From National Corporatism to Transnational Pluralism: Organised Interests in the Single European Market', *Politics and Society* 19, no. 2 (1991): pp. 133-64 더 상세한 논의는 다음을 참고하라. Blyth and Matthijs, 'Black Swans', pp. 216-17.

76 제임스 맥도널드는 시민-채권자 및 그것이 민주정 국가의정치와 어떤 관계가 있는지를 다룬 저서에서 1970년대에 평화 시기의 부채가 국제 자본시장에서 주로 조달되었다는 사실 자체가 국가공동체주의의 붕괴를 보여주는 것이며 국가가 "서로 싸우는 경제적 이해관계 집단들로 분열된 집"이 되었음을 보여주는 것이라고 보았다. Macdonald, *A Free Nation Deep in Debt*, p. 471.

77 볼프강 스트릭은 조세 국가와 부채 국가를 구분했다. 전자는 시민으로서의 국민에게 의존하고 후자는 국제 투자자들에게 의존한다. 하지만 국민이라는 개념은 은행이나 연기금, 혹은 정치적 공통점이 없는 개인들과의 관계가 아니라 국가와의 관계에 의해서만 성립한다. Wolfgang Streeck, *Buying Time: The Delayed Crisis of Democratic Capitalism* (London: Verso, 2014).

78 1980년대의 인플레 감소가 채권자-채무자 정치에 미친 영향은 다음을 참고하라. Mark Blyth, 'Will the Politics or Economics of Deflation Prove More Harmful?', *Intereconomics: Review of European Economic Policy* 50, no. 2 (2015): pp. 115 – 16.

79 Blyth and Matthijs, 'Black Swans', p. 216. 민간 부채가 1970년대 이후 일시적으로 문제를 가려 안정화 효과를 낼 수 있었다는 점은 다음을 참고하라. Colin Crouch, 'Privatised Keynesianism: An Unacknowledged Policy Regime', *British Journal of Politics and International Relations* 11, no. 3 (2009): pp. 382 – 99.

80 정부안을 지지하기 위해 69명의 노동당 의원이 자당의 당론을 거부한 덕분에 히스가 성공할 수 있었다.

81 Robert Saunders, *Yes to Europe!: The 1975 Referendum and Seventies Britain* (Cambridge: Cambridge University Press, 2018), pp. 63 – 76.

82 영국 헌정 체제에서 의회 주권에 대한 제약은 EC 가입 전에도 연합왕국UK라는 구조와 스코틀랜드, 웨일스, 북아일랜드에 대한 문제에서 명백히 펼쳐진 바 있었다. 상세한 내용은 다음을 참고하라. Helen Thompson, 'Consent: The Dynamite at the Heart of the British Constitution', *Prospect*, 9 June 2021, https://www.prospectmagazine.co.uk/essays/consent-british-constitution-referendums-brexit-europe.

83 Streeck and Schmitter, 'From National Corporatism to Transnational Pluralism', p. 152. 유럽노동조합총연맹의 실패는 다음을 참고하라. Streeck, 'Progressive Regression', pp. 122 – 4; Parsons, *A Certain Idea of Europe*, pp. 52 – 66.

84 Streeck and Schmitter, 'From National Corporatism to Transnational Pluralism', pp. 134 – 5. EU와 미국에서의 기업 로비에 대한 비교는 다음을 참고하라. Christine Mahoney, 'Lobbying Success in the United States and the European Union', *Journal of Public Policy* 27, no. 1 (2007): pp. 35 – 56.

85 다음을 참고하라. Neil Fligstein, *Euroclash: The EU, European Identity, and the Future of Europe* (Oxford: Oxford University Press, 2009). 코스모폴리탄 정체성의 계급적 함의는 다음을 참고하라. Craig Calhoun, 'The Class Consciousness of Frequent Travelers: Toward a Critique of Actually Existing Cosmopolitanism', *South Atlantic Quarterly* 101, no. 4 (2002): pp. 869 – 97.

86 분데스방크가 유럽중앙은행의 정당성을 판단하는 권위와 유럽중앙은행의 권한 사이의 차이가 갖는 함의, 그리고 민주적 대표성과 민주적 정당성에 대해 갖는 함의는 다음을 참고하라. Hjalte Lokdam, 'Banking on Sovereignty: A Genealogy of the European Central Bank's Independence', 런던정경대학 박사 학위 논문, 2019. 통화연맹의 배경에는 더 폭넓은 물가 안정에 대한 통화 정책상의 합의가 있었다는 주장은 다음을 참고하라. Kathleen McNamara, *The Currency of Ideas: Monetary Politics in the European Union* (Ithaca: Cornell University Press, 1998).

9장 개혁은 어디로 가고 있는가

1 다음에 인용됨. Jon Schwarz, 'Jimmy Carter: The US is an "Oligarchy with Unlimited Political Bribery"', *Intercept*, 31 July 2015, https://theintercept.com/2015/07/30/jimmy-carter-u-s-oligarchy-unlimited-political-bribery/.

2 Bernie Sanders, 'Democracy Versus Oligarchy', speech on 31 March 2014, https://www.commondreams.org/views/2014/04/01/democracy-vs-oligarchy

3 Bernie Sanders, 'Bernie's Announcement', 연설. 26 May 2015. 다음에 게재됨. Ezra Klein, 'Read Bernie Sander's populist, policy-heavy speech kicking off his campaign', *Vox*, 26 May 2015, https://www.vox.com/2015/5/26/8662903/bernie-sanders-full-text-speech-presidential-campaign.

4 다음에 인용됨. David Frum, 'If Liberals Won't Enforce Borders, Fascists Will', *Atlantic*, April 2019,

5 　https://www.theatlantic.com/magazine/archive/2019/04/david-frum-how-much-immigration-is-too-much/583252/.
5 　다음에 인용됨. Ezra Klein, 'Bernie Sanders, The Vox Conversation', *Vox*, 28 July 2015, https://www.vox.com/2015/7/28/9014491/bernie-sanders-vox-conversation.
6 　*CNN Politics*, 마이애미에서 열린 공화당 토론 트랜스크립트. 15 March 2016, https://edition.cnn.com/2016/03/10/politics/republican-debate-transcript-full-text/index.html.
7 　다음을 참고하라. Ivan Krastev, *After Europe* (Philadelphia: University of Pennsylvania Press, 2017).
8 　Matthew Goodwin and Caitlin Milazzo, 'Taking Back Control: Investigating the Role of Immigration in the 2016 Vote for Brexit', *British Journal of Politics and International Relations* 19, no. 3 (2017): pp. 450-64.
9 　*Bundesverfassungsgericht*, Judgment of the Second Senate of 5 May 2020-2 BvR 859/15, para 104, https://www.bundesverfassungsgericht.de/SharedDocs/Entscheidungen/EN/2020/05/rs20200505_2bvr085915en.html;jsessionid=8407F8BD54CB01E168426940040ADD26.1_cid386.
10 　Kenneth Dyson and Kevin Featherstone, *The Road to Maastricht: Negotiating Economic and Monetary Union* (Oxford: Oxford University Press, 1999), p. 93.
11 　Matt Qvortrup, 'The Three Referendums on the European Constitution Treaty in 2005', *Political Quarterly* 77, no. 1 (2006): p. 95. 드골주의 정당을 자처한 공화국연합의 분열은 다음을 참고하라. Benjamin Leruth and Nicholas Startin, 'Between Euro-federalism, Euro-Pragmatism and Euro-Populism: The Gaullist Movement Divided Over Europe', *Modern Contemporary France* 25, no. 2. (2017): pp. 153-69.
12 　Craig Parsons, *A Certain Idea of Europe* (Ithaca: Cornell University Press, 2006), pp. 225-7.
13 　Parsons, *A Certain Idea of Europe*, pp. 242-3.
14 　프랑스 정치인들의 유럽의 제도에 대한 선언과 현실에서 그것을 실행하는 데서 직면하는 정치적 어려움 사이의 괴리는 다음을 참고하라. Vivien A. Schmidt, 'Trapped by their Ideas: French Elites' Discourses of European Integration and Globalization', *Journal of European Public Policy* 20, no. 4 (2006): pp. 992-1009.
15 　*Bundesverfassungsgericht*, "57 Manfred Brunner and others v. the European Union treaty, para 55, http://www.proyectos.cchs.csic.es/euroconstitution/library/Brunner_Sentence.pdf.
16 　*Bundesverfassungsgericht*, "57 Manfred Brunner and others v. the European Union treaty, para 44. 헌재 판결의 이 부분에 대해서는 다음을 참고하라. Matthias Mahlman, 'Constitutional Identity and the Politics of Homogeneity', *German Law Journal* 6, no. 2 (2005): pp. 307-18.
17 　Martin J. Bull and James L. Newell, *Italian Politics: Adjustment Under Duress* (Cambridge: Polity Press, 2006), pp. 14-15.
18 　Kenneth Dyson and Kevin Featherstone, 'Italy and EMU as a "Vincolo Esterno": Empowering the Technocrats, Transforming the State', *South European Society and Politics* 1, no. 2 (1996): p. 277.
19 　Dyson and Featherstone, 'Italy and EMU as a "Vincolo Esterno"', pp. 278-9. 차를리 본인은 이 협상이 시작되었을 때 연로했고 건강이 매우 좋지 않았다. 그 역시 이탈리아 중앙은행 총재를 역임한 기술관료 출신 장관이었다.
20 　Martin J. Bull, 'In the Eye of the Storm: The Italian Economy and the Eurozone Crisis', *South European Society and Politics* 23, no. 1 (2018): p. 18; Dyson and Featherstone, 'Italy and EMU as a "Vincolo Esterno"': p. 295.
21 　레가 노르드의 부상은 다음을 참고하라. Francesco Cavatorta, 'The Role of the Northern League in Transforming the Italian Political System: From Economic Federalism to Ethnic Politics and Back', *Contemporary Politics* 7, no. 1 (2001): pp. 27-40.
22 　Wolfgang Streeck, 'Markets and Peoples: Democratic Capitalism and European Integration', *New Left Review* 73 (Jan/Feb 2012): pp. 68-9.
23 　다음에 인용됨. Guardian Staff and Agencies, 'The Euro has Screwed Everybody—Berlusconi', *Guardian*, 29 July 2005, https://www.theguardian.com/world/2005/jul/29/euro.italy.
24 　다음을 참고하라. Nicolas Jabko, 'The Importance Of Being Nice: An Institutionalist Analysis of French Preferences on the Future of Europe', *Comparative European Politics* 2, no. 3 (2004): pp. 282-301.
25 　시라크는 니스 협상의 후반부 때 "모든 해법이 무시무시한 문제들을 드러낸다"고 언급하기도 했다. 다음에 인용됨. 'So That's All Agreed Then', *Economist*, 14 December 2000, https://www.economist.com/special/2000/12/14/so-thats-all-agreed-then.

26 European Council Meeting in Laeken, 14 and 15 December 2001, Annex 1, https://www.consilium.europa.eu/media/20950/68827.pdf. EU헌법조약을 만들기 위한 회의와 이후의 협상은 다음을 참고하라. Peter Norman, *The Accidental Constitution: The Making of Europe's Constitutional Treaty*, second edition (Eurocomment: 2005).

27 EU의 변화 과정에서 민주적 제약 이슈가 떠오른 것은 다음을 참고하라. Liesbet Hooghe and Gary Marks, 'A Postfunctionalist Theory of European Integration: From Permissive Consensus to Constraining Dissensus', *British Journal of Political Science* 39, no. 1 (2009): pp. 1–17; Vivien A. Schmidt, *The EU and National Polities* (Oxford: Oxford University Press, 2007).

28 'So Much for Stability', *Economist*, 15 July 2004, https://www.economist.com/news/2004/07/15/so-much-for-stability. Qvortrup, 'The Three Referendums', pp. 89–97.

29 2005년 프랑스 국민투표에 대해서는 다음을 참고하라. Colette Mazzucelli, 'The French Rejection of the Constitutional Treaty' in *The Rise and Fall of the EU's Constitutional Treaty*, edited by Finn Laursen (Leiden and Boston: Martinus Nijhoff Publications, 2008), pp. 161–80.

30 프랑스 사회당의 분열은 다음을 참고하라. Markus Wagner, 'Debating Europe in the French Socialist party: The 2004 Internal Referendum on the EU Constitution', *French Politics* 6, no. 3 (2008): pp. 257–79.

31 Qvortrup, 'The Three Referendums', pp. 94–6.

32 *BBC News*, 'Lisbon Treaty: What They Said', 30 September 2009, http://news.bbc.co.uk/1/hi/world/europe/8282241.stm.

33 *Bundesverfassungsgericht*, Judgment of the Second Senate of 30 June 2009 BvE 2/08, preamble, https://www.bundesverfassungsgericht.de/SharedDocs/Entscheidungen/EN/2009/06/es20090630_2bve000208en.html.

34 *Bundesverfassungsgericht*, Judgment of the Second Senate of 30 June 2009, para 2c.

35 *Bundesverfassungsgericht*, Judgment of the Second Senate of 30 June 2009, para 2d. 헌재의 민주주의와 국가에 대한 논변에 대한 정면 공격으로는 다음을 참고하라. Jo Eric Khushal Murkens, 'Identity Trumps Integration: The Lisbon Treaty and the German Federal Constitutional Court', *Der Staat* 48, no. 4 (2009): pp. 517–34.

36 Bruno Waterfield, 'EU Polls Would Be Lost, Says Nicolas Sarkozy', *Daily Telegraph*, 14 November 2007, https://www.telegraph.co.uk/news/world-news/1569342/EU-polls-would-be-lost-says-Nicolas-Sarkozy.html.

37 Emmanuel Macron, 'Initiative for Europe', 소르본에서의 연설. 26 September 2017, http://international.blogs.ouest-france.fr/archive/2017/09/29/macron-sorbonne-verbatim-europe-18583.html.

38 Bruno Waterfield and Toby Helm, 'Gordon Brown Rules Out EU Treaty Referendum', *Daily Telegraph*, 18 October 2007, https://www.telegraph.co.uk/news/uknews/1566537/Gordon-Brown-rules-out-EU-treaty-referendum.html Vaughne Miller, *The Treaty of Lisbon: Government and Parliamentary Views on a Referendum*, House of Commons Library SN/IA/5071, 15 May 2009, p. 9, https://commonslibrary.parliament.uk/research-briefings/sn05071/.

39 다음에 인용됨. George Parker and Alex Barker, 'David Cameron's Adventures in Europe', *Financial Times*, 22 January 2016, https://www.ft.com/content/26cbc524-bfb4-11e5-846f-79b0e3d20eaf.

40 다음에 인용됨. Ben Hall and Joshua Chaffin, 'Sarkozy Smarts at Cameron's Snub on Europe', *Financial Times*, 15 June 2009, https://www.ft.com/content/10f18dde-56ab-11de-9a1c-00144feabdc0

41 다음에 인용됨. Vaughne Miller, *The Treaty of Lisbon*, p. 19.

42 다음에 인용됨. Gavin Hewitt, 'Greece: The Dangerous Game', *BBC News*, 1 February 2015, https://www.bbc.co.uk/news/world-europe-31082656.

43 David Cameron, Speech at Bloomberg, 23 January 2013, https://www.gov.uk/government/speeches/eu-speech-at-bloomberg.

44 이 주장의 여러 버전은 다음을 참고하라. Albert Weale, 'The Democratic Duty to Oppose Brexit', *Political Quarterly* 88, no. 2 (2017): pp. 170–81; Anthony Barnett, 'Brexit has Killed the Sovereignty of Parliament', *Open Democracy*, 4 December 2016, https://www.opendemocracy.net/en/opendemocracyuk/brexit-has-killed-sovereignty-of-parliament/. 영국 밖에서의 비슷한 주장은 다음을 참고하라. Kenneth Rogoff, 'Britain's Democratic Failure', *Project Syndicate*, 24 June 2016, https://www.project-syndicate.org/commentary/brexit-democratic-failure-for-uk-by-kenneth-rogoff-2016-06?barrier=accesspaylog.

45　긴축이 은행 위기에 대해 책임을 민간에서 공공으로 이전하는 유인술이었다고 본 논의는 다음을 참고하라. Mark Blyth, *Austerity: The History of a Dangerous Idea* (New York: Oxford University Press, 2013). 영국의 경우에는 재정 적자가 유독 컸고 은행 구제금융이 부외off balance sheet로 이루어졌으므로, 긴축이 은행 위기에 대한 대응이었다는 주장은 성립하기 어렵다. 다음을 참고하라. Helen Thompson, 'UK Debt in Comparative Perspective: The Pernicious Legacy of Financial Sector Debt', *British Journal of Politics and International Relations* 15, no. 3 (2013): pp 476–92.

46　좌우파를 막론하고 모든 포퓰리즘은 반反채권자 정당이라는 주장은 다음을 참고하라. Mark Blyth and Matthias Matthijs, 'Black Swans, Lame Ducks, and the Mystery of IPE's Missing Macro-Economy', *Review of International Political Economy* 24, no. 2 (2017): pp. 203–21. '점령하라' 운동이 계급 기반의 저항이라기보다는 방향성 없는 분출이었다는 주장은 다음을 참고하라. Ivan Krastev, *Democracy Disrupted: The Politics of Global Protest* (Philadelphia: University of Pennsylvania Press, 2014).

47　특히 슬로바키아에서는 그리스보다 생활 수준도 낮고 통화연맹에 들어갈 자격을 맞추기 위해 훨씬 빡빡한 재정 감시도 받았었는데, 이제 그리스에 돈을 빌려주어야 하게 된 것에(또한 사실 이는 북유럽의 은행들을 지원한 격이기도 했다) 분노가 일었다. 민족주의에 대한 역사적 관점에서 더 폭넓은 시사점을 논의한 저술로는 다음을 참고하라. Stefan Auer, 'Richard Sulik: A Provincial or a European Slovak Politician', *Humanities Research Journal* 19, no. 1 (2013): pp. 81–100.

48　이 주장은 다음을 참고하라. Hans Kundnani, 'Europe and the Return of History', *Journal of Modern European History* 11, no. 3 (2013): pp. 279–86.

49　Alexandros Kioupkiolis, 'Podemos: The Ambiguous Promises of Left-Wing Populism in Contemporary Spain', *Journal of Political Ideologies* 21, no. 2 (2016): p. 104. 이러한 정치적 언어에 대한 사례는 다음을 참고하라. Diego Beas, 'How Spain's 15-M Movement Is Redefining Politics', *Guardian*, 15 October 2011, https://www.theguardian.com/commentisfree/2011/oct/15/spain-15-m-movement-activism. Pablo Iglesias, 'Understanding Podemos', *New Left Review* 93 (May/June 2015): pp. 7–22. 포데모스의 레토릭에는 미국 민중당의 메아리가 많지만 계급 기반 정치에 대한 반응이라는 점에서 미국 진보주의자들의 요소들도 있었다. 다음을 참고하라. Christopher J. Bickerton and Carlo Invernizzi Accetti, '"Techno-Populism" as a New Party Family: The Case of the Five Star Movement and Podemos', *Contemporary Italian Politics* 10, no. 2 (2018): pp. 132–50.

50　Kioupkiolis, 'Podemos', p. 101.

51　2012년 카탈루냐 의회 선거에 스페인의 경제 위기가 미친 영향은 다음을 참고하라. Guillem Rico and Robert Liñeira, 'Bringing Secessionism into the Mainstream: The 2012 Regional Election in Catalonia', *South European Society and Politics* 19, no. 2 (2014): pp. 257–80.

52　독일 정부가 직면한 복잡한 정치적 선택은 다음을 참고하라. Wade Jacoby, 'Europe's New German Problem: The Timing of Politics and the Politics of Timing' in *The Future of the Euro*, edited by Matthias Matthijs and Mark Blyth (New York: Oxford University Press, 2015).

53　Jacoby, 'Europe's New German Problem': p. 198.

54　무제한 국채매입 관련 판결은 다음을 참고하라. Mehrdad Payandeh, 'The OMT Judgement of the German Federal Constitutional Court: Repositioning the Court Within the EU's Constitutional Architecture', *European Constitutional Law Review* 13, no. 2 (2017): pp. 400–16.

55　다음에 인용됨. Eric Maurice 'EU Judges Examine ECB Bond Buying Scheme', *EUobserver*, 11 July 2018, https://euobserver.com/economic/142345.

56　*Alternative for Deutschland*, Manifesto for the 2017 General Election, https://www.afd.de/wp-content/uploads/sites/111/2017/04/2017-04-12_afd-grundsatzprogramm-englisch_web.pdf.

57　Stefan Wagstyl and Claire Jones, 'Germany Blames Mario Draghi for Rise of Rightwing Afd Party', *Financial Times*, 10 April 2016, https://www.ft.com/content/bc0175c4-ff2b-11e5-9cc4-27926f2b110c.

58　Martin Arnold and Guy Chazan, 'Bundesbank to Keep Buying Bonds After Court Challenge', *Financial Times*, 6 July 2000, https://www.ft.com/content/99447f21-46db-465b-8ed0-9a214a898a74.

59　독일의 유럽회의주의의 관점에서 독일을위한대안의 부상을 설명한 것은 다음을 참고하라. Robert Grimm, 'The Rise of the Eurosceptic Party Alternative Für Deutschland, Between Ordoliberal Critique and Popular Anxiety', *International Political Science Review* 36, no. 3 (2015): pp. 264–78.

60 기독민주연합의 오랜 터부를 깬 것에 대해서는 다음을 참고하라. Der Spiegel, Staff, 'Aftershocks Continue After Germany's Massive Political Earthquake', *Spiegel International*, 10 February 2020, https://www.spiegel.de/international/germany/a-dark-day-for-democracy-the-political-earthquake-that-shook-germany-a-01847ef8-beb3-45aa-bdbbf0fda7d87806.

61 유로존 위기 때 독일과 남유럽 국가들 사이에서 프랑스의 구조적인 위치는 다음을 참고하라. Mark I. Vail, 'Europe's Middle Child: France's Statist Liberalism and the Conflicted Politics of the Euro' 다음에 수록됨. *The Future of the Euro*, edited by Blyth and Matthijs, pp. 136–60.

62 다음에 인용됨. Julian Coman, 'France's Socialist Hopeful Promises to Storm the Financial Bastille', *Guardian*, 11 February 2012, https://www.theguardian.com/world/2012/feb/11/francois-hollande-presidential-election-sarkozy.

63 다음에 인용됨. Vail, 'Europe's Middle Child', p. 153.

64 Hugh Carnegy, 'Merkel Swings Behind Sarkozy Poll Bid', *Financial Times*, 6 February 2020, https://www.ft.com/content/83fed6a6-50d6-11e1-ab40-00144feabdc0/.

65 유럽과 관련해 올랑드가 처한 문제를 정당 내부 관리 문제로서 고찰한 저술은 다음을 참고하라. David Hanley, 'From "La Petite Europe Vatican" to the Club Med: The French Socialist Party and the Challenges of European Integration', *Modern and Contemporary France* 25, no. 2 (2017): pp. 135–51.

66 독일 총선 전에 마크롱은 "자유민주당이 독일 정부에 들어가면 나는 죽은 목숨일 것"이라고 말했다는 이야기가 전해진다. 다음에 인용됨. Wolfgang Streeck, 'Europe Under Merkel IV: Balance of Impotence', *American Affairs* II, no. 2 (2018), https://americanaffairsjournal.org/2018/05/europe-under-merkel-iv-balance-of-impotence/.

67 다음을 참고하라. Stefano Sacchi, 'Conditionality by Other Means: EU Involvement in Italy's Structural Reforms in the Sovereign Debt Crisis', *Comparative European Politics* 13, no. 1 (2015): pp. 77–92.

68 Paolo Franzosi, Francesco Marone, and Eugenio Salvati, 'Populism and Euroscepticism in the Italian Five Star Movement', *International Spectator* 50, no. 2 (2015): p. 110.

69 다음에 인용됨. Franzosi, Marone and Salvati, 'Populism and Euroscepticism in the Italian Five Star Movement', p. 114.

70 Martin J. Bull, 'In the Eye of the Storm: The Italian Economy and the Eurozone Crisis', *South European Society and Politics* 23, no. 1 (2018): pp. 3–28.

71 Stefano Sacchi and Jungho Roh, 'Conditionality, Austerity, and Welfare: Financial Crisis and Its Impact on Welfare in Italy and Korea', *Journal of European Social Policy* 26 no. 4 (2016): p. 370, endnote 25; Georg Picot and Arianna Tassinari, 'Politics in a Transformed Labour Market: Renzi's Labour Market Reform', *Italian Politics* 30, no. 1 (2015): p.130.

72 Sacchi and Roh, 'Conditionality, Austerity, and Welfare': pp. 363–7.

73 다음에 인용됨. James Politi and Jim Brunsden, 'Matteo Renzi Defends Italy's Budget Plan', *Financial Times*, 20 October 2016, https://www.ft.com/content/3b436b2a-96b8-11e6-a1dc-bdf38d484582.

74 Tom Knowles, 'Upheaval in Italy Keeps Europe Addicted to QE', *Times*, 5 December 2016, https://www.thetimes.co.uk/article/european-bank-may-extend-qe-after-italian-poll-n8d9dkh5x Jeff Black, 'Renzi's Italian Fate Also Overshadows Draghi's Route for QE', *Bloomberg*, 5 December 2016, https://www.bloomberg.com/news/articles/2016-12-05/renzi-s-italian-fate-also-overshadows-draghi-s-path-ahead-for-qe.

75 이 논지와는 다른 방식으로 독일 정치가 안정에서 불균형으로 가고 있다는 비슷한 판단에 도달한 저술로는 다음을 참고하라. Sidney A. Rothstein and Tobias Schulze-Cleven, 'Germany After the Social Democratic Century: The Political Economy Of Imbalance', *German Politics* 29, no. 3 (2020): pp. 297–318; Adam Tooze, 'Which is Worse?: Germany Divided', *London Review of Books* 41, no. 14 (19 July 2019), https://www.lrb.co.uk/thepaper/v41/n14/adam-tooze/which-is-worse.

76 United States Census Bureau, Housing Vacancies and Home Ownership, Data, Historical Tables, Table 16, https://www.census.gov/housing/hvs/data/histtabs.html.

77 패니매, 프레디맥과 관련된 미국 국내 정치는 다음을 참고하라. Helen Thompson, *China and the Mortgaging of America: Domestic Politics and Economic Interdependence* (London: Palgrave, 2010), chs. 3–4.

78 미국의 미-중 경제 관계를 둘러싼 국내 갈등은 다음을 참고하라. Naná de Graaff and Bastiaan van

Apeldoorn, 'US-China Relations and the Liberal World Order: Contending Elites, Colliding Visions?', *International Affairs* 94, no. 1 (2018): pp. 113-31. 중국과 관련해 미국 기업들의 로비는 다음을 참고하라. Robert Dreyfuss, 'The New China Lobby', *American Prospect*, 19 December 2001, https://prospect.org/world/new-china-lobby/. 미국 외교 정책의 분배적 영향에 대한 더 일반적인 논의는 다음을 참고하라. Lawrence R. Jacobs and Benjamin I. Page, 'Who Influences U.S. Foreign Policy?' *American Political Science Review* 99, no. 1 (2005): pp. 107-23. 클린턴 행정부 시절 중국이 미국에서 한 로비의 영향은 다음을 참고하라. Ho-fung Hung, 'The Periphery in the Making of Globalization: The China Lobby and the Reversal of Clinton's China Trade Policy, 1993-1994', *Review of International Political Economy*, published online 13 April 2020, https://doi.org/10.1080/09692290.2020.1749105

79 Bob Woodward, 'Findings Link Chinese Allies to Chinese Intelligence', *Washington Post*, 10 February 1998, https://www.washingtonpost.com/archive/politics/1998/02/10/findings-link-clinton-allies-to-chinese-intelligence/87265d5d-7452-41f2-ad2f-aa4abe7e579e/.

80 Jeff Colgan and Robert O. Keohane, 'The Liberal Order is Rigged. Fix it Now or Watch it Wither', *Foreign Affairs* 96, no. 3 (May-June 2017): p. 39.

81 외국인이 비자 기간보다 오래 머무는 경우도 증가했다. 국경 정치에 대해서는 다음을 참고하라. Peter Andreas, 'The Escalation of US Immigration Control in the Post-NAFTA Era', *Political Science Quarterly* 113, no. 4 (1998-99): pp. 591-615.

82 Jens Manuel Krogstad, Jeffrey S. Passel, and D'Vera Cohn, 'Five Facts About Illegal Immigration in the United States', *Pew Research Centre*, 12 June 2019, https://www.pewresearch.org/fact-tank/2019/06/12/5-facts-about-illegal-immigration-in-the-u-s/.

83 여러 산업 분야에서 기업 집단과 노조가 이주와 관련해 로비를 한 것의 영향은 다음을 참조하라. Giovanni Facchini, Anna Maria Mayda, and Prachi Mishra, 'Do Interest Groups Affect US Immigration Policy?' *IMF Working Paper*, WP/08/244, October 2008, https://www.imf.org/external/pubs/ft/wp/2008/wp08244.pdf.

84 Daniel B. Wood, 'Legal Fight Over Illegal Aliens', *Christian Science Monitor*, 12 May 1994, https://www.csmonitor.com/1994/0512/12012.html.

85 Royce Crocker, *Congressional Redistricting: An Overview*, Congressional Research Service, 21 November 2012, pp. 9-10. https://fas.org/sgp/crs/misc/R42831.pdf.

86 다음에 인용됨. Eric W. Orts, 'The Path to Give California 12 Senators and Vermont Just One', *Atlantic*, 2 January 2019, https://www.theatlantic.com/ideas/archive/2019/01/heres-how-fix-senate/579172/.

87 Sean Trende, *The Lost Majority: Why the Future of Government is up for Grabs*, (London: Palgrave, 2012), introduction and part II.

88 Gary Gerstle, *American Crucible: Race and Nation in the Twentieth Century*, 개정판 (Princeton: Princeton University Press, 2016), pp. 385-93.

89 버락 오바마. 출마 선언 연설. Springfield, Illinois, February 2007, https://www.cbsnews.com/news/transcript-of-barack-obamas-speech/.

90 Gerstle, *American Crucible*, pp. 393-409.

91 Andrew Clark, 'Bankers and Academics at the Top of Donor List', *Guardian*, 8 November 2008, https://www.theguardian.com/world/2008/nov/08/barackobama-wallstreet-bankers-campaign-donations-goldmansachs.

92 이 문제는 더 나중에 F-35 전투기 프로그램에서도 이어졌다. 다음을 참고하라. Valerie Insinna, 'Inside America's Dysfunctional Trillion Dollar FighterJet Program, *New York Times*, 21 August 2019, https://www.nytimes.com/2019/08/21/magazine/f35-joint-strike-fighter-program.html.

93 예를 들어 다음을 참고하라. John M. Broder, 'Oil and Gas Aid Bush Bid for President', *New York Times*, 23 June 2000, https://www.nytimes.com/2000/06/23/us/oil-and-gas-aid-bush-bid-for-president.html.

94 부시 행정부의 에너지 정책과 그것의 정치적 여파는 다음을 참고하라. Meg Jacobs, 'Wreaking Havoc from Within: George W. Bush's Energy Policy in Historical Perspective' in *The First Presidency of George W. Bush: A First Historical Assessment* (Princeton: Princeton University Press), pp. 139-68.

95 다음에 인용됨. Jacobs, 'Wreaking Havoc from Within', p. 139.

96 Jacobs, *Wreaking Havoc from Within*, p. 167.

97 Elizabeth Kolbert, 'Changing Lanes', *New Yorker*, 4 August 2008, https://www.newyorker.com/

magazine/2008/08/11/changing-lanes.
98 Statement by the President on the Keystone XL pipeline, 6 November 2015, https://obamawhitehouse.archives. gov/the-press-office/2015/11/06/statement-president-keystone-xl-pipeline.
99 Richard Valdmanis and Grant Smith, 'Oil Industry Bet Big on Jeb Bush, Reuter Review Shows. Now What?', *Reuters*, 19 February 2016, https://www.reuters.com/article/us-usa-election-oil-donors/oil-industry-bet-big-on-jeb-bush-for-president-reuters-review-shows-now-what-idUKKCN0VS279.
100 한 번은 자신이 "대통령으로 뽑히면 학자와 정치인들은 뒷자리를 차지하게 될 것이고 의사결정을 내리는 사람들은 현실 세계의 경험이 있는 사람들이 될 것"이라고 말하기도 했다. 다음에 인용됨. Dan Roberts, 'Jeb Bush Lays Out Energy Plan with Call to Relax Environmental Rules', *Guardian*, 29 September 2015, https://www.the-guardian.com/us-news/2015/sep/29/jeb-bush-energy-policy-environment.
101 Theda Skocpol and Vanessa Williamson, *The Tea Party and the Remaking of American Conservatism* (New York: Oxford University Press, 2013).
102 Vanessa Williamson, Theda Skocpol, and John Coggin, 'The Tea Party and the Remaking of American Conservatism', *Perspective on Politics* 9, no. 1 (2019): p. 33.
103 코크 형제가 티파티에 미친 영향력에 대한 비판은 다음을 참고하라. Jane Mayer, 'Covert Operations', *New Yorker*, 23 August 2010, https://www.newyorker.com/magazine/2010/08/30/covert-operations/.
104 2010년에 플로리다에서 마르코 루비오 선거운동을 했다는 한 티파티 활동가는 루비오가 "8인의 갱단"[2013년에 이민 관련 법을 발의한 8명의 의원]에 들어간 것에 대해 분노하며 이렇게 말했다. "그는 2010년 처음에 우리에게 거짓말을 했고 다음에는 그 거짓말을 팬핸들부터 키스까지 플로리다 전역을 돌아다니며 반복했다. 그래서 그가 당선된 것이다. 그런데 [그가 배신을 해서] 나는 정말 화가 난다." 다음에 인용됨. Leigh Ann Caldwell, 'Marco Rubio's record on immigration is more complicated than you think', *NBC News*, 12 January 2016, https://www.nbcnews.com/politics/2016-election/marco-rubio-s-record-immigration-more-complicated-you-think-n488601.
105 주택 압류 위기의 정치적 파장은 다음을 참고하라. Alan Blinder, *After the Music Stopped: The Financial Crisis, the Response, and the Work Ahead* (London: Penguin, 2013), ch. 12. 사기로 집을 잃은 평범한 세 미국인의 이야기는 다음을 참고하라. David Dayen, *Chain of Title: How Three Ordinary Americans Uncovered Wall Street's Great Foreclosure Fraud* (London: New Press, 2013).
106 Jeffrey P. Thompson and Gustavo A. Suarez, 'Exploring the Racial Wealth Gap Using the Survey of Consumer Finances', *Finance and Economics Discussion Series Divisions of Research and Statistics and Monetary Affairs, Federal Reserve Board*, Washington DC, 2015, p. 9, https://www.federalreserve.gov/econresdata/feds/2015/files/2015076pap.pdf.
107 다음을 참고하라. Richard Johnson, *The End of the Second Reconstruction* (Cambridge: Polity Press, 2020), ch. 4.
108 다음에 인용됨. Elena Shor, 'Oil-Industry Dreads Trump-Clinton Choice', *Politico*, 18 March 2016, https://www.politico.com/story/2016/03/oil-industry-donald-trump-hillary-clinton-choice-220947.
109 다음에 인용됨. Ben Jacobs, 'Donald Trump Would Allow Keystone XL Pipeline and End Paris Climate Deal', *Guardian*, 26 May 2016, https://www.theguardian.com/us-news/2016/may/26/donald-trump-environmental-policy-climate-change-keystone-xl.
110 Justin Worland, 'Donald Trump Promises Oil and Gas Industry Big But Scepticism Remains', *Time*, 22 September 2016, https://time.com/4504617/donald-trump-oil-gas-environment/.
111 Susan Phillips, 'Why the Oil and Gas Industry is Not Giving to Trump', *NPR, StateImpact Pennsylvania*, 20 September 2016, https://stateimpact.npr.org/pennsylvania/2016/09/20/why-the-oil-and-gas-industry-isnot-giving-to-trump/.
112 The White House, 'Fact Sheet: President Donald J. Trump is Unleashing American Energy Dominance', 14 May 2019, https://www.presidency.ucsb.edu/documents/fact-sheet-president-donald-j-trump-unleashing-american-energy-dominance.
113 트럼프의 선거가 민주적 과잉이 어떻게 혼란을 일으키는지를 보여준다는 주장은 다음을 참고하라. Jonathan Rauch and Ray La Raja, 'Too Much Democracy is Bad for Democracy' *Atlantic*, December 2019, https://www.theatlantic.com/magazine/archive/2019/12/too-much-democracy-is-bad-for-democracy/600766/.
114 미국만이 아니라 서구 민주정에서의 국내 정치적 분열을 1970년대 이후의 국제 경제에서 이득을 얻은 계

급들이 미치는 과도한 정치적 영향에 초점을 두어 설명한 계급 기반 분석은 다음을 참고하라. Michael Lind, *The New Class War: Saving Democracy from the Metropolitan Elite* (London: Atlantic Books, 2020).

115 트럼프의 당선이 미국의 행정력을 공동화했다는 주장은 다음을 참고하라. Michael Lewis, *The Fifth Risk: Undoing Democracy* (London: Allen Lane, 2018).

116 다음에 인용됨. Todd S. Purdum, 'Gavin Newsom's Nation-State', *Atlantic*, 21 April 2020, https://www.theatlantic.com/politics/archive/2020/04/coronavirus-california-gavin-newsom/610006/.

117 다음에 인용됨. Spencer Kimball, 'New York Governor Cuomo Says Trump has No Authority to Impose Quarantine: "It Would Be Illegal"', *CNBC*, 28 March 2020, https://www.cnbc.com/news/2020/03/28/ny-gov-cuomo-says-trump-has-no-authority-to-impose-quarantine.html.

118 현재의 유로존이, 그것이 최적 통화 지역이 아니라고 주장한 비판자들이 생각한 것보다 큰 경제적 분화를 감당할 수 있다는 주장은 다음을 참고하라. Waltraud Schelkle, *The Political Economy of Monetary Solidarity: Understanding the Euro Experiment* (Oxford: Oxford University Press, 2017).

119 유로존 국가들이 국내 정치에서의 경합이 너무 적은 것에서 문제를 겪고 있다는 동일한 결론을 약간 다른 출발점에서 이야기한 주장은 다음을 참고하라. Sheri Berman and Hans Kundnani, 'The Cost of Convergence', *Journal of Democracy* 32, no. 1 (2021): pp. 22-36.

나가는 글 앞으로 올 더 많은 일들

1 Adam Tooze, *Crashed: How a Decade of Financial Crises Changed the World* (London: Penguin, 2018), p. 13.

2 David Brunnstom, Alexandra Alper, and Yew Lun Tian, 'China Will "Eat Our Lunch", Biden Warns After Clashing With Xi On Most Fronts', *Reuters*, 11 February 2021, https://www.reuters.com/article/us-usachina-idUSKBN2AB06A.

3 다음을 참고하라. European Commission, *Second Report on the State of the Energy Union*, 1 February 2017, https://ec.europa.eu/info/publications/2nd-report-state-energy-union_en.

4 오스트리아도 핵 발전 반대 국가다. 앞으로 있을지도 모르는 분쟁의 전조로서, 2021년 초에 핵 발전이 EU 집행위원회의 탄소 중립 로드맵에서 빠지자 이에 반발해 마크롱은 6개의 동유럽 및 발칸 회원국들과 공동 전선에 나섰다. Frédéric Simon, 'Macron, Orban Urge EU to "Actively Support" Nuclear Power', *Euractiv*, 25 March 2021, https://www.euractiv.com/section/energy-environment/news/macron-orban-urge-eu-toactively-support-nuclear-power/.

5 Michaël Tanchum, 'The Logic Beyond Lausanne: A Geopolitical Perspective on the Congruence Between Turkey's New Hard Power and its Strategic Re-Orientation', *Insight Turkey* 22, no. 3 (2020): p. 42.

6 앙겔라 메르켈의 2020년 다보스 세계경제포럼 연설. 23 January 2020, https://www.bundeskanzlerin.de/bkin-en/news/speech-by-federal-chancellor-dr-angela-merkel-at-the-2020-annual-meeting-of-the-world-economic-forum-in-davos-on-23-january-2020-1716620.

7 자동차의 부상과 관련된 정치는 다음을 참고하라. David Gartman, 'Three Ages of the Automobile: The Cultural Logics of the Car', *Theory, Culture, and Society* 21, nos. 4-5 (2004): pp. 169-95.

8 Martin Williams, 'Why it is Feared Scotland's Wind Power Boom is All Hot Air', *Herald*, 29 November 2019, https://www.heraldscotland.com/news/18067837.feared-scotlands-wind-power-economic-boom-hot-air/.

9 Ralph Vartabedian, 'How California's Faltering High-Speed Rail Project Was "Captured" by Costly Consultants', *Los Angeles Times*, 26 April 2019, https://www.latimes.com/local/california/la-me-california-high-speed-rail-consultants-20190426-story.html.

10 에너지 밀도의 문제는 다음을 참고하라. Vaclav Smil, *Power Density: A Key to Understanding Energy Sources and Uses* (Cambridge, MA: MIT Press, 2015).

11 Our World in Data, Energy mix, Global Primary Energy Consumption by Source, https://ourworldindata.org/energy-mix.

12 Vaclav Smil, *Gradual Greening: Power Density and the Hydrocarbon Habit*, Blue Books, CLSA Investment Group, 13 September 2016, pp. 9-14, http://vaclavsmil.com/wp-content/uploads/2016/12/CLSA-U-Blue-Books-Gradual-greening_-Power-density-and-the-hydrocarbonhabit-20160913-1.pdf.

후기 2022년의 전쟁

1. Andrea Shalal, Andrease Rinke, and Jeff Mason, 'Biden Pledges End to Nord Stream 2 if Russia Invades Ukraine,' *Reuters*, 8 February 2022, http://reuters.com/world/biden-germanys-scholz-stress-unified-front-against-any-russian-aggression-toward-2022-02-07/.
2. 다음에 인용됨. Piotre Buras, 'Olaf Scholz: Tweeting on Thin Ice,' *European Council on Foreign Relations Commentary*, 21 February 2022, http://ecfr.eu/articla/olaf-scholz-tweeting-on-thin-ice/.
3. Matthew Karnischinig, Hans von der Burchard, Florian Eder, and Andrew Desiderio, 'Inside Olaf Scholz's Historic Shift on Defence, Ukraine and Russia,' *Politico*, 5 March 2022, http://www.politico.eu/article/olaf-scholz-historic-shift-defense-ukraine-russia-war/.
4. Policy Statement by Olaf Scholz, chancellor of the Federal Republic of Germany and member of the German Bundestag, 27 February 2022, Berlin, http://www.bundesregierung.de/breg-en/news/policy-statement-by-olaf-scholz-chancellor-of-the-federal-republic-of-germany-and-memebr-of-the-germn-bundestag-27-february-2022-in-berlin-2008378.
5. 최초의 우크라이나 독립 국가들과 1919년의 이들의 합병이 전쟁 시기 유럽과 어떤 관련이 있는지는 다음을 참고하라. Borislav Chernev, *Twilight of Empire: The Brest-Litovsk Conference and the Remaking of East-Central Europe, 1917-18* (Toronto, ON: University of Toronto Press, 2017)., ch. 4.
6. Karnischnig 2t al., 'Inside Olaf Scholz's Historic Shift.'
7. 다음에 인용됨. Kira Taylor, 'EU Rolls Out Plan to Slash Russian Gas Imports by Two Thirds Before Year End.' *Euractiv*, 9 March 2022, http://www.enractiv..co,/section/energy/news/eu-rolls-out-plan-to-slash-russian-euractiv.com/section/energy/news/eu-rolls-out-plan-to-slash-russian-gas-imports-by-two-thirds-before-year-end/.
8. 빅토르 오르반의 연설. 31st Balvanyos Summer Free University and Student Camp, 23 July 2022, http://abouthungary.hu/speeches-and-remarks/speech-by-prime-minister-viktor-orban-at-the-31-st-balvanyos-summer-free-university-and-student-camp.
9. Yongchang Chin and Rakesh Sharma, 'Oil's New Map: How India Turns Russia Crude into the West's Fuel', *Bloomberg UK*, 5 February 2023, http://www.bloomberg.com/news/articles/2023-02-05/oil-s-new-map-how-india-turns-russia-crude-into-the-west-s-fuel.
10. Shotaro Tani, 'Europe's Imports of Russian Seaborne Gas Jump to Record High', *Financial Times*, 28 November 2022, http://www.ft.com/content/81dble45-6ef9-4034-879b-82597eb87f9.
11. Vladimir Afnassiev, 'Erdogan Steps Up Backing for Russia's Turkish Gas Hub Plan,' *Upstream Energy Explored*, 20 October 2022, http://www.upsreamonline.com/poliics/erdogan-steps-up-backing-for-russia-s-turkish-gas-hub-plan/2-1-1338137.
12. 다음에 인용됨. Nektaria Stamouli, 'Greece to Allies: Crack Down on Turkey or Risk Another Ukraine,' *Politico*, 7 September 2022, http://www.politico.edu/article/greece-turkey-eu-crack-down-or-risk-another-ukraine-russia-war/.
13. Milan Kundera, 'The Tragedy of Central Europe." 다음에 수록됨. *Thoughts on Europe: Past, Present, and Future*, ed. Yoeri Albrecht and Mathieu Segers (Amsterdam: Amsterdam University Press, 2021), p. 209.
14. 한 독일계 러시아인 학자가 독일인들이 일반적으로 우크라이나 역사에 관심을 두지 않는 경향에 대해 다음에서 고찰한 바 있다. Karl Schlogel, *Ukraine: A Nation on the Borderland*, trans. Cerrit Jackson (London: Reaktion Books, 2018), ch. 3.
15. Tonhy Judt, *Postwar: A History of Europe Since 1945* (London: Vintage Books, 디지털판), pp. 933-4.
16. 바이든은 푸틴이 일으킨 전쟁이 에너지 가격에 미친 영향에 대해 비판했다. 다음을 참고하라. 'Remarks by President Biden on Gas Prices and Putin's Price Hike,' 22 June 2022, http://www.whitehouse.gov/briefing-room-/speeches-remarks/2022/06/22/remarks-by-president-biden-on-gas-prices-and-putins-price-hike/.
17. Trading Economics, 'EU Natural Gas', htto://tradingeconomics.com/commmodity/eu-natural-gas..
18. 중국, 인도, 파키스탄, 방글라데시의 수요가 급감했다. Sam Reynolds, 'Asia's Lower LNG Demand in 2022 Highlights Challenges for Industry Gorwth,' *Institute for Energy Economics and Financial Analsis*, 11 January 2023, http://ieefa.org/resources/asias=lower-lng-demand-2022-highlights-challenges-industry-growth.

19　US Energy Information Administration, 'International Data, Petroleum and Other Liquids', http://www.eia.gov/international/data/world.
20　US Energy Informationa Administration, 'Petroluem and Other Liquids', "http://www.eia.gov/dnav/pet/LeafHandler.ashx?n=PET&s=MCRFPUS2&f=M.
21　US Department of the Treasury, 'Statistics. A2: Major Foreign Holders of Treasury Securities, Historical Data and Statistics; B2 Monthly Holdings of US Long-Term Securities at Current Market Value by Foreign Residents, Holdings by Country (China), http://home.treasury.gov/data/treasury-international-capital-tic-ssytem-home-page-tic-forms-instructions-securities-b-portfolio-holdings-of-us-and-forign-securities.
22　주목할 만하게, 2023년 초에 바이든 행정부는 공급망에 필수적인 회사들이 있는 네덜란드를 설득해 반도체 수출 금지에 동참하도록 했다.
23　Patricia Nilsson, 'BASF to Downsize "Permanently" in Europe,' *Financial Times*, 26 October 2022, http://www.ft.com/content/f6d2fe70-16fb-4d81-a26a-3afb93e0bf57.
24　Andy Bounds, 'EU Accuses US of Breaking WTO Rules with Green Energy Incentives," *Financial Times*, 6 November 2022, http://www.ft.com/content/delec769-a76c-474a-927c-b7e5aeff7d9e.
25　Doug Palmer, 'WTO Says Trump's Steel Tarriffs Violated Global Trade Rules,' *Politico*, 9 December 2022, http://www.politico.com/news/2022/12-09/wto-ruling-trump-tariffs-violate-ruels-00073282.
26　다음에 인용됨. Amy Kazmin, 'Revulsion at Ukraine War Ends Rome's Old Amity with Moscow,' *Financial Times*, 2 May 2022, http://www.ft.com/content/70d99402-98c4-4flb-a693-2f25739b2455.
27　'Remarks by Presidenet Biden Ammouncing US Ban on Imports of Russian Oil, Liquefied Natural Gas, and Coal' 8 March 2022, http://www.whitehouse.gov/briefing-room/speeches-remarks/2022/03/08/remarks-by-president-biden-announcing-u-s-ban-on-imports-of-russian-oil-liquefied-natural-gas-and-coal/
28　파키스탄이 이미 공급받기로 계약을 맺은 LNG 물량을 상실한 것은 다음을 참고하라. Shotaro Tani, 'Europe's Appetite for LNG Leaves Developing Nations Starved of Gas,' *Financial Times*, 23 September 2022, http://www.ft.com/content/752b1285-3174-4cf1-83c0-b1151888bf4e.

지은이 헬렌 톰슨 Helen Thompson

케임브리지대학교 정치경제학과 교수. 단기적인 현상 너머 수십 년에 걸친 구조적 흐름을 읽어내는 데 탁월한 역사가로, 2024년 《뉴스테이츠먼》 선정 '영향력 있는 정치 인사 50인'으로 꼽히며 지적 영향력을 증명했다. 민주적·경제적·지정학적 혼란의 역사를 연구하고 있으며, 복잡한 현대사를 이해하는 새로운 틀을 제시하며 학계의 뜨거운 관심을 받았다. 영국의 대표적인 정치 팟캐스트 〈토킹 폴리틱스〉의 고정 패널 및 《가디언》의 칼럼니스트로서 대중과도 활발히 소통해왔다.

『질서 없음』은 헬렌 톰슨의 오랜 탐구의 집약체로, "왜 21세기는 더 깊은 혼돈으로 빠져드는가?"라는 질문에 정면으로 답한다. 인류의 발전과 번영을 위해 만들어낸 에너지, 금융, 민주주의라는 세 축이 어떻게 역설적으로 세계를 통제 불능으로 이끄는지 냉철하게 증명하며, 브렉시트와 트럼프 현상, 끝나지 않는 중동 분쟁과 우크라이나 전쟁까지, 파편적으로 보이던 사건들의 역사적 뿌리를 파헤쳐 하나의 거대한 흐름으로 엮어낸다. 출간 즉시 라이오넬 겔버상 최종후보와 《파이낸셜 타임스》 '올해의 책' 최종후보에 오르는 등 학계와 언론의 뜨거운 찬사를 받은 이 책은 혼돈의 시대를 항해하는 우리에게 가장 질서 있는 지도가 될 것이다.

옮긴이 김승진

《동아일보》 경제부와 국제부 기자로 일했으며, 미국 시카고대학교에서 사회학 박사 학위를 받았다. 옮긴 책으로 『커리어 그리고 가정』『아마존 디스토피아』『사고는 없다』『불복종에 관하여』『앨버트 허시먼』『그날 밤 체르노빌』『인종이라는 신화』『자유주의의 잃어버린 역사』『돈을 찍어내는 제왕, 연준』『격차』 등이 있다.

질서 없음

격동의 세계를 이해하는 세 가지 프레임

펴낸날 초판 1쇄 2025년 10월 20일
초판 2쇄 2025년 11월 20일
지은이 헬렌 톰슨
옮긴이 김승진
펴낸이 이주애, 홍영완
편집장 최혜리
편집3팀 안형욱, 강민우, 이소연
편집 박효주, 홍은비, 김혜원, 최서영, 송현근
윌북주니어 도건홍, 한수정, 이은일
디자인 박소현, 김주연, 기조숙, 윤소정, 박정원
홍보마케팅 백지혜, 김태윤, 김준영, 박영채
콘텐츠 양혜영, 이태은, 조유진
해외기획 정수림
경영지원 박소현
펴낸곳 (주)윌북 **출판등록** 제2006-000017호
주소 서울특별시 마포구 동교로19길 28(서교동 448-9)
홈페이지 willbookspub.com **전화** 02-323-3777 **팩스** 02-323-3778
블로그 blog.naver.com/willbooks **X(트위터)** @onwillbooks **인스타그램** @willbooks_pub
ISBN 979-11-5581-849-7 (93340)

· 책값은 뒤표지에 있습니다.
· 잘못 만들어진 책은 구매하신 서점에서 바꿔드립니다.
· 이 책의 내용은 저작권자의 허가 없이 AI 트레이닝에 사용할 수 없습니다.